CONCOURS DE PROFESSEUR DES ÉCOLES

MATHÉMATIQUES

ÉPREUVE ÉCRITE D'ADMISSIBILITÉ

DIRECTEURS DE COLLECTION

Roland Charnay

Philippe Dorange

Michel Mante

AUTEURS

Roland Charnay

Michel Mante

Agrégés de Mathématiques

Avec la collaboration de **Bernard Anselmo**

Professeur certifié de Mathématiques (ESPÉ – Académie de Lyon)

Sur le site www.concours-hatier.com

- le sujet 0 du MEN corrigé
- les fiches méthodes pour l'utilisation de :
  - tableur
  - logiciel de géométrie dynamique
  - calculatrice

Ce texte est conforme à la nouvelle orthographe
www.orthographe-recommandee.info

Hatier

SOMMAIRE

ISBN : 978-2-218-95936-3

GÉOMÉTRIE

MESURE

FM = fiche méthode

MODE D'EMPLOI

Chacun des 20 chapitres est structuré en 3 parties : Tester ses connaissances, Le Cours, Au concours, pour un accompagnement pas à pas de votre préparation.

OBJECTIFS DU CHAPITRE

– Identifier et utiliser les caractéristiques d'un système de numération et, en particulier, celles du système de numération décimale (écriture des nombres naturels en base dix).

– Passer de l'écriture d'un nombre naturel dans un système à son écriture dans un autre système.

Au début de chaque chapitre : les **objectifs** à atteindre par les candidats.

FICHES MÉTHODE

– **Écrire en base dix un nombre donné en base *b*.** p. 27

– **Écrire en base *b* un nombre donné en base dix.** p. 27

La liste des **fiches méthodes** du chapitre pour les savoir-faire à maitriser.

TESTER SES CONNAISSANCES

Indiquer la ou les bonnes réponses en les justifiant.

QCM 1 Dans le nombre 2 305, (Aide : §2.3 p. 26)
A. le nombre de dizaines est 0.
B. le nombre de dizaines est 230.
C. le nombre de milliers est 2.
D. le chiffre des milliers est 2.

QCM 2 Je suis un nombre naturel. Mon nombre de centaines est 23 et mon chiffre des unités est 5. Qui suis-je ? (Aide : §2.1 p. 25)
A. 235 B. 7 235 C. 2 305 D. 23 005 E. 72 305

1. B, C, D 2. C 3. C 4. D

Un **test** pour faire le point sur ses acquis, ses difficultés, ses manques par rapport au sujet abordé. Sous forme de **QCM** pour s'entrainer à répondre à ce type de question posée au concours.

L'**aide** indique l'endroit où les connaissances testées sont traitées dans le cours.

Les **réponses** au QCM.

LE COURS AU CONCOURS

2 Systèmes de numération

La partie « **Le cours** » (sur fond bleu).

2.2 Décompositions associées à l'écriture d'un nombre

A. Décomposition dans le système décimal

À chaque écriture en chiffres peut être associée une décomposition qui utilise des **puissances de 10**.

Les **notions importantes** qu'il faut retenir (sur fond jaune).

EXEMPLES :

• Dans l'écriture de 23, « 2 » désigne 2 paquets de dix unités (ou dizaines) et « 3 » désigne 3 unités ; la décomposition associée est $2 \times 10 + 3$.

• La décomposition associée à 235 est :
$2 \times 10 \times 10 + 3 \times 10 + 5 = 2 \times 100 + 3 \times 10 + 5 = 2 \times 10^2 + 3 \times 10^1 + 5 \times 10^0$.

RAPPEL $10^0 = 1$

Des **exemples** aident à l'appropriation de ces notions importantes.

CORRIGÉ QCM 2 : 2 305 est le seul nombre de la liste qui comporte 23 centaines et a 5 pour chiffre des unités. D'autres nombres que ceux de la liste auraient pu convenir comme 2 315 ; 2 325... (QCM2, p. 21)

Au fur et à mesure du cours, le **corrigé** détaillé des QCM.

3.2 Écrire en base dix un nombre donné en base *b*, et inversement

FICHE MÉTHODE **Écrire en base dix un nombre donné en base *b*.**

→ Écrire en base dix le nombre $\overline{20\alpha4}^{\text{douze}}$ (donné en base douze).

Les **fiches méthode** présentent les principaux savoir-faire à maitriser.

1. Écrire la décomposition du nombre en base *b*, en s'aidant du tableau de numération.	12^5 | 12^4 | 12^3 | 12^2 | 12^1 | 12^0 — | | 2 | 0 | α | 4
2. Effectuer les calculs en base dix.	$\overline{20\alpha4}^{\text{douze}} = (2 \times 12^3) + (0 \times 12^2) + (10 \times 12^1) + (4 \times 12^0)$. On obtient la réponse : 3 580.

Sous forme d'un tableau :

la **colonne de gauche** : chaque étape du savoir-faire est détaillée ;

la **colonne de droite** : chacune de ces étapes est exemplifiée.

ENTRAINEMENT 6 (Corrigé p. 32)
Écrire en base sept, les nombres suivants :
$A = 7^4 + 3 \times 7^3 + 2 \times 7^2 + 6 \times 7 + 5$
$B = 7^5 + 3 \times 7^3 + 2 \times 7^2 + 8$
$C = 7^4 + 7^3 \times 7 + 3 \times 7$.

ENTRAINEMENT 7 (Corrigé p. 32)
Écrire en base dix le nombre qui s'écrit $\overline{324}$ en base cinq.

ENTRAINEMENT 8 (Corrigé p. 32)
On dispose des signes ***a, e, i, o, u*** pour écrire tous les entiers naturels. Écrire la suite des vingt-cinq premiers nombres et préciser les règles employées.
a, e, i, o, u sont dans l'ordre croissant et ***a*** représente zéro.

De nombreux **exercices d'entrainement** permettent au candidat de stabiliser la compréhension des notions abordées. La page de leur **corrigé** figure en marge.

CORRIGÉS **EXERCICES D'ENTRAINEMENT**

Chaque **exercice d'entrainement** est corrigé de façon détaillée à la fin du cours.

ENTRAINEMENT 1

Énoncé p. 12

Ce tableau à double entrée permet de répondre aux deux questions. La case avec une croix correspond au nombre 13.

unités \ dizaines	1	2	3
1			
2			
3	×		

a. La réponse est donnée par le nombre total de cases : **9 nombres** (3 × 3) peuvent être écrits si on accepte que le chiffre des dizaines soit le même que celui des unités.

b. Il ne faut pas prendre en compte les cases de la diagonale grisée ; **6 nombres** seulement sont possibles (9 – 3).

AUTRE MÉTHODE

Si nécessaire, plusieurs **méthodes** sont présentées.

On peut également raisonner de la façon suivante avec un **nombre de trois chiffres écrit *cdu***, le raisonnement étant voisin de ce que montre l'arbre qui a été utilisé :

– **On commence par choisir le chiffre *c* des centaines** : il y a 3 possibilités (1 ou 2 ou 3).

– **Pour chaque chiffre des centaines**, il y a aussi 3 choix possibles pour le chiffre *d* des dizaines. Pour le couple (*c*, *d*), il y a donc 9 choix possibles (3 × 3 = 9).

– **Pour chaque couple (*c*, *d*)**, il y a également 3 choix pour le chiffre *u* des unités.

Au total, on obtiendra donc 27 nombres possibles (3 × 3 × 3 = 27).
La description des choix par un arbre (seulement amorcé ci-dessus) permet de mieux comprendre le raisonnement précédent et le calcul auquel il aboutit.

LE COURS | AU CONCOURS

1 Méthodes de dénombrement

La partie « **Au concours** » (en rouge).
À la fin de chaque chapitre, des énoncés d'exercices et problèmes de concours sont proposés.

AU CONCOURS

EXERCICE 1

Corrigé p. 18

Combien de nombres de 4 chiffres comportent le chiffre 0 dans leur écriture ?

EXERCICE 2

Corrigé p. 18

50 personnes se rencontrent et se saluent en se serrant la main. Chacune des personnes serre la main de toutes les autres.
Combien de poignées de main sont ainsi échangées ?

PROBLÈME

Corrigé p. 20

On dispose de 10 cartes numérotées de 1 à 10. On cherche à construire des suites de cartes qui se suivent de 1 en 1 dans l'ordre croissant (suites d'au moins 2 cartes).
Exemples de suites : 2 - 3 ou 4 - 5 - 6 - 7.

❶ Combien de suites différentes peut-on construire ?

❷ Quel serait le nombre de suites possibles avec 100 cartes numérotées de 1 à 100 ?

CORRIGÉS **EXERCICES**

Les **exercices** et **problèmes** de concours sont corrigés à la suite des énoncés.

EXERCICE 1

Énoncé p. 17

Cherchons d'abord combien de nombres s'écrivent avec 4 chiffres : il y en a 9 000.
En effet, de 1 à 9 999, il y a 9 999 nombres parmi lesquels 999 s'écrivent avec moins de 4 chiffres (ceux de 1 à 999).
Puis, parmi les nombres de 4 chiffres, cherchons combien s'écrivent sans utiliser le chiffre 0.

Dans ce type de problème, il faut se demander s'il n'est pas plus simple de répondre à la question « contraire », à savoir ici, chercher combien de nombres de 4 chiffres s'écrivent sans utiliser le chiffre 0.

De nombreux **commentaires** ou **conseils** méthodologiques accompagnent ces corrigés.
Certains commentaires attirent l'attention du lecteur sur des erreurs à éviter.

CORRIGÉS **PROBLÈME**

Énoncé p. 17

❶ On peut dénombrer les suites possibles selon leur longueur :
– suites de longueur 2 : elles peuvent commencer par chacun des nombres de 1 à 9 (donc 9 suites) ;
– suites de longueur 3 : elles peuvent commencer par chacun des nombres de 1 à 8 (donc 8 suites)…
Le nombre de suites va ainsi diminuer de 1 au fur et à mesure que la longueur augmente, la dernière suite ayant pour longueur 10.
D'où le nombre total de suites : 9 + 8 + 7 + … + 3 + 2 + 1 = 45.

INTRODUCTION

Ce tome 1 est destiné à la préparation de la **deuxième épreuve écrite de l'admissibilité au concours de recrutement des professeurs des écoles** (CRPE). Il permet d'acquérir les connaissances mathématiques indispensables pour traiter les parties 1 et 2 de cette épreuve. Le tome 2 est destiné à la préparation des analyses d'erreurs de la partie 2 et l'analyse de dossier de la partie 3. Pour d'autres sujets d'entrainements, on peut se reporter au recueil de **Sujets Inédits Corrigés** construits en référence au cahier des charges des sujets de concours. On peut également télécharger le sujet 0 et son corrigé sur le site de la collection Hatier Concours : www.concours-hatier.fr. Cet ouvrage s'adresse en priorité **aux candidats qui préparent le CRPE, soit en autonomie, soit dans le cadre d'un master, quel que soit leur niveau en mathématiques.**

1. Le concours de recrutement des professeurs des écoles

Les épreuves du concours de recrutement de professeurs des écoles (CRPE) ont été définies dans l'**arrêté du 19 avril 2013** fixant les modalités d'organisation des concours de recrutement de professeurs des écoles à compter de la session 2014.

1.1 Épreuves d'admissibilité

Le cadre de référence des épreuves est celui des **programmes pour l'école primaire**. Les connaissances attendues des candidats sont celles que nécessite un enseignement maitrisé de ces programmes. Le **niveau attendu** correspond à celui exigé par la **maitrise des programmes de collège**.

Épreuve écrite de français 4 h / 40 points	Épreuve écrite de mathématiques 4 h / 40 points
Cette épreuve comporte : • La **production d'une réponse,** construite et rédigée, **à une question** portant sur un ou plusieurs textes littéraires ou documentaires. 11 points • Une partie portant sur la **connaissance de la langue** (grammaire, orthographe, lexique et système phonologique). Le candidat peut avoir à répondre à des questions de façon argumentée, à une série de questions portant sur des connaissances ponctuelles, à procéder à des analyses d'erreurs-types dans des productions d'élèves, en formulant des hypothèses sur leurs origines. 11 points • Une **analyse d'un dossier composé d'un ou plusieurs supports d'enseignement du français,** choisis dans le cadre des programmes de l'école primaire qu'ils soient destinés aux élèves ou aux enseignants (manuels scolaires, documents à caractère pédagogique), **et de productions d'élèves** de tous types, permettant d'apprécier la capacité du candidat à maitriser les notions présentes dans les situations d'enseignement. 13 points 5 points permettent d'évaluer la correction syntaxique et la qualité écrite de la production du candidat.	Cette épreuve comporte : • Une première partie constituée d'un **problème portant sur un ou plusieurs domaines des programmes de l'école ou du collège**, ou sur des éléments du socle commun de connaissances, de compétences et de culture, permettant d'apprécier particulièrement la capacité du candidat à rechercher, extraire et organiser l'information utile. 13 points • Une deuxième partie composée d'**exercices indépendants, complémentaires à la première partie**, permettant de vérifier les connaissances et compétences du candidat dans différents domaines des programmes de l'école ou du collège. Ces exercices pourront être proposés sous forme de questions à choix multiples, de questions à réponse construite ou bien d'analyses d'erreurs-types dans des productions d'élèves, en formulant des hypothèses sur leurs origines. 13 points • Une **analyse d'un dossier composé d'un ou plusieurs supports d'enseignement des mathématiques**, choisis dans le cadre des programmes de l'école primaire qu'ils soient destinés aux élèves ou aux enseignants (manuels scolaires, documents à caractère pédagogique), et productions d'élèves de tous types, permettant d'apprécier la capacité du candidat à maitriser les notions présentes dans les situations d'enseignement. 14 points 5 points au maximum peuvent être retirés pour tenir compte de la correction syntaxique et de la qualité écrite de la production du candidat.
Une **note globale égale ou inférieure à 10 est éliminatoire.**	

1.2 Épreuves d'admission

Les deux épreuves orales d'admission **comportent un entretien avec le jury qui permet d'évaluer la capacité du candidat à s'exprimer** avec clarté et précision, **à réfléchir** aux enjeux scientifiques, didactiques, épistémologiques, culturels et sociaux que revêt l'enseignement des champs disciplinaires du concours, et des rapports qu'ils entretiennent entre eux.

Première épreuve orale Mise en situation professionnelle dans un domaine au choix du candidat 1 h / 60 points	Deuxième épreuve orale Entretien à partir d'un dossier Péparation : 3 h 1 h 15 / 100 points
Cette épreuve vise **à évaluer les compétences scientifiques, didactiques et pédagogiques du candidat dans un domaine d'enseignement** relevant des missions ou des programmes de l'école élémentaire ou de l'école maternelle, **choisi au moment de l'inscription** au concours parmi les domaines suivants : sciences et technologie, histoire, géographie, histoire des arts, arts visuels, éducation musicale, enseignement moral et civique. Le candidat **remet préalablement au jury un dossier de dix pages au plus,** portant sur le sujet qu'il a choisi. Ce dossier pourra être conçu à l'aide des différentes possibilités offertes par les technologies de l'information et de la communication usuelles, y compris audiovisuelles (format Compact Disc). Il est adressé au président du jury sous format papier accompagné le cas échéant d'un support numérique Compact Disc, dans un délai et selon des modalités fixées par le jury. Ce dossier se compose de **deux ensembles** : – une **synthèse des fondements scientifiques relatifs** au sujet retenu ; – la **description d'une séquence pédagogique,** relative au sujet choisi, accompagnée des documents se rapportant à cette dernière. L'épreuve comporte : • la **présentation du dossier** par le candidat durée : 20 min (20 points) • un **entretien avec le jury** durée : 40 min (40 points) Il porte, d'une part, sur les aspects scientifiques, pédagogiques et didactiques du dossier et de sa présentation, et, d'autre part, sur un élargissement et/ou un approfondissement dans le domaine considéré, pouvant notamment porter sur sa connaissance réfléchie des différentes théories du développement de l'enfant.	L'épreuve comporte deux parties : • **Première partie** 40 points durée de l'exposé : 10 min durée de l'entretien : 20 min Le jury propose au candidat un sujet relatif à une activité physique, sportive et artistique (APSA) praticable à l'école élémentaire ou au domaine des activités physiques et expériences corporelles réalisables à l'école maternelle. Le sujet pourra être présenté à l'aide des différentes possibilités offertes par les technologies de l'information et de la communication usuelles, y compris audiovisuelles. Le sujet se rapporte soit à la progression au sein d'un cycle d'activités portant sur l'APSA ou la pratique physique et corporelle considérée, soit à une situation d'apprentissage adossée au développement d'une compétence motrice relative à cette même APSA ou pratique physique et corporelle. Le **candidat expose ses réponses** (10 min) et **s'entretient avec le jury** (20 min). Le jury élargit le questionnement aux pratiques sportives personnelles du candidat ou encore au type d'activités sportives qu'il peut animer ou encadrer. • **Deuxième partie** 60 points durée de l'exposé : 15 min (20 points) durée de l'entretien : 30 min (40 points) Elle consiste en un **exposé du candidat à partir d'un dossier de cinq pages maximum fourni par le jury** et portant sur une situation professionnelle inscrite dans le fonctionnement de l'école primaire, suivi d'un entretien avec le jury. **L'exposé** du candidat présente une **analyse de cette situation et des questions qu'elle pose,** en lui permettant d'attester de compétences professionnelles en cours d'acquisition d'un professeur des écoles. **L'entretien** permet également d'**évaluer la capacité du candidat** à prendre en compte les acquis et les besoins des élèves, en fonction des contextes des cycles de l'école maternelle et de l'école élémentaire, et à se représenter de façon réfléchie la diversité des conditions d'exercice du métier, ainsi que son contexte dans ses différentes dimensions (classe, équipe éducative, école, institution scolaire, société), et les valeurs qui le portent dont celles de la République.

1.3 Présentation de la deuxième épreuve écrite : mathématiques

http://cache.media.education.gouv.fr/file/sujets_0(2014)/59/7/s0_crpe_math_260597.pdf

Les notions mathématiques abordées à l'école primaire constituent les bases d'un corpus plus large qui sera développé au cours la scolarité obligatoire. Pour pouvoir les enseigner, le futur professeur des écoles se doit d'en maitriser les fondements théoriques et de connaitre les développements qu'ils permettront dans les années de collège.

Il est donc demandé au candidat au professorat des écoles un niveau de connaissances et de raisonnement *correspondant à celui exigé par la maitrise les programmes de collège. Exposer ce raisonnement de manière claire et rigoureuse* est une des manifestations de cette maitrise.

L'épreuve comporte trois parties :

1) **La première partie** consiste en un *problème portant sur un ou plusieurs domaines des programmes de l'école ou du collège, ou sur des éléments du socle commun de connaissances, de compétences et de culture*. Ce problème peut, autour d'un thème donné, faire appel à plusieurs registres : numérique, algébrique, géométrique, graphique, etc. Il permet au candidat de montrer sa capacité à mettre en relation ces différents registres, mais aussi de montrer une représentation correcte des différents statuts mathématiques des énoncés rencontrés : données, hypothèses, propriétés ou théorèmes. Ce problème peut comporter plusieurs parties ; il peut être demandé au candidat de démontrer des propriétés connues, de modéliser une situation en vue de la résolution d'un exercice concret ou de mener un raisonnement à portée plus générale.

2) **La deuxième partie** est *composée d'exercices indépendants, complémentaires à la première partie, permettant de vérifier les connaissances et compétences du candidat dans différents domaines des programmes de l'école ou du collège. Ces exercices pourront être proposés sous forme de questions à choix multiples, de questions à réponse construite ou bien d'analyses d'erreurs-types dans des productions d'élèves, en formulant des hypothèses sur leurs origines*.

Des exercices de types différents peuvent être proposés dans un même sujet. Les questions à choix multiples sont accompagnées d'une demande de justification ; elles permettent de mettre en œuvre des types de raisonnement variés et notamment la preuve par présentation d'un contre-exemple. Les questions à réponse construite peuvent, dans certains exercices, être des questions ouvertes qui demandent pour leur résolution une prise d'initiative.

3) **La troisième partie** consiste en une *analyse d'un dossier composé d'un ou plusieurs supports d'enseignement des mathématiques, choisis dans le cadre des programmes de l'école primaire qu'ils soient destinés aux élèves ou aux enseignants (manuels scolaires, documents à caractère pédagogique), et productions d'élèves de tous types, permettant d'apprécier la capacité du candidat à maitriser les notions présentes dans les situations d'enseignement.*

Cette partie peut porter sur une notion spécifique de l'un des trois cycles, ou sur une notion abordée de façon progressive au cours de plusieurs cycles. La maitrise des notions s'exprime notamment à travers la capacité du candidat à mettre en perspective ces notions et à expliciter les caractéristiques mathématiques des développements ou enrichissements successifs.

2. Conseils pour préparer l'épreuve de mathématiques

Comme l'indique le texte officiel, les connaissances mathématiques à acquérir sont de niveau collège. Il faut y ajouter des connaissances sur les systèmes de numération dont l'apprentissage occupe une place importante à l'école primaire.

On peut consulter ces programmes dans le *Bulletin officiel* (BO) du 19 juin 2008 n° 3 Hors-série ou sur le site officiel du ministère de l'Éducation nationale : www.eduscol.education.gouv.fr

2.1 Organisation de l'ouvrage

Cet ouvrage comporte 20 chapitres répartis sur 4 thèmes : NOMBRES, CALCUL, GÉOMÉTRIE et MESURE.

Chaque chapitre est organisé de la façon suivante :

TESTER SES CONNAISSANCES

Les questions proposées sous forme de **QCM** permettent au candidat de mieux situer ses acquis, ses difficultés et ses manques sur le sujet considéré. Les réponses sont données à la fin de la partie et sont corrigées de façon détaillée dans le cours.

LE COURS

Détaillé, il est émaillé d'exercices d'entrainement dont les corrigés sont fournis à la fin du cours. Cela permet au candidat de tester immédiatement sa compréhension des notions abordées. Les principaux savoir-faire à maitriser sont présentés sous forme de fiches méthode. Les étapes de ces savoir-faire sont clairement explicitées et exemplifiées.

AU CONCOURS

Les exercices et problèmes du type de ceux donnés au concours sont accompagnés d'un corrigé détaillé et commenté. Des conseils méthodologiques sont fournis pour les questions classiques.

2.2 Comment utiliser cet ouvrage

Si vos connaissances mathématiques sont lointaines, peu stables..., nous vous conseillons vivement de répondre aux questions posées dans **Tester ses connaissances**. Même si, en général, les réponses peuvent être données rapidement, prenez un temps suffisant pour affronter ces questions et ne vous laissez pas tenter par la lecture du corrigé dès le premier blocage ! Même si vous n'arrivez pas à résoudre les questions proposées, le fait d'avoir cherché vous permettra de mieux assimiler le corrigé donné dans le Cours.

Prenez connaissance **du Cours** le crayon à la main et n'hésitez pas à revenir en arrière si nécessaire. Assurez-vous d'avoir bien compris ce qui est énoncé. N'oubliez pas que la compréhension est un facteur essentiel de la mémorisation et de l'utilisation des connaissances. Les exercices d'entrainement placés au fil du cours vous permettront de stabiliser vos connaissances.

La partie **Au concours** permettra un transfert de vos connaissances dans des situations plus complexes. Les nombreux conseils méthodologiques placés tout au long des corrigés vous aideront à résoudre les questions.

3. Conseils pour le jour de l'épreuve

3.1 Bien gérer son temps

Il est essentiel de gérer convenablement son temps. Chaque année, après l'épreuve, des candidats se désolent de ne pas avoir eu assez de temps pour traiter des questions qu'ils savaient parfaitement résoudre parce qu'ils avaient consacré trop de temps à sécher sur certaines autres.

Pour éviter cette situation, généralement catastrophique, voici **quatre conseils** :

- **Toujours commencer par lire l'intégralité du sujet** de façon à identifier les questions auxquelles vous pensez pouvoir répondre. Ce sont les questions par lesquelles vous allez commencer.
- **Ne pas hésiter à sauter certaines questions** que vous n'arrivez pas à résoudre immédiatement. Dans ce cas, vous laisserez de la place pour y revenir éventuellement plus tard. Par contre, ne disséminez pas les réponses aux différentes questions d'un même exercice au milieu d'autres exercices, elles risquent de ne jamais être corrigées. En effet, sachez que les correcteurs ne mettent aucune annotation ou appréciation sur la copie.

- **Ne pas tout écrire au brouillon,** mais mener en parallèle le travail au brouillon et la rédaction dès qu'une solution émerge de façon sûre.
- **Gérer son temps** en tenant compte du nombre de points accordés à chaque question.

3.2 Conseils concernant les questions mathématiques

- **Avant de commencer un exercice ou un problème de mathématiques, le relire à nouveau dans son intégralité.** C'est important car l'enchainement des questions peut vous aider à découvrir certaines solutions. Ne pas oublier non plus que, très souvent, les réponses aux questions précédentes servent à résoudre les questions suivantes et qu'il est possible de s'en servir même si vous n'avez pas su les traiter entièrement.
- **Il est essentiel de systématiquement justifier les réponses.** Ce sont souvent sur des critères de rigueur de rédaction que se font les différences entre les candidats. Ne pas oublier que plus une réponse est simple, plus les correcteurs sont exigeants sur les critères de rédaction.
- **Rédiger avec précision, notamment être attentif aux notations mathématiques.**

Voici quelques exemples d'erreurs d'écriture fréquemment rencontrées dans les copies :

Ne pas écrire...	mais écrire...	car...
[AB] = [CD]	AB = CD	AB et CD désignent les longueurs des segments, alors que [AB] et [CD] désignent les segments eux-mêmes.
I est le milieu de (**AB**)	I est le milieu de [**AB**]	(AB) désigne une droite... qui n'a donc pas de milieu.
(**d**) est la médiatrice de (**CD**)	(**d**) est la médiatrice de [**CD**]	On ne peut pas parler de médiatrice d'une droite, mais seulement de médiatrice d'un segment

De même, dans une rédaction, il vaut mieux éviter de mélanger le texte et les notations abrégées.
Ainsi « (AB) est // à (CD) » est à éviter et il faut lui préférer :
– soit « (AB) est parallèle à (CD) » ; – soit « (AB) // (CD) ».

3.3 Comment répondre à un QCM ?

Deux stratégies peuvent être mobilisées pour répondre à un QCM :
– 1re **stratégie** : faire l'exercicc, sans tenir compte des réponses proposées, puis identifier la « bonne » réponse parmi celles-ci ;
– 2e **stratégie :** partir des réponses proposées et éliminer celles qui ne conviennent pas.

EXEMPLE :
L'égalité : $\overline{32} + \overline{14} = \overline{50}$ est vraie pour la base : **A.** 5 **B.** 4 **C.** 7 **E.** 6

- 1re **stratégie :** On appelle x la base possible (donc $x > 5$) et on traduit l'égalité à l'aide de x :
$3x + 2 + x + 4 = 5x + 0$ et on trouve $\boldsymbol{x = 6}$.
- 2e **stratégie :** On part des réponses : 5 et 4 ne peuvent pas être des bases car la base est toujours strictement supérieure à chacun des chiffres.

On essaie de voir si 7 convient : En base 7 : $\overline{32} + \overline{14} = 3 \times 7 + 2 + 1 \times 7 + 4 = 34$
$\overline{50} = 5 \times 7 = 35.$

Donc 7 ne convient pas, **la bonne réponse est 6.**

Ce qu'il faut vérifier par : $\overline{32} + \overline{14} = 3 \times 6 + 2 + 1 \times 6 + 4 = 30$
$\overline{50} = 5 \times 6 = 30.$

CHAPITRE 1

Méthodes de dénombrement

OBJECTIF DU CHAPITRE

– Connaitre et savoir utiliser différentes stratégies de dénombrement.

FICHES MÉTHODE

– Dénombrer à l'aide d'un tableau à double entrée. p. 12

– Dénombrer avec un arbre de choix. p. 13

– Faire preuve de méthode et d'organisation. p. 14

TESTER SES CONNAISSANCES

QCM Un restaurant propose les choix suivants :

Aide : §2.2 p. 13

– Entrée : potage, pâté ou salade
– Plat : poisson, viande rouge, lasagnes ou omelette
– Dessert : salade de fruits, glace ou pâtisserie.

Combien de menus différents peuvent être composés en prenant une entrée, un plat et un dessert ?

A. 10 **B.** 20 **C.** 18 **D.** 36 **E.** 35

1. D

LE COURS

1 Qu'est-ce que dénombrer ?

Dénombrer consiste à utiliser un moyen approprié pour exprimer une quantité d'unités par un nombre.

Cela peut parfois se faire en comptant les unités une par une, mais cette méthode peut se révéler fastidieuse et il est alors nécessaire de mettre au point une autre méthode de dénombrement qui, le plus souvent, débouche sur un calcul permettant d'obtenir la réponse.

Dans cet ouvrage, nous indiquons un certain nombre de méthodes qui permettent d'organiser le dénombrement, éventuellement en s'aidant d'un schéma, de façon à être sûr que l'inventaire des éléments est exhaustif et que leur nombre peut être calculé.

Ces méthodes pourront être mobilisées dans la plupart des chapitres de cet ouvrage et dans de nombreux exercices ou problèmes du concours où il est demandé un inventaire de réponses possibles à une question.

2 Comment dénombrer ?

Trois méthodes de dénombrement sont proposées :
– le tableau à double entrée
– l'arbre de choix
– le raisonnement sans support.
Le choix d'une méthode dépend de la nature du problème à résoudre.

2.1 Tableau à double entrée

FICHE MÉTHODE Dénombrer à l'aide d'un tableau à double entrée.

→ On dispose d'un grand nombre d'objets découpés qui ont la forme de carrés, de triangles ou de ronds. Tous les objets de même forme sont de mêmes dimensions.
On décide de peindre ces objets en jaune, en bleu, en rouge ou en vert.
Combien peut-on obtenir de sortes différentes d'objets colorés ?

1. **Identifier les paramètres** indépendants en jeu, ce qui permet de recourir à un tableau à double entrée.	Deux paramètres interviennent : les **formes** et les **couleurs**.
2. **Construire le tableau** (ou schéma du tableau si chaque paramètre comporte beaucoup de valeurs). 3. **Compléter le tableau** (en totalité ou en partie seulement).	(voir tableau ci-dessous)
4. **Dénombrer les solutions** qui correspondent aux cases qui peuvent être complétées en fonction du problème posé. Remarque : Si on demande seulement le nombre d'éléments, il n'est pas nécessaire de remplir totalement le tableau.	Ici, toutes les cases peuvent être complétées. Elles sont au nombre de $4 \times 3 = 12$. Il y a donc **12 sortes d'objets.**

	carré	triangle	rond
jaune	carré jaune		
bleu			rond bleu
rouge		triangle rouge	
vert			rond vert

ENTRAINEMENT 1

Corrigé p. 15

Combien de nombres différents de 2 chiffres peut-on écrire en utilisant les chiffres 1 ; 2 et 3 :

a. dans le cas où les chiffres peuvent être répétés.

b. dans le cas où les chiffres ne peuvent pas être répétés.

2.2 Arbre des choix possibles

QCM, p. 11

FICHE MÉTHODE Dénombrer avec un arbre de choix.

→ Un restaurant propose les choix suivants :
– Entrée : potage, pâté ou salade
– Plat : poisson, viande rouge, lasagnes ou omelette
– Dessert : salade de fruits, glace ou pâtisserie.
Combien de menus différents peuvent être composés en prenant une entrée, un plat et un dessert ?

1. Identifier les paramètres qui interviennent.	Trois paramètres interviennent : les **entrées**, les **plats**, les **desserts**.
2. Établir l'arbre en totalité ou en partie. **3. Compléter l'arbre** en totalité ou en partie.	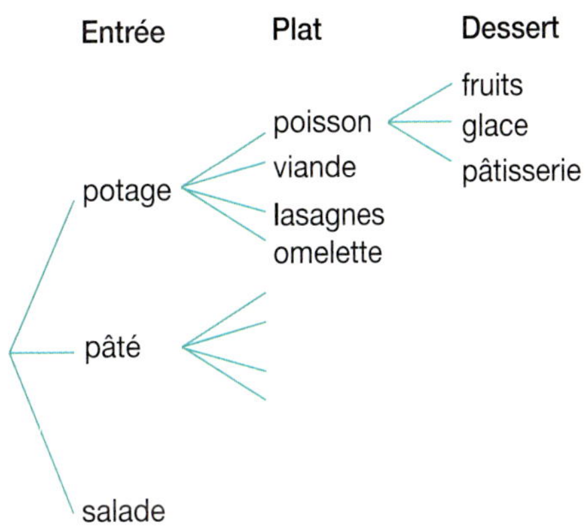
4. Dénombrer les solutions. Remarque : Si on demande seulement le nombre d'éléments, il n'est pas nécessaire de compléter totalement l'arbre. Ce n'est pas le cas si on demande l'ensemble des solutions. Cette méthode peut être utilisée avec n'importe quel nombre de paramètres.	Ici, il y a $3 \times 4 \times 3 =$ **36 repas possibles**.

ENTRAINEMENT 2

Corrigé p. 15

Combien de nombres différents de 3 chiffres peut-on écrire en utilisant les chiffres 1 ; 2 et 3 :
a. dans le cas où les chiffres peuvent être répétés.
b. dans le cas où les chiffres ne peuvent pas être répétés.

2.3 Organisation et raisonnement

Dans certains cas, le recours à un schéma n'est pas utile. Il suffit de faire preuve de méthode et d'organisation.

FICHE MÉTHODE **Faire preuve de méthode et d'organisation.**

→ Combien peut-on distinguer de parallélogrammes sur cette figure ?

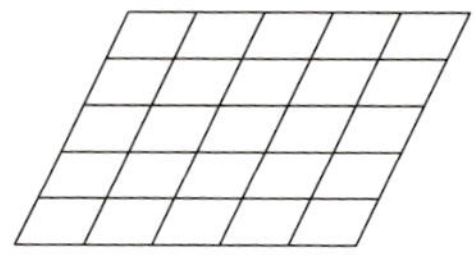

méthode 1. **De manière systématique**

Elle consiste à procéder de manière systématique en cherchant :
– le nombre de parallélogrammes de « côtés 1 » (il y en a 25, nombre donné par le calcul 5×5) ;
– puis le nombre de parallélogrammes de « côtés 1 et 2 » (40), de « côtés 1 et 3 » (30), etc. ;
– puis le nombre de parallélogrammes de « côtés 2 » (16), etc.
L'inventaire des types de parallélogrammes, selon la longueur des côtés, est à lui seul un problème d'organisation.

méthode 2. **Par raisonnement**

Elle consiste à considérer qu'un parallélogramme est déterminé par le choix d'un couple de droites « horizontales » non confondues et d'un couple de droites « obliques » non confondues. En voici deux exemples.

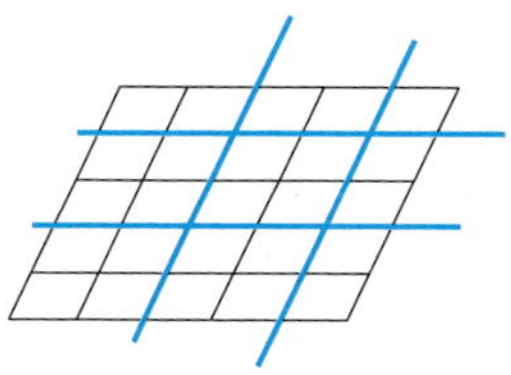

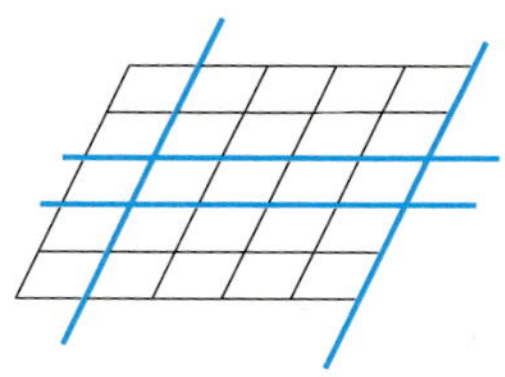

Le problème se ramène maintenant à celui de la recherche du nombre de couples de droites « horizontales » (non confondues) et du nombre de couples de droites « obliques » (non confondues) possibles.
Pour déterminer un couple de droites « horizontales », il y a 6 possibilités pour le choix de la première droite ; puis la première étant choisie, 5 possibilités pour le choix de la seconde droite ; soit en combinant les deux choix, 30 possibilités.
Mais chaque couple est alors considéré deux fois (la deuxième droite pouvant être au-dessous ou au-dessus de la première). En définitive, il n'existe que **15 possibilités**.

Ce nombre aurait pu être déterminé par un autre raisonnement :
Si la 1re droite correspond à la 1re ligne, il reste « en dessous » 5 possibilités.
Si elle correspond à la 2e ligne, il reste « en dessous » 4 possibilités.
Si elle correspond à la 3e ligne, il reste « en dessous » 3 possibilités.
Si elle correspond à la 4e ligne, il reste « en dessous » 2 possibilités.
Si elle correspond à la 5e ligne, il reste « en dessous » 1 possibilité.
Soit, au total, 15 couples de « droites horizontales » puisque $5 + 4 + 3 + 2 + 1 = 15$.
De la même manière, il existe **15 couples de droites « obliques »** possibles.

Comme chaque couple de droites « horizontales » peut être combiné avec tous les couples de droites « obliques », le nombre de parallélogrammes est donné par le calcul $\mathbf{15 \times 15}$.

Il y a donc 225 parallélogrammes possibles.

ENTRAINEMENT 3

Corrigé p. 16

Lucas a écrit les nombres de 0 à 999.
Combien de fois a-t-il écrit le chiffre 7 ?

CORRIGÉS EXERCICES D'ENTRAINEMENT

ENTRAINEMENT 1

Énoncé p. 12

Ce tableau à double entrée permet de répondre aux deux questions. La case avec une croix correspond au nombre 13.

unités \ dizaines	1	2	3
1			
2			
3	×		

a. La réponse est donnée par le nombre total de cases : **9 nombres** (3 × 3) peuvent être écrits si on accepte que le chiffre des dizaines soit le même que celui des unités.

b. Il ne faut pas prendre en compte les cases de la diagonale grisée ; **6 nombres** seulement sont possibles (9 – 3).

ENTRAINEMENT 2

Énoncé p. 13

Comme il y a 3 paramètres (chiffres des centaines, des dizaines et des unités), l'utilisation d'un tableau à double entrée n'est pas la meilleure méthode.

a. On peut utiliser un arbre.

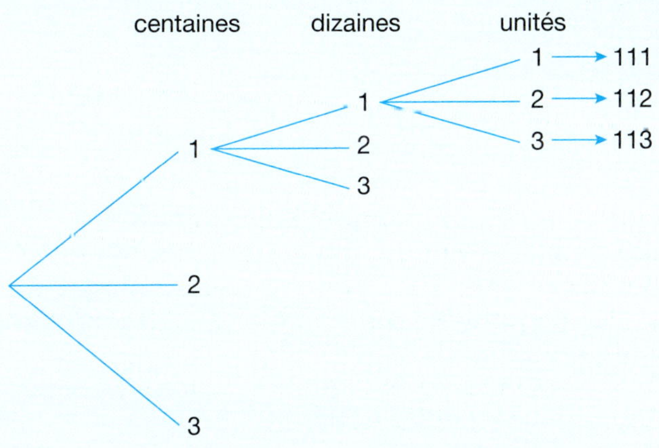

Soit au total : 3 × 3 × 3 = **27 nombres possibles.**

AUTRE MÉTHODE

On peut également raisonner de la façon suivante avec un **nombre de trois chiffres écrit *cdu***, le raisonnement étant voisin de ce que montre l'arbre qui a été utilisé :

– **On commence par choisir le chiffre *c* des centaines** : il y a 3 possibilités (1 ou 2 ou 3).

– **Pour chaque chiffre des centaines**, il y a aussi 3 choix possibles pour le chiffre *d* des dizaines. Pour le couple (*c*, *d*), il y a donc 9 choix possibles (3 × 3 = 9).

– **Pour chaque couple (*c*, *d*)**, il y a également 3 choix pour le chiffre *u* des unités.

Au total, on obtiendra donc 27 nombres possibles (3 × 3 × 3 = 27).
La description des choix par un arbre (seulement amorcé ci-dessus) permet de mieux comprendre le raisonnement précédent et le calcul auquel il aboutit.

b. La répétition de chiffres est interdite.

– En reprenant le raisonnement précédent, il existe toujours au départ 3 possibilités pour le **chiffre *c***.

– Pour chacune de ces possibilités, il n'existe que 2 choix possibles pour le **chiffre *d*** (pour $c = 2$, d ne peut être égal qu'à 1 ou 3).
– Pour chaque couple (c, d) choisi, il n'existe qu'une seule possibilité pour le **chiffre *u*** (le chiffre qui n'a pas encore été choisi).

Au total, il y a donc **6 possibilités** correspondant au calcul $3 \times 2 \times 1 = 6$.
Dans ce cas, il est aussi simple d'écrire méthodiquement les nombres cherchés : 312, 321, 213, 231, 123, 132.

ENTRAINEMENT 3

Énoncé p. 14

Une méthode fastidieuse : écrire effectivement tous les nombres de 0 à 999 et compter les chiffres 7.

D'autres méthodes de dénombrement sont possibles en **établissant un inventaire raisonné des nombres écrits avec le chiffre 7.**

MÉTHODE 1

- **Nombre de 7 écrits au rang des unités**

Il y a 1 chiffre 7 écrit au rang des unités pour chaque dizaine.
Or il y a 100 dizaines (dizaine de 0 à 9, de 10 à 19, de 20 à 29… de 90 à 99 ; de 100 à 109, de 110 à 119... de 990 à 999).
Il y a donc **100 chiffres 7 au rang des unités.**

- **Nombre de 7 écrits au rang des dizaines**

Il y a 10 chiffres 7 écrits au rang des dizaines pour chaque centaine. Par exemple pour la première centaine de 0 à 99, ce sont les nombres de 70 à 79.
Or il y a 10 centaines (centaine de 0 à 99, de 100 à 199...).
Il y a donc **100 chiffres 7 au rang des dizaines** (10×10).

- **Nombre de 7 écrits au rang des centaines**

Le chiffre 7 est écrit pour tous les nombres de 700 à 799.
Il y a donc **100 chiffres 7 au rang des centaines.**
Au total pour les nombres de 0 à 999, le chiffre 7 est écrit 300 fois.

MÉTHODE 2

- **de 0 à 99 :** Il y a **20 chiffres** 7 (10 chiffres 7 au rang des unités et 10 chiffres pour la série de 70 à 79).
- **de 100 à 999 :** Le chiffre des centaines change 9 fois devant le couple (dizaine, unité) dont on vient de calculer le nombre de chiffres 7 ; on peut donc dire qu'il y a **180 chiffres** 7 (20×9). Mais il faut y ajouter tous les nombres de 700 à 799 qui ont 7 pour chiffre des centaines, soit **100 chiffres** 7. D'où au total entre 100 et 999, **280 chiffres.**

Finalement, pour les nombres de 0 à 999, le chiffre 7 est écrit 300 fois.

AU CONCOURS

EXERCICE 1

Corrigé p. 18

Combien de nombres de 4 chiffres comportent le chiffre 0 dans leur écriture ?

EXERCICE 2

Corrigé p. 18

50 personnes se rencontrent et se saluent en se serrant la main. Chacune des personnes serre la main de toutes les autres.
Combien de poignées de main sont ainsi échangées ?

EXERCICE 3

Corrigé p. 19

On dispose 4 jetons sur ce quadrillage de façon à ce que, sur chaque ligne et chaque colonne, on n'ait qu'un seul jeton.

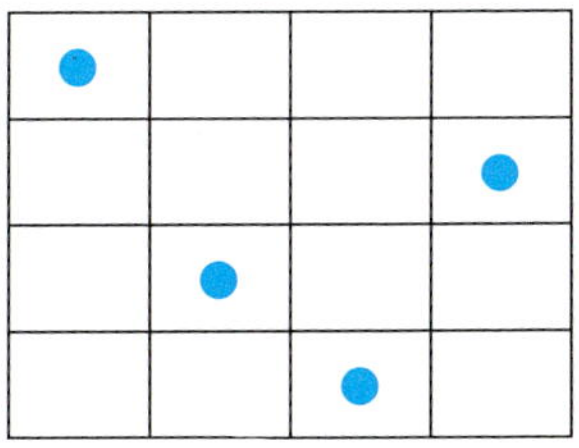

Combien existe-t-il de dispositions différentes ?

PROBLÈME

Corrigé p. 20

On dispose de 10 cartes numérotées de 1 à 10. On cherche à construire des suites de cartes qui se suivent de 1 en 1 dans l'ordre croissant (suites d'au moins 2 cartes).
Exemples de suites : 2 - 3 ou 4 - 5 - 6 - 7.

❶ Combien de suites différentes peut-on construire ?

❷ Quel serait le nombre de suites possibles avec 100 cartes numérotées de 1 à 100 ?

CORRIGÉS EXERCICES

EXERCICE 1

Énoncé p. 17

Cherchons d'abord combien de nombres s'écrivent avec 4 chiffres : il y en a 9 000.
En effet, de 1 à 9 999, il y a 9 999 nombres parmi lesquels 999 s'écrivent avec moins de 4 chiffres (ceux de 1 à 999).

> Dans ce type de problème, il faut se demander s'il n'est pas plus simple de répondre à la question « contraire », à savoir ici, chercher combien de nombres de 4 chiffres s'écrivent sans utiliser le chiffre 0.

Puis, parmi les nombres de 4 chiffres, cherchons combien s'écrivent sans utiliser le chiffre 0.
Pour répondre à cette question, on peut imaginer un arbre de choix.

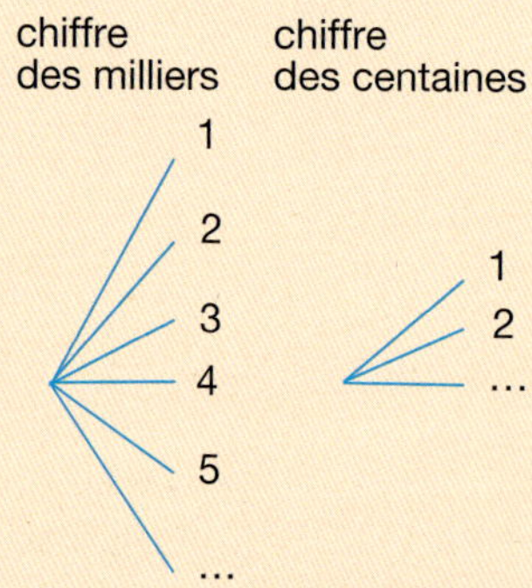

Pour chaque ordre d'unités (milliers, centaines, dizaines, unités), il y a 9 possibilités (chiffres de 1 à 9) indépendantes les unes des autres. Le nombre total de nombres qui s'écrivent avec 4 chiffres, sans 0, est donné par le calcul :
$9 \times 9 \times 9 \times 9 = 9^4 = 6\,561$.

Comme $9\,000 - 6\,561 = 2\,439$, il y a **2 439 nombres de 4 chiffres qui s'écrivent avec le chiffre 0.**

EXERCICE 2

Énoncé p. 17

Dans le cas de 5 personnes (A, B, C, D, E), on peut représenter les personnes par des croix et les poignées de main par des traits entre chaque croix. Ce schéma peut aider à mener deux raisonnements qui conduisent à la réponse :

> Il peut être utile, pour « se faire une idée », de chercher la réponse dans un cas plus simple, par exemple en faisant un schéma.

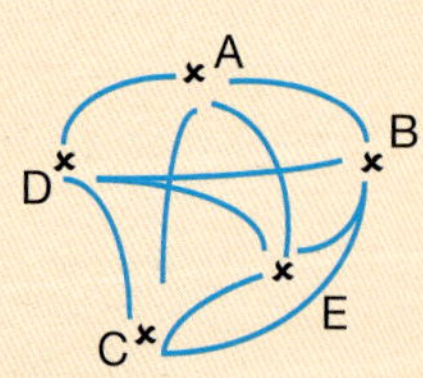

MÉTHODE 1

Si on prend la croix de la personne A, on constate que 4 traits en partent.
En prenant une deuxième croix (personne B), on constate que 3 nouveaux traits en partent (en dehors de celui déjà considéré pour la première croix)…

– Dans le cas du problème posé, cela revient à considérer une **première personne (A)** : elle serre la main à 49 autres.

– La **deuxième personne (B)** serre la main à 48 autres personnes (la poignée de main avec la personne (A) ayant déjà été considérée).
– La **troisième personne (C)** serre la main à 47 autres personnes (les poignées de main avec les deux premières personnes (A) et (B) ayant déjà été considérées).
Et ainsi de suite…

Le nombre total de poignées de mains est donc donné par la somme S :
$S = 49 + 48 + 47 + \ldots + 3 + 2 + 1$
Pour calculer facilement cette somme, il est commode de l'écrire « à l'envers ».
On l'obtient ainsi sous deux formes :
$S = 49 + 48 + 47 + ... + 3 + 2 + 1$
$S = 1 + 2 + 3 + \ldots + 47 + 48 + 49$
Si on ajoute terme à terme ces 2 sommes, on obtient :
$2S = 50 + 50 + 50 + \ldots + 50 + 50 + 50$ *(49 fois)*
Donc $2S = 49 \times 50$ et $S = 49 \times 25 = 1\ 225$.

Le nombre de poignées de main est donc égal à 1 225.

MÉTHODE 2

On aurait pu établir ce résultat plus rapidement, à partir du raisonnement suivant :
– sur le schéma, on observe que 4 traits partent de chaque croix ;
– dans le cas de 50 personnes, cela revient à considérer que chaque personne serre la main à 49 autres personnes. On pourrait donc penser que le nombre total de poignées est égal à 49×50, mais ce serait oublier que chaque poignée de main est ainsi comptée deux fois (de la personne (A) vers la personne (B) et de la personne (B) vers la personne (A)). Il faut donc diviser ce résultat par 2, ce qui ramène au calcul : $\dfrac{49 \times 50}{2} = 1\ 225$.

EXERCICE 3

Énoncé p. 17

• Premier raisonnement

On peut par exemple raisonner de la façon suivante :
– on commence par placer le jeton de la 1re colonne : on a alors le choix entre 4 cases ;
– une case étant choisie dans la 1re colonne, on place le jeton de la 2e colonne : on n'a alors plus que le choix entre 3 cases ;
– pour placer le jeton dans la 3e colonne, on aura ensuite seulement le choix entre 2 cases ;
– pour placer le jeton de la 4e colonne, il ne restera qu'une possibilité.

Soit au total 24 dispositions possibles
($4 \times 3 \times 2 \times 1 = 24$).

Il s'agit de dénombrer toutes les possibilités et donc de trouver une méthode de comptage qui permet de n'en oublier aucune.

• Deuxième raisonnement

La description des choix par un **arbre** (seulement amorcé ici) permet peut-être de mieux comprendre le raisonnement précédent et le calcul auquel il aboutit.

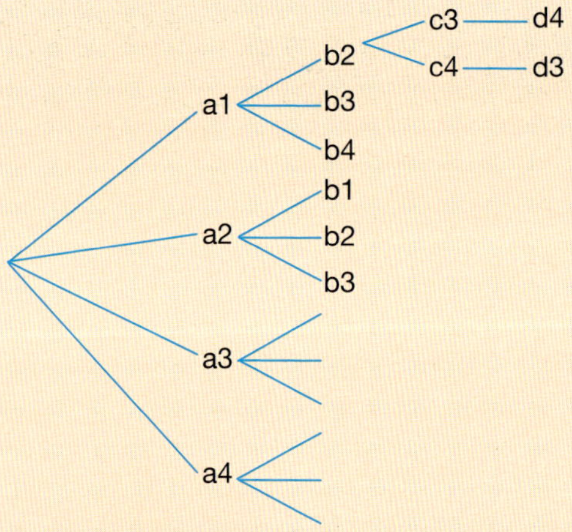

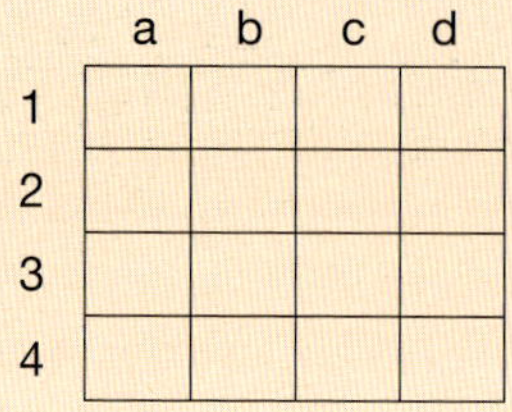

CORRIGÉS PROBLÈME

Énoncé p. 17

❶ On peut dénombrer les suites possibles selon leur longueur :
– suites de longueur 2 : elles peuvent commencer par chacun des nombres de 1 à 9 (donc 9 suites) ;
– suites de longueur 3 : elles peuvent commencer par chacun des nombres de 1 à 8 (donc 8 suites)…
Le nombre de suites va ainsi diminuer de 1 au fur et à mesure que la longueur augmente, la dernière suite ayant pour longueur 10.
D'où le nombre total de suites : $9 + 8 + 7 + \ldots + 3 + 2 + 1 = 45$.

❷ Avec le même raisonnement, sur des suites de longueur 2 à 100, on arrive au nombre total de suites de :
$99 + 98 + \ldots + 2 + 1$.
La méthode la plus simple pour calculer cette somme consiste à l'écrire deux fois (comme dans l'exercice 2 p. 19) :
$S = 99 + 98 + \ldots + 2 + 1$
$S = 1 + 2 + \ldots + 98 + 99$
En ajoutant terme à terme, on obtient :
$2S = 100 + 100 + \ldots + 100 + 100$ *(99 fois)*
$2S = 99 \times 100 = 9\,900$ et $S = 4\,950$.
Le nombre de suites possibles est donc égal à 4 950.

méthode générale

Dans l'exercice 2 et le problème, on a été amené à calculer la somme de n premiers nombres entiers naturels. Ce calcul intervient assez fréquemment. Il est donc utile de se souvenir soit de la méthode qui permet de la calculer (écrire la somme « dans les deux sens » et ajouter terme à terme), soit de la formule correspondante :
$S = n + (n-1) + (n-2) + \ldots + 3 + 2 + 1$
$S = 1 + 2 + 3 + \ldots + (n-2) + (n-1) + n$
Si on ajoute terme à terme ces 2 sommes, on obtient :
$2S = (n+1) + (n+1) + (n+1) + \ldots + (n+1) + (n+1) + (n+1)$ avec $n+1$ ajouté n fois.
D'où $S = \dfrac{n(n+1)}{2}$.

CHAPITRE 2

Systèmes de numération

OBJECTIFS DU CHAPITRE

– Identifier et utiliser les caractéristiques d'un système de numération et, en particulier, celles du système de numération décimale (écriture des nombres naturels en base dix).

– Passer de l'écriture d'un nombre naturel dans un système à son écriture dans un autre système.

FICHES MÉTHODE

– Écrire en base dix un nombre donné en base *b*. p. 27

– Écrire en base *b* un nombre donné en base dix. p. 27

TESTER SES CONNAISSANCES

Indiquer la ou les bonnes réponses en les justifiant.

QCM 1 Dans le nombre 2 305, Aide : §2.3 p. 26

A. le nombre de dizaines est 0.

B. le nombre de dizaines est 230.

C. le nombre de milliers est 2.

D. le chiffre des milliers est 2.

QCM 2 Je suis un nombre naturel. Mon nombre de centaines est 23 et mon chiffre des unités est 5. Qui suis-je ? Aide : §2.1 p. 25

A. 235 **B.** 7 235 **C.** 2 305 **D.** 23 005 **E.** 72 305

QCM 3 Combien de mots sont nécessaires pour exprimer oralement tous les nombres de 0 jusqu'à 100 (0 et 100 compris) ? Aide : §4.1 p. 28

A. 22 **B.** 17 **C.** 24 **D.** 20 **E.** 26

QCM 4 Combien y a-t-il de « 0 » dans l'écriture chiffrée du nombre « mille-milliards-vingt-millions-sept-cents » ? Aide : §4.2 p. 30

A. 7 **B.** 8 **C.** 9 **D.** 10 **E.** 13

1. B, C, D 2. C 3. C 4. D

LE COURS

Les nombres naturels sont principalement utilisés pour dénombrer des unités et en exprimer la quantité. L'ensemble des nombres naturels est noté $\mathbb{N}$.
$\mathbb{N} = \{0 ; 1 ; 2 ; 3 ; ...\}$. La liste des nombres naturels est infinie.

Les nombres naturels sont aussi appelés nombres entiers naturels, ce qui permet de les situer dans l'ensemble des nombres entiers noté $\mathbb{Z}$.

➤ **Les ensembles emboités,** chap. 3 p. 55

$\mathbb{Z} = \{... ; -3 ; -2 ; -1 ; 0 ; 1 ; 2 ; 3 ; ...\}$.

Un **système de numération** est caractérisé par un ensemble de symboles (appelés chiffres) et de procédés d'assemblage de ces symboles.
Il permet d'écrire les nombres naturels, en totalité ou en partie. L'intention générale est de pouvoir écrire le plus possible de nombres naturels à partir d'un nombre fini de chiffres.

Dans l'histoire, deux grands types de systèmes de numération ont été utilisés : **les systèmes de type additif et les systèmes de type positionnel**. L'oralisation des écritures de nombres est, elle, d'une plus grande complexité et varie aujourd'hui, dans ses principes, suivant les langues et les pays.

1 Systèmes de numération de type additif

Ce système de numération de type additif peut être illustré par deux exemples : le système égyptien et le système romain.

1.1 Système égyptien

Les chiffres égyptiens (vers 3000 avant notre ère) ont la forme de hiéroglyphes.

 *Le bâton évoque l'unité*

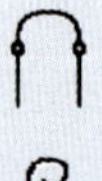 *L'anse de panier évoque la dizaine.*

 *Le rouleau de papyrus ou la corde enroulée évoque la centaine.*

 *La fleur de lotus évoque le millier.*

 *Le doigt levé évoque la dizaine de milliers.*

 *Le têtard évoque la centaine de milliers.*

 *Le dieu agenouillé évoque le million ou l'infini.*

La mise côte à côte de plusieurs symboles pour évoquer un nombre signifie que l'on additionne les valeurs de ces symboles.

Ainsi 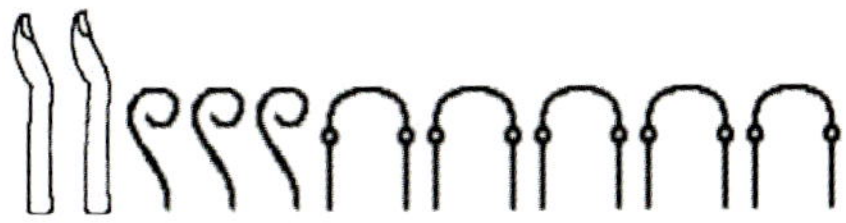 représente le nombre 20 350.

ENTRAINEMENT 1 Traduire dans notre système . Corrigé p. 31

ENTRAINEMENT 2 Traduire les nombres **360** et **3 019** dans le système égyptien. Corrigé p. 31

1.2 Système romain

Le système ancien qui nous est le plus familier est celui de la numération romaine, toujours utilisé pour les datations.

- **La numération romaine comporte, au départ, peu de signes :**

I = 1	C = 100
V = 5	D = 500
X = 10	M = 1 000
L = 50	

- **Les règles de construction des écritures des autres nombres** se limitent d'abord à de simples additions de signes juxtaposés. Elles ont été modifiées ensuite par quelques subtilités plus économiques.

EXEMPLE : Le nombre **997** peut s'écrire **DCCCCLXXXXVII**, ce qui correspond à la décomposition : 500 + 100 + 100 + 100 + 100 + 50 + 10 + 10 +10 + 10 + 5 + 1 + 1, avec répétition de plusieurs signes identiques.

Il peut aussi s'écrire **CMXCVII** à l'aide de la règle : « tout signe placé à gauche d'un signe de valeur supérieure s'en retranche ». La « règle de soustraction » permet une économie dans la répétition des signes identiques.

L'écriture correspond alors à la décomposition :
(1 000 – 100) + (100 – 10) + 5 + 1 + 1.

- **Avec des nombres plus grands, le système se complique** : 1 000 000 s'écrivant par exemple $\overline{\text{M}}$ (le surlignage indique une multiplication par 1 000) ; le système prend alors un aspect multiplicatif.

ENTRAINEMENT 3

a. Traduire les nombres **360** et **3 019** dans le système romain. Corrigé p. 31

b. Traduire le nombre CMVI (écrit dans le système romain) dans notre système.

1.3 Inconvénients des deux systèmes de type additif

Ces deux systèmes de type additif présentent un certain nombre d'inconvénients :
– l'écriture d'un grand nombre nécessite l'utilisation d'un grand nombre de chiffres (il suffit de penser à l'écriture de 99 999 en numération égyptienne) ;
– pour écrire des nombres toujours plus grands, il faut inventer de nouveaux chiffres ;
– les calculs deviennent rapidement difficiles à exécuter, notamment pour la multiplication et la division.

2 Systèmes de numération de type positionnel

Plusieurs systèmes de numération ont été conçus en attribuant aux symboles utilisés une valeur différente non seulement selon leur forme, mais également selon le rang qu'ils occupent dans l'écriture d'un nombre.
Le système maya, le système binaire[1] et le système **de numération décimale que nous utilisons** aujourd'hui en sont des exemples.

1. On peut trouver sur internet des informations sur ce deux systèmes.

Nous allons plus particulièrement étudier les caractéristiques de notre système de numération décimale.

2.1 Principes du système de numération décimale

Pour être efficace et sans ambiguïté, notre système de numération positionnelle repose sur deux principes fondamentaux (A et B) et deux principes complémentaires (C et D).

A. La valeur d'un signe dépend de son rang dans l'écriture du nombre.

Dans notre système décimal, **cette valeur représente des groupements d'unités** : dizaines, centaines, milliers...

EXEMPLES : Dans l'écriture de 213 ; 425 ; 672 ou 2 987, le chiffre « 2 » n'a pas la même valeur :

- le « **2** » de **2**13 vaut **2** centaines
- le « **2** » de 4**2**5 vaut **2** dizaines
- le « **2** » de 67**2** vaut **2** unités
- le « **2** » de **2** 987 vaut **2** milliers.

B. La méthode de groupements est régulière.

Tout groupement contient toujours le même nombre d'éléments et peut être échangé contre l'unité supérieure.
La valeur de cet échange s'appelle la **base** : en base dix, on peut échanger une dizaine contre dix unités, une centaine contre dix dizaines, etc.

C. Le nombre de signes différents qui permet l'écriture des nombres est égal à la base.

Ainsi, chaque rang n'est occupé que par un seul signe et non par une composition de signes.

EXEMPLES :

- en **base dix**, nous disposons ainsi de dix chiffres : 0, 1, 2, ..., 9
- en **base deux**, deux chiffres suffisent : 0 et 1
- en **base vingt**, il faudrait vingt signes différents, etc.

D. Un des signes a pour fonction de signaler l'absence de groupement à un certain rang : c'est le zéro.

EXEMPLE : Dans **102**, le « **0** » indique qu'il n'y a pas de dizaine restante après le groupement des dizaines en centaines. Il n'y a pas « zéro dizaine », comme le croient beaucoup d'élèves, mais dix dizaines qui ont été groupées pour faire une centaine. **Le chiffre des dizaines est bien « 0 », mais le nombre de dizaines est « dix ».**

C'est l'émergence des numérations de position qui est à l'origine de l'invention du zéro.

QCM2, p. 21

CORRIGÉ QCM 2 : **2 305** est le seul nombre de la liste qui comporte 23 centaines et a 5 pour chiffre des unités. D'autres nombres que ceux de la liste auraient pu convenir comme 2 315 ; 2 325…

2.2 Décompositions associées à l'écriture d'un nombre

A. Décomposition dans le système décimal

À chaque écriture en chiffres peut être associée une décomposition qui utilise des **puissances de 10**.

EXEMPLES :

- Dans l'écriture de **23**, « **2** » désigne 2 paquets de dix unités (ou dizaines) et « **3** » désigne 3 unités ; la décomposition associée est **2** × 10 + **3**.
- La décomposition associée à **235** est :
$2 \times 10 \times 10 + 3 \times 10 + 5 = 2 \times 100 + 3 \times 10 + 5 =$
$\mathbf{2} \times 10^2 + \mathbf{3} \times 10^1 + \mathbf{5} \times 10^0$.

RAPPEL $10^0 = 1$

Ces décompositions sont mises en évidence dans le tableau ci-dessous (appelé **tableau de numération**) :

centaines de milliers 10^5	dizaines de milliers 10^4	milliers 10^3	centaines 10^2	dizaines 10^1	unités 10^0
				2	3
			2	3	5

RAPPEL $10^n = \underbrace{10 \times 10 \times 10 \times \ldots \times 10}_{n \text{ facteurs égaux à } 10} = \underbrace{1000\ldots0}_{n \text{ chiffres } 0}$

B. Généralisation pour la base dix

Pour le nombre $\overline{hgfedcba}$ écrit en base dix, on a l'égalité fondamentale :
$\overline{hgfedcba} = h \times 10^7 + g \times 10^6 + f \times 10^5 + e \times 10^4 + d \times 10^3 + c \times 10^2 + b \times 10^1 + a \times 10^0$.

EXEMPLE : $\mathbf{1\,027} = (1 \times 1\,000) + (2 \times 10) + 7 = \mathbf{1} \times 10^3 + \mathbf{2} \times 10^1 + \mathbf{7} \times 10^0$.

La barre horizontale placée au-dessus de $\overline{hgfedcba}$ est souvent utilisée pour indiquer qu'on a affaire à l'écriture d'un nombre qui est à distinguer du produit des nombres h, g, f, e, d, c, b, a.
D'autres méthodes peuvent être utilisées pour distinguer l'écriture d'un nombre de l'écriture d'un produit, par exemple l'utilisation de parenthèses : (hgfedcba). Le cas échéant, la notation utilisée est précisée dans le sujet proposé aux candidats du CRPE.

2.3 Chiffre et nombre

Un nombre est composé de « chiffres ».

- **Les chiffres sont les symboles graphiques utilisés pour écrire les nombres.**

Le mot « chiffre » vient de l'arabe *sifr*, utilisé pour « zéro » et signifiant « le vide ».

- **Le « nombre » est un concept permettant d'évoquer des quantités, d'exprimer la mesure de grandeurs...** alors que le « chiffre » est une écriture graphique.

Il ne faut donc pas confondre « chiffre » et « nombre ».

EXEMPLES :

- **« 3 » est un chiffre et « 23 » un assemblage de chiffres,** si on ne considère que la trace graphique laissée sur le papier.
- **« 3 » et « 23 » sont des nombres,** si on les considère par exemple dans des expressions comme « 3 brebis » ou « 23 cm » ou encore, si on les envisage dans le cadre d'un calcul comme $3 + 23 = 26$.
- Dans **236,** le chiffre des dizaines est **3** et **23** est le nombre de dizaines (il y a bien 23 groupements de dix, comme le montre l'égalité $236 = 23 \times 10 + 6$).

CORRIGÉ QCM 1 : Dans **2 305,** le chiffre des dizaines est **0** et **230** est le nombre de dizaines. **2** est le chiffre des milliers mais aussi le nombre de milliers parce que $2\,305 = 2 \times 1\,000 + 3 \times 100 + 5$. QCM1, p. 21

ENTRAINEMENT 4 Corrigé p. 31

Écrire tous les nombres qui contiennent 20 centaines et qui ont 3 pour chiffre des dizaines.

3 Numération de position de base quelconque

L'étude des bases autres que dix permet de mieux comprendre notre propre système.

3.1 Principes d'une numération de position de base *b*

A. En base *b*, les groupements successifs se font par *b* éléments.

Chaque groupement « apporte » donc au nombre une puissance de *b* correspondant à son rang. Il faut donc que *b* soit supérieur à 1.

Le nombre qui s'écrit dans la base *b* $\overline{a_n a_{n-1} a_{n-2} \ldots a_2 a_1 a_0}$ est égal à :

$$a_n \times b^n + a_{n-1} \times b^{n-1} + a_{n-2} \times b^{n-2} + \ldots + a_2 \times b^2 + a_1 \times b^1 + a_0 \times b^0.$$

Comme en base dix, un tableau de numération permet de regrouper les informations :

b^5	b^4	b^3	b^2	b^1	b^0
a_5	a_4	a_3	a_2	a_1	a_0

RAPPEL
$b^1 = b$
$b^0 = 1$

EXEMPLE : **En base cinq,** $\overline{342}^{\text{cinq}} = 3 \times 5^2 + 4 \times 5^1 + 2 \times 5^0$.

B. En base *b*, les chiffres ont tous une valeur inférieure à *b*.

EXEMPLES :

- En **base cinq,** les chiffres utilisés sont 0, 1, 2, 3 et 4.
- En **base douze,** les chiffres utilisés sont, par exemple : 0, 1, 2, 3, 4, 5, 6, 7, 8, 9, α, β, les chiffres α, β évoquant respectivement les nombres dix et onze.
- En **base cinq,** la suite des nombres s'écrit : $\overline{0}$, $\overline{1}$, $\overline{2}$, $\overline{3}$, $\overline{4}$, $\overline{10}$, $\overline{11}$, $\overline{12}$, $\overline{13}$, $\overline{14}$, $\overline{20}$, $\overline{21}$, $\overline{22}$, $\overline{23}$, $\overline{24}$, $\overline{30}$ ...

3.2 Écrire en base dix un nombre donné en base *b*, et inversement

FICHE MÉTHODE Écrire en base dix un nombre donné en base *b*.

→ Écrire en base dix le nombre $\overline{20\alpha4}^{\text{douze}}$ (donné en base douze).

1. Écrire la décomposition du nombre en base *b*, en s'aidant du tableau de numération.	12^5 | 12^4 | 12^3 | 12^2 | 12^1 | 12^0 | | 2 | 0 | α | 4
2. Effectuer les calculs en base dix.	$\overline{20\alpha4}^{\text{douze}} = (2 \times 12^3) + (0 \times 12^2) + (10 \times 12^1) + (4 \times 12^0)$. On obtient la réponse : **3 580**.

12^5	12^4	12^3	12^2	12^1	12^0
		2	0	α	4

FICHE MÉTHODE Écrire en base *b* un nombre donné en base dix.

→ Écrire en base cinq le nombre 442 (donné en base dix).

méthode 1. Par divisions

1. Diviser le nombre donné par *b*, le reste obtenu donne le chiffre des unités.	$442 = \mathbf{88} \times 5 + \mathbf{2}$ donc $442 = \overline{...2}^{\text{cinq}}$ **88** représente le nombre de groupements de 5 unités, et **2** le nombre d'unités restantes (donc le chiffre des unités).
2. Diviser le quotient donné par *b*, le nouveau reste obtenu donne le chiffre suivant.	$88 = \mathbf{17} \times 5 + \mathbf{3}$ donc $442 = \overline{...32}^{\text{cinq}}$ **17** représente le nombre de groupements de 5 groupements d'unités, et **3** le nombre de groupements de 5 unités restantes, donc le chiffre des « cinquaines ».
ÉTAPES SUIVANTES. **Recommencer avec les nouveaux quotients** jusqu'à obtenir un quotient inférieur à *b*. Remarque : Si on utilise une calculatrice, il faut penser à utiliser la touche « division euclidienne ».	$17 = 3 \times 5 + 2$ donc $442 = \overline{...232}^{\text{cinq}}$ $3 = 0 \times 5 + 3$ donc $442 = \overline{3232}^{\text{cinq}}$ Remarque : On peut présenter cette méthode en posant directement les divisions successives :

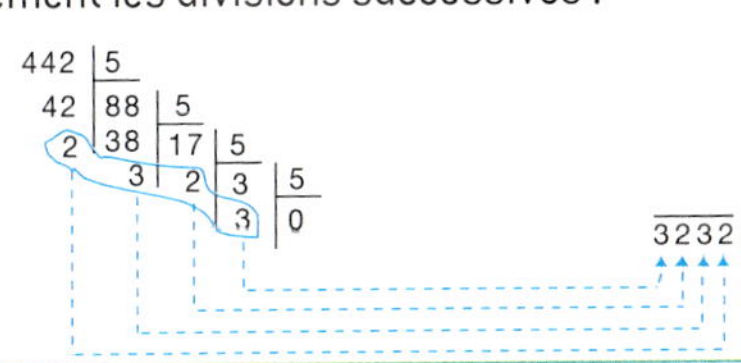

Dans la méthode 1 comme dans la méthode 2, si on utilise une calculatrice, il faut penser à la touche « division euclidienne ».

méthode 2. Avec le tableau de numération

1. Déterminer le support du tableau de numération qui est une aide utile pour conduire les calculs.

$5^4 = 625$	$5^3 = 125$	$5^2 = 25$	$5^1 = 5$	$5^0 = 1$

2. Chercher combien de fois la plus grande puissance possible de *b* est contenue dans le nombre donné. Cela détermine le « premier » chiffre du nombre.

$442 = 3 \times 125 + 67$

On écrit 3 dans la colonne de $5^3 = 125$.

$5^4 = 625$	$5^3 = 125$	$5^2 = 25$	$5^1 = 5$	$5^0 = 1$
	3			

ÉTAPES SUIVANTES. Recommencer avec les restes successifs.

$67 = 2 \times 25 + 17$.

On écrit 2 dans la colonne de $5^2 = 25$.

$5^4 = 625$	$5^3 = 125$	$5^2 = 25$	$5^1 = 5$	$5^0 = 1$
	3	2		

$17 = 3 \times 5 + 2$.

On écrit 3 dans la colonne de 5^1 et 2 dans la colonne de 5^0.

$5^4 = 625$	$5^3 = 125$	$5^2 = 25$	$5^1 = 5$	$5^0 = 1$
	3	2	3	2

On obtient la réponse : $\overline{3232}^{\text{cinq}}$.

ENTRAINEMENT 5

Corrigé p. 31

Exprimer le nombre de ces points en base cinq et en base trois, en utilisant une méthode qui ne nécessite pas la détermination du nombre de points (en base dix) et une méthode qui le nécessite.

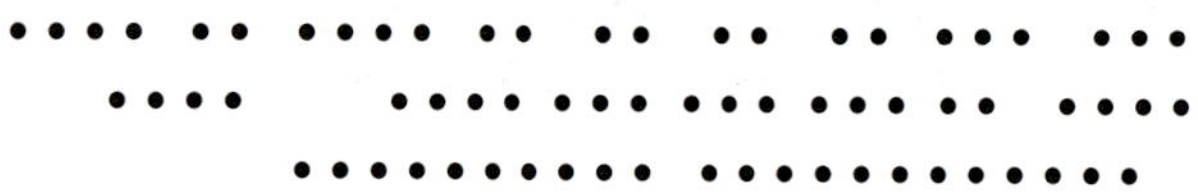

ENTRAINEMENT 6

Corrigé p. 32

Écrire en base sept, les nombres suivants :

$A = 7^4 + 3 \times 7^3 + 2 \times 7^2 + 6 \times 7 + 5$

$B = 7^5 + 3 \times 7^3 + 2 \times 7^2 + 8$

$C = 7^4 + 7^3 \times 7 + 3 \times 7$.

ENTRAINEMENT 7

Corrigé p. 32

Écrire en base dix le nombre qui s'écrit $\overline{324}$ en base cinq.

ENTRAINEMENT 8

Corrigé p. 32

On dispose des signes ***a, e, i, o, u*** pour écrire tous les entiers naturels. Écrire la suite des vingt-cinq premiers nombres et préciser les règles employées.
a, e, i, o, u sont dans l'ordre croissant et ***a*** représente zéro.

ENTRAINEMENT 9

Corrigé p. 32

Écrire en base cinq ces nombres donnés dans notre système décimal : 125 ; 500.

ENTRAINEMENT 10

Corrigé p. 33

Est-il possible de comparer les nombres :
$A = \overline{10234}^{\text{cinq}}$ et $B = \overline{231}^{\text{douze}}$, sans convertir entièrement ces nombres en base dix ?

4 Numération orale

4.1 Désignation orale des nombres

Si notre numération écrite est parfaite, ce n'est pas le cas de notre système de désignation orale.

Notre système d'écriture en chiffres est construit à partir de règles ne souffrant aucune exception et, de ce fait, les écritures chiffrées sont sans ambiguïté, ce qui permet d'affirmer qu'elle est « parfaite ». Il n'en est pas de même pour les numérations orales.

La plupart des langues ont laissé s'introduire une « oralisation » des écritures chiffrées pleine d'exceptions et reposant sur des règles de composition, souvent de type additif ou multiplicatif, qui sont différentes des règles d'écriture en chiffres.

A. À l'oral, nous avons besoin de plus de dix mots-nombres.

Ainsi, notre numération orale française pourrait, dans l'idéal, ne comprendre que **dix mots-nombres** correspondants aux **dix signes ou chiffres utilisés à l'écrit** :

zéro, un, deux, trois, quatre, cinq, six, sept, huit et neuf

On dirait alors « deux trois » pour 23, ou « sept deux zéro cinq » pour 7 205 !

Pour formuler oralement la valeur de chaque chiffre, il faudrait y ajouter des mots comme « dix », « cent », « mille »... :
– 23 se lirait alors « deux dix trois » ;
– 7 205 se lirait « sept mille deux cent cinq » (ce qui est d'ailleurs sa lecture usuelle !).
Or, **pour dire les nombres de 0 à 100** (QCM 3), nous avons besoin de **23 mots-nombres** :

zéro, un, deux, trois, quatre, cinq, six, sept, huit, neuf, dix, onze, douze, treize, quatorze, quinze, seize, vingt, trente, quarante, cinquante, soixante, cent

auxquels il faut ajouter le mot « **et** ».

B. Des mots qui sont source de difficultés pour les élèves.

Dans notre langue, plusieurs mots-nombres ont été créés sans réelle nécessité. Ces mots, maintenus par l'usage, sont source de difficultés pour les élèves. Ainsi :

- « **onze** », « **douze** », « **treize** »... devraient être lus, en conformité avec la numération écrite « dix-un », « dix-deux », « dix-trois », etc.
- « **vingt** » n'est autre que « deux dix » ; « **trente** » que « trois dix » ; etc.
- « **soixante-dix** », « **quatre-vingts** » et « **quatre-vingt-dix** » défient les règles de composition des mots de base et certains pays francophones les ont avantageusement remplacés par « **septante** », « **octante** » et « **nonante** ».

4.2 Lecture des grands nombres

A. Les nombres jusqu'au sextillion

Le tableau ci-dessous fournit les indications pour la lecture des grands nombres jusqu'au sextillion, selon une règle légale en France depuis 1961 :

$10^{36} = 10^{6\times6}$	$10^{30} = 10^{6\times5}$	$10^{24} = 10^{6\times4}$	$10^{18} = 10^{6\times3}$	$10^{12} = 10^{6\times2}$	10^{6}
sextillion	quintillion	quatrillion	trillion	billion	million

À partir de là, on peut remarquer que, pour lire un nombre, il suffit de découper son écriture chiffrée par tranches de 6 chiffres en partant de la droite :

32 203 023 230 003 se lit :
(↑ billion ↑ million)
trente-deux-**billions**-deux-cent-trois-mille-vingt-trois-**millions**-deux-cent-trente-mille-trois

B. Le milliard (10^9)

Le milliard, qui vaut 1 000 millions, n'a pas d'« existence légale » en France, ce qui ne signifie pas qu'il ne doit pas être utilisé. Il l'est d'ailleurs fréquemment, notamment pour la lecture de nombres inférieurs au billion.

3 020 243 040 se lit :

milliard ↑ ↑ million

trois-mille-vingt-**millions**-deux-cent-quarante-trois-mille-quarante

ou trois-**milliards**-vingt-**millions**-deux-cent-quarante-trois-mille-quarante

CORRIGÉ QCM 4 : Le nombre « mille-milliards-vingt-millions-sept-cents » s'écrit en chiffres : 1 000 020 000 700, écriture qui comporte 10 fois le chiffre 0. QCM4, p. 21

5 Écriture des nombres en lettres

Les désignations verbales des nombres sont régies par des **règles orthographiques**.

- **En 1990, un rapport de l'Académie française a proposé de modifier la règle orthographique** en usage jusque-là, sans que ce soit obligatoire.

Les « nombres composés » peuvent désormais s'écrire avec des traits d'union entre chaque élément :

> C'est cette nouvelle règle d'orthographe que nous avons décidé d'utiliser dans cet ouvrage.

trente-et-un (plutôt que trente et un) ;
quatre-cents (plutôt que quatre cents) ;
quatre-cent-cinquante-et-un (plutôt que quatre cent cinquante et un) ;
cinq-cent-soixante-dix-huit (plutôt que cinq cent soixante-dix-huit).

Cette nouvelle règle permet de distinguer par exemple :
« vingt et un tiers » (20 + 1/3) et « vingt-et-un tiers » (21/3).

- **Vingt et cent** : ces mots s'accordent quand ils sont multipliés par un nombre et ne sont pas suivis par un autre nombre :

quatre-vingts quatre-vingt-sept cent-quatre
quatre-cents quatre-cent-cinquante-et-un.

- **Mille** : ce mot est toujours invariable :

huit-mille vingt-mille-huit.

- **Millier, million et milliard** : ces mots s'accordent car ce sont des noms et pas des adjectifs :

deux-cents-millions trois-cents-milliers (mais trois-cent mille).

ENTRAINEMENT 11 Corrigé p. 33

Un nombre contient 2 453 dizaines de milliers. Son écriture comporte deux fois le chiffre « 0 ». Son chiffre des dizaines est 3 et son chiffre des centaines est le double de son chiffre des millions.

a. Quel est le nombre de millions de ce nombre ?
b. Quel est son nombre de milliers ?
c. Comment ce nombre se lit-il ?

CORRIGÉS — EXERCICES D'ENTRAINEMENT

ENTRAINEMENT 1

Énoncé p. 23

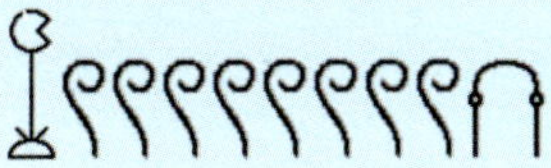 = 1 810

ENTRAINEMENT 2

Énoncé p. 23

360 =  3 019 = 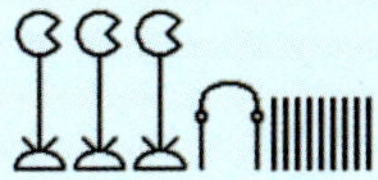

ENTRAINEMENT 3

Énoncé p. 23

a. 360 = CCCLX et 3 019 = MMMXIX.
b. CMVI = 906.

ENTRAINEMENT 4

Énoncé p. 26

2 030 ; 2 031 ; 2 032 ; 2 033 ; 2 034 ; 2 035 ; 2 036 ; 2 037 ; 2 038 ; 2 039.

ENTRAINEMENT 5

Énoncé p. 28

1. Expression du nombre de points en base cinq

Plusieurs méthodes sont possibles pour exprimer le nombre de points en base cinq.

MÉTHODE 1 : En faisant des groupements effectifs

- On commence par grouper les éléments par cinq :

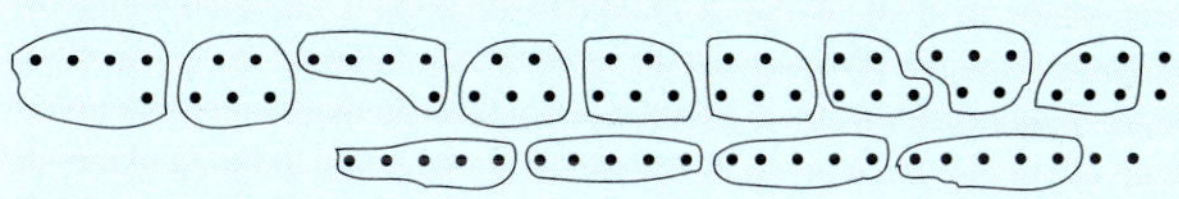

Il reste quatre éléments qui n'ont pas pu être groupés et qui donnent le chiffre d'unités : 4.

- On groupe de nouveau les paquets de cinq par cinq :

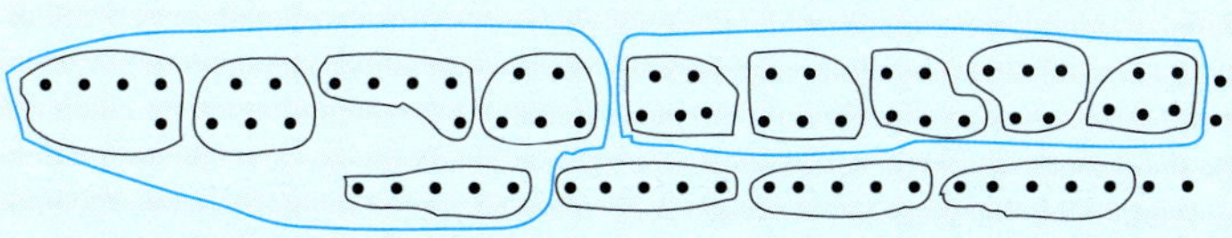

On obtient deux « grands paquets » du deuxième ordre, qui correspondent chacun à 25 unités. Il reste trois paquets de cinq qui n'ont pas été groupés ; ce sont trois « cinquaines » (mot qui n'existe pas mais qui permet de mieux comprendre l'analogie avec notre système à base dix).

- Finalement, on obtient :

– 2 « vingt-cinquaines » ou 2 groupements du deuxième ordre ;
– 3 « cinquaines » ou 3 groupements du premier ordre ;
– 4 points non regroupés ou 4 « unités ».

Le nombre n de points s'écrit alors : $\overline{234}^{\text{cinq}}$.

MÉTHODE 2 : En comptant les points et par décomposition en fonction des puissances de 5

Il faut d'abord compter les points (il y en a 69), puis décomposer 69 en fonction des puissances de 5, par exemple en s'aidant d'un tableau :

Puissances de 5	5^6 15 625	5^5 3 125	5^4 625	5^3 125	5^2 25	5^1 5	5^0 1
$\overline{234}^{\text{cinq}}$					2	3	4

Dans 69, il y a 2 fois 25 (50) et il reste 19.
Dans 19, il y a 3 fois 5 et il reste 4.
D'où la décomposition : $69 = (2 \times 25) + (3 \times 5) + (4 \times 1)$.
Le nombre de points s'écrit donc en base cinq : $\mathbf{\overline{234}}$.

MÉTHODE 3 : En comptant les points et par la division par 5

$$\begin{array}{l|l}
69 & 5 \\ \hline
4 & \begin{array}{l|l} 13 & 5 \\ \hline 3 & 2 \end{array}
\end{array}$$

Cet exemple montre que le 2 de $\overline{234}$ en base cinq ne désigne pas 2 « centaines » mais 2 « vingt-cinquaines », ce qui souligne l'absurdité qu'il y aurait à lire le nombre $\overline{234}$ en base cinq comme « deux-cent trente-quatre » !

En base cinq, le nombre 69 s'écrit $\mathbf{\overline{234}}$.

2. Expression du nombre de points en base trois

En base trois, le nombre 69 s'écrit $\overline{2120}$.

ENTRAINEMENT 6

Énoncé p. 28

$A = \mathbf{\overline{13265}}$

$B = \mathbf{\overline{103211}}$

(0 indique que 7^4 ne figure pas dans la décomposition ; 7^1 ne figure pas non plus, mais il faut décomposer 8 en $1 \times 7^1 + 1$).

$C = 2 \times 7^4 + 3 \times 7$ (car $7^3 \times 7 = 7^4$),

donc $C = \mathbf{\overline{20030}}$.

Ici, la traduction en base sept est directe puisque les nombres sont déjà exprimés en fonction des puissances de 7 avec des facteurs tous inférieurs à 7, sauf pour C qui doit être d'abord transformé.

Pour B, $\overline{103208}$ n'est pas acceptable car, en base sept, le chiffre « 8 » ne peut pas être utilisé.
Pour C, $\overline{17030}$ n'est pas acceptable car, en base sept, le chiffre « 7 » ne peut pas être utilisé.

ENTRAINEMENT 7

Énoncé p. 28

$\overline{324}^{\text{cinq}} = 3 \times 5^2 + 2 \times 5^1 + 4 \times 5^0 = 3 \times 25 + 2 \times 5 + 4 \times 1 = \mathbf{89}$.

ENTRAINEMENT 8

Énoncé p. 28

On obtient alors la suite :
e, i, o, u, ea, ee, ei, eo, eu, ia, ie, ii, io, iu, oa, oe, oi, oo, ou, ua, ue, ui, uo, uu, eaa, etc.

ENTRAINEMENT 9

Énoncé p. 28

En utilisant l'une des méthodes exposées p. 27, on trouve :
$125 = \overline{1000}^{\text{cinq}}$ et $500 = \overline{4000}^{\text{cinq}}$.

ENTRAINEMENT 10

Énoncé p. 28

Pour éviter une conversion des deux nombres dans la même base, il suffit d'en chercher l'ordre de grandeur en base dix, en s'intéressant uniquement à la valeur du chiffre de gauche de chacun.
Pour A, écrit en base cinq, le chiffre 1 de gauche vaut 625 en base dix, donc $A > 625$.
Pour B, écrit en base douze, le chiffre de gauche est 2, donc $B < 3 \times 144$, donc $B < 432$.
A est donc le plus grand des deux nombres.

ENTRAINEMENT 11

Énoncé p. 30

a. Nombre de millions : 24 (dans 2 453 milliers, il y a 24 mille milliers).

b. Nombres de milliers : 24 530 (car le chiffre des milliers est nécessairement un « 0 », sinon il n'y en aurait pas deux dans l'écriture du nombre).

c. 24 530 830 se lit « vingt-quatre-millions-cinq-cent-trente-mille-huit-cent-trente ».

AUTRE MÉTHODE

Pour traiter cette question, on peut utiliser le **tableau de numération :**
1. Placer dans le tableau le nombre 2 453 dizaines de milliers.
2. Placer ensuite le chiffre des dizaines (3) et le chiffre des centaines (8).
3. Placer enfin les deux « 0 » aux deux seuls emplacements laissés libres.
4. Répondre aux questions.

AU CONCOURS

EXERCICE 1 Corrigé p. 36

Existe-t-il une base a de numération de position dans laquelle : $\overline{82}^a = 3 \times \overline{28}^a$?

EXERCICE 2 Corrigé p. 36

Existe-t-il une base b de numération de position dans laquelle $\overline{23}^b + \overline{53}^b = \overline{80}^b$?

EXERCICE 3 Corrigé p. 36

On a utilisé 6 869 caractères d'imprimerie (chiffres) pour numéroter les pages d'un dictionnaire. Combien de pages ce dictionnaire contient-il ?

Toutes les pages sont numérotées une fois et une seule, la première portant le n° 1 ; cette numérotation se fait en base dix.

EXERCICE 4 Corrigé p. 36

a. Écrire en base douze le nombre qui s'écrit 144 en base dix.

b. Écrire en base dix le nombre qui s'écrit $\overline{1000}$ en base douze.

c. On désigne par 0, 1, 2, 3, 4, 5, 6, 7, 8, 9, a, b, les douze chiffres utilisés en base douze. Écrire en base dix :

– les trois nombres qui s'écrivent respectivement a, b, $\overline{ab}$ en base douze ;
– le produit de a par b.

EXERCICE 5 Corrigé p. 36

Combien de mots sont nécessaires pour écrire tous les nombres compris entre 2 340 105 et 17 002 058 ?

EXERCICE 6 Corrigé p. 37

Combien de nombres peuvent être formés en utilisant un, deux ou trois des mots suivants : *deux, sept, dix, mille et millions* (des tirets peuvent être ajoutés, mais le même mot ne peut pas être utilisé deux fois dans l'écriture d'un nombre).

PROBLÈME 1 Corrigé p. 38

Le nombre d'éléments d'une collection a été codé $\overline{1111}^{\text{cinq}}$ après qu'on a effectué des groupements par cinq.

❶ Quelle est la valeur (dans notre système) de chacun des « 1 » utilisés en fonction de sa position dans le nombre ?

❷ Comment s'écrivent dans notre système les nombres : $\overline{3214}^{\text{cinq}}$, $\overline{444}^{\text{cinq}}$, $\overline{4001}^{\text{cinq}}$?

❸ Quel est, en base cinq, le nombre qui précède $\overline{1200}^{\text{cinq}}$?

❹ Quel est le nombre, en base cinq, qui suit $\overline{4214}^{\text{cinq}}$?

❺ Effectuer les calculs suivants sans repasser par la base dix (tous les nombres sont écrits en base cinq) :

$\overline{34} + \overline{23}$ $\quad$ $\overline{4312} - \overline{2323}$ $\quad$ $\overline{213} \times \overline{3}$

Puis convertir tous ces nombres en base dix pour vérifier les résultats.

PROBLÈME 2

Corrigé p. 39

Tous les raisonnements et calculs devront être clairement explicités.

❶ Trouver l'écriture chiffrée en base trois du nombre $1 + 3 + 3^2 + 3^4 + 3^6$.

❷ Trouver l'écriture de ce même nombre en base neuf.

❸ Trouver l'écriture chiffrée de $5 \times (5 \times (5 \times (5 + 4) + 3) + 2) + 1$ en base cinq.

❹ Pour écrire un nombre en base seize, on utilise les chiffres :
0, 1, 2, 3, 4, 5, 6, 7, 8, 9, A, B, C, D, E et F.
Trouver l'écriture en base seize du nombre $(4^3 - 1) \times (4^3 + 1)$.

PROBLÈME 3

Corrigé p. 40

L'écriture en base 3 d'un nombre n positif est de la forme $\overline{a_k a_{k-1} \ldots a_1 a_0}$ où
– k est un entier naturel ;
– les termes a_k, a_{k-1}, …, a_1, a_0 sont des entiers compris entre 0 et 2 ;
– $a_k > 0$ sauf si $n = 0$ (auquel cas $k = 0$ et $a_0 = 0$) ;
– $n = a_k \times 3^k + a_{k-1} \times 3^{k-1} + \ldots + a_1 \times 3 + a_0$.
Les termes a_k, a_{k-1}, …, a_1, a_0 sont alors appelés les chiffres de l'écriture en base trois de n.

Toutes les réponses devront être justifiées.

❶ **a.** Vérifier que l'écriture en base trois du nombre 11 est $\overline{102}$.

b. Quelle est l'écriture en base trois du nombre 74 ?

c. Que peut-on dire d'un nombre dont l'écriture en base trois se termine par le chiffre « 0 » ?

On s'intéresse aux nombres entiers n dont aucun chiffre de l'écriture en base trois ne prend la valeur 2. On appellera ces nombres des entiers 2-lacunaires.
Par exemple $12 = \overline{110}$ est 2-lacunaire alors que $19 = \overline{201}$ ne l'est pas.

❷ **a.** Déterminer le nombre d'entiers 2-lacunaires compris entre 0 et 100.

b. À quelle condition nécessaire et suffisante un nombre 2-lacunaire possédant quatre chiffres en base trois est-il divisible par 2 ?

❸ On appelle nombres 1-lacunaires les nombres entiers n dont aucun chiffre de l'écriture en base trois ne prend la valeur 1.

a. Montrer que tout entier 1-lacunaire est le double d'un entier 2-lacunaire.

b. Montrer que tout entier peut se décomposer comme la somme d'un entier 2-lacunaire et d'un entier 1-lacunaire.

c. Montrer que cette décomposition n'est pas toujours unique.

CORRIGÉS EXERCICES

EXERCICE 1

Énoncé p. 34

Il faut traduire l'égalité en base dix : $\overline{82}^a = 3 \times \overline{28}^a$.
Comme a est la base, $a > 8$.
L'égalité se traduit par : $8 \times a + 2 = 3 \times (2a + 8)$, donc $8a + 2 = 6a + 24$.
Donc $2a = 22$, $a = 11$.
L'égalité $\overline{82}^a = 3 \times \overline{28}^a$ est vraie en base onze, les chiffres utilisés étant tous inférieurs à onze.

EXERCICE 2

Énoncé p. 34

L'égalité se traduit par $2b + 3 + 5b + 3 = 8b$, avec $b > 8$ (puisque le chiffre le plus élevé doit être inférieur à la valeur de la base).
On déduit : $7b + 6 = 8b$, d'où $b = 6$ (valeur qui n'est pas supérieure à 8).
Il n'existe donc pas de valeur de b répondant à la question.

EXERCICE 3

Énoncé p. 34

Il s'agit ici de bien distinguer les chiffres, les nombres et les nombres de chiffres d'un nombre !
– Pages **de 1 à 9** : il faut 9 nombres de 1 chiffre, soit **9 chiffres.**
– Pages **de 10 à 99** : il faut 90 nombres de 2 chiffres, soit **180 chiffres.**
– Pages **de 100 à 999** : il faut 900 nombres de 3 chiffres, soit **2 700 chiffres.**
– Pages **de 1 000 à 1 999** : il faut 1 000 nombres de 4 chiffres, soit **4 000 chiffres.**
Donc, jusqu'à la page 1 999, il faut **6 889 caractères**, soit 20 de trop.
Comme on se trouve dans des pages portant des nombres de 4 chiffres, les 20 caractères excédentaires correspondent à **5 pages**.
Le dictionnaire possède donc 1 994 pages.

EXERCICE 4

Énoncé p. 34

a. $144 = 12 \times 12 = 12^2$, donc 144 s'écrit **$\overline{100}$ en base douze.**

b. $\overline{1000}^{\text{douze}} = 12^3 =$ **1728 en base dix.**

c. En base douze, a et b valent respectivement 10 et 11, et donc correspondent à 10 et 11 en base dix.
$\boldsymbol{ab = (a \times 12) + b = (10 \times 12) + 11 = 131.}$
$a \times b$ correspond en base dix à $10 \times 11 = 110$.

base douze	a	b	ab	$a \times b$
base dix	10	11	131	110

EXERCICE 5

Énoncé p. 34

Il faut pouvoir former tous les mots correspondants aux groupes de 1, 2 ou 3 chiffres (pour lire les nombres de chaque tranche), donc :
– de un à seize, soit **16 mots** ;
– les mots « dizaines », de vingt à soixante, soit **5 mots** ;
– le mot cent, soit **1 mot** ;
– les mots mille et millions, ainsi que le mot « et », soit **3 mots.**
Soit, au total, 25 mots.

Énoncé p. 34

EXERCICE 6

On peut organiser la recherche en fonction du nombre de mots utilisés.

- **En utilisant un seul mot : 4 nombres sont possibles** (« millions » n'est pas le nom d'un nombre, même sans « s »).

On dit « mille » pour désigner 1 000, mais on dit « un million » pour désigner 1 000 000.

- **En utilisant 2 mots, il existe 11 possibilités :**

– chacun des mots « inférieur ou égal à dix » peut être suivi de mille ou millions, ce qui donne **6 nombres** ;
– le mot mille peut être suivi de l'un des mots « inférieur ou égal à dix » et du mot millions, ce qui donne **4 nombres** ;
– dix peut également être suivi de sept, ce qui donne **1 nombre**.

Les possibilités peuvent également être recensées à l'aide du tableau suivant (une croix correspond à un mot possible) :

	deux	**sept**	**dix**	**mille**	**millions**
deux				×	×
sept				×	×
dix		×		×	×
mille	×	×	×		×
millions					

- **En utilisant 3 mots, les solutions possibles peuvent être recensées en utilisant un arbre, soit 27 nombres** (millions ne peut pas être situé au début du nom d'un nombre).

deux
- mille → peut être complété par les trois autres mots (sept, dix, millions) : **3 nombres**
- millions → peut être complété par trois autres mots (sept, dix, mille) : **3 nombres**

sept
- mille → peut être complété par les trois autres mots : **3 nombres**
- millions → peut être complété par trois autres mots : **3 nombres**

dix
- sept → peut être complété par mille ou millions : **2 nombres**
- mille → peut être complété par les trois autres mots : **3 nombres**
- millions → peut être complété par les trois autres mots : **3 nombres**

mille
- deux → peut être complété par millions : **1 nombre**
- sept → peut être complété par millions : **1 nombre**
- dix → peut être complété par sept et millions : **2 nombres**
- millions → peut être complété par les trois autres mots : **3 nombres**

Donc au total, 42 nombres (4 + 11 + 27) peuvent être écrits.

PROBLÈME 1

Énoncé p. 34

❶ En base cinq, les chiffres successifs sont à multiplier par les puissances de 5 qui valent de droite à gauche : 1, 5, 25, 125, 625, 3 125, 15 625…
La valeur de chaque 1 de $\overline{1111}^{\text{cinq}}$ en allant de la droite vers la gauche est donc :
1, 5, 25 et 125.

❷ $\overline{3214}^{\text{cinq}} = 3 \times 5^3 + 2 \times 5^2 + 1 \times 5^1 + 4 = 3 \times 125 + 2 \times 25 + 1 \times 5 + 4 = \mathbf{434}$.
$\overline{444}^{\text{cinq}} = 4 \times 25 + 4 \times 5 + 4 = \mathbf{124}$.
(En base cinq, $\overline{444}$ est le précédent de $\overline{1000}$ qui correspond à 125 en base dix.)
$\overline{4001}^{\text{cinq}} = 4 \times 125 + 1 = \mathbf{501}$.

❸ Le nombre qui précède $\overline{1200}^{\text{cinq}}$ est : $\overline{1144}^{\text{cinq}}$.

❹ Le nombre qui suit $\overline{4214}^{\text{cinq}}$ est : $\overline{4220}^{\text{cinq}}$.

❺ Pour calculer une somme en base cinq, il faut tout d'abord construire le répertoire minimum :
la « table de Pythagore de l'addition en base cinq ».

> On voit de nouveau sur cette table que l'écriture $\overline{10}$ correspond à un groupement par cinq, comme elle correspond à un groupement par dix en base dix.

+	**0**	**1**	**2**	**3**	**4**
0	0	1	2	3	4
1	1	2	3	4	$\overline{10}$
2	2	3	4	$\overline{10}$	$\overline{11}$
3	3	4	$\overline{10}$	$\overline{11}$	$\overline{12}$
4	4	$\overline{10}$	$\overline{11}$	$\overline{12}$	$\overline{13}$

- **Calcul de l'addition**

Posons $\overline{34} + \overline{23}$ dans un tableau des puissances de 5.
Chaque colonne ne peut contenir qu'un seul chiffre, puisque le 1 de $\overline{12}$ ou de $\overline{10}$ correspond à un groupement par cinq : c'est la « retenue », celle qui doit « passer » dans la colonne de gauche !

$5^6 = 15\,625$	$5^5 = 3\,125$	$5^4 = 625$	$5^3 = 125$	$5^2 = 25$	$5^1 = 5$	$5^0 = 1$
				1	1	
					3	4
			+		2	3
				1	**1**	**2**

La réponse est donc $\overline{34} + \overline{23} = \overline{112}$.
Ces calculs peuvent se faire hors tableau :

base cinq	*traduction en base dix*
1	1
34	19
+ 23	+ 13
112	32

On contrôle que $\overline{112}^{\text{cinq}}$ s'écrit **32** en base dix.

- **Calcul de la soustraction en base cinq**

$\overline{4312} - \overline{2323} = \overline{\mathbf{1434}}$
Si on effectue les calculs en base dix, on obtient : 582 – 338 = **244**.
On contrôle enfin que $\overline{\mathbf{1434}}^{\text{cinq}}$ s'écrit **244** en base dix.

$$\begin{array}{r} 4\;3\;1\;{}^{1}2 \\ -\,2\;3\;2\;\;\;3 \\ {}_{1} \\ \hline 4 \end{array}$$

Soustraire 3 unités de 2 unités est impossible. On ajoute donc simultanément 10 unités au 1er terme (c'est-à-dire 5 unités) et 1 *cinquaine* au 2e terme.

On peut alors calculer $\overline{12} - \overline{3}$ (équivalent à 7 – 3 en base dix). Etc.

➤ **Techniques de calcul posé pour les soustractions**, chap. 4 p. 83

- **Calcul du produit en base cinq**

$$\begin{array}{r} \overline{213} \\ \times\;3 \\ \hline \overline{1144} \end{array}$$

– **3 fois 3 unités**, c'est 9 unités qui en base cinq s'écrit $\overline{14}^{\text{cinq}}$, donc **4 unités** et 1 *cinquaine* en retenue.
– **3 fois 1 *cinquaine***, c'est 3 *cinquaines*, plus 1 en retenue : **4 *cinquaines***
– **3 fois 2 *vingt-cinquaines***, c'est 6 *vingt-cinquaines*, soit $\overline{\mathbf{11}}^{\text{cinq}}$ ***vingt-cinquaines***.

Si on effectue les calculs en base dix, on obtient : 58 × 3 = **174**.
On contrôle enfin que $\overline{1144}^{\text{cinq}}$ s'écrit **174** en base dix.

PROBLÈME 2

Énoncé p. 35

❶ Le nombre $1 + 3 + 3^2 + 3^4 + 3^6$ étant donné comme somme de puissances de 3, s'écrit facilement en base trois (en inversant l'ordre des termes de la somme) : $\overline{\mathbf{1010111}}$, les 0 marquant l'absence de certaines puissances.

On aurait pu construire un tableau des puissances de trois analogue à celui des puissances de cinq, mais ici ce n'est pas nécessaire.

❷ Sachant que $3^2 = 9$; $3^4 = 9^2$ et $3^6 = 9^3$, le nombre donné peut être décomposé en $4 + 9 + 9^2 + 9^3$, et s'écrit donc $\overline{\mathbf{1114}}$ **en base neuf**.

➤ **Calcul sur les puissances**, chap. 5 p. 105

❸ Le nombre 5 × (5 × (5 × (5 + 4) + 3) + 2) + 1 est écrit sous une forme qui met en évidence les groupements successifs par cinq. Cette écriture peut se traduire par :

$$\begin{aligned} 5 \times (5 \times (5 \times (5 + 4) + 3) + 2) + 1 &= 5 \times 5 \times (5 \times (5 + 4) + 3) + 2 \times 5 + 1 \\ &= 5 \times 5 \times 5 \times (5 + 4) + 3 \times 5 \times 5 + 2 \times 5 + 1 \\ &= 5 \times 5 \times 5 \times 5 + 4 \times 5 \times 5 \times 5 + 3 \times 5 \times 5 + 2 \times 5 + 1 \\ &= 5^4 + 4 \times 5^3 + 3 \times 5^2 + 2 \times 5 + 1. \end{aligned}$$

Ce qui donne l'écriture en base cinq : $\overline{\mathbf{14321}}$.

❹ $(4^3 - 1) \times (4^3 + 1) = 4^6 - 1 = (4^2)^3 - 1 = 16^3 - 1$.
Ce nombre est donc le prédécesseur de 16^3 et il s'écrit : $\overline{\mathbf{FFF}}$.

Utilisation de l'identité remarquable :
$(a - b)(a + b) = a^2 - b^2$.

16^3 s'écrit $\overline{1000}$ en base seize. Le nombre qui précède s'écrit donc avec le plus grand chiffre (F) répété 3 fois.
De la même manière que, en base dix, le nombre qui précède 1000 s'écrit 999.

AUTRE MÉTHODE

$4^3 = 64$, donc $(4^3 - 1) \times (4^3 + 1) = 63 \times 65 =$ **4 095.**

En utilisant par exemple la méthode par divisions successives par 16 (*voir p. 27*), on obtient :

4095	16	
15	255	16
	15	15

Comme 15 s'écrit F en base seize, on retrouve la réponse $\overline{\text{FFF}}$.

Énoncé p. 35

PROBLÈME 3

➤ **Algorithme par divisions successives, p. 27**

1 a. $\overline{102} = 1 \times 3^2 + 0 \times 3^1 + 2 = 9 + 2 = 11$.

b. Une méthode repose sur un algorithme par divisions successives et, de ce fait, est utilisable quelles que soient les données numériques.

74	3			**2** est le chiffre des unités (le plus droite)
14	24	3		**0** est le chiffre des « tierces » (groupe de 3)
2	0	8	3	**2** est le chiffre des « neuvaines » (groupe de 3^2)
		2	2	**2** est le chiffre des groupes de $3^3 = 27$ unités

d'où : $2\,2\,0\,2 = 2 \times 3^3 + 2 \times 3^2 + 0 \times 3^1 + 2 \times 3^0$.

L'écriture en base trois de 74 est $\overline{2202}$.

AUTRE MÉTHODE

Il s'agit de décomposer 74 sous la forme d'une somme de multiples de puissances de 3.

On remarque d'abord que 74 est compris entre $27 = 3^3$ et $81 = 3^4$.

D'où $74 = 2 \times 27 + 2 \times 9 + 2 = \mathbf{2} \times 3^3 + \mathbf{2} \times 3^2 + \mathbf{0} \times 3^1 + \mathbf{2}$.

On retrouve bien l'écriture en base trois de 74 : $\overline{2202}$.

c. Lorsque le chiffre des unités de l'écriture en base trois d'un nombre entier positif n est zéro, cela signifie que ce nombre n est divisible par 3. En effet :

$$n = a_k 3^k + a_{k-1} 3^{k-1} + \ldots + a_1 \times 3 + 0$$

$$n = 3\underbrace{(a_k 3^{k-1} + a_{k-1} 3^{k-2} + \ldots + a_1)}_{\text{N}}$$

d'où $n = 3 \times \text{N}$ avec N entier naturel positif ou nul.

2 a. Le nombre 100 s'écrit avec cinq chiffres en base trois puisque $81 < 100 < 243$ sachant que $81 = 3^4$ et $243 = 3^5$.

En utilisant la deuxième méthode du **1.b.** on a :

$100 = 81 + 19 = 81 + 18 + 1 = 1 \times 3^4 + 0 \times 3^3 + 2 \times 3^2 + 0 \times 3^1 + 1$.

100 s'écrit $\overline{10201}$ en base trois.

On en déduit que le plus grand nombre 2-lacunaire compris entre 0 et 100 s'écrit $\overline{10111}$ en base trois : **c'est le nombre 94.**

Faisons un inventaire systématique des nombres 2-lacunaires inférieurs ou égaux à 94 = $\overline{10111}$:

– **avec un seul chiffre** il y a **2** nombres 2-lacunaires ($\overline{0}$ et $\overline{1}$) ;

– **avec deux chiffres** il y a **2** nombres 2-lacunaires ($\overline{10}$ et $\overline{11}$) ;

– **avec trois chiffres** il y a **4** nombres 2-lacunaires ($\overline{100}$, $\overline{101}$, $\overline{110}$ et $\overline{111}$) ;

– **avec quatre chiffres** il y a **8** nombres 2-lacunaires ($\overline{1000}$, $\overline{10001}$, $\overline{1010}$, $\overline{1011}$, $\overline{1100}$, $\overline{1101}$, $\overline{1110}$ et $\overline{1111}$) ;

– **avec cinq chiffres** il y a **8** nombres 2-lacunaires ($\overline{10000}$, $\overline{10001}$, $\overline{10010}$, $\overline{10011}$, $\overline{10100}$, $\overline{10101}$, $\overline{10110}$ et $\overline{10111}$).

Il existe donc 24 nombres entiers 2-lacunaires compris entre 0 et 100.

b. Les nombres de quatre chiffres qui sont 2-lacunaires s'écrivent en base trois :
$\overline{1000}$, $\overline{1001}$, $\overline{1010}$, $\overline{1011}$, $\overline{1100}$, $\overline{1110}$ et $\overline{1111}$
soit, en base dix : 27 ; 28 ; 30 ; 31 ; 36 ; 37 ; 39 ; 40.
Les seuls nombres de cette liste 2-lacunaires écrits avec quatre chiffres en base trois et qui sont divisibles par 2 sont : **28, 30, 36** et **40** (soit en base trois $\overline{1001}$, $\overline{1010}$, $\overline{1100}$ et $\overline{1111}$).

Ce sont donc tous les nombres qui s'écrivent en base trois avec une somme de leurs chiffres qui est soit 2, soit 4. C'est une propriété qui les *caractérise* (car les autres nombres de la liste ont une somme de chiffres qui est soit 1, soit 3).
Donc, la condition nécessaire et suffisante pour qu'un nombre 2-lacunaire possédant quatre chiffres en base trois soit divisible par 2 est que la somme de ses chiffres soit 2 ou 4.

> RAPPEL
> **La condition est dite nécessaire et suffisante** si les deux implications suivantes sont vérifiées :
> – si un nombre 2-lacunaire écrit avec 4 chiffres en base trois est divisible par 2, alors la somme de ses chiffres est 2 ou 4 ;
> – si la somme des chiffres d'un nombre 2-lacunaire écrit en base trois est égale soit à 2, soit à 4, alors ce nombre est un multiple de 2.
> Dans ce cas, les deux implications sont bien vérifiées.

3 a. En base trois, un nombre 1-lacunaire n'est écrit qu'avec des 0 et des 2, et un nombre 2-lacunaire n'est écrit qu'avec des 0 et des 1. Les exemples suivants éclairent la propriété à démontrer dans le cas général : $\overline{2020} = 2 \times \overline{1010}$ ou $\overline{22200} = 2 \times \overline{111000}$.

DÉMONSTRATION GÉNÉRALE

Soit n un nombre 1-lacunaire, son écriture en base trois est de la forme $n = \overline{a_k a_{k-1} \dots a_1 a_0}$ où chacun des chiffres a_0, a_1, … a_k est soit 0, soit 2.

Chaque chiffre peut donc s'écrire sous la forme $a_k = 2\,b_k$ où b_k est soit 0, soit 1.

On a donc $n = a_k 3^k + \dots + a_1 \times 3 + a_0$

$n = 2 \times b_k 3^k + 2 \times b_1 \times 3 + 2 \times b_0$

$n = 2(b_k 3^k + \dots + b_1 \times 3 + b_0)$

Donc $n = 2 \times p$ où p est un entier naturel, et p s'écrit en base trois $\overline{b_k \dots b_1 b_0}$ où chacun des b_i est un entier naturel qui est soit 0, soit 1 ; donc p est un entier 2-lacunaire.

Illustrons cette démonstration par un exemple :

Soit $n = \overline{200220}$ qui est un nombre 1-lacunaire.

On a $n = 2 \times 3^5 + 2 \times 3^2 + 2 \times 3^1$

Donc $n = 2 \times (35 + 32 + 31)$

Donc n est bien multiple de 2.

b. Pour répondre à cette question, une stratégie peut consister à faire des essais avec quelques nombres. Par exemple, si on choisit $\overline{221011}$, comment le décomposer en une somme d'un nombre 2-lacunaire et d'un nombre 1-lacunaire ? La résolution de cet exemple peut aider à trouver une méthode générale.

On peut écrire : $\overline{221011} = \overline{220000} + \overline{1011}$.

L'écriture d'un nombre n exprimé en base trois ne comporte que des 0, des 1 et des 2. La méthode générale consiste à le décomposer en une somme dont un terme ne comporte que des 0 et des 2 (ce terme est 1-lacunaire) et l'autre terme que des 0 et des 1 (ce terme est 2-lacunaire).
Ainsi, n est la somme du nombre écrit avec tous les a_i qui sont des 2, les autres chiffres étant remplacés par des zéros, et du nombre écrit avec tous les a_i différents de 2 (et donc soit 0, soit 1), les chiffres 2 étant remplacés par des 0.
Ce qui donne pour l'exemple :

$\overline{221011} = \overline{220000} + \overline{001011} = \overline{220000} + \overline{1011}$ (le premier terme est 2-lacunaire et le second est 1-lacunaire).

– Zéro est à la fois 1-lacunaire et 2-lacunaire.
– Il existe des entiers qui ne sont ni 1-lacunaire ni 2-lacunaire, par exemple : $\overline{12}$.

c. Pour répondre à cette question, il suffit d'exhiber un exemple de nombre dont la décomposition n'est pas unique. En voici un :
$\overline{210} = \overline{10} + \overline{200}$ et $\overline{210} = \overline{1} + \overline{202}$.

CHAPITRE 3

Nombres rationnels et décimaux Nombres réels

OBJECTIFS DU CHAPITRE

– Reconnaitre un nombre rationnel ou un nombre décimal à partir de diverses écritures, notamment leur écriture décimale.

– Savoir comparer, ranger par ordre croissant ou décroissant des nombres réels, rationnels ou décimaux.

– Savoir simplifier une fraction et savoir trouver une fraction irréductible.

– Savoir produire une approximation décimale d'un nombre réel.

FICHES MÉTHODE

TESTER SES CONNAISSANCES

QCM 1 Quelles affirmations sont vraies ?

A. $\frac{4}{5}$ est un nombre décimal.

B. $-\frac{14}{7}$ est un nombre entier.

C. 3,14 est à la fois un nombre décimal et un nombre réel.

D. $\sqrt{2}$ est un nombre décimal.

E. $\sqrt{144}$ est un nombre naturel.

F. $\frac{8}{15}$ est un nombre décimal.

Aide :
§3.1 p. 56
phrases A et F, §2.1 p. 52
phrase D, § 3 p. 55

QCM 2 Quelles affirmations sont vraies ?

A. Tout nombre naturel est aussi un nombre réel.

B. Tout nombre réel est aussi un nombre décimal.

C. Tout nombre décimal est aussi un nombre réel.

D. Tout nombre rationnel est aussi un nombre décimal.

Aide :
§3.1 p. 56

QCM 3 Quelles affirmations sont vraies ?

Aide : phrase C, §2.3 p. 54 ; phrase D, §2.4 p. 54 ; phrase E, §1.6 p. 49

A. Entre 1,27 et 1,28 il n'y a pas de nombre décimal.

B. Entre 1,27 et 1,28 il y a une infinité de nombres décimaux.

C. 0,27 est inférieur à 0,206.

D. Entre $\frac{87}{93}$ et $\frac{88}{93}$ on peut intercaler au moins un nombre décimal.

E. Entre $\frac{87}{93}$ et $\frac{88}{93}$ on peut intercaler au moins un nombre rationnel.

QCM 4 Qui suis-je ?

Aide : §2.2 p. 52

Je suis un nombre décimal écrit avec deux chiffres à droite de la virgule. Mon chiffre des centièmes est 5 et mon nombre de dixièmes est 12.

A. 1,25 **B.** 120,05 **C.** 12,05 **D.** 0,125 **E.** 1,125

QCM 5 Voici cinq nombres :

Aide : §2.3 p. 53

a. 3,6 **b.** 3,583 **c.** –3,3 **d.** –2,3 **e.** 3,57 **f.** 10,01

Quel rangement est le bon ?

A. c < d < a < e < b < f

B. f < d < c < e < b < a

C. d < c < a < e < b < f

D. c < d < e < b < a < f

E. c < d < b < e < a < f

QCM 6 Voici six nombres : 1 $\frac{1}{3}$ $\frac{2}{3}$ $\frac{2}{9}$ $\frac{4}{9}$ $\frac{7}{9}$

Aide : §1.5 p. 48

Quelles affirmations sont vraies ?

A. Le plus grand de la liste est $\frac{7}{9}$.

B. Le plus petit de la liste est $\frac{1}{3}$.

C. Il y a dans cette liste autant de nombres supérieurs à $\frac{5}{9}$ que de nombres inférieurs à $\frac{5}{9}$.

D. Tous ces nombres sont supérieurs à 0,2.

E. Tous ces nombres sont inférieurs à $\frac{9}{7}$.

1. A, B, C, E 2. A, C 3. B, D, E 4. A 5. D 6. C, D, E

LE COURS

1 L'ensemble $\mathbb{Q}$ des nombres rationnels

Un nombre rationnel[1] est un nombre qui peut être écrit sous la forme d'une fraction $\frac{a}{b}$, le numérateur a et le dénominateur b étant deux nombres entiers, avec $b \neq 0$.

Un nombre rationnel est donc solution d'une **équation du type $b \times x = a$,**
a et b étant des nombres entiers ($b \neq 0$).
Il est le **quotient de a par b.**

1. Rationnel vient du latin *rationalis*. En mathématiques, il s'agit d'un nombre qui peut être exprimé par une raison entre deux nombres entiers (raison ayant le sens de proportion).

1.1 Signification d'une fraction

Les rationnels positifs peuvent être utilisés pour exprimer des mesures.

EXEMPLE : L'unité de longueur u est celle de cette bande : 
Comment tracer une bande de longueur $\frac{5}{3}u$?

On peut utiliser deux méthodes :

méthode 1

– On partage la bande unité en 3 bandes de même longueur : 

– On reporte 5 fois une des bandes obtenues : 

La bande ainsi construite a pour longueur $\frac{5}{3}u$ (5 fois $\frac{1}{3}$), ce qui correspond à la lecture de la fraction $\frac{5}{3}$ sous la forme « cinq tiers » et à l'égalité $\frac{5}{3} = 5 \times \frac{1}{3}$.

méthode 2

– On reporte 5 fois la bande unité :

– On partage la bande obtenue en 3 bandes de même longueur.

Chacune des 3 bandes obtenues a pour longueur : $5\,u : 3 = \frac{5}{3}u$ ce qui correspond à la définition du rationnel $\frac{5}{3}$ comme quotient de 5 par 3.

1. 2 Fractions égales

Il existe une infinité de fractions égales à une fraction donnée.

FICHE MÉTHODE Reconnaitre si deux fractions $\frac{a}{b}$ et $\frac{c}{d}$ sont égales.

➜ Les égalités $\frac{12}{15}=\frac{8}{10}$ et $\frac{12}{5}=\frac{18}{8}$ sont-elles vraies ?

1. Calculer le produit en croix (appelé aussi produit des extrêmes et des moyens) : $\frac{a}{b} \times \frac{c}{d}$ $a \times d$ et $b \times c$	• $12 \times 10 = 8 \times 15 = 120$. • $12 \times 8 = 96$ $18 \times 5 = 90$ donc $12 \times 8 \neq 18 \times 5$.
2. Les deux fractions sont égales si et seulement si $a \times d = b \times c$.	• $\frac{12}{15}=\frac{8}{10}$ est une égalité vraie. • $\frac{12}{5}=\frac{18}{8}$ est une égalité fausse.

Dans la suite du paragraphe 1, on considère toujours des fractions dont le numérateur et le dénominateur sont des entiers qui peuvent être positifs ou négatifs.

FICHE MÉTHODE Trouver une fraction égale à une fraction $\frac{a}{b}$.

➜ Trouver des fractions égales à $\frac{12}{15}$.

Multiplier ou diviser son numérateur et son dénominateur par un même nombre entier relatif non nul k : $\frac{a}{b}=\frac{a \times k}{b \times k}$ ou $\frac{a}{b}=\frac{a : k}{b : k}$	• En multipliant numérateur et dénominateur par 3 : $\frac{12}{15}=\frac{12 \times 3}{15 \times 3}=\frac{36}{45}$ • En divisant numérateur et dénominateur par 3 : $\frac{12}{15}=\frac{12:3}{15:3}=\frac{4}{5}$

Un nombre rationnel peut être représenté par une infinité de fractions égales.

1. 3 Fraction irréductible

Une fraction est dite irréductible si le numérateur et le dénominateur n'ont pas de diviseur commun autre que 1.

On dit aussi que **le numérateur et le dénominateur sont premiers entre eux.**

➤ Nombres premiers entre eux, chap. 6 p. 127

FICHE MÉTHODE Obtenir la fraction irréductible égale à une fraction $\frac{a}{b}$ (simplifier la fraction).

➜ Trouver la fraction irréductible égale à $\frac{440}{336}$.

1. Chercher le pgcd (plus grand commun diviseur) des nombres a et b. Pour cela, on peut utiliser la décomposition en produit de facteurs premiers de chacun des nombres a et b.	Décomposition de 440 et 336 en produits de facteurs premiers : $440 = 2^3 \times 5 \times 11$ et $336 = 2^4 \times 3 \times 7$ pgcd $(440, 336) = 2^3$.
2. Diviser a et b par le pgcd trouvé.	$\frac{440}{336}=\frac{2^3 \times 5 \times 11}{2^4 \times 3 \times 7}=\frac{5 \times 11}{2 \times 3 \times 7}=\frac{55}{42}$.

➤ Diviseur commun, chap. 6 p. 123

➤ Plus grand diviseur commun, chap. 6 p. 126

➤ Décomposition en produit de facteurs premiers, chap. 6 p. 123

La fraction irréductible est utilisée de façon privilégiée pour représenter un nombre rationnel ou l'employer dans un calcul.

Si $\frac{a}{b}$ est une fraction irréductible, les fractions qui lui sont égales sont de la forme $\frac{a \times k}{b \times k}$ avec k nombre entier relatif différent de 0.

EXEMPLE : La fraction irréductible égale à $\frac{12}{15}$ est $\frac{4}{5}$.
Les fractions égales à $\frac{12}{15}$ sont toutes de la forme $\frac{4 \times k}{5 \times k}$ avec k nombre entier relatif différent de 0.

ENTRAINEMENT **1**

Corrigé p. 63

Simplifier les fractions suivantes, sans utiliser la calculatrice :

a. $\frac{352}{44}$ **b.** $\frac{4\,242}{2\,828}$ **c.** $\frac{242\,424}{323\,232}$ **d.** $\frac{32\,032}{77}$.

1.4 Fraction inverse

Deux nombres sont dits inverses l'un de l'autre si leur produit est égal à 1.

a et b étant deux nombres entiers relatifs non nuls, l'inverse de la fraction $\frac{a}{b}$ est la fraction $\frac{b}{a}$.

➤ **Calcul sur les fractions,** chap. 5 p. 104

En effet : $\frac{a}{b} \times \frac{b}{a} = \frac{a \times b}{b \times a} = 1$. Ce qui se traduit aussi par : $\frac{1}{\frac{a}{b}} = \frac{b}{a}$.

méthode **Pour trouver l'inverse d'une fraction**

Il suffit de remplacer son numérateur par son dénominateur et son dénominateur par son numérateur.

EXEMPLE : L'inverse de $\frac{5}{3}$ est $\frac{3}{5}$.

Attention !
0 n'a pas d'inverse.

1.5 Comparaison de fractions

FICHE MÉTHODE Comparer deux fractions.

Quatre exemples sont donnés selon que les dénominateurs et numérateurs sont égaux ou différents.

➜ Comparer $\frac{27}{7}$ et $\frac{20}{7}$ (Les dénominateurs des deux fractions sont égaux.)

Comparer les numérateurs : la fraction la plus grande est celle qui a le plus grand numérateur.	$27 > 20$ donc : $\frac{27}{7} > \frac{20}{7}$.

➜ Comparer $\frac{2}{5}$ et $\frac{2}{9}$ (Les numérateurs des deux fractions sont égaux.)

Comparer les dénominateurs : la fraction la plus grande est celle qui a le plus petit dénominateur.	$5 < 9$ donc : $\frac{2}{5} > \frac{2}{9}$.

→ Comparer $\frac{17}{27}$ et $\frac{11}{18}$ (Les numérateurs et dénominateurs des deux fractions sont différents.)

méthode 1. Même dénominateur

1• Remplacer chaque fraction par une fraction égale, de telle façon que les deux fractions obtenues aient des dénominateurs égaux (on dit qu'on a réduit les deux fractions au même dénominateur).	On remarque que 54 est un multiple commun de 27 et de 18. Donc : $\frac{17}{27}=\frac{34}{54}$ et $\frac{11}{18}=\frac{33}{54}$.
2• Comparer les numérateurs des fractions obtenues : la fraction la plus grande est celle qui a le plus grand numérateur.	$33 < 34$ donc : $\frac{11}{18}<\frac{17}{27}$.

méthode 2. Valeur décimale

1• Calculer des valeurs décimales approchées des deux fractions.	$\frac{17}{27}\approx 0{,}63$ et $\frac{11}{18}\approx 0{,}61$.
2• Comparer les nombres décimaux obtenus. Remarque : Cette méthode n'est utilisable que si les deux valeurs approchées n'ont pas trop de chiffres identiques.	$0{,}61 < 0{,}63$ donc : $\frac{11}{18}<\frac{17}{27}$.

→ Comparer $\frac{7}{15}$ et $\frac{17}{32}$ (Les numérateurs et dénominateurs des deux fractions sont différents.)

méthode 3. Nombres simples

Situer chaque fraction par rapport à des nombres simples que l'on sait comparer facilement.	$\frac{7}{15}<\frac{1}{2}$ et $\frac{17}{32}>\frac{1}{2}$ donc : $\frac{17}{32}>\frac{7}{15}$.

CORRIGÉ QCM 6 affirmations A à E : Elles portent sur les nombres : 1 $\frac{1}{3}$ $\frac{2}{3}$ $\frac{2}{9}$ $\frac{4}{9}$ $\frac{7}{9}$. QCM 6, p. 44

A. Le plus grand nombre de la liste est 1.

La méthode 1 permet de répondre rapidement à cette question.

En effet : $1=\frac{9}{9}$; $\frac{1}{3}=\frac{3}{9}$; $\frac{2}{3}=\frac{6}{9}$.

B. Le plus petit nombre de la liste est $\frac{2}{9}$.

C. Il y a bien autant de nombres supérieurs à $\frac{5}{9}$ que de nombres inférieurs à $\frac{5}{9}$.

D. Tous ces nombres sont supérieurs à 0,2 car $0{,}2=\frac{2}{10}$ est plus petit que $\frac{2}{9}$ (*méthode 2*).

E. Tous ces nombres sont inférieurs à $\frac{9}{7}$ puisque $\frac{9}{7}>1$.

ENTRAINEMENT 2 Corrigé p. 63

Ranger par ordre croissant les nombres suivants : 1 $\frac{3}{7}$ $\frac{2}{9}$ $\frac{1}{2}$ $\frac{7}{9}$.

1.6 Intercalation de fractions entre deux fractions

Entre deux nombres rationnels, on peut intercaler une infinité de nombres rationnels.

méthode Pour générer de nombreux rationnels compris entre deux nombres a et b (avec $a < b$)

On s'appuie sur le fait que le rationnel $\frac{a+b}{2}$, demi-somme de a et de b, est plus grand que a et plus petit que b.
On peut réitérer le procédé pour trouver un rationnel entre a et $\frac{a+b}{2}$ et un autre entre $\frac{a+b}{2}$ et b et ainsi de suite...

CORRIGÉ QCM 3 affirmation E : Entre $\frac{87}{93}$ et $\frac{88}{93}$ on peut intercaler au moins un nombre rationnel.

QCM 3, p. 44

La fraction $\frac{175}{186}$ obtenue en utilisant la méthode précédente (calcul de la demi-somme de $\frac{87}{93}$ et $\frac{88}{93}$) est une réponse possible. D'autres réponses peuvent être fournies par d'autres méthodes.
On peut par exemple écrire que $\frac{87}{93}=\frac{870}{930}$ et que $\frac{88}{93}=\frac{880}{930}$, ce qui permet d'intercaler plusieurs fractions entre les deux fractions données, par exemple $\frac{871}{930}$, $\frac{872}{930}$ ...
Comme le procédé peut être réalisé avec une infinité de nombres en multipliant les dénominateurs et les numérateurs des deux fractions données, on peut même affirmer qu'il existe une infinité de nombres rationnels qui peuvent être intercalés entre $\frac{87}{93}$ et $\frac{88}{93}$.

ENTRAINEMENT 3

Corrigé p. 63

Écrire une fraction qui se situe entre $\frac{15}{21}$ et $\frac{16}{21}$.

ENTRAINEMENT 4

Corrigé p. 63

Écrire une fraction qui se situe entre $\frac{9}{7}$ et $\frac{19}{13}$.

ENTRAINEMENT 5

Corrigé p. 63

Comparer $\frac{212\,547}{208\,125}$ et $\frac{5\,451\,247}{6\,251\,342}$ sans calculer de division.

1.7 Partie entière d'une fraction

La partie entière d'une fraction est le plus grand nombre entier inférieur à cette fraction.
Une fraction peut être décomposée en somme de sa partie entière et d'une fraction inférieure à 1.

FICHE MÉTHODE Trouver la partie entière d'une fraction $\frac{a}{b}$.

Deux exemples sont donnés selon que la fraction est positive ou négative.

→ Trouver la partie entière de $\frac{178}{15}$ et la décomposition additive associée.

méthode **Pour une fraction positive**

1• Calculer le quotient q et le reste r entiers de la division euclidienne de a par b. Division euclidienne : $a = (b \times q) + r$.	Division euclidienne : $178 = (15 \times 11) + 13$
2• Le quotient obtenu est la partie entière de $\frac{a}{b}$.	La partie entière de $\frac{178}{15}$ est 11.
3• Le reste obtenu est le numérateur de la fraction complémentaire de la partie entière : $\frac{a}{b} = q + \frac{r}{b}$ Remarque : La fraction $\frac{r}{b}$ est nécessairement inférieure à 1 car, dans la division euclidienne, le reste r est inférieur au diviseur b.	$\frac{178}{15} = 11 + \frac{13}{15}$

→ Trouver la partie entière de $-\frac{178}{15}$ et la décomposition additive associée.

méthode **Pour une fraction négative**

C'est la même méthode que pour une fraction positive, mais en faisant attention à la partie entière qui est un peu plus délicate à trouver.	La partie entière de $-\frac{178}{15}$ est -12 (et non pas -11). $-\frac{178}{15} = -12 + \frac{2}{15}$.

ENTRAINEMENT 6

Corrigé p. 64

Décomposer $\frac{1515}{12}$ en somme de sa partie entière et d'une fraction inférieure à 1.

2 L'ensemble $\mathbb{D}$ des nombres décimaux

Un nombre décimal peut s'écrire sous forme de fraction décimale $\frac{a}{10^n}$,
c'est-à-dire d'une fraction dont le dénominateur est une puissance de 10, a étant un nombre entier et n un nombre naturel.

Tout nombre décimal est donc un **nombre rationnel.**
Un nombre décimal peut aussi être **écrit avec une virgule et un nombre fini de chiffres** à droite de la virgule.

EXEMPLES :

$6{,}236 = \frac{6236}{10^3}$ $0{,}6 = \frac{6}{10}$ $12{,}23 = \frac{1223}{10^2}$.

RAPPEL

$10^n = \underbrace{10 \times 10 \times 10 \times \ldots \times 10}_{n \text{ fois}} = 1\underbrace{00\ldots0}_{n \text{ « 0 »}}$ si $n \neq 0$

Un nombre décimal est la **somme de sa partie entière** et de sa **partie décimale.**

EXEMPLE : 12,23 = 12 + 0,23.
- **12** est la **partie entière** de 12,23 : c'est le plus grand nombre entier inférieur à 12,23.
- **0,23** est la **partie décimale** de 12,23 : la partie décimale d'un nombre est toujours inférieure à 1.

Remarques :

- Il est faux de dire que 23 est la partie décimale de 12,23.
- Cette décomposition de 12,23 correspond à celle de la fraction décimale $\frac{1223}{100}$, en partie entière et partie fractionnaire inférieure à 1 : $\frac{1223}{100}=12+\frac{23}{10}$.
- La partie entière de –12,23 est –13 (et non pas –12) et –12,23 = –13 + 0,67.

Un nombre décimal peut aussi s'écrire comme **produit d'un nombre entier relatif et d'une puissance de 10.**

EXEMPLE : $12{,}23 = 1\,223 \times 10^{-2}$.

RAPPEL $10^{-n}=\frac{1}{10^n}=0{,}00\ldots01$
n chiffres à droite de la virgule

ENTRAINEMENT 7

Compléter : $3{,}075 \times 10^2 = \ldots\ldots \times 10^5$ $3{,}43 = 343 \times 10^?$
$0{,}051 = \ldots\ldots \times 10^{-3}$ $0{,}00017 = 17 \times 10^?$

Corrigé p. 64

2.1 Fractions et nombres décimaux

Une fraction représente un nombre décimal si la fraction irréductible qui lui est égale a un dénominateur qui peut être décomposé sous forme d'un produit de puissances de 2 et de puissances de 5.

Cette fraction irréductible doit être de la forme : $\frac{a}{2^p \times 5^q}$, a étant un nombre entier relatif, et p et q des nombres naturels.

DÉMONSTRATION : Si un nombre rationnel exprimé sous forme de fraction irréductible $\frac{a}{b}$ est un nombre décimal, il existe n tel que $\frac{a}{b}\times 10^n$ soit un nombre entier.
Or $10^n = 2^n \times 5^n$, donc $\frac{a}{b}\times 2^n \times 5^n$ est un nombre entier, donc $\frac{a \times 2^n \times 5^n}{b}$ est un nombre entier. Comme a et b n'ont pas de diviseur commun (car $\frac{a}{b}$ est irréductible), il faut que b divise $2^n \times 5^n$, b est donc de la forme $2^p \times 5^q$ avec $0 \leqslant p \leqslant n$ et $0 \leqslant q \leqslant n$.

FICHE MÉTHODE Reconnaitre si une fraction $\frac{a}{b}$ représente un nombre décimal.

→ Ces fractions $\frac{45}{600}$ et $\frac{45}{10500}$ représentent-elles des nombres décimaux ?

1. Décomposer le numérateur et le dénominateur sous forme de produit de facteurs premiers.	$45 = 3^2 \times 5^1$ $600 = 2^3 \times 5^2 \times 3^1$ $10\,500 = 2^2 \times 5^3 \times 3^1 \times 7^1$
2. Chercher la fraction irréductible égale à la fraction donnée.	$\frac{45}{600}=\frac{3^2 \times 5^1}{2^2 \times 5^2 \times 3^1}=\frac{3}{2^2 \times 5^1}$ $\frac{45}{10500}=\frac{3^2 \times 5^1}{2^2 \times 5^3 \times 3^1 \times 7^1}=\frac{3}{2^2 \times 5^2 \times 7}$
3. Vérifier si la décomposition du dénominateur de cette fraction irréductible ne comporte que des puissances de 2 et de 5.	$\frac{45}{600}$ représente donc un nombre décimal.[2] $\frac{45}{10500}$ ne représente donc pas un nombre décimal.

Cette méthode permet de reconnaitre si une fraction représente un nombre décimal sans écrire son dénominateur sous forme d'une puissance de 10.

2. Pour l'affirmer, il n'est donc pas nécessaire de chercher son écriture décimale (0,075).

CORRIGÉ QCM 1 affirmations A et F : $\frac{4}{5}$ représente un nombre décimal alors que $\frac{8}{15}=\frac{8}{3\times5}$ ne représente pas un nombre décimal.

QCM 1, p. 43

ENTRAINEMENT 8

Corrigé p. 64

$A=\frac{364}{1001}$ $B=\frac{384}{275}$

a. Les nombres A et B sont-ils des nombres décimaux ?
b. Leur somme A + B est-elle un nombre décimal ?

2.2 Valeur d'un chiffre ou d'un groupe de chiffres de l'écriture à virgule d'un nombre décimal

L'écriture à virgule des nombres décimaux obéit aux règles de la numération positionnelle de base dix, étudiée pour les nombres naturels.

La valeur d'un chiffre d'un nombre décimal est donc déterminée par sa **position par rapport à la virgule** :

➤ **Numération positionnelle,** chap. 2 p. 24

– la valeur des chiffres de la **partie entière** est liée, en allant vers la gauche, aux **puissances positives successives de 10** : 10^0, 10^1, 10^2...

– la valeur des chiffres **à droite de la virgule** est liée, en allant vers la droite, aux **puissances négatives successives de 10** : 10^{-1}, 10^{-2}...

EXEMPLE : 205,502 = 2 × 100 + 5 + 5 × 0,1 + 2 × 0,001
Cette décomposition peut être trouvée à l'aide du tableau de numération :

10^3	10^2	10^1	10^0	,	10^{-1}	10^{-2}	10^{-3}	10^{-4}
	2	0	5	,	5	0	2	

Ce « 2 » vaut 2 × 100 (2 centaines)

Ce « 2 » vaut $2\times\frac{1}{1000}$ (2 millièmes)

Dans 205,502 :
– **le groupe de chiffres « 20 »** représente 20 dizaines (20 × 10) d'où la décomposition : 205,502 = 20 × 10 + 5,502.
– **le groupe de chiffres « 2 055 »** représente 2 055 dixièmes $\left(2055\times\frac{1}{10}\right)$ d'où la décomposition : 205,502 = 2 055 × 0,1 + 0,002.

CORRIGÉ QCM 4 : Je suis un nombre décimal écrit avec deux chiffres à droite de la virgule. Mon chiffre des centièmes est 5 et mon nombre de dixièmes est 12.

QCM 4, p. 44

A. La réponse est **1,25**. En effet : $1{,}25=12\times\frac{1}{10}+\frac{5}{100}$.

B. Dans **120,05**, il y a 1 200 dixièmes et le chiffre des centièmes est 5.

C. Dans **12,05**, il y a 120 dixièmes et le chiffre des centièmes est 5.

D. Dans **0,125**, il y a 1 dixième et le chiffre des centièmes est 2 (5 est le chiffre des millièmes).

E. Dans **1,125**, il y a 11 dixièmes et le chiffre des centièmes est 2 (5 est le chiffre des millièmes).

ENTRAINEMENT 9

Corrigé p. 64

Trouver ce nombre décimal dont :
– l'écriture décimale comporte trois chiffres à droite de la virgule ;
– le nombre de dizaines est égal à 25 ;
– le chiffre des unités est le même que son chiffre des centaines et que son chiffre des millièmes ;
– la partie décimale est inférieure à 0,71 et supérieure à 0,7.

2.3 Comparaison de deux nombres décimaux

Deux méthodes sont données selon que les nombres à comparer sont positifs ou négatifs.

FICHE MÉTHODE **Comparer des nombres décimaux et les ranger.**

CORRIGÉ QCM 5 : Ranger ces nombres par ordre croissant :

QCM 5, p. 44

3,6 3,583 −3,3 −2,3 3,57 10,01

méthode **1.** **Pour les nombres décimaux positifs** (3,6 3,583 3,57 10,01)

1. Trouver le rang de plus grande valeur pour l'ensemble des nombres. – Comparer les chiffres pour ce rang (en l'absence de chiffre pour l'un des nombres, considérer que le chiffre est 0). – Le plus grand nombre est celui qui a le chiffre de plus grande valeur pour le rang considéré. – Pour les nombres qui comportent des chiffres identiques au rang considéré, passer à l'étape 2.	Pour faciliter la tâche, imaginer que les nombres sont écrits les uns sous les autres, en alignant les chiffres de même rang dans la même colonne : 3,6 3,583 3,57 10,01 **10,01** est le seul à comporter un chiffre autre que 0 au rang des dizaines : c'est le plus grand de la série.
2. Faire le même travail au rang immédiatement inférieur.	**Au rang des unités** : tous les autres nombres comportent le même chiffre ; il faut donc passer au rang des dixièmes. **Au rang des dixièmes** : **3,6** comporte un chiffre de plus grande valeur que les deux autres nombres restants (3,583 et 3,57). C'est donc le plus grand des 3 nombres.
3. Étapes suivantes **Faire le même travail en passant chaque fois au rang immédiatement inférieur.**	**Au rang des centièmes** : **3,583** comporte un chiffre de plus grande valeur que l'autre nombre restant (3,57). C'est donc le plus grand des deux nombres. D'où le rangement : 3,57 < 3,583 < 3,6 < 10,01.

méthode **2.** **Pour les nombres décimaux négatifs** (−3,3 −2,3)

Il faut se souvenir que pour deux nombres décimaux négatifs, le plus grand est celui dont la distance à 0 est la plus petite.	La distance à 0 de −3,3 est 3,3 et celle de −2,3 est 2,3. D'où le rangement : −3,3 < −2,3.

Rangement final : −3,3 < −2,3 < 3,57 < 3,583 < 3,6 < 10,01.

Autre méthode **Pour comparer les nombres décimaux positifs**

Cette méthode de comparaison que nous venons de voir diffère de celle qui est souvent enseignée et formulée ainsi :
– on compare d'abord les parties entières : si elles sont différentes, le plus grand nombre est celui qui a la plus grande partie entière ;
– si les parties entières sont égales, on compare respectivement chaque chiffre des parties à droite de la virgule, à partir des dixièmes, en s'arrêtant dès qu'un chiffre diffère à un rang donné : le plus grand nombre décimal est celui qui a le « plus grand chiffre » à ce rang.

Les deux méthodes sont évidemment équivalentes. Celle que nous proposons présente l'avantage de fonctionner aussi bien avec les nombres naturels qu'avec les nombres décimaux écrits avec une virgule.

CORRIGÉ QCM 3 affirmation C : L'assertion « 0,27 est inférieur à 0,206 » est fausse puisque les chiffres des unités et des dixièmes sont égaux et que le chiffre des centièmes de 0,27 a une valeur plus grande que le chiffre des centièmes de 0,206. QCM 3, p. 44

ENTRAINEMENT 10 Corrigé p. 64

Ranger par ordre croissant les nombres :
2,02 20,002 2,22 2,0222 2,0002 2,202.

2.4 Intercalation de nombres décimaux entre deux nombres décimaux

Entre deux nombres décimaux, on peut intercaler une infinité de nombres décimaux.

EXEMPLE : Entre 0,429 et 0,43, on peut placer une infinité de nombres décimaux : 0,4291 ; 0,42901 ; etc.

Conséquence :

Entre deux nombres rationnels différents, on peut intercaler une infinité de nombres décimaux.

CORRIGÉ QCM 3 affirmation D : La réponse à l'affirmation « Entre $\frac{87}{93}$ et $\frac{88}{93}$ on peut intercaler au moins un nombre décimal » est liée à cette propriété. QCM 3, p. 44

En effet, comme $\frac{87}{93} \approx 0,9354$ et $\frac{88}{93} \approx 0,9462$, on a : $\frac{87}{93} < 0,936 < 0,946 < \frac{88}{93}$.

En particulier, tout nombre décimal compris entre 0,936 et 0,946 (il y en a une infinité) est aussi compris entre $\frac{87}{93}$ et $\frac{88}{93}$, comme 0,9365 ou 0,94 ou 0,9452 ou…

ENTRAINEMENT 11 Corrigé p. 64

a. Déterminer les chiffres a et b qui satisfont à l'encadrement :
$3,8276 < 3,8ab4 \leqslant 3,834$.

b. Dénombrer les solutions de la double inégalité :
$43,8276 < a3,5cd4 \leqslant 53,834$ où trois chiffres sont à déterminer.

3 L'ensemble $\mathbb{R}$ des nombres réels

L'ensemble $\mathbb{R}$ des nombres réels est l'ensemble des nombres qui peuvent être mis en bijection parfaite avec les points d'une droite, c'est-à-dire qu'à chaque nombre réel, on peut associer un point de cette droite et inversement.
Ils permettent donc de graduer parfaitement la droite, sans « trou ».

Les nombres réels sont :
– soit rationnels ;
– soit irrationnels comme $\sqrt{2}$ (nombre solution de $x^2 = 2$), π...

Les nombres irrationnels sont ceux qui ne peuvent pas être écrits sous la forme de quotient de deux nombres entiers $\left(\frac{a}{b}\right)$, le dénominateur étant non nul.

L'idée de nombre irrationnel est venue du fait que toutes les équations n'ont pas comme solution un nombre rationnel, comme par exemple certaines équations du second degré. Depuis l'Antiquité grecque, nous savons que $x^2 = 2$ n'a pas de solution rationnelle.

DÉMONSTRATION :
On peut démontrer que **$x^2 = 2$ n'a pas de solution rationnelle** en prouvant qu'il est impossible de trouver une fraction $\frac{p}{q}$ (p et q étant des entiers naturels, $q \neq 0$) telle que $\left(\frac{p}{q}\right)^2 = 2$.
Cette impossibilité se démontre en utilisant un raisonnement par l'absurde[3].
On peut se placer dans le cas où la fraction $\frac{p}{q}$ est irréductible (ce qui entraine que p et q ne peuvent être tous les deux pairs).
Supposons donc que $\left(\frac{p}{q}\right)^2 = 2$ (p et q n'étant pas tous deux des nombres pairs).
On en déduit l'égalité : $p^2 = 2q^2$.
Cette égalité montre que p^2 est pair (puisque p^2 est multiple de 2). Ce qui entraine que p est également pair (car le carré d'un nombre impair est lui aussi impair).
Comme p est pair, on peut écrire $p = 2n$, alors $p^2 = 4n^2$.
De $p^2 = 2q^2$, on peut donc déduire $4n^2 = 2q^2$. D'où : $2n^2 = q^2$.
Cela indique que q^2 est pair, ce qui entraine que q est également pair.
p et q sont donc tous deux pairs, ce qui est en contradiction avec l'hypothèse de départ.

3. **Le raisonnement par l'absurde** consiste soit à démontrer la vérité d'une proposition en prouvant l'absurdité de la proposition contraire, soit à en montrer la fausseté en en déduisant des conséquences absurdes.

CORRIGÉ QCM 1 affirmation D : $\sqrt{2}$ n'est donc pas un nombre rationnel et, *a fortiori*, pas un nombre décimal.

QCM 1, p. 43

3.1 Organisation des différents ensembles de nombres

A. Il existe différents ensembles de nombres.

➤ **Autre schéma,** p. 473

Le schéma suivant montre toutes les inclusions entre ces ensembles :

$\mathbb{N} \subset \mathbb{Z} \subset \mathbb{D} \subset \mathbb{Q} \subset \mathbb{R}$

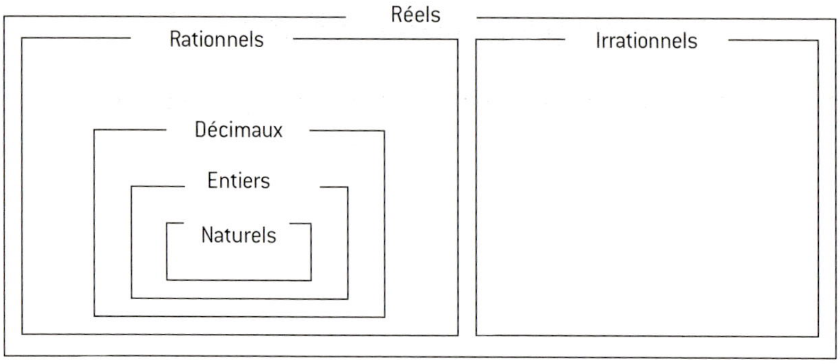

➤ **Définitions de nombres :**
$\mathbb{N}$ Naturels p. 22
$\mathbb{Z}$ Entiers p. 22
$\mathbb{D}$ Décimaux p. 5
$\mathbb{Q}$ Rationnels p. 4
$\mathbb{R}$ Réels p. 55

D'après le schéma :

- On voit que **tout naturel est un décimal et que tout décimal est aussi un réel.**
- **Certains réels ne sont pas des décimaux,** comme $\sqrt{3}$ ou π ou encore $\frac{1}{3}$.

Ces nombres peuvent être approchés d'aussi près qu'on veut par des décimaux, mais sans être « atteints ».

- **Certains rationnels ne sont pas des décimaux,** comme $\frac{22}{7}$ ou $\frac{1}{3}$.

Ils peuvent également être approchés d'aussi près qu'on veut par des décimaux, mais sans être « atteints ».

B. Un nombre peut appartenir à plusieurs ensembles de nombres.

EXEMPLES :
- 47 est à la fois naturel, entier, décimal, rationnel et réel.
- $\frac{3}{4}$ est à la fois décimal, rationnel et réel.

CORRIGÉ QCM 1 : Cette question teste vos connaissances sur les relations entre les ensembles de nombres et permet de souligner qu'il ne faut pas toujours se fier trop rapidement à l'écriture sous laquelle un nombre est donné.

QCM 1, p. 43

A. $\frac{4}{5}$ est à la fois un nombre réel, rationnel et décimal (égal à 0,8).

B. $-\frac{14}{7}$ est à la fois un nombre réel, rationnel, décimal et entier (c'est -2).

C. 3,14 est à la fois un nombre réel, rationnel et décimal, au contraire de Pi qui lui n'est ni rationnel ni décimal.

D. $\sqrt{2}$ est un nombre réel, mais pas un nombre rationnel.

E. $\sqrt{144}$ est à la fois un nombre réel, rationnel, décimal, entier et naturel (c'est 12).

F. $\frac{8}{15}$ est à la fois un nombre rationnel et réel, mais pas un nombre décimal.

CORRIGÉ QCM 2 : Cette question concerne les inclusions entre ensembles de nombres.

QCM 2, p. 43

A. Tout nombre naturel est aussi un nombre réel, mais l'inverse n'est pas vrai.

B. et **C.** Tout nombre réel est aussi un nombre décimal, mais l'inverse n'est pas vrai.

D. Tout nombre décimal est aussi un nombre rationnel, mais l'inverse n'est pas vrai.

3.2 Propriétés relatives à la comparaison des nombres réels

Les propriétés énoncées dans $\mathbb{R}$ sont également vérifiées dans les autres ensembles de nombres.

A. Ordre et opposé

Deux nombres sont **opposés** si leur somme est égale à 0.

EXEMPLE : 6 et –6 sont opposés l'un de l'autre.

Le passage aux opposés s'accompagne du changement de sens de l'inégalité.

$a \leqslant b$ équivaut à $-a \geqslant -b$ — a et b deux nombres réels

EXEMPLE : $-6 < 4$ équivaut à $6 > -4$.

B. Ordre et inverse

Deux nombres sont **inverses** si leur produit est égal à 1.

EXEMPLE : 6 et $\frac{1}{6}$ sont inverses l'un de l'autre.

Le passage aux inverses pour des nombres de même signe s'accompagne du changement de sens de l'inégalité.

$a \leqslant b$ équivaut à $\frac{1}{a} \geqslant \frac{1}{b}$ — avec a et b deux nombres réels non nuls de même signe.

EXEMPLE : $6 < 8$ équivaut à $\frac{1}{6} > \frac{1}{8}$ et $-8 < -6$ équivaut à $-\frac{1}{8} > -\frac{1}{6}$.

C. Ordre et addition

- En ajoutant un même nombre réel aux deux membres d'une inégalité, on obtient une nouvelle inégalité de même sens que la première.

$a \leqslant b$ équivaut à $a + c \leqslant b + c$ — avec a et b deux nombres réels.

- Si deux inégalités sont de même sens, l'addition membre à membre donne une nouvelle inégalité de même sens.

$a \leqslant b$ et $c \leqslant d$ entraine $a + c \leqslant b + d$ — avec a et b deux nombres réels.

D. Ordre et multiplication

- En multipliant les deux membres d'une inégalité par un même nombre réel positif, on obtient une nouvelle inégalité de même sens que la première.

$a \leqslant b$ entraine $a \times c \leqslant b \times c$ — avec a et b deux nombres réels et c un nombre réel positif (non nul).

• En multipliant par un même nombre réel négatif les deux membres d'une inégalité, on obtient une nouvelle inégalité de sens contraire par rapport à la première.

$a \leqslant b$ équivaut à $a \times c \geqslant b \times c$ avec a et b deux nombres réels et c un nombre réel négatif (non nul).

ENTRAINEMENT 12

Corrigé p. 65

Pour **a** à **h** on sait que $a < b$, compléter (si possible) :

a. $a + 5 \ldots b + 5$ **c.** $a - 2 \ldots b - 3$ **e.** $-2a \ldots -2b$ **g.** $\frac{3}{a} \ldots \frac{3}{b}$

b. $a - 7 \ldots b - 7$ **d.** $3a \ldots 3b$ **f.** $\frac{a}{7} \ldots \frac{b}{7}$ **h.** $-2a + 5 \ldots -2b + 3$

Pour **i** on sait que a et b sont maintenant choisis tous deux strictement positifs :

i. $\frac{7}{a} - a \ldots \frac{7}{b} - b$

3.3 Différents nombres représentés par une écriture décimale

Une écriture décimale (écriture formée avec plusieurs chiffres et éventuellement une virgule) peut représenter plusieurs types de nombres.

1er cas
Le nombre est écrit avec un nombre limité de chiffres.
- L'écriture ne comporte pas de virgule.
- L'écriture comporte une virgule.

2e cas
Le nombre est écrit avec un nombre illimité de chiffres.
- L'écriture comporte une suite périodique.
- L'écriture comporte une suite non périodique.

1er cas : Le nombre est écrit avec un nombre limité de chiffres.

Deux cas ont déjà été étudiés :

A. L'écriture ne comporte pas de virgule.

Si l'écriture ne comporte pas de virgule, le nombre est **entier** (éventuellement naturel).

Ces nombres sont également des nombres décimaux, des nombres rationnels et des nombres réels (voir *schéma p. 56*).

EXEMPLES : 25 20 007 –87 –306 050.

B. L'écriture comporte une virgule.

Si l'écriture comporte une virgule (le nombre de chiffres étant limité), le nombre est **décimal**.

Si l'écriture ne comporte pas que des 0 à droite de la virgule (comme dans 25,00), le nombre décimal n'est alors pas entier, mais il est rationnel et réel (voir *schéma p. 56*).

EXEMPLES : 7,53 0,0025 –3,00008.

2e cas : Le nombre est écrit avec un nombre illimité de chiffres.
Deux cas sont là aussi à distinguer :

A. L'écriture comporte une suite périodique.

Si l'écriture comporte une suite périodique, le nombre est **rationnel non décimal. Il peut aussi être écrit sous forme de fraction.**

Ce nombre, étant rationnel, peut s'écrire sous la forme de fraction irréductible $\frac{p}{q}$, p et q étant deux entiers premiers entre eux (avec q non nul).

FICHE MÉTHODE Écrire sous forme décimale comportant une suite périodique un nombre rationnel non décimal.

→ Trouver l'écriture décimale de la fraction $\frac{43}{7}$.

Pour trouver l'écriture décimale, divisons 43 par 7.

43	7
10	6,1428571...
30	
20	
60	
40	
50	
10	
30	

Les calculs successifs des chiffres de l'écriture décimale du quotient obtenu dans la division de 43 par 7 donnent :
43 : 7 quotient 6 et reste 1
30 : 7 quotient 4 et reste 2
60 : 7 quotient 8 et reste 4
10 : 7 quotient 1 et reste 3
20 : 7 quotient 2 et reste 6
40 : 7 quotient 5 et reste 5, etc.

Les restes successifs sont donc 1, 3, 2, 6, 4, 5, 1, ...
Le septième reste, 1, a déjà été obtenu dans le calcul précédent ; les calculs ultérieurs reproduiront donc la même suite, et les valeurs successives des chiffres du quotient de 43 par 7 se répéteront donc cycliquement : 14285714285714...
La suite décimale est donc illimitée et périodique, la période étant ici constituée par le nombre de six chiffres 142857.

On écrit : $\frac{43}{7} = 6,\overline{142857}$

méthode générale

Pour un rationnel $\frac{p}{q}$ (p appartenant à $\mathbb{Z}$ et q à $\mathbb{Z} - \{0\}$), les restes dans les divisions successives par q peuvent prendre au plus q valeurs $\{0, 1, ..., q-1\}$ car, dans une division euclidienne, le reste est un nombre entier strictement inférieur au diviseur.

- **Si l'un des restes est égal à 0,** alors « la division s'arrête », le nombre de chiffres après la virgule est fini, $\frac{p}{q}$ est alors un **décimal**.
- **Si les restes successifs sont tous différents de 0,** ils peuvent prendre les valeurs $\{1, ..., q-1\}$: la suite de ces restes successifs est illimitée, mais prend au plus $q-1$ valeurs différentes. La suite étant illimitée, on retrouvera un reste déjà produit, et donc la même suite de chiffres (la période) pour le quotient.

Dans ce cas, une écriture finie ne donne donc qu'une valeur approchée de ce nombre.

FICHE MÉTHODE Écrire sous forme fractionnaire un nombre rationnel donné sous forme décimale comportant une suite périodique.

→ Trouver la forme fractionnaire de $15{,}0\overline{32}$ (15,03232... avec un nombre illimité de 32).

1. Appeler x le nombre donné.	$x = 15{,}03232...$ La période est la suite 32.
2. Multiplier x par une puissance de 10 de façon à obtenir un nombre dont la partie entière englobe la première apparition de la période.	$1\,000\,x = 15\,032{,}3232...$
3. Multiplier x par une puissance de 10 de façon à obtenir un nombre dont la partie entière ne comporte pas la période et dont la partie à droite de la virgule commence avec cette période.	$10\,x = 150{,}323232...$
4. Soustraire le deuxième nombre du premier. Le résultat est un nombre entier car les parties à droite de la virgule sont identiques.	$1\,000\,x - 10\,x = 15\,032 - 150 = 14\,882$. Donc $990\,x = 14\,882$.
5. Résoudre l'équation, puis simplifier la fraction obtenue.	$x = \dfrac{14882}{990} = \dfrac{7441}{495}$. Donc $15{,}0\overline{32} = \dfrac{7441}{495}$.

ENTRAINEMENT 13 Corrigé p. 65

Établir que $0{,}\overline{9} = 1$ et que $1{,}\overline{9} = 2$.

ENTRAINEMENT 14 Corrigé p. 65

Déterminer une écriture fractionnaire de $19{,}23\overline{45}$.

B. L'écriture comporte une suite non périodique.

Si l'écriture comporte une suite non périodique, le nombre est **irrationnel**.
Il ne peut donc pas être écrit sous forme de fraction.

EXEMPLE : 0,010011000111000011110000011111...

Conclusion : La manière dont un nombre est écrit ne détermine donc pas toujours sa nature.

Ainsi, **le nombre entier naturel « deux »** peut être écrit :

– sous forme fractionnaire : $\dfrac{6}{3}, \dfrac{30}{15}, \dfrac{8\pi}{4\pi}$... par exemple ;

– à l'aide d'un radical : $\sqrt{4}$;

– sous la forme : $-(-2)$;

– sous la forme décimale : 1,999... (avec un nombre illimité de 9), etc.

3.4 Notation scientifique

L'écriture des nombres comportant un grand nombre de chiffres en notation habituelle rend souvent leur manipulation malaisée et permet difficilement d'en apprécier l'ordre de grandeur. Le recours à la notation scientifique constitue alors une aide.

Un nombre positif est écrit en notation scientifique s'il est écrit sous la forme :

$a \times 10^p$ avec a nombre décimal tel que $1 \leqslant a < 10$; p nombre entier.

EXEMPLES :

- La notation scientifique de 4 508 est : $\mathbf{4{,}058 \times 10^3}$.
- La notation scientifique de 7,9 est : $\mathbf{7{,}9 \times 10^0}$.
- La notation scientifique de 0,00578 est : $\mathbf{5{,}78 \times 10^{-3}}$.
- La notation scientifique de 4 815 236,502 est : $\mathbf{4{,}\ 815\ 236\ 502 \times 10^6}$.

Attention !
$0{,}17 \times 10^3$ n'est pas l'écriture scientifique de 170.
Son écriture scientifique est $1{,}7 \times 10^2$.

ENTRAINEMENT 15

Corrigé p. 66

Écrire en notation scientifique :
47 000 0,00000000047 47 $371{,}5 \times 10^7$.

ENTRAINEMENT 16

Corrigé p. 66

Le son se propage dans l'air à environ $3{,}43 \times 10^2$ m/s (à 20° C).
Entre la vision d'un éclair et le coup de tonnerre, 3,5 s se sont écoulées.
À quelle distance l'orage se trouve-t-il (en supposant que la température est d'environ 20° C) ?

3.5 Approximation décimale d'un nombre réel

Un nombre réel, rationnel ou irrationnel et qui n'est pas un nombre décimal, ne peut pas être écrit exactement à l'aide d'une écriture décimale (celle-ci étant alors illimitée).

On travaille donc souvent avec une partie seulement de son écriture, en négligeant, d'une certaine manière, l'autre partie, et en considérant que tout nombre réel est « approchable » par un nombre décimal avec une précision aussi grande que l'on veut.

Une approximation décimale d'un nombre réel est ainsi un nombre décimal que l'on accepte comme suffisamment voisin du nombre réel considéré.

Cette approximation peut être :
– une valeur approchée à *p* près ;
– une troncature ;
– un arrondi.

Définissons ces différentes notions.

A. Valeur approchée

Une valeur approchée **par défaut**, à *p* près, d'un nombre x, est un nombre a tel que :
$a \leqslant x \leqslant a + p$.
Une valeur approchée **par excès**, à *p* près, d'un nombre x, est un nombre a tel que :
$a - p \leqslant x \leqslant a$.

EXEMPLE 1 : $\frac{22}{7} = 3{,}1428571429...$

- On peut donc écrire : $3{,}1 \leqslant \frac{22}{7} \leqslant 3{,}1 + 0{,}1$ et $3{,}2 - 0{,}1 \leqslant \frac{22}{7} \leqslant 3{,}2$.

– Une valeur approchée **par défaut** à $\frac{1}{10}$ près de $\frac{22}{7}$ est : **3,1**.

– Une valeur approchée **par excès** à $\frac{1}{10}$ près de $\frac{22}{7}$ est : **3,2**.

- On peut également écrire : $3{,}142 \leqslant \frac{22}{7} \leqslant 3{,}143$.

– Une valeur approchée **par défaut** à $\frac{1}{1000}$ près (ou à 10^{-3} près) de $\frac{22}{7}$ est **3,142**.

– Une valeur approchée **par excès** à $\frac{1}{1000}$ près (ou à 10^{-3} près) de $\frac{22}{7}$ est **3,143**.

EXEMPLE 2 : $3{,}1 \leqslant \pi \leqslant 3{,}2$.
3,1 est une valeur approchée de π **par défaut** à 0,1 près.
3,2 est une valeur approchée de π **par excès** à 0,1 près.

B. Arrondi

EXEMPLE : $\frac{22}{7} = 3{,}1428571429...$

- L'arrondi à l'unité de $\frac{22}{7}$ est **3**. C'est l'entier relatif le plus proche de $\frac{22}{7}$.
- L'arrondi au dix-millièmes près de $\frac{22}{7}$ est **3,1429**.

C'est le décimal comportant quatre chiffres dans sa partie décimale et qui est le plus proche de $\frac{22}{7}$.

C. Troncature

EXEMPLE : $\frac{22}{7} = 3{,}1428571429...$

- La troncature à l'unité de $\frac{22}{7}$ est **3**.

C'est l'entier relatif obtenu en « coupant au niveau des unités ».

- La troncature au dix-millièmes de $\frac{22}{7}$ est **3,1428**.

C'est le décimal obtenu en « coupant au niveau des dix-millièmes ».

Synthèse

Nombre	Troncature à l'unité	Troncature au dixième	Arrondi à l'unité	Arrondi au dixième
12,24	12	12,2	12	12,2
12,46	12	12,4	12	12,5
12,64	12	12,6	13	12,6
12,45	12	12,4	12	12,5

ENTRAINEMENT 17 Corrigé p. 66

a. Donner une valeur approchée par défaut à 10^{-6} près du nombre $\frac{31}{17}$.

b. Donner une valeur approchée par défaut à 10^{-6} près du nombre $\frac{3\,100}{17}$.

c. Donner une troncature au dixième et un arrondi au millième de chacun de ces nombres.

ENTRAINEMENT 18 Corrigé p. 66

Soit a un rationnel et b un irrationnel, y a-t-il des entiers n non nuls :

a. pour lesquels $n \times a$ soit un entier ?

b. pour lesquels $n \times b$ soit un entier ?

CORRIGÉS EXERCICES D'ENTRAINEMENT

ENTRAINEMENT 1

Énoncé p. 47

a. $352 = 32 \times 11 = 2^5 \times 11$ et $44 = 2^2 \times 11$

$\dfrac{352}{44} = \dfrac{2^5 \times 11}{2^2 \times 11} = 2^3 = \mathbf{8}.$

b. $4\,242 = 42 \times 101 = 2 \times 3 \times 7 \times 101$ et $2\,828 = 28 \times 101 = 2^2 \times 7 \times 101$

$\dfrac{4\,242}{2\,828} = \dfrac{2 \times 3 \times 7 \times 101}{2^2 \times 7 \times 101} = \mathbf{\dfrac{3}{2}}.$

c. $242\,424 = 24 \times 10\,101 = 2^3 \times 3 \times 10\,101$ et $323\,232 = 32 \times 10\,101 = 2^5 \times 10\,101$

$\dfrac{242\,424}{323\,232} = \dfrac{2^3 \times 3 \times 10\,101}{2^5 \times 10\,101} = \dfrac{3}{2^2} = \mathbf{\dfrac{3}{4}}.$

d. $32\,032 = 32 \times 1\,001 = 2^5 \times 7 \times 11 \times 13$ et $77 = 7 \times 11$

$\dfrac{32\,032}{77} = \dfrac{2^5 \times 7 \times 11 \times 13}{7 \times 11} = 2^5 \times 13 = \mathbf{416}.$

ENTRAINEMENT 2

Énoncé p. 48

On peut choisir 126 comme dénominateur commun.

$1 = \dfrac{126}{126}$; $\dfrac{3}{7} = \dfrac{54}{126}$; $\dfrac{2}{9} = \dfrac{28}{126}$; $\dfrac{1}{2} = \dfrac{63}{126}$; $\dfrac{7}{9} = \dfrac{98}{126}$.

D'où : $\dfrac{2}{9} < \dfrac{3}{7} < \dfrac{1}{2} < \dfrac{7}{9} < 1$.

On aurait pu aussi chercher la valeur décimale ou une valeur décimale approchée de chaque fraction.

ENTRAINEMENT 3

Énoncé p. 49

Plusieurs solutions sont possibles, par exemple :

– Calculer la demi-somme de $\dfrac{15}{21}$ et $\dfrac{16}{21}$: $\dfrac{1}{2} \times \left(\dfrac{15}{21} + \dfrac{16}{21}\right) = \dfrac{1}{2} \times \dfrac{31}{21} = \dfrac{31}{42}$.

– Trouver des fractions entre deux fractions égales à $\dfrac{15}{21}$ et $\dfrac{16}{21}$, par exemple entre $\dfrac{150}{210}$ et $\dfrac{160}{210}$, comme $\dfrac{153}{210}$.

– Trouver des fractions décimales comprises entre des valeurs approchées des deux fractions : $\dfrac{15}{21} \approx 0{,}71$ et $\dfrac{16}{21} \approx 0{,}76$.

La fraction $\dfrac{74}{100}$ est une réponse possible.

ENTRAINEMENT 4

Énoncé p. 49

On peut choisir deux fractions égales à ces fractions, de dénominateur 91 (7×13) : $\dfrac{9}{7} = \dfrac{117}{91}$; $\dfrac{19}{13} = \dfrac{133}{91}$.

Une réponse possible, parmi beaucoup d'autres, **est $\dfrac{126}{91}$.**

ENTRAINEMENT 5

Énoncé p. 49

$\dfrac{212\,547}{208\,125} > 1$ et $\dfrac{5\,451\,247}{6\,251\,342} < 1$ donc $\dfrac{5\,451\,247}{6\,251\,342} < \dfrac{212\,547}{208\,125}$.

ENTRAINEMENT 6

Énoncé p. 50

Effectuons la division euclidienne de 1 515 par 12 : 1 515 = (12 × 126) + 3.

Donc : $\frac{1\,515}{12} = 126 + \frac{3}{12} = 126 + \frac{1}{4}$.

ENTRAINEMENT 7

Énoncé p. 51

$3{,}075 \times 10^2 = 0{,}003075 \times 10^5$

$3{,}43 = 343 \times 10^{-2}$

$0{,}051 = 51 \times 10^{-3}$

$0{,}00017 = 17 \times 10^{-5}$.

ENTRAINEMENT 8

Énoncé p. 52

a. $A = \frac{364}{1\,001} = \frac{4 \times 7 \times 13}{7 \times 11 \times 13} = \frac{4}{11}$

A n'est donc pas un décimal (le dénominateur de la fraction réduite ne se décompose pas en produit de facteurs ne comportant que des 2 ou des 5).

$B = \frac{384}{275} = \frac{2^7 \times 3}{5^2 \times 11}$ ce qui montre également que **B n'est pas un nombre décimal.**

b. $A + B = \frac{4}{11} + \frac{2^7 \times 3}{5^2 \times 11} = \frac{4 \times 5^2}{5^2 \times 11} + \frac{2^7 \times 3}{5^2 \times 11} = \frac{100}{275} + \frac{384}{275} = \frac{484}{275} = \frac{44}{25} = \frac{44}{5^2}$

ce qui prouve que **A + B est un nombre décimal** (la décomposition en facteurs premiers du dénominateur de la fraction réduite irréductible ne comporte que des 5).
On aurait pu également vérifier que A + B =1,76 (écriture décimale finie).

Cet exemple montre que la somme de deux nombres non décimaux peut être un nombre décimal.

ENTRAINEMENT 9

Énoncé p. 53

C'est le nombre **252,702.**

ENTRAINEMENT 10

Énoncé p. 54

2,0002 < 2,02 < 2,0222 < 2,202 < 2,22 < 20,002.

ENTRAINEMENT 11

Énoncé p. 54

a. Le chiffre des centièmes *a* peut être :
– soit 2 (et le chiffre des millièmes *b* est alors 8 ou 9) ;
– soit 3 (et le chiffre des millièmes est alors 0 ou 1 ou 2 ou 3).
D'où **les six réponses possibles** : 3,8284 ; 3,8294 ; 3,8304 ; 3,8314 ; 3,8324 ; 3,8334.

b. Le chiffre des dizaines ne peut être que 5, donc ***a* = 5.**
Le problème à résoudre peut donc s'écrire : $43{,}8276 < 53{,}5cd4 \leqslant 53{,}834$.
À la place de *c* et *d*, on peut donc placer n'importe quel chiffre de 0 à 9. Il y a donc dix valeurs possibles pour le chiffre *c* des centièmes et, pour chacune de ces valeurs, il y dix valeurs possibles pour le chiffre *d* des millièmes.
Il y a donc, au total, **100 valeurs possibles** (10 × 10).

AUTRE MÉTHODE

À la place des chiffres *c* et *d*, on peut écrire tous les nombres de deux chiffres allant de 00, 01, … à 99 (soit 100 nombres possibles).

ENTRAINEMENT 12

Énoncé p. 58

On sait que $a < b$, compléter (si possible) :

a. $a + 5 < b + 5$. **b.** $a - 7 < b - 7$.

c. $a - 2 \ldots b - 3$ ne peut pas être complété.

Trois exemples montrent que, selon les valeurs de a et b, tous les ordres sont possibles entre les deux membres de cette inégalité :

– avec $1 < 2$ on obtient $1 - 2 = 2 - 3$.

– avec $1 < 1{,}5$ on obtient $1 - 2 > 1{,}5 - 3$

– avec $1 < 3$ on obtient $1 - 2 < 3 - 3$

d. $3a < 3\,b$. **e.** $-2a > -2b$. **f.** $\frac{a}{7} < \frac{b}{7}$.

g. $\frac{3}{a} > \frac{3}{b}$ si a et b sont de même signe et $\frac{3}{a} < \frac{3}{b}$ si a et b sont de signes contraires.

Pour les comparaisons des expressions h et i, des étapes sont nécessaires :

h. Pour $-2a + 5 \ldots -2b + 3$

$a < b$ entraine $-2a > -2b$

$-2a > -2b$ et $5 > 3$ entraine $-2a + 5 > -2b + 3$.

i. Pour $\frac{7}{a} - a \ldots \frac{7}{b} - b$ (a et b étant tous deux strictement positifs).

Comme $a < b$, et a et b sont de même signe, on a : $\frac{1}{a} > \frac{1}{b}$, donc $\frac{7}{a} > \frac{7}{b}$ (1)

De plus $a < b$ entraine $-a > -b$ (2).

Les inégalités (1) et (2) entrainent : $\frac{7}{a} - a > \frac{7}{b} - b$.

ENTRAINEMENT 13

Énoncé p. 60

● Pour $0{,}\overline{9} = 1$

Soit $x = 0{,}\overline{9} = 0{,}9999\ldots$

$10x = 9{,}9999\ldots$

$10x - x - 9$, donc $9x = 9$, donc $\mathbf{x - 1}$.

AUTRE MÉTHODE

On peut aussi remarquer que $0{,}9999\ldots = 3 \times 0{,}3333\ldots$

Sachant que $0{,}3333\ldots = \frac{1}{3}$, on en déduit que $0{,}9999\ldots = 3 \times \frac{1}{3} = 1$.

● Pour $1{,}\overline{9} = 2$

Soit $x = 1{,}\overline{9} = 1{,}9999\ldots$

$10x = 19{,}9999\ldots$

$10x - x = 18$, donc $9x = 18$, donc $\mathbf{x = 2}$.

AUTRE MÉTHODE

On aurait pu directement trouver la deuxième réponse en écrivant que :

$1{,}\overline{9} = 1 + 0{,}\overline{9} = 1 + 1 = 2$.

ENTRAINEMENT 14

Énoncé p. 60

Soit $x = 19{,}2\overline{345} = 19{,}23454545\ldots$

$10\,000x = 192\,345{,}4545\ldots$

$100x = 1\,923{,}454545\ldots$

$10\,000x - 100\,x = 190\,422$, donc $9\,900x = 190\,422$, donc $x = \frac{190\,422}{9\,900} = \frac{10\,579}{550}$.

ENTRAINEMENT 15

Énoncé p. 61

$47\,000 = 4{,}7 \times 10^4$
$0{,}00000000047 = 4{,}7 \times 10^{-10}$
$47 = 4{,}7 \times 10^1$
$371{,}5 \times 10^7 = 3{,}715 \times 10^2 \times 10^7 = 3{,}715 \times 10^9$.

ENTRAINEMENT 16

Énoncé p. 61

La distance s'obtient en calculant : $3{,}43 \times 10^2$ m/s $\times$ 3,5 s $= 12{,}005 \times 10^2$ m, soit 1 200,5 m, **soit environ 1,2 km.**

ENTRAINEMENT 17

Énoncé p. 62

- **1,823529** est une valeur approchée par défaut à 10^{-6} près du nombre $\frac{31}{17}$.

Sa troncature au dixième est **1,8** et l'arrondi au millième est **1,824**.

- **182,352941** est une valeur approchée par défaut à 10^{-6} près du nombre $\frac{3\,100}{17}$.

Sa troncature au dixième est **182,3** et l'arrondi au millième est **182,353.**

ENTRAINEMENT 18

Énoncé p. 62

a. Le nombre *a* étant un rationnel, il peut s'écrire sous la forme $\frac{p}{q}$ avec p et q entiers et $q \neq 0$.

Il suffit de prendre $n = q$; on a alors $n \times a = q \times \frac{p}{q} = p$, qui est entier.

b. Le nombre *b* étant irrationnel, il ne peut pas s'écrire sous la forme précédente ($\frac{p}{q}$ avec p et q entiers et $q \neq 0$).

S'il existe un réel n tel que $n \times b$ soit un entier c,
alors $n \times b = c$, et donc $b = \frac{c}{n}$.
b serait alors un rationnel, ce qui est en contradiction avec les données.

La démonstration s'appuie sur un raisonnement par l'absurde (*voir note 3 p. 55*).

AU CONCOURS

EXERCICE 1

Corrigé p. 69

Écrire un entier à la place du point pour que l'écriture fractionnaire désigne :

un entier naturel	un décimal non entier naturel	un rationnel non décimal
$A=\frac{\bullet}{85}$	$C=\frac{\bullet}{85}$	$E=\frac{\bullet}{85}$
$B=\frac{85}{\bullet}$	$D=\frac{85}{\bullet}$	$F=\frac{85}{\bullet}$

EXERCICE 2

Corrigé p. 69

❶ Convertir les durées suivantes en secondes :
a. deux tiers d'heure **b.** 1,2 heure

❷ Convertir les durées suivantes en heures, minutes et secondes :
a. 5 532 secondes **b.** 1,87 heure

EXERCICE 3

Corrigé p. 69

Voici les réponses données par un élève à l'évaluation à l'entrée en Sixième en 2006.

a. Trouver la bonne réponse à chaque question.

b. Expliquer comment l'élève a pu produire ces réponses erronées.

Exercice 13
Entoure la fraction égale à 80,4.

$\frac{804}{100}$ $\quad$ $\frac{80}{4}$ (entourée) $\quad$ $\frac{84}{10}$ $\quad$ $\frac{804}{10}$ $\quad$ $\frac{804}{1\,000}$

Exercice 15
Parmi les écritures ci-dessous, entoure celle qui est égale à $96+\frac{2}{100}$.

96,200 $\quad$ 962,100 $\quad$ 296 $\quad$ 96,02 $\quad$ 98,100 (entouré)

Exercice 26
Entoure le nombre égal à la fraction $\frac{724}{100}$.

0,724 $\quad$ 7,24 $\quad$ 72,4 $\quad$ 724,100 (entouré) $\quad$ 72 400

Exercice 35
Parmi ces quatre nombres, deux sont égaux. Entoure-les.

0,25 $\quad$ 0,4 $\quad$ 1,4 (entouré) $\quad$ $\frac{1}{4}$ (entouré)

PROBLÈME 1

Corrigé p. 70

On considère une demi-droite graduée et prolongée ainsi jusqu'à 999 :

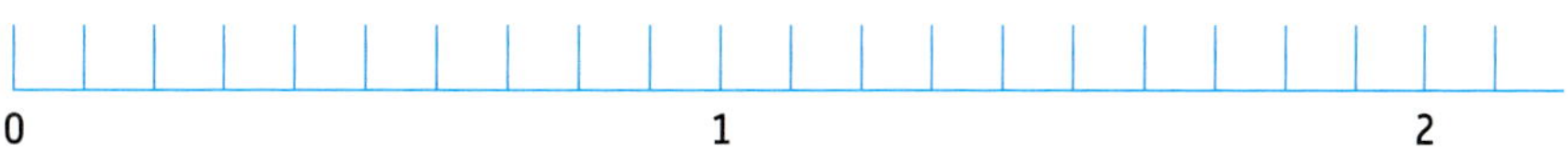

On écrit tous les nombres associés aux graduations indiquées sur cette demi-droite (sans écrire de 0 inutiles).

❶ Combien de fois le chiffre 0 est-il écrit ?

❷ Combien de nombres sont écrits avec deux fois le chiffre 0 ?

PROBLÈME 2

Corrigé p. 71

➤ Le traitement de ce sujet fait intervenir le **calcul sur les fractions**, chap. 5 p. 104.

On justifiera toutes les réponses.

On appelle « fraction égyptienne » toute fraction de la forme $\frac{1}{n}$, n désignant un nombre entier naturel non nul. Dans l'Egypte ancienne, on n'écrivait les nombres rationnels positifs inférieurs à 1 que sous la forme de sommes de « fractions égyptiennes » toutes différentes.

Par exemple, $\frac{25}{28}$ peut s'écrire $\frac{1}{2}+\frac{1}{4}+\frac{1}{7}$.

Le but du problème est de présenter quelques méthodes de décomposition de nombres rationnels en somme de « fractions égyptiennes » toutes différentes.

PARTIE A Exemples

❶ Calculer la somme des six « fractions égyptiennes » $\frac{1}{2}, \frac{1}{4}, \frac{1}{8}, \frac{1}{16}, \frac{1}{32}$ et $\frac{1}{64}$.

❷ Décomposer $\frac{5}{8}$ en somme de « fractions égyptiennes » toutes différentes, dont les dénominateurs sont tous des puissances de 2.

PARTIE B Méthode de décomposition dans un cas particulier

On s'intéresse au cas où la fraction à décomposer a un numérateur égal à 2 et un dénominateur égal au produit de deux nombres entiers naturels impairs p et q.

❶ Démontrer la formule : $\frac{2}{pq}=\frac{1}{p\left(\frac{p+q}{2}\right)}+\frac{1}{q\left(\frac{p+q}{2}\right)}$

❷ Justifier que les dénominateurs des fractions précédentes sont des nombres entiers naturels.

❸ En utilisant la formule établie à la question 1, trouver deux décompositions différentes de $\frac{2}{15}$ en somme de « fractions égyptiennes » différentes.

❹ Soit n un nombre entier naturel non nul. Donner une décomposition de la fraction $\frac{2}{2n+1}$ en somme de deux « fractions égyptiennes » différentes.

PARTIE C « Algorithme glouton » de Fibonacci

En 1201, Léonard de Pise (1175-1250), dit « Fibonacci », prouva que tout nombre rationnel compris entre 0 et 1 peut s'écrire sous la forme d'une somme de « fractions égyptiennes » toutes différentes et proposa la méthode suivante pour obtenir une telle décomposition : « Soustraire à la fraction donnée la plus grande fraction égyptienne possible qui lui est inférieure, répéter l'opération avec la nouvelle fraction, et ainsi de suite jusqu'à ce que l'on obtienne 0. »

❶ Appliquer cet algorithme à $\frac{13}{81}$ et donner une décomposition de la fraction $\frac{13}{81}$ en somme de trois « fractions égyptiennes » toutes différentes.

❷ Dans le papyrus Rhind (1650 av. J.-C.), exposé au *British Museum*, figure une des plus anciennes approximations du nombre π égale à $\frac{256}{81}$ (écriture moderne).

a. Écrire $\frac{256}{81}$ sous la forme d'une somme d'un entier naturel et d'une fraction comprise entre 0 et 1.

b. Proposer une écriture de l'approximation de π donnée dans le papyrus Rhind sous forme d'une somme d'un nombre entier naturel et de « fractions égyptiennes » toutes différentes.

CORRIGÉS EXERCICES

EXERCICE 1

Énoncé p. 67

Telle que la question est libellée, il suffit de trouver chaque fois un nombre qui convient. On peut trouver ces nombres par tâtonnement. Ici, nous présentons les caractéristiques de toutes les solutions.

La **décomposition de 85** en produit de facteurs premiers est : **5 × 17**.

- **Pour A,** le point doit être remplacé par un multiple de 85. Par exemple : 0 ; 85 ; 170 ; 255…
- **Pour B,** le point doit être remplacé par un diviseur de 85, donc 1, ou 17, ou 5, ou 85.
- **Pour C,** le point doit être remplacé par un multiple de 17 non multiple de 5, pour que, après simplification, il ne reste que 5 au dénominateur. Par exemple : 17 ; 34 ; 51 ; 68 ; 102…
- **Pour D,** le point doit être remplacé par un nombre qui ne soit pas diviseur de 85, et dont la décomposition en produit de facteurs premiers ne comporte que des nombres choisis parmi 17, 2 et 5. Par exemple : 34 ; 50…
- **Pour E,** le point doit être remplacé par un nombre qui n'est pas multiple de 17 (pour interdire la simplification par 17). Par exemple : 5 ; 8 ; 21…
- **Pour F,** le point peut être remplacé par tout nombre dont la décomposition en produit de facteurs premiers ne soit pas de la forme $2^m \times 5^n$ ou de la forme $17 \times 2^m \times 5^n$. Par exemple : 7 ; 12 ; 51… (avec m et n entiers naturels).

EXERCICE 2

Énoncé p. 67

❶ **a.** Un tiers d'heure = 20 min, donc deux tiers d'heure = 40 min = **2 400 s.**

AUTRE MÉTHODE

On peut aussi utiliser le fait que « prendre deux tiers d'une quantité » revient à la multiplier par 2/3.
Comme 1 h = 3 600 s, 2/3 h = 2/3 × 3 600 s = 2 400 s.

Attention ! 1,2 h ≠ 1 h 20 min.

b. 1,2 h = 1,2 × 3 600 s = 4 320 s.

❷ **a.** En effectuant la division euclidienne de 5 532 par 60, on obtient 92 pour quotient et 12 pour reste. Donc 5 532 s = 92 min 12 s.
92 min = 1 h 32 min, donc 5 532 s = **1 h 32 min 12 s.**

b. 1,87 h = 1 h + 87/100 h, or 87/100 h = 87/100 × 60 min = 52,2 min.
52,2 min = 52 min + 2/10 min, or 2/10 min = 2/10 × 60 s = 12 s.
Donc 1,87 h = **1 h 52 min 12 s.**

AUTRE MÉTHODE

Elle consiste à d'abord convertir 1,87 h en secondes, puis à raisonner comme dans 2a : 1 h = 3 600 s, donc 1,87 h = 1,87 × 3 600 s = 6 732 s, etc.

EXERCICE 3

Énoncé p. 67

a. Réponses correctes :

Ex. 13 : $\mathbf{\frac{804}{10}}$ Ex. 15 : **96,02** Ex. 26 : **7,24** Ex. 35 : **0,25** = $\frac{1}{4}$.

b. Analyse des réponses erronées :

Pour les **exercices 13, 26 et 35**, il semble que l'élève a considéré que la partie entière d'un nombre décimal correspondait au numérateur de la fraction donnée et que la partie à droite de la virgule correspondait à son dénominateur.

Pour l'**exercice 15**, l'élève semble avoir procédé de même, après avoir ajouté 96 au numérateur de la fraction.

Il semble considérer que la barre de fraction et la virgule jouent un rôle similaire de séparateur entre deux nombres entiers.

> Pour répondre à la question posée, il faut à la fois :
> – décrire l'erreur produite ;
> – faire des hypothèses sur l'origine de l'erreur, en référence à des connaissances erronées que l'élève a pu élaborer.

CORRIGÉS PROBLÈMES

PROBLÈME 1

Énoncé p. 67

❶ Sur cette demi-droite, les repères correspondent tous à des dixièmes :

– on ne peut placer que des nombres décimaux qui s'écrivent avec un chiffre après la virgule (par exemple 12,01 ou 12,102 ne peuvent pas être placés) ;

– on ne peut pas placer des nombres décimaux avec un chiffre 0 à droite de la virgule (par exemple 12,0), puisque les 0 inutiles ne sont pas permis.

Donc, quand un nombre de cette graduation contient un « 0 », ce chiffre est forcément placé dans la partie entière du nombre.

De plus, les parties entières des nombres considérés ne peuvent comporter que un ou deux « 0 » puisque tous les nombres sont inférieurs à 1 000.

- **À chaque partie entière dont l'écriture décimale contient un « 0 »**, il correspond 10 nombres de la graduation (donc 10 fois le chiffre 0).
Par exemple :
– à 0, il correspond : 0,1 ; 0,2 ; … ; 0,9 ;
– à 20, il correspond : 20 ; 20,1 ; 20,2 ; … ; 20,9.

- **À chaque partie entière dont l'écriture décimale contient deux « 0 »**, il correspond 10 nombres de la graduation (donc 20 fois le chiffre 0).
Par exemple : à 200, il correspond : 200 ; 200,1 ; 200,2 ; … ; 200,9.

Les différents cas peuvent alors être regroupés dans le tableau suivant :

Nombre compris entre …	Nombre de parties entières contenant un 0	Nombre de parties entières contenant deux 0	Nombre total de 0
0 et 9	**1 seule** (c'est 0)	**0**	1 × 10 = **10**
10 et 99	**9** (ce sont 10, 20, 30, ..., 90)	**0**	9 × 10 = **90**
100 et 199	**18** (ce sont 101, 102, ..., 109, puis 110, 120, ... 190)	**1 seule** (c'est 100)	18 × 10 + 1 × 20 = **200**
200 et 999	Le scénario pour les nombres de 100 à 199 se reproduit 8 fois.		200 × 8 = **1 600**
Total			**1 900**

Ce tableau permet de répondre directement à la seconde question.

❷ Le chiffre 0 ne pouvant figurer à droite de la virgule, il n'est écrit deux fois que pour les nombres du type :
– 100 à 100,9 (soit 10 nombres) ;
– puis 200 à 200,9… (cela pour chaque centaine).
Donc au total 90 fois (10 × 9).

PROBLÈME 2

Énoncé p. 68

PARTIE A

❶ $\frac{1}{2}+\frac{1}{4}+\frac{1}{8}+\frac{1}{16}+\frac{1}{32}+\frac{1}{64}=\frac{32+16+8+4+2+1}{64}=\mathbf{\frac{63}{64}}$.

❷ $\frac{5}{8}=\frac{1}{8}+\frac{4}{8}=\frac{1}{8}+\frac{1}{2}=\mathbf{\frac{1}{2^3}+\frac{1}{2}}$.

PARTIE B

❶ Calculons le second membre. Il s'écrit après réduction au même dénominateur :

$$\frac{1}{p\left(\frac{p+q}{2}\right)}+\frac{1}{q\left(\frac{p+q}{2}\right)}=\frac{q+p}{pq\left(\frac{p+q}{2}\right)}=\frac{2}{p+q}\times\frac{q+p}{pq}=\frac{2}{pq}$$

D'où la formule demandée.

> Pour démontrer l'égalité A = B, on peut partir de l'un des membres pour obtenir l'autre, mais on n'est pas tenu de partir du premier membre… Il est généralement intéressant de partir du membre que l'on sait le plus facile à transformer.

❷ Si p et q sont des nombres entiers naturels impairs, c'est qu'il existe deux entiers naturels k et r tels que : $p = 2k + 1$ et $q = 2r + 1$.
Alors : $p + q = 2k + 1 + 2r + 1 = 2k + 2r + 2 = 2(k + r + 1)$.
Donc $\frac{p+q}{2}=k+r+1$, c'est-à-dire que $\frac{p+q}{2}$ est une somme d'entiers naturels donc un entier naturel (supérieur à 1, donc non nul).

> Il est important de connaitre l'écriture littérale d'un nombre impair : c'est un nombre pair auquel on ajoute 1. Il s'écrit donc sous la forme $\mathbf{2n+1}$; les nombres pairs s'écrivant sous la forme $\mathbf{2n}$, n étant un nombre naturel.

pq, $p\left(\frac{p+q}{2}\right)$ et $q\left(\frac{p+q}{2}\right)$ sont des produits d'entiers, donc ce sont des entiers.

❸ On peut écrire 15 sous la forme d'un produit de deux entiers naturels impairs de deux manières différentes et deux seules : 15 = 3 × 5 et 15 = 1 × 15.

- En appliquant la formule établie à la question 1 avec $\boldsymbol{p = 3}$ **et** $\boldsymbol{q = 5}$, on obtient :

$$\frac{2}{15}=\frac{2}{3\times5}=\frac{1}{3\times\frac{8}{2}}+\frac{1}{5\times\frac{8}{2}}=\frac{1}{12}+\frac{1}{20}.$$

- En appliquant la formule établie à la question 1 **avec** $\boldsymbol{p = 1}$ **et** $\boldsymbol{q = 15}$, on obtient :

$$\frac{2}{15}=\frac{2}{1\times15}=\frac{1}{1\times\frac{16}{2}}+\frac{1}{15\times\frac{16}{2}}=\frac{1}{8}+\frac{1}{120}.$$

> Ce sont les deux seules décompositions possibles de $\frac{2}{15}$ en somme de deux « fractions égyptiennes » avec la formule de la question 1.

❹ La fraction $\frac{2}{2n+1}$ est de la forme étudiée : numérateur 2 et dénominateur pouvant s'écrire sous la forme $1 \times (2n + 1)$ avec 1 et $2n + 1$ qui sont des entiers naturels impairs.
On peut donc appliquer la formule établie à la question 1 qui donne une décomposition en somme de deux « fractions égyptiennes » différentes :

$$\frac{2}{2n+1} = \frac{1}{\frac{2n+2}{2}} + \frac{1}{(2n+1)\times\frac{2n+2}{2}} = \frac{1}{n+1} + \frac{1}{(2n+1)(n+1)}$$

Partie C

❶ La plus grande « fraction égyptienne » possible est celle qui a le plus petit dénominateur puisque toutes ont comme numérateur 1.
On a : $\frac{13}{81} \approx 0{,}16049...$
En utilisant les valeurs approchées obtenues à la calculatrice des « fractions égyptiennes » les plus grandes (c'est-à-dire de $\frac{1}{2}, \frac{1}{3}, \frac{1}{4}$ …), on obtient :

$$\frac{1}{7} < \frac{13}{81} < \frac{1}{6} < \frac{1}{5} < \frac{1}{4} < \frac{1}{3} < \frac{1}{2}.$$

$$\frac{13}{81} - \frac{1}{7} = \frac{13\times7-81}{81\times7} = \frac{10}{567}.$$

Par tâtonnement, on trouve : $\frac{1}{57} < \frac{10}{567} < \frac{1}{56}$.

$$\frac{10}{567} - \frac{1}{57} = \frac{570-567}{567\times57} = \frac{3}{32\,319} = \frac{1}{10\,773}.$$

D'où : $\mathbf{\frac{13}{81} = \frac{1}{10\,773} + \frac{1}{57} + \frac{1}{7}}$.

AUTRE MÉTHODE

Pour avoir l'encadrement $\frac{1}{7} < \frac{13}{81} < \frac{1}{6}$, on aurait pu aussi envisager les inverses, c'est-à-dire encadrer $\frac{81}{13}$ par deux entiers consécutifs.

On rappelle que si des nombres positifs non nuls sont classés dans un certain ordre, leurs inverses sont classés dans l'ordre inverse.

$\frac{81}{13} \approx 6{,}2$ donc $6 < \frac{81}{13} < 7$, d'où $\frac{1}{7} < \frac{13}{81} < \frac{1}{6}$.

La même méthode aurait pu être utilisée pour l'encadrement de $\frac{10}{567}$.

❷ a. Par division, on obtient $256 = (81 \times 3) + 13$,
donc : $\frac{256}{81} = \frac{3\times81}{81} + \frac{13}{81} = 3 + \frac{13}{81}$, d'où : $\pi \approx \mathbf{\frac{256}{81} = 3 + \frac{13}{81}}$.

b. D'après la question 1, on peut déduire que :

$$\pi \approx \mathbf{\frac{256}{81} = 3 + \frac{1}{7} + \frac{1}{57} + \frac{1}{10\,773}}.$$

Ce qui constitue une approximation de π sous forme d'une somme d'un nombre entier naturel et de « fractions égyptiennes » toutes différentes.

CHAPITRE 4

Calcul sur les nombres naturels et les nombres décimaux positifs

OBJECTIFS DU CHAPITRE

– Connaitre différentes définitions des différentes opérations.
– Connaitre et utiliser les propriétés de ces opérations.
– Maitriser différents moyens de calculer avec ces opérations.

Certaines activités de ce chapitre nécessitent des connaissances en calcul littéral.
Si nécessaire, le chapitre 12 p. 257 peut être étudié avant celui-ci.

FICHES MÉTHODE

TESTER SES CONNAISSANCES

QCM 1 Le chiffre des dizaines de 4 568 + 385 + 1 008 est :

A. 4 **B.** 5 **C.** 6 **D.** 7 **E.** 2

QCM 2 Le chiffre des dixièmes de 560,4 – 2,56 est :

A. 1 **B.** 9 **C.** 8 **D.** 0 **E.** 5

QCM 3 Parmi ces nombres, un seul est le résultat de la multiplication de 87 par 536. Lequel ?

A. 40 632 **B.** 4 634 **C.** 48 634 **D.** 4 632 **E.** 46 632

QCM 4 Dans la multiplication posée ci-contre, il manque 4 chiffres : x, y, z, t.

La somme $x + y + z + t$ est égale à :

A. 15 **B.** 16 **C.** 19 **D.** 32

$$\begin{array}{r} 4\,2\,4 \\ \times \quad x\,7 \\ \hline 2\,9\,6\,z \\ 1\,2\,7\,2\,y \\ \hline 1\,5\,6\,8\,t \end{array}$$

QCM 5 Dans la division de deux nombres naturels, le dividende est égal à 730 et le quotient à 16. Que peuvent valoir le diviseur d et le reste r ?

A. $d = 45$ et $r = 10$ **C.** $d = 43$ et $r = 42$

B. $d = 44$ et $r = 36$ **D.** $d = 42$ et $r = 58$

QCM 6 On donne les calculs suivants :

$P = 0{,}1 \times (0{,}3 + 1\,995)$ $Q = 0{,}1 \times (0{,}3 \times 1\,995)$ $R = 0{,}03 + (0{,}1 \times 1\,995)$

$S = 0{,}3 \times 1\,995$ $T = 199{,}5 \times 0{,}3$ $U = 199 + 0{,}8$

Quelles affirmations sont vraies ?

A. $T = U$ **B.** $Q = S$ **C.** $Q = T$ **D.** $P = T$ **E.** $P = R$

1. C 2. C 3. E 4. C 5. A, C 6. C, E

LE COURS

1 Les quatre opérations

1. 1 Somme et addition

A. Somme de deux nombres entiers naturels

On retient ici **deux définitions** possibles pour la somme de deux nombres entiers naturels a et b.

- **Définition 1**

La somme $a + b$ de deux nombres entiers naturels est définie à partir d'un point de vue ensembliste :

> a et b sont respectivement les nombres d'éléments d'un ensemble A et d'un ensemble B, A et B étant disjoints, c'est-à-dire sans élément commun.
> $a + b$ est le nombre d'éléments de l'ensemble constitué par la **réunion de A et B**.
> On parle d'**aspect cardinal** de l'addition.

Le schéma suivant rend compte de cette définition :

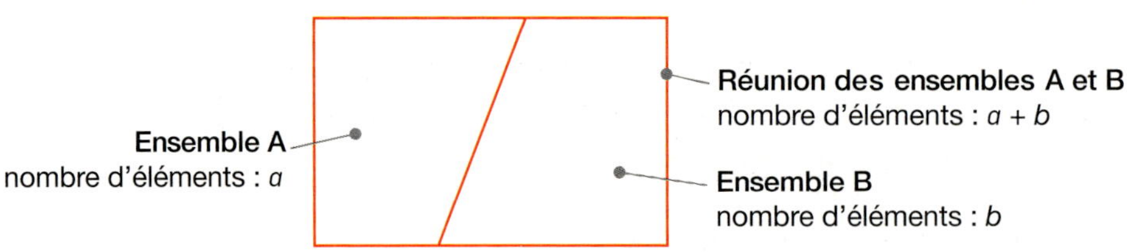

Cette définition est généralisable au cas de l'addition de deux nombres réels positifs (donc également de deux nombres décimaux positifs ou de deux nombres rationnels positifs), dans le **contexte des grandeurs**.

EXEMPLE : **4,8 + 2,75** est la mesure en mètres de la longueur obtenue en mettant bout à bout deux segments mesurant respectivement 4,8 m et 2,75 m.

- **Définition 2**

On suppose connue la suite ordonnée des nombres naturels :

La somme $a + b$ est égale au nombre atteint en comptant b nombres consécutifs après a dans la suite ordonnée des nombres naturels.

On parle d'**aspect ordinal** de l'addition.

EXEMPLE : Pour trouver le résultat de 5 + 3, on compte 3 nombres après 5, ce qui peut s'illustrer par : 0 1 2 3 4 **5** 6 7 **8** 9 10
1 2 3 donc $5 + 3 = 8$.

Cette définition est également généralisable au cas de l'addition de deux nombres réels positifs (donc également de deux nombres décimaux positifs ou de deux nombres rationnels positifs).

EXEMPLE : Sur une droite graduée en centièmes, **4,8 + 2,75** est le nombre qui correspond à la graduation atteinte en partant de la position 4,8 et en avançant successivement de 2 unités, de 7 dixièmes et de 5 centièmes.

B. Addition dans $\mathbb{N}$

À partir des deux définitions précédentes, l'addition dans $\mathbb{N}$ (ou dans $\mathbb{D}^+$, ensemble des nombres décimaux positifs) se définit ainsi :

C'est l'opération qui, à deux nombres naturels (ou deux nombres décimaux positifs) quelconques, permet d'associer leur somme.

Ce qui s'écrit dans le langage des fonctions :

$$\begin{array}{lll} \mathbb{N} \times \mathbb{N} \to \mathbb{N} & \text{ou} & \mathbb{D}^+ \times \mathbb{D}^+ \to \mathbb{D}^+ \\ (a, b) \mapsto a + b & & (a, b) \mapsto a + b \end{array}$$

1.2 Différence et soustraction

A. Différence de deux nombres entiers naturels

On retient ici **trois définitions** possibles pour la différence de deux nombres entiers naturels a et b.

- **Définition 1**

La différence $a - b$ de deux nombres entiers naturels est définie à partir d'un point de vue ensembliste :

a **et** b sont respectivement les nombres d'éléments d'un ensemble A et d'un sous-ensemble B de l'ensemble A.

$a - b$ est le nombre d'éléments de l'ensemble complémentaire de B par rapport à A (c'est-à-dire de l'ensemble des éléments qui appartiennent à A sans appartenir à B).

On parle d'**aspect cardinal** de la soustraction.

Le schéma suivant rend compte de cette définition :

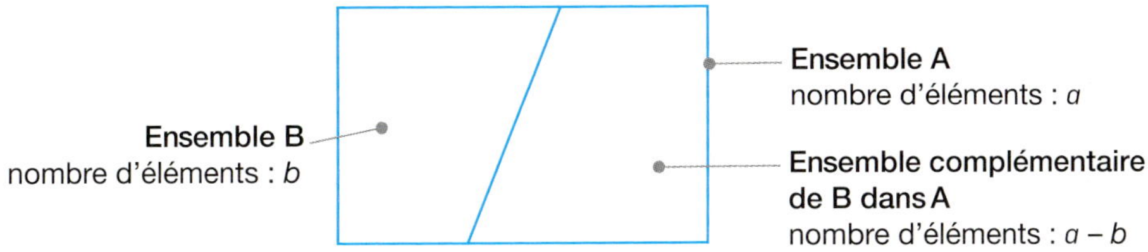

Cette définition est généralisable au cas de la soustraction de deux nombres décimaux positifs dans le **contexte des grandeurs**.

EXEMPLE : 7,8 – 2,45 correspond à la longueur du segment qui reste apparent lorsqu'on occulte une partie d'un segment de 7,8 cm en lui superposant un segment de 2,45 cm.

- **Définition 2**

On suppose connue la suite ordonnée des entiers naturels :

La différence $\boldsymbol{a-b}$ est égale au nombre atteint en comptant b nombres avant a.
On parle d'**aspect ordinal** de la soustraction.

EXEMPLE : Pour trouver **8 – 3**, on part de la suite : 0 1 2 3 4 **5** 6 7 **8** 9 10 11
3 2 1 donc $8-3=5$.

Comme pour l'addition, **cette définition est généralisable** au cas de la soustraction de deux nombres décimaux positifs.

- **Définition 3**

$a-b$ est défini à partir de l'addition supposée connue :

a étant supérieur ou égal à b, $\boldsymbol{a-b}$ est la solution de l'équation : $\boldsymbol{b+x=a}$.
Il y a donc équivalence entre $\boldsymbol{x=a-b}$ et $\boldsymbol{b+x=a}$.

Cette définition est utilisable dans le cas des nombres naturels comme dans celui des nombres décimaux positifs.

B. Soustraction dans $\mathbb{N}$

À partir des trois définitions précédentes, la soustraction dans $\mathbb{N}$ (ou dans $\mathbb{D}^+$) se définit ainsi :

C'est l'opération qui, à deux entiers naturels (ou deux décimaux) quelconques, permet d'associer leur différence, ce qui s'écrit dans le langage des fonctions :

$$\begin{aligned} \mathbb{N}\times\mathbb{N} &\to \mathbb{N} \\ (a,b) &\mapsto a-b \end{aligned} \quad \text{ou} \quad \begin{aligned} \mathbb{D}^+\times\mathbb{D}^+ &\to \mathbb{D}^+ \\ (a,b) &\mapsto a-b \end{aligned}$$

Pour la soustraction, contrairement à l'addition, tout couple de $\mathbb{N}\times\mathbb{N}$ ou de $\mathbb{D}^+\times\mathbb{D}^+$ n'a pas une image : le couple (8,3) a pour image 5, mais le couple (3,8) n'a pas d'image. Il faut que a soit supérieur ou égal à b.

ENTRAINEMENT 1

Corrigé p. 88

André a compté les fleurs du bouquet. Il y a 20 fleurs dont 10 sont rouges, 4 des 7 roses du bouquet sont rouges. Combien y a-t-il de fleurs qui ne sont ni des roses, ni rouges ?

ENTRAINEMENT 2

Corrigé p. 88

Voici des informations concernant les notes obtenues dans une classe de 25 élèves (toutes les notes obtenues sont entières) :

Notes strictement supérieures à	0	1	2	3	4	5	6	7	8	9
Nombre d'élèves	22	21	15	10	10	8	4	2	1	0

Combien d'élèves ont eu :

a. la note 2 ? **b.** la note 4 ? **c.** plus de 4 et moins de 8 ?

1.3 Produit et multiplication

A. Produit de deux nombres entiers naturels

On retient ici **deux définitions** du produit de deux entiers naturels a et b.

- **Définition 1**

Le produit de deux entiers naturels est défini à partir d'une opération déjà connue : l'addition.

> a et b étant deux entiers naturels,
> le produit de a par b est égal à la somme de b naturels égaux à a.
> ou encore : $\boldsymbol{a \times b = a + a + a + \ldots + a}$ **avec b fois le terme a.**

- **Définition 2**

Le produit de deux entiers naturels est défini à partir de la notion d'ensemble.

> a et b étant deux entiers naturels,
> le produit de a par b est **le nombre de couples $(x\,;\,y)$** qui peuvent être réalisés en choisissant x dans un ensemble ayant a éléments et y dans un ensemble ayant b éléments.

EXEMPLE : Avec les ensembles $E = \{p, q, r\}$ et $F = \{e, i, o, u\}$, on peut former 3×4 (soit 12) couples différents :
$\{(p, e), (p, i), (p, o), (p, u), (q, e), (q, i), (q, o), (q, u), (r, e), (r, i), (r, o), (r, u)\}$.
L'ensemble des couples peut être représenté dans un tableau à double entrée :

1er élément / 2e élément	p	q	r
e	(p, e)	(q, e)	
i	(p, i)		
o			
u			

➤ **Tableau à double entrée,** chap. 1 p. 12

B. Multiplication dans $\mathbb{N}$

À partir des deux définitions précédentes, la multiplication dans $\mathbb{N}$ se définit ainsi :

> C'est l'opération qui, à deux entiers naturels quelconques, permet d'associer leur produit, ce qui s'écrit dans le langage des fonctions :
> $$\begin{aligned} \mathbb{N} \times \mathbb{N} &\to \mathbb{N} \\ (a, b) &\mapsto a \times b \end{aligned}$$

C. Produit de deux nombres décimaux positifs

Les définitions du produit de deux nombres naturels ne peuvent pas être étendues au cas des nombres décimaux. On définit donc le produit de deux nombres décimaux positifs à partir du produit de deux nombres rationnels écrits sous forme de fractions décimales.

➤ **Nombres rationnels,** chap. 3 p. 45

EXEMPLE : $2{,}35 \times 13{,}026 = \dfrac{235}{100} \times \dfrac{13026}{1000} = \dfrac{235 \times 13026}{100000}$.

1.4 Quotient et division

Il existe plusieurs sortes de divisions.

A. Division euclidienne

a et b étant deux entiers naturels et $b \neq 0$,
la division euclidienne de a (appelé **dividende**) par b (appelé **diviseur**) est l'opération par laquelle on associe à a et b les entiers naturels q et r tels que :

$\boldsymbol{a = (b \times q) + r}$ — $\boldsymbol{q}$ est le quotient entier ou euclidien,
$\boldsymbol{r < b}$ — $\boldsymbol{r}$ est le reste.

Cela revient aussi à situer a entre deux multiples consécutifs de b :
$b \times q$ et $b \times (q+1)$.

EXEMPLE : Pour la division euclidienne de 431 par 38 :
$431 = (38 \times 11) + 13$ $\quad 38 \times 11 < 431 < 38 \times 12$.
Le quotient est 11 et le reste 13.

L'égalité $a = bq + r$ avec $r < b$ est **l'égalité caractéristique de la division euclidienne.** Elle est souvent utile pour résoudre les problèmes relatifs à la division euclidienne. Tous les nombres de cette relation sont des entiers naturels.

B. Division dans $\mathbb{Q}$ et division décimale

La division dans l'ensemble $\mathbb{Q}$ des nombres rationnels de a par b ($b \neq 0$) est liée à la recherche de la solution de l'équation :

$\boldsymbol{a = b \times x}$, où x est appelé **quotient de a par b**.

Dans cet ensemble, cette équation admet toujours une solution unique : le nombre rationnel noté $\frac{a}{b}$.

➤ **Nombres rationnels,** chap. 3 p. 45

Cette définition convient aussi dans le cas où a et b sont des nombres naturels ou des nombres décimaux, puisqu'ils sont alors, *a fortiori*, des nombres rationnels.
Le plus souvent on cherche à approcher x par un décimal, avec une précision fixée à l'avance ou compatible avec ce que peut indiquer une calculatrice (touche [:] ou [/]).
On cherche alors :
– soit le quotient décimal exact (ce qui est possible si x est un nombre décimal) ;
– soit une approximation décimale du quotient.
On parle alors de **division décimale**.

À partir de ces deux définitions, lorsqu'on demande le quotient de a par b, différents types de réponses peuvent être apportés :

Quotient de...	Réponses possibles
45 par 5	Seule réponse : 9 qui est à la fois le quotient euclidien (le reste étant 0) et le quotient dans $\mathbb{Q}$.
7 par 2	Quotient euclidien : 3, reste : 1. Quotient dans $\mathbb{Q}$: $\frac{7}{2}$ ou 3,5.
2 par 5	Quotient euclidien : 0, reste : 2. Quotient dans $\mathbb{Q}$: $\frac{2}{5}$ ou 0,4.

43 par 3	Quotient euclidien : 14, reste : 1. Quotient dans $\mathbb{Q}$: $\frac{43}{3}$. Valeur approchée décimale par défaut, au $\frac{1}{10}$ près : 14,3 ; au $\frac{1}{100}$ près : 14,33 14,33333... (avec une infinité de 3) aussi noté $14,\overline{3}$.

ENTRAINEMENT 3

Corrigé p. 88

Diviser 903 par 37 (division euclidienne). Quel nombre minimal doit-on ajouter à 903 pour que le quotient augmente d'une unité ? Quel nombre minimal doit-on retrancher à 903 pour que le quotient diminue d'une unité ?

ENTRAINEMENT 4

Corrigé p. 89

Peut-on déterminer le diviseur et le reste d'une division euclidienne sachant que le dividende est égal à 802 et le quotient à 14 ?

ENTRAINEMENT 5

Corrigé p. 89

a. Peut-on déterminer le dividende et le diviseur d'une division euclidienne sachant que le dividende est plus petit que 3 000, le quotient est 82 et le reste 47 ? Justifier cette réponse.

b. Peut-on déterminer des naturels de deux chiffres qui, divisés par 37, donnent un quotient égal au reste ? Justifier cette réponse.

ENTRAINEMENT 6

Corrigé p. 89

Dans la division euclidienne d'un nombre non nul par 7, on trouve un quotient égal au double du reste. Trouver toutes les valeurs possibles du dividende, du quotient et du reste de cette division.

ENTRAINEMENT 7

Corrigé p. 89

Sachant que 9 531 914 = (5 326 × 1 789) + 3 700, donner :

a. le quotient euclidien de 9 531 914 par 5 326 ;

b. le quotient euclidien de 9 531 914 par 1 789.

Justifier ces réponses.

ENTRAINEMENT 8

Corrigé p. 90

Dans le journal d'un bourgeois sous la Révolution, on découvre que le 1er janvier 1789 est un jeudi. Retrouver quel jour de la semaine a eu lieu la prise de la Bastille. Justifier cette réponse.

2 Propriétés des opérations[1]

2.1 Propriétés de l'addition et de la multiplication

Les propriétés énoncées concernent aussi bien les nombres naturels que les nombres décimaux positifs qui ici sont désignés par *a*, *b*, *c*, ... (on rappelle que les naturels sont aussi des décimaux). Elles sont également vérifiées dans l'ensemble des nombres réels.

1. Certains calculs comportent des parenthèses ou utilisent les règles de priorités des opérations. À ce sujet, voir le chap. 5 p. 101

Propriétés	**Pour l'addition** Quels que soient les nombres a, b et c...	**Pour la multiplication** Quels que soient les nombres a, b et c...
Associativité C'est la propriété qui permet de « déplacer » des parenthèses dans certains calculs et finalement de les supprimer.	$a+(b+c)=(a+b)+c$ ce qui justifie qu'on puisse utiliser une écriture du type $a+b+c$ qui est égale aux écritures précédentes.	$a\times(b\times c)=(a\times b)\times c$ ou $a(bc)=(ab)c$ ce qui justifie qu'on puisse utiliser une écriture du type $a\times b\times c$ ou abc qui sont égales aux écritures précédentes.
Commutativité C'est la propriété qui permet de « permuter » deux termes dans une somme ou deux facteurs dans un produit.	$a+b=b+a$	$a\times b=b\times a$
Élément neutre	C'est le nombre 0. $a+0=0+a=a$	C'est le nombre 1. $a\times 1=1\times a=a$
Élément absorbant		C'est le nombre 0. $a\times 0=0\times a=0$
Distributivité de la multiplication sur l'addition	$a\times(b+c)=(a\times b)+(a\times c)$ ou $a\times(b+c)=ab+ac$	

- **La multiplication est également distributive sur la soustraction.**

En effet, on a aussi : $a(b-c)=ab-ac$.

Si on se place dans l'ensemble des naturels ou dans celui des rationnels positifs, il faut bien sûr que l'inégalité $b>c$ soit vérifiée.

ENTRAINEMENT 9

Corrigé p. 90

Quelles propriétés sont utilisées implicitement dans les calculs suivants effectués par un élève ?

a. Pour calculer 75 + 49, il ajoute 40, puis ajoute encore 9.

b. Pour calculer 6,7 + 14,85, il ajoute 6 et 14, puis il calcule 0,85 + 0,7 et fait la somme des deux résultats intermédiaires.

c. Pour calculer 24 × 12, il calcule 24 × 10, puis 24 × 2 et ajoute les deux résultats intermédiaires.

d. Pour calculer 25 × 12, il calcule 25 × 4, puis il triple le résultat obtenu.

ENTRAINEMENT 10

Corrigé p. 90

Trouver différentes procédures pour effectuer mentalement les calculs suivants :

a. 14 + 19 + 16 + 11 **b.** 85 + 39 **c.** 11 × 19 **d.** 17 × 8.

Préciser quelles connaissances sur l'addition et la multiplication sont sous-jacentes à la mise en œuvre de ces diverses procédures.

2.2 Propriétés de la soustraction

La soustraction n'est ni associative, ni commutative :

$a-(b-c)\neq(a-b)-c$ et $a-b\neq b-a$

De plus, dans l'ensemble des nombres naturels ou dans celui des nombres décimaux positifs, une seule des deux écritures $a-b$ et $b-a$ a du sens.

Propriétés	Pour la soustraction Quels que soient les nombres a, b et c...	
Conservation de la différence La valeur d'une différence n'est pas modifiée si on ajoute ou on soustrait le même nombre à chacun de ses termes.	Avec $a\geqslant b$	$a-b=(a+c)-(b+c)$
	Avec $a\geqslant b\geqslant c$	$a-b=(a-c)-(b-c)$
Ajout d'une différence	Avec $b\geqslant c$	$a+(b-c)=(a+b)-c$
Soustraction d'une somme	Avec $a\geqslant b+c$	$a-(b+c)=(a-b)-c$
Soustraction d'une différence	Avec $a\geqslant b\geqslant c$	$a-(b-c)=(a-b)+c$

Ces propriétés sont mobilisées dans le cadre du calcul, notamment du calcul mental.

ENTRAINEMENT 11

Corrigé p. 91

Quelles propriétés sont utilisées implicitement dans les calculs de cet élève ?

a. Pour calculer 75 – 49, il retranche 50, puis ajoute 1.

b. Pour calculer 17,3 – 0,85, il calcule 17,45 – 1.

ENTRAINEMENT 12

Corrigé p. 91

Trouver différentes procédures pour effectuer mentalement les calculs suivants :

a. 85 – 39 b. 94 – 46 c. 17,45 + 49,55 d. 6 – 2,75.

Préciser quelles connaissances sur la soustraction sont sous-jacentes à la mise en œuvre de ces diverses procédures.

2.3 Propriétés de la division

Ces propriétés sont mobilisées dans le cadre du calcul, notamment du calcul mental.

Propriétés	Pour la division Quels que soient les nombres a, b et c...
Conservation du quotient Le quotient (dans la division dans $\mathbb{Q}$) et le quotient entier (dans la division euclidienne) ne sont pas modifiés si on multiplie ou divise les deux termes de la division par un même nombre k.	**Pour la division dans $\mathbb{Q}$** cela se traduit par : $\frac{a}{b}=\frac{a\times k}{b\times k}$ **Pour la division euclidienne** $a=bq+r$ avec $0\leqslant r<b$, cela se traduit par : $ak=(bk)q+rk$ avec $rk<bk$ Le quotient q n'a pas été modifié, mais le reste r a été multiplié par k.
Division d'une somme (quotient dans $\mathbb{Q}$)	Dans $\mathbb{Q}$, le quotient d'une somme de rationnels par un rationnel non nul est égal à la somme des quotients : $\frac{a+b+c}{d}=\frac{a}{d}+\frac{b}{d}+\frac{c}{d}$

➤ Calcul sur les fractions, chap. 3 p. 45

ENTRAINEMENT 13 Corrigé p. 92

Quelles propriétés sont utilisées implicitement dans les calculs de cet élève ?

a. Pour calculer 75 : 5, il calcule 50 : 5, puis 25 : 5 et ajoute les deux résultats intermédiaires.

b. Pour calculer 126 : 14, il calcule 126 : 2, puis 14 : 2, puis le quotient du 1er résultat par le 2e.

ENTRAINEMENT 14 Corrigé p. 92

Calculer mentalement le quotient euclidien de :

a. 714 par 5 **b.** 840 par 25.

3 Algorithmes usuels de calcul des opérations (appelés aussi techniques opératoires)

Nous présentons de façon détaillée (sous forme de fiches méthode) les techniques de calcul faisant intervenir des nombres entiers naturels, accompagnées de précisions concernant leur extension aux nombres décimaux.

3.1 Addition posée en colonnes

FICHE MÉTHODE Calculer une addition posée.

→ Calculer 4 549 + 764 + 507.

1. Poser l'opération en alignant verticalement les chiffres des unités, des dizaines…	4549 + 764 + 507 ―――
2. Calculer la somme des unités : – si cette somme est inférieure à 10, écrire le nombre obtenu au rang des unités ; – si cette somme est égale ou supérieure à 10, écrire le chiffre des unités du nombre obtenu au rang des unités et reporter son chiffre des dizaines en retenue au rang des dizaines.	2 4549 + 764 + 507 ――― 0
3. Procéder de même au rang des dizaines, puis des centaines…	12 4549 + 764 + 507 ――― 20 112 4549 + 764 + 507 ――― 5820

- **Connaissances sous-jacentes :**

– repérage des chiffres (unités, dizaines, centaines…) de chaque nombre ;

– décomposition de chaque somme partielle en dizaines-unités, centaines-dizaines, etc. (donc équivalence entre 10 unités et 1 dizaine…) ;

– connaissance des résultats de la table d'addition.

- **Adaptation au calcul sur les nombres décimaux positifs**

Le mode de calcul est le même, en alignant verticalement les chiffres de même rang (à l'aide de la virgule) et en considérant que l'absence de chiffre à un rang donné équivaut à la présence du chiffre 0.

ENTRAINEMENT 15

Corrigé p. 92

Théo additionne deux nombres entiers avec la méthode traditionnelle, et trouve 499 sans faire d'erreur. Combien de retenues a-t-il posées ?

3.2 Soustraction posée en colonnes

Trois techniques peuvent être rencontrées dans les écoles françaises.

Pour chacune, commencer par poser l'opération en alignant verticalement les chiffres des unités, des dizaines...

FICHE MÉTHODE Calculer une soustraction posée.

→ Calculer 6 493 – 2 876.

méthode 1. Dite « par emprunt »

1. Soustraire au rang des unités : – si la soustraction est possible, écrire le nombre obtenu au rang des unités ; – si la soustraction n'est pas possible, enlever une dizaine au 1er terme et ajouter 10 unités au 1er terme.	8 6 4 ~~9~~13 – 2 8 7 6 7
2. Procéder de même au rang des dizaines, puis des centaines...	8 6 4 ~~9~~13 – 2 8 7 6 1 7 5 8 ~~6~~14 ~~9~~13 – 2 8 7 6 3 6 1 7

- **Connaissances sous-jacentes :**

– repérage des chiffres (unités, dizaines, centaines...) de chaque nombre ;
– équivalence entre 1 millier et 10 centaines, 1 centaine et 10 dizaines... ;
– connaissance des différences entre nombres < 20 et nombres < 10.

méthode 2. Dite « par complément »

1. Considérer que soustraire le 2e terme du 1er revient à chercher combien il faut ajouter au 2e terme pour obtenir le 1er.	6 4 9 3 – 2 8 7 6] +
2. Chercher combien il faut ajouter au chiffre des unités du 2e terme pour obtenir le chiffre des unités du 1er terme : – si c'est possible, écrire le résultat au rang des unités ; – si ce n'est pas possible, chercher combien il faut ajouter au chiffre des unités du 2e terme pour obtenir le chiffre des unités du 1er terme augmenté de 10 : l'addition des chiffres des dizaines génère alors une retenue au rang des dizaines.	6 4 9 13 – 2 8 7 6] + 1 7

3. Procéder de même au rang des dizaines, puis des centaines…	6 4 9 13 – 2 8 7 6 1 —— 1 7 (+) 6 14 9 13 – 2 8 7 6 1 1 —— 3 6 1 7 (+)

- **Connaissances sous-jacentes :**

– repérage des chiffres (unités, dizaines, centaines…) de chaque nombre ;
– équivalence entre $a - b = x$ et $b + x = a$;
– connaissance des compléments des nombres < 10 aux nombres < 20.

méthode 3. Dite « traditionnelle »

1. Soustraire au rang des unités : – si la soustraction est possible, écrire le nombre obtenu au rang des unités ; – si la soustraction n'est pas possible, ajouter 10 unités au 1er terme et 1 dizaine au 2e terme (ce qui revient à ajouter la même quantité « dix » à chacun des termes de la différence).	6 4 9 13 – 2 8 7 6 1 —— 7
2. Procéder de même au rang des dizaines, puis des centaines…	6 4 9 13 – 2 8 7 6 1 —— 1 7 6 14 9 13 – 2 8 7 6 1 1 —— 3 6 1 7

- **Connaissances sous-jacentes :**

– repérage des chiffres (unités, dizaines, centaines…) de chaque nombre ;
– propriété de la soustraction selon laquelle on ne change pas la valeur d'une différence en ajoutant un même nombre à ses deux termes[2] ;
– connaissance des différences entre nombres < 20 et nombres < 10.

2. Propriété de conservation de la différence, p. 81

- **Adaptation au calcul sur les nombres décimaux positifs**

Le mode de calcul est le même, en alignant verticalement les chiffres de même rang (à l'aide de la virgule) et en considérant que l'absence de chiffre à un rang donné équivaut à la présence du chiffre 0.

Par exemple, pour le calcul de

```
  4 0 5,6
–   8 7,9 5 6
```

il faut considérer que le 1er terme peut aussi s'écrire 405,600.

3.3 Multiplication posée en colonnes

Nous proposons deux exemples avec multiplicateur inférieur et supérieur à 10 :
calculer 368×7 et calculer 368×207.

Pour chacun, il faut commencer par poser l'opération en alignant verticalement les chiffres des unités, des dizaines…

FICHE MÉTHODE **Calculer une multiplication posée.**

→ Calculer 368 × 7. (exemple 1 avec multiplicateur inférieur à 10)

1. Multiplier d'abord les unités du multiplicande : – si le résultat est inférieur à 10, l'écrire au rang des unités ; – si le résultat est supérieur à 10, écrire son chiffre des unités au rang des unités et conserver son chiffre des dizaines en mémoire (on dit aussi « en retenue »).	368 × 7 6 retenue de 5 dizaines
2. Procéder de même au rang des dizaines, puis des centaines..., en ajoutant chaque fois les retenues de l'étape précédente au résultat obtenu.	368 × 7 76 retenue de 4 centaines 368 × 7 2576

- **Connaissances sous-jacentes :**

– repérage des chiffres (unités, dizaines, centaines...) de chaque nombre ;
– propriété de distributivité de la multiplication sur l'addition (*voir ci-dessous*) ;
– connaissance des produits de nombres inférieurs à 10 (tables de multiplication).

- **Distributivité de la multiplication sur l'addition :**

elle intervient dans le calcul de 368 × 7 sous la forme suivante :

$368 \times 7 = (8 + 60 + 300) \times 7 = (8 \times 7) + (60 \times 7) + (300 \times 7)$

ou encore sur la décomposition de 368 en unités, dizaines et centaines.

→ Calculer 368 × 207. (exemple 2 avec multiplicateur supérieur à 10)

1. Multiplier d'abord le multiplicande par le chiffre des unités du multiplicateur (méthode précédente).	368 × 207 2576 calcul de 368 × 7 73600 calcul de 368 × 200 76176
2. Multiplier ensuite le multiplicande par le chiffre des dizaines du multiplicateur, s'il est différent de 0 (méthode précédente) en écrivant un 0 à droite du résultat.	
3. Poursuivre ainsi avec le chiffre des centaines, puis des milliers... du multiplicateur.	

- **Connaissances sous-jacentes :**

– repérage des chiffres (unités, dizaines, centaines...) de chaque nombre ;
– propriété de distributivité de la multiplication sur l'addition et associativité de la multiplication (*voir ci-dessous*) ;
– connaissance des produits de nombres inférieurs à 10 (tables de multiplication) ;
– multiplication par 10, par 100...

- **Distributivité de la multiplication sur l'addition :**

elle intervient dans chaque calcul intermédiaire et pour l'obtention du résultat final :

$368 \times 207 = 368 \times (7 + 200) = (368 \times 7) + (368 \times 200)$.

- **Associativité de la multiplication :**
elle intervient dans le calcul au rang des dizaines, centaines..., par exemple pour : $368 \times 200 = 368 \times (2 \times 100) = (368 \times 2) \times 100$.

- **Adaptation au calcul sur les nombres décimaux positifs**
Le mode de calcul est le même. Pour placer la virgule dans le résultat, il faut procéder comme dans l'exemple suivant :

$$\begin{array}{r} 36{,}8 \\ \times \quad 2{,}07 \\ \hline 2576 \\ 73600 \\ \hline 76{,}176 \end{array}$$

$$36{,}8 \times 2{,}07 = \frac{368}{10} \times \frac{207}{100} = \frac{76176}{1000} = 76{,}176$$

ce qui revient à multiplier les nombres entiers 368 et 207, à diviser le résultat par 1 000 (donc en laissant 3 chiffres à droite de la virgule).

ENTRAINEMENT 16

Corrigé p. 93

Sans poser de multiplication, utiliser les éléments de l'opération ci-contre pour calculer les produits de **a** à **f**. Justifier vos réponses.

$$\begin{array}{r} 247 \\ \times \quad 503 \\ \hline 741 \\ 123500 \\ \hline 124241 \end{array}$$

a. 247×353
b. 247×305
c. 247×610
d. 358×247
e. $24{,}7 \times 5{,}03$
f. $0{,}247 \times 5\,030$

3.4 Division euclidienne avec la potence

FICHE MÉTHODE Calculer une division posée.

→ Calculer la division euclidienne de 9 163 par 38.

<table>
<tr><td>1. Commencer par poser l'opération en potence.</td><td>9163 | 38</td><td></td></tr>
<tr><td>2. Chercher le plus grand nombre d'unités d'ordre le plus élevé qu'il est possible de diviser par le diviseur (et qui donne un quotient différent de 0).</td><td rowspan="2">9163 | 38
15 | 2</td><td rowspan="2">9 milliers divisé par 38 donne un quotient nul.

91 centaines divisées par 38 donne comme quotient 2 centaines et comme reste 15 centaines.</td></tr>
<tr><td>3. Effectuer la division : écrire le quotient obtenu dans la partie quotient au rang considéré et le reste sous le dividende aux rangs considérés.</td></tr>
<tr><td rowspan="2">4. Poursuivre ainsi successivement avec les rangs inférieurs du dividende, en tenant compte des restes successifs.</td><td>9163 | 38
156 | 24
04 |</td><td>156 dizaines divisées par 38 donne comme quotient 4 dizaines et comme reste 4 dizaines.</td></tr>
<tr><td>9163 | 38
156 | 241
043 |
5 |</td><td>43 unités divisées par 38 donne comme quotient 1 unité et comme reste 5 unités.</td></tr>
</table>

- **Connaissances sous-jacentes** :

– repérage des chiffres ou des groupes de chiffres (unités, dizaines, centaines...) du dividende ;
– propriété de la division d'une somme (*voir ci-dessous*) ;
– connaissance des produits de nombres inférieurs à 10 (tables de multiplication).

- **La division de 9 163 par 38 revient à celle de la somme** 9 000 + 100 + 60 + 3 (ou 9 milliers + 1 centaine + 6 dizaines + 3 unités) **par 38**.

- **Une présentation « détaillée »** fait apparaitre plus clairement les produits partiels et les soustractions successives que ce n'est le cas dans la technique usuelle.

```
  9 1 6 3 | 3 8
– 7 6     |------
  -----   | 2 4 1
  1 5 6   |
– 1 5 2   |
  -----   |
      4 3 |
    – 3 8 |
      --- |
        5 |
```

- **Adaptation au calcul sur les nombres décimaux positifs**

Le mode de calcul est le même. Mais il est préférable de ramener ce calcul au cas d'un diviseur entier (en utilisant la propriété de conservation du quotient[3]).

Ainsi, le calcul de **91,63 : 3,8** peut être remplacé par celui de **961,3 : 38**.

Il faut ensuite bien repérer la quantité divisée à chaque étape : par exemple, à la 3ᵉ étape, on divise : 43 dixièmes par 38 et on obtient 1 dixième au quotient ; à la 4ᵉ étape, on divise 50 centièmes par 38 et on obtient 1 centième au quotient.

24,11 est le quotient approché par défaut de **916,3 : 38** et également celui de **91,63 : 3,8**.

L'interprétation du reste est plus délicate :

– Dans **916,3 : 38**, le reste est 0,12. On peut vérifier que $38 \times 24{,}11 + 0{,}12 = 916{,}3$.

– Dans **91,63 : 3,8**, le reste est 0,012 (reste précédent divisé par 10). On peut vérifier que $3{,}8 \times 24{,}11 + 0{,}012 = 91{,}63$.

3. Propriété de conservation du quotient, p. 81.

ENTRAINEMENT **17**

Corrigé p. 93

Compléter la division euclidienne :

```
6 . 6 | . 6
      |-----
  6 . | 6
      |
```

ENTRAINEMENT **18**

Corrigé p. 93

Trouver le nombre de chiffres du quotient de la division euclidienne de 21 517 par 412, sans effectuer le calcul.

EXERCICES D'ENTRAINEMENT

ENTRAINEMENT 1

Énoncé p. 76

Il peut être utile de représenter les informations fournies par un schéma.
Voici trois exemples de représentation :

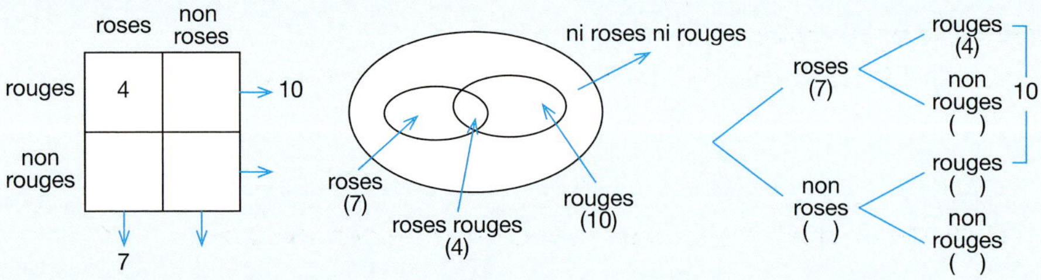

On en déduit facilement **qu'il y a 7 fleurs qui ne sont ni des roses, ni des fleurs rouges.**

ENTRAINEMENT 2

Énoncé p. 76

a. Les élèves qui ont eu la note 2 ont eu une note supérieure à 1, mais pas une note supérieure à 2. Représentons sur un même schéma ces 3 ensembles d'élèves :

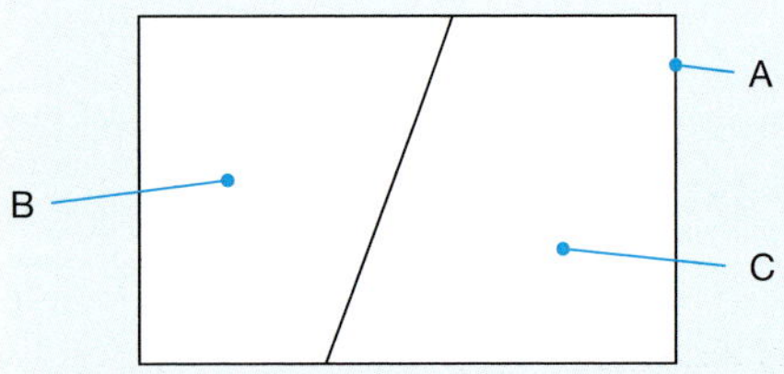

A : ensemble des élèves qui ont eu une note supérieure à 1.

B : ensemble des élèves qui ont eu une note supérieure à 2.

C : ensemble des élèves qui ont eu une note égale à 2.

A est la réunion des ensembles disjoints B et C, donc
nb (A) = nb (B) + nb (C) et nb (C) = 21 – 15 = 6.
Donc 6 élèves ont eu la note 2.

b. Ceux qui ont eu la note 4 ont eu une note supérieure à 3, mais pas une note supérieure à 4. Le même raisonnement montre que **leur nombre est égal à 0.**

c. Pour dénombrer ceux qui ont eu une note comprise strictement entre 4 et 8, on peut utiliser l'une des deux méthodes suivantes :

– Les élèves qui ont eu 5, 6 ou 7 : on peut, pour chaque note, utiliser le même raisonnement qu'en **a.** ; **on trouve un total de 8 élèves** (2 pour la note 5, 4 pour la note 6 et 2 pour la note 7).

– Ce sont ceux qui ont eu plus de 4 (soit 10 élèves), mais pas plus de 7 (or 2 élèves ont eu plus de 7) : **ils sont donc 8 élèves dans ce cas** (10 – 2 = 8).

ENTRAINEMENT 3

Énoncé p. 79

L'égalité fondamentale de la division euclidienne permet de répondre.
Sachant que le reste est 15, car 903 = 37 × 24 + 15 :

a. Il faut **ajouter à 903 un nombre compris (au sens large**[4]**) entre 22** (37 – 15) **et 58** (22 + 37 – 1) (avec 59, le quotient augmente de 2).

b. Il faut **retrancher à 903 un nombre compris (au sens large) entre 16** (15 + 1) **et 52** (15 + 37) (avec 53, le quotient diminue de 2).

4. On parle d'« inégalité au sens large » lorsque les nombres qui servent de bornes (22 et 58) sont inclus. Lorsqu'ils sont exclus, on parle d'« inégalité au sens strict ».

ENTRAINEMENT 4

Énoncé p. 79

L'égalité fondamentale de la division euclidienne permet aussi de répondre.

On peut écrire : $802 = b \times 14 + r$, avec $0 \leqslant r < b$, donc : $r = 802 - b \times 14$.

D'après la double inégalité on a : $0 \leqslant 802 - b \times 14 < b$, donc $14 \times b \leqslant 802 < 15 \times b$.

Donc d'après la 1re inégalité $b \leqslant 57$ et d'après la seconde $b > 53{,}4$.

Donc b est un entier compris entre 54 et 57.

$b = 54$ et $r = 46$ ou $b = 55$ et $r = 46 - 14 = 32$ ou $b = 56$ et $r = 32 - 14 = 18$ ou $b = 57$ et $r = 18 - 14 = 4$.

ENTRAINEMENT 5

Énoncé p. 79

a. Si on appelle a le dividende et b le diviseur, on peut traduire les données par :

(1) $a < 3\,000$

(2) $a = b \times 82 + 47$

(3) $47 < b$ (le reste doit être strictement inférieur au diviseur).

D'après (2) et (3), on doit avoir $a > 47 \times 82 + 47$.

Donc $a > 3\,901$, ce qui est contradictoire avec (1). **Il n'y a donc pas de solution.**

b. On peut écrire :

(1) $9 < a < 100$

(2) $a = 37q + q$

(3) $q < 37$

L'égalité (2) entraine que $a = 38q$,

et d'après (1) on a : **$q = 1$ et $a = 38$** ou **$q = 2$ et $a = 76$.**

ENTRAINEMENT 6

Énoncé p. 79

D'après l'énoncé, les nombres a, q et r sont liés par les relations suivantes :

(1) a et r naturels avec $a \neq 0$

(2) $a - 7 \times 2r + r$ avec $r \geqslant 0$

(3) $r < 7$

D'après (2) : $a = 15r$, et avec d'après (3) : $a < 105$.

Donc on a : a multiple de 15 strictement inférieur à 105.

D'où les réponses :

a	15	30	45	60	75	90
r	1	2	3	4	5	6
q	2	4	6	8	10	12

AUTRE MÉTHODE

On peut aussi partir de l'inégalité (3) et donner à r les valeurs 0 ; 1 ; … ; 6 et ainsi trouver a et q.

ENTRAINEMENT 7

Énoncé p. 79

a. **$q = 1\,789$** (car $3\,700 < 5\,326$) et **$r = 3\,700$.**

b. $3\,700 > 1\,789$, donc 3 700 n'est pas le reste dans la division euclidienne de 9 531 914 par 1 789.

$9\,531\,914 = (5\,326 \times 1\,789) + 3\,700 = (5\,326 \times 1\,789) + (2 \times 1\,789) + 122$

$= (5\,328 \times 1\,789) + 122$

$122 < 1\,789$ donc **$q = 5\,328$ et $r = 122$.**

ENTRAINEMENT 8

Énoncé p. 79

Si on numérote les jours de l'année de 1 à 365, le 1 correspondant à un jeudi, tout nombre de jours de l'année qui est de la forme $1 + 7k$ (k nombre naturel) est un jeudi et donc tout nombre de jours de la forme $7k$ est un mercredi.

Le 14/07/1789 est le 195e jour de l'année 1789 (qui n'est pas bissextile).

En divisant 195 par 7, on trouve que : $195 = 7 \times 27 + 6 = 189 + 6$.

Le 189e jour est donc un mercredi (il est de la forme $7k$) et **le 195e jour (6 jours plus tard) est donc un mardi.**

ENTRAINEMENT 9

Énoncé p. 80

a. $\mathbf{75 + 49} = 75 + (40 + 9) = (75 + 40) + 9$.

C'est l'associativité de l'addition qui est mobilisée.

b. $\mathbf{6{,}7 + 14{,}85} = (6 + 0{,}7) + (14 + 0{,}85)$

$= [(6 + 0{,}7) + 14] + 0{,}85$ associativité de l'addition

$= [14 + (6 + 0{,}7)] + 0{,}85$ commutativité de l'addition

$= [(14 + 6) + 0{,}7] + 0{,}85$ associativité de l'addition

$= (14 + 6) + (0{,}7 + 0{,}85)$ associativité de l'addition

c. $\mathbf{24 \times 12} = 24 \times (10 + 2) = (24 \times 10) + (24 \times 2)$.

C'est la distributivité de la multiplication sur l'addition qui est mobilisée.

d. $\mathbf{25 \times 12} = 25 \times (4 \times 3) = (25 \times 4) \times 3$.

C'est l'associativité de la multiplication qui est mobilisée.

ENTRAINEMENT 10

Énoncé p. 80

a. Une méthode efficace consiste à d'abord réorganiser le calcul proposé :

$\mathbf{14 + 19 + 16 + 11} = 14 + 16 + 19 + 11$.

On a permuté 19 et 16 de manière à rapprocher des nombres dont la somme est « ronde » (commutativité de l'addition), puis regroupé 14 et 16 d'une part et 19 et 11 d'autre part (associativité de l'addition).

$14 + 16$ est soit connu, soit calculé comme $10 + 4 + 6 + 10$, soit comme $14 + 6 + 10$ (associativité de l'addition et utilisation de décompositions des nombres liées à la numération décimale : $14 = 10 + 4$). Idem pour $19 + 11$.

Il reste à calculer $30 + 30$, connu ou calculé comme 3 dizaines + 3 dizaines (utilisation de connaissances relatives à la numération).

b. MÉTHODE 1

$\mathbf{85 + 39} = (80 + 5) + (30 + 9) = 80 + 5 + 30 + 9 = 80 + 30 + 5 + 9 = 110 + 14 = 124$.

On a utilisé des propriétés de l'addition relatives aux regroupements possibles des termes, des propriétés liées à la mobilité des parenthèses (associativité de l'addition), la possibilité de permuter des termes (commutativité de l'addition) et des connaissances relatives à la numération.

MÉTHODE 2

$\mathbf{85 + 39} = 85 + (40 - 1) = (85 + 40) - 1 = 124$.

On a utilisé la propriété relative à l'ajout d'une différence.

c. MÉTHODE 1

11 × 19 = (10 + 1) × 19 = (10 × 19) + (1 × 19) = 190 + 19 = 209.
On a utilisé la propriété de distributivité de la multiplication sur l'addition et le fait que 1 soit élément neutre pour la multiplication ainsi que la multiplication par 10.

MÉTHODE 2

11 × 19 = 11 × (20 – 1) = (11 × 20) – (11 × 1) = 11 × (2 × 10) – 11
= (11 × 2) × 10 – 11 = 220 – 11 = 209.
On a utilisé la propriété de distributivité de la multiplication sur la soustraction, celle d'associativité de la multiplication ainsi que la multiplication par 10 et le fait que 1 est élément neutre de la multiplication.

d. **17 × 8** = 17 × [2 × (2 × 2)] = (17 × 2) × (2 × 2) = [(17 × 2) × 2)] × 2 = 136.
On a utilisé à plusieurs reprises la propriété d'associativité de la multiplication.
On aurait aussi pu aussi calculer : 17 × (10 – 2) ou (20 – 3) × 8 ou (10 + 7) × 8 et utiliser la propriété de distributivité de la multiplication sur la soustraction ou sur l'addition.

ENTRAINEMENT 11

Énoncé p. 81

a. **75 – 49** = 75 – (50 – 1) = (75 – 50) + 1
propriété relative à la soustraction d'une différence.

b. **17,3 – 0,85** = (17,3 + 0,15) – (0,85 + 0,15)
propriété de conservation de la différence par ajout d'un même nombre à ses deux termes.

ENTRAINEMENT 12

Énoncé p. 81

a. MÉTHODE 1
85 – 39 = 85 – (30 + 9) = (85 – 30) – 9 = 46
propriété relative à la soustraction d'une somme.

MÉTHODE 2
85 – 39 = (85 + 1) – (39 + 1) = 86 – 40 = 46
propriété de conservation de la différence par ajout d'un même nombre à ses deux termes.

b. MÉTHODE 1
94 – 46 = 94 – (50 – 4) = (94 – 50) + 4 = 48
propriété relative à la soustraction d'une différence.

MÉTHODE 2
94 – 46 = (94 + 4) – (46 + 4) = 98 – 50 = 48
propriété de conservation de la différence par ajout d'un même nombre à ses deux termes.

c. MÉTHODE 1
On peut utiliser le fait que 0,45 + 0,55 = 1, puis que 49 + 1 = 50, et calculer 17 + 50 = 67 en utilisant la propriété de mobilité des parenthèses (associativité de l'addition).

MÉTHODE 2

17,45 + 49,55 = 17,45 + (0,55 + 49) = (17,45 + 0,55) + 49 = 18 + 49
= 18 + (50 – 1) = (18 + 50) – 1 = 67
propriété d'associativité de l'addition et propriété relative à l'addition d'une différence.

d. MÉTHODE 1

6 – 2,75 = 6 – (2 + 0,75) = (6 – 2) – 0,75 = 3,25
propriété relative à la soustraction d'une somme.

MÉTHODE 2

6 – 2,75 = (6 + 0,25) – (2,75 + 0,25) = 6,25 – 3 = 3,25
propriété de conservation de la différence par ajout d'un même nombre à ses deux termes.

ENTRAINEMENT 13

Énoncé p. 82

a. Le calcul revient à **75 : 5** = (50 + 25) : 5 = (50 : 5) + (25 : 5) = 15
propriété relative à la division d'une somme.

b. Le calcul revient à **126 : 14** = (126 : 2) : (14 : 2) = 9
propriété relative à la conservation du quotient.

ENTRAINEMENT 14

Énoncé p. 82

a. Le quotient de 714 par 5 est égal au quotient de 1 428 (égal à 714 × 2) par 10 (égal à 5 × 2), donc à **142,8.**
On a utilisé la propriété de conservation du quotient.

b. Le quotient de 840 par 25 est égal au quotient de (500 + 250 + 90) par 25.
La décomposition additive utilisée a été choisie de façon à ce que les deux premiers restes soient nuls, ce qui autorise à ajouter les quotients partiels (20 + 10 + 3,6 = 33,6) (*voir p. 81*).
Il est aussi égal au quotient de (840 × 4) par (25 × 4), donc de 3 360 par 100, en utilisant la propriété de conservation du quotient.

ENTRAINEMENT 15

Énoncé p. 83

Soit $cdu + c'd'u'$ le calcul à effectuer.
On a donc : $cdu + c'd'u' = 499$.

$u + u'$ ne peut être égal qu'à 9 (car $u \leqslant 9$ et $u' \leqslant 9$ entraine $u + u' \leqslant 18$), donc il n'y a pas de retenue reportée sur les dizaines.

Le même raisonnement avec $d + d'$ conduit à conclure qu'il n'y a pas non plus de retenue reportée sur les centaines.

Comme le résultat est strictement inférieur à 1 000, il n'y a pas de retenue reportée sur les milliers.

Théo n'a donc effectué aucune retenue.

> Mentalement, on n'a pas de peine à trouver un exemple de deux entiers donnant cette somme par exemple : 233 + 266. On constate qu'il n'y a pas de retenue.
> L'enjeu de cette question est de démontrer que quels que soient les deux termes de la somme, il ne peut pas y avoir de retenue.

ENTRAINEMENT 16

Énoncé p. 86

Du calcul fourni, on peut déduire :

$247 \times 3 = 741$ (1re ligne du résultat) et $247 \times 5 = 1\,235$ (2e ligne du résultat).

On peut utiliser :

a. $\mathbf{247 \times 353} = 247 \times (300 + 50 + 3) = 247 \times 300 + 247 \times 50 + 247 \times 3$
$= 247 \times (3 \times 100) + 247 \times (5 \times 10) + 247 \times 3$
$= (247 \times 3) \times 100 + (247 \times 5) \times 10 + 247 \times 3$
$= 74\,100 + 12\,350 + 741 = 87\,191.$

b. $\mathbf{247 \times 305} = 247 \times (300 + 5) = (247 \times 300) + (247 \times 5) = 75\,335.$

c. $\mathbf{247 \times 610} = 247 \times (305 \times 2) = (247 \times 305) \times 2 = 150\,670.$

d. $\mathbf{358 \times 247} = (300 + 50 + 3 + 5) \times 247 = (300 \times 247) + (50 \times 247) + (3 \times 247)$
$+ (5 \times 247) = 88\,426.$

e. $\mathbf{24{,}7 \times 5{,}03} = \frac{247}{10} \times \frac{503}{100} = \frac{247 \times 503}{1\,000} = \frac{124\,241}{1\,000} = 124{,}241.$

f. $\mathbf{0{,}247 \times 5\,030} = \frac{247}{1\,000} \times 503 \times 10 = \frac{247 \times 503}{100} = 1\,242{,}41.$

ENTRAINEMENT 17

Énoncé p. 87

Il s'agit de la **division de 636 par 96** qui a pour **quotient 6** et pour **reste 60**.

- Le « 0 » du reste 60 peut être trouvé facilement puisque 6×6 donne un résultat dont le chiffre des unités est 6.
- Le reste étant égal à 60, le diviseur (qui lui est supérieur) ne peut être que 66, 76, 86 ou 96. Le fait que le dividende soit supérieur à 600 n'autorise que 96 comme diviseur, car 6×96 est déjà inférieur à 600 ($6 \times 96 < 6 \times 100$).
- Le calcul de $(6 \times 96) + 60$ fournit alors le dividende (636).

ENTRAINEMENT 18

Énoncé p. 87

Il y a deux méthodes :

MÉTHODE 1

Encadrer 21 517 par deux produits de 412 par des puissances consécutives de 10 : $412 \times 10 < 21\,517 < 412 \times 100$.

Donc le quotient euclidien de 21 517 par 412 est compris entre 10 et 100, et **donc il comporte deux chiffres**.

MÉTHODE 2

Considérer que la division ne peut commencer qu'en divisant 2 151 dizaines par 412 (la division de 2 dizaines de milliers ou de 21 milliers ou encore de 215 centaines par 412 donnant un quotient nul) et que le quotient euclidien ne comportera donc que des dizaines et des unités, et qu'**il sera donc de deux chiffres**.

AU CONCOURS

EXERCICE 1

Corrigé p. 96

En insérant de différentes manières exactement deux parenthèses (une ouvrante et une fermante) dans l'écriture $8 \times 7 + 3 \times 5$, peut-on obtenir tous les nombres de la liste suivante : 71 ; 176 ; 283 ; 295 ; 400 ?

EXERCICE 2

Corrigé p. 96

Voici un procédé proche de celui utilisé par les Égyptiens pour calculer le produit de 76 par 53 (le procédé est traduit ici dans notre système de numération).

1	76
~~2~~	~~152~~
4	304
~~8~~	~~608~~
16	1 216
32	2 432
53	**4 028**

Utiliser le même procédé pour calculer 154×22 et 245×67.
Décrire ce procédé et indiquer quelles propriétés de la multiplication sont mises en œuvre.

EXERCICE 3

Corrigé p. 97

Un enseignant veut faire écrire à ses élèves des suites régulières de nombres, comme par exemple :
Suite 1 : 30,15 ; 45,15 ; … (suite croissante de pas 15).
Suite 2 : 1 020 ; 1 011 ; … (suite décroissante de pas 9).

a. Il se propose de faire écrire une première suite régulière croissante telle que la différence entre le 99e terme (égal à 15,48) et le 17e terme soit égale à 12,3.
Quel sera le 1er terme de cette suite ?

b. Il veut ensuite faire écrire une deuxième suite régulière décroissante telle que le pas soit égal à 0,25 et que la somme des 16 premiers termes soit égale à 50.
Quel sera le 1er terme de cette suite ?

EXERCICE 4

Corrigé p. 97

On s'intéresse au quotient et au reste de la division euclidienne : 40 626 par 12.
Voici quatre résultats, tous erronés.

n° du résultat	quotient	reste
1	348	8
2	3 384	18
3	3 382	6
4	3 383	0

Sans s'appuyer sur le calcul effectif du quotient et du reste, expliquez pourquoi ces résultats ne sont pas corrects.
Pour cela, on utilisera un argument pour chacun des résultats ; ces quatre arguments doivent être de nature différente.

EXERCICE 5

Corrigé p. 97

Choisir des nombres impairs. Diviser leur carré par 8. Quel est le reste ? Cette propriété est-elle vraie pour tout nombre impair ?

EXERCICE 6

Corrigé p. 98

Analyser le travail de cet élève confronté au calcul de la division de 38 742 par 38, en s'intéressant en particulier aux erreurs et en faisant des hypothèses sur leur origine.

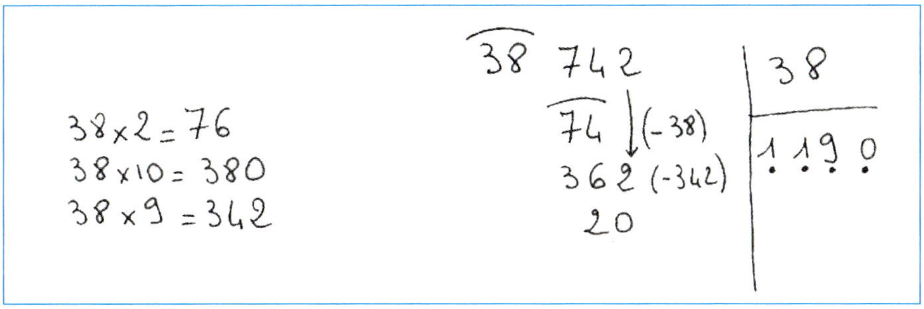

PROBLÈME 1

Corrigé p. 98

On se propose de calculer A = 50 000 006 × 70 000 008.

❶ En tapant ce produit sur une calculatrice scientifique, on peut voir apparaitre à l'écran : $3{,}50000082 \times 10^{15}$

Justifier, sans calculer A, que cette valeur n'est pas la valeur exacte de A.

❷ Toujours sans calculer A, démontrer que : $35 \times 10^{14} < A < 48 \times 10^{14}$.
En déduire le nombre de chiffres de A.

❸ Le nombre A peut aussi s'écrire : $(5 \times 10^7 + 6) \times (7 \times 10^7 + 8)$.
En utilisant les produits 5×7, 5×8, 6×7 et 6×8, déterminer la valeur exacte de A.

❹ Soit B = 48 506 557 × 505 149. Calculer en utilisant une calculatrice :
48 506 × 505 ; 557 × 505 ; 48 506 × 149 ; 557 × 149.
En déduire, sans nouvelle utilisation de la calculatrice et en écrivant les calculs, la valeur exacte de B.

PROBLÈME 2

Corrigé p. 99

❶ *Dans cette question, aucune division n'est à poser. Les réponses doivent être justifiées.*

a. Sachant que 57 148 468 = 3 361 674 × 17 + 10, donner le quotient et le reste de la division euclidienne de 57 148 468 par 17.

b. Sachant que 84 279 733 = 4 957 630 × 17 + 23, donner le quotient et le reste de la division euclidienne de 84 279 733 par 17.

c. En déduire le quotient et le reste de la division euclidienne de 57 148 468 + 84 279 733 par 17, puis le quotient et le reste de la division euclidienne de 57 148 468 × 2 par 17.

❷ Dans la division euclidienne d'un nombre a par 17, on note q le quotient et r le reste.
Dans la division euclidienne d'un nombre a' par 17, on note q' le quotient et r' le reste.
Déterminer, en justifiant votre réponse, le quotient et le reste :

a. dans la division euclidienne de $a + a'$ par 17.

b. dans la division euclidienne de $2a$ par 17.

CORRIGÉS EXERCICES

EXERCICE 1

Énoncé p. 94

➤ **Règles de prio tés des opératior et d'utilisation d parenthèses,** chap. 5 p. 103

Une méthode consiste à faire l'inventaire de tous les calculs possibles en plaçant deux parenthèses, la 1re pouvant être placée avant 8, avant 7 ou avant 3. On calcule ensuite en tenant compte des parenthèses et des priorités opératoires.

$(8 \times 7) + 3 \times 5 = 71$

$(8 \times 7 + 3) \times 5 = 295$

$8 \times (7 + 3) \times 5 = 400$

$8 \times (7 + 3 \times 5) = 176$

$8 \times 7 + (3 \times 5) = 71$

Le nombre 283 ne peut donc pas être obtenu.

EXERCICE 2

Énoncé p. 94

Voici les calculs correspondants :

pour 154 × 22

~~1~~	~~154~~
2	308
4	616
~~8~~	~~1 232~~
16	2 464
22	**3 388**

pour 245 × 67

1	245
2	490
~~4~~	~~980~~
~~8~~	~~1 960~~
~~16~~	~~3 920~~
~~32~~	~~7 840~~
64	15 680
67	**16 415**

Explication : Pour un produit donné $a \times b$, le procédé consiste d'abord à établir deux listes de nombres :

- la 1re colonne de nombres commence avec 1 et se poursuit en doublant à chaque fois le nombre précédent, le dernier double écrit étant celui qui est immédiatement inférieur à l'un des facteurs du produit (en général le plus petit, b) : cela revient à écrire une liste de puissances de 2 ;
- la 2e colonne de nombres commence avec le 2e facteur du produit (écrit en face de 1) et se poursuit en en doublant à chaque fois le nombre précédent, le dernier double écrit étant celui qui vient en face de la dernière puissance de 2 qui a été écrite dans la 1re colonne.

Ensuite, on cherche à décomposer le nombre b sous forme de somme de puissances de 2. On barre ensuite tous les nombres des deux listes pour lesquelles la puissance de 2 considérée n'intervient pas dans la décomposition de b.
Enfin, on ajoute les nombres non barrés de la 2e liste, la somme obtenue étant égale au produit $a \times b$.

Ce procédé s'appuie sur **deux éléments principaux** :

- Tout naturel peut être décomposé en fonction des puissances de 2, c'est-à-dire écrit comme somme de nombres choisis parmi 1 ; 2 ; 4 ; 8 ; 16… Dans l'exemple donné $53 = 32 + 16 + 4 + 1$, il s'agit de décomposer l'un des facteurs en base 2, c'est donc toujours possible.
- La propriété de distributivité de la multiplication par rapport à l'addition, avec les égalités suivantes pour le produit donné en exemple :
$53 \times 76 = (32 + 16 + 4 + 1) \times 76 = (32 \times 76) + (16 \times 76) + (4 \times 76) + (1 \times 76)$.

EXERCICE 3

Énoncé p. 94

a. Pour passer du 17ᵉ terme au 99ᵉ terme, le pas a été utilisé 82 fois (99 – 17 = 82), ce qui a entrainé une augmentation de 12,3.

Le pas de la suite est donc égal à 0,15 (12,3 : 82 = 0,15).

Entre le 1er terme et le 99ᵉ terme, le pas est utilisé 98 fois, d'où le calcul du 1er terme : 15,48 – (98 × 0,15) = 0,78.

Le 1er terme est 0,78.

b. Appelons x le 1er terme.

Le terme suivant est $x - 0,25$, puis $x - 2 \times 0,25$... jusqu'à $x - 15 \times 0,25$.

La somme de ces termes est égale à :

$x + x - 0,25 + x - 2 \times 0,25 + ... + x - 15 \times 0,25$.

Elle est donc égale à $16x - 0,25 \times (1 + 2 + ... + 15)$, en utilisant la propriété de distributivité de la multiplication sur l'addition.

La somme 1 + 2 + ... + 15 peut se calculer de plusieurs manières. La plus simple est celle qui consiste à écrire deux fois cette somme, puis à en ajouter les termes membre à membre :

$S = 1 + 2 + ... + 14 + 15$

$S = 15 + 14 + ... + 2 + 1$

$2S = 16 + 16 + ... + 16 + 16$ (15 fois),

donc $2S = 16 \times 15$ et $S = \dfrac{16 \times 15}{2} = 120$.

On a donc $16x - 0,25 \times (1 + 2 + ... + 15) = 16x - 0,25 \times 120 = 16x - 30$.

Donc $16x - 30 = 50$, soit $x = \dfrac{50 + 30}{16} = 5$.

Le 1er terme est donc 5.

EXERCICE 4

Énoncé p. 94

- **Résultat 1 :** Le quotient euclidien de 40 626 par 12 est plus proche de celui de 40 000 par 10 (donc de 4 000) que de celui 4 000 par 10 (donc de 400). 348 ne peut donc pas être le quotient cherché. La recherche de l'ordre de grandeur du résultat permet souvent de détecter des réponses erronées.
- **Résultat 2 :** Le reste doit être inférieur au diviseur. Or 18 > 12.
- **Résultat 3 :** L'égalité caractéristique de la division euclidienne est-elle vérifiée ? (3 382 × 12) + 6 donne un résultat qui a 0 pour chiffre des unités (provenant de 2 × 2 + 6) et ne peut donc pas être égal à 40 626. Il suffit, dans ce cas, de vérifier si le chiffre des unités est correct ou non.
- **Résultat 4 :** Un reste nul indique que le dividende est un multiple du diviseur. Or 40 626 n'est pas multiple de 12, car il n'est pas multiple de 4 (26 n'étant pas multiple de 4).

➤ **Division euclidienne**, p. 78

EXERCICE 5

Énoncé p. 95

> Le travail consiste donc à faire des essais pour conjecturer un résultat, puis à le démontrer en utilisant le calcul littéral.
> Les essais effectués avec différents nombres impairs conduisent à conjecturer que ce reste est toujours égal à 1.

Démontrons la conjecture en utilisant le calcul littéral.

Si n est impair, alors il existe un naturel k tel que $n = 2k + 1$.[5]

5. Ce résultat est souvent utilisé, donc à connaitre.

Donc $n^2 = (2k+1)^2 = 4k^2 + 4k + 1 = 4(k^2 + k) + 1 = 4k(k+1) + 1$.

Or $k(k+1)$, produit de deux nombres consécutifs, est pair, donc de la forme $2q$.

Donc $n^2 = 8q + 1$, or $1 < 8$, **donc 1 est bien le reste dans la division euclidienne de n^2 par 8.**

Ce qui démontre la conjecture.

EXERCICE 6

Énoncé p. 95

L'élève semble avoir anticipé le nombre de chiffres du quotient (on voit des points marqués au quotient).

Il calcule correctement le chiffre des milliers du quotient, mais se trompe ensuite en abaissant deux chiffres (le 7 et le 4) sans mettre un 0 au diviseur. Il continue ensuite correctement ses calculs, en calculant à part les produits intermédiaires.

À la fin, il écrit un 0 au rang des unités du quotient, alors que dans la logique de son calcul, 9 aurait dû être ce chiffre des unités.

Au final, le quotient est faux et le reste est exact.

Hypothèses sur l'origine de l'erreur :

L'élève a pu être gêné par le premier reste intermédiaire qui est nul et par le fait que s'il abaisse seulement le chiffre 7, il considère la division par 38 impossible (là où le chiffre du quotient devrait être 0). Il choisit donc d'abaisser soit directement 74, soit le 7 puis le 4 après avoir constaté que, selon lui, la division de 7 par 38 n'est pas possible. À la fin, il veut respecter le nombre de chiffres du quotient qu'il a anticipé et, peut-être, continue-t-il le calcul en divisant 20 par 38.

Cette erreur est classique lorsque le quotient comporte le chiffre 0 dans son écriture.

CORRIGÉS PROBLÈMES

PROBLÈME 1

Énoncé p. 95

➤ Connaissances relatives au **calcul sur les puissances** chap. 5 p. 105

❶ Le chiffre des unités du produit de deux nombres est le chiffre des unités du produit des chiffres des unités de ces deux nombres. Donc le chiffre des unités de A est 8 car $6 \times 8 = 48$. Or le chiffre des unités de $3{,}50000082 \times 10^{15}$ est 0.

Donc la valeur affichée n'est pas la valeur exacte.

❷ $50\,000\,000 < 50\,000\,006 < 60\,000\,000$ ou $5 \times 10^7 < 50\,000\,006 < 6 \times 10^7$

$70\,000\,000 < 70\,000\,008 < 80\,000\,000$ ou $7 \times 10^7 < 70\,000\,008 < 8 \times 10^7$

Les nombres étant positifs, les inégalités sont conservées si on les multiplie membre à membre, donc :

$5 \times 10^7 \times 7 \times 10^7 < 50\,000\,006 \times 70\,000\,008 < 6 \times 10^7 \times 8 \times 10^7$

$35 \times 10^{14} < 50\,000\,006 \times 70\,000\,008 < 48 \times 10^{14}$.

35×10^{14} et 48×10^{14} peuvent s'écrire respectivement sous la forme 35 suivi de 14 « 0 » et 48 suivi de 14 « 0 », donc avec 16 chiffres.

Donc A s'écrit aussi avec 16 chiffres.

❸ $50\,000\,006 = 5 \times 10^7 + 6$ et $70\,000\,008 = 7 \times 10^7 + 8$.
Donc $A = (5 \times 10^7 + 6) \times (7 \times 10^7 + 8)$.
En utilisant la distributivité de la multiplication sur l'addition, on obtient :
$A = 5 \times 10^7 \times 7 \times 10^7 + 5 \times 10^7 \times 8 + 6 \times 7 \times 10^7 + 6 \times 8$
donc $A = 35 \times 10^{14} + 40 \times 10^7 + 42 \times 10^7 + 48$
donc $A = 35 \times 10^{14} + 82 \times 10^7 + 48$.
D'où le calcul posé :

$$\begin{array}{r} 3\,500\,000\,000\,000\,000 \\ +\quad 820\,000\,000 \\ +\quad 48 \\ \hline 3\,500\,000\,820\,000\,048 \end{array}$$

Donc A = 3 500 000 820 000 048.

❹ $48\,506\,557 = 48\,506 \times 1\,000 + 557$ et $505\,149 = 505 \times 1\,000 + 149$.
Donc $B = (48\,506 \times 1\,000 + 557) \times (505 \times 1\,000 + 149)$.
En utilisant la distributivité de la multiplication sur l'addition, on obtient :
$B = 48\,506 \times 1\,000 \times 505 \times 1\,000 + 48\,506 \times 1\,000 \times 149 + 557 \times 505 \times 1\,000 + 557 \times 149$
$B = 48\,506 \times 505 \times 1\,000 \times 1\,000 + 48\,506 \times 149 \times 1\,000 + 557 \times 505 \times 1\,000 + 557 \times 149$
$B = 48\,506 \times 505 \times 1\,000\,000 + 48\,506 \times 149 \times 1\,000 + 557 \times 505 \times 1\,000 + 557 \times 149$
Avec la calculatrice, on trouve :
$48\,506 \times 505 = 24\,495\,530$ $48\,506 \times 149 = 7\,227\,394$
$557 \times 505 = 281\,285$ $557 \times 149 = 82\,993$
D'où le calcul posé :

$$\begin{array}{r} 24\,495\,530\,000\,000 \\ +\quad 7\,227\,394\,000 \\ +\quad 281\,285\,000 \\ +\quad 82\,993 \\ \hline 24\,503\,038\,761\,993 \end{array}$$

Donc B = 24 503 038 761 993.

PROBLÈME 2

Énoncé p. 95

❶ **a.** $10 < 17$, donc l'égalité donnée dans cette question est l'égalité caractéristique de la division euclidienne de 57 148 468 par 17.
Le quotient de cette division euclidienne est donc 3 361 674 et son reste est 10.

b. $23 = 17 \times 1 + 6$
Donc, d'après l'égalité donnée dans cette question, on a :
$84\,279\,733 = 4\,957\,630 \times 17 + (17 \times 1 + 6)$
$84\,279\,733 = (4\,957\,630 + 1) \times 17 + 6$
$84\,279\,733 = 4\,957\,631 \times 17 + 6$.
Or $6 < 17$, donc **le quotient de la division euclidienne de 84 279 733 par 17 est 4 957 631 et son reste est 6.**

Attention ! 23 ne peut pas être le reste de la division de 84 279 733 par 17 car $23 > 17$.

c. • Si on ajoute membre à membre l'égalité donnée dans la question a et l'égalité ci-dessus, on obtient :
$57\,148\,468 + 84\,279\,733 = 3\,361\,674 \times 17 + 10 + 4\,957\,631 \times 17 + 6$
$= (3\,361\,674 + 4\,957\,631) \times 17 + 16$
$= 8\,319\,305 \times 17 + 16$.
Or $16 < 17$, donc **le quotient de la division euclidienne de 57 148 468 + 84 279 733 par 17 est 8 319 305 et son reste 16.**

- En multipliant par 2 les deux membres de l'égalité donnée dans la question a, on obtient :

$57\,148\,468 \times 2 = 3\,361\,674 \times 2 \times 17 + 20$.

Or $20 > 17$, on écrit $20 = 17 \times 1 + 3$.

Donc $57\,148\,468 \times 2 = 3\,361\,674 \times 2 \times 17 + 17 \times 1 + 3$

$= 17 \times (3\,361\,674 \times 2 + 1) + 3$

$= 17 \times 6\,723\,349 + 3$.

Or $3 < 17$, donc **le quotient de la division euclidienne de 57 148 468 × 2 par 17 est 6 723 349 et le reste est 3.**

2 a. D'après les données on a :

$a = 17q + r$ avec $0 \leqslant r < 17$

et $a' = 17q' + r'$ avec $0 \leqslant r' < 17$.

En additionnant membre à membre ces deux égalités et ces deux inégalités, on obtient :

$a + a' = 17\,(q + q') + r + r'$ égalité (1)

et $0 \leqslant r + r' < 34$ inégalité (1)

On constate que $r + r'$ n'est pas toujours inférieur à 17. On ne peut donc pas conclure que le quotient de la division euclidienne de $a + a'$ par 17 est toujours $q + q'$. Il faut distinguer deux cas.

- **1er cas : $0 \leqslant r + r' < 17$**

L'égalité (1) et l'inégalité (1) prouvent que **le quotient de la division euclidienne de $a + a'$ par 17 est $q + q'$ et le reste $r + r'$.**

Dans le premier exemple traité de la question 1c, on était dans le 1er cas.

- **2e cas : $17 \leqslant r + r' < 34$**

En enlevant 17 aux membres de cette inégalité on obtient :

$0 \leqslant r + r' - 17 < 17$.

D'après l'égalité (1), on obtient : $a + a' = 17\,(q + q') + 17 + r + r' - 17$.

Donc $a + a' = 17\,(q + q' + 1) + r + r' - 17$ avec $0 \leqslant r + r' - 17 < 17$.

Donc, dans ce cas, **le quotient de la division euclidienne de $a + a'$ par 17 est $(q + q' + 1)$ et le reste $r + r' - 17$.**

b. On sait que $a = 17q + r$ avec $0 \leqslant r < 17$.

En multipliant les deux membres de l'égalité et de l'inégalité par 2, on obtient :

$2a = 17 \times 2q + 2r$ égalité (2)

et $0 \leqslant 2r < 34$ inégalité (2)

- **1er cas : $0 \leqslant 2r < 17$**

L'égalité (2) et l'inégalité (2) prouvent que **le quotient de la division euclidienne de $2a$ par 17 est $2q$ et le reste $2r$.**

- **2e cas : $17 \leqslant 2r < 34$**

En enlevant 17 aux membres de cette double inégalité, on obtient : $0 \leqslant 2r - 17 < 17$.

D'après l'égalité (2), on obtient : $2a = 17 \times 2q + 17 + 2r - 17$.

Donc $2a = (2q + 1) \times 17 + 2r - 17$ avec $0 \leqslant 2r - 17 < 17$.

Cela prouve que **le quotient de $2a$ par 17 est $2q + 1$ et le reste $2r - 17$.**

Dans le deuxième exemple traité de la question 1c, on était dans le 2e cas.

CHAPITRE 5

Calcul sur les nombres relatifs, les fractions, les puissances et les racines carrées

OBJECTIFS DU CHAPITRE

– Calculer des expressions comportant ou non des parenthèses.

– Calculer des expressions comportant des nombres relatifs.

– Calculer des expressions comportant des fractions.

– Calculer des expressions comportant des puissances ou des racines carrées.

Les connaissances de chapitre permettent de traiter la plupart des calculs portant sur des nombres réels.

Certaines activités de ce chapitre nécessitent des connaissances en calcul littéral. Si nécessaire, le chapitre 12 p. 257 peut être étudié avant celui-ci.

TESTER SES CONNAISSANCES

QCM 1 On donne les calculs suivants, à effectuer sans l'aide d'une calculatrice :

$P = 145 - 8 + 2$ $Q = 19 + 12 \times 10$ $R = 5 \times 3^3$

$S = -8^2 + 8$ $T = 4 \times (-20 + 3 \times 2)$ $U = (-3)^2 \times 15$

Quelles affirmations sont vraies :

A. $P = Q$ **B.** $P = R$ **C.** $R = T$ **D.** $S = T$ **E.** $R = U$

Aide : §1.5 p. 104

QCM 2 L'expression $\frac{2}{7} + \frac{3}{7} \times \frac{5}{7}$ est égale à :

A. $\frac{25}{7}$ **B.** $\frac{25}{49}$ **C.** $\frac{17}{7}$ **D.** $\frac{29}{49}$ **E.** $\frac{25}{98}$

Aide : §2 p. 104

QCM 3 Est-ce vrai ?

A. Tout nombre est supérieur à sa racine carrée.

B. Tout nombre est inférieur à son carré.

C. Quels que soient les nombres réels positifs a et b, on a : $\sqrt{a^2 + b^2} = a + b$.

D. Quels que soient les nombres réels positifs a et b, on a : $\sqrt{a \times b} = \sqrt{a} \times \sqrt{b}$.

E. Si $a^2 = b^2$, alors $a = b$.

Aide : §3 p. 106 §4 p. 107

QCM 4 Le triple de 3^5 est égal à :

A. 3^6 **B.** 9^5 **C.** 3^{15} **D.** 3^8 **E.** 9^{15}

Aide : §3 p. 106

QCM 5 Le carré de 5^{10} est égal à :

A. 5^{100} **B.** 25^{10} **C.** 25^{100} **D.** 5^{20}

Aide : §3 p. 106

1. A, D, E 2. D 3. D est la seule affirmation vraie. 4. A 5. B, D

LE COURS

Avertissement : La plupart des exemples et exercices proposés dans ce chapitre peuvent être traités par le calcul mental. Nous conseillons au lecteur, pour chaque partie, d'utiliser une calculatrice pour vérifier certains des résultats dans le but de se familiariser avec un outil souvent autorisé au CRPE.

En particulier, aidé du mode d'emploi, il s'agit d'arriver à une bonne maitrise des principales fonctions de la calculatrice utilisée : priorités opératoires, calcul sur les fractions, les puissances et les radicaux. Il est impossible de préciser ces éléments dans un ouvrage, ceux-ci pouvant varier d'une calculatrice à une autre.

1 Calcul sur les nombres relatifs

Rappelons rapidement les règles de calcul sur les nombres relatifs (qui peuvent être positifs ou négatifs).

RAPPEL

La **distance à 0** d'un nombre est égale :

- au nombre lui-même si le nombre est positif : distance de 5 à 0 = 5 ;
- à son opposé si le nombre est négatif : distance de −5 à 0 = 5.

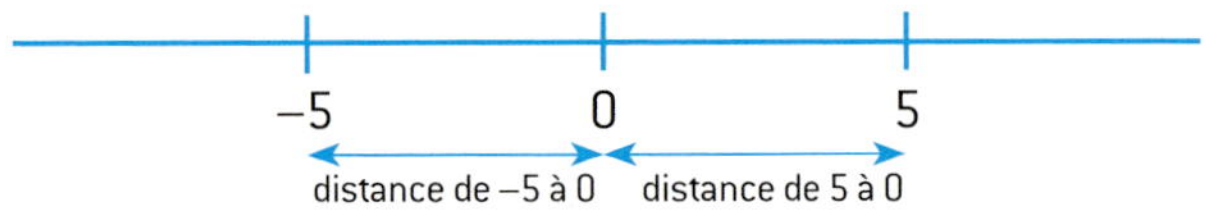

1.1 Addition de nombres relatifs

- **Si deux nombres relatifs sont de même signe, leur somme :**

– est de même signe que les deux nombres ;

– a pour distance à 0 la somme des distances à 0 de chacun des nombres.

EXEMPLE : $(-3) + (-5) = (-8)$ qui s'écrit aussi : $-3 + (-5) = -8$.

- **Si deux nombres relatifs sont de signes contraires, leur somme :**

– a le même signe que le nombre qui a la plus grande distance à 0 ;

– a pour distance à 0 l'écart entre les distances à 0 de chacun des nombres.

EXEMPLES : $(-7) + (+2) = (-5)$ qui s'écrit aussi : $-7 + 2 = -5$.
$(-7) + (+9) = (+2)$ qui s'écrit aussi : $-7 + 9 = 2$.

1.2 Soustraction de nombres relatifs

- **Pour soustraire un nombre *b* à un nombre *a*,**
on ajoute à *a* l'opposé de *b*.

EXEMPLE : $(-3) - (-7) = (-3) + (+7) = (+4)$
qui s'écrit aussi : $-3 - (-7) = 4$.

RAPPEL

Deux nombres sont dits **opposés** si leur somme est nulle :

- l'opposé de −7 est 7 ;
- l'opposé de 3 est −3.

ENTRAINEMENT 1

Calculer : **a.** $3 + (-8)$ **b.** $-8 - (-12)$ **c.** $-8 + (-6)$

Corrigé p. 109

1.3 Multiplication de nombres relatifs

- **Le produit de deux nombres relatifs** a pour distance à 0 le produit de leurs distances à 0.

- **Si les deux nombres sont de même signe** (tous deux positifs ou tous deux négatifs), leur produit est positif.

EXEMPLE : $(-3)\times(-4)=(+12)$ qui s'écrit aussi : $(-3)\times(-4)=12$ ou $-3\times(-4)=12$.

- **Si les deux nombres sont de signes contraires** (l'un est positif et l'autre est négatif), leur produit est négatif.

EXEMPLE : $(-3)\times(+4)=(-12)$ qui s'écrit aussi : $-3\times(-4)=12$.

1.4 Division de nombres relatifs

- **Pour diviser un nombre *a* par un nombre *b*,** on multiplie *a* par l'inverse de *b*.

EXEMPLE : $(-3):(-7)=(-3)\times\left(-\frac{1}{7}\right)=\left(+\frac{3}{7}\right)$

qui s'écrit aussi :

$(-3):(-7)=\frac{3}{7}$ ou $-3:(-7)=\frac{3}{7}$

Deux nombres sont dits **inverses** si leur produit est égal à 1.
L'inverse de -7 est $-\frac{1}{7}$.

➤ **Calcul sur les fractions,** § 2 p. 104

ENTRAINEMENT 2

Calculer : **a.** $3\times(-8)$ **b.** $-8\times(-12)$ **c.** $-8:(-2)$ **d.** $-12:3$.

Corrigé p. 109

1.5 Parenthèses et règles de priorité

Dans le cas du calcul d'expressions complexes, on est amené à utiliser plusieurs conventions.

- **Dans un calcul avec des parenthèses,** on commence toujours par calculer le contenu des parenthèses « les plus intérieures ».

EXEMPLE : $6\times(95-((10+2)\times(3+4)))$.

Ce calcul peut être présenté au moyen d'un **arbre** qui rend compte de l'ordre des calculs :

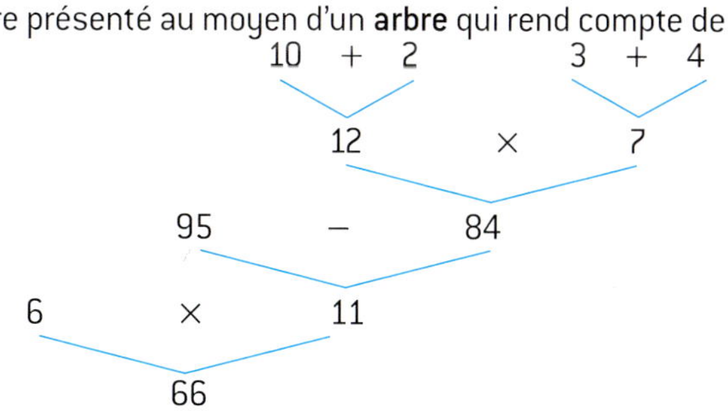

- **Dans un calcul sans parenthèses,** on effectue dans l'ordre :
  – les puissances et les racines carrées,
  – puis les multiplications et les divisions,
  – et enfin les additions et les soustractions.

- **Dans un calcul sans parenthèses avec seulement des additions et soustractions ou bien des multiplications et divisions,** on effectue les calculs de gauche à droite.

EXEMPLE : $45 - 7 \times 6 + 5^2 \times 2$.

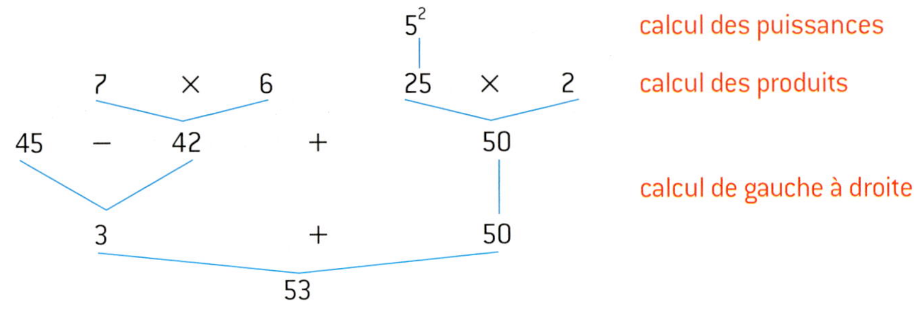

QCM 1, p. 101

CORRIGÉ QCM 1 :

P $= 145 - 8 + 2 = 137 + 2 = 139$

Q $= 19 + 12 \times 10 = 19 + 120 = 139$

R $= 5 \times 3^3 = 5 \times 27 = 135$

S $= -8^2 + 8 = -64 + 8 = -56$

T $= 4 \times (-20 + 3 \times 2) = 4 \times (-14) = -56$

U $= (-3)^2 \times 15 = 9 \times 15 = 135$.

Attention ! Des erreurs classiques se rencontrent avec des expressions comme $145 - 8 + 2$ ou $19 + 12 \times 10$. Elles consistent à calculer $145 - 10$ au lieu de $137 + 2$ dans le cas de la première, ou 31×10 au lieu de $19 + 120$ dans le cas de la seconde.

➤ **Calcul sur les puissances,** § 3 p. 105

ENTRAINEMENT 3

Corrigé p. 109

a. Calculer les deux expressions suivantes sans utiliser de calculatrice :

$A = 15 \times 14 + 10 \times 13 - 12 \times 11$ $\qquad$ $B = 15 \times (14 + 10 \times (13 - 12)) \times 11$.

b. Placer des parenthèses dans l'expression A pour que le résultat soit égal à $-42\,840$.

ENTRAINEMENT 4

Corrigé p. 109

Calculer l'expression suivante : $A = (7 - 10) \times (2 - 5) + (6 - (8 - 2)^2)$.

2 Calcul sur les fractions

Rappelons quelques règles de calcul avec les fractions, tous les dénominateurs devant être non nuls.
Les règles énoncées pour les nombres relatifs s'appliquent dans le cas des fractions.

En général, il est souvent plus facile de calculer à l'aide de fractions simplifiées.

➤ **Simplifier une fraction,** chap. 3 p. 46

A. Pour additionner ou soustraire deux fractions

Il faut les traduire en fractions égales ayant le même dénominateur, puis utiliser les égalités suivantes :

$$\frac{a}{c} + \frac{b}{c} = \frac{a+b}{c} \quad \text{et} \quad \frac{a}{c} - \frac{b}{c} = \frac{a-b}{c}$$

B. Pour multiplier deux fractions

On utilise l'égalité suivante :

$$\frac{a}{c} \times \frac{b}{d} = \frac{a \times b}{c \times d}$$

CORRIGÉ QCM 2 : L'expression $\frac{2}{7} + \frac{3}{7} \times \frac{5}{7}$ est égale à $\frac{2}{7} + \frac{15}{49} = \frac{14}{49} + \frac{15}{49} = \frac{29}{49}$.

QCM 2, p. 101

C. Pour diviser une fraction par une autre

On multiplie la première par l'inverse de la seconde :

$$\frac{a}{c}:\frac{b}{d}=\frac{a}{c}\times\frac{d}{b}=\frac{a\times d}{c\times b} \text{ ou encore } \frac{\frac{a}{c}}{\frac{b}{d}}=\frac{a}{c}\times\frac{d}{b}=\frac{a\times d}{c\times b}$$

$$\frac{\frac{a}{c}}{b}=\frac{a}{c}\times\frac{1}{b}=\frac{a}{c\times b}$$

$\frac{1}{\frac{a}{b}}=\frac{b}{a}$ et donc $\frac{b}{a}$ est la fraction inverse de $\frac{a}{b}$.

RAPPEL

Deux nombres sont dits **inverses** si leur produit est égal à 1.

0,5 et 2 sont inverses ;

$\frac{2}{3}$ et $\frac{3}{2}$ sont inverses.

Attention ! Il ne faut pas confondre les notions d'**inverse** et d'**opposé** :

- 4 a pour opposé -4 et pour inverse $\frac{1}{4}$.
- -3 a pour opposé 3 et pour inverse $-\frac{1}{3}$.

ENTRAINEMENT 5

Corrigé p. 109

Calculer : $A=\frac{5}{6}+\frac{7}{3}-\frac{5}{2}$ $B=\frac{5}{6}\times\frac{7}{3}-\frac{5}{2}$ $C=\frac{5}{6}-\frac{7}{3}\times\frac{5}{2}$ $D=\frac{5}{6}:\frac{7}{3}\times\frac{5}{2}$.

ENTRAINEMENT 6

Corrigé p. 109

Quel est l'opposé de l'inverse de $\frac{3}{8}+\frac{10}{6}$?

ENTRAINEMENT 7

Corrigé p. 109

Calculer : $A=\frac{a-\frac{b}{c}}{d\times e}$

a. pour $a=-7$ $b=7$ $c=8$ $d=6$ $e=4$.

b. pour $a=\frac{2}{3}$ $b=7$ $c=-\frac{3}{4}$ $d=\frac{5}{8}$ $e=\frac{1}{6}$.

3 Calcul sur les puissances

A. Puissance d'exposant entier

Elle est définie à partir de la multiplication :

Si n est un nombre entier naturel non nul et a un nombre réel,

$a^n=\underbrace{a\times a\times\ldots\times a}_{n \text{ fois}}$ (avec $n\geqslant 2$) $a^0=1$ (avec $a\neq 0$) $a^1=a$.

On définit également :

$$a^{-n}=\frac{1}{a^n} \quad (\text{avec } n\geqslant 1).$$

EXEMPLES : $5^3=5\times5\times5=125$ $5^{-3}=\frac{1}{5^3}=\frac{1}{125}=0{,}008$.

ENTRAINEMENT 8

➤ **Les règles de priorité,** § 1.5 p. 103

Corrigé p. 110

Calculer : $A=2\times3^2+5^2$ $B=(-2)^3+3^4:6^2$ $C=3^{-2}\times4^2\times2^{-3}$.

B. Puissances de 10

Elles sont particulièrement utiles en raison du caractère décimal de notre système de numération :

10^n	s'écrit	**10000...000**	(avec 0 écrit n fois)
10^{-n}	s'écrit	**0,000...01**	(avec 0 écrit $n-1$ fois après la virgule)

> **Notation scientifique des nombres** chap. 3 § 3.4 p. 60

C. Formules de calcul sur les puissances

Le calcul sur les puissances s'effectue en utilisant les formules suivantes qui découlent directement de la définition d'une puissance.

$a^n \times a^p = a^{n+p}$

$(a \times b)^n = a^n \times b^n$ avec n et p appartenant à $\mathbb{Z}$

$(a^n)^p = a^{n \times p}$

EXEMPLES :

- $3^5 \times 3 = 3^5 \times 3^1 = 3^{5+1} = 3^6$

(ce qui correspond à la **proposition A** du QCM 4).

QCM 4 et 5 p. 101

- $(-3 \times 4)^2 = (-12)^2 = 144$ et $(-3)^2 \times 4^2 = 9 \times 16 = 144$.

On a donc bien : $(-3 \times 4)^2 = (-3)^2 \times 4^2$.

- $(5^{10})^2 = 5^{10} \times 5^{10} = 5^{20} = 5^{10 \times 2} = 5^{2 \times 10} = (5^2)^{10} = 25^{10}$

(ce qui correspond aux **propositions B** et **D** du QCM 5).

Attention !

- **Pour $n \geqslant 2$**, on a (sauf si a ou b sont nuls) :
$(a+b)^n \neq a^n + b^n$ et $(a-b)^n \neq a^n - b^n$

Pour $n = 0$, on a : $(a+b)^0 \neq a^0 + b^0$ car $(a+b)^0 = 1$ et $a^0 + b^0 = 2$.

Mais **pour $n = 1$**, on a : $(a+b)^1 = a^1 + b^1$.

- **Un nombre peut être supérieur à son carré.**

C'est le cas pour tous les nombres compris entre 0 et 1.

Exemples : $0{,}3^2 = 0{,}09$ donc $0{,}3 > 0{,}3^2$

$0{,}25^2 = 0{,}0625$ donc $0{,}25 > 0{,}25^2$.

(La proposition B du QCM 3 est donc fausse.)

- **$a^2 = b^2$ n'implique pas $a = b$,**

mais : **$a^2 = ab^2$ implique $a = b$ ou $a = -b$.**

Exemple : $a^2 = 9$ implique $a = 3$ ou $a = -3$.

(La proposition E du QCM 3 est donc fausse.)

> **Égalité $(a+b)^2$** chap. 12 p. 261

QCM 3, p. 101

ENTRAINEMENT 9

Corrigé p. 110

Le quart de 16^{16} est-il égal à : 4^{16} 4^4 4^{31} 8^8 16^4 ?

ENTRAINEMENT 10

Simplifier les expressions suivantes :

$A = 2^3 \times 3^2 \times (2^5)^2 \times 3^5 \times (3^2)^3$ $\quad B = \dfrac{2^2 \times 3^4 \times 5^2}{2^4 \times 3^2 \times 7^2 \times 5}$

Corrigé p. 110

$C = (9 \times 10^4) \times (4 \times 10^{-2})$ $\quad D = \dfrac{5^6 \times 5^{-2}}{5^4}$

ENTRAINEMENT 11

Trouver x pour que les égalités suivantes soient vérifiées :

a. $10^{-5} \times x = 10^3$ **b.** $(-3)^{2^x} = 3^8$ **c.** $\left((-3)^2\right)^x = 3^8$

Corrigé p. 110

4 Calcul sur les racines carrées

a étant un nombre réel positif,
$\sqrt{a}$ est le nombre positif dont le carré est égal à *a* : $\left(\sqrt{a}\right)^2 = a$

EXEMPLES : $\sqrt{9} = 3$ $\sqrt{2{,}25} = 1{,}5$

$\sqrt{a}$ se dit « racine carrée de *a* ».
Attention ! Le nombre sous la racine carrée ne peut jamais être négatif : $\sqrt{-9}$ n'existe pas.

ENTRAINEMENT 12 Corrigé p. 110

Calculer, si c'est possible : **a.** $\sqrt{64}$ **b.** $\sqrt{81}$ **c.** $\sqrt{-1}$ **d.** $\sqrt{\dfrac{16}{25}}$ **e.** $\sqrt{1{,}21}$.

ENTRAINEMENT 13 Corrigé p. 110

Calculer, si c'est possible : **a.** $\sqrt{17^2}$ **b.** $\sqrt{(-3)^2}$ **c.** $\left(\sqrt{7}\right)^2$.

ENTRAINEMENT 14 Corrigé p. 110

Encadrer entre deux entiers consécutifs : **a.** $\sqrt{15}$ **b.** $\sqrt{105}$ **c.** $\sqrt{1\,000}$.

Formules de calcul sur les racines carrées

Le calcul sur les racines carrées s'effectue en utilisant les formules suivantes qui découlent directement de la définition d'une racine carrée.

$\sqrt{a \times b} = \sqrt{a} \times \sqrt{b}$ *a* et *b* nombres réels positifs

$\sqrt{\dfrac{a}{b}} = \dfrac{\sqrt{a}}{\sqrt{b}}$ *a* et *b* nombres réels positifs (avec $b \neq 0$)

CORRIGÉ QCM 3 : La **proposition D** est donc vraie. QCM 3, p. 101

Comme toute égalité, celles-ci fonctionnent « dans les deux sens » et peuvent être utilisées pour des calculs dans l'autre sens :

$\sqrt{a} \times \sqrt{b} = \sqrt{ab}$ $\dfrac{\sqrt{a}}{\sqrt{b}} = \sqrt{\dfrac{a}{b}}$

EXEMPLES :

- $\sqrt{6} = \sqrt{2} \times \sqrt{3}$
- $\sqrt{2700} = \sqrt{2^2 \times 3^3 \times 5^2} = (2 \times 3 \times 5)\sqrt{3} = 30\sqrt{3}$.
- $\sqrt{98} \times \sqrt{8} = \sqrt{98 \times 8} = \sqrt{2 \times 7^2 \times 2^3} = \sqrt{2^4 \times 7^2} = 2^2 \times 7 = 28$.
- $\sqrt{32} \times \sqrt{2} = 4\sqrt{2} \times \sqrt{2} = 4 \times 2$ ou encore $\sqrt{32} \times \sqrt{2} = \sqrt{32 \times 2} = \sqrt{64} = 8$.
- $\dfrac{\sqrt{27}}{\sqrt{48}} = \sqrt{\dfrac{3^3}{3 \times 2^4}} = \sqrt{\dfrac{3^2}{2^4}} = \sqrt{\dfrac{3^2}{\left(2^2\right)^2}} = \dfrac{3}{4}$.

Attention !

- **Pour a et b strictement positifs**, on a (sauf si a ou b sont nuls) : $\sqrt{a+b} \neq \sqrt{a}+\sqrt{b}$.
- **Pour a et b quelconques**, on a (sauf si a ou b sont nuls) : $\sqrt{a^2+b^2} \neq a+b$.

(La **proposition C** du QCM 3 est donc fausse.)

Exemples :

$\sqrt{9+16} = \sqrt{25} = 5$ alors que $\sqrt{9}+\sqrt{16} = 3+4 = 7$

$\sqrt{6^2+(-2)^2} = \sqrt{40}$ alors que $6+(-2) = 4$.

ENTRAINEMENT 15

Corrigé p. 110

Dans cet exercice, il s'agit d'extraire du radical le plus grand entier possible.

Exemple : $\sqrt{12} = \sqrt{4\times 3} = 2\sqrt{3}$.

Faire de même avec : **a.** $\sqrt{18}$ **b.** $\sqrt{45}$ **c.** $\sqrt{75}$ **d.** $\sqrt{300}$.

ENTRAINEMENT 16

Corrigé p. 110

Simplifier, si possible : $\mathrm{A} = 3\sqrt{7}+\sqrt{7}$ $\mathrm{B} = \sqrt{5}+\sqrt{3}$.

ENTRAINEMENT 17

Corrigé p. 110

Est-il vrai que $\dfrac{\sqrt{5}-1}{2}$ et $\dfrac{\sqrt{5}+1}{2}$ sont inverses l'un de l'autre ?

ENTRAINEMENT 18

Corrigé p. 111

Simplifier :

$\mathrm{A} = \sqrt{8}+2\sqrt{50}$

$\mathrm{B} = \sqrt{50}+\sqrt{75}-\sqrt{100}$

$\mathrm{C} = \dfrac{\sqrt{72}}{\sqrt{18}\times\sqrt{2}}$.

ENTRAINEMENT 19

Corrigé p. 111

On donne $x = \dfrac{9+3\sqrt{5}}{2}$ et $y = \dfrac{9-3\sqrt{5}}{2}$.

Mettre sous la forme la plus simple possible les expressions suivantes :

$\mathrm{S} = x+y$

$\mathrm{D} = x-y$

$\mathrm{P} = xy$

$\mathrm{Q} = \dfrac{x}{y}$

$\mathrm{R} = x^2y$.

CORRIGÉS EXERCICES D'ENTRAINEMENT

ENTRAINEMENT 1

Énoncé p. 102

a. -5 **b.** 4 **c.** -14.

ENTRAINEMENT 2

Énoncé p. 103

a. -24 **b.** 96 **c.** 4 **d.** -4.

ENTRAINEMENT 3

Énoncé p. 104

a. A = 208 B = 3 960.

b. $15 \times (14+10) \times (13-12\times 11) = \mathbf{-42\ 840}$.

ENTRAINEMENT 4

Énoncé p. 104

A = -21.

ENTRAINEMENT 5

Énoncé p. 105

$$A=\frac{5}{6}+\frac{7}{3}-\frac{5}{2}=\frac{5}{6}+\frac{14}{6}-\frac{15}{6}=\frac{4}{6}=\mathbf{\frac{2}{3}}$$

$$B=\frac{5}{6}\times\frac{7}{3}-\frac{5}{2}=\frac{5\times7}{6\times3}-\frac{5}{2}=\frac{35}{18}-\frac{45}{18}=-\frac{10}{18}=-\mathbf{\frac{5}{9}}$$

$$C=\frac{5}{6}-\frac{7}{3}\times\frac{5}{2}=\frac{5}{6}-\frac{35}{6}=-\frac{30}{6}=\mathbf{-5}$$

$$D=\frac{5}{6}:\frac{7}{3}\times\frac{5}{2}=\frac{5}{6}\times\frac{3}{7}\times\frac{5}{2}=\frac{5\times3\times5}{6\times7\times2}=\frac{5\times5}{2\times7\times2}=\mathbf{\frac{25}{28}}$$

ENTRAINEMENT 6

Énoncé p. 105

$$\frac{3}{8}+\frac{10}{6}=\frac{3}{8}+\frac{5}{3}=\frac{9}{24}+\frac{40}{24}=\mathbf{\frac{49}{24}}.$$

$\frac{49}{24}$ a pour inverse $\frac{24}{49}$; $\frac{24}{49}$ a pour opposé $-\frac{24}{49}$.

Donc l'opposé de l'inverse de $\frac{3}{8}+\frac{10}{6}$ est $-\mathbf{\frac{24}{49}}$.

ENTRAINEMENT 7

Énoncé p. 105

a. $$A=\frac{-7-\frac{7}{8}}{6\times4}=\frac{-\frac{56}{8}-\frac{7}{8}}{24}=\left(-\frac{63}{8}\right)\times\frac{1}{24}=-\frac{63}{8\times24}=-\frac{3\times3\times7}{8\times8\times3}=-\frac{3\times7}{8\times8}=-\mathbf{\frac{21}{64}}$$

b. $$A=\frac{\frac{2}{3}-\frac{\frac{7}{3}}{-\frac{3}{4}}}{\frac{5}{8}\times\frac{1}{6}}=\frac{\frac{2}{3}+7\times\frac{4}{3}}{\frac{5}{48}}=\frac{\frac{2}{3}+\frac{28}{3}}{\frac{5}{48}}=\frac{30}{3}\times\frac{48}{5}=10\times\frac{48}{5}=\frac{10}{5}\times48=2\times48=\mathbf{96}.$$

ENTRAINEMENT 8

Énoncé p. 105

$A = 2 \times 3^2 + 5^2 = 2 \times 9 + 25 = 18 + 25 = \mathbf{43}.$

$B = (-2)^3 + 3^4 : 6^2 = -8 + 81 : 36 = -8 + \frac{9}{4} = -\frac{\mathbf{23}}{\mathbf{4}}.$

$C = 3^{-2} \times 4^2 \times 2^{-3} = \frac{1}{3^2} \times 4^2 \times \frac{1}{2^3} = \frac{1}{9} \times 16 \times \frac{1}{8} = \frac{\mathbf{2}}{\mathbf{9}}.$

ENTRAINEMENT 9

Énoncé p. 106

$\frac{16^{16}}{4} = \frac{16 \times 16^{15}}{4} = 4 \times 16^{15} = 4 \times \left(4^2\right)^{15} = 4 \times 4^{30} = \mathbf{4^{31}}.$

ENTRAINEMENT 10

Énoncé p. 106

$A = 2^3 \times 3^2 \times (2^5)^2 \times 3^5 \times (3^2)^3 = 2^3 \times 3^2 \times 2^{10} \times 3^5 \times 3^6$

$= 2^3 \times 2^{10} \times 3^2 \times 3^5 \times 3^6 = 2^{13} \times 3^{13} = \mathbf{6^{13}}.$

$B = \frac{2^2 \times 3^4 \times 5^2}{2^4 \times 3^2 \times 7^2 \times 5} = \frac{3^2 \times 5}{2^2 \times 7^2} = \frac{\mathbf{45}}{\mathbf{196}}.$

$C = (9 \times 10^4) \times (4 \times 10^{-2}) = 36 \times 10^4 \times 10^{-2} = 36 \times 10^2 = \mathbf{3\,600}.$

$D = \frac{5^6 \times 5^{-2}}{5^4} = \frac{5^4}{5^4} = \mathbf{1}.$

ENTRAINEMENT 11

Énoncé p. 106

a. $x = \mathbf{10^8}$ **b.** $x = \mathbf{3}$ **c.** $x = \mathbf{4}.$

ENTRAINEMENT 12

Énoncé p. 107

a. $\sqrt{64} = \mathbf{8}$ **b.** $\sqrt{81} = \mathbf{9}$ **c.** $\sqrt{-1}$ impossible **d.** $\sqrt{\frac{16}{25}} = \frac{\mathbf{4}}{\mathbf{5}}$ **e.** $\sqrt{1{,}21} = \mathbf{1{,}1}.$

ENTRAINEMENT 13

Énoncé p. 107

a. $\sqrt{17^2} = \mathbf{17}$ **b.** $\sqrt{(-3)^2} = \mathbf{3}$ **c.** $\left(\sqrt{7}\right)^2 = \mathbf{7}.$

ENTRAINEMENT 14

Énoncé p. 107

a. $3 < \sqrt{15} < 4$ **b.** $10 < \sqrt{105} < 11$ **c.** $31 < \sqrt{1\,000} < 32.$

ENTRAINEMENT 15

Énoncé p. 108

a. $\sqrt{18} = \mathbf{3\sqrt{2}}$ **b.** $\sqrt{45} = \mathbf{3\sqrt{5}}$ **c.** $\sqrt{75} = \mathbf{5\sqrt{3}}$ **d.** $\sqrt{300} = \mathbf{10\sqrt{3}}.$

ENTRAINEMENT 16

Énoncé p. 108

$A = 4\sqrt{7}$

B ne peut pas être simplifié.

ENTRAINEMENT 17

Énoncé p. 108

Vérifions si le produit $\frac{\sqrt{5}-1}{2} \times \frac{\sqrt{5}+1}{2}$ est égal à 1 :

$\frac{\sqrt{5}-1}{2} \times \frac{\sqrt{5}+1}{2} = \frac{\left(\sqrt{5}-1\right)\left(\sqrt{5}+1\right)}{2 \times 2} = \frac{\left(\sqrt{5}\right)^2 - 1^2}{4} = \frac{5-1}{4} = 1.$

Donc $\frac{\sqrt{5}-1}{2}$ et $\frac{\sqrt{5}+1}{2}$ sont inverses l'un de l'autre.

On a appliqué ici l'égalité remarquable : $(a+b)(a-b) = a^2 - b^2$.

➤ chap. 12 p. 261

ENTRAINEMENT 18

Énoncé p. 108

$A = \sqrt{8} + 2\sqrt{50} = \sqrt{4 \times 2} + 2\sqrt{25 \times 2} = \sqrt{4} \times \sqrt{2} + 2\sqrt{25} \times \sqrt{2} = 2\sqrt{2} + 10\sqrt{2} = \mathbf{12\sqrt{2}}.$

$B = \sqrt{50} + \sqrt{75} - \sqrt{100} = \mathbf{5\sqrt{2} + 5\sqrt{3} - 10}.$

$C = \dfrac{\sqrt{72}}{\sqrt{18} \times \sqrt{2}} = \dfrac{6\sqrt{2}}{3\sqrt{2} \times \sqrt{2}} = \dfrac{6\sqrt{2}}{6} = \sqrt{2}$ ou $\dfrac{\sqrt{72}}{\sqrt{18} \times \sqrt{2}} = \dfrac{\sqrt{2} \times \sqrt{36}}{\sqrt{36}} = \sqrt{2}.$

ENTRAINEMENT 19

Énoncé p. 108

Dans plusieurs calculs (P, Q et R), on peut utiliser des identités remarquables.
➤ chap. 12 p. 261

Pour calculer Q : On utilise une méthode qui permet de faire disparaitre les racines carrées au dénominateur en multipliant numérateur et dénominateur par l'expression conjuguée du dénominateur

$9 + 3\sqrt{5}$ est l'expression conjuguée de $9 - 3\sqrt{5}$.
Le dénominateur est ainsi rendu rationnel (ce qui rend le nombre Q plus facile à utiliser dans les calculs).

Pour calculer R : On peut utiliser le fait que $R = x \times x \times y$ donc $R = xP$.

$S = 9$

$D = 3\sqrt{5}$

$P = 9$

Calcul détaillé de Q et R :

$$Q = \dfrac{\dfrac{9+3\sqrt{5}}{2}}{\dfrac{9-3\sqrt{5}}{2}} = \dfrac{9+3\sqrt{5}}{9-3\sqrt{5}} = \dfrac{(9+3\sqrt{5})^2}{(9-3\sqrt{5}) \times (9+3\sqrt{5})}$$

$$= \dfrac{81+45+54\sqrt{5}}{81-45} = \dfrac{126+54\sqrt{5}}{36} = \mathbf{\dfrac{7+3\sqrt{5}}{2}}$$

$$R = x^2 y = x(xy) = x \times P = 9 \times \dfrac{9+3\sqrt{5}}{2} = \mathbf{\dfrac{81+27\sqrt{5}}{2}}.$$

AU CONCOURS

Les connaissances de ce chapitre ne font, en général, pas l'objet de problèmes spécifiques, mais interviennent dans les problèmes d'autres chapitres. C'est pourquoi seuls quelques exercices sont proposés.

EXERCICE 1

Corrigé p. 113

Quelles affirmations suivantes sont vraies ?

A. L'inverse de $6-2\sqrt{5}$ est $6+2\sqrt{5}$.

B. L'inverse de l'opposé de $\sqrt{2}-1$ est $-\sqrt{2}-1$.

C. La somme $\frac{7}{4}+\frac{7}{6}$ est égale à $\frac{35}{12}$.

D. Le carré de $3\sqrt{3\sqrt{3}}$ est égal à 81.

E. $\left(\sqrt{3}+12\right)^2-\left(2\sqrt{3}\right)^3$ est un nombre naturel.

EXERCICE 2

Corrigé p. 113

Remplacer les symboles & et @ par des signes opératoires (+, – ou ×) pour que cette égalité soit vraie :

$$\frac{3}{4}\ \&\ \left(\frac{5}{2}\ @\ \frac{3}{4}\right)=\frac{21}{8}$$

EXERCICE 3

Corrigé p. 114

Simplifier :

$$A=\cfrac{1}{2+\cfrac{1}{2+\cfrac{1}{2+\cfrac{1}{2+\cfrac{1}{2}}}}}\qquad B=\frac{3^5\times 5^3+3^2\times 5^4}{3^2\times 5^3}\qquad C=\sqrt{3}\left(1+5\sqrt{3}-2\sqrt{3}\right)$$

EXERCICE 4

Corrigé p. 114

Effectuer ce calcul, en donnant le résultat en notation scientifique :

$$A=\frac{5^2\times\left(10^3\right)^2}{2\times 10^{-3}\times 2^4}.$$

CORRIGÉS EXERCICES

EXERCICE 1

Énoncé p. 112

A. Il suffit de vérifier si $\left(6-2\sqrt{5}\right)\times\left(6+2\sqrt{5}\right)=1$.

En utilisant une identité remarquable, on peut écrire :

$\left(6-2\sqrt{5}\right)\times\left(6+2\sqrt{5}\right)=6^2-\left(2\sqrt{5}\right)^2=36-4\times5=16.$

L'affirmation A est donc fausse.

➤ **Identités remarquables,** chap. 12 p. 261

B. L'opposé de $\sqrt{2}-1$ est $-\left(\sqrt{2}-1\right)=1-\sqrt{2}$.

Il suffit de vérifier si $\left(1-\sqrt{2}\right)\left(-\sqrt{2}-1\right)=1$.

$\left(1-\sqrt{2}\right)\left(-\sqrt{2}-1\right)=-\sqrt{2}-1+2+\sqrt{2}=1.$

L'affirmation B est donc vraie.

C. $\dfrac{7}{4}+\dfrac{7}{6}=\dfrac{21}{12}+\dfrac{14}{12}=\dfrac{35}{12}.$

L'affirmation C est donc vraie.

D. $\left[3\sqrt{3\sqrt{3}}\right]^2=3^2\times\left(\sqrt{3\sqrt{3}}\right)^2=9\times3\sqrt{3}=27\sqrt{3}.$

L'affirmation D est donc fausse.

E. $\left(\sqrt{3}+12\right)^2-\left(2\sqrt{3}\right)^3=3+24\sqrt{3}+144-24\sqrt{3}=147.$

L'affirmation E est donc vraie.

EXERCICE 2

Énoncé p. 112

$\dfrac{3}{4}\ \&\ \left(\dfrac{5}{2}\ @\ \dfrac{3}{4}\right)=\dfrac{21}{8}.$

On ne peut pas avoir que des signes + ou –, car le résultat réduit aurait 4 au plus comme dénominateur.

On ne peut pas avoir non plus que des signes ×, car le dénominateur serait égal à 32, aucune réduction n'étant possible (pas de facteur commun entre le numérateur et le dénominateur du résultat).

Il y a donc un seul signe × et un autre signe qui est + ou –.

- **Si & est le signe ×, @ est un signe + ou –**

On a : $\dfrac{3}{4}\times\left(\dfrac{5}{2}\ @\ \dfrac{3}{4}\right)=\dfrac{21}{8}$ donc $\dfrac{5}{2}\ @\ \dfrac{3}{4}=\dfrac{21}{8}:\dfrac{3}{4}=\dfrac{21}{8}\times\dfrac{4}{3}=\dfrac{7}{2}.$

Or $\dfrac{5}{2}+\dfrac{3}{4}=\dfrac{13}{4}$ et $\dfrac{5}{2}-\dfrac{3}{4}=\dfrac{7}{4}.$

Donc cette solution ne convient pas.

- **Si @ est le signe ×, & est un signe + ou –**

On a : $\dfrac{3}{4}\ \&\ \left(\dfrac{5}{2}\times\dfrac{3}{4}\right)=\dfrac{21}{8}$ donc $\dfrac{3}{4}\ \&\ \dfrac{15}{8}=\dfrac{21}{8},$

ce qui est vérifié seulement si & est le signe +.

Donc la seule égalité possible est : $\mathbf{\dfrac{3}{4}+\left(\dfrac{5}{2}\times\dfrac{3}{4}\right)=\dfrac{21}{8}}.$

On peut aussi procéder par essais systématiques en remplaçant respectivement et successivement @ et & par chacun des signes +, – et ×, ce qui fait 9 cas à examiner.

EXERCICE 3

Énoncé p. 112

$$A=\cfrac{1}{2+\cfrac{1}{2+\cfrac{1}{2+\cfrac{1}{2+\frac{1}{2}}}}}=\cfrac{1}{2+\cfrac{1}{2+\cfrac{1}{2+\cfrac{1}{\frac{5}{2}}}}}=\cfrac{1}{2+\cfrac{1}{2+\cfrac{1}{2+\frac{2}{5}}}}$$

$$=\cfrac{1}{2+\cfrac{1}{2+\cfrac{1}{\frac{12}{5}}}}=\cfrac{1}{2+\cfrac{1}{2+\frac{5}{12}}}=\cfrac{1}{2+\cfrac{1}{\frac{29}{12}}}=\cfrac{1}{2+\frac{12}{29}}=\cfrac{1}{\frac{70}{29}}=\mathbf{\frac{29}{70}}$$

$$B=\frac{3^5\times5^3+3^2\times5^4}{3^2\times5^3}=\frac{\left(3^2\times5^3\right)\times\left(3^3+5\right)}{3^2\times5^3}=\mathbf{3^3+5}.$$

On a mis 3^2 et 5^3 en facteur au numérateur.

$$C=\sqrt{3}\left(1+5\sqrt{3}-2\sqrt{3}\right)=\sqrt{3}+5\sqrt{3}\times\sqrt{3}-2\sqrt{3}\times\sqrt{3}=\sqrt{3}+15-6=\mathbf{\sqrt{3}+9}.$$

EXERCICE 4

Énoncé p. 112

Pour répondre à cette question, il est souhaitable :
- de d'abord simplifier l'écriture fractionnaire, en gardant l'écriture avec des puissances ;
- puis de séparer les puissances de 10 des autres facteurs en appliquant la règle $\frac{a\times b}{c\times d}=\frac{a}{c}\times\frac{b}{a}$.

$$A=\frac{5^2\times\left(10^3\right)^2}{2\times10^{-3}\times2^4}=\frac{5^2\times10^6}{2^5\times10^{-3}}=\frac{5^2}{2^5}\times\frac{10^6}{10^{-3}}=0{,}78125\times10^9$$

$$=0{,}78125\times10\times10^8=\mathbf{7{,}8125\times10^8}.$$

CHAPITRE 6

Multiples, diviseurs, nombres premiers

OBJECTIFS DU CHAPITRE

– Connaitre et utiliser les notions de multiple et de diviseur, en particulier de multiple commun et de diviseur commun à des nombres naturels.

– Connaitre et utiliser la notion de nombre premier.

– Savoir décomposer un nombre en produit de facteurs premiers.

– Utiliser des décompositions en produit de facteurs premiers pour déterminer des diviseurs et des multiples communs à deux nombres naturels, en particulier leur plus grand commun diviseur (pgcd) et leur plus petit commun multiple (ppcm).

Les nombres envisagés dans ce chapitre sont toujours des **nombres naturels**.

FICHES MÉTHODE

- **Chercher tous les diviseurs d'un nombre *n*.** p. 117 et 124
- **Chercher si un nombre *n* est premier.** p. 122
- **Décomposer un nombre *n* en produit de facteurs premiers.** p. 123
- **Chercher le nombre de diviseurs d'un nombre *n*.** p. 124
- **Trouver le ppcm de deux nombres.** p. 125
- **Trouver le pgcd de deux nombres.** p. 126
- **Déterminer si un nombre *a* est un diviseur d'un nombre *b*.** p. 128

TESTER SES CONNAISSANCES

QCM 1 Quelles affirmations sont vraies ?

A. 26 est un multiple de 6.
B. 24 est un multiple de 8.
C. 7 est un diviseur de 28.
D. 5 est divisible par 2.
E. 28 est un diviseur de 7.
F. 18 est divisible par 6.

Aide : §1 p. 116

QCM 2 Quelles affirmations sont vraies ?

A. Si un nombre est multiple de 2, alors il est multiple de 4.
B. Si un nombre est multiple de 4, alors il est multiple de 2.
C. Si un nombre se termine par 4, alors il est multiple de 4.
D. Si un nombre se termine par 5, alors il est multiple de 5.
E. Si un nombre est multiple de 5, alors il se termine par 5.

Aide : phrases A et B, §1.2 p. 119 phrases C à E, §2 p. 121

QCM 3 Un nombre est divisible à la fois par 3, 4 et 5.
Par quel autre nombre est-il aussi divisible ?

A. 12   B. 60   C. 8   D. 9

Aide : §3.3 p. 123

QCM 4 Combien 80 a-t-il de diviseurs ?

A. 6   B. 7   C. 8   D. 9   E. 10

Aide : §3.3 p. 124

QCM 5 Quels nombres naturels sont des nombres premiers ?

A. 1   B. 2   C. 10   D. 11   E. 27   F. 49

Aide : §3.1 p. 122

QCM 6 À une heure du matin, trois phares émettent au même moment un signal lumineux. Les signaux sont espacés de 12 minutes pour le premier phare, de 15 minutes pour le deuxième et de 18 minutes pour le troisième.
Les signaux seront à nouveaux simultanés :

A. à 2 h 30   B. à 3 h   C. à 3 h 30   D. à 4 h   E. jamais.

Aide : §4.1 p. 125

1. B, C et F   2. B et D   3. A et B   4. E   5. B et D   6. D

LE COURS

1 Multiples et diviseurs d'un nombre naturel

1.1 Définitions de multiple et diviseur

QCM 1, p. 115

Les nombres **12, 48, 54, 312** peuvent être respectivement écrits sous la forme :
6×2 ; 6×8 ; 6×9 ; 6×52.

Dans la division euclidienne de chacun de ces nombres par 6, le quotient est un nombre naturel et le reste est égal à 0.

On dit que :

12, 48, 54, 312 sont des multiples de 6.

Chacun de ces nombres est divisible par 6.

6 est un diviseur de chacun de ces nombres.

Attention !

- **Tous les nombres doivent être des naturels.**

Par exemple dans QCM 1, on a $5 = 2 \times 2{,}5$, mais « 5 n'est pas divisible par 2 » car 2,5 n'est pas un nombre naturel.

- **Le mot « diviseur »** a ici un sens différent de celui qu'il a lorsqu'on est dans le cadre de l'opération division.

a et b étant deux nombres naturels,	**a est multiple de b** ou **b est diviseur de a** ou **a est divisible par b**	signifie qu'il existe un nombre naturel k tel que $a = b \times k$.

Les phrases $\begin{cases} a \text{ est un multiple de } b \\ b \text{ est un diviseur de } a \\ a \text{ est divisible par } b \end{cases}$ sont donc synonymes.

EXEMPLES :
- L'ensemble des multiples de **6** est l'ensemble : $\{0, 6, 12, 18, 24, 30, ...\}$. La liste est infinie.
- L'ensemble des diviseurs de **36** est : $\{1, 2, 3, 4, 6, 9, 12, 18, 36\}$. La liste est finie.

Propriétés :

Tout naturel n est multiple de 1 et 1 est diviseur de tout naturel.
Pour le prouver, il suffit d'écrire : $n = 1 \times n$.

Tout naturel est à la fois multiple et diviseur de lui-même.
La même égalité le prouve : $n = 1 \times n$.

0 est multiple de tout naturel et tout naturel est diviseur de 0.
En effet, pour tout naturel n, on peut écrire : $0 = n \times 0$.

0 n'a qu'un multiple : lui-même.
Tous les autres nombres naturels ont une infinité de multiples.

1 n'a qu'un diviseur : lui-même.

Si un nombre est diviseur de n, alors le quotient q de n par ce nombre est aussi un diviseur de n.
En effet, si un nombre a est un diviseur de n, n s'écrit sous la forme $n = aq$, ce qui prouve que q est aussi un diviseur de n.

FICHE MÉTHODE **Chercher tous les diviseurs d'un nombre *n*.**

→ Trouver les diviseurs de 40.

Une seconde méthode s'appuie sur la décomposition du nombre en facteurs premiers, *voir p. 124.*

1• Inventorier les décompositions du nombre en un produit de deux diviseurs en examinant successivement tous les facteurs possibles à partir de 1 et en utilisant les propriétés suivantes : propriété 1 : 1 et n sont des diviseurs de n. propriété 2 : Si un nombre est diviseur de n, le quotient de n par ce nombre est aussi un diviseur de n.	$1 \times 40 = 40$ d'où deux diviseurs 1 et 40 $2 \times 20 = 40$ d'où deux diviseurs 2 et 20 $4 \times 10 = 40$ d'où deux diviseurs 4 et 10 $5 \times 8 = 40$ d'où deux diviseurs 5 et 8 Remarque : 40 n'est pas égal à $3 \times k$, donc 3 n'est pas diviseur de 40.
2• S'arrêter dès qu'on trouve un diviseur déjà répertorié.	Le nombre suivant est 8 déjà trouvé, donc arrêt de la recherche.

La propriété 2 énoncée ci-avant ne fournit pas de « deuxième diviseur » si le nombre n est un carré et que le nombre essayé est la racine carrée de n.

EXEMPLE : Trouver les diviseurs de 25.

$25 = 1 \times 25$ donc 1 et 25 sont diviseurs de 25.

25 n'est pas égal à $2 \times k$. 2 n'est pas diviseur de 25 ; de même 3 et 4 ne sont pas diviseurs.
$5 \times 5 = 25$ donc 5 est diviseur de 25.

ENTRAINEMENT 1

Corrigé p. 129

0	1	2	4	6	12
18	24	36	48	90	126

Parmi les nombres ci-dessus, quels sont :
a. les multiples de 18. **b.** les diviseurs de 18.

ENTRAINEMENT 2

Corrigé p. 129

Trouver tous les naturels qui ont 56 pour multiple.

ENTRAINEMENT 3

Corrigé p. 129

Écrire tous les diviseurs de 72.

ENTRAINEMENT 4

Corrigé p. 129

Le nombre naturel n est un multiple de 7.
Écrire n sous forme de produit de deux entiers naturels.

1.2 Propriétés importantes sur les quatre opérations

Propriété 1 Somme de deux multiples

Cette propriété peut s'énoncer de deux façons :

Si les nombres naturels a et b sont multiples de c, **alors** $a + b$ est aussi multiple de c.
Si le nombre naturel c ($c \neq 0$) est un diviseur des nombres naturels a et b, **alors** c est aussi un diviseur de $a + b$.

0 est exclu car 0 n'est diviseur d'aucun nombre.

DÉMONSTRATION : « a est multiple de c » se traduit par le fait qu'il existe un naturel k tel que $a = c \times k$.
De même, « b est multiple de c » se traduit par l'existence d'un naturel k' tel que $b = c \times k'$.
Donc $a + b = c \times (k + k')$; comme $k + k'$ est un entier naturel, ceci prouve que $a + b$ est multiple de c.

Propriété 2 Différence de deux multiples

Cette propriété peut s'énoncer de deux façons :

Si $a \geqslant b$ et **si** les nombres naturels a et b sont multiples de c, **alors** $a - b$ est aussi multiple de c.
Si $a \geqslant b$ et **si** le nombre naturel c ($c \neq 0$) est un diviseur des nombres naturels a et b, **alors** c est aussi un diviseur de $a - b$.

Propriété 3 Produit de multiples

Cette propriété peut s'énoncer de deux façons :

Si les nombres naturels a et b sont multiples de c, **alors** ab est aussi multiple de c.
Si le nombre naturel c $(c \neq 0)$ est un diviseur des nombres naturels a et b, **alors** c est aussi un diviseur de ab.

Propriété 4 Multiple d'un multiple

Cette propriété peut s'énoncer de deux façons :

Si le nombre naturel a est multiple du nombre naturel b et **si** b est multiple du nombre naturel c, **alors** a est multiple de c.
Si le nombre naturel c $(c \neq 0)$ est diviseur du nombre naturel b et **si** b est diviseur du nombre naturel a, **alors** c est diviseur de a.

CORRIGÉ QCM 2 : Cette propriété permet de justifier la **proposition B**. En effet si un nombre est multiple de 4, comme 4 est multiple de 2, ce nombre est aussi multiple de 2.
Par contre la **proposition A** est fausse ; un contre-exemple suffit à le prouver : 6 est multiple de 2 mais pas multiple de 4.

QCM 2, p. 115

ENTRAINEMENT 5

Corrigé p. 129

Proposer une démonstration des propriétés 3 et 4.

ENTRAINEMENT 6

Corrigé p. 130

a. Existe-t-il un naturel qui soit multiple de 5 sans être multiple de 10 ?

b. Existe-t-il un naturel qui soit multiple de 10 sans être multiple de 5 ?

ENTRAINEMENT 7

Corrigé p. 130

a. Existe-t-il un naturel qui soit diviseur de 48 sans être diviseur de 12 ?

b. Existe-t-il un naturel qui soit diviseur de 12 sans être diviseur de 48 ?

ENTRAINEMENT 8

Corrigé p. 130

Pourquoi peut-on être sûr que, sans poser d'opération, 282 828 est multiple de 7 ?

ENTRAINEMENT 9

Corrigé p. 130

Répondre aux questions suivantes, en justifiant votre réponse :

a. La somme et le produit de deux nombres naturels pairs sont-ils pairs ou impairs ?

b. La somme et le produit d'un nombre naturel pair et d'un nombre naturel impair sont-ils pairs ou impairs ?

c. La somme et le produit de deux nombres naturels impairs sont-ils pairs ou impairs ?

2 Critères de divisibilité

Ces critères concernent des nombres naturels écrits en base dix. Les plus courants ont trait à la divisibilité par **2**, par **4**, par **10**, par **5**, par **9** et par **3**.

D'autres critères sont étudiés dans les exercices et problèmes de concours.

Les critères énoncés permettent à la fois de reconnaitre si un nombre est divisible par un des nombres cités ci-avant, mais aussi de déterminer rapidement le reste de la division euclidienne d'un nombre quelconque par l'un de ces nombres.

Critères de divisibilité	Détermination du reste dans la division euclidienne	Exemples

Divisibilité par 2

Un nombre naturel est divisible par 2 (ou est pair) si et seulement si[1] **son chiffre des unités est « pair »** (c'est-à-dire 0, 2, 4, 6, 8).	Le reste d'un nombre naturel dans la division par 2 est le même que celui de son chiffre des unités.	• 30 ; 54 ; 126 sont divisibles par 2. • Le reste de 165 dans la division par 2 est le même que celui de 5, donc 1.

Divisibilité par 4

Un nombre naturel est divisible par 4 si et seulement si **le nombre formé par ses deux derniers chiffres (à droite) est divisible par 4.**	Le reste d'un nombre naturel dans la division par 4 est le même que celui du nombre formé par ses deux derniers chiffres.	• 108 ; 324 ; 560 sont divisibles par 4. • Le reste de 127 dans la division par 4 est le même que celui de 27, donc 3.

Divisibilité par 10

Un nombre naturel est divisible par 10 si et seulement si **son chiffre des unités est 0.**	Le reste d'un nombre naturel dans la division par 10 est le même que celui de son chiffre des unités. Ce reste est donc son chiffre des unités.	• 30 et 120 sont divisibles par 10. • Le reste de 258 dans la division par 10 est son chiffre des unités, donc 8.

Divisibilité par 5

Un nombre naturel est divisible par 5 si et seulement si **son chiffre des unités est 0 ou 5.**	Le reste d'un nombre naturel dans la division par 5 est le même que celui de son chiffre des unités.	• 30 ; 35 ; 120 sont divisibles par 5. • Le reste de 258 dans la division par 5 est le même que celui de 8, donc 3.

Divisibilité par 9

Un nombre naturel est divisible par 9 si et seulement si **la somme de ses chiffres est divisible par 9.**	Le reste d'un nombre naturel dans la division par 9 est le même que celui de la somme de ses chiffres.	• 108 ; 324 ; 1 863 sont divisibles par 9. • Le reste de 227 dans la division par 9 est le même que celui de 11, donc 2.

Divisibilité par 3

Un nombre naturel est divisible par 3 si et seulement si **la somme de ses chiffres est divisible par 3.**	Le reste d'un nombre naturel dans la division par 3 est le même que celui de la somme de ses chiffres.	• 108 ; 324 ; 1 803 sont divisibles par 3. • Le reste de 410 dans la division par 3 est le même que celui de 5, donc 2.

1 L'expression « si et seulement si » est utilisée pour exprimer une équivalence logique (on parl[e] aussi de conditi[on] nécessaire et suffisante). Dans cet exemp[le,] elle exprime que les deux propositions suivantes sont vraies :
– si un nombre naturel est divisible par 2, alors son chiffre des unités est 0, [2,] 4, 6 ou 8 ;
– si le chiffre des unités d'un nombre est 0, 2[,] 4, 6 ou 8, alors i[l] est divisible par [2.]

Le chiffre des unités n'est suffisant pour décider de la divisibilité d'un nombre que dans les cas de la divisibilité par 2, par 5 et par 10.

DÉMONSTRATION : Pour les cas de la divisibilité par 4 et de la divisibilité par 9, prenons un nombre n écrit avec quatre chiffres, soit $n = \overline{mcdu}$.

On met un trait au dessus de $\overline{mcdu}$ pour éviter la confusion entre l'écriture d'un nombre et celle d'un produit.

Divisibilité par 4

$n = \overline{mcdu} = m \times 10^3 + c \times 10^2 + d \times 10 + u$

$n = 10^2(10m + c) + d \times 10 + u$

$n = 10^2(10m + c) + \overline{du}$

Or 10^2 (égal à 100) est un multiple de 4, donc n est multiple de 4 si et seulement si $\overline{du}$ l'est aussi.

Divisibilité par 9

$n = \overline{mcdu} = m \times 10^3 + c \times 10^2 + d \times 10 + u$

$n = 1\,000m + 100c + 10d + u$

$n = (999 + 1)m + (99 + 1)c + (9 + 1)d + u$

$n = 999m + 99c + 9d + m + c + d + u$

$n = 9(111m + 11c + d) + m + c + d + u$

Or $9(111m + 11c + d)$ est multiple de 9, donc n est multiple de 9 si et seulement si $m + c + d + u$ l'est aussi.

CORRIGÉ QCM 2 :

QCM 2, p. 115

– Si le chiffre des unités est 5, le nombre est divisible par 5 (**affirmation D vraie**). Mais l'inverse n'est pas vrai : le fait qu'un nombre soit divisible par 5 ou multiple de 5 n'implique pas que son chiffre des unités est 5. Cela implique seulement que ce chiffre des unités est 0 ou 5 (**affirmation E fausse**).

– Un nombre peut se terminer par 4 et ne pas être divisible par 4 : c'est le cas de 14, de 34, de 54... (**affirmation C fausse**).

ENTRAINEMENT 10

Corrigé p. 131

Démontrer les propriétés de divisibilité par 5 et par 3 pour les nombres écrits avec quatre chiffres.

ENTRAINEMENT 11

Corrigé p. 131

Énoncer, pour les nombres qui s'écrivent avec quatre chiffres, un critère de divisibilité par 25 et le démontrer.

3 Nombres premiers

Un nombre entier naturel est dit premier s'il a exactement deux diviseurs distincts : 1 et lui-même.

EXEMPLES : 7 ; 97 ; 103 sont des nombres premiers.

1 et 0 ne sont pas premiers. En effet, 1 n'a qu'un diviseur (lui-même) et 0 en a une infinité (tout nombre naturel).

3. 1 Liste des nombres premiers inférieurs à 100

1	(2)	(3)	4	(5)	6	(7)	8	9	10
(11)	12	(13)	14	15	16	(17)	18	(19)	20
21	22	(23)	24	25	26	27	28	(29)	30
(31)	32	33	34	35	36	(37)	38	39	40
(41)	42	(43)	44	45	46	(47)	48	49	50
51	52	(53)	54	55	56	57	58	(59)	60
(61)	62	63	64	65	66	(67)	68	69	70
(71)	72	(73)	74	75	76	77	78	(79)	80
81	82	(83)	84	85	86	87	88	(89)	90
91	92	93	94	95	96	(97)	98	99	100

Cette liste peut être établie en utilisant une méthode appelée « crible d'Ératosthène » qui consiste à entourer tous les naturels premiers, c'est-à-dire ceux qui ont pour seuls diviseurs 1 et eux-mêmes, et à barrer les autres.

On commence par entourer 2 (qui est premier), puis on barre tous les multiples de 2 (qui eux forcément ne sont pas premiers).

On continue en procédant de même : dès qu'on trouve un nombre non barré, on l'entoure car il est premier, puis on barre tous ses multiples...

On s'arrête à 10.

Tous les nombres non barrés de la liste sont des nombres premiers.

En effet, s'il existait un nombre n non barré qui n'est pas premier, il existerait p et q tels que $n = pq$ avec $p > 10$ et $q > 10$ (car sinon il aurait été barré à la suite de l'examen de p ou de q), donc $pq > 100$. Ce qui est contradictoire car $n < 100$.

Dans cette liste, on trouve les nombres premiers demandés dans le QCM 5. QCM 5, p. 116

FICHE MÉTHODE **Chercher si un nombre *n* est premier.**

→ 167 est-il un nombre premier ?

1. *n* est-il divisible par 2 ? Si ce n'est pas le cas, passer à l'étape suivante.	167 n'est pas divisible par 2.
2. *n* est-il divisible par 3 ? Si ce n'est pas le cas, passer à l'étape suivante.	Ni par 3.
3. *n* est-il divisible par 5 ? Si ce n'est pas le cas, passer à l'étape suivante.	Ni par 5.
4. Poursuivre ainsi avec les nombres premiers consécutifs en s'arrêtant au plus grand nombre premier inférieur à $\sqrt{n}$.	Ni par 7, ni par 11. On peut s'arrêter à 11, car 11 est le nombre premier immédiatement inférieur à $\sqrt{167}$. **167 est donc un nombre premier.**

JUSTIFICATION DE LA MÉTHODE :

– Il suffit d'examiner si le nombre n est divisible par des nombres premiers : en effet, s'il n'est pas divisible, par exemple par 2, il n'est pas divisible par les multiples de 2 qu'il est donc inutile d'examiner.

– On peut s'arrêter au plus grand nombre premier inférieur à $\sqrt{n}$. En effet, si n était divisible par un nombre premier p supérieur à $\sqrt{n}$, il serait de la forme $p \times k$, avec k nombre naturel nécessairement inférieur à $\sqrt{n}$... et ce nombre k serait un diviseur de n, ce qui est en contradiction avec le fait qu'on n'ait pas trouvé de diviseur de n inférieur à $\sqrt{n}$.

ENTRAINEMENT 12 Corrigé p. 131

Les nombres suivants sont-ils premiers ? 1 515 1 789 2 013

3.2 Décomposition d'un nombre en produit de facteurs premiers

Décomposer un nombre n en produit de facteurs premiers, c'est écrire n sous la forme d'un **produit de facteurs qui sont tous des nombres naturels premiers** (le nombre 1 ne figure donc pas dans la décomposition).
Cette décomposition est unique.

EXEMPLE : $120 = 2 \times 60 = 2 \times 6 \times 10 = 2 \times 2 \times 3 \times 2 \times 5 = 2^3 \times 3 \times 5$.

FICHE MÉTHODE Décomposer un nombre *n* en produit de facteurs premiers.

→ Décomposer 882 en produit de facteurs premiers.

1. Diviser le nombre *n* par le plus petit nombre premier par lequel il est divisible. Calculer le quotient.	882 | 2 441 | 3 147 | 3 49 | 7 7 | 7 1 |
2. Diviser le quotient obtenu par le premier nombre premier par lequel il est divisible. Calculer le nouveau quotient.	
Étapes suivantes. Continuer ainsi jusqu'à obtenir un quotient égal à 1. La décomposition cherchée est le produit de tous les nombres trouvés comme diviseurs successifs.	On utilise successivement le fait que : 882 est divisible par 2 (quotient 441), 441 n'est pas divisible par 2, donc on essaie 3, etc. $882 = 2 \times 3 \times 3 \times 7 \times 7 = 2 \times 3^2 \times 7^2$

3.3 Diviseurs d'un nombre *n* en relation avec sa décomposition en produit de facteurs premiers

La décomposition en facteurs premiers de **tout diviseur de *n*** ne peut contenir que des nombres premiers figurant dans celle de n avec des **exposants au plus égaux à ceux qui figurent dans la décomposition de *n***.

EXEMPLE : Les diviseurs de **882** possèdent une décomposition de la forme :
$2^a \times 3^b \times 7^c$ avec $a \leqslant 1$, $b \leqslant 2$, $c \leqslant 2$ et a, b et c des entiers naturels.
147 (égal à $3^1 \times 7^2$) est par exemple un diviseur de 882.

ENTRAINEMENT 13 Corrigé p. 131

a. Trouver les décompositions en produit de facteurs premiers de : 164 ; 600 ; 1 080.

b. 2^3 est-il un diviseur de chacun de ces nombres ?

c. De quel nombre $2^2 \times 3^2 \times 5$ est-il un diviseur ?

d. Trouver cinq diviseurs de 1 080.

À partir de cette propriété, on peut obtenir tous les diviseurs d'un nombre naturel en utilisant sa décomposition en produit de facteurs premiers.

FICHE MÉTHODE **Chercher tous les diviseurs d'un nombre *n*.**

→ Trouver tous les diviseurs de 60.

1. Décomposer le nombre *n* en produit de facteurs premiers.	$60 = 2^2 \times 3^1 \times 5^1$
2. Utiliser un arbre permettant d'obtenir toutes les décompositions en produit de facteurs premiers de ces diviseurs.	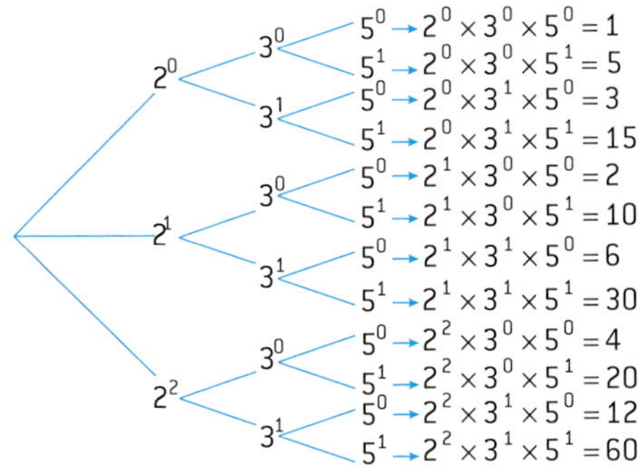 **Les diviseurs de 60 sont : 60 ; 30 ; 20 ; 15 ; 12 ; 10 ; 6 ; 5 ; 4 ; 3 ; 2 et 1.**

On peut également avoir à chercher le nombre de diviseurs d'un nombre *n*.
Une formule permet de le calculer.

FICHE MÉTHODE **Chercher le nombre de diviseurs d'un nombre *n*.**

→ Trouver le nombre de diviseurs de 60.

1. Décomposer le nombre *n* en produit de facteurs premiers.	$60 = 2^2 \times 3^1 \times 5^1$
2. Utiliser la formule suivante : Si la décomposition de *n* en facteurs premiers est : $a^p \times b^q \times c^r$, le nombre de diviseurs de *n* est égal à : $(p+1) \times (q+1) \times (r+1)$.	Appliquons la formule : • le premier facteur est $2 + 1$ soit 1 de plus que l'exposant de 2 dans la décomposition ; • le deuxième facteur est $1 + 1$ soit 1 de plus que l'exposant de 3 dans la décomposition ; • le troisième facteur est $1 + 1$ soit 1 de plus que l'exposant de 5 dans la décomposition. **Le nombre de diviseurs de 60 est :** $(2+1) \times (1+1) \times (1+1) = 3 \times 2 \times 2 = \mathbf{12}$.

La formule s'applique quel que soit le nombre de facteurs intervenant dans la décomposition du nombre considéré.

CORRIGÉ QCM 4 : On peut : QCM 4, p. 116
– soit faire l'inventaire des diviseurs de 80 (ce qui n'est pas très long),
– soit décomposer 80 en produit de facteurs premiers ($80 = 2^4 \times 5^1$) et appliquer la formule ci-dessus : $(4+1) \times (1+1) = 10$; donc 80 admet dix diviseurs.

ENTRAINEMENT 14

Corrigé p. 132

a. Combien chacun de ces nombres a-t-il de diviseurs : 144 ; 256 ; 720.

b. Donner la liste de tous les diviseurs de 144.

4 Multiples et diviseurs communs à deux nombres

4.1 Plus petit commun multiple (ppcm)

La liste des multiples communs à deux nombres (ou plus de deux nombres) est **infinie**. Cette liste comporte un **plus petit élément non nul appelé « ppcm » des deux nombres** (ou des nombres choisis), abréviation de « plus petit commun multiple ».

Pour trouver le ppcm de deux nombres, il existe deux méthodes. La méthode 2 est plus simple dès lors que les deux nombres sont plus grands.

FICHE MÉTHODE Trouver le ppcm de deux nombres.

→ Trouver le ppcm de 72 et 90.

méthode 1. Avec liste des multiples

1. Écrire le début de la liste des multiples de chacun des deux nombres.	**Multiples de 72** : 0 ; 72 ; 144 ; 216 ; 288 ; 360... **Multiples de 90** : 0 ; 90 ; 180 ; 270 ; 360 ; 450...
2. Repérer le plus petit nombre commun aux deux listes.	Le nombre cherché est 360. **Le ppcm (72 ; 90) = 360.**

méthode 2. Avec décomposition en produit de facteurs premiers

1. Écrire la décomposition de chaque nombre en produit de facteurs premiers.	$72 = 2^3 \times 3^2$ $90 = 2 \times 3^2 \times 5$
2. Calculer le nombre dont la décomposition en produit de facteurs premiers comporte tous les facteurs, qui figurent dans l'une **ou** l'autre des décompositions précédentes, affectés de **l'exposant le plus grand** avec lequel il figure dans l'une des décompositions.	**Le ppcm (72 ; 90) = $2^3 \times 3^2 \times 5 = 360$.**

Une méthode voisine de la méthode 1 consiste à écrire le début de la liste des multiples du plus grand des deux nombres et, pour chacun d'eux, à chercher s'il est aussi multiple de l'autre nombre.

CORRIGÉ QCM 6 : Chercher le ppcm des nombres 12, 15 et 18 qui est 180. Il faut donc attendre 180 min ou 3 h pour que les phares émettent des signaux simultanés : il sera alors 4 h (**affirmation D**).

QCM 6, p. 116

ENTRAINEMENT 15

Corrigé p. 132

Calculer le ppcm de : **a.** 375 et 60 **b.** 25 et 8 **c.** 48 ; 90 et 120.

4.2 Multiples communs à deux nombres et ppcm

Les multiples communs de deux (ou plus de deux) nombres sont les multiples du ppcm de ces nombres.

EXEMPLE : Les multiples communs à **72** et **90** sont les multiples de **360** :
{0 ; 360 ; 720 ; 1 080…}.

4.3 Plus grand commun diviseur (pgcd)

La liste des diviseurs communs à deux nombres (ou plus de deux nombres) est **finie**. Cette liste comporte un **plus grand élément appelé « pgcd » des deux nombres** (ou des nombres choisis), abréviation de « plus grand commun diviseur ».

Pour trouver le pgcd de deux nombres, il existe deux méthodes. La méthode 2 est plus simple dès lors que les deux nombres sont plus grands.

FICHE MÉTHODE **Trouver le pgcd de deux nombres.**

→ Trouver le pgcd de 42 et 98.

méthode 1. **Avec liste des diviseurs**

1. **Écrire la liste des diviseurs** de chacun des deux nombres.	**Diviseurs de 42** : 1 ; 2 ; 3 ; 6 ; 7 ; 14 ; 21 ; 42. **Diviseurs de 98** : 1 ; 2 ; 7 ; 14 ; 49 ; 98.
2. **Repérer le plus grand nombre commun aux deux listes.**	Le nombre cherché est 14. **Le pgcd (42 ; 98) = 14.**

méthode 2. **Avec décomposition en produit de facteurs premiers**

1. **Écrire la décomposition de chaque nombre** en produit de facteurs premiers.	$42 = 2 \times 3 \times 7$ $98 = 2 \times 7^2$
2. **Calculer le nombre** dont la décomposition en produit de facteurs premiers comporte les facteurs, qui figurent dans l'une **et** l'autre des décompositions précédentes, affectés de **l'exposant le plus petit** avec lequel il figure dans l'une des décompositions. Si les décompositions des deux nombres ne comportent pas de facteur commun, alors leur pgcd est 1 (les deux nombres sont premiers entre eux ; *voir p. 127*).	**Le pgcd (42 ; 98) = 2 × 7 = 14.**

Une méthode voisine de la méthode 1 consiste à écrire la liste des diviseurs du plus petit des deux nombres et, pour chacun d'eux (en commençant par le plus grand), à chercher s'il est aussi diviseur de l'autre nombre.

ENTRAINEMENT **16** Corrigé p. 132

Calculer le pgcd de : **a.** 375 et 60 **b.** 25 et 8 **c.** 48 ; 90 et 120.

4.4 Diviseurs communs à deux nombres et pgcd

Les diviseurs communs de deux (ou plus de deux) nombres sont les diviseurs du pgcd de ces nombres.

EXEMPLE : Les diviseurs communs à **42** et **98** sont les diviseurs de **14** : {1 ; 2 ; 7 ; 14}.

5 Nombres naturels premiers entre eux

La définition peut s'énoncer de deux façons :

Deux nombres naturels dont le pgcd est 1 sont dits premiers entre eux.
Deux nombres sont premiers entre eux quand ils ont comme seul diviseur commun 1.

EXEMPLE : **8** et **15** sont premiers entre eux, car leur seul diviseur commun est 1.

Attention ! Deux nombres premiers entre eux ne sont pas forcément des nombres premiers. *Voir exemple ci-contre.*

ENTRAINEMENT **17**

Ces nombres sont-ils premiers entre eux ? **a.** 45 et 54 **b.** 58 et 75 **c.** 125 et 522

Corrigé p. 132

Propriété des nombres premiers

Les décompositions en produit de facteurs premiers de deux nombres premiers entre eux ne comportent aucun facteur commun.

ENTRAINEMENT **18**

Corrigé p. 132

a. Vérifier la propriété ci-dessus à l'aide d'un exemple.

b. Démontrer cette propriété dans le cas général.

A. Divisibilité par un produit de nombres premiers entre eux

Propriété 1

Si *n* est divisible par *a* et par *b* et **si** *a* et *b* sont des nombres premiers entre eux, **alors** *n* est divisible par leur produit *ab*.

Propriété 2

a et *b* étant deux nombres naturels, **si** *n* est divisible par le produit *ab*, **alors** *n* est divisible par *a* et par *b*.

La condition *a* et *b* premiers entre eux est essentielle pour la propriété 1 : par exemple 12 est divisible par 4 et par 6 (qui sont tous les deux pairs, et donc pas premiers entre eux), mais pas par 4×6.
Cette condition n'est pas nécessaire pour la propriété 2.

ENTRAINEMENT **19**

a. Vérifier les propriétés 1 et 2 ci-dessus à l'aide de quelques exemples.

b. Démontrer la propriété 2.

Corrigé p. 133

B. Théorème de Gauss

Si un nombre naturel divise un produit de deux facteurs et **s'**il est premier avec l'un d'eux, **alors** il divise l'autre.

EXEMPLE : **6 divise 390.** Or $390 = 5 \times 78$ et 6 est premier avec 5, **donc 6 divise 78.**

6 Synthèse

Il s'agit ici de recenser les méthodes déjà évoquées ou qui découlent directement des connaissances de ce chapitre.

FICHE MÉTHODE Déterminer si un nombre *a* est un diviseur d'un nombre *b* (ou si *b* est un multiple de *a*, ou si *b* est divisible par *a*).

→ 624 est-il multiple de 3, de 4, de 5, de 13, de 52 ?

Méthode 1 **Utiliser un critère de divisibilité**, dans les cas où c'est possible.	• 624 est **divisible par 3** car $6+2+4=12$ est divisible par 3. • 624 est **divisible par 4** car 24 est divisible par 4. • 624 n'est **pas divisible par 5** car son chiffre des unités n'est ni 0 ni 5.
Méthode 2 **Chercher** si le reste dans la division euclidienne de *b* par *a* est égal à 0 ou si *b* est égal au produit de *a* par un nombre naturel.	Si on divise 624 par 3, par 4, par 13 ou par 52, on trouve un reste nul. 624 est donc **divisible par 3, par 4, par 13 et par 52.**
Méthode 3 **Chercher** si *b* est la somme, la différence ou le produit de nombres tous divisibles par *a*.	$624 = 520 + 104$. Or 520 et 104 sont tous deux divisibles par 52, car $520 = 52 \times 10$ et $104 = 52 \times 2$. Donc 624 est **divisible par 52.**
Méthode 4 **1. Décomposer *a* et *b*** en produit de facteurs premiers. **2. Établir les décompositions** en produit de facteurs premiers de *a* et de *b*. Si la décomposition de *a* ne comporte que des facteurs qui figurent dans celle de *b*, avec pour chaque facteur des exposants inférieurs ou égaux, alors *a* est un diviseur de *b*.	$624 = 2^4 \times 3 \times 13$. • Cette décomposition fait apparaitre directement que 2, 3 et 13 sont des diviseurs de 624. • $4 = 2^2$ et $52 = 2^2 \times 13$, 4 et 52 sont aussi des diviseurs de 624. • 5 ne figure pas dans la décomposition de 624 et n'est donc pas un de ses diviseurs. • $96 = 2^5 \times 3$. Les facteurs 2 et 3 figurent bien dans la décomposition de 624 mais l'exposant de 2 est supérieur à 4, donc **96 n'est pas un diviseur** de 624.
Méthode 5 **Utiliser** le fait que si *m* est un diviseur de *n* et *n* un diviseur de *p*, alors *m* est un diviseur de *p*.	Une fois qu'on a établi que : • 3 (ou 4 ou 13) est diviseur de 52, • 52 est diviseur de 624, On peut déduire que **3 (ou 4 ou 13) est aussi un diviseur** de 624.

Ces méthodes peuvent être mixées.

Par exemple :

– la **méthode 1** permet de repérer des diviseurs simples et peut aider à trouver la décomposition en produit de facteurs premiers ;

– la **méthode 4** permet alors de systématiser la recherche de tous les diviseurs.

CORRIGÉS EXERCICES D'ENTRAINEMENT

ENTRAINEMENT 1

Énoncé p. 118

a. Les **multiples de 18** sont :

0 (égal à 0×18) ; **18** (égal à 1×18) ; **36** (égal à 2×18) ;
90 (égal à 18×5) et **126** (égal à 18×7).

b. Les **diviseurs de 18** sont :

1 et **18** (car $18 = 1 \times 18$) ; **2** et **9** (car $18 = 2 \times 9$) ; **3** et **6** (car $18 = 3 \times 6$).

ENTRAINEMENT 2

Énoncé p. 118

56 est multiple de :

1, 2, 4, 7, 8, 14, 28, 56.

Ces nombres sont les diviseurs de 56.
Lorsqu'on a trouvé un nombre dont 56 est un multiple (par exemple 4), on en a trouvé un second (ici 14) car $4 \times 14 = 56$ (*voir p. 117*).

ENTRAINEMENT 3

Énoncé p. 118

Les **diviseurs de 72** sont : 1, 2, 3, 4, 6, 8, 9, 12, 18, 24, 36, 72.

72 est multiple de chacun de ces nombres.
Lorsqu'on a trouvé un diviseur de 72 (par exemple 4), on en a trouvé un second (ici 18) car $4 \times 18 = 72$.

ENTRAINEMENT 4

Énoncé p. 118

$n = 7 \times k$, k étant un nombre naturel.

ENTRAINEMENT 5

Énoncé p. 119

- **Rappel de la propriété 3 :** Si les nombres naturels a et b sont multiples de c, alors ab est aussi multiple de c.

Démonstration

a multiple de c implique qu'il existe un nombre naturel k tel que $a = c \times k$.
b multiple de c implique qu'il existe un nombre naturel k' tel que $b = c \times k'$.
Donc $ab = c \times k \times c \times k' = c \times (k \times c \times k')$, comme le produit $k \times c \times k'$ est un entier naturel, ceci prouve que ab est multiple de c.

- **Rappel de la propriété 4 :** Si le nombre naturel a est multiple du nombre naturel b et si b est multiple du nombre naturel c, alors a est multiple de c.

Démonstration	**Exemple** avec $a = 56$; $b = 28$; $c = 7$
a multiple de b se traduit par : il existe un nombre naturel k tel que : $\boldsymbol{a = bk}$.	56 est multiple de 28 car $56 = 28 \times 2$ (ici $k = 2$)
b multiple de c se traduit par : il existe un entier naturel k' tel que : $\boldsymbol{b = ck'}$.	28 est multiple de 7 car $28 = 7 \times 4$ (ici $k' = 4$)
Donc, on a : $\boldsymbol{a = bk = (ck')k = c(k'k)}$, ce qui prouve que a est multiple de c.	Donc $56 = 28 \times 2 = (7 \times 4) \times 2 = 7 \times (4 \times 2)$. On a utilisé l'associativité de la multiplication. Donc $56 = 7 \times 8$, ce qui prouve que 56 est multiple de 7.

ENTRAINEMENT 6

Énoncé p. 119

a. Tous les nombres qui se terminent par 5 sont multiples de 5 et non multiples de 10 (5, 15…).

b. Un multiple de 10 est toujours aussi multiple de 5 car 10 est un multiple de 5 (propriété 4, *p. 119*).

ENTRAINEMENT 7

Énoncé p. 119

a. Exemples de diviseurs de 48, non diviseurs de 12 : 8, 16, 24, 48.

b. Tout diviseur de 12 est aussi diviseur de 48, car 12 est diviseur de 48 (propriété 4, *p. 119*).

ENTRAINEMENT 8

Énoncé p. 119

- **Preuve 1 :** 282 828 = 280 000 + 2 800 + 28
282 828 est la somme de trois nombres qui sont multiples de 28, c'est donc un multiple de 28.
Or 28 est multiple de 7.
Donc 282 828, qui est multiple d'un multiple de 7, est aussi un multiple de 7 (propriété 4, *p. 119*).

- **Preuve 2 :** 282 828 = 280 000 + 2 800 + 28 = 7 × (40 000 + 400 + 4) = 7 × 40 404.
Cette expression montre que 282 828 est multiple de 7.

ENTRAINEMENT 9

Énoncé p.119

a. Soit a et b deux nombres pairs, donc multiples de 2.

D'après les propriétés 1 et 3, $a + b$ et ab sont des multiples de 2.

Donc $\boldsymbol{a + b}$ **et** $\boldsymbol{ab}$ **sont des nombres pairs.**

> • Un nombre n pair est un multiple de 2 ; il peut donc s'écrire sous la forme $2k$ (avec k nombre naturel).
>
> • Un nombre n impair est le suivant d'un nombre pair ; il peut donc s'écrire sous la forme $2k + 1$ (avec k nombre naturel).

b. Soit a un nombre pair et b un nombre impair.

Il existe un nombre naturel k et un nombre naturel k' tels que $a = 2k$ et $b = 2k' + 1$.

Donc $a + b = 2k + 2k' + 1 = 2(k + k') + 1$,
ce qui prouve que $\boldsymbol{a + b}$ **est un nombre impair.**

Et $ab = 2k \times (2k' + 1) = 4kk' + 2k = 2(2kk' + k)$,
ce qui prouve que $\boldsymbol{ab}$ **est un nombre pair.**

> Comme $k + k'$ est un entier naturel, $a + b$ peut s'écrire sous la forme $2n + 1$. C'est donc un nombre impair.

c. Soit a et b deux nombres impairs.

Il existe un nombre naturel k et un nombre naturel k' tels que $a = 2k + 1$ et $b = 2k' + 1$.

Donc $a + b = 2k + 1 + 2k' + 1 = 2(k + k' + 1)$,
ce qui prouve que $\boldsymbol{a + b}$ **est un nombre pair.**

Et $ab = (2k + 1) \times (2k' + 1) = 4kk' + 2k + 2k' + 1 = 2(2kk' + k + k') + 1$,
ce qui prouve que $\boldsymbol{ab}$ **est un nombre impair.**

> Une démonstration par une étude exhaustive de tous les cas est possible dans la mesure où les nombres pairs et impairs peuvent être caractérisés à partir de leurs seuls chiffres des unités.

ENTRAINEMENT **10**

Énoncé p. 121

- **Divisibilité par 5**

$n = \overline{mcdu} = m \times 10^3 + c \times 10^2 + d \times 10 + u$

$n = 10(10^2m + 10c + d) + u$

Or $10(10^2m + 10c + d)$ est un multiple de 10, donc de 5.

Donc n est multiple de 5 si et seulement si u l'est aussi, donc si $u = 0$ ou si $u = 5$.

- **Divisibilité par 3**

$n = \overline{mcdu} = m \times 10^3 + c \times 10^2 + d \times 10 + u$

$n = 1\,000m + 100c + 10d + u$

$n = (999 + 1)m + (99 + 1)c + (9 + 1)\,d + u$

$n = 999m + 99c + 9d + m + c + d + u$

$n = 3(333m + 33c + 3d) + m + c + d + u$

Or $3(333m + 33c + 3d)$ est multiple de 9, donc de 3.

Donc n est multiple de 3 si et seulement si $m + c + d + u$ l'est aussi.

ENTRAINEMENT **11**

Énoncé p. 121

Il faut s'intéresser au nombre formé par les deux derniers chiffres, car :

$n = \overline{mcdu} = m \times 10^3 + c \times 10^2 + d \times 10 + u$

$n = 10^2(10m + c) + 10d + 8$

$n = 100(10m + c) + \overline{du}$

100 est multiple de 25, donc $100(10m + c)$ l'est également ;

et $n = 100(10m + c) + \overline{du}$ est multiple de 25 si et seulement si $\overline{du}$ l'est aussi.

ENTRAINEMENT **12**

Énoncé p. 123

1 515 et 2 013 sont divisibles par 3 (critère de divisibilité), donc ce ne sont pas des nombres premiers.

Il faut savoir si 1 789 a un diviseur premier inférieur à $\sqrt{1\,789}$, donc inférieur à 43. Il n'en existe pas, donc **1 789 est un nombre premier**.

ENTRAINEMENT **13**

Énoncé p. 123

a. $164 = 2^2 \times 41$ $\quad 600 = 2^3 \times 3 \times 5^2$ $\quad 1\,080 = 2^3 \times 3^3 \times 5$

b. 2^3 n'est pas un diviseur de 164 car 3 (l'exposant de 2^3) est supérieur à 2 (l'exposant du facteur 2^2 de la décomposition de 164 en facteurs premiers), mais c'est un diviseur de 600 et de 1 080.

c. $2^2 \times 3^2 \times 5$ n'est diviseur que de 1 080.
$2^2 \times 3^2 \times 5$ n'est pas diviseur de 164 car il comporte un facteur (le 5) qui ne figure pas dans la décomposition de 164.

Il n'est pas non plus diviseur de 600 car il comporte un facteur (3^2) d'exposant supérieur à l'exposant du facteur (3^1) présent dans décomposition de 600.

d. Exemples : $2^3 = \mathbf{8}$; $2^2 \times 3^2 = \mathbf{36}$; $2 \times 3^3 \times 5 = \mathbf{270}$; $3^2 \times 5 = \mathbf{45}$; $2^3 \times 3^3 = \mathbf{216}$.

ENTRAINEMENT 14

Énoncé p. 125

a. $144 = 2^4 \times 3^2$ donc 144 possède **15 diviseurs**, car $(4+1) \times (2+1) = 15$.

$256 = 2^8$ donc 256 possède **9 diviseurs**, car $8 + 1 = 9$.

$720 = 2^4 \times 3^2 \times 5^1$ donc 720 possède **30 diviseurs**, car $(4+1) \times (2+1) \times (1+1) = 30$.

b. Diviseurs de 144 :
1 ; 2 ; 3 ; 4 ; 6 ; 8 ; 9 ; 12 ; 16 ;
18 ; 24 ; 36 ; 48 ; 72 ; 144.

Les diviseurs de 144 sont donnés par ordre croissant. Ils auraient aussi pu être donnés par paires, par exemple 3 avec 48 car $3 \times 48 = 144$.

ENTRAINEMENT 15

Énoncé p. 125

a. $375 = 3 \times 5^3$ et $60 = 2^2 \times 3 \times 5^1$.
Le **ppcm** de 375 et 60 est : $2^2 \times 3 \times 5^3 = $ **1 500**.

b. $25 = 5^2$ et $8 = 2^3$.
Le **ppcm** de 25 et 8 est : $5^2 \times 2^3 = $ **200**.
C'est le produit des deux nombres.

c. $48 = 2^4 \times 3$; $90 = 2 \times 3^2 \times 5$ et $120 = 2^3 \times 3 \times 5$.
Le **ppcm** de 48 ; 90 et 120 est : $2^4 \times 3^2 \times 5 = $ **720**.

ENTRAINEMENT 16

Énoncé p. 126

a. $375 = 3 \times 5^3$ et $60 = 2^2 \times 3 \times 5$.
Le **pgcd** de 375 et 60 est : $3 \times 5 = $ **15**.

b. $25 = 5^2$ et $8 = 2^3$
Le **pgcd** de 25 et 8 est **1**.

25 et 8 sont donc premiers entre eux, (*voir p. 122*).

c. $48 = 2^4 \times 3$; $90 = 2 \times 3^2 \times 5$ et $120 = 2^3 \times 3 \times 5$.
Le **pgcd** de 48 ; 90 et 120 est : $2 \times 3 = $ **6**.

ENTRAINEMENT 17

Énoncé p. 127

a. 45 et **54** sont divisibles par 9 et ne sont donc pas premiers entre eux.

b. $58 = 2 \times 29$ et $75 = 5^2 \times 3$.
Ils n'ont pas de diviseur commun autre que 1 et sont premiers entre eux.

c. $125 = 5^3$ et $522 = 2 \times 3^2 \times 29$.
Ils n'ont pas de diviseur commun autre que 1 et sont premiers entre eux.

ENTRAINEMENT 18

Énoncé p. 127

a. Rappel de la propriété à prouver : Les décompositions en produit de facteurs premiers de deux nombres premiers entre eux ne comportent aucun facteur commun.

Exemple
52 et 75 sont premiers entre eux (pour le vérifier, il suffit d'établir la liste de leurs diviseurs).
$52 = 2^2 \times 13$ et $75 = 5^2 \times 3$
On constate que leurs décompositions n'ont aucun facteur premier commun.

b. Démonstration de la propriété à vérifier :

On peut utiliser une démonstration par l'absurde en supposant que les décompositions en produit de facteurs premiers de deux nombres a et b comportent un facteur commun c (différent de 1, puisque 1 n'est pas pris en compte dans ce type de décomposition).
c serait alors un diviseur commun à a et b, ce qui est en contradiction avec le fait qu'ils sont premiers entre eux.

ENTRAINEMENT 19

Énoncé p. 127

a. Rappel des deux propriétés à vérifier :

- **Propriété 1 :** Si n est divisible par a et par b et si a et b sont des nombres premiers entre eux, alors n est divisible par leur produit ab.

Exemples

72 est divisible par 12 et par 8, mais il n'est pas divisible par leur produit 96 (12 et 8 ne sont pas premiers entre eux).
72 est divisible par 3 et par 8, il est donc divisible par leur produit 24 (car 3 et 8 sont premiers entre eux).

- **Propriété 2 :** a et b étant deux nombres naturels, si n est divisible par le produit ab, alors n est divisible par a et par b.

Exemple

84 est divisible par 42. Or $42 = 6 \times 7$, donc 84 est divisible par 6 et par 7.

b. Démonstration de la propriété 2 :

n divisible par $a \times b$ entraine $n = (a \times b) \times k$ avec k nombre naturel,
donc $n = a \times (b \times k)$ et $n = b \times (a \times k)$, ce qui implique que n est divisible par a et par b.

On utilise l'associativité et la commutativité de la multiplication.

AU CONCOURS

EXERCICE 1

Corrigé p. 136

Les affirmations suivantes sont-elles vraies ou fausses. Les réponses doivent être justifiées.

A. Tout nombre naturel de trois chiffres dont les chiffres des centaines, dizaines et unités sont les mêmes est divisible par 37.

B. Deux nombres naturels impairs sont premiers entre eux.

C. Si un nombre est multiple de 6 et de 9, alors il est aussi multiple de 54.

D. Pour tout nombre entier naturel n, le nombre $2^n + 2^{n+1} + 2^{n+2}$ est divisible par 7.

E. Le produit de deux nombres pairs consécutifs est divisible par 8.

EXERCICE 2

Corrigé p. 137

Existe-t-il des nombres entiers compris entre 11 000 et 12 000 dont le plus grand diviseur commun avec 2 180 est 545. Si oui, combien en existe-t-il ?

EXERCICE 3

Corrigé p. 137

Trouver d et u pour que le nombre qui s'écrit $\overline{12du}$ soit divisible par 15.

PROBLÈME 1

Corrigé p. 138

❶ Voici un morceau d'un rectangle recouvert d'un quadrillage :

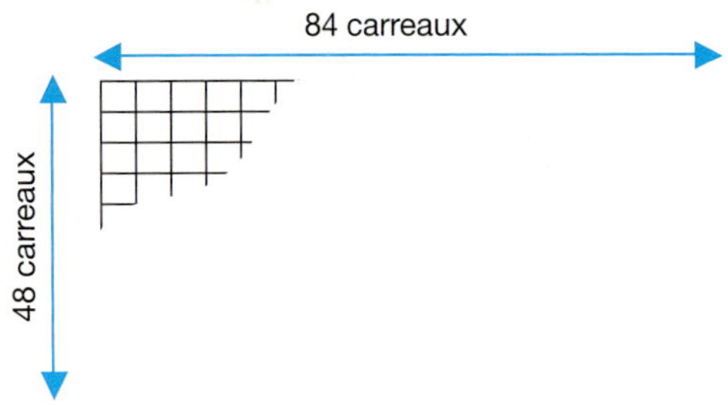

On veut le recouvrir avec des carrés identiques dont les côtés ont pour longueur un nombre entier de carreaux.

Quelles sont toutes les solutions possibles ?

❷ Un rectangle mesure 1,44 m sur 0,96 m. On veut le recouvrir entièrement avec des carrés identiques les plus grands possibles, leur côté mesurant un nombre entier de cm.

Quelle doit être la longueur des côtés de ces carrés ?

Combien faut-il utiliser de carrés ?

❸ On veut maintenant recouvrir entièrement un autre rectangle de 1,14 m sur 0,96 m avec des rectangles tous identiques dont la longueur est double de la largeur (la largeur étant mesurée, en cm, par un nombre entier), en respectant le schéma ci-contre.

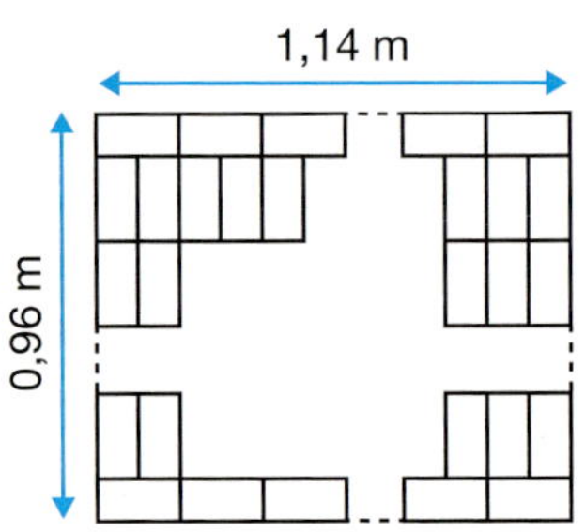

Quelles sont les dimensions possibles pour ces rectangles.

Combien en faut-il ?

Corrigé p. 139

PROBLÈME 2

❶ Écrire « l'égalité caractéristique » traduisant la division euclidienne de 1 001 par 11.

❷ Soit $\overline{mcdu}$ un nombre à quatre chiffres écrit en base dix.
Vérifier que $\overline{mcdu} = 1\,001 \times m + 99 \times c + 11 \times d - m + c - d + u$.

❸ **a.** À partir de la question précédente, énoncer et démontrer un critère de divisibilité par 11 pour les nombres inférieurs à 9 999 (condition nécessaire et suffisante).

b. Utiliser ce critère pour trouver au moins trois nombres de quatre chiffres multiples de 11 ayant 38 centaines.

❹ **a.** Montrer que le critère de la question précédente s'applique aussi aux nombres à six chiffres qu'on notera $\overline{abmcdu}$.

b. Utiliser alors ce critère pour déterminer si le nombre $1{,}2452 \times 10^{11}$ est divisible par 11. Justifier la réponse.

CORRIGÉS EXERCICES

EXERCICE 1

Énoncé p. 134

Pour toutes ces questions qui portent sur des énoncés numériques, il est pertinent de commencer par tester l'affirmation avec des exemples.
Deux cas peuvent alors se produire :
– on trouve un contre-exemple : cela permet de prouver que l'énoncé est faux ;
– on ne trouve pas de contre-exemple : dans ce cas, on ne peut évidemment pas prouver en se contentant de quelques exemples, il faut utiliser le calcul littéral.

- **Affirmation A**

Les nombres considérés sont de la forme :

$\overline{aaa} = 100a + 10a + a$ avec a est un entier naturel tel que $0 < a \leqslant 9$

donc $\overline{aaa} = 111a = (37 \times 3) \times a = 37 \times (3 \times a)$.

Comme $3 \times a$ est un entier naturel, la dernière égalité prouve que tous les nombres de cette forme sont divisibles par 37.

L'affirmation A est donc vraie.

- **Affirmation B**

Pour prouver que l'affirmation est fausse, il suffit de trouver un contre-exemple. 9 et 15 sont impairs et tous deux divisibles par 3, donc ils ne sont pas premiers entre eux.

L'affirmation B est donc fausse.

- **Affirmation C**

Pour que cette affirmation soit vraie, il faudrait que 6 et 9 soient premiers entre eux. Ce n'est pas le cas.

L'affirmation C est donc fausse.

Un contre-exemple le prouve : 18 est multiple de 6 et de 9, mais pas de 54.

- **Affirmation D**

$2^n + 2^{n+1} + 2^{n+2} = 2^n(1 + 2 + 2^2) = 2^n \times 7$.

Ce qui prouve que la somme donnée est bien multiple de 7.

L'affirmation D est donc vraie.

Des essais avec quelques valeurs de n ne contredisent pas l'affirmation, ce qui ne la valide pas pour autant. Il faut essayer de la démontrer.

- **Affirmation E**

Deux nombres pairs consécutifs sont de la forme :

$2k$ et $2(k+1)$, k étant un nombre naturel.

Leur produit est égal à :

$2k \times 2(k+1) = 4k(k+1)$.

Des essais avec quelques nombres pairs consécutifs ne contredisent pas l'affirmation, ce qui ne la valide pas pour autant. Il faut essayer de la démontrer.

k et $k+1$ sont deux nombres consécutifs, l'un des deux est donc pair (de la forme $2p$) et l'autre impair.

Si k est pair alors $k = 2p$ et le produit $4k(k+1)$ est égal à $4 \times 2p \times (k+1) = 8p(k+1)$.
Il est donc multiple de 8.
Si $k+1$ est pair alors $k+1 = 2p$ et le produit $4k(k+1)$ est égal à $4k \times 2p = 4 \times 2 \times kp = 8pk$. Il est donc multiple de 8.
Dans tous les cas, le produit est multiple de 8.

L'affirmation E est donc vraie.

EXERCICE 2

Énoncé p. 134

2 180 est bien divisible par 545 puisque $2\,180 = 545 \times 4$.
S'il existe, le nombre n cherché est un multiple de 545 et il s'écrit donc :
$n = 545k$ avec k nombre naturel.

On a $11\,000 < 545k < 12\,000$, soit $\frac{11\,000}{545} < k < \frac{12\,000}{545}$ ou encore $20 < k < 23$.

Donc $k = 21$ ou $k = 22$.

- **Si $k = 21$, $n = 545 \times 21 = 11\,445$.**

Le plus grand diviseur commun à 545×4 et 545×21 est 545.
En effet, comme 4 et 21 sont premiers entre eux, ils n'ont pas de diviseur commun autre que 1.
545 est donc bien le plus grand nombre qui permette d'écrire 2 180 et 11 445 sous forme de produit avec un facteur commun plus grand que 545.

- **Si $k = 22$, $n = 545 \times 22 = 11\,990$.**

Dans ce cas, 545 n'est pas le pgcd de 2 180 et de 11 990. En effet, on a :
$2\,180 = 545 \times 4$ et $11\,990 = 545 \times 22$,
mais 4 et 22 ont 2 comme diviseur commun et on peut écrire :
$2\,180 = 1\,090 \times 2$ et $11\,990 = 1\,090 \times 11$.
2 180 et 11 990 admettent un diviseur commun plus grand que 545 (le nombre 1 090). 545 n'est donc pas leur pgcd.

11 445 est donc le seul nombre qui réponde à la question posée.

EXERCICE 3

Énoncé p. 134

Comme 3 et 5 sont premiers entre eux, $\overline{12du}$ est divisible par 15 si et seulement si $\overline{12du}$ est divisible par 3 et par 5.
Il est divisible par 5 si $u = 0$ ou $u = 5$.
Il est divisible par 3 si la somme de ses chiffres est divisible par 3.

- **1er cas :** $u = 0$

$1 + 2 + d + 0 = 3 + d$ avec $0 \leqslant d \leqslant 9$.

$3 + d$ est multiple de 3 si $d = 0$, $d = 3$, $d = 6$, $d = 9$.

- **2e cas :** $u = 5$

$1 + 2 + d + 5 = 8 + d$

$8 + d$ est multiple de 3 si $d = 1$, $d = 4$, $d = 7$.

D'où les solutions : 1 200, 1 230, 1 260, 1 290, 1 215, 1 245, 1 275.

Énoncé p. 134

PROBLÈME 1

❶ La longueur du côté du carré cherché doit être un diviseur commun à 48 et 84. Pour trouver ces diviseurs communs, on peut d'abord chercher le plus grand d'entre eux en utilisant les décompositions en facteurs premiers de 48 et 84 :

$48 = 2^4 \times 3$ et $84 = 2^2 \times 3 \times 7$.

Leur pgcd est : $2^2 \times 3 = 12$.
Tous les diviseurs de 12 conviennent.

La longueur du carré cherché peut donc comporter un nombre de carreaux égal à 1 ou 2 ou 3 ou 4 ou 6 ou 12.

❷ Le problème revient à ne chercher que le pgcd des nombres 144 et 96.

$144 = 2^4 \times 3^2$ et $96 = 2^5 \times 3$.

Leur pgcd est donc : $2^4 \times 3 = 48$.

La plus grande longueur possible pour les carrés cherchés est donc **48 cm.**

On peut placer 3 carrés sur la longueur et 2 carrés sur la largeur, **soit 6 carrés au total** (3×2)**.**

❸ Chaque rectangle utilisé pour le recouvrement mesure x cm sur $2x$ cm (x étant la mesure de la largeur).

Appelons :

– n le nombre de rectangles nécessaires sur la longueur (premières et dernières « lignes » du rectangle à paver) ;

– p le nombre de rectangles nécessaires sur la largeur (en dehors de ceux déjà comptés sur la longueur).

On peut écrire :

$n \times 2x = 114$ donc $nx = 57$ et

$p \times 2x = 96 - 2x$ donc $(p+1) \times 2x = 96$ donc $(p+1)x = 48$. x est donc un diviseur commun à 48 et 57.

Or $57 = 19 \times 3$ et $48 = 2^4 \times 3$.

Leur pgcd est 3 et ils n'ont donc pas que deux diviseurs communs : 1 et 3.

Les deux solutions possibles sont donc des rectangles de 1 cm sur 2 cm ou des rectangles de 3 cm sur 6 cm.

La première et la dernière « lignes » sont pavées par des rectangles « horizontaux », le reste du rectangle est pavé par des rectangles « verticaux ».

- **Dans le cas de rectangles de 1 cm sur 2 cm ($x = 1$)**

$n = 57$ et $p = 47$. Il faut donc :

– 57 rectangles sur la 1re ligne et autant sur la dernière : soit 114 rectangles.

– sur le reste du rectangle, il en faut 47 sur la largeur et 114 sur la longueur, soit 5 358 rectangles (car $47 \times 114 = 5\,358$).

– au total, il faut donc **5 472 rectangles.**

Cette solution peut être obtenue plus facilement en divisant l'aire du rectangle à paver (10 944 cm^2) par l'aire d'un rectangle utilisé (2 cm^2), soit 5 472 rectangles nécessaires.

● **Dans le cas de rectangles de 3 cm sur 6 cm ($x = 3$)**

En divisant l'aire du rectangle à paver (10 944 cm^2) par l'aire d'un rectangle utilisé (18 cm^2 = 3 cm × 6 cm), on trouve **608 rectangles** nécessaires.

> On aurait également pu utiliser une méthode comparable à celle utilisée dans le cas de rectangles de 1 cm sur 2 cm.

PROBLÈME 2

Énoncé p. 135

1 $1\,001 = 11 \times 91 + 0$.

> Le 0 dans cette égalité est utile pour montrer qu'il s'agit d'une division euclidienne, et que le quotient est 91 et le reste 0.

2

> **Pour démontrer une égalité, il y a trois méthodes générales :**
> 1. On part du premier membre pour arriver au deuxième.
> 2. On part du deuxième membre pour arriver au premier.
> 3. On part du premier membre pour arriver à une expression dont on démontre qu'elle est égale au deuxième membre.
>
> Ici, on a fait le choix de partir du premier membre pour arriver au deuxième bien qu'il soit beaucoup plus simple de partir du deuxième membre pour arriver au premier.
> En revanche la méthode utilisée dans ce corrigé prépare la réponse à la question 4.

$\overline{mcdu} = 1\,000m + 100c + 10d + u = (1\,001 - 1)m + (99 + 1)c + (11 - 1)d + u$.

Donc $\overline{mcdu} = 1\,001m - m + 99c + c + 11d - d + u$

et $\overline{mcdu} = 1\,001m + 99c + 11d - m + c - d + u$.

3 a.

> On parle de condition nécessaire et suffisante, il faut donc que la propriété et sa réciproque soient vraies.

D'après l'égalité précédente et le fait que : $1\,001 = 91 \times 11$ et $99 = 9 \times 11$,

on a : $\overline{mcdu} = 11 \times (91m + 9c + d) - m + c - d + u$.

Or $11 \times (91m + 9c + 9d)$ est multiple de 11.

Donc un nombre inférieur à 9 999 est un multiple de 11 si et seulement si la différence de la somme de ses chiffres de rang impair et de la somme de ses chiffres de rang pair est un multiple de 11.

b. Si un nombre de quatre chiffres a 38 centaines, alors il s'écrit : $\overline{38du}$.

Il doit être divisible par 11,

donc $-3 + 8 - d + u = 5 + u - d$ doit être divisible par 11.

Pour répondre à la question, il suffit de trouver trois solutions, par tâtonnement, à cette équation d'inconnues u et d, par exemple. :

(1) $u = 6$ et $d = 0 \rightarrow$ **3 806** (2) $u = 7$ et $d = 1 \rightarrow$ **3 817**

(3) $u = 8$ et $d = 2 \rightarrow$ **3 828** (4) $u = 9$ et $d = 3 \rightarrow$ **3 839**.

> Quand on a déterminé une des solutions, il suffit d'ajouter 11 pour générer les suivantes.

4 a.

$\overline{abmcdu} = 100\,000a + 10\,000b + 1\,000m + 100c + 10d + u$

$\overline{abmcdu} = (100\,001 - 1)a + (9\,999 + 1)b + (1\,001 - 1)m + (99 + 1)c + (11 - 1)d + u$

$\overline{abmcdu} = (9\,091 \times 11 - 1)a + (909 \times 11 + 1)b + (91 \times 11 - 1)m + (9 \times 11 + 1)c$
$+ (11 - 1)d + u$

$\overline{abmcdu} = 11 \times (9\,091a + 909b + 91m + 9c + d) - a + b - m + c - d + u.$

En utilisant un raisonnement analogue à celui de la question **3a**, on démontre que $\overline{abmcdu}$ est divisible par 11 si et seulement si la différence de la somme de ses chiffres de rang pair et de la somme de ses chiffres de rang impair est un multiple de 11.

b. $1{,}2452 \times 10^{11} = 124\,520 \times 10^{6}$

Appliquons le critère de divisibilité par 11 à 124 520 (nombre de six chiffres) :
$-1 + 2 - 4 + 5 - 2 + 0 = 0$ qui est divisible par 11.

On en déduit que 124 520 est divisible par 11 et donc que $124\,520 \times 10^{6}$ est aussi divisible par 11.

CHAPITRE 7

Notion de fonction numérique Fonction linéaire et fonction affine

OBJECTIFS DU CHAPITRE

– Utiliser les notions d'image et d'antécédent d'une fonction numérique.
– Utiliser la représentation graphique d'une fonction numérique.
– Connaitre et utiliser les propriétés des fonctions linéaires et affines.

FICHE MÉTHODE

– Trouver l'équation d'une droite passant par deux points donnés.

p. 147

TESTER SES CONNAISSANCES

QCM 1 Les récipients ci-dessous ont tous une même hauteur de 70 cm. Chacun est rempli en exactement 6 minutes par un robinet à débit constant.

Aide : corrigé problème 2, p. 157

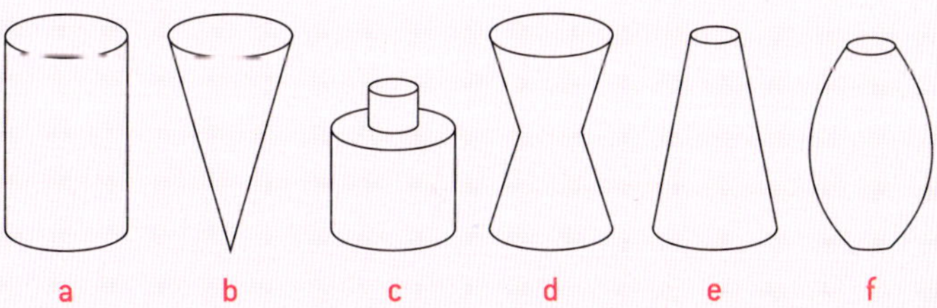

Sur le graphique suivant, on a représenté la hauteur h atteinte par le liquide en fonction du temps t. À quel récipient peut correspondre chacune des deux courbes ci-dessous ?

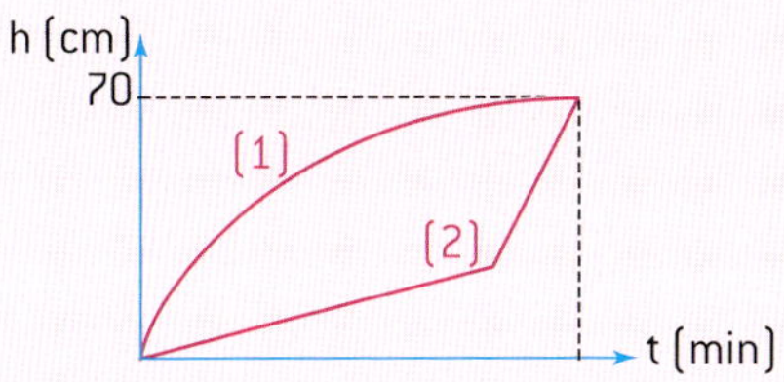

A. (1) → b
B. (1) → e
C. (1) → a
D. (2) → d
E. (2) → c
F. (2) → f

QCM 2 Parmi les équations ci-dessous, quelle est celle qui correspond à la droite représentée sur ce graphique :

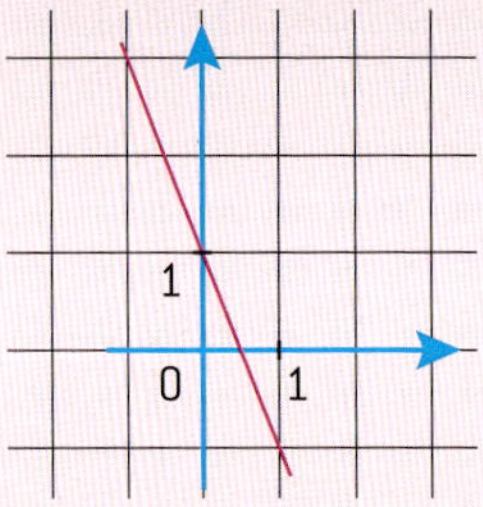

A. $y = x - 3$

B. $y = -x + 5$

C. $y = -2x + 1$

D. $y = \frac{1}{2}x + 1$

E. $y = -2x - 1$

Aide : § 3 p. 146

1. B, E 2. C.

LE COURS

1 Notion de fonction numérique

1. 1 Définition d'une fonction numérique

Une fonction numérique f est une relation entre deux ensembles de nombres E et F qui associe à chaque élément de E un élément de F.
On utilise la notation suivante :

$$f : E \longrightarrow F$$
$$x \longmapsto f(x)$$

f désigne la **fonction**.
$f(x)$ est appelé **l'image** de x.
Si $f(x) = b$, x est appelé **antécédent** de b.

Attention ! $f(x)$ se lit « f de x » et les parenthèses ont une signification différente par rapport à celles utilisées en calcul.

Ainsi, si f est une fonction et x un nombre, $f(x+2)$ lu « f de x plus 2 » désigne l'image du nombre $x+2$ par la fonction f.

Le plus souvent $f(x+2) \neq f(x) + f(2)$.

Alors que si a et x sont deux nombres, on a toujours $a(x+2) = ax + 2a$.

EXEMPLE : La relation entre le rayon et « l'aire du cercle » peut être représentée par une fonction :

$$f : \mathbb{R}^+ \longrightarrow \mathbb{R}^+$$
$$x \longmapsto \pi x^2$$

$\mathbb{R}^+$ désigne l'ensemble des nombres réels positifs.

x désignant le rayon du cercle exprimé en cm.
On peut par exemple écrire : $f(3) = 9\pi$ $f(2{,}5) = 6{,}25\pi$.
9π et $6{,}25\pi$ sont respectivement les images de 3 et de 6,25 par la fonction f.
3 est un antécédent de 9π.

On peut associer certains nombres à leur image dans un **tableau de valeurs**.

ENTRAINEMENT 1

Corrigé p. 149

Compléter ce tableau de valeurs pour la fonction précédente.

x	0		2,5	3	$\sqrt{2}$	7,5	
$f(x)$		π	$6{,}25\pi$	9π			100π

ENTRAINEMENT 2

Corrigé p. 149

Donner une description algébrique des fonctions qui permettent de mathématiser les situations suivantes :

a. Expression du volume d'un cube en fonction de la longueur de l'arête.

b. Expression de l'aire de la partie bleue de cette figure.
Le grand carré a pour longueur de côté x.
Le côté de chaque petit carré a pour longueur le quart de celle du grand carré.

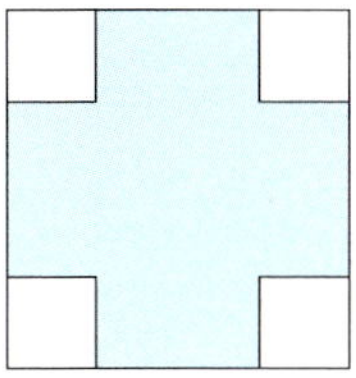

1.2 Représentation graphique d'une fonction numérique

Soit une fonction f (E et F sont deux ensembles de nombres) :

$$f : E \longrightarrow F$$
$$x \longmapsto f(x)$$

On peut représenter, dans un système d'axes perpendiculaires gradués régulièrement (repère orthonormé), l'ensemble des points de coordonnées $(x\,;f(x))$ où x appartient à E et $f(x)$ appartient à F.

Voici une partie des représentations graphiques des fonctions f et g définies par :

$$f : \mathbb{Z} \longrightarrow \mathbb{R} \qquad g : \mathbb{R} \longrightarrow \mathbb{R}$$
$$x \longmapsto 2^x \qquad x \longmapsto x^2 - 1$$

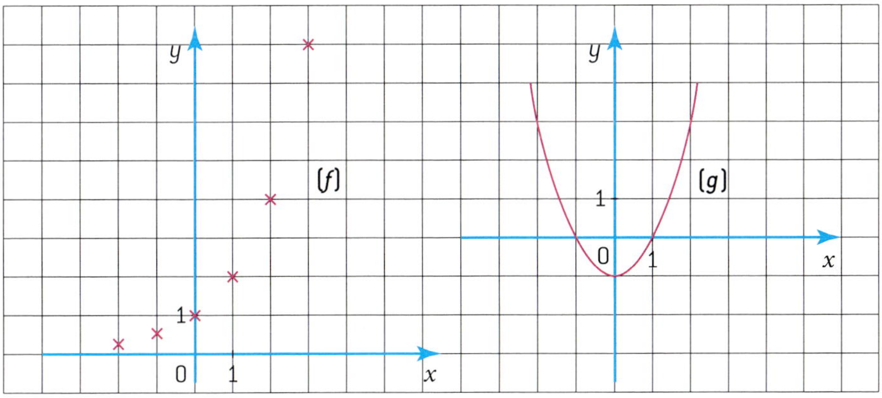

Une représentation graphique sert à répondre à divers types de questions, par exemple :

- **Lire l'image d'un nombre :**
pour la fonction g, l'image de 2 est 3.

- **Lire un antécédent d'un nombre :**
pour la fonction g, les antécédents de 3 sont 2 et -2.

• Pour la **fonction** g, on peut noter que sa représentation graphique est **symétrique** par rapport à l'axe des ordonnées.
• La **croissance** ou la **décroissance d'une fonction** se traduit par le fait que, si on la parcourt de gauche à droite, sa représentation graphique « monte » ou « descend ».

• **Lire la valeur minimum prise par la fonction** : pour la fonction g, elle prend sa valeur minimum qui est -1, quand $x = 0$.

• **Déterminer les intervalles de la variable x pour lesquels la fonction est croissante ou décroissante :**

– **pour toute valeur de x**, les valeurs de $f(x)$ croissent en même temps que celles de x, la fonction f est croissante pour x appartenant à $\mathbb{R}^+$;

– **pour $x \geqslant 0$**, les valeurs de $g(x)$ croissent en même temps que celles de x ; la fonction g est croissante pour x appartenant à $\mathbb{R}^+$;

– **pour $x \leqslant 0$**, les valeurs de $g(x)$ décroissent lorsque celles de x croissent ; la fonction g est décroissante pour x appartenant à $\mathbb{R}^-$ (si $x < x' < 0$ alors $x^2 - 1 > x'^2 - 1$).

ENTRAINEMENT 3

Corrigé p. 149

Ce graphique est celui de la fonction qui représente l'évolution d'un capital (en €) en fonction du temps.

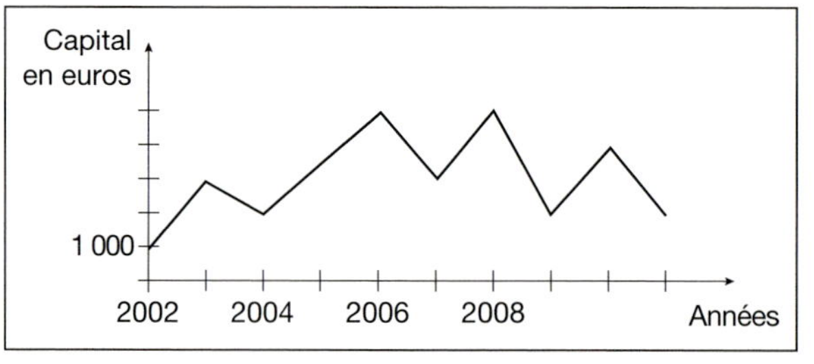

a. À quelle date le capital a-t-il atteint sa valeur maximum ? Quelle a été cette valeur ?
b. Est-il vrai que le capital a perdu, entre le 1er janvier 2003 et le 1er janvier 2004, la moitié du bénéfice acquis entre le 1er janvier 2002 et le 1er janvier 2003 ?
c. En quels débuts d'année le capital était-il le même ?

Par la suite, sont étudiées **deux fonctions particulières** qui permettent de modéliser de nombreuses situations de la vie courante, ainsi que dans les domaines des sciences et des mathématiques.

2 Fonction linéaire[1]

Sous le terme de **fonction linéaire**, sont regroupées toutes les fonctions qui peuvent être décrites par :

$$f : \mathbb{R} \longrightarrow \mathbb{R}$$
$$x \longmapsto ax \qquad a \text{ étant un nombre réel constant.}$$

Dans un système d'axes régulièrement gradués à partir de 0, les couples de nombres correspondants sont représentés par **des points alignés sur une droite passant par l'origine** (point (0 ; 0)).

Si x et y désignent respectivement l'**abscisse** et l'**ordonnée** des points de cette droite, ils sont reliés par la relation $y = ax$ qui est appelée **équation de la droite**.

1. La notion de **fonction linéaire** est reliée à celle de **proportionnalité**, chap. 8 et 9 p. 15[illegible] et 187

Le **nombre a** est appelé **coefficient directeur de la droite.**

- a caractérise la « **pente** » **de la droite** qui représente la fonction, c'est-à-dire son inclinaison par rapport à l'axe des abscisses.

La pente de la droite représente aussi **la variation de l'ordonnée lorsque l'abscisse augmente de 1**.

En effet :

$f(x+1)-f(x)=a(x+1)-ax=a.$

- a est l'image du nombre 1.

On a donc $f(1)=a$.

- Si $a>0$,

la fonction linéaire est croissante.

- Si $a<0$,

la fonction linéaire est décroissante.

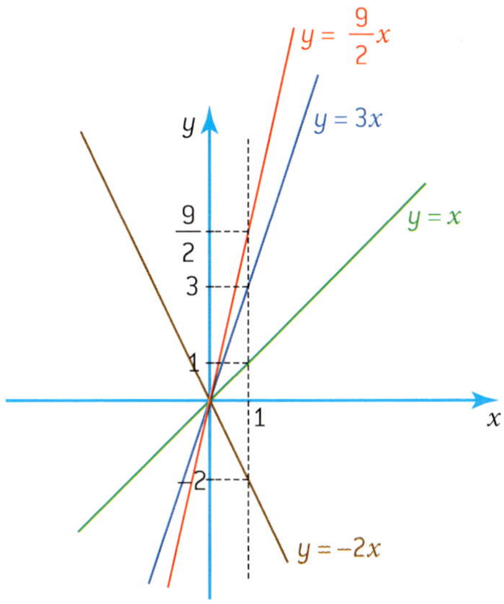

Toute droite représentant une fonction linéaire passe par l'origine des repères.
On a donc $f(0)=0$.

EXEMPLE : Ce graphique représente la fonction linéaire :

$$f:\mathbb{R}\longrightarrow\mathbb{R}$$
$$x\longmapsto 2x$$

L'équation de la droite est : $y=2x$.

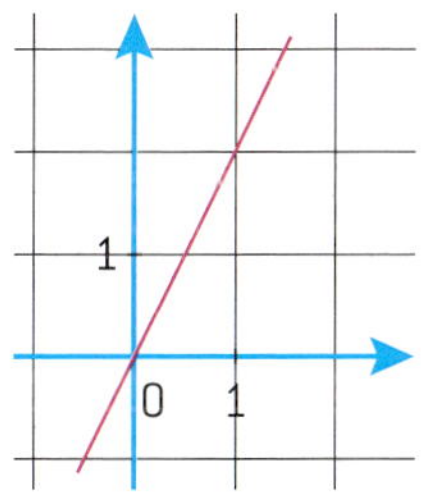

ENTRAINEMENT 4 Corrigé p. 149

Dans le même système d'axes, représenter graphiquement les droites d'équations :

$y=\frac{3}{2}x$ et $y=-\frac{3}{2}x$

ENTRAINEMENT 5 Corrigé p. 149

Tracer la droite passant par le point (0 ; 0) et par le point (4 ; 10).
Écrire son équation. Quelle est la fonction linéaire associée ?

ENTRAINEMENT 6 Corrigé p. 150

La fonction, qui permet d'associer la longueur du côté d'un triangle équilatéral à sa hauteur, est-elle une fonction linéaire ?
Si oui, représenter graphiquement cette droite et donner son équation.

3 Fonction affine

Le terme de **fonction affine** regroupe toutes les fonctions qui peuvent être décrites par :

$$f : \mathbb{R} \longrightarrow \mathbb{R}$$
$$x \longmapsto ax + b \quad (a \text{ et } b \text{ étant deux nombres réels constants})$$

Dans un système d'axes régulièrement gradués à partir de 0, les couples de nombres correspondants sont représentés par **des points alignés sur une droite mais qui ne passe pas par l'origine** si $b \neq 0$.

Si $\boldsymbol{x}$ et $\boldsymbol{y}$ désignent respectivement l'**abscisse** et l'**ordonnée** des points de cette droite, ils sont reliés par la relation $\boldsymbol{y = ax + b}$ qui est appelée **équation de la droite**.

Le nombre *a* est appelé coefficient directeur de la droite.

- a caractérise la « **pente** » **de la droite** qui représente la fonction, c'est-à-dire son inclinaison par rapport à l'axe des abscisses.
La pente de la droite correspond à **la variation de l'ordonnée lorsque l'abscisse augmente de 1**. On a donc
$f(x+1) - f(x) = \boldsymbol{a}$.

- Si $a > 0$, la fonction est croissante.
Si $a < 0$, la fonction est décroissante.

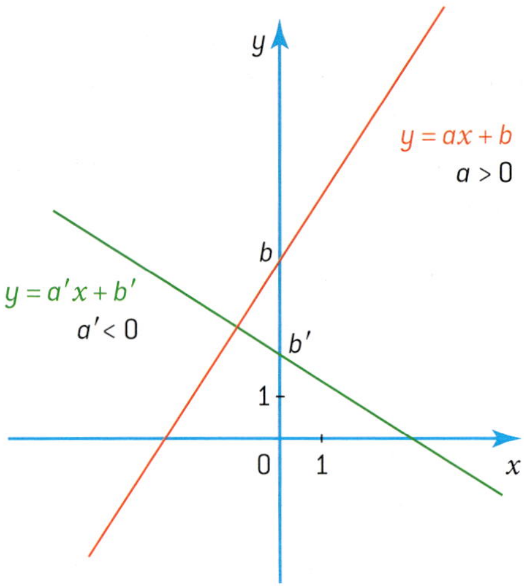

Le nombre *b* est appelé ordonnée à l'origine.

En effet, $\boldsymbol{b}$ est l'**image du nombre 0**.
On a donc $\boldsymbol{f(0) = b}$.

La fonction linéaire est un cas particulier de fonction affine (cas où $b = 0$), mais elle possède de nombreuses propriétés que ne possèdent pas les autres fonctions affines (propriétés de linéarité en particulier).

➤ **Proportionnali**
chap. 9 p. 187

EXEMPLES DE FONCTION AFFINE :

$f : \mathbb{R} \longrightarrow \mathbb{R}$, $x \longmapsto 2x - 3$

$g : \mathbb{R} \longrightarrow \mathbb{R}$, $x \longmapsto 2x + 1$

$h : \mathbb{R} \longrightarrow \mathbb{R}$, $x \longmapsto -\frac{1}{2}x - 2$

Pour tracer chaque droite, il suffit de placer deux de ses points, par exemple ceux qui sont marqués sur les graphiques ci-dessous.

- f est une fonction croissante, la pente est égale à 2 et l'ordonnée à l'origine à -3.
- g est une fonction croissante, la pente est égale à 2 et l'ordonnée à l'origine à 1.
- h est une fonction décroissante, la pente est égale à $-\frac{1}{2}$ et l'ordonnée à l'origine à -2.

Ces remarques permettent à la fois de placer un des points de chaque droite (correspondant à l'ordonnée à l'origine), et de vérifier que l'inclinaison de chaque droite est compatible avec sa pente.

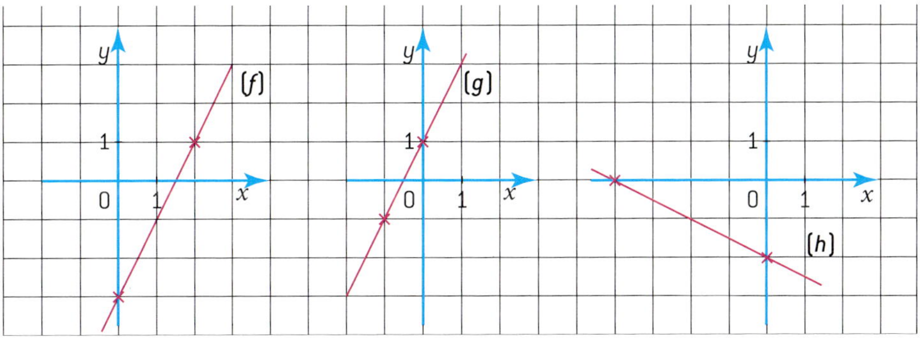

CORRIGÉ QCM 2 : La droite tracée montre que la fonction est décroissante, ce qui élimine les réponses A et D. L'ordonnée à l'origine est 1, ce qui permet de conclure en faveur de la **réponse C** d'équation $y = -2x + 1$.

QCM 2, p. 141

On peut également utiliser la pente égale à -2 (l'ordonnée diminue de 2 lorsque l'abscisse augmente de 1), ce qui sélectionne les réponses C et E. La réponse C étant alors déterminée par l'ordonnée à l'origine égale à 1.

On peut aussi répondre en testant des coordonnées des points de la droite. Par exemple pour $x = 0$, $y = 1$, ce qui élimine les réponses A, B et E ; et pour $x = 1$, $y = -1$, ce qui exclut la réponse D et valide la C.

FICHE MÉTHODE Trouver l'équation d'une droite passant par deux points donnés.

→ Trouver l'équation de la droite passant par les points de coordonnées (8 ; 1) et (10 ; 2,5).

L'énoncé précise qu'on cherche l'équation d'une droite, cette équation est donc du type : $y = ax + b$.	L'équation est du type : $y = ax + b$.
1. Écrire deux équations d'inconnues a **et** b en remplaçant x et y par les coordonnées des deux points.	Avec (8 ; 1), on obtient : $1 = 8a + b$ Avec (10 ; 2,5), on obtient : $2{,}5 = 10a + b$
2. Résoudre le système de deux équations à deux inconnues a **et** b.	Résoudre : $\begin{cases} 1 = 8a + b \\ 2{,}5 = 10a + b \end{cases}$ Par soustraction membre à membre, on obtient : $1{,}5 = 2a$, donc $a = \mathbf{0{,}75}$. En reportant la valeur de a dans la 1re équation : $1 = 6 + b$, d'où $b = \mathbf{-5}$.
3. Écrire l'équation de la droite en remplaçant a et b par les valeurs trouvées.	Équation de la droite : $y = \mathbf{0{,}75x - 5}$. Cette droite est associée à la fonction affine : $f : \mathbb{R} \longrightarrow \mathbb{R}$ $x \longmapsto 0{,}75x - 5$

➤ **Système de deux équations à deux inconnues,** chap. 12 p. 266

ENTRAINEMENT 7

Corrigé p. 150

Tracer la droite d'équation $y = \frac{1}{2}x - 3$.

ENTRAINEMENT 8

Corrigé p. 150

Écrire l'équation de la droite passant par les points (0 ; 4) et (2 ; –2).

ENTRAINEMENT 9

Corrigé p. 150

Trouver l'équation des droites représentées ci-dessous.
Pour chacune d'elles, trouver la fonction linéaire associée.

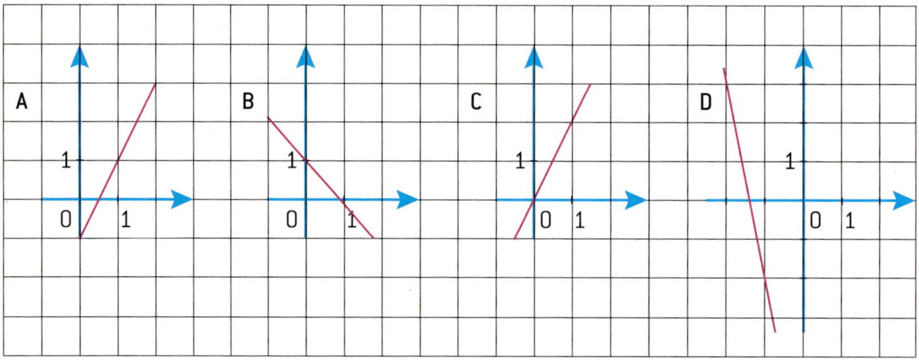

CORRIGÉS EXERCICES D'ENTRAINEMENT

ENTRAINEMENT 1

Énoncé p. 143

x	0	1	2,5	3	$\sqrt{2}$	7,5	10
$f(x)$	0	π	$6{,}25\pi$	9π	2π	$56{,}25\pi$	100π

ENTRAINEMENT 2

Énoncé p. 143

a. Si x désigne la longueur de l'arête du cube.

$$f: \mathbb{R}^+ \longrightarrow \mathbb{R}^+$$
$$x \longmapsto x^3$$

Seuls les réels positifs interviennent.

Pour donner la description algébrique d'une fonction, il faut donner la relation $f(x) = ...$, ainsi que l'ensemble de départ et l'ensemble d'arrivée.

b. Une solution consiste à soustraire l'aire totale des quatre petits carrés de celle du grand carré. L'aire de la partie bleue est alors exprimée par :

$$x^2 - 4\left(\frac{x}{4}\right)^2 = x^2 - 4 \times \frac{x^2}{16} = x^2 - \frac{x^2}{4} = \frac{3}{4}x^2$$

La fonction associée est donc :

$$f: \mathbb{R}^+ \longrightarrow \mathbb{R}^+$$
$$x \longmapsto \frac{3}{4}x^2$$

Là encore seuls les réels positifs interviennent.

ENTRAINEMENT 3

Énoncé p. 144

a. Le capital a atteint sa valeur maximale (5 000 €) en 2006 et en 2008.

b. Oui. En effet, entre le 01/01/2003 et le 01/01/2004, la perte est de 1 000 €, soit la moitié des 2 000 € de bénéfice acquis entre le 01/01/2002 et le 01/01/2003.

c. 2004, 2009 et 2011 d'une part, et 2006 et 2008 d'autre part.

Les années se lisent sur l'axe des abscisses. Le montant du capital se lit en euros, sur l'axe des ordonnées.

ENTRAINEMENT 4

Énoncé p. 145

Ces droites passent toutes deux par l'origine du repère (0 ; 0) et respectivement par les points $\left(1\,;\frac{3}{2}\right)$ et $\left(1\,;-\frac{3}{2}\right)$ avec $x = 1$.

Il peut être plus pratique de choisir des points comme (2 ; 3) et (2 ; -3).

ENTRAINEMENT 5

Énoncé p. 145

L'équation est du type $y = ax$ car cette droite passe par l'origine du repère.

En utilisant les coordonnées (4 ; 10), on a : $10 = 4a$, donc $a = \frac{5}{2}$.

La fonction associée est :

$$f: \mathbb{R} \longrightarrow \mathbb{R}$$
$$x \longmapsto \frac{5}{2}x$$

ENTRAINEMENT 6

Énoncé p. 145

Si x désigne la longueur d'un côté du triangle équilatéral, la hauteur mesure $\frac{\sqrt{3}}{2}x$.
La fonction associée est :

$$f : \mathbb{R} \longrightarrow \mathbb{R}$$
$$x \longmapsto \frac{\sqrt{3}}{2}x$$

➤ Calcul de la **hauteur du triang** avec le théorème de Pythagore, chap. 16 p. 355

C'est donc une fonction linéaire représentée par une droite d'équation $y = \frac{\sqrt{3}}{2}x$.

Elle passe par le point $(0 ; 0)$ et par exemple par le point $\left(1 ; \frac{\sqrt{3}}{2}\right)$, placé en utilisant une valeur approchée de $\sqrt{3}$.

ENTRAINEMENT 7

Énoncé p. 148

Cette droite passe par les points $(0 ; -3)$, qui est l'ordonnée à l'origine, et $(2 ; -2)$.
Ayant déterminé le point $(0 ; -3)$, on peut également utiliser la pente et le fait que $f(1) - f(0) = \frac{1}{2}$ pour placer le point $(1 ; -3 + \frac{1}{2})$.

ENTRAINEMENT 8

Énoncé p. 148

La droite a pour équation $y = ax + b$.

Le fait que la droite passe par le point $(0 ; 4)$ indique que l'ordonnée à l'origine est égale à 4, donc $b = 4$. On peut aussi le déduire du fait que si $x = 0$, alors $y = 4$.
L'équation est donc de la forme $y = ax + 4$.
En utilisant les coordonnées du 2e point $(2 ; -2)$, on obtient : $-2 = 2a + 4$, d'où : $a = -3$.
L'équation de la droite est donc : $\mathbf{y = -3x + 4}$.

Cette méthode diffère de celle décrite dans la fiche méthode et constitue un autre moyen d'obtenir l'équation cherchée.

ENTRAINEMENT 9

Énoncé p. 148

- **Dessin A :** On a directement $b = -1$ à partir du point de coordonnées $(0 ; -1)$.
$a = 2$ car l'ordonnée augmente de 2 lorsque l'abscisse augmente de 1.
On peut aussi utiliser le point de coordonnées $(1 ; 1)$ avec $1 = a - 1$, donc $a = 2$.
D'où l'équation : $\mathbf{y = 2x - 1}$.

- **Dessin B :** On a directement $b = 1$ à partir du point de coordonnées $(0 ; 1)$.
$a = -1$ car l'ordonnée diminue de 1 lorsque l'abscisse augmente de 1.
On peut aussi utiliser le point de coordonnées $(1 ; 0)$ avec $0 = a + 1$, donc $a = -1$.
D'où l'équation : $\mathbf{y = -x + 1}$.

- **Dessin C :** Il s'agit d'une fonction linéaire. On constate que $f(1) = 2$ qui donne le coefficient directeur.
D'où l'équation : $\mathbf{y = 2x}$.

- **Dessin D :** On peut utiliser les points de coordonnées $(-2 ; 3)$ et $(-1 ; -2)$.
En utilisant les coordonnées de ces points, on a un système à deux inconnues :

$$\begin{cases} 3 = -2a + b \\ -2 = -a + b \end{cases}$$

Par soustraction membre à membre, on obtient $5 = -a$, donc $a = -5$,
et en reportant cette valeur dans la deuxième équation, on obtient $-2 = 5 + b$, donc $b = -7$.

D'où l'équation de la droite : $\mathbf{y = -5x - 7}$.

AU CONCOURS

De nombreux sujets font appel à la notion de fonction et de représentation graphique, aussi bien dans les domaines numériques que géométriques. On les trouvera dans les chapitres correspondants.

C'est pourquoi ici ne sont proposés que trois sujets plus spécialement axés sur la notion de fonction.

EXERCICE

Corrigé p. 154

Un club de squash propose deux tarifs :
– tarif A : 8 € par séance ;
– tarif B : achat d'une carte privilège à 50 € pour un an et qui donne droit à un tarif réduit de 5 € par séance.

Soit A et B, deux fonctions définies sur $\mathbb{R}^+$ par :

$A(x) = 8x$ et $B(x) = 5x + 50$.

a. Représenter graphiquement A et B dans un même repère.

b. À partir des représentations graphiques de A et B, déterminer le nombre de séances annuelles à partir duquel le tarif B est plus avantageux que le tarif A. Expliquer la méthode utilisée.

c. Utiliser une méthode arithmétique ou algébrique pour répondre à la question **b**.

PROBLÈME 1

Corrigé p. 155

On étudie la fonction f qui, à la vitesse v d'un véhicule (exprimée en mètre par seconde), associe la distance de freinage d (exprimée en mètre).
Cette fonction est définie par $f : v \mapsto k \times v^2$, où k est un coefficient qui dépend notamment de l'état de la route.

PARTIE A

Dans des conditions « normales », lorsque la route est sèche, le coefficient k est égal à 0,08.

1 On utilise un tableur pour créer le tableau de valeurs ci-après :

B2 | f_x 0

	A	B	C	D	E	F	G	H
1	Vitesse (en m/s)	0	5	10	15	20	25	30
2	Distance de freinage	0						
3	coefficient k	0,08						

a. Donner une formule qui, entrée dans la cellule B2 (puis recopiée vers la droite), permet de compléter la ligne 2.

b. On veut, qu'en modifiant la valeur de k en B3, les distances soient recalculées automatiquement. La formule que vous avez donnée à la question **a** satisfait-elle cette nouvelle contrainte ?
Si oui, pourquoi ? Si non, en proposer une autre qui convienne.

2 **a.** Calculer la distance de freinage sur route sèche pour une vitesse de 72 km/h.
b. À partir de quelle vitesse (arrondie à l'unité, en km/h), la distance de freinage sur route sèche est-elle supérieure à 45 mètres ?

PARTIE B

Sur une route mouillée, le coefficient k est différent de 0,08.
Après avoir modifié la valeur de k dans la feuille de calcul précédente, on a construit la représentation graphique qui donne la distance de freinage sur route mouillée en fonction de la vitesse.

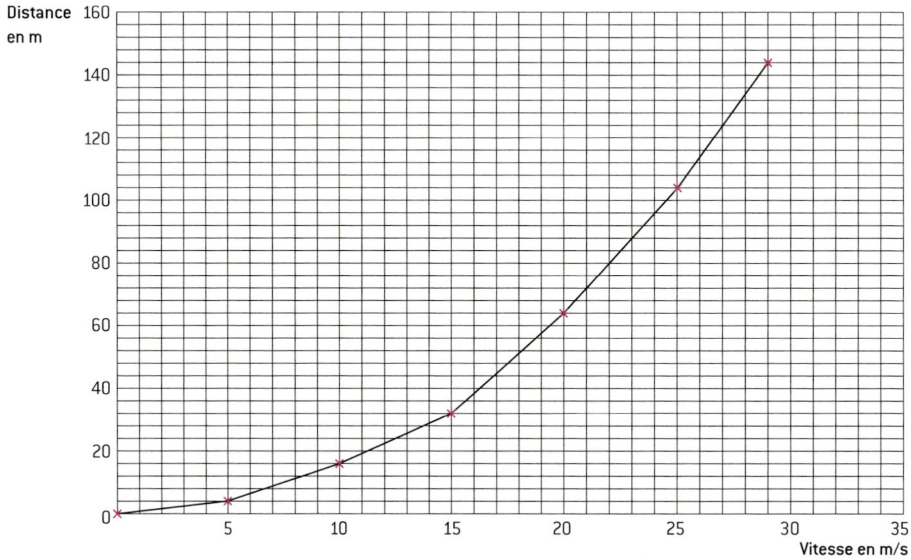

1 En utilisant cette représentation graphique, estimer la valeur du coefficient k sur route mouillée.

2 Où se situerait la représentation graphique donnant la distance de freinage sur route sèche en fonction de la vitesse, par rapport à la représentation graphique tracée ?
Justifier la réponse par le calcul.

PROBLÈME 2 Vu à la Cité des sciences et de l'industrie à Paris. Corrigé p. 157

Il s'agit d'associer, à une forme de récipient, une jauge et une courbe indiquant la hauteur du liquide en fonction du temps.

Six réservoirs de formes différentes, de même volume, de même hauteur se remplissent dans le même temps. Ils ont tous le même volume, 10 litres, et la même hauteur. Leurs formes sont représentées grossièrement par les dessins ci-dessous. Pendant le remplissage, le débit de l'eau est constant et identique d'un récipient à l'autre. Ainsi, à un instant donné, le volume d'eau contenu dans chaque récipient est le même, mais la hauteur d'eau n'est pas nécessairement la même.

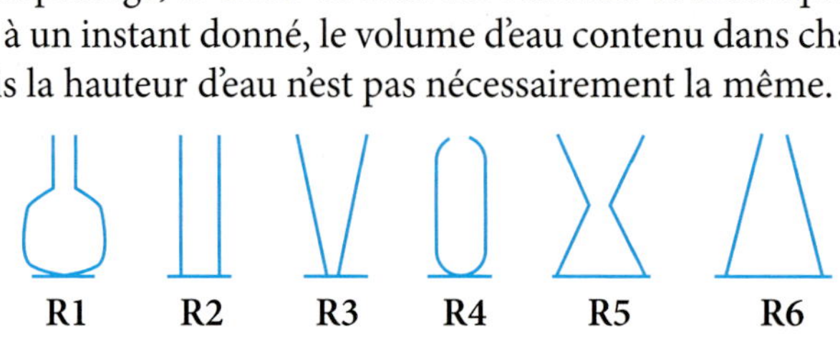

Les graduations des **six jauges** A, B, C… indiquent les hauteurs de liquide correspondant à 1 litre, 2 litres… pour les six réservoirs.

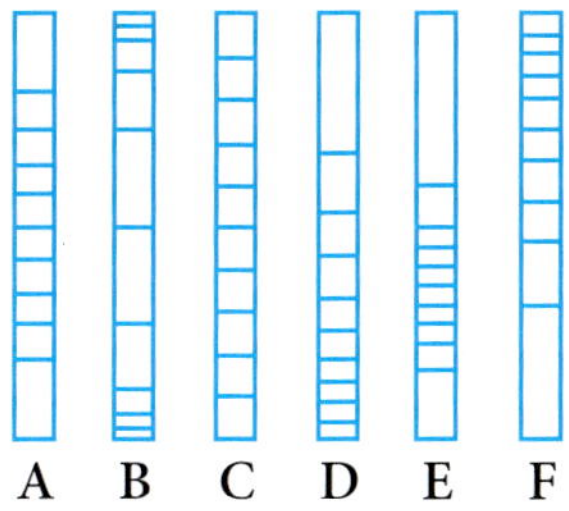

Les **six courbes** 1, 2, 3… indiquent la hauteur atteinte par le liquide en fonction du temps lorsque les six réservoirs se remplissent.

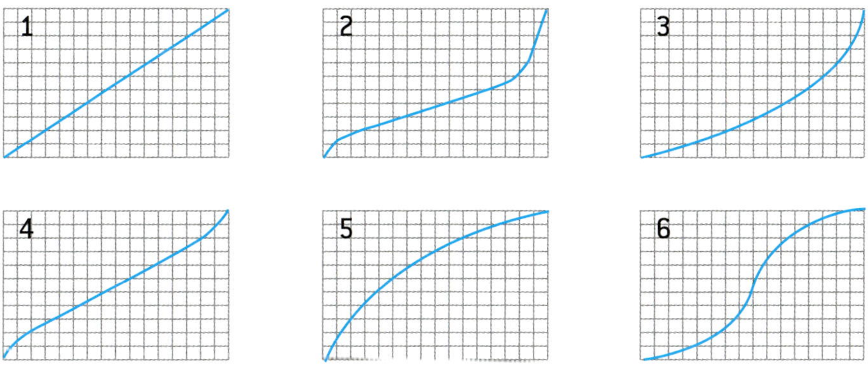

❶ Associer à chaque récipient **R1**, **R2**, **R3**, **R4**, **R5**, **R6** :

a. la jauge qui lui correspond (parmi les six jauges reproduites ci-dessus) ;

b. la courbe qui lui correspond (parmi les six courbes reproduites ci-dessus).

Présenter les résultats dans un tableau, sans justification.

❷ Sachant que le diamètre du récipient cylindrique **R2** est de 16 cm, calculer la hauteur de ce récipient (arrondie au centimètre).

❸ À un instant t, le récipient cylindrique **R2** est rempli aux $\frac{2}{3}$ de sa hauteur. Calculer, au dixième de litre près, le volume d'eau $\mathcal{V}'$ contenu dans le cylindre à cet instant précis.

❹ On observe la hauteur d'eau dans le récipient **R6** au moment où le récipient cylindrique **R2** est rempli aux $\frac{2}{3}$ de sa hauteur.

Est-elle plus ou moins haute que dans **R2** ?

Justifier la réponse en utilisant les courbes ci-dessus.

CORRIGÉS EXERCICE

EXERCICE

Énoncé p. 151

a. **A est une fonction linéaire**, sa représentation graphique est donc une droite (ici une demi-droite car A est définie sur $\mathbb{R}^+$) qui passe par l'origine.
Pour construire cette demi-droite, déterminons les coordonnées d'un autre point de cette représentation graphique : $A(10) = 80$, donc le point de coordonnées $(10 ; 80)$ appartient à la représentation graphique de A.

B est une fonction affine, sa courbe représentative est une droite (ici une demi-droite car B est définie sur $\mathbb{R}^+$).
Pour construire cette demi-droite, on peut :

- soit établir un tableau de valeurs (deux valeurs suffisent, mais trois sont plus sures !) ;

x	0	10	20
$B(x)$	50	100	150

> Le tracé doit être précis. On a donc intérêt à trouver trois points assez « éloignés » pour tracer la droite.

- soit jouer sur l'interprétation géométrique de l'ordonnée à l'origine (qui est ici égale à 50) et de la pente de cette droite (qui est ici égale à 5).

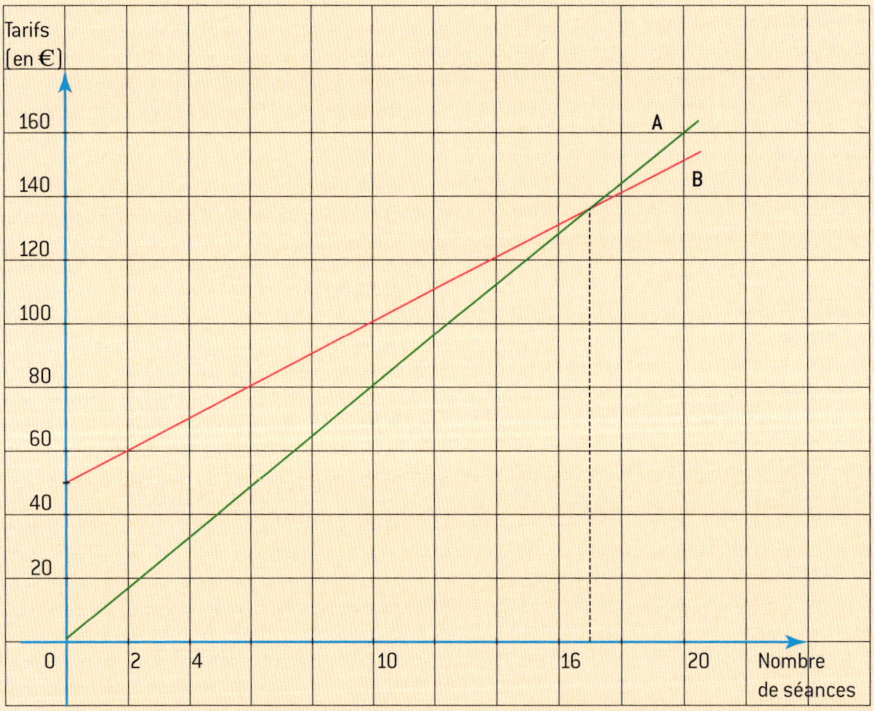

b. Si x est le nombre de séances par an :

- avec le tarif A, on paie : $8x = A(x)$
- avec le tarif B, on paie : $5x + 50 = B(x)$.

Avec les représentations graphiques de A et B, on constate que $B(x) < A(x)$ pour $x \geqslant 17$ (la représentation graphique de B est « en dessous » de celle de A).
À partir de 17 séances par an, le tarif B est donc plus avantageux que le tarif A.

La méthode graphique ne permet pas d'obtenir un résultat précis. Par exemple, avec le graphique réalisé ci-avant, on ne peut pas affirmer avec certitude que l'abscisse du point d'intersection des représentations graphiques de A et de B est inférieur à 17.
Il est essentiel ici de tracer un trait pour identifier l'abscisse du point d'intersection des deux demi-droites afin que les correcteurs comprennent que vous avez utilisé une méthode correcte.

C. MÉTHODE ARITHMÉTIQUE

Il y a 3 € de différence pour le prix de la séance entre le tarif A et le tarif B. Par contre, pour bénéficier du tarif B, il faut acheter 50 € la carte annuelle. Or $50 = 16 \times 3 + 2$. Donc, à partir de 17 séances, on a amorti le prix de cette carte grâce à la différence de prix des séances.
À partir de **17 séances par an**, le tarif B est donc plus avantageux que le tarif A.

MÉTHODE ALGÉBRIQUE

Soit x le nombre de séances par an, x étant un entier naturel.
Prix payé avec le tarif A : $8x$.
Prix payé avec le tarif B : $5x + 50$.
Le tarif B est plus avantageux que le tarif A signifie que : $5x + 50 < 8x$.

Donc $-3x < -50$, soit $x > \frac{50}{3}$ et $\frac{50}{3} \approx 16,333$.

Or x est un entier naturel, donc à partir de **17 séances par an**, le tarif B est plus avantageux que le tarif A.

CORRIGÉS PROBLÈMES

PROBLÈME 1

Énoncé p. 151

PARTIE A

1 a. On entrera l'une des formules suivantes dans la cellule B2 :

« = \$B\$3*B1*B1 » ou « = \$B\$3*B1^2 »,

le contenu de la cellule B3 étant alors considéré de manière absolue et non relative.

Sachant que $k = 0,08$, on pourrait entrer aussi « 0,08*B1*B1 ».

AUTRE MÉTHODE

On peut aussi commencer par recopier vers la droite la cellule B3 contenant 0,08, puis entrer dans la cellule B2 la formule : « =B3*B1*B1 » ou bien « =B3*B12 » et la recopier vers la droite.

Attention ! **Entrer seulement « B3 » au lieu de « \$B\$3 »** conduirait, dans la recopie vers la droite de la cellule B2, à prendre les valeurs situées en C3, D3… c'est-à-dire 0 puisque ces cellules ne contiennent aucun nombre. La présence du symbole « \$ » conduit, lors de la recopie, à conserver la valeur inscrite en B3 (c'est-à-dire 0,08).

b. Une des formules utilisant « \$B\$3 » au lieu de 0,08 permettra de modifier la valeur de k de manière automatique en ne modifiant que le contenu de la cellule B3.

❷ a. À la vitesse de 72 km/h, le véhicule parcourt 72 km, soit 72 000 m en 1 h, ou 72 000 m en 3 600 s.

Donc en 1 s, il parcourt : $\frac{72\,000}{3\,600} = 20$ (en m). La vitesse, en m/s, est de 20.

D'après l'énoncé, la distance de freinage en mètres et notée ici d s'exprime par : $d = f(v) = 0{,}08 \times v^2$.

Donc, sur route sèche, la distance de freinage est de : $0{,}08 \times 20^2 = 32$ (en m).

b. Chercher la vitesse v (en km/h), à partir de laquelle la distance d est supérieure à 45 m, revient à résoudre l'inéquation :

$d > 45$, soit $v^2 > \frac{45}{0{,}08}$ soit $v > \sqrt{\frac{45}{0{,}08}}$ car v est nécessairement positif.

Or $\sqrt{\frac{45}{0{,}08}} = \sqrt{562{,}5} \approx 23{,}71708245$ (en m/s).

Or $\frac{1\text{ m}}{1\text{ s}} = \frac{\frac{1}{1\,000}\text{ km}}{\frac{1}{3\,600}\text{ h}} = \frac{3\,600\text{ km}}{1\,000\text{ h}} = \frac{3\,600}{1\,000}\text{ km/h}$

D'où la vitesse en km/h de : $\frac{\sqrt{562{,}5} \times 3\,600}{1\,000} \approx 85{,}38149682$, soit 85 arrondie à l'unité.

À partir de 85 km/h, la distance de freinage sur route sèche dépasse 45 m.

Partie B

❶ Sur la représentation graphique fournie, avec les imprécisions habituelles de lecture, on lit que, pour une vitesse de 5 m/s, la distance de freinage sur route mouillée est de 4 m, soit en notant k' le coefficient correspondant :

$4 = k' \times 5^2$, donc $\boldsymbol{k' = \frac{4}{25} = 0{,}16}$.

❷ La valeur du coefficient sur route mouillée est $k' = 0{,}16$, alors que sur route sèche, cette valeur est $k = 0{,}08$.
Donc $k' > k$ et, pour une même vitesse v du véhicule, on a : $k'v^2 > kv^2$.

Ceci signifie que, sur la représentation graphique, à une valeur donnée de v (c'est-à-dire à une valeur donnée de l'abscisse), l'ordonnée du point de la courbe relative à une route mouillée (celle donnée dans l'énoncé) est supérieure à l'ordonnée du point de même abscisse de la courbe relative à une route sèche.

La courbe relative à une route sèche se situe donc en dessous de la courbe tracée.

PROBLÈME 2

Énoncé p. 152

1 **a.** La distance entre deux graduations est fonction de l'aire de la surface de section du récipient (qui correspond à la surface du liquide).
Plus l'aire de la surface de section est grande, plus la distance entre deux graduations est petite ; et inversement plus l'aire de la surface de section est petite, plus la distance est grande. Cela permet d'associer les jauges et les réservoirs.

Récipient	R1	R2	R3	R4	R5	R6
Jauge	E	C	F	A	B	D

QCM 1, p. 141

b. Dans ces repères, le temps est en abscisse et le volume d'eau (qui correspond à la hauteur) est en ordonnée. La hauteur d'eau est évidemment toujours une fonction croissante du temps.
En revanche, cette croissance, qui est plus ou moins importante, est en relation avec l'aire de section. Plus l'aire est faible, plus la hauteur augmente rapidement.
D'autre part, la présence d'un plan de symétrie horizontal pour un réservoir se traduit par un centre de symétrie pour la courbe.
Ces deux données permettent d'associer les courbes et les réservoirs.

Récipient	R1	R2	R3	R4	R5	R6
Courbe	2	1	5	4	6	3

2 Soit $\mathcal{V}$ le volume du cylindre **R2** : $\mathcal{V} = \pi \times r^2 \times h$.
De plus, $10 \text{ L} = 10 \text{ dm}^3 = 10\,000 \text{ cm}^3$ et $r = 8$ cm.
Donc $10\,000 = \pi \times 8^2 \times h$, donc $h = \dfrac{10\,000}{64\pi}$, donc $\boldsymbol{h \approx 50}$ **cm** (arrondie au centimètre).

3 Dans un cylindre, le volume de l'eau est proportionnel à la hauteur (*voir formule du volume du cylindre rappelée ci-dessus*).
Donc si le cylindre est rempli aux 2/3 de sa hauteur, cela signifie que le volume d'eau est égal aux 2/3 du volume total qui est de 10 L.
Donc $\mathcal{V}' = \dfrac{2}{3} \times 10 \approx$ **6,7 L** (arrondi au dixième de litre).

4 Pour le cylindre R2, il y a proportionnalité entre la hauteur et le volume.
Or, il y a aussi proportionnalité entre le volume et le temps (car le débit d'eau est constant) ; il y a donc proportionnalité entre la hauteur d'eau dans le cylindre et la durée de remplissage.
Ainsi, le récipient R2 sera rempli aux 2/3 au bout de 2/3 de temps. On peut alors prendre pour abscisse 2/3 du temps sur **la courbe 1 du récipient R2** (cela correspond entre 10 et 11 graduations), et regarder sur l'axe des ordonnées à quelle hauteur correspond cette valeur : soit entre 6 et 7 graduations.

On peut procéder de même pour **la courbe 3 du récipient R6** en regardant à quelle hauteur correspondent les 10 et 11 graduations de l'abscisse. On trouve une hauteur comprise entre 3 et 5 graduations.

On constate qu'**on obtient donc une hauteur dans le récipient R6 qui est inférieure à celle du cylindre R2.**

CHAPITRE
8 Proportionnalité

OBJECTIFS DU CHAPITRE

– Reconnaitre la proportionnalité dans différents cadres (grandeurs, numérique, graphique).

– Connaitre et utiliser les principales propriétés de la proportionnalité.

– Faire le lien entre proportionnalité et fonction linéaire.

FICHES MÉTHODE

- **Reconnaitre si deux suites de nombres sont proportionnelles.** p. 166
- **Chercher une « quatrième proportionnelle ».** p. 168
- **Comparer des proportions.** p. 171
- **Chercher une valeur d'une grandeur proportionnelle à plusieurs autres grandeurs.** p. 173
- **Chercher une valeur d'une grandeur inversement proportionnelle à une autre grandeur.** p. 174

TESTER SES CONNAISSANCES

QCM 1 Quelles phrases sont vraies ?

Aide : §1.1 p. 161

A. Le périmètre d'un cercle est proportionnel à son rayon.
B. L'aire d'un disque est proportionnelle à son rayon.
C. Le volume d'un cube est proportionnel à la longueur de son arête.
D. La taille d'un enfant est proportionnelle à son âge.
E. La longueur de la diagonale d'un carré est proportionnelle à celle de son côté.

QCM 2 Pour que ce tableau soit un tableau de proportionnalité :

Aide : §1.1 p. 161 et 1.2 p. 164

14	28	70	98
21	x	y	z

il faut remplacer (x, y, z) par :
A. (35, 77, 105) **B.** (42, 98, 168) **C.** (42, 105, 147)

QCM 3 Trois personnes s'associent pour créer une entreprise. La première apporte 45 000 €, la deuxième 57 000 €, la troisième 60 000 €. À la fin de l'année, elles doivent se partager un bénéfice net de 9 000 € proportionnellement à leur apport initial.
Quelle somme d'argent la première personne doit-elle recevoir ?

Aide : §2.1 p. 170

A. 2 000 € **B.** 3 000 € **C.** 1 500 € **D.** 3 461,50 € **E.** 2 500 €

QCM 4 Quelle(s) droite(s) représente(nt) une situation de proportionnalité ?

Aide :
§1.3 p. 166

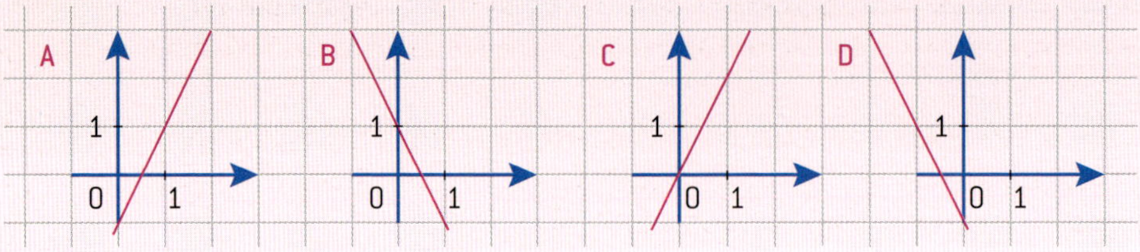

1. A, E 2. C 3. E 4. C

LE COURS

1 Suites de nombres proportionnelles

1.1 Définition

Deux suites de nombres réels, ayant le même nombre de termes, **sont proportionnelles** si on peut passer de chaque terme de la première suite au terme correspondant de la deuxième suite par un même opérateur multiplicatif.

On représente souvent la correspondance entre les deux suites par un tableau.

L'opérateur multiplicatif qui permet de passer de chaque terme de la première suite à chaque terme de la deuxième est aussi appelé **coefficient de proportionnalité entre la première suite et la deuxième**.

EXEMPLE : Tableau A

$\times \frac{3}{4}$ ↓ (de la 1re ligne à la 2e) ; $\times \frac{4}{3}$ ↑ (de la 2e ligne à la 1re)

6	10	14	20	26	34
4,5	7,5	10,5	15	19,5	25,5

Ce tableau A va servir d'exemple pour illustrer les propriétés numériques des suites proportionnelles.

Cas général : Tableau B

$\times a$ ↓ ; $\times \frac{1}{a}$ ↑

x_1	x_2	x_3	x_4	…	x_n
y_1	y_2	y_3	y_4	…	y_n

On a : $y_1 = ax_1$; $y_2 = ax_2$; $y_3 = ax_3$; $y_4 = ax_4$; $y_n = ax_n$ (1)

Le coefficient de proportionnalité entre la 2e suite et la 1re $\left(\frac{1}{a}\right)$ est l'inverse du coefficient de proportionnalité entre la 1re suite et la 2e (a).

Les égalités (1) traduisent le fait que si deux suites de nombres sont proportionnelles, il existe une fonction appelée **fonction linéaire**

$$f : \mathbb{R} \longrightarrow \mathbb{R}$$
$$x \longmapsto ax$$

telle que la deuxième suite soit l'image de la première par cette fonction.

➤ **Fonction linéaire,** chap. 7 p. 144

CORRIGÉ QCM 1 : Cette définition des suites proportionnelles permet de savoir si les affirmations sont vraies.

QCM 1, p. 159

- **Affirmation A :** Si on considère les deux suites qui mettent en relation le périmètre $\mathcal{P}$ et le rayon r d'un cercle, on a $\mathcal{P} = 2\pi r$. Les suites sont proportionnelles et le coefficient de proportionnalité est égal à 2π.
- **Affirmation E :** Si on considère les deux suites qui mettent en relation la longueur de la diagonale d'un carré D et la longueur de son côté C, on a $D = C\sqrt{2}$. Les suites sont proportionnelles et le coefficient de proportionnalité est égal à $\sqrt{2}$.
- **Pour les autres propositions,** un contre-exemple suffit à prouver que les suites qui leur sont associées ne sont pas proportionnelles puisqu'on ne passe pas de chaque terme à son correspondant par le même opérateur multiplicatif :

Affirmation B en utilisant la formule $\mathcal{A} = \pi r^2$	Affirmation C en utilisant la formule $\mathcal{V} = a^3$	Affirmation D
r : 1 ; 2 — $\mathcal{A}$: π ; 4π	a : 1 ; 2 — $\mathcal{V}$: 1 ; 8	Si l'affirmation était exacte, un enfant qui mesure 0,75 m à 1 an devrait mesurer 7,5 m à 10 ans !

➤ Périmètre d'un cercle : $\mathcal{P} = 2\pi r$ (p. 476)

➤ Longueur d'une diagonale d'un carré : $D = C\sqrt{2}$ (p. 476)

➤ Aire d'un disque : $\mathcal{A} = \pi r^2$ (p. 476)

➤ Volume d'un cube : $\mathcal{V} = a^3$ (p. 476)

CORRIGÉ QCM 2 : La définition permet également de savoir si les affirmations sont vraies. On passe de 14 à 21 par l'opérateur multiplicatif $\times \frac{3}{2}$ (ou $\times$ 1,5) qui doit donc être appliqué dans tous les cas, ce qui donne : $x = 42$, $y = 105$ et $z = 147$ (**affirmation C**).

QCM 2, p. 159

Plus loin, nous verrons d'autres méthodes pour reconnaitre ou compléter des suites proportionnelles.

ENTRAINEMENT 1

Corrigé p. 176

Les suites de nombres suivantes sont-elles des suites proportionnelles ?

a. (10 ; 11 ; 12 ; 13) et (35 ; 38,5 ; 42 ; 45,5).

b. (0,5 ; 0,75 ; 0,9 ; 1,5 ; 2) et (2 ; 2,5 ; 2,8 ; 4 ; 5).

ENTRAINEMENT 2

Corrigé p. 176

Compléter ces deux suites pour qu'elles soient proportionnelles :

suite n° 1 : 5 ; 7 ; ? ; ? ; 12 **suite n° 2 :** 6 ; ? ; 10,2 ; 12 ; ?.

1.2 Propriétés numériques des suites proportionnelles

Nous allons étudier six propriétés.

A. Propriétés relatives à l'ordre

Si le coefficient de proportionnalité est **positif**, la proportionnalité **respecte l'ordre**.
Si le coefficient de proportionnalité est **négatif**, la proportionnalité **inverse l'ordre**.

Ce que l'on peut traduire par :

- Si deux suites de nombres sont proportionnelles et si le coefficient de proportionnalité est **positif**, l'ordre selon lequel sont rangés les nombres de la deuxième suite est **le même** que celui selon lequel sont rangés les nombres de la première suite.

EXEMPLES : Tableau A

6	10	14	20	26	34
4,5	7,5	10,5	15	19,5	25,5

On voit que les deux suites proportionnelles, dont le coefficient de proportionnalité entre la première et la deuxième suite est positif (× 3/4), ont leurs nombres rangés dans le même ordre.

- Si deux suites de nombres sont proportionnelles et si le coefficient de proportionnalité est **négatif**, l'ordre selon lequel sont rangés les nombres de la deuxième suite est **inverse** à celui selon lequel sont rangés les nombres de la première suite.

Tableau A' :

6	10	14	20	26	34
−3	−5	−7	−10	−13	−17

On voit que les deux suites proportionnelles, dont le coefficient de proportionnalité entre la première et la deuxième est négatif (× (−0,5)), ont leurs nombres rangés en ordre inverse.

DÉMONSTRATION : Supposons que les deux suites suivantes ont un coefficient de proportionnalité négatif :

$\times a$ ↓

x_1	x_2
y_1	y_2

Dans ce cas, on a : $a < 0$ et $y_1 = ax_1$ et $y_2 = ax_2$.

Supposons que $x_1 < x_2$.

On sait que la multiplication des deux membres d'une inégalité par un nombre négatif entraine un changement de sens de cette inégalité.

On a donc : $ax_1 > ax_2$, donc $y_1 > y_2$, ce qui démontre la propriété.

➤ **Calcul sur les inégalités,** chap. 3 p. 57

Attention !

Il ne faut pas confondre croissance et proportionnalité ! La taille d'un enfant croît avec son âge, et pourtant la taille n'est pas proportionnelle à l'âge.

➤ QCM 1, proposition D.

B. Propriété additive de linéarité

Si deux suites sont proportionnelles, **l'image d'une somme est la somme des images.**

EXEMPLE : Tableau A

(6 + 14 → 20 ; 4,5 + 10,5 → 15)

$\times \frac{3}{4}$ ↓ ↑ $\times \frac{4}{3}$

6	10	14	20	26	34
4,5	7,5	10,5	15	19,5	25,5

Cette propriété peut être traduite par :

Quels que soient les nombres $x_1 ; x_2$ et $y_1 ; y_2$

Cas général : Tableau B

$\times a$ ↓ ↑ $\times \frac{1}{a}$

x_1	x_2	$x_1 + x_2$
y_1	y_2	$y_1 + y_2$

ou dans le langage des fonctions : $f(x_1 + x_2) = f(x_1) + f(x_2)$ (II)

DÉMONSTRATION : Si les deux suites sont proportionnelles, et si a est le coefficient de proportionnalité entre la première suite et la seconde, on a :

$y_1 = ax_1$; $y_2 = ax_2$ et donc : $y_1 + y_2 = ax_1 + ax_2 = a(x_1 + x_2)$.

On a utilisé la propriété de la distributivité de la multiplication par rapport à l'addition.

Donc $y_1 + y_2$ est bien l'image de $(x_1 + x_2)$ par la fonction linéaire f qui à x fait correspondre $y = ax$.

Cette propriété est aussi vérifiée avec la soustraction : $f(x_1 - x_2) = f(x_1) - f(x_2)$.

C. Propriété multiplicative de linéarité[1]

Si deux suites sont proportionnelles, **l'image du double, du triple... d'un nombre est le double, le triple... de l'image de ce nombre.**

EXEMPLE : Tableau A

$\times 2$ (de 10 à 20, première ligne) ; $\times \frac{3}{4}$ (de la première ligne à la seconde) ; $\times \frac{4}{3}$ (de la seconde ligne à la première)

6	10	14	20	26	34
4,5	7,5	10,5	15	19,5	25,5

$\times 2$ (de 7,5 à 15, seconde ligne)

Cette propriété peut être traduite par :

Quels que soient les nombres x, y et k :

Cas général : Tableau B

$\times k$ (de la première colonne à la seconde) ; $\times a$ (de la première ligne à la seconde) ; $\times \frac{1}{a}$ (de la seconde ligne à la première)

x	kx
y	ky

$\times k$

ou dans le langage des fonctions : $f(kx) = kf(x)$ (III)

DÉMONSTRATION : Si les deux suites sont proportionnelles, et si a est le coefficient de proportionnalité entre la première et la seconde, on a :

$y = ax$ et donc : $ky = k(ax) = a(kx)$.

On a utilisé la commutativité et l'associativité de la multiplication.

Donc ky est bien l'image de kx par la fonction linéaire f qui à x fait correspondre $y = ax$.

Cette propriété est aussi vérifiée avec la division : $f\left(\frac{x}{k}\right) = \frac{f(x)}{k}$.

À propos des deux propriétés de linéarité[2]

Ces deux propriétés (propriété « additive » pour (II) et propriété « multiplicative » pour (III) qui est aussi appelée propriété d'homogénéité) sont caractéristiques de la proportionnalité et des fonctions linéaires.

Deux suites qui vérifient ces propriétés pour tous les nombres sont des suites proportionnelles, et la fonction associée est une fonction linéaire.

Ces deux propriétés permettent donc de **compléter des suites proportionnelles**.

1. Cette propriété est aussi appelée propriété d'homogénéité ou propriété scalaire.

2. On parle aussi de l'aspect « isomorphisme » de la proportionnalité (ou de la fonction linéaire) pour désigner ces propriétés de linéarité.

CORRIGÉ QCM 2, affirmation C :

QCM 2, p. 159

- Pour trouver x, on remarque que 28 est le double de 14, donc x doit être le double de 21 (soit 42).
- Pour trouver y, on remarque que 70 est égal à 14×5, donc y doit être égal à 21×5 (soit 105).
- Pour trouver z, on remarque que 98 est la somme de 28 et de 70, donc z doit être égal à la somme de x et de y (soit $42 + 105 = 147$).

Pour trouver x et y, on a utilisé la propriété multiplicative de la linéarité.
Pour trouver z, on a utilisé la propriété additive de la linéarité.

En revanche, il suffit de trouver, parmi tous les nombres composant deux suites, un seul exemple où l'une des propriétés de linéarité n'est pas vérifiée pour que les deux suites ne soient pas proportionnelles.

EXEMPLE :

Suite 1	7	3	10
Suite 2	9,1	3,9	12

Ces deux suites ne sont pas proportionnelles car $10 = 7 + 3$ alors que $12 \neq 9,1 + 3,9$.

D. Propriété des « rapports égaux »

À partir des égalités (I) :

$y_1 = ax_1$; $y_2 = ax_2$; ... ; $y_n = ax_n$

on déduit les égalités du type :

$$\frac{y_1}{x_1} = \frac{y_2}{x_2} = \frac{y_3}{x_3} = \frac{y_4}{x_4} = \frac{y_5}{x_5} = ... = \frac{y_n}{x_n} = a \quad \text{(IV)}$$

à condition qu'aucun des nombres x_i ne soit nul.

Autrefois, le terme « proportion » désignait l'égalité de deux rapports telle que : $\frac{y_1}{x_1} = \frac{y_2}{x_2}$.
Il est aujourd'hui tombé en désuétude.

EXEMPLE :

6	10	14	20	26	34
4,5	7,5	10,5	15	19,5	25,5

Tous les rapports obtenus en faisant le quotient d'un nombre de la deuxième suite par le nombre correspondant de la première sont égaux :

$$\frac{4,5}{6} = \frac{7,5}{10} = \frac{10,5}{14} = \frac{15}{20} = \frac{19,5}{26} = \frac{25,5}{34}.$$

Ils sont égaux au coefficient de proportionnalité entre la 1re et la 2e suite, soit $\frac{3}{4}$.

E. Propriété dite « du produit en croix »

➤ **Fractions égales,** chap. 3 p. 46

À partir de l'égalité des rapports (IV) :

$$\frac{y_1}{x_1} = \frac{y_2}{x_2} = \frac{y_3}{x_3} = \frac{y_4}{x_4} = \frac{y_5}{x_5} = ... = \frac{y_n}{x_n}$$

En utilisant une propriété de l'égalité de deux fractions, on en déduit les égalités :

$x_1y_2 = x_2y_1$ ou $x_2y_5 = x_5y_2$ ou ...

EXEMPLES : Tableau A

On peut illustrer cette propriété par l'identification des produits égaux à l'aide de croix :

6	10	14	20	26	34
4,5	7,5	10,5	15	19,5	25,5

$10 \times 10{,}5 = 7{,}5 \times 14 = 105$ $\quad$ $20 \times 25{,}5 = 15 \times 34 = 510$

Cette propriété dite « du produit en croix » permet de compléter des tableaux de proportionnalité, en particulier dans le cas où un couple de nombres associés est connu et où on cherche le nombre associé à un autre nombre.

Tableau B

Suite 1	12	18
Suite 2	7	x

Ces deux suites étant données comme proportionnelles, on peut calculer x d'après la propriété du produit en croix : $12x = 7 \times 18$, donc $x = \frac{7 \times 18}{12} = \frac{21}{2}$ ou 10,5.

F. Propriété des écarts

Pour deux suites proportionnelles, **à des écarts égaux entre les nombres de la première suite** correspondent **des écarts égaux entre les nombres correspondants de la deuxième suite.**

EXEMPLE

6	10	14	20	26	34
4,5	7,5	10,5	15	19,5	25,5

Il y a le même écart (6) entre 14 et 20 d'une part, et 20 et 26 d'autre part, et donc le même écart (4,5) entre 10,5 et 15 d'une part, et 15 et 19,5 d'autre part.

Attention ! Cette propriété n'est pas vérifiée seulement dans le cas de la proportionnalité et des fonctions linéaires. C'est aussi une propriété des fonctions affines. Constater que cette propriété est vérifiée pour deux suites de nombres ne permet donc pas de conclure qu'elles sont proportionnelles.

ENTRAINEMENT 3

Corrigé p. 176

Utiliser les propriétés précédentes pour compléter le tableau suivant de telle sorte que les suites de nombres en relation soient des suites proportionnelles.

12	60	4,5	52,5	?	?
26	?	?	?	78	139,75

1. 3 Propriété graphique des suites proportionnelles

Soient deux suites proportionnelles :

x_1	x_2	x_3	x_4	…	x_n
y_1	y_2	y_3	y_4	…	y_n

($\times a$ de la première ligne vers la deuxième ; $\times \frac{1}{a}$ de la deuxième vers la première)

On considère les couples de nombres formés par un nombre de la première suite et son image dans la deuxième : (x_1, y_1) ; (x_2, y_2) ; (x_3, y_3) ; (x_4, y_4) ; …

Dans un système d'axes gradués régulièrement à partir de 0 (repère du plan), **les points dont les coordonnées sont ces couples sont alignés sur une droite qui passe par l'origine des axes.**

Cette propriété est caractéristique des suites proportionnelles. Elle est liée au fait qu'à deux suites proportionnelles est associée une fonction linéaire dont la représentation graphique est une droite passant par l'origine du repère.

➤ **Fonctions linéaires**, chap. 7 p. 144

CORRIGÉ QCM 4 : Seul le **graphique C** correspond à une situation de proportionnalité pour laquelle on peut, par exemple, établir ce tableau de proportionnalité (× 2 étant le coefficient de proportionnalité) :

QCM 4, p. 160

Suite 1 (axe des abscisses)	0	0,5	1	1,5
Suite 2 (axe des ordonnées)	0	1	2	3

↓ × 2

La fonction linéaire associée est : $f : \mathbb{R} \longrightarrow \mathbb{R}$

$x \longmapsto 2x$

FICHE MÉTHODE **Reconnaitre si deux suites de nombres sont proportionnelles.**

→ Ces deux suites de nombres sont-elles proportionnelles ?

5	15	20	22,5	25	45
2	6	8	9,5	10	18

méthode 1. Coefficient de proportionnalité

1. Calculer l'opérateur multiplicatif qui permet d'associer le 1er terme de la 2e suite au 1er terme de la 1re suite.	C'est × 0,4.
2. Vérifier qu'il permet d'obtenir tous les couples formés d'un nombre de la 1re suite et de son correspondant de la 2e suite.	Il permet d'associer : 15 et 6 ; 20 et 8 ; 25 et 10 ; 45 et 18 ; mais pas 22,5 et 9,5.

La **méthode 1** est la plus efficace pour confirmer une hypothèse de proportionnalité, sauf dans le cas où le graphique associé aux deux suites est déjà établi.

méthode 2. Propriétés de linéarité

Contrôler que les propriétés de linéarité (additive et multiplicative) sont toujours vérifiées.	La propriété multiplicative n'est pas vérifiée si on considère les couples (22,5 ; 9,5) et (45 ; 18) car 45 est le double de 22,5 alors que 18 n'est pas le double de 9,5.

Les **méthodes 2 à 5** sont surtout utiles pour établir un contre-exemple qui suffit à démonter qu'il n'y a pas proportionnalité entre les deux suites. Le plus souvent, on cherche alors un couple suspect qu'on soumet à l'épreuve des ces méthodes.

méthode 3. Rapports égaux

Contrôler que la propriété des « rapports égaux » est toujours vérifiée.	Elle ne l'est pas, par exemple, pour les couples (20 ; 8) et (22,5 ; 9,5) puisque : $\frac{20}{8} \neq \frac{22,5}{9,5}$.

méthode 4. Produit en croix

Contrôler que la propriété du « produit en croix » est toujours vérifiée.	Elle ne l'est pas, par exemple, pour les couples (5 ; 2) et (22,5 ; 9,5) puisque $5 \times 9,5 \neq 2 \times 22,5$.

méthode 5. Écarts

Contrôler que la propriété des écarts est toujours vérifiée.	Elle ne l'est pas toujours puisque, à des écarts égaux dans la 1re suite entre 20 et 22,5, et entre 22,5 et 25, ne correspondent pas des écarts égaux dans la 2e suite : il y a 1,5 d'écart entre 8 et 9,5, mais 0,5 d'écart entre 9,5 et 10.

Méthode 5 : Ce n'est pas parce que la propriété des écarts est vérifiée avec tous les nombres des suites que celles-ci sont obligatoirement proportionnelles. Elle ne peut pas permettre d'affirmer que deux suites sont proportionnelles.

méthode 6. Ordre

Pour un ordre des nombres croissant pour la 1re suite, l'ordre dans la 2e suite est-il : – soit toujours croissant ? – soit toujours décroissant ? Attention ! Le fait de répondre par l'affirmative à cette question ne prouve pas que les suites sont proportionnelles.	Il est croissant pour la 1re suite et pour la 2e suite. Le fait de répondre par l'affirmative ne permet pas de confirmer l'hypothèse de proportionnalité. C'est seulement dans le cas où les ordres des nombres dans les deux suites ne seraient pas respectés qu'on pourrait affirmer que les deux suites ne sont pas proportionnelles, par exemple si à la place du couple (22,5 ; 9,5) on avait le couple (22,5 ; 10,5).

La **méthode 6** n'est utile que pour démentir rapidement la proportionnalité, lorsque la propriété relative à l'ordre n'est pas respectée.

méthode 7. Graphique

1. Construire un graphique (avec des axes gradués régulièrement à partir de 0) représentant les couples associés de la 1re et de la 2e suite.	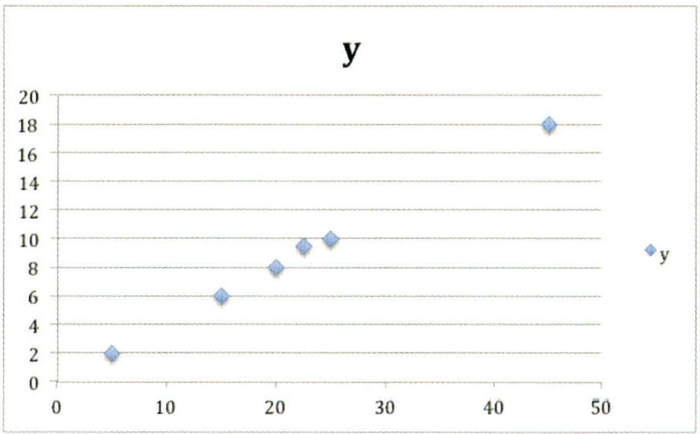
2. Vérifier si les points obtenus sont tous alignés avec l'origine.	Le point de coordonnées (22,5 ; 9,5) n'est pas aligné avec les autres.

La **méthode 7** est très efficace lorsque le graphique est déjà établi ou facile à construire, et que les points associés aux couples de nombres sont placés avec précision.

Conclusion : Les deux suites ne sont pas proportionnelles.

Avec ces diverses méthodes, il est plus facile de montrer que deux suites sont non proportionnelles que de montrer que deux suites sont proportionnelles. Dans le 1er cas, il suffit de trouver un seul contre-exemple alors que dans le 2e cas, il faut examiner tous les cas possibles.

En particulier, les propriétés additives et multiplicatives (méthode 2) sont souvent utiles pour reconnaitre que deux suites de nombres ne sont pas proportionnelles. Leur utilisation est moins pertinente pour prouver que deux suites de nombres sont proportionnelles, car il faudrait examiner de façon exhaustive tous les cas possibles.

ENTRAINEMENT 4

Corrigé p. 176

Reconnaitre parmi les suites de nombres mises en relation dans les tableaux suivants celles qui ne sont pas proportionnelles.

a.

10	5	2	12	50	57
28	14	5,6	33,6	140	159,6

b.

16	48	64	80	6	86
30	90	120	136	20	156

2 Problèmes de proportionnalité

En s'appuyant sur la définition et sur les propriétés précédentes, on peut énoncer plusieurs méthodes qui permettent de reconnaitre ou compléter des suites de nombres proportionnelles ou de résoudre des problèmes faisant intervenir la proportionnalité.

2.1 Problèmes de 4e proportionnelle

Dans ce type de problème, on a affaire à deux suites, composées chacune de deux nombres. Trois des quatre nombres sont connus. On doit chercher le quatrième pour que les deux suites soient proportionnelles. D'où l'appellation « **problème de 4e proportionnelle** ».

FICHE MÉTHODE Chercher une « 4e proportionnelle ».

→ 6 mètres de tissu coûtent 4 €. Quel est le prix de 9 mètres du même tissu ?
L'énoncé suppose implicitement qu'on a affaire à une situation de proportionnalité mettant en jeu deux grandeurs et qui peut être représentée par le tableau suivant :

Longueur de tissu acheté (en m)	6	9
Prix à payer (en €)	4	?

La résolution de ce problème permet de mettre en évidence différentes méthodes possibles.

méthode 1. Coefficient de proportionnalité

1. Calculer l'opérateur multiplicatif qui permet d'associer le 1er terme de la 2e suite au 1er terme de la 1re suite. C'est le coefficient de proportionnalité.

Longueur (en m)	6	9	$\times \frac{4}{6} = \frac{2}{3}$ ↓
Prix à payer (en €)	4	?	

2. Utiliser l'opérateur pour trouver le nombre associé au 2e terme de la 1re suite.

Calcul : $9 \times \frac{2}{3} = 6$.

méthode 2. Propriétés de linéarité

Plusieurs procédures sont possibles.

2.1 Combiner les propriétés de linéarité (additive et multiplicative).

	: 2 →		
Longueur (en m)	6	3	9 (= 6 + 3)
Prix à payer (en €)	4	2	**6** (= 4 + 2)
	: 2 →		

Ce qui correspond au raisonnement suivant :
6 m coûtent 4 €
donc 3 m coûtent 2 € (la moitié du prix)
et 9 m coûtent **6 €** (le prix de 6 m + le prix de 3 m).

2.2 Utiliser un rapport de « linéarité » appelé aussi « rapport scalaire ».

Attention ! Il ne faut pas confondre le rapport scalaire (qui varie selon les couples de données considérés) et le coefficient de proportionnalité (ici × 2/3) qui est un rapport constant entre le nombre exprimant un prix et le nombre exprimant la quantité correspondante.

× 3/2 →

Longueur (en m)	6	9
Prix à payer (en €)	4	**6**

× 3/2 →

On cherche à « passer directement de 6 à 9 » par un rapport scalaire (ici, en multipliant 6 par $\frac{9}{6}$ ou $\frac{3}{2}$).

2.3 Passer par l'unité ou « règle de trois ».

On utilise seulement la propriété multiplicative, en passant par 1 dans la 1re liste.

Cette procédure est également connue sous le nom de « **règle de trois** ».

: 6 → × 9 →

Longueur (en m)	6	1	9
Prix à payer (en €)	4	$\frac{4}{6}$	6

: 6 → × 9 →

Ce qui correspond au raisonnement suivant :

6 m de tissu coûtent 4 € → on écrit : 4

1 m coûte 6 fois moins → on écrit : $\frac{4}{6}$

9 m coûtent 9 fois plus → on écrit : $\frac{4}{6} \times 9 = \frac{4 \times 9}{6}$.

méthode 3. Rapports égaux

Utiliser la propriété des « rapports égaux ».

Si on appelle x le terme inconnu (jusque-là désigné par ?), on peut écrire : $\frac{4}{6} = \frac{x}{9}$.

Il reste alors à résoudre cette équation :

$6x = 4 \times 9$, donc $6x = 36$, et $\boldsymbol{x = 6}$.

méthode 4. Produit en croix

Utiliser la propriété du « produit en croix ».

$6x = 4 \times 9$, donc $x = \frac{4 \times 9}{6}$, et $\boldsymbol{x = 6}$.

La **méthode 4** du « produit en croix » aboutit au même calcul final que les méthodes 2.3 et 3, mais avec un raisonnement différent.

méthode 5. Graphique

1. Placer le point, dont les coordonnées sont le couple connu, dans un graphique avec des axes gradués régulièrement à partir de 0.

2. Tracer la droite passant par ce point et l'origine du repère.

3. Repérer sur cette droite le point qui a pour abscisse le 2e nombre de la 1re liste.

4. Lire l'ordonnée correspondante.

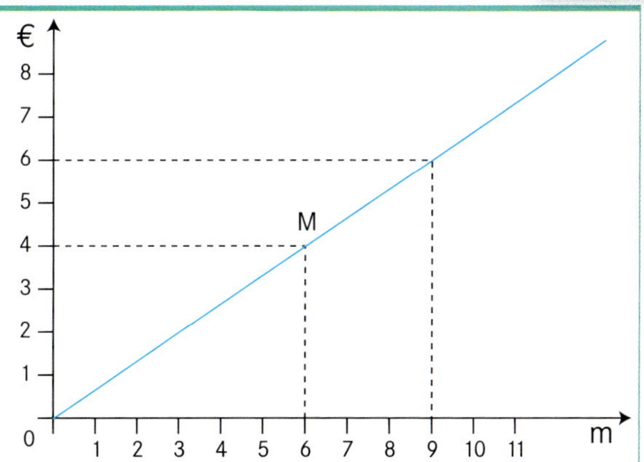

On place le point M associé au couple (6 ; 4).

On trace la droite (OM).

On cherche ensuite le point de la droite d'abscisse 9.

L'ordonnée de ce point fournit la solution du problème, soit **6**.

Bien que ce soit peu pertinent ici, nous présentons tout de même cette méthode. Elle ne fournit souvent qu'une valeur approchée du résultat.

CORRIGÉ QCM 3 : Cette question peut être considérée comme un problème de recherche de quatrième proportionnelle qui peut être modélisée ainsi :

QCM 3, p. 159

Investissement en €	162 000	45 000
Bénéfice en €	9 000	x

Dans la 1re colonne figurent les données pour l'ensemble des personnes : l'investissement (45 000 + 57 000 + 60 000 = 162 000 €) et le bénéfice (9 000 €).
Dans la 2e colonne figurent l'investissement et le bénéfice pour la 1re personne.
En utilisant par exemple le produit en croix, on a : $162\,000x = 45\,000 \times 9\,000$.

Donc : $x = \dfrac{45\,000 \times 9\,000}{162\,000} = 2\,500$. La 1re personne doit donc recevoir **2 500 €**.

ENTRAINEMENT 5

Corrigé p. 177

Il faut 325 kg de pommes pour obtenir 200 litres de cidre.
Quelle quantité de cidre obtiendra-t-on avec 1 tonne de pommes ?
Quelle quantité de pommes faut-il pour fabriquer 1 500 litres de cidre ?

ENTRAINEMENT 6

Corrigé p. 177

Une plaque de bois rectangulaire de 30 cm sur 90 cm pèse 2,5 kg. Combien pèse une plaque rectangulaire de 15 cm sur 45 cm découpée dans la même planche ?

ENTRAINEMENT 7

Corrigé p. 177

Un système d'engrenages relie une roue dite émettrice (E) à une roue dite réceptrice (R). On dresse un tableau indiquant, pour chaque nombre de tours de la roue E, le nombre de tours correspondant de la roue R.
Recopier et compléter ce tableau en indiquant la méthode ou le raisonnement utilisés pour le compléter :

Nombre de tours de la roue E	Nombre de tours de la roue R
14	4
21	6
	10
70	

ENTRAINEMENT 8

Corrigé p. 177

Dans un immeuble, les charges sont réparties proportionnellement aux surfaces des logements. L'immeuble comporte trois studios de 35 m^2 chacun, deux F2 de 60 m^2 chacun, deux F3 de 75 m^2 chacun et trois F4 de 100 m^2 chacun.
Le montant annuel des charges pour tout l'immeuble est de 20 250 €.
Calculer le montant, arrondi au centième près, des charges pour chaque appartement.

2. 2 Problèmes de comparaison de proportions

Le terme **proportion** désigne ici le rapport entre une partie et un tout, ou entre deux parties d'un tout. Dans certains problèmes, il s'agit de comparer ce type de proportions.

FICHE MÉTHODE Comparer des proportions.

→ Quel mélange est le plus vert des deux ?
– Le mélange A est obtenu avec 5 litres de peinture blanche et 3 litres de peinture verte.
– Le mélange B est obtenu avec 7 litres de peinture blanche et 4 litres de peinture verte.

On examine ici les proportions respectives de peinture blanche et de peinture verte dans deux mélanges, en admettant que la couleur de chaque mélange ne change pas si les proportions sont conservées.
La difficulté vient du fait que ces proportions ne sont pas directement comparables. Pour réaliser cette comparaison, on peut mobiliser différentes méthodes.

méthode 1. Comparer les deux sous-quantités

1. Calculer l'opérateur multiplicatif qui permet, dans chaque cas, de passer d'une sous-quantité à l'autre sous-quantité.
Cet opérateur exprime le rapport sous-quantité 2 / sous-quantité 1.

Mélange **A**

Quantité de peinture blanche (en L)	5
Quantité de peinture verte (en L)	3

$\times \frac{3}{5}$

Mélange **B**

Quantité de peinture blanche (en L)	7
Quantité de peinture verte (en L)	4

$\times \frac{4}{7}$

2. Comparer les coefficients, ce qui revient à comparer les rapports sous-quantité 2 / sous-quantité 1, par exmple en réduisant au même dénominateur.

$\frac{3}{5} = \frac{21}{35}$ et $\frac{4}{7} = \frac{20}{35}$

$\frac{21}{35} > \frac{20}{35}$ donc $\frac{3}{5} > \frac{4}{7}$

3. Le plus grand coefficient correspond à la sous-quantité 2 qui représente une part proportionnellement plus grande par rapport à la sous-quantité 1.

Le plus grand coefficient correspond au mélange A.
Le mélange A est le plus vert.

La fraction $\frac{3}{5}$ correspond à « 3 L de vert pour 5 L de blanc » et traduit la proportion entre les parties, verte et blanche, du mélange.
Idem pour $\frac{4}{7}$.
La **méthode 1** revient à comparer les rapports entre deux parties d'un tout.

méthode 1 bis.

Pour compléter les 2e colonnes, on peut utiliser la propriété multiplicative de linéarité, le produit en croix ou les rapports égaux.

On choisit de passer par la même quantité de peinture blanche, soit $5 \times 7 = 35$.

Mélange **A**

Quantité de peinture blanche (en L)	5	35
Quantité de peinture verte (en L)	3	21

Mélange **B**

Quantité de peinture blanche (en L)	7	35
Quantité de peinture verte (en L)	4	20

Pour la même quantité de peinture blanche, on a plus de peinture verte dans le mélange A que dans le mélange B.
Le mélange A est le plus vert.

La **méthode 1 bis** peut être mise œuvre avec un raisonnement différent en se ramenant à un référent commun pour l'une des sous-quantités.

méthode 2. Comparer l'une des sous-quantités à la quantité totale

<table>
<tr><td>1. Calculer l'opérateur multiplicatif qui permet, dans chaque cas, de passer de la quantité totale à l'une des sous-quantités.
Cet opérateur exprime le rapport sous-quantité choisie / quantité totale.</td><td>Mélange A
<table><tr><td>Quantité totale (en L)</td><td>8</td></tr><tr><td>Quantité de peinture verte (en L)</td><td>3</td></tr></table>$\times \frac{3}{8}$
Mélange B
<table><tr><td>Quantité totale (en L)</td><td>11</td></tr><tr><td>Quantité de peinture verte (en L)</td><td>4</td></tr></table>$\times \frac{4}{11}$</td></tr>
<tr><td>2. Comparer les coefficients, ce qui revient à comparer les rapports sous-quantité / quantité totale par exemple en réduisant au même dénominateur.</td><td>$\frac{3}{8} = \frac{33}{88}$ et $\frac{4}{11} = \frac{32}{88}$
$\frac{33}{88} > \frac{32}{88}$ donc $\frac{3}{8} > \frac{4}{11}$</td></tr>
<tr><td>3. Le plus grand coefficient correspond à une proportion plus importante de la sous-quantité envisagée dans le mélange.</td><td>Le plus grand coefficient correspond au mélange A.
Le mélange A est le plus vert.</td></tr>
</table>

La **méthode 2** revient à comparer les rapports entre deux parties d'un tout.

méthode 2 bis.

<table>
<tr><td>Pour compléter les 2e colonnes, on peut utiliser la propriété multiplicative de linéarité, le produit en croix ou les rapports égaux.
<u>Remarque</u> : Si on avait choisi 100 comme quantité totale commune, on obtiendrait le pourcentage de l'une des sous-quantités par rapport à la quantité totale.</td><td>On choisit de passer par la même quantité de peinture totale, soit $8 \times 11 = 88$.
Mélange A
<table><tr><td>Quantité totale (en L)</td><td>8</td><td>88</td></tr><tr><td>Quantité de peinture verte (en L)</td><td>3</td><td>33</td></tr></table>Mélange B
<table><tr><td>Quantité de peinture blanche (en L)</td><td>11</td><td>88</td></tr><tr><td>Quantité de peinture verte (en L)</td><td>4</td><td>32</td></tr></table>Pour la même quantité totale, on a plus de peinture verte dans le mélange A que dans le mélange B.
Le mélange A est le plus vert.</td></tr>
</table>

ENTRAINEMENT 9

Corrigé p. 178

Dans un récipient, Jean a mis 2 litres d'eau et 25 g de sucre ;
Pierre a mis 4,5 litres d'eau et 55 g de sucre ;
Sophie a mis 0,75 litre d'eau et 10 g de sucre.
Choisir la procédure qui vous parait la plus pertinente pour répondre à cette question : quelle est l'eau la plus sucrée ?

ENTRAINEMENT 10

Corrigé p. 178

Pour faire une boisson à la framboise, André met 4 volumes de sirop pour 7 volumes d'eau, alors que Béatrice met 5 volumes de sirop pour 9 volumes d'eau.
Quelle est la boisson qui a le plus le gout de framboise ?

2. 3 Problèmes de proportionnalité multiple

Dans ces problèmes, une grandeur est fonction de plusieurs autres, dans une relation de proportionnalité avec chacune d'entre elles prises séparément.

FICHE MÉTHODE Chercher une valeur d'une grandeur proportionnelle à plusieurs autres grandeurs.

→ 6 vaches produisent en moyenne 4 000 litres de lait en 30 jours.
Combien de jours faut-il à 18 vaches pour produire 72 000 litres de lait ?

Le volume de lait est considéré comme proportionnel au nombre de vaches (le nombre de jours étant fixé) et comme proportionnel au nombre de jours (le nombre de vaches étant fixé).

1. Faire varier proportionnellement deux grandeurs en gardant les autres fixes.

On s'intéresse d'abord à la variation du nombre de litres de lait en fonction du nombre de vaches, le nombre de jours étant fixe. On utilise ici la propriété multiplicative de la linéarité (on aurait pu utiliser d'autres propriétés de la proportionnalité).

×3 (de 6 à 18)

Nombre de vaches	6	18
Nombre de jours	30	30
Volume de lait (en L)	4 000	12 000

2. Recommencer avec un autre couple de grandeurs, autant de fois que nécessaire.

On s'intéresse ensuite à la variation du nombre de litres de lait en fonction du nombre de jours, le nombre de vaches étant fixe. On utilise à nouveau la propriété multiplicative de la linéarité.

×3 (de 6 à 18)

Nombre de vaches	6	18	18
Nombre de jours	30	30	180
Volume de lait (en L)	4 000	12 000	72 000

×6 (de 12 000 à 72 000)

Il faut donc 180 jours.

ENTRAINEMENT 11 Corrigé p. 178

6 poules mangent 36 kg de grain en 9 jours.
18 poules pondent 12 œufs en 4 jours.
Quelle quantité de grain faut-il pour que ces 18 poules pondent 1 080 œufs ?

2. 4 Problèmes de proportionnalité inverse

Deux grandeurs sont dites inversement proportionnelles lorsque, par exemple, l'une des deux grandeurs est multipliée par 2, 3, 4... alors que simultanément l'autre grandeur est divisée par 2, 3, 4...
Cela revient à ce que la suite de nombres correspondants à la première grandeur soit proportionnelle à la suite des nombres inverses de ceux de la deuxième suite.
Si deux suites de nombres x_i et y_i sont inversement proportionnelles, le produit $x_i \times y_i$ a une valeur constante.

EXEMPLE : Voici 3 suites

Suite 1	3	6	12	30	36

Suite 2	24	12	6	2,4	2

Suite 3	$\frac{1}{24}$	$\frac{1}{12}$	$\frac{1}{6}$	$\frac{10}{24}$	$\frac{1}{2}$

Les suites 1 et 2 sont inversement proportionnelles.

La suite 3 est formée des nombres inverses de ceux de la suite 2.

On vérifie facilement que les suites 1 et 3 sont des suites proportionnelles, le coefficient de proportionnalité entre ces deux suites étant égal à $\times \frac{1}{72}$.

On vérifie également les égalités suivantes qui prouvent que les suites 1 et 2 sont inversement proportionnelles :

$3 \times 24 = 6 \times 12 = 12 \times 6 = 30 \times 2{,}4 = 36 \times 2$.

FICHE MÉTHODE Chercher une valeur d'une grandeur inversement proportionnelle à une autre grandeur.

➜ 3 peintres peignent une chambre en 6 heures.
Combien de temps faut-il à 4 peintres pour peindre la même pièce ?
Et à 5 peintres ? Et à 6 peintres ?

Dans cette situation, la durée du travail est inversement proportionnelle au nombre de peintres. On fait l'hypothèse que si le nombre de peintres double, la durée du travail est réduite de moitié (ce qui ne correspond pas tout à fait à la réalité…).

méthode 1. Passage par l'unité

Utiliser un raisonnement en passant par l'unité pour l'une des grandeurs.	• **Si 3 peintres** mettent 6 heures, 1 peintre mettra 3 fois plus de temps, donc 18 heures. • **4 peintres** mettront 4 fois moins de temps qu'un seul peintre, donc **4,5 h (ce qui correspond à 18:4) ou 4 h 30 min.** • **5 peintres** mettront 5 fois moins de temps qu'un seul peintre, donc **3,6 h (ce qui correspond à 18:5) ou 3 h 36 min.** • **6 peintres** mettront 6 fois moins de temps qu'un seul peintre, donc **3 h.** Remarque : Pour 6 peintres, on aurait pu dire directement qu'ils mettront deux fois moins de temps que 3 peintres.

$3{,}6 \text{ h} = 3 \text{ h} + \frac{6}{10} \text{ h}$
$= 3 \text{ h} + \frac{36}{60} \text{ h} = 3 \text{ h } 36 \text{ min}.$

méthode 2. Suites proportionnelles des nombres x_i et $\frac{1}{y_i}$

Utiliser le fait que si deux suites de nombres x_i et y_i sont inversement proportionnelles, les suites de nombres x_i et $\frac{1}{y_i}$ sont proportionnelles.	(tableau ci-dessous) La question revient à résoudre des problèmes de 4e proportionnelle.

Nombre de peintres	3	4	5	6
Inverse du nombre d'heures	$\frac{1}{6}$	$\frac{1}{a}$	$\frac{1}{b}$	$\frac{1}{c}$

Pour trouver a, on peut utiliser le produit en croix :

$3 \times \frac{1}{a} = 4 \times \frac{1}{6}$

donc $\frac{3}{a} = \frac{4}{6} = \frac{2}{3}$

donc $\frac{a}{3} = \frac{3}{2}$ et

$a = 3 \times \frac{3}{2} = \frac{9}{2} = 4{,}5.$

méthode 3. Produit $x_i \times y_i$ constant

<table>
<tr>
<td>Utiliser le fait que si deux suites de nombres x_i et y_i sont inversement proportionnelles, le produit $x_i \times y_i$ a une valeur constante.</td>
<td>

Nombre de peintres	3	4	5	6
Nombre d'heures	6	a	b	c

Les produits de nombres associés sont égaux.
D'où $a = \frac{18}{4} = \frac{9}{2} = 4{,}5$; $b = \frac{18}{5} = 3{,}6$...
</td>
</tr>
</table>

ENTRAINEMENT 12

Corrigé p. 178

Lesquels de ces tableaux correspondent à des suites inversement proportionnelles ?

a.

3	4	6	10	12
20	15	10	6	5

b.

10	8	60	15	60
12	15	3	8	2

ENTRAINEMENT 13

Corrigé p. 178

5 camions mettent 12 jours pour transporter les déblais d'un chantier.
Combien de camions faut-il pour réaliser le même travail en 10 jours ?

CORRIGÉS EXERCICES D'ENTRAINEMENT

ENTRAINEMENT 1

Énoncé p. 161

a. Oui : coefficient de proportionnalité égal à $\times$ 3,5.

b. Non : il n'y a pas d'opérateur multiplicatif constant pour passer des nombres de la 1re suite à ceux de la 2e suite (il faut multiplier 0,5 par 4 pour obtenir 2 ; alors qu'il faut multiplier 2 par 2,5 pour obtenir 5).

ENTRAINEMENT 2

Énoncé p. 161

Le coefficient permettant de passer de la suite 1 à la suite 2 est : $\times\frac{6}{5}$ ou $\times$ 1,2, et celui qui permet de passer de la 2 à 1 est : $\times\frac{5}{6}$ (qui n'est pas un nombre décimal).

- **Suite n° 1 :** 5 ; 7 ; $\frac{51}{6}$ = **8,5** ; **10** ; 12.
- **Suite n° 2 :** 6 ; $\frac{42}{5}$ = **8,4** ; 10,2 ; 12 ; $\frac{72}{5}$ = **14,4.**

ENTRAINEMENT 3

Énoncé p. 165

Les propriétés de linéarité permettent de compléter le tableau :

12	60	4,5	52,5	**36**	**64,5**
26	**130**	**9,75**	**113,75**	78	139,75

EXEMPLES DE PROCÉDURE

- **Le nombre associé à 60** peut être trouvé en utilisant la propriété multiplicative de linéarité, car 60 = 12 $\times$ 5. Son associé est donc égal à 26 $\times$ 5 = 130.
- **Le nombre associé à 4,5** peut être trouvé en utilisant le produit en croix : 60 $\times x$ = 130 $\times$ 4,5. Donc x = 130 $\times$ 4,5 / 60 = 9,75.
- **Le nombre associé à 52,5** peut être trouvé en utilisant la propriété des écarts : l'écart entre 4,5 et 52,5 est le même que l'écart entre 12 et 60 (c'est 48), donc l'écart entre 9,75 et l'image de 52,5 est le même que l'écart entre 26 et 130 (donc 104). L'image de 52,5 est donc 113,75 (9,75 + 104 = 113,75).
- **Le nombre associé à 139,75** peut être trouvé en utilisant la propriété additive de linéarité, car 139,75 = 130 + 9,75. Son associé est donc égal à 60 + 4,5 = 64,5.

ENTRAINEMENT 4

Énoncé p. 167

- **Tableau a :** On peut mettre en évidence que tous les termes de la 2e suite sont obtenus à partir de ceux de la 1re suite en utilisant l'opérateur $\times$ 2,8 ou $\frac{28}{10}$.
Les deux suites sont donc proportionnelles.
- **Tableau b :** La propriété additive de linéarité permet de débusquer le couple (80 ; 136). L'image de 80 (16 + 64) devrait être 150 (30 + 120).
Ces deux suites ne sont donc pas proportionnelles.

> **Les propriétés additives et multiplicatives** sont souvent utiles pour reconnaitre que deux suites de nombres ne sont pas proportionnelles. Leur utilisation est parfois moins pertinente pour prouver que deux suites de nombres sont proportionnelles, car il faudrait examiner de façon exhaustive tous les cas possibles.

ENTRAINEMENT 5

Énoncé p. 170

Les données peuvent être placées dans un tableau de proportionnalité :

Quantité de pommes (en kg)	325	1 000	y
Quantité de cidre (en L)	200	x	1 500

- **Pour trouver x,** on peut, par exemple, utiliser la méthode du produit en croix :

$325x = 200\ 000$. D'où $x = \dfrac{200\ 000}{325} \approx 615$.

Avec 1 tonne de pommes, on aura donc environ **615 litres de cidre.**

- **Pour trouver y,** on peut, par exemple, utiliser la propriété multiplicative de linéarité en considérant que $1\ 500 = 200 \times 7{,}5$, d'où $y = 325 \times 7{,}5 = 2\ 437{,}5$.

Il faudra donc **2 437,5 kg de pommes** pour fabriquer 1 500 litres de cidre.

ENTRAINEMENT 6

Énoncé p. 170

La plaque étant d'épaisseur constante, sa masse est proportionnelle à son aire :
– la 1re plaque a une aire de 2 700 cm^2 ;
– la 2e plaque a une aire de 675 cm^2 donc une aire 4 fois plus petite que la 1re plaque (car $2\ 700 = 675 \times 4$).
Elle pèse donc 625 g.

> Attention ! Chaque dimension du rectangle initial a été divisé par 2, l'aire est donc divisée par 4 (et non par 2).

ENTRAINEMENT 7

Énoncé p. 170

On admet ici que, dans un engrenage, le nombre de tours de la roue R est proportionnel au nombre de tours de la roue E. On peut utiliser les propriétés de linéarité (en remarquant que $4 + 6 = 10$, puis que $70 = 2 \times 35$) ou le coefficient de proportionnalité.

Nombre de tours de la roue E	Nombre de tours de la roue R
14	4
21	6
35	10
70	**20**

ENTRAINEMENT 8

Énoncé p. 170

Le problème peut être schématisé par le tableau de proportionnalité suivant, sachant que la somme totale correspond à l'aire totale :

	Studio	F2	F3	F4	Total
Aire (en m^2)	35	60	75	100	$3 \times 35 + 2 \times 60 + 2 \times 75 + 3 \times 100 = 675$
Charges (en €)	a	b	c	d	$3a + 2b + 2c + 3d = 20\ 250$

En utilisant les rapports égaux : $\dfrac{a}{35} = \dfrac{b}{60} = \dfrac{c}{75} = \dfrac{d}{100} = \dfrac{20\ 250}{675} = 30$

Donc : $a = 1\ 050$ € **$c = 2\ 250$ €**
$b = 1\ 800$ € **$d = 3\ 000$ €.**

> On peut également utiliser le coefficient de proportionnalité entre aire et charges : $\times 30$.

AUTRE MÉTHODE :

Une solution équivalente consiste à calculer le prix au m^2 (qui est justement égal au quotient $\dfrac{20\ 250}{675}$) puis, pour chaque appartement, à le multiplier par le nombre de m^2.

ENTRAINEMENT 9

Énoncé p. 172

On peut comparer les quantités de sucre par litre d'eau en calculant le rapport sucre/eau avec, comme référent commun, le volume d'eau (à savoir 1L).
Jean : 12,5 g/L ; Pierre : 12,22 g/L et Sophie : 13,33 g/L.

Sophie a donc le mélange le plus sucré.

ENTRAINEMENT 10

Énoncé p. 172

On peut, par exemple, chercher la quantité de sirop que chacun mettrait pour un même volume d'eau (par exemple pour 63 volumes). **La boisson d'André a plus le gout de framboise** (36 volumes de sirop) que celle de Béatrice (35 volumes de sirop).

ENTRAINEMENT 11

Énoncé p. 173

- Lorsque le nombre de poules ne varie pas (et reste égal à 18), on fait l'hypothèse que le nombre d'œufs est proportionnel au nombre de jours.
Ce qui, pour 18 poules, donne le tableau suivant :

Nombre de jours	4	x
Nombre d'œufs	12	1 080

On peut utiliser le fait que le nombre de jours est le tiers du nombre d'œufs.
Donc $x = 1\,080 : 3 = 360$.
Il faut donc nourrir les 18 poules pendant **360 jours** pour avoir 1 080 œufs.

- La question de la quantité de grain nécessaire pour nourrir les 18 poules pendant 360 jours se traduit par un problème de double proportionnalité qui peut être résumé par le tableau suivant :

	×3 →		×40 →
Nombre de poules	6	18	18
Nombre de jours	9	9	360
Quantité de grain (en kg)	36	108	4 320

Dans une 1re étape (passage de la 1re à la 2e colonne), le nombre de jours est constant (égal à 9) et on fait l'hypothèse que la quantité de grain mangée est proportionnelle au nombre de poules. Ensuite (passage de la 2e à la 3e colonne), le nombre de poules reste constant (égal à 18) et on fait l'hypothèse que la quantité de grain mangée est proportionnelle au nombre de jours, ce qui est résumé dans le tableau.

Il faudra donc 4 320 kg de grain.

ENTRAINEMENT 12

Énoncé p. 175

a. Ces deux suites sont inversement proportionnelles.
Tous les produits de deux nombres associés sont égaux à 60.

b. Ces deux suites ne sont pas inversement proportionnelles.
Tous les produits de deux nombres associés sont égaux à 120, sauf le produit 60×3.

> On pourrait aussi chercher à vérifier si la 1re suite est proportionnelle à une suite constituée des nombres inverses de ceux de la 2e suite, mais cette seconde méthode serait plus fastidieuse.

ENTRAINEMENT 13

Énoncé p. 175

1 camion seul mettrait 5 fois plus de temps, soit 60 jours.
Pour faire le travail en 10 jours, il faudra 6 fois plus de camions, soit **6 camions**.
On vérifie que le nombre de camions est inversement proportionnel au nombre de jours nécessaires pour transporter les déblais, en contrôlant l'égalité $12 \times 5 = 6 \times 10$.

AU CONCOURS

EXERCICE 1

Corrigé p. 182

Parmi les affirmations suivantes, lesquelles sont vraies et lesquelles sont fausses ? Les réponses doivent être justifiées.

A. En versant 8 volumes de sirop de fraise dans 15 volumes d'eau, on aura une boisson plus sucrée que si l'on verse 5 volumes du même sirop dans 9 volumes d'eau.

B. Une cuve a deux robinets de vidange A et B.

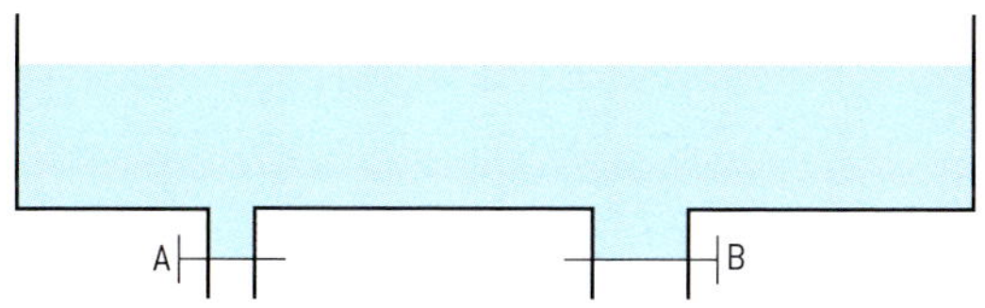

Si on ouvre seulement le robinet A, la cuve pleine se vide en 7 heures.
Si on ouvre seulement le robinet B, la cuve pleine se vide en 3 heures.
On ouvre les deux robinets en même temps.
La cuve pleine se vide en 2 heures et 6 minutes.

C. On considère la carafe sphérique ci-contre.
On s'intéresse au volume de liquide $\mathcal{V}$ contenu dans la carafe pour une hauteur h de remplissage.

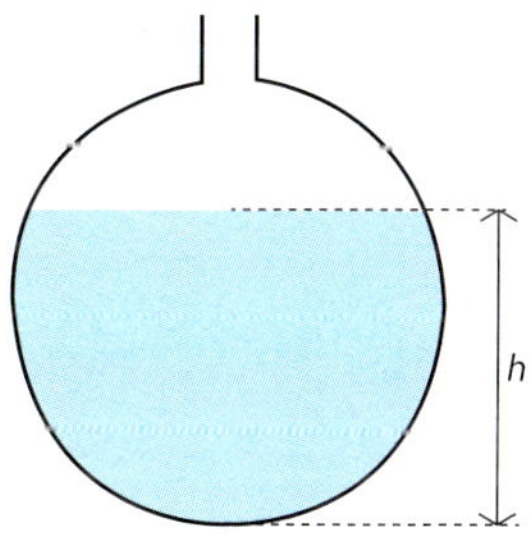

Le graphique ci-dessous représente $\mathcal{V}$ en fonction de h.

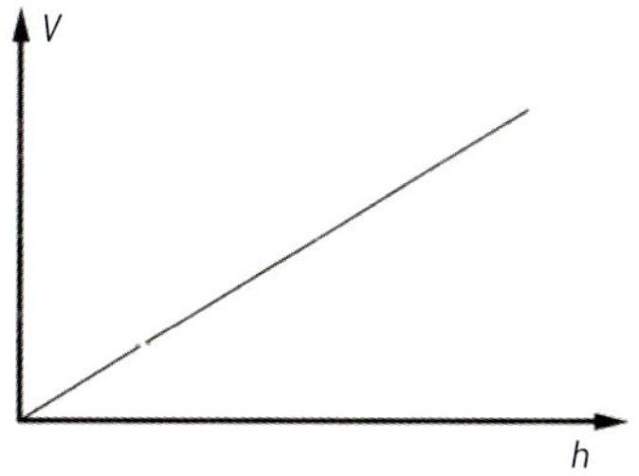

D. En période de sécheresse, un agriculteur a des réserves pour alimenter ses 8 vaches pendant 20 jours. Il accepte de prendre en charge 2 vaches de plus pour rendre service à son voisin.
Avec les mêmes réserves, il pourra nourrir toutes les vaches pendant 18 jours.

EXERCICE 2

Corrigé p. 183

Trois machines tournant à plein régime permettent de fabriquer 21 000 bouteilles en 5 jours. Combien de jours faudrait-il pour que 7 machines identiques travaillant dans les mêmes conditions fabriquent 88 200 bouteilles ?

EXERCICE 3

Corrigé p. 183

Trois enfants – Albert, Bernard et Charles – jouent une partie de billes. Au début de la partie, ils possèdent respectivement a billes, b billes, c billes.
(a, b, c) est proportionnel à $(3, 4, 5)$.
Après la partie, les nombres de billes des enfants sont respectivement proportionnels aux nombres 15, 16, 17.

a. À la fin de la partie, l'un des enfants a gagné 9 billes. Qui est-ce ? Justifier cette réponse.

b. Combien chacun avait-il de billes au début de la partie ?

EXERCICE 4

Corrigé p. 184

Analyser les procédures utilisées pour résoudre le problème proposé, en précisant les connaissances mathématiques sous-jacentes.
Analyser les erreurs éventuelles.

Élève A **Exercice 34**

10 objets identiques coûtent 22 €. Combien coûtent 15 de ces objets ?

Utilise ce cadre pour faire tes recherches

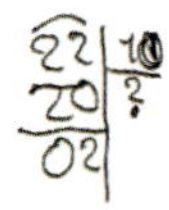

Réponse : 30 €

Élève B **Exercice 34**

10 objets identiques coûtent 22 €. Combien coûtent 15 de ces objets ?

Utilise ce cadre pour faire tes recherches

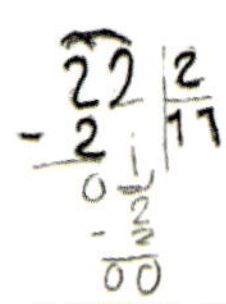

Réponse : 26

Élève C **Exercice 34**

10 objets identiques coûtent 22 €. Combien coûtent 15 de ces objets ?

Utilise ce cadre pour faire tes recherches

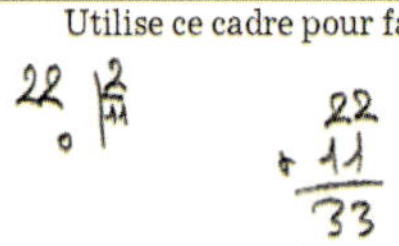

Réponse : 15 objets coûtent 336

Élève D **Exercice 34**

10 objets identiques coûtent 22 €. Combien coûtent 15 de ces objets ?

Utilise ce cadre pour faire tes recherches

22 ÷ 10 = 2,2
2,2 × 15 = 30,3

Réponse : 30,3 €

PROBLÈME 1

Corrigé p. 185

Dans des élections, il y a 3 candidats A, B et C.
Avec 3 597 voix, le candidat A l'emporte : il obtient, en pourcentage des voix exprimées, un score supérieur de 14 à celui obtenu par le candidat B et de 18 à celui obtenu par le candidat C.

❶ Quel est le pourcentage de voix obtenu par chacun des candidats ?

❷ Combien y a-t-il de voix exprimées à l'élection ?

❸ Si on représente les voix obtenues par le candidat A par un rectangle de hauteur 10 cm, quelle hauteur devrait avoir un rectangle de même largeur pour représenter proportionnellement les voix obtenues par le candidat B ?

PROBLÈME 2

Corrigé p. 185

Deux échelles de repérage de la température sont principalement utilisées : l'échelle Celsius et l'échelle Fahrenheit.
La température de la glace fondante correspond à 0 degré Celsius (°C) et à 32 degrés Fahrenheit (°F). La température d'ébullition de l'eau correspond à 100 °C et à 212 °F.
Les deux échelles sont régulières.

❶ Reproduire sur la copie, sous forme d'un schéma, le tube de thermomètre figurant ci-contre. Sur la partie gauche sont indiquées les graduations de l'échelle Celsius de 10 en 10, entre −50 °C et 100 °C.
a. Indiquer, à droite du tube, les valeurs correspondantes de l'échelle Fahrenheit. Expliciter votre démarche.
b. Existe-t-il une relation de proportionnalité entre les deux suites de nombres figurant sur votre dessin (échelle Fahrenheit et échelle Celsius) ? Justifier.

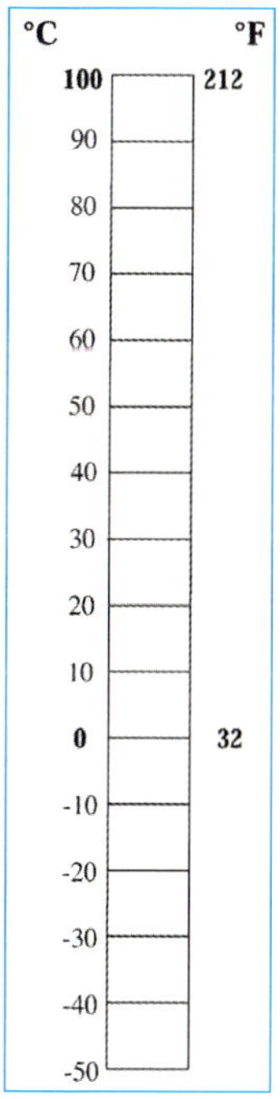

❷ Soit t la valeur en °C d'une température, et T la valeur en °F de la même température.
On admet qu'il existe entre T et t une relation de la forme $T = at + b$. Montrer que : $T = 1{,}8\,t + 32$.

❸ Le thermomètre indique 25 °C.
a. Calculer la valeur correspondante en °F.
b. Expliquez comment vous pouvez vérifier ce résultat sur votre dessin.

❹ Calculer la température à laquelle les deux échelles donnent la même valeur. Vérifier ce résultat sur le dessin.

EXERCICE 1

Énoncé p. 179

● Affirmation A

L'impression de sucré est apportée par la concentration en sirop de fraise.

Mélange 1

Nombre total de volumes (eau + sirop)	23
Nombre de volumes de sirop de fraise	8

↓ $\times \frac{8}{23}$

Mélange 2

Nombre total de volumes (eau + sirop)	14
Nombre de volumes de sirop de fraise	5

↓ $\times \frac{5}{14}$

$\frac{8}{23} = \frac{112}{322}$ et $\frac{5}{14} = \frac{115}{322}$

$\frac{5}{14} > \frac{8}{23}$, donc le mélange 2 est le plus sucré.

L'affirmation A est donc fausse.

AUTRE MÉTHODE :

On peut utiliser les rapports quantité de sirop de fraise/quantité d'eau :

Mélange 1 : le rapport est égal à $\frac{8}{15}$

Mélange 2 : le rapport est égal à $\frac{5}{9}$

Avec 45 comme dénominateur commun, on obtient : $\frac{8}{15} = \frac{24}{45}$ et $\frac{5}{9} = \frac{25}{45}$.

Donc $\frac{5}{9} > \frac{8}{15}$, ce qui montre que le mélange 2 est le plus sucré.

● Affirmation B

Pour chaque robinet, la quantité évacuée est proportionnelle au temps d'évacuation.

Soit V le volume contenu dans la cuve.

En 1 heure, le robinet A évacue un volume égal à $\frac{V}{7}$.

En 1 heure, le robinet B débite un volume égal à $\frac{V}{3}$.

En 1 heure, les deux robinets ouverts évacuent un volume égal à $\frac{V}{7} + \frac{V}{3} = \frac{10\,V}{21}$.

Pour les deux robinets ouverts, on peut donc formuler le problème par le tableau suivant :

Temps d'écoulement (en h)	1	x
Volume d'écoulement	$\frac{10\,V}{21}$	V

En utilisant le produit en croix, on obtient : $\frac{10V}{21}x = V$, d'où : $\frac{10}{21}x = 1$.

Donc : $x = \frac{21}{10}$ (en h), soit $x = 2 + \frac{1}{10}$ (en h).

Or $\frac{1}{10}h = 6$ min. Donc $x = 2$ h 6 min.

L'affirmation B est donc vraie.

- **Affirmation C**

Le graphique donné traduit la proportionnalité entre la hauteur h et le volume $\mathcal{V}$ (demi-droite passant par l'origine du repère).

On sait (par le « bon sens ») que le volume d'une calotte sphérique n'est pas proportionnel à la hauteur de remplissage : il faut « plus de liquide pour augmenter la hauteur h de 1 cm au voisinage du plan de section diamétral qu'au voisinage du « fond » de la carafe »…

> **Une formule « savante »** (hors programme) donne le volume d'une calotte sphérique où r est le rayon de la sphère :
> $\mathcal{V} = (\pi / 3) \times h^2 \times (3r - h)$
> Cette formule montre que $\mathcal{V}$ n'est pas une fonction linéaire de h ($\mathcal{V} \neq a \times h$ où a est une constante).

L'affirmation C est donc fausse.

- **Affirmation D**

Le raisonnement suivant peut être utilisé :

> Attention ! Le nombre de jours n'est pas proportionnel au nombre de vaches. Les deux données ne varient pas dans le même sens. Pour une même réserve d'aliments, quand le nombre de vaches augmente, le nombre de jours de nourriture diminue.

– Si l'agriculteur n'a qu'une seule vache, il peut la nourrir plus longtemps que s'il en a 8 ; il peut donc la nourrir pendant **160 jours**.
– S'il a 10 vaches, il peut les nourrir pendant 10 fois moins de temps que s'il n'en a qu'une ; il peut donc les nourrir pendant **16 jours**.

L'affirmation D est donc fausse.

EXERCICE 2

Énoncé p. 179

La durée de fabrication n'est évidemment pas proportionnelle au nombre de machines qui effectuent le travail. Elle est au contraire, comme l'énoncé le sous-entend, inversement proportionnelle au nombre de machines, c'est-à-dire que le produit $n \times t$ est constant (où n désigne le nombre de machines et t la durée mise par chaque machine). On peut utiliser un raisonnement du type suivant :

- En 1 jour, 3 machines fabriquent 4 200 bouteilles (21 000 : 5 = 4 200).
- En 1 jour, 1 machine fabrique 1 400 bouteilles (4 200 : 3 = 1 400).
- En 1 jour, 7 machines fabriquent 9 800 bouteilles (1 400 × 7 = 9 800).

Il faut donc 9 jours pour que les 7 machines fabriquent les 88 200 bouteilles (88 200 : 9 800 = 9).

EXERCICE 3

Énoncé p. 180

a. La situation au début de la partie peut être représentée par le tableau suivant, avec t désignant le nombre total de billes.

Nombre de billes	a	b	c	$t = a + b + c$
Nombres de la 2e suite	3	4	5	$12 = 3 + 4 + 5$

En utilisant la propriété des rapports égaux,

on a : $\dfrac{a}{3} = \dfrac{b}{4} = \dfrac{c}{5} = \dfrac{t}{12}$.

D'où $a = \dfrac{t}{4}$ $b = \dfrac{t}{3}$ $c = \dfrac{5t}{12}$ (1)

> - La dernière colonne est obtenue en utilisant la propriété additive de la linéarité.
> - Pour obtenir les égalités (1), on aurait pu aussi utiliser la propriété des produits en croix.

À la fin de la partie, le nombre total de billes t est inchangé et la situation peut être représentée par le tableau suivant :

Nombre de billes	a'	b'	c'	$t = a' + b' + c'$
Nombres de la 2e suite	15	16	17	$48 = 15 + 16 + 17$

En utilisant le même raisonnement que précédemment, on obtient :

$a' = \frac{5t}{16}$ $\qquad b' = \frac{t}{3}$ $\qquad c' = \frac{17t}{48}$ $\quad$ (2)

On constate d'après les égalités (1) et (2) que : $a < a'$, $b = b'$ et $c > c'$.

C'est donc Albert (qui possède a billes) **qui a gagné des billes.**

b. Comme Albert a gagné 9 billes, on a :

$a' - a = \frac{5t}{16} - \frac{t}{4} = \frac{t}{16} = 9$ $\quad$ d'où $\quad t = 144$.

Des égalités (1) on déduit **les quantités initiales de billes :**

$\boldsymbol{a = 36} \qquad \boldsymbol{b = 48} \qquad \boldsymbol{c = 60}$**.**

EXERCICE 4

Énoncé p. 180

La situation évoquée est une situation de proportionnalité entre les quantités d'objets et les prix à payer.

- **Elève A :** Il cherche d'abord le prix unitaire (division posée de 22 par 10), puis le prix des 15 objets (multiplication mentale du prix unitaire obtenu par 15).
Il utilise donc la méthode de « passage par l'unité » (ou règle de trois) qui met en œuvre la propriété multiplicative de la linéarité (à deux reprises).
L'erreur vient du fait qu'il a utilisé la division euclidienne (avec reste non nul) et que le quotient n'est pas le prix exact d'un objet.
Sa réponse est donc erronée.

- **Elève B :** Il cherche d'abord le prix de 5 objets (division par 2 du prix de 10 objets), puis ajoute le prix trouvé au nombre 15.
Dans son premier calcul, il utilise la propriété multiplicative de la linéarité.
L'erreur vient du fait qu'il a ensuite ajouté le prix trouvé (11 €) au nombre d'objets (15) au lieu de l'ajouter au prix de 10 objets.
Sa réponse est donc erronée.

- **Elève C :** Il cherche d'abord le prix de 5 objets (division par 2 du prix de 10 objets), puis ajoute le prix trouvé au prix de 10 objets.
Dans son premier calcul, il utilise la propriété multiplicative de la linéarité, et dans le deuxième, il utilise la propriété additive de la linéarité.
Sa réponse est correcte.

- **Elève D :** Il cherche d'abord le prix unitaire (division mentale de 22 par 10), puis le prix des 15 objets (multiplication mentale du prix unitaire obtenu par 15).
Comme l'élève A, il utilise donc la méthode de « passage par l'unité » (ou règle de trois) qui met en œuvre la propriété multiplicative de la linéarité (à deux reprises).
L'erreur vient du fait que son deuxième calcul est erroné : il a multiplié séparément la partie entière et la partie après la virgule de 2,2 par 15 (erreur classique qui provient de la conception de l'écriture à virgule comme celle de deux nombres entiers accolés qui peuvent être traités indépendamment l'un de l'autre).
Sa réponse est donc erronée.

CORRIGÉS PROBLÈMES

PROBLÈME 1

Énoncé p. 181

Soit a, b et c les scores obtenus, en pourcentage des voix exprimées, par chacun des candidats A, B et C.
Soit n le nombre de suffrages exprimés.

❶ D'après l'énoncé :
$a + b + c = 100$ (total des scores en pourcentage),
$b = a - 14$, $c = a - 18$.
En reportant les valeurs de b et c dans la première équation, on obtient :
$a + a - 14 + a - 18 = 100$ d'où $3a - 32 = 100$ et $a = 44$.
D'où les pourcentages obtenus par chaque candidat :
A : 44 % **B : 30 %** **C : 26 %.**

❷ D'après l'énoncé :
$0{,}44 \times n = 3\,597$, donc $n = \dfrac{359\,700}{44}$ = **8 175 suffrages exprimés.**

❸ La hauteur des rectangles est proportionnelle au nombre de voix, donc au pourcentage de voix.
Le problème peut être traduit par le tableau suivant :

	Voix (en %)	Hauteur du rectangle (en cm)
A	44	10
B	30	x

En utilisant la propriété du produit en croix, on obtient :
$44x = 30 \times 10$ d'où $x = \dfrac{300}{44} \approx 6{,}8$.
La hauteur devrait donc être d'environ 6,8 cm.

PROBLÈME 2

Énoncé p. 181

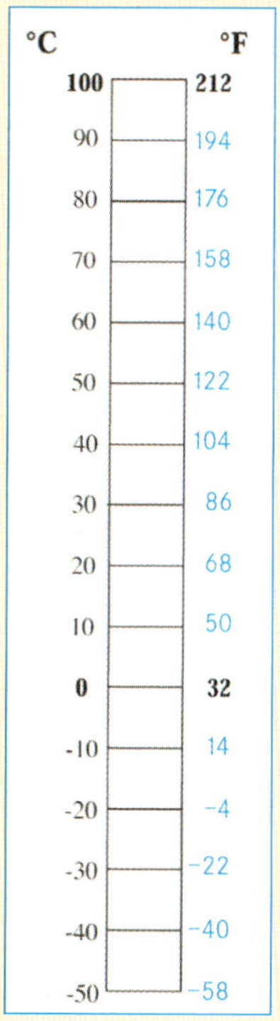

❶ **a.** Il y a proportionnalité entre d'une part, la distance qui sépare deux repères (ou le nombre d'intervalles car la graduation est régulière) et d'autre part, les écarts de température.
De plus, entre 32 °F et 212 °F, il y a 10 intervalles ; chaque intervalle correspond à = 18 °F (obtenu par $\dfrac{212-32}{10}$), ce qui permet de compléter la graduation en °F comme sur le schéma ci-contre.

b. Plusieurs arguments permettent d'affirmer qu'il n'y a pas de relation de proportionnalité entre les deux suites de nombres (il suffit d'en citer un seul).

- 0 °C n'est pas associé à 0 °F.
- Il n'existe pas de coefficient de proportionnalité (on passe de 10 à 50 en multipliant par 5, alors qu'on passe de −10 à 14 en multipliant par −1,4), ce qui peut être formulé par : il n'existe pas de nombre a tel que $f(x) = ax$, où x désigne la température en °C et $f(x)$ la température en °F.

● La relation multiplicative de linéarité n'est pas vérifiée : 50 est la moitié de 100 alors que 122 n'est pas la moitié de 212, ce qui peut être formulé par : $f(kx) \neq kf(x)$.

● La relation additive de linéarité n'est pas vérifiée : 70 est égal à 30 + 40 alors que 158 n'est pas égal à 86 + 104, ce qui peut être formulé par : $f(x+y) \neq f(x) + f(y)$.

❷ Il faut déterminer deux valeurs (a et b), donc deux équations doivent suffire. Il est commode de choisir l'image de 0. On peut choisir également l'image de 10, ce qui donne :

$$\begin{cases} 32 = a \times 0 + b & (1) \\ 50 = a \times 10 + b & (2) \end{cases}$$

L'équation (1) conduit à : $b = 32$.
En reportant dans (2), on obtient :
$50 = 10a + 32$, d'où on déduit : $a = 1{,}8$.
D'où la relation : $T = 1{,}8\,t + 32$.

On peut vérifier que la relation $T = 1{,}8\,t + 32$ est valide pour toutes les températures (mais ce n'est pas nécessaire, puisque la question postule l'existence de cette relation).

❸ **a.** Il suffit d'utiliser la relation qui vient d'être établie.
$T = (1{,}8 \times 25) + 32 = 77$, donc 25 °C correspond à **77 °F**.

b. 25 °C est « le milieu » de l'intervalle [20 °C ; 30 °C] sur l'échelle Celsius.
Il suffit de vérifier que 77 °F est également au milieu de l'intervalle [68 °F ; 86 °F], sur l'échelle Fahrenheit.
En effet : $77 - 68 = 86 - 77 = 9$ ou $68 + \dfrac{86-68}{2} = 77$ ou $\dfrac{86+68}{2} = 77$.

❹ Il faut que $T = t$ (T désignant la température en °F et t la température en °C).
On a alors : $t = 1{,}8\,t + 32$, donc $0{,}8\,t = -32$ et $t = -40$.
Donc –40 °C correspond à –40 °F, ce qui est vérifiable sur le schéma avec les valeurs calculées à la question 1.

CHAPITRE 9

Applications de la proportionnalité : vitesse moyenne, pourcentage, échelle

OBJECTIF DU CHAPITRE

– Résoudre des problèmes relatifs aux notions de vitesse moyenne, pourcentage et échelle.

FICHES MÉTHODE

TESTER SES CONNAISSANCES

QCM 1 Un athlète a couru le 100 m à la vitesse de 10 mètres par seconde.
Sa vitesse en km/h est :

A. 10 km/h **B.** 36 km/h **C.** 60 km/h **D.** 3,6 km/h

Aide : §1.2 p. 189

QCM 2 Pour rejoindre deux villes, un automobiliste met 2 h 30 min en roulant à la vitesse moyenne de 84 km/h.
La distance qui sépare les deux villes est de :

A. 33,6 km **B.** 210 km **C.** 193,2 km **D.** 126 km

Aide : §1.2 p. 189

QCM 3 Un automobiliste a roulé à la vitesse moyenne de 60 km/h sur un parcours de 210 km. Il a roulé pendant :

A. 2 h10 min **B.** 1 h 30 min **C.** 3 h 30 min **D.** 3,5 h

Aide : §1.2 p. 189

QCM 4 Sur 750 personnes interrogées dans un sondage, 270 déclarent acheter un quotidien. Le pourcentage de ces personnes qui déclarent acheter un quotidien est :

A. 36 % **B.** 48 % **C.** 0,36 % **D.** 64 % **E.** 0,64 %

Aide : §2.2 p. 192

QCM 5 En début d'année, une personne place une somme de 2 310 € qui doit rapporter 20 % au terme d'une année de placement.
De quelle somme devrait-elle disposer à la fin de l'année ?

A. 2 330 € **B.** 2 772 € **C.** 462 € **D.** 2 310,20 €

Aide : §2.3 p. 194

QCM 6 Une somme de 2 310 € placée en bourse a subi une baisse de 20 %. De quelle somme dispose-t-on en fin d'année ?

A. 2 290 € **B.** 2 110 € **C.** 462 € **D.** 1 848 €

Aide : §2.3 p. 195

QCM 7 Après une baisse de 20 %, le prix d'un article est affiché à 280 €. Son prix initial était :

A. 336 € **B.** 350 € **C.** 300 € **D.** 480 €

Aide : §2.3 p. 196

QCM 8 Un commerçant augmente le prix d'un article de 20 %, puis quelques mois plus tard il le solde avec une réduction de 20 %. Par rapport au prix initial, le prix soldé :

A. est resté inchangé
B. a augmenté de 5 %
C. a baissé de 2%
D. a baissé de 4 %

Aide : §2.4 p. 197

QCM 9 Sur un plan à l'échelle 1/50 000, quelle est la distance, à vol d'oiseau, entre deux villes éloignées de 25 cm sur le plan ?

A. 5 km **B.** 12,5 km **C.** 125 km **D.** 50 km

Aide : §3 p. 198

QCM 10 À vol d'oiseau, deux villes sont éloignées de 50 km. Quelle distance les sépare sur une carte au 1/200 000 ?

A. 2,5 cm **B.** 25 cm **C.** 40 cm **D.** 4 cm **E.** 10 cm

Aide : §3 p. 198

1. B 2. B 3. C, D 4. A 5. B 6. D 7. B 8. D 9. B 10. B

LE COURS

1 Vitesse moyenne

1.1 Définition

La vitesse moyenne v d'un mobile sur une **distance** d et pendant une **durée** t est la **vitesse fictive** que le mobile mettrait pour parcourir la même distance dans le même temps en se déplaçant régulièrement, d'une façon telle que **la distance parcourue soit proportionnelle à la durée.**

La vitesse est alors représentée par le coefficient de proportionnalité $\frac{d}{t}$.

d représente la distance parcourue,
v la vitesse moyenne sur le parcours considéré,
t la durée du parcours,
on a donc les relations : $d = vt$ $\quad v = \frac{d}{t}$ $\quad t = \frac{d}{v}$

Attention ! Il est nécessaire d'utiliser des unités cohérentes, par exemple :
– d en km, t en h, v en km/h
– d en m, t en s, v en m/s.

La relation $d = vt$ exprime le fait que :
– à **vitesse constante**, la distance est proportionnelle à la durée ;
– à **durée constante**, la distance est proportionnelle à la vitesse ;
– à **distance constante**, la vitesse et la durée sont inversement proportionnelles.

➤ **Proportionnalité inverse**, chap. 8 p. 173

> **La notion de « vitesse moyenne » est une notion théorique.** Elle correspond à la modélisation d'une situation de déplacement, dans laquelle on fait « comme si » le déplacement était effectué de manière régulière, avec une vitesse uniforme.

1.2 Problèmes liés à la notion de vitesse moyenne

On peut identifier trois types de questions relatives à la notion de vitesse moyenne :
— On demande la vitesse moyenne connaissant la distance et la durée du parcours.
— On demande la distance connaissant la vitesse moyenne et la durée du parcours.
— On demande la durée du parcours connaissant la vitesse moyenne et la distance.

On dispose de deux méthodes pour résoudre ces problèmes.

FICHE MÉTHODE : Trouver la vitesse moyenne, la distance ou la durée d'un parcours.

➜ QCM 1 : Un athlète a couru le 100 m à la vitesse de 10 mètres par seconde. Quelle est sa vitesse en km/h ?

➜ QCM 2 : Pour rejoindre deux villes, un automobiliste met 2 h 30 min en roulant à la vitesse moyenne de 84 km/h. Quelle distance sépare les deux villes ?

➜ QCM 3 : Un automobiliste a roulé à la vitesse moyenne de 60 km/h sur un parcours de 210 km. Quelle a été la durée de son parcours ?

QCM 1, 2 et 3, p. 187

<table>
<tr><th>méthode 1.
Relations liant vitesse, durée, distance</th><th>méthode 2.
Tableau de proportionnalité</th></tr>
<tr><td>Utiliser les formules reliant vitesse, durée et distance :
$d = vt$ $v = \frac{d}{t}$ $t = \frac{d}{v}$</td><td>1. Mettre en évidence, sous forme de tableau, les relations de proportionnalité entre les grandeurs concernées, par exemple distance et durée.
2. Utiliser les méthodes de résolution vues au chapitre 8 p. 159.</td></tr>
<tr><td>QCM 1
$v = \frac{d}{t} = \frac{10\text{m}}{1\text{s}} = \frac{36000\text{m}}{3600\text{s}} = \frac{36\text{km}}{1\text{h}}$
$= \textbf{36 km/h}$</td><td>QCM 1
$10\text{ m} = 0{,}01\text{ km}$ et $1\text{ s} = \frac{1}{3600}\text{ h}$.
On cherche la distance parcourue en 1 h.
<table><tr><th>Distance en km</th><th>0,01</th><th>d</th></tr><tr><td>Durée en h</td><td>$\frac{1}{3600}$</td><td>1</td></tr></table>Donc $0{,}01 = \frac{d}{3600}$ d'où $d = 3\,600 \times 0{,}01 = 36$.
L'athlète parcourt donc 36 km par heure.
Sa vitesse moyenne est de 36 km/h.</td></tr>
</table>

> Pour résoudre des problèmes de vitesse, on est souvent amené à exprimer en heures des durées données en heures et minutes et inversement (*voir entrainement 1*).

QCM 2 Pour calculer la longueur totale du parcours : $d = v \times t = 84$ km/h × 2,5 h = **210 km**.	**QCM 2** <table><tr><td>Distance en km</td><td>84</td><td>d</td></tr><tr><td>Durée en h</td><td>1</td><td>2 h 30 min = 2,5 h</td></tr></table>Donc $d = 84 \times 2{,}5 =$ **210 km**.
QCM 3 $t = \frac{d}{v} = \frac{210\text{km}}{60\text{km/h}} = 3{,}5\text{h}$ D'où $t = 3{,}5$ h = **3 h 30 min**.	**QCM 3** <table><tr><td>Distance en km</td><td>60</td><td>210</td></tr><tr><td>Durée en h</td><td>1</td><td>t</td></tr></table>Donc $60t = 210$, donc $t = \frac{210}{60} = 3{,}5$ h. Or 0,5 h = 1/2 h = 30 min. Donc $t =$ **3,5 h = 3 h 30 min**.

ENTRAINEMENT 1 Corrigé p. 199

Convertir 2,3 h en heures et minutes.
Convertir 1 h 25 min en écriture décimale.

ENTRAINEMENT 2 Corrigé p. 199

Voici les temps réalisés par trois coureurs au 100 m, au 200 m et au 400 m.
Calculer leurs vitesses moyennes en m/s, en m/h et en km/h.

a. 100 m en 10,25 s **b.** 200 m en 21 s **c.** 400 m en 47,5 s

ENTRAINEMENT 3 Corrigé p. 199

Une voiture roule à la vitesse moyenne de 85 km/h.
Combien de temps met-elle pour parcourir 136 km ?

ENTRAINEMENT 4 Corrigé p. 199

André a couru 50 m en 8 secondes et Béatrice 60 m en 10 secondes.

a. Qui court le plus vite ?

b. En quel temps Corinne doit-elle parcourir 80 m pour être aussi rapide que Béatrice ?

ENTRAINEMENT 5 Corrigé p. 200

Le TGV Paris-Lyon met 1 h 55 min pour relier les deux villes à la vitesse moyenne de 222 km/h.

a. Quelle est la distance ferroviaire entre Paris et Lyon ?

b. Lorsque deux TGV roulent à la vitesse de 275 km/h, quelle distance les sépare si on sait qu'ils se suivent à 4 minutes ?

ENTRAINEMENT 6 Corrigé p. 200

Un automobiliste roule pendant 1,5 h à la vitesse de 80 km/h, puis pendant 2 h à la vitesse moyenne de 100 km/h.
Quelle est sa vitesse moyenne sur l'ensemble du parcours ?

2 Pourcentage

2.1 Définition

La notion de pourcentage fournit un moyen d'exprimer une proportion, en choisissant un référent simple : 100.

Les formulations suivantes sont équivalentes :
25 pour 100 ; 50 pour 200 ; 1 pour 4 ; 250 pour 1 000.
Cette équivalence se traduit par les égalités : $\frac{25}{100}=\frac{50}{20}=\frac{1}{4}=\frac{250}{1000}$.
Un pourcentage est une façon d'exprimer un nombre comme une fraction de cent, ce qui se traduit par $25\ \% = \frac{25}{100} = 0,25$.

Ce nombre est aussi le coefficient de proportionnalité entre ces deux suites de nombres :

100	200	4	1 000
25	50	1	250

$\downarrow \times \frac{25}{100}$

Les problèmes relatifs aux pourcentages peuvent être regroupés en deux grandes catégories :
– problèmes de « pourcentage simple » ou relatifs à « l'application d'un pourcentage » ;
– problèmes d'augmentation et de diminution en pourcentage.

2.2 Problèmes de « pourcentage simple »

On applique un pourcentage p à une quantité q et on obtient une quantité q'.

Dans le cas où nous avons des lecteurs d'un quotidien en pourcentage d'une population, **on peut demander** :

- **q' connaissant q et p**

Si 48 % d'une population de 750 personnes lisent un quotidien, quel est le nombre de lecteurs ?

- **p connaissant q et q'**

Si 270 personnes sur 750 lisent un quotidien, quel est le pourcentage de lecteurs ?

- **q connaissant q' et p**

Les 150 lecteurs d'un quotidien représentent 20 % de la population interrogée. Combien de personnes sont interrogées ?

A. Appliquer un pourcentage

Prendre a % d'un nombre x revient à calculer : $x \times \frac{a}{100}$.

FICHE MÉTHODE Appliquer un pourcentage.

→ Si 48 % d'une population de 750 personnes lisent un quotidien, quel est le nombre de lecteurs ?

méthode 1. Utilisation de $x \times \frac{a}{100}$	méthode 2. Tableau de proportionnalité
Utiliser le fait que a % = $\frac{a}{100}$ et que prendre a % d'un nombre revient à le multiplier par $\frac{a}{100}$.	**Utiliser** les méthodes de résolution vues au chapitre 8 p. 159, avec un tableau de proportionnalité :
48 % de 750 sont donnés par : $750 \times \frac{48}{100} = \frac{750 \times 48}{100} = 360$. Remarque : Comme $\frac{48}{100} = 0{,}48$, on aurait pu aussi calculer directement $750 \times 0{,}48$.	(tableau ci-dessous) Avec la méthode du produit en croix par exemple, on obtient : $100x = 750 \times 48$, soit $x = \frac{750 \times 48}{100}$, soit $x = \mathbf{360}$.

Population totale	100	750
Lecteurs	48	x

ENTRAINEMENT 7 Corrigé p. 200

Calculer mentalement : **a.** 10 % de 200 € **b.** 15 % de 60 kg **c.** 25 % de 160 g.

B. Calculer un pourcentage

Le pourcentage de a par rapport à b est donné par le quotient $\frac{a}{b}$ qu'on cherche à exprimer sous la forme $\frac{x}{100}$ (ou x %).

FICHE MÉTHODE Calculer un pourcentage.

→ QCM 4 : Si 270 personnes sur 750 lisent un quotidien, quel est le pourcentage de lecteurs ? QCM 4, p. 187

méthode 1. Utilisation du quotient $\frac{a}{b}$	méthode 2. Tableau de proportionnalité
Utiliser le fait que le pourcentage de a par rapport à b est représenté par la fraction : $\frac{x}{100}$ égale à $\frac{a}{b}$.	**Utiliser** les méthodes de résolution vues au chapitre 8 p. 159, avec un tableau de proportionnalité :
Le pourcentage de 270 par rapport à 750 est $\frac{270}{750}$ qui est égal à : 0,36 ou encore à $\frac{36}{100}$. **Donc 270 est égal à 36 % de 750.**	(tableau ci-dessous) Avec la méthode du produit en croix par exemple, on obtient : $100 \times 270 = 750x$. Soit $x = \frac{100 \times 270}{750}$, soit $x = \mathbf{36}$.

Population totale	100	750
Lecteurs	x	270

Corrigé p. 200

ENTRAINEMENT **8**

Quel pourcentage de 45 € représentent 15 € ?

C. Quantité à laquelle a été appliqué un pourcentage

FICHE MÉTHODE **Retrouver une quantité à laquelle a été appliqué un pourcentage.**

→ Les 150 lecteurs d'un quotidien représentent 20 % de la population interrogée. Combien de personnes sont interrogées ?

méthode **1.** Utilisation du pourcentage $\frac{a}{100}$	méthode **2.** Tableau de proportionnalité
Utiliser le fait que $a\,\% = \frac{a}{100}$ et que prendre a % d'un nombre revient à le multiplier par $\frac{a}{100}$.	**Utiliser** les méthodes de résolution vues au chapitre 8 p. 159, avec un tableau de proportionnalité :
Soit q la population cherchée. 20 % de q sont égaux à 150. $q \times \frac{20}{100} = q \times 0{,}2 = 150.$ D'où $q = \frac{150}{0{,}2} = \frac{1500}{2} = 750.$ **La population interrogée est donc de 750 personnes.**	**Population totale** | 100 | x ; **Lecteurs** | 20 | 150 Avec la méthode du produit en croix par exemple, on obtient : $20x = 150 \times 100.$ Soit $x = \frac{150 \times 100}{20}$, soit $x = 750$.

Population totale	100	x
Lecteurs	20	150

Corrigé p. 200

ENTRAINEMENT **9**

Dans un vêtement, il y a 28 % de laine qui correspondent à 126 g. Quelle est la masse de ce vêtement ?

2.3 Problèmes d'augmentation et de diminution en pourcentages

Une valeur **v** subit une augmentation ou une diminution d'un pourcentage ***t*** donné pour aboutir à une valeur **v′**.

Dans le cas où une personne place une somme d'argent à un taux donné, **on peut alors demander** :

- ***v′* connaissant *v* et *t***

De quelle somme d'argent disposera-t-on en fin d'année en plaçant, en début d'année, 2 310 € à un taux de 20 % ?

- ***v* connaissant *v′* et *t***

Une somme d'argent placée à 20 % a permis de disposer en fin d'année de 510 €. Quelle somme d'argent a été placée en début d'année ?

- ***t* connaissant *v* et *v′***

600 € placés en début d'année ont permis de disposer de 720 € en fin d'année. De quel taux ce placement a-t-il bénéficié ?

A. Augmentation donnée en pourcentage

Soit x un nombre qui subit une augmentation de a %.

La valeur obtenue est donnée par : $x+x\times\frac{a}{100}=x\left(1+\frac{a}{100}\right)$.

Augmenter un nombre de a % revient à multiplier ce nombre par $1+\frac{a}{100}$.

FICHE MÉTHODE Calculer le résultat d'une augmentation donnée en pourcentage.

→ QCM 5 : Une personne place 2 310 € sur un plan d'épargne qui rapporte 20 % par an. Quel est son avoir à la fin de l'année ? QCM5, p. 187

méthode 1. Utilisation de la formule

Calculer directement la valeur finale en utilisant la formule établie ci-avant selon laquelle augmenter un nombre de a % revient à multiplier ce nombre par $1+\frac{a}{100}$.	Le résultat cherché est donné par : $2\,310\times\left(1+\frac{20}{100}\right)=2\,310\times1{,}2=2\,772$. Son avoir à la fin de l'année est de **2 772 €**.

méthode 2. En deux étapes

Calculer le montant de l'augmentation, puis ajouter ce montant à la valeur initiale. Si v est la valeur initiale et si l'augmentation est de a %, cette dernière correspond à $v\times\frac{a}{100}$ et la valeur finale à $v+v\times\frac{a}{100}$.	20 % de 2 310 € sont donnés par : $2\,310\times\frac{20}{100}=2\,310\times0{,}2=462$ puis $2\,310+462=2\,772$ Son avoir à la fin de l'année est de **2 772 €**.

ENTRAINEMENT 10 Corrigé p. 200

Dans un village, on recense 2 580 habitants en 2010. Jusqu'en 2012, la population augmente de 12 %. Combien ce village compte-t-il d'habitants à cette date ?

ENTRAINEMENT 11 Corrigé p. 200

Pour obtenir le nouveau prix, par quel nombre décimal faut-il multiplier un prix qui subit une augmentation de :

a. 15 % **b.** 8 % **c.** 100 % **d.** 200 % **e.** 0,3 %

B. Diminution donnée en pourcentage

Soit x un nombre qui subit une diminution de a %.

La valeur obtenue est donnée par : $x-x\times\frac{a}{100}=x\left(1-\frac{a}{100}\right)$.

Diminuer un nombre de a % revient à multiplier ce nombre par $1-\frac{a}{100}$.

FICHE MÉTHODE Calculer le résultat d'une diminution donnée en pourcentage.

→ QCM 6 : Une somme de 2 310 € placée en bourse a subi une baisse de 20 %.
De quelle somme dispose-t-on en fin d'année ?

QCM 6, p. 188

méthode 1. Utilisation de la formule

Calculer directement la valeur finale en utilisant la formule établie ci-avant selon laquelle diminuer un nombre de a % revient à multiplier ce nombre par $1-\frac{a}{100}$.	Le résultat cherché est donné par : $2\,310\times\left(1-\frac{20}{100}\right)=2\,310\times 0{,}8=1\,848$. La somme disponible en fin d'année est de **1 848 €**.

méthode 2. En deux étapes

Calculer le montant de la diminution, puis retrancher ce montant à la valeur initiale. Si v est la valeur initiale et si la diminution est de a %, cette dernière correspond à $v\times\frac{a}{100}$ et la valeur finale à $v-v\times\frac{a}{100}$.	20 % de 2 310 € sont donnés par : $2\,310\times\frac{20}{100}=2\,310\times 0{,}2=462$ puis $2310-462=1\,848$. La somme disponible en fin d'année est de **1 848 €**.

ENTRAINEMENT 12

Corrigé p. 200

Dans un village, on recense 2 580 habitants en 2010. Jusqu'en 2012, la population diminue de 12 %. Combien ce village compte-t-il d'habitants à cette date ?

ENTRAINEMENT 13

Corrigé p. 200

Pour obtenir le nouveau prix, par quel nombre décimal faut-il multiplier un prix qui subit une baisse de :

a. 15 % **b.** 8 % **c.** 50 % **d.** 0,3 %

C. Valeur initiale ayant subi une augmentation ou une diminution en pourcentage

Pour calculer cette valeur, il suffit d'utiliser les formules établies précédemment :

Pour une augmentation de p %, si v désigne la valeur initiale et v' la valeur finale,

on a : $v'=v\times\left(1+\frac{p}{100}\right)$. On a donc : $v=v':\left(1+\frac{p}{100}\right)$.

Pour une diminution de p %, si v désigne la valeur initiale et v' la valeur finale,

on a : $v'=v\times\left(1-\frac{p}{100}\right)$. On a donc : $v=v':\left(1-\frac{p}{100}\right)$.

CORRIGÉ QCM 7 : Après une baisse de 20 %, le prix d'un article est affiché à 280 €. Quel était son prix initial ?

QCM 7, p. 188

Le prix P' affiché suite à une baisse de 20 % est calculé en multipliant le prix initial P par $1-\frac{20}{100}$ ou par 0,8 soit $P'=P\times 0{,}8$.

Soit ici $280=P\times 0{,}8$.

Donc $P=\frac{280}{0{,}8}=350$.

Le prix initial était donc de **350 €**.

Attention !

Le prix initial ne s'obtient pas en appliquant une hausse de 20 % au prix final. Ceci donnerait 280 € × 1,2 = 336 €. Comme $336\times 0{,}8 \neq 280$, ce résultat est erroné.

ENTRAINEMENT 14

Corrigé p. 200

Un article a augmenté de 5 %. Il coute maintenant 155,40 €. Quel était son prix initial ?

D. Valeur d'une augmentation ou d'une diminution en pourcentage

Là encore, **pour calculer cette valeur,** il suffit d'utiliser les formules établies précédemment :

Pour une augmentation de p **%,** si v désigne la valeur initiale et v' la valeur finale, on a : $v'=v\times\left(1+\frac{p}{100}\right)$. On a donc : $1+\frac{p}{100}=\frac{v'}{v}$ ce qui permet de trouver facilement le pourcentage $\frac{p}{100}$.

Pour une diminution de p **%,** si v désigne la valeur initiale et v' la valeur finale, on a : $v'=v\times\left(1-\frac{p}{100}\right)$. On a donc : $1-\frac{p}{100}=\frac{v'}{v}$.

EXEMPLE : 600 € placés en début d'année ont permis de disposer de 720 € en fin d'année. De quel taux ce placement a-t-il bénéficié ?

La valeur v' obtenue suite à une hausse de p % est calculée en multipliant la valeur initiale v par $1+\frac{p}{100}$

soit $v'-v\times\left(1+\frac{p}{100}\right)$.

Soit ici $720=600\times\left(1+\frac{p}{100}\right)$.

Donc $1+\frac{p}{100}=\frac{720}{600}=1{,}2=1+\frac{20}{100}$.

Le pourcentage d'augmentation est de **20** %.

Une autre méthode consiste à calculer d'abord le montant de l'augmentation (ou de la diminution), puis à chercher à quel pourcentage ce montant correspond par rapport à la valeur initiale, soit $\frac{720-600}{600}=0{,}2$.

ENTRAINEMENT 15

Corrigé p. 201

Quelle augmentation, en pourcentage, a subi un article dont le prix est passé de 200 € à 260 € ?

ENTRAINEMENT 16

Corrigé p. 201

Quelle baisse, en pourcentage, a subi un article dont le prix est passé de 200 € à 170 € ?

2.4 Erreurs à éviter dans les calculs avec les pourcentages

Une hausse de a % ne compense pas une baisse de a %.
Une baisse de a % ne compense pas une hausse de a %.

CORRIGÉ QCM 8 : Un commerçant augmente le prix d'un article de 20 %, puis quelques mois plus tard, il le solde avec une réduction de 20 %.

QCM 8, p. 188

On peut vérifier la remarque ci-dessus en prenant comme valeur initiale 100 €.
Le prix après augmentation est de $100 \times 1{,}2 = 120$ €.
Lorsque ce dernier prix subit une diminution de 20 %, il devient $120 \times 0{,}8 = 96$ €.
Par rapport au prix initial, le prix soldé a donc baissé de 4 %.
On peut montrer que ce résultat est vrai quel que soit le prix initial :

prix initial	prix après hausse de 20 %	prix après baisse de 20 %
x	$x \times 1{,}2$	$(x \times 1{,}2) \times 0{,}8 = x \times 0{,}96 = x\left(1 - \frac{4}{100}\right)$

La baisse est donc bien de **4** %.

Deux augmentations successives, de a % puis de b %, ne correspondent pas à une augmentation de $(a+b)$ %.
Deux diminutions successives, de a % puis de b %, ne correspondent pas à une diminution de $(a+b)$ %, ni de $(a-b)$ %.

Une augmentation, suivie d'une diminution, ne correspond pas à une variation dont la valeur en % serait donnée par la différence entre les pourcentages utilisés.
Une diminution, suivie d'une augmentation, ne correspond pas à une variation dont la valeur en % serait donnée par la différence entre les pourcentages utilisés.

ENTRAINEMENT 17

Corrigé p. 201

Quel poids de café Arabica doit-on ajouter à 200 kg de café Robusta pour obtenir un mélange contenant 75 % du poids total en café Arabica ?

ENTRAINEMENT 18

Corrigé p. 201

En vendant un objet, un marchand a gagné 20 % sur son prix. Pour gagner 25 %, il aurait dû le vendre 400 € de plus.

a. À combien le marchand avait-il acheté l'objet ?

b. À combien l'a-t-il effectivement vendu ?

ENTRAINEMENT 19

Corrigé p. 202

a. Un produit coute 2 000 € hors taxe. Le commerçant propose une réduction de 17 %. Que préférez-vous : la réduction sur le prix HT ou sur le prix TTC ? Dans les deux cas, il faut payer la TVA[1] de 19,6 % appliquée au prix HT.

b. Généraliser cette comparaison à un prix HT de x €.

1 Les taux sont susceptibles de modifications.

ENTRAINEMENT 20

Corrigé p. 202

a. « Depuis 5 ans, les prix augmentent de 2 % par an. En 5 ans, ils ont donc augmenté de 10 %. » Que pensez-vous de cette affirmation ?

b. Un article est vendu 300 € (TVA de 19,6 % incluse).
Quel est le prix de cet article hors taxe ?

ENTRAINEMENT **21**

Corrigé p. 203

À propos du traitement des fonctionnaires, un article annonce que :
« Cette longue réunion s'est conclue, peu avant minuit, par une annonce unilatérale du gouvernement de 0,8 % d'augmentation annuelle, avec 0,5 % au 1er juillet 2013 et 0,3 % au 1er novembre 2013. »
Les taux annoncés sont-ils exacts ?

3 Échelle

On représente une réalité physique (terrain, voiture...) par un dessin ou une maquette qui **respecte les proportions entre les longueurs et les distances.**
Il y a donc proportionnalité entre **les longueurs et les distances** dans la réalité et **les longueurs et les distances** sur la représentation de cette réalité.
Le coefficient de proportionnalité est appelé **échelle.**

EXEMPLES :

- **Avec une échelle de « 2 cm pour 5 m »** ou encore de 2/500 ou encore de 1/250.
250 cm dans la réalité sont représentés par 1 cm sur le papier, ce qui donne un tableau de proportionnalité du type :

Dans la réalité (en cm)	500	250	125	1 000
Sur le papier (en cm)	2	1	0,5	4

↓ × 1/250

- **Avec une échelle de 1/25 000,** 25 000 cm sont représentés par 1 cm.
1/25 000 représente le coefficient de proportionnalité entre les longueurs et les distances réelles et les longueurs et les distances représentées. Dans ce cas, les unités des longueurs et des distances doivent être les mêmes.

Les problèmes d'échelle se traitent donc à l'aide des procédures habituellement utilisées pour les situations qui relèvent de la proportionnalité.

Les réponses aux QCM 9 et 10 peuvent ainsi être établies de plusieurs façons.

CORRIGÉ QCM 9 : On utilise, par exemple, la propriété multiplicative de la linéarité :
1 cm sur le papier représente 50 000 cm (ou 500 m) dans la réalité.
25 cm représentent donc 500 × 25 = 12 500 m = **12,5 km.**

QCM 9, p. 188

CORRIGÉ QCM 10 : On utilise, par exemple, la propriété multiplicative de la linéarité :
200 000 cm (ou 2 000 m ou 2 km) dans la réalité sont représentés par 1 cm sur le papier.
50 km représentent donc **25 cm** (puisque 50 km = 2 km × 25).

QCM 10, p. 188

ENTRAINEMENT **22**

Corrigé p. 203

Une maquette de voiture au 1/45e mesure 9 cm de long et 3,2 cm de large.
Quelles sont les dimensions réelles de cette voiture ?

ENTRAINEMENT **23**

Corrigé p. 203

L'aire de ce champ rectangulaire est de 2 400 m^2.
À quelle échelle est-il représenté ici ?

CORRIGÉS EXERCICES D'ENTRAINEMENT

ENTRAINEMENT 1

Énoncé p. 190

a. $2,3\text{ h} = 2\text{ h} + \frac{3}{10}\text{h} = 2\text{ h} + \frac{3}{10} \times 60\text{ min} = \mathbf{2\text{ h }18\text{ min}}$.

b. $1\text{ h }25\text{ min} = 1\text{ h} + \frac{25}{60}\text{ h} = 1\text{ h} + \frac{5}{12}\text{ h} \approx \mathbf{1,42\text{ h}}$ (résultat arrondi au centième).

Attention !
$2,3\text{ h} \neq 2\text{ h }30\text{ min}$
$1\text{ h }25\text{ min} \neq 1,25\text{ h}$.

ENTRAINEMENT 2

Énoncé p. 190

a. Résultats pour 100 m

- $v = \frac{d}{t} = \frac{100\text{ m}}{10,25\text{ s}} \approx \frac{9,76\text{ m}}{1\text{ s}} = \mathbf{9,76\text{ m/s}}$
- $v = \frac{d}{t} = \frac{100\text{ m}}{10,25\text{ s}} = \frac{\frac{100}{10,25}\text{ m}}{1\text{ s}} = \frac{\frac{100}{10,25}\text{ m} \times 3\,600}{3\,600\text{ s}} \approx \frac{35\,122\text{ m}}{1\text{ h}}$
  $= \mathbf{35\,122\text{ m/h} = 35,122\text{ km/h}}$
- Pour obtenir la vitesse en km/h, il est aussi possible de partir directement du 1er résultat en m/s :

$9,76\text{ m/s} = \frac{9,76\text{ m}}{1\text{ s}} = \frac{9,76\text{ m} \times 3\,600}{1\text{ h}} = \frac{35\,136\text{ m}}{1\text{ h}} = \mathbf{35,136\text{ km/h}}$

Les deux résultats obtenus sont légèrement différents du fait du calcul sur des valeurs approchées.

b. Résultats pour 200 m en 21 s : 9,52 m/s ; 34 286 m/h ; 34,286 km/h.

c. Résultats pour 400 m en 47,5 s : 8,42 m/s ; 30 315 m/h ; 30,315 km/h.

ENTRAINEMENT 3

Énoncé p. 190

MÉTHODE 1

En utilisant la proportionnalité entre distance et durée :

Distance en km	85	136
Durée en h	1	x

On résout ce problème de 4e proportionnelle, par exemple à l'aide du produit en croix : $85x = 136$ d'où $x = \frac{136}{85} = \mathbf{1,6\text{ h}}$.

MÉTHODE 2

En utilisant la formule reliant vitesse, distance et durée :

$t = \frac{136\text{ km}}{85\text{ km/h}} = 1,6\text{ h}$.

Dans les deux cas, il faut convertir 0,6 h en min : $0,6\text{ h} = \frac{6}{10}\text{ h} = \frac{6}{10} \times 60\text{ min} = 36\text{ min}$.

Donc $\mathbf{t = 1\text{ h }36\text{ min}}$.

On peut aussi retenir que 0,1 h = 1/10 h = 6 min.

ENTRAINEMENT 4

Énoncé p. 190

On ne peut répondre à ces questions qu'en faisant l'hypothèse que les coureurs peuvent maintenir leur vitesse moyenne sur des distances différentes, ce qui n'est pas conforme à la réalité.
Avec cette hypothèse, on peut utiliser les formules reliant distance, durée et vitesse.

a. La vitesse d'André est donnée par : $\dfrac{50\text{ m}}{8\text{ s}} = \dfrac{6{,}25\text{ m}}{1\text{ s}} = 6{,}25\text{ m/s}$.

La vitesse de Béatrice est donnée par : $\dfrac{60\text{ m}}{10\text{ s}} = \dfrac{6\text{ m}}{1\text{ s}} = 6\text{ m/s}$.
C'est donc **André** qui court le plus vite.

On peut aussi traiter le problème en comparant directement 50/8 et 60/10 (*voir chap. 3, p. 47-48*).

b. Le temps de Corinne est donné par : $t = \dfrac{d}{v} = \dfrac{80\text{ m}}{6\text{ m/s}} \approx \mathbf{13{,}3\text{ s}}$.

ENTRAINEMENT 5

Énoncé p. 190

a. Distance (en km) : $222 \times \left(1 + \dfrac{55}{60}\right) = 222 + \dfrac{222 \times 55}{60} = 222 + \dfrac{37 \times 55}{10} = \mathbf{425{,}5}$.

b. Distance entre deux trains (en km) : $275 \times \dfrac{4}{60} = \dfrac{275}{15} \approx \mathbf{18{,}3}$.

ENTRAINEMENT 6

Énoncé p. 190

Pendant la première partie, l'automobiliste a parcouru 120 km (1,5 h × 80 km/h), et pendant la deuxième partie 200 km (2 h × 100 km/h) ; soit 320 km en 3,5 h.
La vitesse moyenne est de 320 km/3,5 h soit environ **91,43 km/h**.

Attention ! La réponse n'est pas 90 km/h qui est la moyenne des deux vitesses données !

ENTRAINEMENT 7

Énoncé p. 192

a. 20 € (un dixième de 200 €) **b.** 9 kg (un dixième de 60 kg ajouté de sa moitié)
c. 40 g (un quart de 160 g).

ENTRAINEMENT 8

Énoncé p. 193

$\dfrac{15\text{ €}}{45\text{ €}} = \dfrac{1}{3} = \dfrac{33{,}33}{100}$ soit **33,33 % environ.**

ENTRAINEMENT 9

Énoncé p. 193

$\dfrac{28}{100} \times m = 126$, soit $0{,}28 \times m = 126$ et $m = \dfrac{126}{0{,}28} = \mathbf{450\text{ g}}$.

ENTRAINEMENT 10

Énoncé p. 194

2 890 habitants (le calcul donne 2 580 × 1,12 = 2 889,6).

ENTRAINEMENT 11

Énoncé p. 194

a. 1,15 **b.** 1,08 **c.** $1 + \dfrac{100}{100} = 2$ **d.** $1 + \dfrac{200}{100} = 3$ **e.** $1 + \dfrac{0{,}3}{100} = 1 + \dfrac{3}{1\,000} = 1{,}003$.

ENTRAINEMENT 12

Énoncé p. 195

2 270 habitants (le calcul donne 2 580 × 0,88 = 2 270,4).

ENTRAINEMENT 13

Énoncé p. 195

a. 0,85 **b.** 0,92 **c.** 0,5 **d.** 0,997.

ENTRAINEMENT 14

Énoncé p. 196

Si P est le prix initial, le prix final est donné par $P \times 1{,}05$.

Donc $P \times 1{,}05 = 155{,}40$ donc $P = \dfrac{155{,}40}{1{,}05} = 148$.

Le prix initial était donc **148 €**.

ENTRAINEMENT 15

Énoncé p. 196

L'augmentation est de 60 € pour un prix initial de 200 €. Elle est donc de 30 € pour un prix initial de 100 €, soit une **augmentation de 30 %**.

Attention ! Un pourcentage d'augmentation ou de diminution se calcule toujours par rapport à la quantité initiale (calcul de 60 pour 200 et non de 60 pour 260).

ENTRAINEMENT 16

Énoncé p. 196

La baisse est de 30 € pour un prix initial de 200 €. Elle est donc de 15 € pour un prix initial de 100 €, soit une **baisse de 15 %**.

ENTRAINEMENT 17

Énoncé p. 197

Soit x le poids total en kg.
Le poids de café Arabica est de $0{,}75x$ ou de $x-200$.
Donc $0{,}75x = x-200$,
soit $0{,}25x = 200$
et $x = 800$.
Soit 600 kg de café Arabica $(800-200)$.

On choisit ici d'utiliser le langage courant en désignant par « poids » la grandeur physique « masse ».

AUTRES RAISONNEMENTS

1. Soit a le poids de café Arabica (en kg). Le poids total est égal à : $a + 200$.
Le poids a de l'Arabica représente 75 % de ce poids total.
Donc $a = 0{,}75\,(a + 200)$,
soit $a = 0{,}75a + 150$,
soit $0{,}25a = 150$,
et $a = 150/0{,}25 = \mathbf{600}$.

2. On peut aussi utiliser le fait que le pourcentage peut se traduire par une relation de proportionnalité entre poids de Robusta et poids d'Arabica : 25 kg de Robusta pour 75 kg d'Arabica. D'où le tableau :

Poids de Robusta (en kg)	25	200
Poids d'Arabica (en kg)	75	x

On peut utiliser, par exemple, la propriété multiplicative de la linéarité :
comme $200 = 25 \times 8$, on a $x = 75 \times 8 = \mathbf{600}$.

ENTRAINEMENT 18

Énoncé p. 197

Soit x le prix d'achat.
Prix de vente effectif : $1{,}2x$;
Prix de vente en gagnant 400 € de plus : $1{,}25x$.
Donc $1{,}25x - 1{,}2x = 0{,}05x = 400$, d'où $x = 8\,000$.

a. Prix d'achat : **8 000 €.**

b. Prix de vente effectif : **9 600 €** (car $8\,000 \times 1{,}2 = 9\,600$).

ENTRAINEMENT 19

Énoncé p. 197

Le cas particulier et le cas général sont traités simultanément.

- **Cas où la réduction est appliquée sur le prix TTC**

L'application du taux de TVA à 19,6 % se traduit par une multiplication par $1+\frac{19,6}{100}$, donc par 1,196.

La réduction de 17 % se traduit par une multiplication par $1-\frac{17}{100}$, donc par 0,83.

	Cas particulier	Cas général
Prix HT (en €)	2 000	x
Prix TTC (en €)	$2\,000 \times 1{,}196 = 2\,392$	$x \times 1{,}196$
Prix à payer après réduction (en €)	$2\,392 \times 0{,}83 =$ **1 985,36**	$(x \times 1{,}196) \times 0{,}83 = x \times 0{,}99268$

Le prix à payer est donc le prix HT multiplié par 0,99268. Le prix payé a donc subi une réduction de 0,732 % par rapport au prix HT $\left(\text{car } 1-0{,}99268=0{,}00732=\frac{0{,}732}{100}\right)$ et non pas une augmentation de 2,6 % (qui résulterait du calcul de $19{,}6-17$) !

- **Cas où la réduction est appliquée sur le prix HT**

	Cas particulier	Cas général
Prix HT (en €)	2 000	x
Prix HT avec réduction (en €)	$2\,000 \times 0{,}83 = 1\,660$	$x \times 0{,}83$
Prix à payer (avec TVA) (en €)	$1\,660 \times 1{,}196 =$ **1 985,36**	$(x \times 0{,}83) \times 1{,}196 = x \times 0{,}99268$

Dans les deux cas, en trouve le même résultat, ce qui n'est pas étonnant puisque la multiplication est associative et commutative.
Donc $(x \times 1{,}196) \times 0{,}83 = (x \times 0{,}83) \times 1{,}196$!

ENTRAINEMENT 20

Énoncé p. 197

> Attention ! Les pourcentages donnent souvent lieu à des raisonnements erronés du type « une baisse de 20 % annule une hausse de 20 % » ou encore « cinq augmentations de 10 % équivalent à une augmentation de 50 % ». Cet exercice devrait vous convaincre du contraire…

a. Attention, la hausse porte chaque fois sur le prix actualisé et non sur le prix initial. D'où le schéma :

$P \rightarrow P\times 1{,}02 \rightarrow (P\times 1{,}02)\times 1{,}02 \rightarrow [(P\times 1{,}02)\times 1{,}02]\times 1{,}02 \rightarrow \ldots$

prix au bout de 1 an — *prix au bout de 2 ans* — *prix au bout de 3 ans*

Au bout de 5 ans, le prix est devenu : $P\times(1{,}02)^5$, soit environ : $P\times 1{,}104$.
L'augmentation par rapport au prix initial est donc de **10,4 %**.

b. Appelons P le prix hors TVA.
En appliquant un taux de 19,6 %, le prix TTC est : $P\times 1{,}196$.

Donc $P\times 1{,}196 = 300$ d'où $P=\frac{300}{1{,}196}$ soit approximativement $P =$ **250,84 €**.

ENTRAINEMENT 21

Énoncé p. 198

Deux hypothèses sont possibles avec des conclusions différentes.

- **Hypothèse 1 :**

Chaque augmentation est appliquée au traitement perçu avant la 1re des augmentations (donc sur la base du traitement de janvier).

Soit x le traitement de janvier.
En juillet, le traitement sera de $x \times 1{,}005$, correspondant à $x \times \left(1 + \frac{0{,}5}{100}\right)$.

En novembre, il sera de $x \times 1{,}008$, correspondant à $x \times \left(1 + \frac{0{,}5}{100} + \frac{0{,}3}{100}\right)$.

Donc, il est exact de dire que le traitement de novembre est supérieur de 0,8 % à celui de janvier.
Mais qu'en est-il sur l'année entière ?
Sans augmentation, le revenu annuel aurait été de $12x$.
Avec les deux augmentations, il est de :
$6x + 4(x \times 1{,}005) + 2(x \times 1{,}008)$.
Soit : $x \times (6 + 4{,}02 + 2{,}016) = 12{,}036x = 12x \times 1{,}003$.

Les facteurs 6, 4 et 2 correspondent au nombre de mois pour lesquels chaque traitement a été perçu.

En réalité, le revenu annuel n'a été augmenté que de 0,3 %.

- **Hypothèse 2 :**

Chaque augmentation est appliquée au traitement perçu précédemment.

Soit x le traitement de janvier.
En juillet, le traitement sera de $x \times 1{,}005$, correspondant à $x \times \left(1 + \frac{0{,}5}{100}\right)$.

En novembre, il sera de $(x \times 1{,}005) \times 1{,}003$, soit $x \times 1{,}008015$.
Donc, le traitement de novembre est supérieur de 0,8015 % à celui de janvier.
Mais qu'en est-il sur l'année entière ?
Avec les deux augmentations, le revenu annuel est de :
$6x + 4(x \times 1{,}005) + 2(x \times 1{,}008015) = x \times (6 + 4{,}02 + 2{,}01603)$.
Soit $12{,}03603x = 12x \times 1{,}0030025$.

En réalité, le revenu annuel n'a, encore une fois, été augmenté que d'un peu plus de 0,3 %.

Quelle que soit l'hypothèse faite, l'affirmation d'une augmentation de 0,8 % est donc fausse.

ENTRAINEMENT 22

Énoncé p. 198

Les dimensions réelles de la voiture sont **4,05 m de long** et **1,44 m de large**.
En effet : $9 \times 45 = 405$ cm $= 4{,}05$ m $\quad 3{,}2 \times 45 = 144$ cm $= 1{,}44$ m.

ENTRAINEMENT 23

Énoncé p. 198

Sur le dessin, le champ mesure 3 cm sur 2 cm.
Soit a le coefficient entre les distances « sur le papier » et « sur le terrain ».
Les dimensions réelles du champ sont : $3a$ sur $2a$.
Soit une aire en cm^2 de $6a^2 = 24\,000\,000$,
d'où $a^2 = 4\,000\,000$, d'où $a = 2\,000$.

Les longueurs sur le dessin sont proportionnelles au longueurs réelles (avec le coefficient a).
Ce n'est pas le cas pour les aires.

L'échelle est donc de 1/2 000.

AU CONCOURS

EXERCICE 1

Corrigé p. 209

Un cycliste monte un col à la vitesse moyenne de 15 km/h. Il descend par la même route à la vitesse de 30 km/h.
Quelle est sa vitesse moyenne sur la totalité du parcours ?

EXERCICE 2

Corrigé p. 209

Dans cet exercice, tous les résultats seront arrondis au centième.

Usain Bolt a battu à Berlin les records du monde du 100 m et du 200 m, les 16 et 20 août 2009. Il a couru le 100 m en 9,58 s et le 200 m en 19,19 s.

❶ Quelle était, en km/h, la vitesse moyenne d'Usain Bolt, lors de ces courses, respectivement sur le 100 m et le 200 m ?

Dans la suite de cet exercice, on suppose qu'Usain Bolt court toujours le 100 m en 9,58 s.

❷ **a.** Paul court à la vitesse moyenne de 30 km/h. Il fait une course avec Usain Bolt sur 100 m. Il part 2 secondes avant le champion. Franchira-t-il la ligne d'arrivée le premier ? Justifier.

b. À quelle vitesse moyenne doit courir Paul pour arriver en même temps que le champion dans le cas où il part 2 secondes avant lui ?

EXERCICE 3

Corrigé p. 209

Parmi les affirmations suivantes, lesquells sont vraies, lesquelles sont fausses ? Justifiez votre réponse.

A. Dans un laboratoire, on cultive des bactéries. La population de bactéries augmente de 20 % par heure.
Au bout de 5 h, la population de bactéries a été multipliée par 2.

B. Le 27 mars 2010, on pouvait lire dans un quotidien :
« Dans l'ensemble des aéroports du monde, en 2009, environ 25 millions de bagages ont été perdus, provisoirement ou définitivement. (…) L'étude note cependant une amélioration puisqu'en 2008, ce sont 32,8 millions de bagages qui avaient été égarés, <u>soit 23,8 % de plus qu'en 2009</u>. »
L'extrait souligné est exact.

C. La longueur du côté d'un carré augmente de 5 %.
Le périmètre du carré augmente de 20 %.

D. En position dite de « l'œuf », un skieur augmente de 50 % sa vitesse moyenne et descend ainsi la piste à 120 km/h.
Sans cette technique, la vitesse moyenne du skieur n'est que de 60 km/h.

E. On augmente l'arête d'un cube de 10 %.
Le pourcentage d'augmentation du volume de ce cube est de 30 %.

F. On diminue l'arête d'un cube de 50 %.
Le pourcentage de diminution du volume de ce cube est de 50 %.

EXERCICE 4

Corrigé p. 210

Le 1er juillet 2009, la TVA dans la restauration est passée de 19,6 % à 5,5 % en France métropolitaine.
Au 30 juin 2009, un restaurateur d'une ville française proposait un menu « dégustation » à ses clients pour un prix de 35 €.

a. Au 1er juillet 2009, ce même restaurateur indique qu'il passe le prix de son menu « dégustation » de 35 € à 33 € en raison de la baisse de la TVA. De quel pourcentage a-t-il baissé son prix ? On arrondira le résultat à 0,01 %.

b. Si le restaurateur avait répercuté intégralement la baisse de la TVA sur le prix du menu « dégustation » à 35 €, quel aurait été le prix de ce menu au 1er juillet 2009 ? On arrondira le résultat au centième.

PROBLÈME 1

Corrigé p. 211

Un cycliste effectue une randonnée : il part de la localité A et arrive à la localité B.
La première partie de l'itinéraire est la montée de la localité A jusqu'à un col C.
La seconde partie de l'itinéraire est la descente du col C vers la localité B.
Il roule à vitesse constante sur chacune des deux parties du trajet :

– lors de la montée, la vitesse est de 18 km/h ;
– lors de la descente, la vitesse est de 48 km/h.

Le temps mis par le cycliste pour aller de A vers B est de 1 heure 40 minutes et sa vitesse moyenne est de 24 km/h.

❶ Calculer la distance AB.

❷ Calculer les distances respectives AC et CB.

❸ Calculer le temps mis pour effectuer l'ascension et celui mis pour effectuer la descente.

PROBLÈME 2

Corrigé p. 212

Un cycliste parcourt un même trajet à l'aller et au retour sans s'arrêter.
Sa vitesse est 20 km/h en montée et 40 km/h en descente.
L'aller se compose d'une montée et d'une descente dont la longueur est deux fois plus courte que celle de la montée.

❶ Calculer sa vitesse moyenne sur le parcours aller.

❷ Calculer sa vitesse moyenne sur le parcours retour.

❸ Calculer sa vitesse moyenne sur le parcours aller-retour.

PROBLÈME 3

Les parties A, B et C de ce problème sont indépendantes.

PARTIE A La sécurité

Corrigé p. 212

Les questions 1, 2 et 3 sont indépendantes.

1 Le temps de réaction est le temps qui sépare le moment où le conducteur voit un obstacle de celui où il commence à appuyer sur la pédale de frein. Dans tout le problème, on considère que le temps de réaction est d'une seconde.
On note d_R la distance parcourue pendant le temps de réaction.
La distance de freinage d_F d'un véhicule est la distance parcourue durant le freinage du véhicule jusqu'à l'arrêt complet. Le graphique ci-dessous indique la distance de freinage en fonction de la vitesse du véhicule au moment du début du freinage.
La distance d'arrêt d_A d'un véhicule est la distance parcourue par le véhicule entre le moment où le conducteur voit un obstacle et commence à freiner et celui où le véhicule s'arrête.
On a l'égalité : $d_A = d_R + d_F$.

a. À l'aide du graphique, indiquer la distance de freinage, au mètre près, pour la vitesse $v_1 = 90$ km/h, puis pour la vitesse $v_2 = 130$ km/h.

b. Calculer la distance d'arrêt, au mètre près, lorsque le véhicule roule à la vitesse v_1, puis à la vitesse v_2.

c. À quelle vitesse en km/h roule l'automobiliste si la distance parcourue pendant le temps de réaction est 15 mètres ?
Déterminer alors la distance d'arrêt à un mètre près.

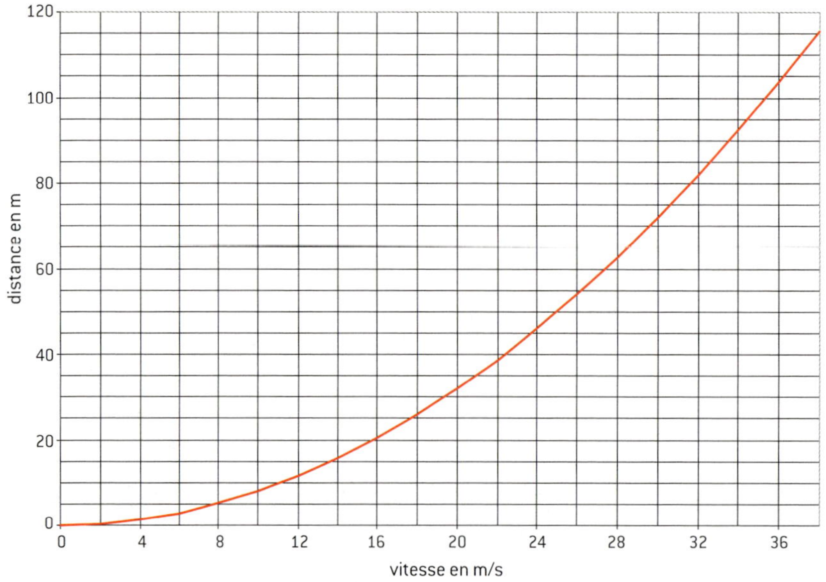

❷ On contrôle les feux de croisement d'un véhicule. Pour cela, on place le véhicule à 3 mètres de distance d'un mur vertical, phares allumés.
La situation peut être représentée par le schéma suivant (qui n'est pas à l'échelle) :

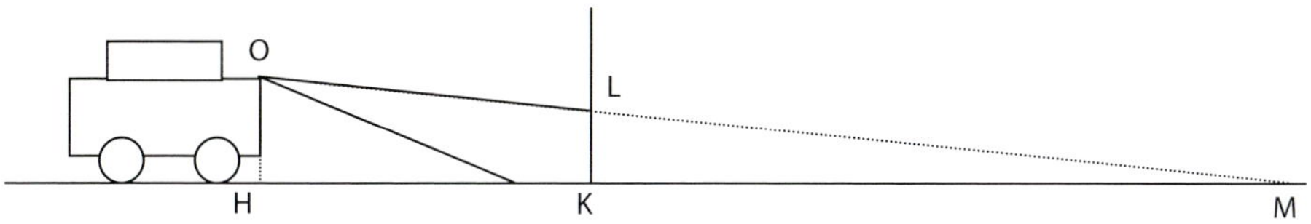

Le point O représente le phare de l'automobile, le point H est à la verticale de O sur le sol et OH = 0,8 m ; la droite (HM) représente le sol et le segment [LK] la partie éclairée du mur. On a KH = 3 m.
La distance HM est appelée *portée des feux de croisement*.

CONSIGNE DE SÉCURITÉ

La portée des feux de croisement ne doit pas être inférieure à 30 m pour éclairer assez loin et ne doit pas être supérieure à 45 m pour ne pas éblouir les autres conducteurs.

a. Si le coffre est plein, la longueur LK est égale 0,76 m. Ce véhicule ainsi chargé va-t-il respecter la consigne de sécurité définie ci-dessus ?

b. Quelle est la plus grande longueur LK possible (arrondie au cm) qui permet de respecter la consigne de sécurité ?

❸ Un panneau routier indique une descente dont la pente est de 10 %. Une pente à 10 % est définie par un dénivelé de 10 m pour un trajet horizontal théorique de 100 m.

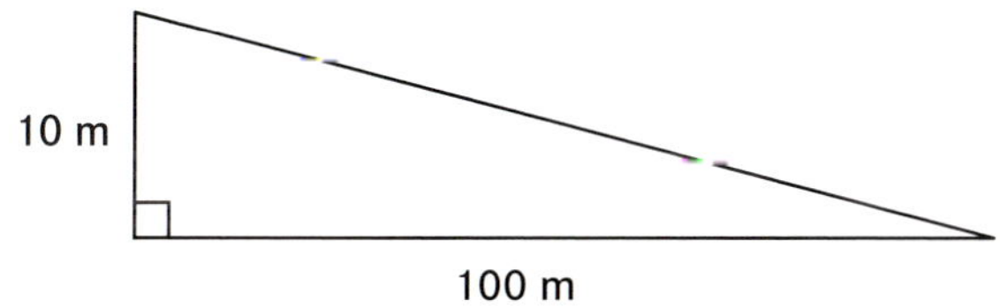

Si la longueur de la descente est de 2,5 km, quel est le dénivelé, arrondi au mètre près, entre le point de départ et le point d'arrivée ?

PARTIE B Les accidents

Corrigé p. 214

La sécurité routière a relevé les accidents survenus en France sur une année donnée et l'heure à laquelle ils se sont produits. Elle a édité la feuille de calcul suivante :

	A	B	C	D	E	F	G	H	I	J	K	L	M
1	Heure	0	1	2	3	4	5	6	7	8	9	10	11
2	Nombre d'accidents	1458	1151	963	812	887	1277	1513	3449	4581	3841	3482	3980
3	Fréquences en %	2	2	1	1	1	2	2	5	6	5	5	5
4	Fréquences cumulées croissantes	2	4	5	6	7	9	11	15	21	26	31	36

	A	N	O	P	Q	R	S	T	U	V	W	X	Y	Z
1	Heure	12	13	14	15	16	17	18	19	20	21	22	23	total
2	Nombre d'accidents	474	4167	4566	4972	5682	7095	7013	5100	3595	2645	1908	1698	76309
3	Fréquences en %	1	5	6	7	7	9	9	7	5	3	3	2	100
4	Fréquences cumulées croissantes	37	42	48	55	62	71	81	87	92	95	98	100	

Lecture du tableau : 4 581 accidents se sont produits entre 8 h et 9 h.

❶ Une personne affirme que 25 % des accidents se produisent entre 20 h et minuit. Cette affirmation est-elle vraie ? Justifier la réponse.

❷ Donner une formule qui, entrée dans la cellule C4, puis recopiée vers la droite, permet de compléter la ligne 4 à partir des autres lignes et de la cellule B4.

❸ Comment expliquer le résultat obtenu dans la cellule T4, compte tenu des données en S4 et T3 ?

PARTIE C Consommation de carburant

Corrigé p. 214

Une automobile hybride utilise deux sources d'énergie : du carburant et de l'énergie électrique que la voiture produit elle-même en roulant.
La consommation en carburant d'un modèle donné de ce type d'automobile est la suivante : 5 L/100 km en ville, 4,2 L/100 km en zone mixte.
En une semaine, cette automobile a parcouru au total 350 kilomètres dont x kilomètres en ville et y kilomètres en zone mixte. Elle consomme pendant cette semaine 16,3 L de carburant.

❶ Déterminer le nombre de kilomètres que cette automobile a effectués en ville et en zone mixte.

❷ Un véhicule classique fait en une semaine le même trajet que l'automobile hybride. Ce véhicule classique parcourt 8 km par litre de carburant en ville et 10 km par litre de carburant en zone mixte.
Calculer l'économie réalisée par l'automobile hybride (en volume de carburant).

CORRIGÉS EXERCICES

EXERCICE 1

Énoncé p. 204

Pour calculer une vitesse moyenne, on peut utiliser la formule $v = \frac{d}{t}$.
Pour cela, il faut connaitre la distance parcourue et la durée du parcours. Mais ici, ni l'une ni l'autre ne sont connues !

Appelons d la distance en km de la montée (donc de la descente) du col, t_1 la durée de la montée et t_2 la durée de la descente en heure.

On a : $d = 15 \times t_1$ et $d = 30 \times t_2$. Dont en déduit : $t_1 = \frac{d}{15}$ et $t_2 = \frac{d}{30}$.

La vitesse moyenne sur la totalité du parcours est donnée par la formule :

$$v = \frac{2d}{t_1 + t_2} = \frac{2d}{\frac{d}{15} + \frac{d}{30}} = \frac{2d}{\frac{3d}{30}} = \frac{2d \times 30}{3d} = 20.$$

La vitesse moyenne est donc de **20 km/h**.

Attention ! La vitesse moyenne n'est pas égale à la moyenne des vitesses (22,5 km/h).

EXERCICE 2

Énoncé p. 204

❶ • La vitesse d'Usain Bolt sur le 100 m, en km/h, est :

$$v = \frac{0{,}1 \text{ km}}{\frac{9{,}58}{3\,600} \text{ h}} = \frac{360 \text{ km}}{9{,}58 \text{ h}} \approx 37{,}58 \text{ km/h}.$$

On pourrait aussi déterminer d'abord la vitesse en m/s, puis la transformer en km/s, et enfin en km/h.

• La vitesse de Usain Bolt sur le 200 m, en km/h, est :

$$v = \frac{0{,}2 \text{ km}}{\frac{19{,}19}{3\,600} \text{ h}} = \frac{720 \text{ km}}{19{,}19 \text{ h}} \approx 37{,}52 \text{ km/h}.$$

Usain Bolt court en moyenne le 100 m à 37,58 km/h et le 200 m à 37,52 km/h.

❷ **a.** Paul court à la vitesse moyenne de 30 km/h, donc il parcourt 30 km en 1 h. Donc 30 km en 3 600 s, donc 1 km en 120 s, c'est-à-dire 100 m en 12 s.
La différence entre le temps de Paul et celui d'Usain Bolt est supérieure à 2 s, donc **Paul ne sera pas le premier sur la ligne d'arrivée.**

b. Pour arriver en même temps qu'Usain Bolt sur la ligne d'arrivée, il faut que Paul court le 100 m en 11,58 s (= 9,58 + 2) c'est-à-dire à une vitesse de :

$$v' = \frac{100 \text{ m}}{11{,}58 \text{ s}} = \frac{0{,}1 \text{ km}}{\frac{11{,}58}{3\,600} \text{ h}} = \frac{360 \text{ km}}{11{,}58 \text{ h}} = \mathbf{31{,}09 \text{ km/h}}.$$

EXERCICE 3

Énoncé p. 204

• **Affirmation A**

Soit x la population de bactéries au départ.
L'augmentation de la population de 20 % se traduit par sa multiplication par 1,2.
Si on suit la population de bactéries d'heure en heure, on obtient :

au départ — *au bout d'1 h* — *au bout de 2 h* — *au bout de 3 h*

$x \longrightarrow x \times 1{,}2 \longrightarrow (x \times 1{,}2) \times 1{,}2 = x \times 1{,}2^2 \longrightarrow (x \times 1{,}2^2) \times 1{,}2 = x \times 1{,}2^3$

Au bout de 5 h, la population de bactéries est égale à $x \times 1{,}2^5$, soit environ $x \times 2{,}49$ donc différente $x \times 2$.

L'affirmation A est fausse.

- **Affirmation B**

Une augmentation de 23,8 % de 25 millions de bagages donne comme résultat en millions de bagages :

$25 \times \left(1+\frac{23,8}{100}\right) = 25 \times 1,238 = 30,95$

alors que le résultat annoncé est de 32,8 millions.

L'affirmation B est fausse.

C'est la baisse de 2008 à 2009 qui est d'environ 23,8 %. Elle est en effet, en millions de bagages, de 7,8 (résultat de 32,8−25) sur 32,8.
Comme $\frac{7,8}{32,8} \approx 0,238$, la baisse est bien de 23,8 %.

- **Affirmation C**

Dans cette question, on suppose que la longueur c du côté et le périmètre $\mathcal{P}$ sont exprimés avec la même unité. On sait que $\mathcal{P} = 4c$.

Si la longueur du côté augmente de 5 %, elle devient alors : $c \times (1 + 0,05) = 1,05c$.

Son périmètre est alors : $\mathcal{P}' = 4c \times 1,05 = 4c \times (1 + 0,05) = 1,05\,\mathcal{P}$.

Ce qui traduit le fait que le périmètre augmente aussi de 5 %.

L'affirmation C est fausse.

- **Affirmation D**

Calculons la vitesse, en km/h, du skieur en position de « l'œuf ».

D'après l'énoncé, elle est supérieure de 50 % par rapport à 60 km/h (vitesse sans cette technique). Elle est donc égale à : 60 km/h × (1 + 0,5) = 90 km/h.

L'affirmation D est fausse.

- **Affirmation E**

Appelons a la longueur de l'arête du cube.

Si on l'augmente de 10 %, la nouvelle longueur est égale à : $1,1 \times a$.

Volume initial : a^3

Volume du nouveau cube : $(1,1 \times a)^3 = 1,1^3 \times a^3 = 1,331 \times a^3$.

Le nouveau volume est donc supérieur au premier de 33,1 %.

L'affirmation E est fausse.

- **Affirmation F**

Après une diminution de 50 %, l'arête a du cube a pour longueur : $0,5 \times a$.

D'où le nouveau volume : $(0,5 \times a)^3 = 0,5^3 \times a^3 = 0,125 \times a^3 = \left(1 - \frac{87,5}{100}\right) \times a^3$.

Soit une diminution par rapport au volume initial de 87,5 %.

L'affirmation F est fausse.

EXERCICE 4

Énoncé p. 205

a. La baisse effectuée par le restaurateur est de 2 € pour un prix de départ de 35 €, soit un rapport de $\frac{2}{35} \approx 0,0572$. Or $0,0572 = \frac{5,72}{100}$.

Le menu « dégustation » a vu son prix baisser de **5,72 %**.

AUTRE MÉTHODE :

Soit $\frac{t}{100}$ le pourcentage de baisse : $33 = 35 \times \left(1 - \frac{t}{100}\right)$.

Donc $\frac{t}{100}$ est voisin de $1 - 0{,}9429 = 0{,}0572$ d'où $t \approx 5{,}72$ %.

b. Appelons P le prix HT du menu dégustation.

Avec une TVA de 19,6 %, le prix TTC de 35 € est obtenu par le calcul suivant :

$35 = P \times \left(1 + \frac{19{,}6}{100}\right) = P \times 1{,}196$. D'où $P = \frac{35}{1{,}196}$.

Si on applique à ce prix HT une TVA de 5,5 %, le prix TTC est alors donné par le calcul suivant : $P \times 1{,}055 = \frac{35}{1{,}196} \times 1{,}055 \approx 30{,}87$ (arrondi au centième).

Si le restaurateur avait répercuté intégralement la baisse de la TVA, le menu « dégustation » au 1er juillet 2009 aurait dû être proposé à **30,87 €**.

CORRIGÉS PROBLÈMES

PROBLÈME 1

Énoncé p. 205

❶ Le temps mis à l'aller est : $1\text{ h }40\text{ min} = \left(1 + \frac{40}{60}\right)\text{h} = \left(1 + \frac{2}{3}\right)\text{h} = \frac{5}{3}\text{h}$.

D'où AB = $24\text{ km/h} \times \frac{5}{3}\text{h} =$ **40 km**.

❷ Soit d la distance AC et d' la distance CB,
t le temps (en h) mis pour aller de A à C et t' celui (en h) mis pour aller de C à B.

On a donc :

$$\begin{cases} d + d' = 40 \\ t + t' = \frac{5}{3} \end{cases}$$

> On obtient un système de deux équations à quatre inconnues. Il faut se ramener à deux inconnues (ou trouver deux nouvelles équations). Il y a des données qu'on n'a pas exploitées.

Or $t = \frac{d}{18}$ et $t' = \frac{d'}{48}$.

Le système précédent revient donc à :

$$\begin{cases} d + d' = 40 \\ \frac{d}{18} + \frac{d'}{48} = \frac{5}{3} \end{cases}$$

➤ **Résolution des systèmes d'équations,** chap. 12 p. 266

Ce qui donne $d = 24$ et $d' = 16$, soit **AC = 24 km** et **CB = 16 km.**

❸ En utilisant les résultats de la question précédente, on obtient :

$\boldsymbol{t = 1\text{ h }20\text{ min}}$ car $\frac{24\text{ km}}{18\text{ km/h}} = \frac{24}{18}\text{h} = \frac{4}{3}\text{h} = 1\text{ h} + \frac{1}{3}\text{h} = 1\text{ h }20\text{ min}$.

$\boldsymbol{t' = 20\text{ min}}$ car $\frac{16\text{km}}{48\text{ km/h}} = \frac{16}{48}\text{h} = \frac{1}{3}\text{h} = 20\text{ min}$.

> On aurait pu aussi travailler sur des données exprimées en minutes, à condition de veiller à la cohérence des unités pour les vitesses.

PROBLÈME 2

Énoncé p. 205

On désigne par x la longueur de la descente. Celle de la montée est alors égale à $2x$ et la longueur totale du parcours à l'aller, comme au retour, à $3x$.
La longueur du trajet aller-retour est $6x$.

❶ À l'aller, le temps mis pour la montée est $\frac{2x}{20}$ et celui mis pour la descente est $\frac{x}{40}$.

Donc, le temps total du trajet aller est : $\frac{x}{10}+\frac{x}{40}=\frac{5x}{40}$.

Calcul de la vitesse moyenne du trajet aller : $v_a=\dfrac{3x}{\frac{5x}{40}}=\dfrac{3\times 40}{5}=24$.

La vitesse moyenne à l'aller est donc de 24 km/h.

❷ Au retour, le temps mis pour la montée (dont la longueur est celle de la descente de l'aller !) est $\frac{x}{20}$ et celui mis pour la descente (dont la longueur est celle de la montée de l'aller !) est $\frac{2x}{40}$.
Donc, le temps total du trajet retour est : $\frac{x}{20}+\frac{x}{20}=\frac{x}{10}$.

Calcul de la vitesse moyenne du trajet retour : $v_r=\dfrac{3x}{\frac{x}{10}}=3\times 10=30$.

La vitesse moyenne au retour est donc de 30 km/h.

❸ Pour l'aller-retour, le temps total est la somme des temps mis pour effectuer les trajets aller puis retour, soit : $\frac{5x}{40}+\frac{x}{10}=\frac{9x}{40}$.
Calcul de la vitesse moyenne du trajet aller-retour :

$$v_{ar}=\dfrac{6x}{\frac{9x}{40}}=\dfrac{6\times 40}{9}=\dfrac{80}{3}\approx 26{,}67.$$

La vitesse moyenne du trajet aller-retour est donc de 26,67 km/h.

PROBLÈME 3

Énoncé p. 206

PARTIE A La sécurité

❶ **a.** • **Pour v_1** : $90\text{ km/h}=\dfrac{90\,000\text{ m}}{3\,600\text{ s}}=\dfrac{90\text{ m}}{3{,}6\text{ s}}=25\text{ m/s}$.

Sur le graphique, il suffit de lire l'ordonnée du point de la courbe d'abscisse 25.
On lit $\boldsymbol{d_{F1}=50}$ **m**.

• **Pour v_2** : $130\text{ km/h}=\dfrac{130\,000\text{ m}}{3\,600\text{ s}}\approx 36\text{ m/s}$.

Sur le graphique, il suffit de lire l'ordonnée du point de la courbe d'abscisse 36 environ. On lit $\boldsymbol{d_{F2}\approx 105}$ **m**.

b. • **À la vitesse v_1** : en 1 s le conducteur parcourt 25 m,
d'où $d_{A1}=d_{F1}+d_R=50+25=75$, soit : $\boldsymbol{d_{A1}=75}$ **m**.

• **À la vitesse v_2** : en 1 s le conducteur parcourt environ 36 m,
d'où $d_{A2}=d_{F2}+d_R\approx 105+36{,}1\approx 141$, soit : $\boldsymbol{d_{A2}\approx 141}$ **m**.

c. • Si l'automobiliste parcourt 15 m en 1 s, c'est qu'il parcourt (15 × 3 600) m en 1 h, soit 54 000 m ou 54 km en 1 h.
Sa vitesse est donc de 54 km/h.

• On a $d_R = 15$ m (temps de réaction supposé de 1 s).
Sur le graphique, on lit $d_F \approx 17{,}5$ m (à la précision de lecture sur le graphique).
Donc $d_A = d_R + d_F \approx 15 + 17{,}5$.
$d_A \approx 33$ m (à un mètre près).

2 a.

La configuration de deux droites parallèles (LK) et (OH) et de deux sécantes (MH) et (MO) incite à utiliser le théorème de Thalès. La difficulté est qu'on ne connait que deux longueurs de segments (LK et OH) au lieu de trois (il manque MK). Mais on connait une relation entre MK et MH…

D'après le théorème de Thalès appliqué aux parallèles (OH) et (LK) coupées par les sécantes (MO) et (MH) on a, avec des calculs en mètres :

➤ **Théorème de Thalès,** chap. 16 p. 356

$$\frac{OH}{LK} = \frac{MH}{MK} \quad \text{or} \quad MK = MH - 3 \quad \text{donc} \quad \frac{0{,}8}{0{,}76} = \frac{MH}{MH-3}$$

Donc 0,8 (MH − 3) = 0,76 MH.

0,8 MH − 0,76 MH = 3 × 0,8 ou 0,04 MH = 2,4.

Donc $MH = \frac{24}{0{,}04} = 60$.

Dans ces conditions, le véhicule ne respecte pas la consigne de sécurité.

b. En s'appuyant sur le schéma de l'énoncé, on constate que « plus MH augmente, plus LK augmente (et inversement) ». Donc LK est maximum pour la valeur maximum de MH, c'est-à-dire pour MH = 45 m, donc MK = 42 m.

En utilisant l'égalité $\frac{OH}{LK} = \frac{MH}{MK}$, on a alors : $LK = 0{,}8 \times \frac{42}{45} \approx 0{,}7466...$

La valeur maximum de LK est d'environ 0,7466... mètres, soit **75 cm (arrondie au cm).**

3 Soit E la projection orthogonale de P (situé à 2,5 km de A) sur (AB).
On veut calculer AE sachant que AP = 2,5 km, soit 2 500 m.

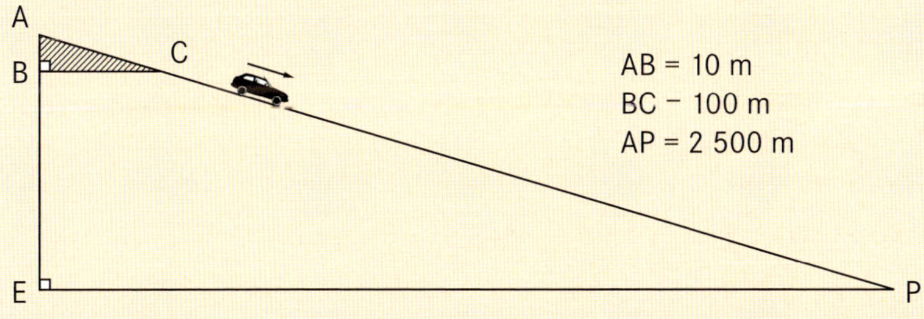

D'après le théorème de Thalès appliqué aux parallèles (BC) et (EP) coupées par les sécantes (AE) et (AP), on a : $\frac{AE}{AB} = \frac{AP}{AC}$ et donc $AE = \frac{AP}{AC} \times AB = \frac{AP \times AB}{AC}$ (1).

D'après le théorème de Pythagore appliqué au triangle ABC rectangle en B, on a :

$AC^2 = AB^2 + BC^2 = 10^2 + 100^2 = 10\,100$.

$AC = \sqrt{10\,100} = 10\sqrt{101}$ (2).

À partir de (1) et (2), on obtient $AE = \frac{2\,500 \times 10}{10\sqrt{101}} = \frac{2\,500}{\sqrt{101}} = 248{,}759$.

Le dénivelé entre le point de départ et le point d'arrivée est de 249 m environ.

Partie B Les accidents

Énoncé p. 207

❶ Les fréquences sont des pourcentages arrondis à l'unité près (ligne 3).
On peut dire qu'entre 20 h et minuit, on a : 5 % + 3 % + 3 % + 2 %, soit 13 % environ des accidents qui se produisent (à 4 % près sachant que chaque fréquence est connue à 1 % près selon les nombres figurant sur la feuille de calcul).
L'affirmation est donc fausse (25 > 13 + 4).

AUTRE MÉTHODE :

Entre 20 h et minuit, il y a 9 846 accidents relevés (3 595 + 2 645 + 1 908 + 1 698 = 9 846) pour un total de 76 309.

Ce qui correspond à un pourcentage de : $\frac{9\,846}{76\,309} \approx 0{,}12903$.

Or $0{,}12903 = \frac{12{,}903}{100}$ est voisin de $\frac{13}{100}$ ou de 13 %.

❷ Dans la cellule C4, on entrera la formule « **=B4 + C3** » qu'on recopiera vers la droite pour compléter la ligne 4.

❸ En T4, **l'ordinateur affiche 81** et non pas 80 (résultat de 71 + 9). Cela est dû au fait que les valeurs utilisées par le logiciel pour les calculs sont exactes, mais que les résultats affichés sont des valeurs approchées à l'unité près.

> Cette réponse est sans doute celle attendue par les auteurs de ce sujet donné au concours. Une vérification nécessiterait de faire tous les calculs avec une meilleure précision, ce qui serait long et fastidieux.

Partie C Consommation de carburant

Énoncé p. 207

❶ Traduction mathématique de « elle consomme pendant cette semaine 16,3 L de carburant » :

$5\times\frac{x}{100}+4{,}2\times\frac{y}{100}=16{,}3$ et on sait, de plus, que $x+y=350$.

D'où (x, y) est solution du système.

$$\begin{cases}0{,}05x+0{,}042y=16{,}3\\ x+y=350\end{cases} \quad \text{ou} \quad \begin{cases}5x+4{,}2y=1\,630\\ x+y=350\end{cases}$$

en procédant par substitution $\begin{cases}y=350-x\\ 5x+4{,}2(350-x)=1\,630\end{cases}$

d'où x vérifie $0{,}8x = 1\,630 - 4{,}2 \times 350$

$0{,}8x = 160$

soit $x = 200$

et $y = 350 - 200 = 150$

Cette automobile a donc effectué 200 km en ville et 150 km en zone mixte.

❷ Le véhicule classique parcourt 8 km avec 1 L de carburant en ville, soit $\frac{200}{8}$ L de carburant pour 200 km.
Ce véhicule consomme en zone mixte $\frac{1}{10}$ L pour 1 km, soit $\frac{1}{10}\times150$ pour 150 km.

Au total, il a consommé $\frac{200}{8}+\frac{150}{10}=25+15=40$ soit 40 L de carburant.
L'automobile hybride fait une économie de carburant de 23,7 L $(40-16{,}3)$.

CHAPITRE **10**

Représentation de données et statistiques

OBJECTIFS DU CHAPITRE

– Interpréter et réaliser différents modes de représentation de données numériques.

– Passer d'un mode de représentation à un autre.

– Savoir calculer la moyenne, une valeur de la médiane, l'étendue, le 1er et le 3e quartile d'une série statistique.

– Savoir interpréter ces différentes caractéristiques de position et de dispersion.

FICHES MÉTHODE

– Construire un diagramme circulaire. p. 220

– Calculer la médiane d'une série statistique. p. 226

– Déterminer le 1er et le 3e quartile d'une série statistique. p. 229

TESTER SES CONNAISSANCES

QCM 1 On considère la situation suivante : un promeneur marche pendant 3 heures, s'arrête pendant 1 heure, puis rentre chez lui en autocar ; avec t désignant le temps (axe des abscisses) et d la distance entre le promeneur et son point de départ (axe des ordonnées).
Indiquer quelles affirmations sont vraies :

Aide : §1.2 p. 222

A. Le graphique A correspond à cette situation.
B. Le graphique B correspond à cette situation
C. Le graphique C correspond à cette situation.
D. Si le promeneur marche à 4 km/h, la vitesse moyenne de l'autocar est de 48 km/h.

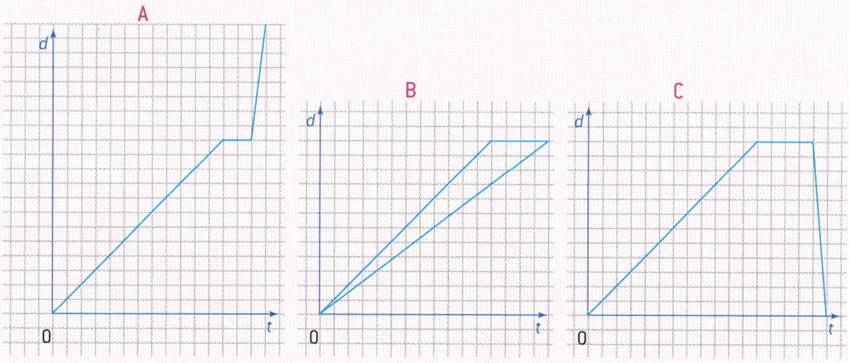

QCM 2 Siloé a eu les notes suivantes en mathématiques : 12 ; 11 ; 8 ; 7 ; 13. Une seule de ces affirmations est vraie. Trouver laquelle sans faire de calcul :

Sa moyenne est de : **A.** 13,5 **B.** 6,5 **C.** 10,2.

Aide : §2.2 p. 224

QCM 3 Lucas a eu 8 notes en français au cours du 1er trimestre :
– 3 notes d'interrogation surprise : 14 ; 12 et 7 de coefficient 1 ;
– 2 notes de devoir maison : 15 et 13 de coefficient 2 ;
– 3 notes de contrôle : 12 ; 9 et 11 de coefficient 3.
Indiquer quelles affirmations sont vraies.

Sa moyenne est d'environ : **A.** 11,63 **B.** 11,56 **C.** 10,27.

Aide : §2.2 p. 225

QCM 4 Voici deux séries statistiques :
S1 : 12 ; 2 ; 27 ; 15 ; 13 ; 16 ; 7.
S2 : 15 ; 12,5 ; 17 ; 5 ; 25 ; 36 ; 4,5 ; 12.
Indiquer quelles affirmations sont vraies.

A. La médiane de S1 est : 15.
B. La médiane de S1 est : 13.
C. La médiane de S1 est : environ 13,14.
D. La médiane de S2 est : 5.
E. La médiane de S2 est : 13,75.
F. L'étendue de S1 est 5.
G. L'étendue de S2 est : 31,5.

Aide : §2.3 p. 228

QCM 5 Voici une série :
27 ; 12 ; 4,5 ; 16 ; 25 ; 18 ; 7 ; 15 ; 12,5 ; 26 ; 18,5 ; 11.
Indiquer quelles affirmations sont vraies.

A. Le 1er quartile de cette série est : 16.
B. Le 1er quartile de cette série est : 11.
C. Le 3e quartile de cette série est : 18,5.
D. Le 3e quartile de cette série est : 15.

Aide : §2.3 p. 229

1. C, D 2. C 3. B 4. B, E, G 5. B, C

LE COURS

1 Représentation de données numériques

La représentation de données numériques peut prendre trois formes principales :

- les données sont fournies à l'**intérieur d'un texte** qui, souvent, les commente au fur et à mesure ;
- les données sont fournies dans un **tableau** qui peut être assez complexe ;
- les données sont représentées sous **forme graphique** : il existe différents types de représentations graphiques, certaines sont présentées dans ce chapitre.

1.1 Différentes formes de tableaux

Il existe principalement deux sortes de tableaux.

A. Tableau à simple entrée

TABLEAU 1 : Voici un tableau à simple entrée qui indique les dépenses moyennes des familles, par grandes catégories (en pourcentage du total des dépenses).

Alimentation	Habillement	Logement, équipement	Santé	Transports	Communication, loisirs, culture	Autres
20 %	7 %	30 %	5 %	16 %	12 %	10 %

B. Tableau à double entrée

TABLEAU 2 : Voici un tableau à double entrée, établi par un directeur d'école, présentant le nombre d'élèves inscrits à l'une des études du matin ou du soir ou aux deux en fonction des classes.

	CP	CE1	CE2	CM1	CM2	Total
Étude du matin uniquement	15	10	24	19	12	80
Étude du soir uniquement	12	15	22	15	15	79
Étude du matin et du soir	10	8	11	19	10	58
Aucune étude	15	15	15	25	15	85
Total	52	48	72	78	52	302

1.2 Différents types de représentations graphiques

Il existe une très grande variété d'outils utilisés pour représenter un ensemble de données numériques.

Nous nous intéresserons aux représentations graphiques qui respectent les proportions entre données, soulignant ainsi le lien étroit qui existe avec la proportionnalité étudiée au chapitre 9 (p. 187).

Un graphique ou une représentation graphique est un **dessin codifié** quant à sa forme, sa taille et sa couleur, et dont les coordonnées de points (par exemple leur ordonnée), les courbes, les surfaces, voire les volumes en perspective, **respectent les proportions des grandeurs** observées[1].

[1] J.F. Pichard, « Représentations graphiques en statistiques », in « Des chiffres et des lettres au collège », *Bulletin Inter-IREM*, premier cycle, 1992.

L'auteur de cette définition poursuit en énumérant trois qualités essentielles d'un graphique :
– **sa lisibilité** : il doit être appréhendé plus rapidement que les données chiffrées, en révélant l'essentiel ;
– **sa fidélité** : il ne doit pas déformer la réalité des faits ;
– **son « auto-suffisance »** : il doit pouvoir être compris indépendamment de la série de données représentées et donc comporter un titre, le libellé des axes, une indication des échelles choisies, ainsi que la source des données.

On peut distinguer deux types de représentations de données :

- **Les représentations dites de « partition »,** dans lesquelles le tout qui est représenté est décomposé en sous-parties deux à deux disjointes.
C'est par exemple le cas des données du tableau 1 à simple entrée ci-avant. Le « tout » (ce sont les dépenses) est entièrement décomposé en sous-parties deux à deux disjointes qui sont les dépenses d'alimentation, les dépenses d'habillement, les dépenses de logement… (ces parties sont disjointes dans la mesure où, par exemple, il n'y a pas de dépenses communes entre l'alimentation et l'habillement).

- **Les représentations de fonctions**, pour lesquelles on traduit l'évolution d'une grandeur par rapport à une autre.

Nous allons étudier quatre représentations graphiques.

A. Diagramme en bâtons

Un diagramme en bâtons peut prendre plusieurs formes et représenter aussi bien une partition qu'une fonction. Dans tous les cas, la longueur des « bâtons » est proportionnelle à une des grandeurs représentées.

• Représentation d'une partition par un diagramme en bâtons

GRAPHIQUES 1 : Les ventes annuelles d'un marchand de cycles se répartissent ainsi : 50 % de vélos pour enfants, 30 % de vélos pour hommes et 20 % de vélos pour femmes. Cette situation (de type partition) peut être représentée par un diagramme en bâtons ; les bâtons étant des rectangles (on parle parfois de diagrammes en tuyaux d'orgue) de même base *(document 1)* ou des segments *(document 2)*.

Vente de vélos

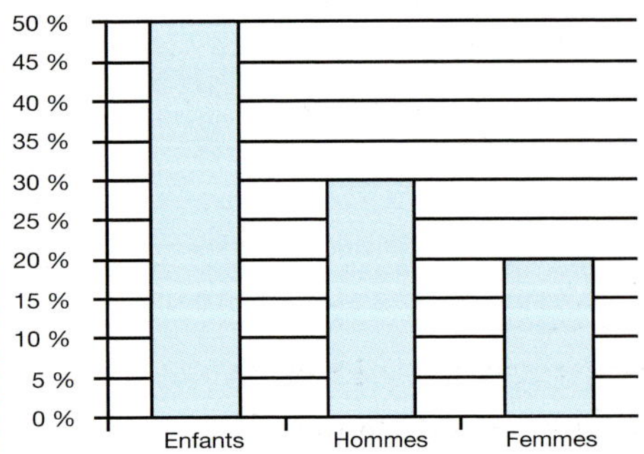

Document 1

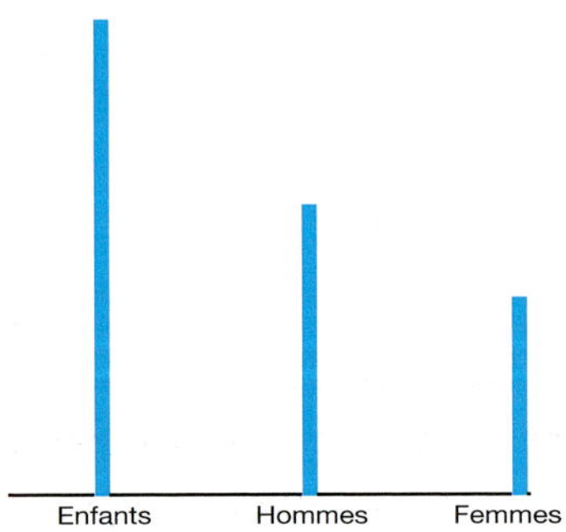

Document 2

Corrigé p. 231

ENTRAINEMENT 1

Construire un diagramme en bâtons représentant les données du tableau 1 p. 217.

• Représentation d'une fonction par un diagramme en bâtons.

GRAPHIQUE 2 : Évolution du nombre de naissances dans une ville au cours des 5 dernières années.

2008	2009	2010	2011	2012
240	315	260	190	350

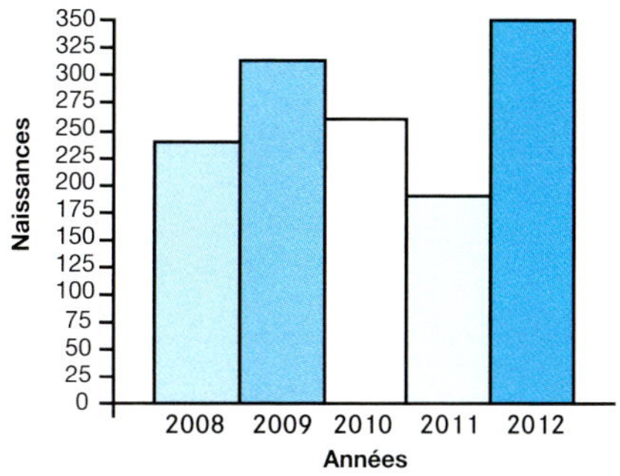

• Certains types de diagrammes en bâtons sont parfois difficiles à interpréter.

GRAPHIQUE 3 : Dans le document qui suit, les bâtons sont horizontaux et représentent les effectifs (en milliers d'habitants) de sexe masculin sur la partie gauche et de sexe féminin sur la partie droite.

On parle de **pyramide des âges**.

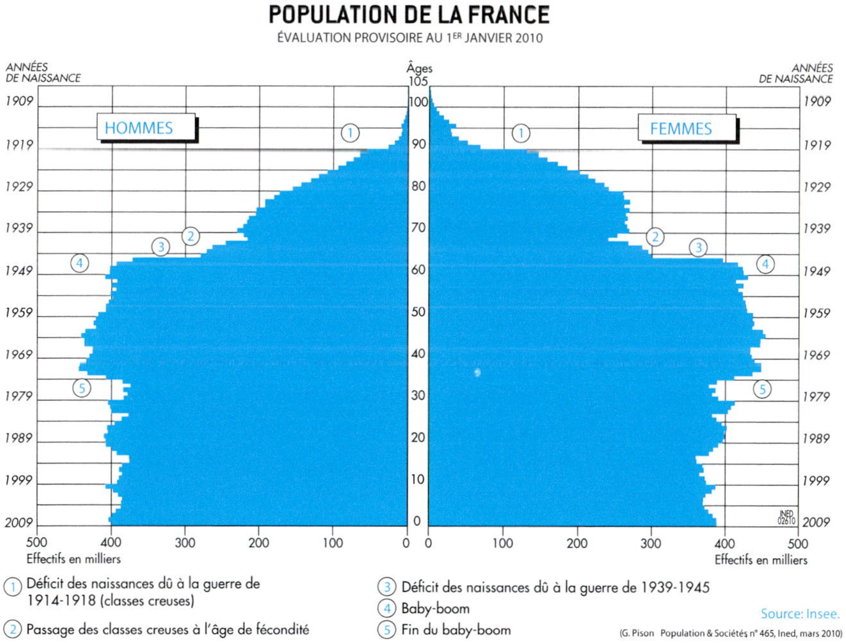

Source : http://www/ined.fr/population-en-chiffre/france

ENTRAINEMENT 2

Corrigé p. 231

Utiliser cette pyramide pour répondre aux questions suivantes :

a. En 2009, quel est, approximativement, le nombre d'enfants âgés de 0 à 10 ans ?

b. Pour les plus de 80 ans, quelles sont les proportions de femmes et d'hommes ?

B. Diagrammes circulaires, semi-circulaires et rectangulaires

Les diagrammes circulaires, semi-circulaires et rectangulaires sont utilisés pour représenter une partition.
Le principe est que les sous-parties sont représentées par des surfaces dont les aires sont proportionnelles aux effectifs de ces sous-parties.

Dans le cas de diagrammes circulaires et semi-circulaires, les effectifs sont proportionnels aux angles des secteurs circulaires.

GRAPHIQUES 4 : La situation des ventes de vélos des graphiques 1 (p. 218) peut aussi être représentée par les diagrammes suivants :

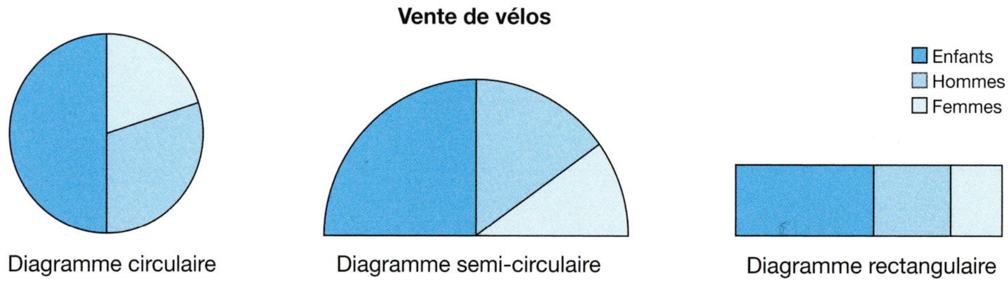

ENTRAINEMENT 3

Corrigé p. 232

Voici un diagramme circulaire représentant la répartition des terres d'une commune de 420 ha en fonction de la destination des zones.

Déterminer, en ha, les effectifs des différentes zones et les présenter dans un tableau.

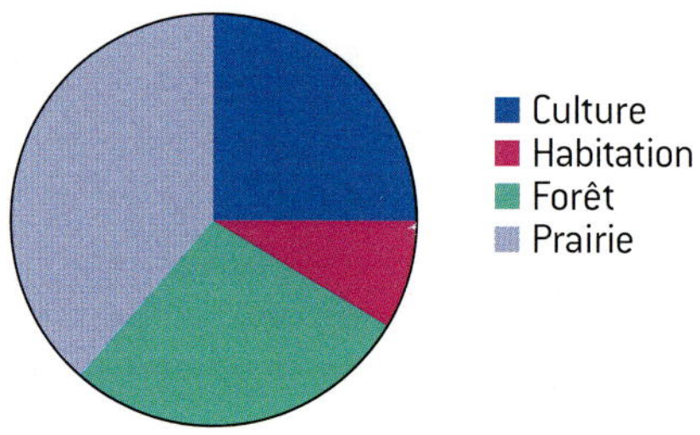

FICHE MÉTHODE Construire un diagramme circulaire.

→ Voici la répartition des élèves de 4e d'un collège en fonction de la langue vivante 2 qu'ils étudient.

LV 2	Espagnol	Anglais	Allemand	Russe
Effectif	66	27	39	18

Construire un diagramme circulaire pour représenter ces données.

1. Reproduire le tableau des données en ajoutant :
– une ligne, pour la mesure des angles correspondants à chaque effectif ;
– une colonne, pour faire figurer les totaux.

LV 2	Espagnol	Anglais	Allemand	Russe	Total
Effectifs	66	27	39	18	
Angle					

2. Additionner tous les effectifs.
Ce nombre correspond à 360°.

LV 2	Espagnol	Anglais	Allemand	Russe	Total
Effectif	66	27	39	18	150
Angle					360

3. Calculer la mesure de chaque angle en utilisant les propriétés de la proportionnalité.

LV 2	Espagnol	Anglais	Allemand	Russe	Total
Effectif	66	27	39	18	150
Angle	158°	65°	94°	43°	360

$\times 2{,}4$

4. Construire le diagramme à l'aide du rapporteur. Ne pas oublier de faire figurer la légende.

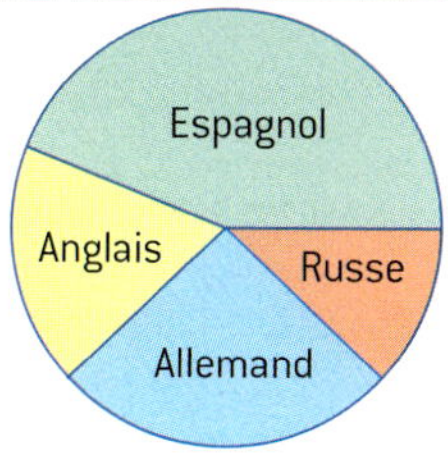

Langues vivantes 2 en 4e.

ENTRAINEMENT 4

Construire un diagramme circulaire représentant les données du tableau 1 p. 217.

Corrigé p. 232

C. Histogramme

L'histogramme est un type de diagramme particulier dans lequel l'effectif est proportionnel à l'aire du rectangle qui le représente.
Cette représentation est notamment utilisée lorsque les effectifs correspondent à une variable continue qui n'est pas découpée en tranches « égales ».

GRAPHIQUE 5 : Cet histogramme représente la répartition de 28 élèves d'une classe selon le temps mis pour venir à l'école, avec 3 tranches de temps d'inégale amplitude.

Temps	Moins de 5 min	De 5 min à 15 min	Plus de 15 min à 30 min
Effectif	4	8	16

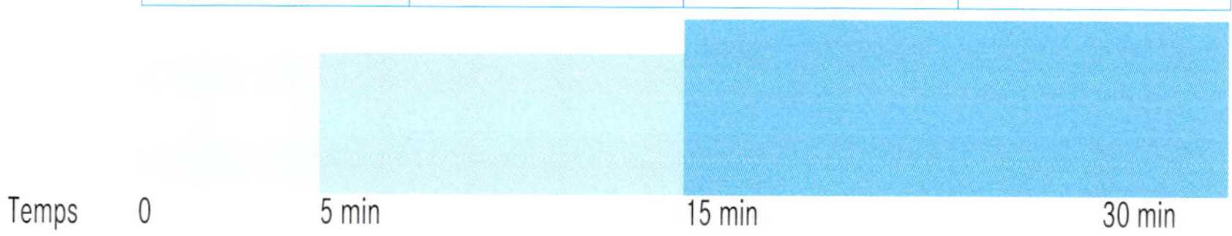

ENTRAINEMENT 5

Vérifier que, aux approximations de mesure près, les aires des rectangles sont bien proportionnelles aux effectifs.

Non corrigé

D. Graphiques à points ou à lignes

Les graphiques à points ou à lignes sont souvent utilisés pour représenter des relations entre données.

GRAPHIQUES 6 : L'évolution des naissances du graphique 2 (p. 219) peut également être représentée de la façon suivante :

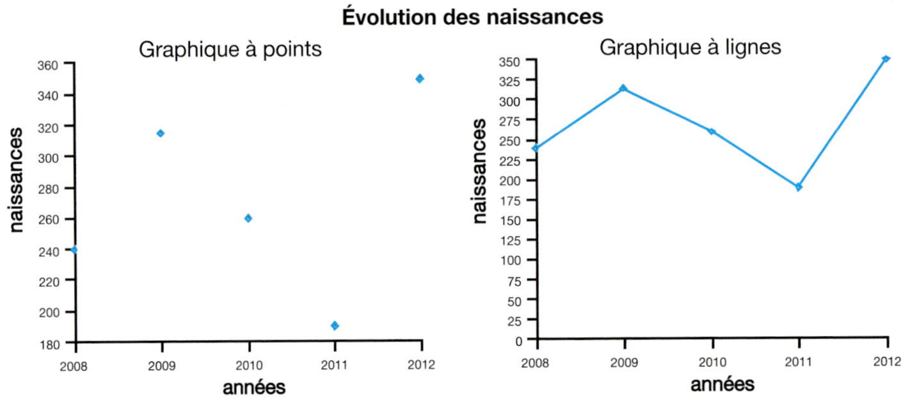

Deux remarques peuvent être faites à propos de ces deux graphiques :

- **Les segments qui joignent les points sur le 2e graphique** donnent une information sur le sens et l'intensité de l'évolution entre deux années, mais chaque point de ces segments n'a, en lui-même, pas de signification. Ainsi, le milieu du segment qui joint le 1er point au 2e point ne donne pas l'indication du nombre de naissances au moins de juin 2008, ni même celui du nombre de naissances enregistrées de janvier à juin 2008.
- **Le fait de choisir une origine et une échelle différentes pour les effectifs** sur ces deux graphiques permet d'amplifier ou de réduire la vision qui est donnée des évolutions du nombre de naissances. Cette remarque fait partie de ce dont toute personne doit avoir conscience lorsqu'elle lit (ou plutôt interprète) de telles représentations.

Dans certains cas, chaque point de la ligne représentée a une signification : c'est vrai lorsqu'on a affaire à un phénomène continu (c'est-à-dire représentable par une fonction de $\mathbb{R}$ dans $\mathbb{R}$ ou d'une partie de $\mathbb{R}$ dans $\mathbb{R}$).

➤ **Fonctions**, chap. 7 p. 141

CORRIGÉ QCM 1 :

QCM 1, p. 215

• Affirmations A, B et C : Chaque graphique représente les variations de la distance du promeneur à son point de départ (d) en fonction de la durée écoulée depuis le départ (t).

– À chaque instant ne peut correspondre qu'une seule distance par rapport au point de départ, ce qui permet d'**éliminer le graphique B**.

– De plus, le promeneur revient à son point de départ : au terme du temps écoulé, il se trouve donc à une distance nulle du point de départ, ce qui permet d'**éliminer le graphique A**. On peut aussi invalider ce graphique en remarquant que, comme le temps de pause de 1 h est représenté par 2 carreaux sur l'axe des abscisses, le temps de marche aurait dû l'être par 6 carreaux.

– **Il ne reste plus que le graphique C**. Comme le promeneur s'est arrêté pendant 1 h, il est resté à une distance fixe de son point de départ (d constant) pendant un certain temps. Ceci se traduit par un segment « horizontal », ce qui confirme que C convient. **Donc l'affirmation C est vraie.**

• Affirmation D :

– Les 3 h de la durée de la marche sont représentées par 12 carreaux : **1 h est donc représentée par 4 carreaux sur l'axe des abscisses**, ce qui peut être vérifié avec le temps d'arrêt.

– En marchant à 4 km/h pendant 3 h, le promeneur a parcouru 12 km, représentés par 12 carreaux : **1 km est donc représenté par 1 carreau sur l'axe des ordonnées**.

– Sur le graphique C, on peut lire que l'autocar met 1/4 d'heure (1 carreau sur l'axe des abscisses) pour parcourir les 12 km du retour. Il roule donc à **48 km/h.** Donc l'affirmation D est **vraie**. On peut aussi constater que l'autocar met 12 fois moins de temps que le piéton pour parcourir la même distance, il va donc 12 fois plus vite.

2 Statistiques

2.1 Vocabulaire

Le but de toute étude statistique est d'obtenir des informations qui mettent en évidence certains aspects d'un ensemble de données. Ces données peuvent être recueillies à partir d'observations, d'enquêtes, d'expériences… Elles peuvent être organisées dans des tableaux ou représentées à l'aide de diagrammes ou de graphiques.

A. Population, individus, caractère

Une étude statistique s'effectue sur ce qu'on appelle une « **population** » dont les éléments sont appelés « **individus** ».
Sur ces individus, on choisit d'étudier un aspect que l'on appelle « **caractère** ».

EXEMPLE : Dans un groupe (**population**) d'étudiants (**individus**) qui prépare le CRPE on peut étudier par exemple les **caractères suivants** :
- le nombre de leurs frères et sœurs;
- la nature de leur licence universitaire ;
- leur taille…

Attention ! Quand on parle de « population » et d'« individus », cela ne signifie pas que les études statistiques ne portent que sur des personnes. Par exemple, une population peut être constituée de pièces produites par une entreprise de métallurgie, de médicaments, de polygones tracés par des élèves, etc.

B. Caractères qualitatifs et quantitatifs

L'exemple précédent met en évidence **deux types de caractères** :
- Les **caractères qualitatifs**, comme la nature de la licence ;
- Les **caractères quantitatifs,** comme le nombre de frères et sœurs ou la taille (les valeurs possibles de ces caractères sont des nombres).

Parmi ces derniers caractères, on peut distinguer **deux sous-catégories** :
– les **caractères quantitatifs discrets,** comme le nombre de frères et sœurs (les valeurs possibles de ces caractères sont des nombres entiers) ;
– les **caractères quantitatifs continus,** comme la taille des étudiants (les valeurs possibles de ces caractères sont des nombres réels, le plus souvent approchés par des nombres décimaux).

C. Effectif et fréquence

L'effectif d'une valeur d'un caractère est le nombre d'individus de la population étudiée qui a cette valeur.
La fréquence d'une valeur d'un caractère est le quotient de l'effectif de cette valeur par l'effectif total. Elle est généralement exprimée en pourcentage.

EXEMPLE :
Voici le nombre de frères et sœurs des étudiants d'un groupe :
1 ; 1 ; 2 ; 2 ; 0 ; 1 ; 3 ; 3 ; 2 ; 1 ; 1 ; 1 ; 0 ; 0 ; 0.
L'**effectif** de cette série est de 15 individus.

Dans cette population, l'**effectif** des individus qui ont exactement un frère ou une sœur est 6.

La **fréquence** de la valeur « avoir exactement un frère ou une sœur » est $\frac{6}{15} = 0{,}40 = 40\ \%$.

ENTRAINEMENT **6**

Corrigé p. 232

On lance trente fois un dé et on note le numéro qui apparait.

Voici la liste des nombres obtenus : 1 ; 2 ; 3 ; 6 ; 1 ; 6 ; 5 ; 4 ; 4 ; 3 ; 5 ; 6 ; 5 ; 3 ; 4 ; 5 ; 1 ; 2 ; 3 ; 6 ; 5 ; 2 ; 3 ; 1 ; 6 ; 5 ; 4 ; 4 ; 4 ; 3.

Établir un tableau indiquant l'effectif de chaque nombre et sa fréquence.

Pour étudier les séries statistiques quantitatives, on fait appel à différents **paramètres**. On en distingue deux types :

- Les **paramètres de position**, qui caractérisent l'ordre de grandeur des données.

Dans ce chapitre on étudiera : la ***moyenne***, la ***médiane***.

- Les **paramètres de dispersion**, qui caractérisent la façon dont les données se répartissent les unes par rapport aux autres.

On étudiera ici l'***étendue*** et les ***quartiles***.

2.2 Caractéristiques de position

A. Moyenne

La moyenne d'une série statistique s'obtient en additionnant les données de la série et en divisant ce total par le nombre de données.

Si x_1, x_2, ... x_n sont les valeurs d'une série statistique alors la moyenne est le nombre :

$$m = \frac{x_1 + x_2 + \ldots + x_n}{n}.$$

Conséquences :

- La moyenne est donc la **valeur unique** que devraient avoir tous les individus d'une population pour que le total des valeurs soit inchangé.
- La moyenne de données statistiques est **toujours comprise entre la valeur minimale** et **la valeur maximale** de cette série.

CORRIGÉ QCM 2 :

QCM 2, p. 216

Suite étudiée : 12 ; 11 ; 8 ; 7 ; 13.

- 13,5 est supérieur à 13 qui est la plus grande valeur des données statistiques, ça ne peut donc pas être la moyenne.
- 6,5 ne convient pas non plus car ce nombre est inférieur à la plus petite valeur de la série.
- **La moyenne est donc 10,2.** On peut le vérifier en la calculant : $\frac{12 + 11 + 8 + 7 + 13}{5} = 10,2$.

ENTRAINEMENT **7**

Corrigé p. 232

Dans une station d'essence la caissière a noté la quantité en litre achetée par les cinq premiers clients du matin : 45,7 ; 56,8 ; 35,6 ; 37,6 ; 46.

a. Quelle est la quantité moyenne achetée par ces clients ?

b. Après avoir noté la quantité d'essence achetée par le sixième client, elle calcule la quantité moyenne achetée par les six premiers clients et trouve : 43,8 L.

Quelle quantité d'essence a pris le sixième client ?

ENTRAINEMENT 8

Corrigé p. 233

Un bucheron a coupé six arbres qui en moyenne faisaient 35 cm de diamètre. Il en coupe un septième et, après calcul, il constate que la moyenne des diamètres des arbres coupés est de 36 cm.
Est-il possible de calculer le diamètre du septième arbre ? Si oui, quel est ce diamètre ?

ENTRAINEMENT 9

Corrigé p. 233

On connait la moyenne d'une série statistique. On multiplie tous les termes de cette série par un nombre k.
a. Y a-t-il une relation entre la moyenne de cette nouvelle série et la moyenne de la précédente ? Si oui, laquelle ? Démontrer votre conjecture avec une série de 3 termes.
b. Même question si on ajoute un même nombre à chaque terme de cette série.

ENTRAINEMENT 10

Corrigé p. 233

Dans une classe de 27 élèves, un enseignant calcule la durée moyenne de travail quotidien à la maison de ses élèves. Pour les 10 filles de la classe, il trouve une moyenne de 25 minutes et il trouve une moyenne de 15 minutes pour les garçons.
Quelle est la durée moyenne de travail de l'ensemble des élèves de cette classe ?

ENTRAINEMENT 11

Corrigé p. 233

Dans une classe de 25 élèves, il y a 15 filles. Les filles ont une taille moyenne de 1,62 m et les garçons de 1,75 m. Quelle est la taille moyenne des élèves de cette classe ?

B. Moyenne pondérée

On souhaite parfois donner plus d'importance à certaines valeurs d'une série statistique. Pour cela, on leur affecte un coefficient. On peut alors calculer la moyenne pondérée de cette série.

La moyenne pondérée d'une série statistique s'obtient en additionnant les produits de chaque valeur par leur coefficient et en divisant le résultat par la somme de tous ces coefficients.

CORRIGÉ QCM 3 :

QCM 3, p. 216

Lucas a eu 8 notes en français au cours du 1er trimestre :
- 3 notes d'interrogation surprise : 14 ; 12 et 7 de coefficient 1 ;
- 2 notes de devoir maison : 15 et 13 de coefficient 2 ;
- 3 notes de contrôle : 12 ; 9 et 11 de coefficient 3.

La somme des coefficients est : 1 + 1 + 1 + 2 + 2 + 3 + 3 + 3 = 16.
La moyenne pondérée des notes de Lucas est :

$$\frac{14+12+7+2\times15+2\times13+3\times12+3\times9+3\times11}{16}=11,5625.$$

ENTRAINEMENT 12

Corrigé p. 234

Un enseignant de mathématiques annonce à ses étudiants : les devoirs maison auront 1 pour coefficient et les contrôles en classe auront 3 pour coefficient.
Un étudiant obtient 15 ; 18 ; 12 pour les devoirs maison.
Il obtient 9,5 et 11 pour les contrôles en classe.
Quelle est la moyenne de cet étudiant ?

ENTRAINEMENT **13**

Corrigé p. 234

Un professeur des écoles a réalisé un diagramme en bâtons avec les notes obtenues par ses élèves, d'une classe de CE1, à la dernière évaluation de mathématiques.

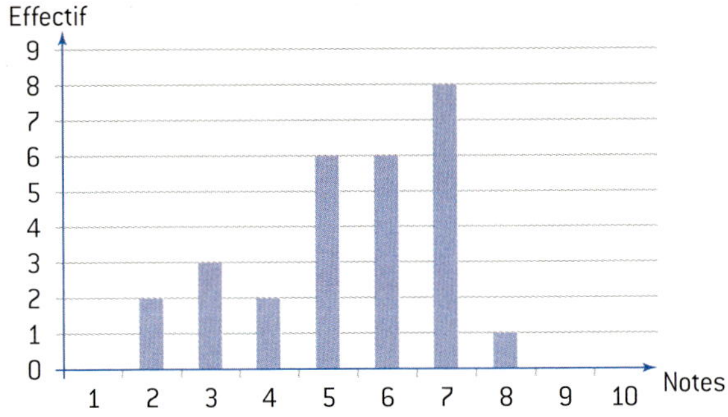

Trouver la moyenne obtenue par ses élèves. On donnera une valeur approchée à 0,1 près par excès.

ENTRAINEMENT **14**

Corrigé p. 234

Dans un examen, l'épreuve de français a pour coefficient 3, l'épreuve de mathématiques 4 et l'épreuve de langue 2.

Un étudiant a obtenu 12 en français et 8 en mathématiques. Quelle note minimale doit-il avoir en langue pour réussir l'examen, c'est-à-dire avoir au moins une moyenne de 10 ?

ENTRAINEMENT **15**

Corrigé p. 234

Un étudiant a obtenu 12 en mathématiques (coefficient 4), 8 en langue (coefficient 1) et 9 en français. Quel doit être le coefficient de la note de français pour qu'il obtienne une moyenne de 10 ?

C. Médiane

La médiane d'une série statistique est un nombre tel que, lorsque cette série est classée dans l'ordre croissant, il y a autant de données supérieures à ce nombre que de données inférieures.

FICHE MÉTHODE **Calculer la médiane d'une série statistique.**

→ Calculer la médiane de ces deux séries :
S1 : 17 ; 8 ; 19 ; 11,5 ; 12 ; 13 ; 11 ; 18 ; 21 ; 11 ; 5,5.
S2 : 15 ; 7 ; 8 ; 9 ; 10 ; 14 ; 11 ; 8 ; 12; 5 ; 13 ; 15 ; 16 ; 5.

1. Ranger les nombres dans l'ordre croissant.	**S1** : 5,5 ; 8 ; 11 ; 11 ; 11,5 ; 12 ; 13 ; 17 ; 18 ; 19 ; 21. **S2** : 5 ; 5 ; 7 ; 8 ; 8 ; 9 ; 10 ; 11 ; 12 ; 13 ; 14 ; 15 ; 15 ; 16.
2. Déterminer l'effectif N total de la série.	S1 a **11** données. S2 a **14** données.

3. Si l'effectif N est impair, alors la médiane est la donnée de rang $\frac{N-1}{2}+1$ dans la série ordonnée, c'est-à-dire la donnée qui se situe exactement « au milieu » de la série ordonnée.	**→ S1 a un effectif total impair : 11.** Donc la médiane est la donnée de rang : $\frac{11-1}{2}+1=\frac{10}{2}+1=6$ La médiane est le 6e terme de la série, c'est-à-dire 12.
Si l'effectif N est pair, alors généralement la médiane est la demi-somme des données de rang $\frac{N}{2}$ et $\frac{N}{2}+1$ dans la série ordonnée, c'est-à-dire la moyenne des deux données qui se situent exactement « au milieu » de la série ordonnée. Mais il est généralement possible de prendre d'autres valeurs.	**→ S2 a un effectif total pair : 14.** La donnée de rang $\frac{14}{2}=7$ dans la série est : 10. La donnée de rang $\frac{14}{2}+1=8$ dans la série est : 11. On peut prendre pour médiane : $\frac{10+11}{2}=$ **10,5**.
Remarque : Si l'effectif n'est pas trop grand, on peut vérifier qu'il y a bien dans la série autant de données supérieures à la valeur qu'on a trouvée que de données inférieures.	Remarque : 10,1 ; 10,75 ; 10,8... sont d'autres médianes possibles de cette série. En effet, il y a dans cette série autant de données inférieures que de données supérieures à l'un de ces nombres.

- La médiane et la moyenne sont deux caractéristiques de position généralement différentes.

EXEMPLE :

Série : 13 ; 5 ; 6 ; 7 ; 7 ; 8,5 ; 9 ; 9,5 ; 10 ; 12 ; 10 ; 6,5 ; 10,5 ; 11 ; 11,5 ; 12 ; 12 ; 12 ; 12 ; 12,5 ; 13 ; 14 ; 15 ; 8 ; 15.

La **médiane** de cette série est **11** et sa **moyenne** est d'environ **10,5**.

- S'il y a un nombre impair de données, la médiane est une de ces données. Si le nombre est pair, ce n'est pas le cas sauf si les deux valeurs « centrales » sont identiques.

ENTRAINEMENT 16

Corrigé p. 234

Quelle est la médiane des séries suivantes ?

a. 12 ; 15 ; 5 ; 17 ; 25 ; 22 ; 16.

b. 5 ; 12 ; 17 ; 6 ; 1 ; 25.

ENTRAINEMENT 17

Corrigé p. 234

Quelle est la médiane des séries suivantes ?

a. 127 ; 125 ; 35 ; 45 ; 26 ; 102 ; 49 ; 27 ; 128.

b. 12,5 ; 12,5 ; 16 ; 5,5 ; 21 ; 7 ; 6 ; 20.

ENTRAINEMENT 18

Corrigé p. 234

Voici une série statistique correspondant aux nombres d'objectifs atteints par les élèves d'une classe suite à une évaluation :

Nombre d'objectifs atteints	0	1	2	3	4
Nombre d'élèves	1	3	10	9	5

Quelle est la médiane de cette série ?

2.3 Caractéristiques de dispersion

EXEMPLE :

Voici les notes obtenues par deux sous-groupes d'étudiants à une épreuve de français notée sur 20 :

- **sous-groupe A** : 4 ; 7 ; 8 ; 8 ; 9 ; 9,5 ; 9,5 ; 10 ; 11 ; 11,5 ; 12 ; 12,5 ; 14 ; 14 ; 16.
- **sous-groupe B** : 8,5 ; 8,5 ; 9 ; 9 ; 9 ; 9 ; 10 ; 10 ; 10 ; 11 ; 12 ; 12 ; 12 ; 13 ; 13.

Ces deux sous-groupes ont la même moyenne (10,4) et la même médiane (10). On perçoit cependant que ces deux séries ne sont pas identiques car les notes ne sont pas réparties de la même manière.

On voit que, dans le groupe A, les notes de 4 à 16 sont beaucoup plus étalées que dans le groupe B, où elles vont de 8,5 à 13. Cela évidemment a des conséquences au niveau de la gestion de ces groupes, en particulier en ce qui concerne leur hétérogénéité.

Ceci met en évidence la nécessité, à côté des caractéristiques de position de données statistiques (moyenne, médiane), de définir des **caractéristiques de dispersion**.

A. Étendue

L'étendue de données statistiques est la différence entre la plus grande et la plus petite de ces données.

EXEMPLE : Si on reprend les données de l'exemple ci-dessus.

L'étendue des notes du groupe A est de : 16 – 4 = **12**.

L'étendue du groupe B est de : 13 – 8,5 = **4,5**.

CORRIGÉ QCM 4 : Pour déterminer la médiane d'une série, il faut ranger ses données dans l'ordre croissant : QCM 4, p. 216

- **S1** : 2 ; 7 ; 12 ; 13 ; 15 ; 16 ; 27.

Il y a 7 termes ; la médiane est le 4e terme, c'est **13** ; son étendue est : 27 – 2 = **25**.

- **S2** : 4,5 ; 5 ; 12 ; 12,5 ; 15 ; 17 ; 25 ; 36.

Il y a 8 termes ; une médiane peut-être : $\frac{12,5+15}{2} = \mathbf{13,75}$; son étendue est 36 – 4,5 = **31,5**.

ENTRAINEMENT **19** Corrigé p. 234

Calculer l'étendue des séries de l'entrainement 17 (p. 227).

B. 1er et 3e quartile

EXEMPLE :

Voici deux séries statistiques :

- **Série A** : 6 ; 7 ; 7 ; 7 ; 7 ; 10 ; 10 ; 11 ; 12 ; 14 ; 14 ; 15.
- **Série B** : 6 ; 8 ; 8 ; 9 ; 10 ; 10 ; 10 ; 10 ; 11 ; 11 ; 12 ; 15.

Ces séries semblent proches (elles ont même moyenne, même médiane et même étendue) mais ne sont pas identiques. On perçoit intuitivement que, dans la 2e série, les valeurs sont « plus regroupées » autour de la moyenne. Un moyen de le voir plus objectivement est de déterminer d'une part, le 1er et le 3e quartile de ces deux séries et d'autre part, l'écart entre ces deux valeurs appelé « écart interquartile ».

Des données statistiques sont rangées dans l'ordre croissant :
– **le 1er quartile** est le plus petit élément Q1 des données, tel qu'au moins **25 % des données** sont inférieures ou égales à Q1 ;
– **le 3e quartile** est le plus petit élément Q3 des données, tel qu'au moins **75 % des données** sont inférieures à Q3.

EXEMPLE : Dans la série : 16 ; 19 ; 20 ; 21 ; 22 ; 25 ; 27 ; 30.
Le **1er quartile** est **19**. En effet c'est la plus petite valeur de la série telle qu'au moins un quart des données (ici 2 car il y a 8 données) sont inférieures ou égale à 19 (ici 16 et 19).
Le **3e quartile** est **25** et l'écart interquartilien est donc de $25 - 19 = 6$.

FICHE MÉTHODE Déterminer le 1er et le 3e quartile d'une série statistique.

→ Déterminer le 1er et le 3e quartile des deux séries :
S1 : 16 ; 12 ; 2 ; 9 ; 17 ; 21 ; 13 ; 10 ; 4 ; 8 ; 7 ; 8 ; 14 ; 12 ; 14 ; 9.
S2 : 9 ; 6 ; 5 ; 10 ; 14 ; 5 ; 7 ; 8 ; 12,5 ; 8,5 ; 13 ; 9 ; 10 ; 10 ; 11 ; 4 ; 12 ; 13,5 ; 15 ; 17 ; 10 ; 20 ; 11.

1. Ranger les nombres dans l'ordre croissant.	**S1** : 2 ; 4 ; 7 ; 8 ; 8 ; 9 ; 9 ; 10 ; 12 ; 12 ; 13 ; 14 ; 14 ; 16 ; 17 ; 21. **S2** : 4 ; 5 ; 5 ; 6 ; 7 ; 8 ; 8,5 ; 9 ; 9 ; 10 ; 10 ; 10 ; 10 ; 11 ; 11 ; 12 ; 12,5 ; 13 ; 13,5 ; 14 ; 15 ; 17 ; 20.
2. Déterminer l'effectif N total de la série.	S1 a **16** valeurs. S2 a **23** valeurs.
3. Si N est divisible par 4 et si q est le quotient de la division de N par 4, le **1er quartile** est le q^e terme de la série et le **3e quartile** est le $3q^e$ terme.	**Pour S1** : • Rang du 1er quartile : $\frac{16}{4} = 4$. Donc **le 1er quartile est le 4e nombre de la série, c'est 8.** • Rang du 3e quartile : $3 \times 4 = 12$. Donc **le 3e quartile est le 12e nombre de la série, c'est 14.**
Si N n'est pas divisible par 4, alors on détermine : – Le plus petit entier supérieur au quotient décimal de N par 4. Cet entier est le rang du **1er quartile**. – Le plus petit entier supérieur à $3 \times \frac{N}{4}$. Cet entier est le rang du **3e quartile**.	**Pour S2** : • Rang du 1er quartile : $\frac{23}{4} = 5{,}75$. Le plus petit entier supérieur à 5,75 est 6. Donc **le 1er quartile est le 6e nombre de la série, c'est 8.** • Rang du 3e quartile : $3 \times \frac{23}{4} = 17{,}25$. Le plus petit entier supérieur à ce nombre est 18. Donc **le 3e quartile est le 18e nombre de la série, c'est 13.**

CORRIGÉ QCM 5 : Rangeons les données de cette série dans l'ordre croissant : QCM 5, p. 216
4,5 ; 7 ; 11 ; 12 ; 12,5 ; 15 ; 16 ; 18 ; 18,5 ; 25 ; 26 ; 27.
Il y a 12 valeurs.
12 : 4 = 3.
Le 1er quartile est au 3e rang de la série, c'est **11** et le 3e quartile est au 9e rang, c'est : **18,5.**
Les **affirmations B et C** sont vraies.

2.4 Diagramme en boite ou « à moustaches »

On peut représenter le **minimum**, le **maximum**, la **médiane**, le **1er** et le **3e quartile** dans un schéma appelé « **diagramme en boite** » ou « **diagramme à moustaches** ».

➤ **Au concours,** exercice 5 p. 236

Pour cela, on trace un axe gradué sur lequel on place le plus petit élément de la série (minimum), le plus grand élément de la série (maximum), le 1er quartile, le 3e quartile et la médiane. On place au dessus de cet axe un rectangle, comme ci-dessous (la largeur est quelconque), et on trace un segment vertical qui coupe l'axe gradué au niveau de la médiane. Ce diagramme permet de comparer des séries statistiques.

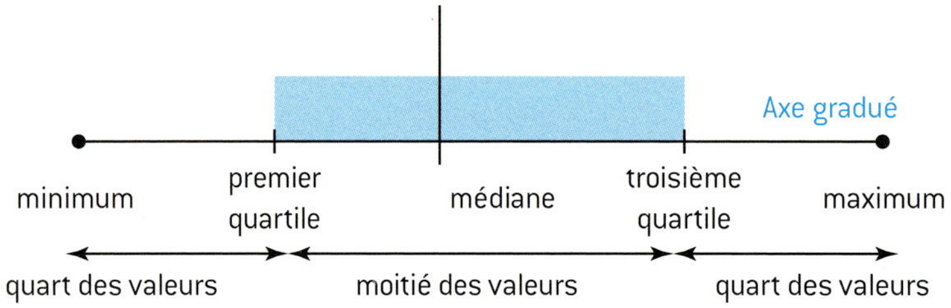

> L'**écart interquartile** (Q3 – Q1) correspond à l'étendue de cette série dont on a enlevé 25 % des valeurs les plus petites et 25 % des valeurs les plus grandes.

ENTRAINEMENT 20

Corrigé p. 235

Déterminer la boite à moustaches des données suivantes :

a. 12 ; 5 ; 6 ; 10 ; 3 ; 11 ; 15 ; 16 ; 5 ; 10 ; 11 ; 8 ; 3 ; 12 ; 5 ; 2.

b. 25 ; 12 ; 7 ; 11 ; 12 ; 16 ; 15 ; 10 ; 15 ; 10.

ENTRAINEMENT 21

Corrigé p. 235

Voici un tableau présentant les notes d'une classe.

Note	5	7	9	10	11	12	14	15	17
Effectif	2	3	2	5	2	3	5	5	2

Déterminer la boite à moustache de ces données.

ENTRAINEMENT 22

Corrigé p. 235

Indiquer si les affirmations suivantes sont vraies ou fausses.

Si on ajoute 2 à toutes les valeurs d'une série, on augmente :

A. la médiane de 2.

B. la moyenne de 2.

C. l'étendue de 2.

D. le 1er quartile de 2.

CORRIGÉS EXERCICES D'ENTRAINEMENT

ENTRAINEMENT 1

Énoncé p. 219

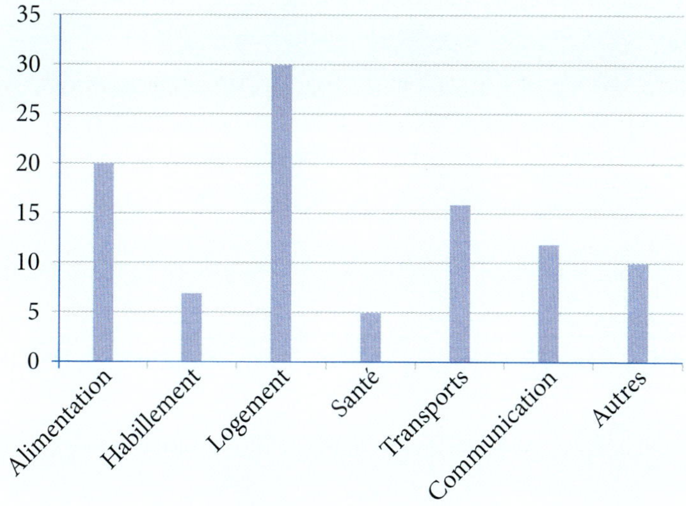

ENTRAINEMENT 2

Énoncé p. 219

a. En 2009, les enfants âgés de 0 à 10 ans sont nés entre 1999 et 2009. Sur le graphique, 1 mm représente environ 10 000 enfants ; l'estimation peut donc être la suivante, en millions, pour les années de 1999 à 2009 :

	2009	2008	2007	2006	2005	2004	2003	2002	2001	2000	1999	Total
Garçons	400	405	400	385	375	380	380	380	380	395	410	4 590
Filles	385	385	380	375	370	360	360	360	370	380	385	4 110

On peut estimer à **environ 8 700 000 le nombre d'enfants de moins de 10 ans.**

b. La proportion d'hommes et de femmes de plus de 80 ans (nés avant 1929), est la suivante :

- **Pour les hommes**, on peut estimer que :

– nés entre 1909 et 1919, ils sont en moyenne environ 10 000 par an (soit un total de 100 000) ;
– entre 1919 et 1924, ils sont environ 70 000 par an (soit 350 000) ;
– entre 1924 et 1929, ils sont environ 120 000 par an (soit 600 000).

Ce qui fait un total de 1 050 000.

- **Pour les femmes**, on peut estimer que :

– nées entre 1909 et 1919, elles sont en moyenne environ 30 000 par an (soit un total de 300 000) ;
– entre 1919 et 1924, elles sont environ 150 000 par an (soit 750 000) ;
– entre 1924 et 1929, elles sont environ 210 000 par an (soit 1 050 000).

Ce qui fait un total de 2 100 000.

Ces données sont très approximatives, mais elles confirment ce que montre le graphique : pour les plus de 80 ans, les femmes représentent environ les deux tiers de la population (il y a donc à peu près de deux fois plus de femmes que d'hommes).

ENTRAINEMENT 3

Énoncé p. 220

Pour répondre à cette question, il faut mesurer les angles des différents secteurs et calculer l'aire respective des différentes zones en appliquant la proportionnalité entre la mesure de ces angles et l'aire de ces zones. Pour cela on s'appuie sur le fait que l'aire totale de la commune (420 ha) correspond à un angle de 360°.

Destination des zones	Culture	Habitation	Forêt	Prairie	Total
Angle en degré	90	30	100	140	360
Effectif en ha (arrondi à l'unité près)	105	35	117	163	420

ENTRAINEMENT 4

Énoncé p. 221

	Alimentation	Habillement	Logement	Santé	Transports	Communication	Autres	Total
%	20	7	30	5	16	12	10	100
Angles	72	25	108	18	58	43	36	360

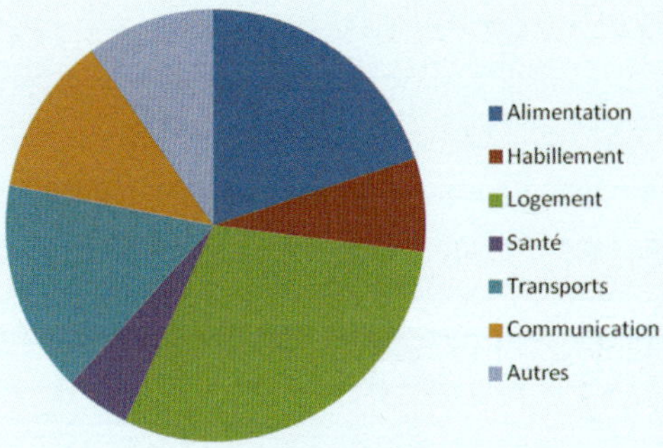

Répartition des dépenses des familles

ENTRAINEMENT 6

Énoncé p. 224

Nombre	1	2	3	4	5	6	Total
Effectif	4	3	6	6	6	5	30
Fréquence en %	13,3	10	20	20	20	16,7	100

ENTRAINEMENT 7

Énoncé p. 224

a. La quantité moyenne d'essence achetée par les clients est de 44,34 L.

b. Soit x la quantité d'essence achetée en litre par le sixième client.

Donc $\dfrac{45{,}7+56{,}8+35{,}6+37{,}6+46+x}{6}=43{,}8$.

Donc $221{,}7+x=43{,}8\times 6$ donc $x=41{,}1$.

Le sixième client a acheté 41,1 L.

ENTRAINEMENT 8

Énoncé p. 225

Si la moyenne des diamètres des six premiers arbres est de 35 cm, alors la somme des diamètres en cm de ces six premiers arbres est de : $6 \times 35 = 210$.

Soit x le diamètre du dernier arbre, on a : $\frac{210+x}{7} = 36$.
Donc $210 + x = 7 \times 36$, donc $x = 42$.

42 cm est le diamètre du septième arbre.

ENTRAINEMENT 9

Énoncé p. 225

a. Soit a, b et c les termes de la série.
La nouvelle série est donc égale à : $a \times k$; $b \times k$; $c \times k$.
Moyenne de cette nouvelle série :

$$\frac{a \times k + b \times k + c \times k}{3} = \frac{(a+b+c) \times k}{3} = \frac{a+b+c}{3} \times k$$

Or $\frac{a+b+c}{3}$ est la moyenne de la série de départ.

La nouvelle moyenne est donc égale à la moyenne de la série multipliée par k.

La conjecture peut d'abord être testée sur un (des) exemple(s), comme la moyenne de trois notes toutes égales à 5 qui sont multipliées par 2 ou auxquelles on ajoute 2. Mais évidemment, ces vérifications ne suffisent pas à démontrer que la conjecture est vérifiée dans tous les cas.

b. Soit a, b et c les termes de la série.
La nouvelle série est donc égale à : $a + k$; $b + k$; $c + k$.
Moyenne de cette nouvelle série :

$$\frac{a+k+b+k+c+k}{3} = \frac{a+b+c+3k}{3} = \frac{a+b+c}{3} + k$$

Or $\frac{a+b+c}{3}$ est la moyenne de la série de départ.

La nouvelle moyenne est donc égale à la moyenne de la série de départ augmentée de k.

ENTRAINEMENT 10

Énoncé p. 225

Si les 10 filles travaillent en moyenne 25 minutes, cela signifie qu'au total l'ensemble des filles de la classe travaillent 25 min × 10 = 250 min.
Il y a 17 garçons (27 – 10).
Les garçons travaillent au total 15 min × 17 = 255 min.
Donc les 27 élèves de cette classe travaillent au total :
250 min + 255 min = 505 min.

$\frac{505}{27} \approx 18{,}70$ min soit **18 min et 42 s.**

Attention ! Il ne faut pas faire la moyenne des moyennes car le nombre de filles n'est pas égal au nombre de garçons.
On constate qu'effectivement on ne trouve pas $\frac{25+15}{2} = 20$ min.

ENTRAINEMENT 11

Énoncé p. 225

$$\frac{15 \times 1{,}62 + 10 \times 1{,}75}{25} = 1{,}672.$$

La taille moyenne est d'environ 1,67 m.

ENTRAINEMENT 12

Énoncé p. 225

$$\frac{15\times1+18\times1+12\times1+9{,}5\times3+11\times3}{1+1+1+3+3}\approx 11{,}8$$

La moyenne de cet élève, arrondie au dixième près, est de 11,8.

ENTRAINEMENT 13

Énoncé p. 226

$$\frac{2\times2+3\times3+4\times2+5\times6+6\times6+7\times8+8\times1}{28}\approx 5{,}4$$

La moyenne de ses élèves, arrondie au dixième près par excès, est de 5,4.

ENTRAINEMENT 14

Énoncé p. 226

Soit x sa note en langue.

$\dfrac{12\times3+8\times4+x\times2}{9}\geqslant 10$ donc $68+2x\geqslant 90$ donc $2x\geqslant 22$ donc $x\geqslant 11$.

Il doit avoir au minimum 11 en langue.

ENTRAINEMENT 15

Énoncé p. 226

Soit x le coefficient de la note de français pour qu'il ait la moyenne :

$\dfrac{12\times4+8\times1+9\times x}{4+1+x}=10$ d'où $\dfrac{56+9x}{5+x}=10$ donc $56+9x=50+10x$.

Donc $x=6$.

Le coefficient doit être 6.

ENTRAINEMENT 16

Énoncé p. 227

a. Rangeons ces données dans l'ordre croissant 5 ; 12 ; 15 ; 16 ; 17 ; 22 ; 25.
Il y a 7 termes.
La médiane est le 4e terme, c'est-à-dire **16**.

b. Rangeons ces données dans l'ordre croissant : 1 ; 5 ; 6 ; 12 ; 17 ; 25.
Il y a 6 termes.
Une médiane peut être la demi-somme des 3e et 4e termes, c'est-à-dire : $\dfrac{6+12}{2}=\mathbf{9}$.

ENTRAINEMENT 17

Énoncé p. 227

a. Médiane de la série **a** : **49**.

b. Médiane de la série **b** : **12,5**.

ENTRAINEMENT 18

Énoncé p. 227

Il y a 28 élèves et $\dfrac{28}{2}=14$.

Le 14e terme est 2 et le 15e est 3.

Une médiane possible est 2,5.

ENTRAINEMENT 19

Énoncé p. 228

L'étendue est de la série **a** est : 128 – 26 = **102**.
L'étendue est de la série **b** est : 21 – 5,5 = **15,5**.

ENTRAINEMENT 20

Énoncé p. 230

a. Rangeons les données par ordre croissant :
2 ; 3 ; 3 ; 5 ; 5 ; 5 ; 6 ; 8 ; 10 ; 10 ; 11 ; 11 ; 12 ; 12 ; 15 ; 16.

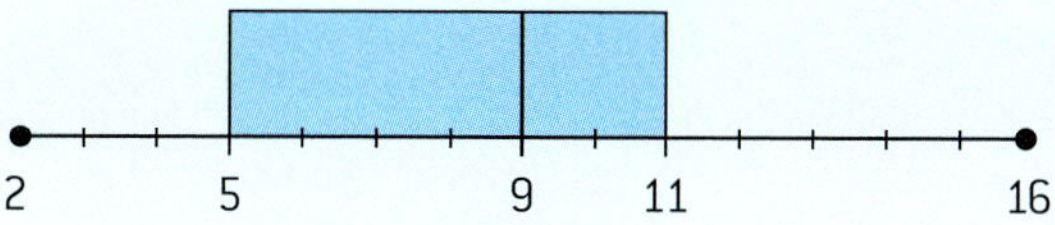

b. Rangeons par ordre croissant :
7 ; 10 ; 10 ; 11 ; 12 ; 12 ; 15 ; 15 ; 16 ; 25.

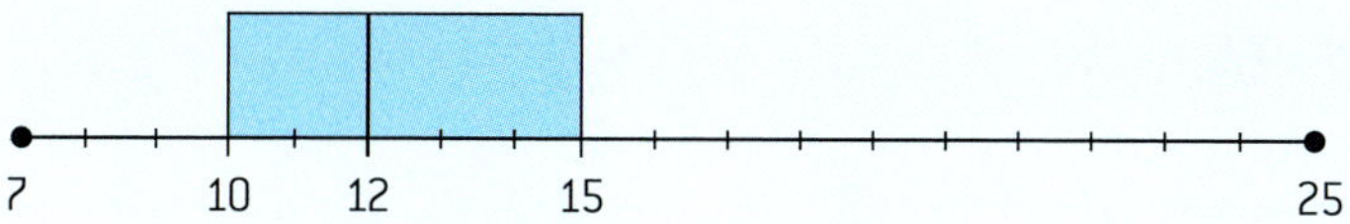

ENTRAINEMENT 21

Énoncé p. 230

- Il y a 29 élèves ; $\dfrac{29-1}{2}+1=15$.

La **médiane** est le 15e terme ; c'est donc **12**.

- $\dfrac{29}{4}=7{,}25$

Le **1er quartile** est le 8e terme ; c'est donc **10**.

- $3\times\dfrac{29}{4}=21{,}75$

Le **3e quartile** est le 22e terme ; c'est donc **14**.

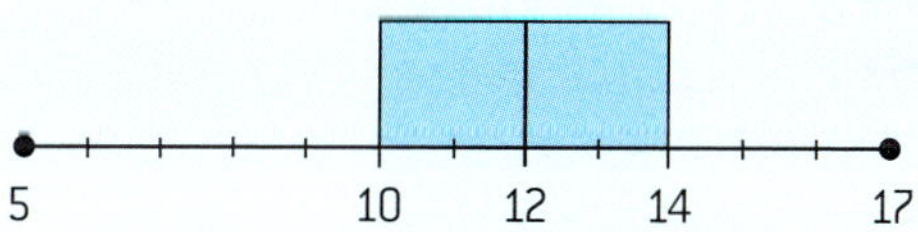

ENTRAINEMENT 22

Énoncé p. 230

Les phrases vraies sont **A**, **B** et **D**.

AU CONCOURS

Au concours, les notions abordées dans ce chapitre sont essentiellement utilisées dans des exercices, c'est ce qui explique l'absence de problème dans cette partie.

EXERCICE 1

Corrigé p. 237

On a demandé à 1 000 personnes, ayant un téléphone portable, quel opérateur ils utilisent parmi les sociétés A, B ou C. Les résultats sont consignés dans le tableau ci-dessous :

	Société			**Total**
	A	B	C	
Effectif	400	....	....	1 000
Angle (en degré)	....	198	....	....

Construire le diagramme circulaire représentant les effectifs ci-dessus.

EXERCICE 2

Corrigé p. 237

Une classe de 24 élèves est composée de 14 filles et 10 garçons.
La taille moyenne des garçons est 174 cm et celle des filles 162 cm.
Vrai ou faux ? La taille moyenne des élèves de la classe est 167 cm.

EXERCICE 3

Corrigé p. 237

Pour un examen, il y a une épreuve de français de coefficient 2 et une épreuve de mathématiques de coefficient 3. Les notes sont des nombres entiers compris entre 0 et 20.
Quelles notes un élève peut-il avoir en mathématiques et en français pour que sa moyenne soit de 10 ?

EXERCICE 4

Corrigé p. 238

Dans une entreprise, les 360 employés sont soit des cadres, soit des ouvriers.
Les cadres gagnent en moyenne 2 000 € et les ouvriers 1 200 €. L'ensemble des employés gagnent en moyenne 1 400 €.
Quel est le nombre de cadres ?

EXERCICE 5

Corrigé p. 238

Une société d'enquêtes note la durée d'attente par appel téléphonique passé par 22 consommateurs auprès de deux services en ligne S1 et S2. Voici un tableau résumant cette enquête :

Durée d'attente (en min)	2	3,5	5	6	7	8	10	12
Effectif pour S1	2	3	4	5	3	2	2	1
Effectif pour S2	4	2	2	4	1	1	4	4

a. Construire les deux boites à moustaches avec une même graduation.
b. Comparer ces deux séries.

CORRIGÉS EXERCICES

EXERCICE 1

Énoncé p. 236

- Sachant qu'il y a proportionnalité entre les effectifs et la mesure des angles, et que la somme des angles est de 360°, on peut compléter le tableau.

Par exemple : pour la case « A - angle », si y désigne la valeur de l'angle en degré, on a :

$\frac{400}{y}=\frac{1\,000}{360}=\frac{25}{9}$ d'où $25y = 400 \times 9$, ce qui donne $y = \mathbf{144}$.

- Les autres valeurs s'obtiennent par différence.

	Société			Total
	A	B	C	
Effectif	400	550	50	1 000
Angle (en degré)	144	198	18	360

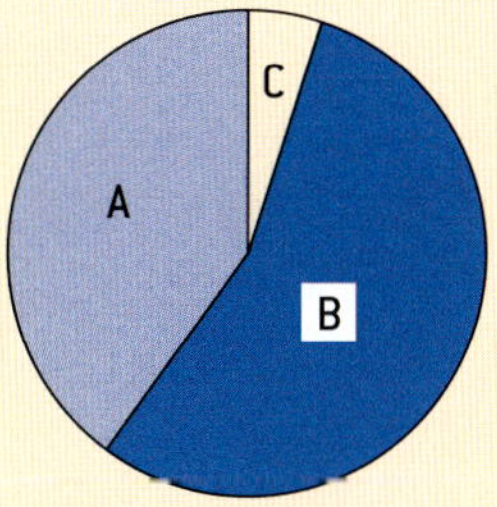

Répartition des appels par opérateur téléphonique

EXERCICE 2

Énoncé p. 236

La somme des tailles des garçons est 10×174 cm = 1 740 cm.
La somme des tailles des filles est 14×162 cm = 2 268 cm.
La taille moyenne des élèves de la classe est obtenue en divisant la somme des tailles par le nombre d'élèves. Elle est donc égale en cm à :

$\frac{2\,268+1\,740}{14+10}=167$. **L'affirmation est donc vraie.**

EXERCICE 3

Énoncé p. 236

Soit x la note en français et y la note en mathématiques.
Donc x et y sont deux entiers compris entre 0 et 20.

On a donc $\frac{2x+3y}{5}=10$ donc $2x+3y=50$ (1)

> On obtient une seule équation à deux inconnues dont les solutions sont des nombres entiers. On peut donc effectuer des essais systématiques pour trouver toutes les solutions possibles. Le but est de faire le moins d'essais possibles. Pour cela, il faut essayer de trouver des caractéristiques de x et/ou y.

D'après (1) $3y = 50 - 2x$, donc $3y = 2(25 - x)$.
Donc $3y$ est un nombre pair, **donc y est un nombre pair compris entre 0 et 20.**

Établissons un tableau pour tester les volumes possibles de y.

Ce tableau donne les réponses possibles.

Valeur de y	**(1) devient**	**Valeur de x**
0	$2x + 3 \times 0 = 50$ donc $2x = 50$	25 → impossible
2	$2x = 50 - 2 \times 3 = 44$	22 → impossible
4	$2x = 38$	19
6	$2x = 32$	16
8	$2x = 26$	13
10	$2x = 20$	10
12	$2x = 14$	7
14	$2x = 8$	4
16	$2x = 2$	1
18	$2x = -4$	–2 → impossible
20	$2x = -10$	–5 → impossible

EXERCICE 4

Énoncé p. 236

Soit x le nombre de cadres (x est un nombre entier positif).
Il y a donc $360 - x$ ouvriers.

$$\frac{2000x + (360 - x)1200}{360} = 1400$$

donc $800x + 432\,000 = 504\,000$
donc $x = 90$.

Il y a 90 cadres.

EXERCICE 5

Énoncé p. 236

a. $\frac{22}{4} = 5{,}5$.

Le 1er quartile correspond à la valeur du 6e rang.
Le 3e quartile correspond à la valeur du 17e rang.
La médiane est la moyenne des valeurs des 11e et 12e rangs.

- **Pour S1 :**

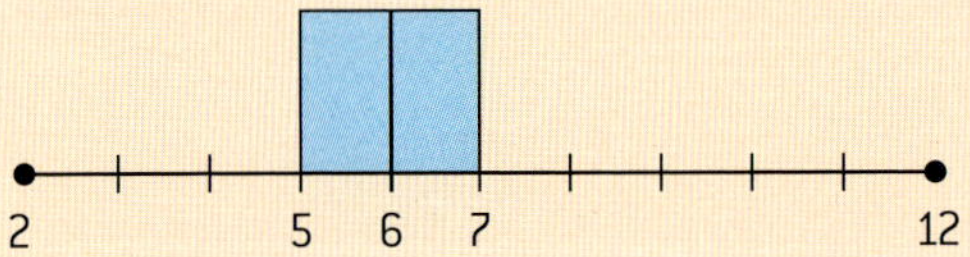

- **Pour S2 :**

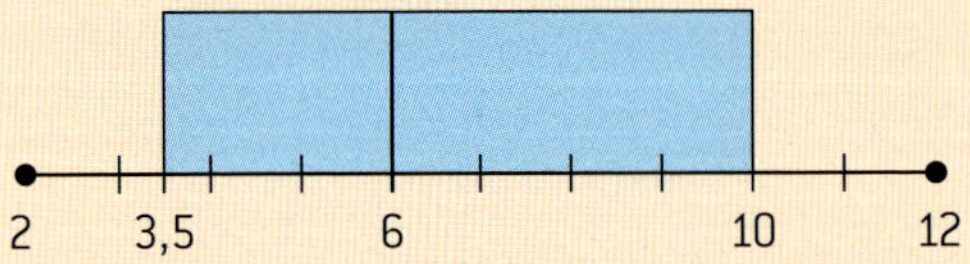

b. Avec ces boites à moustaches, on se rend compte que les médianes sont identiques, mais que l'écart interquartile pour S1 (2 min) est beaucoup plus faible que pour S2 (6,5 min). Il est donc plus fréquent avec S2 soit d'attendre un peu moins (3,5 min), soit d'attendre beaucoup plus (10 min) qu'avec S1.

CHAPITRE 11

Probabilités

OBJECTIF DU CHAPITRE

– Savoir calculer la probabilité d'évènements.

FICHE MÉTHODE

– Calculer la probabilité d'un évènement.

p. 245

TESTER SES CONNAISSANCES

Indiquer la ou les bonnes réponses :

QCM 1 On dispose de 5 boules : 2 boules rouges et 3 boules noires.
On tire au hasard une boule et on note sa couleur.

Aide : §2.2 p. 241

A. Il y a autant de chances d'avoir une boule rouge que d'avoir une boule noire.
B. Il est plus probable d'obtenir une boule rouge qu'une boule noire.
C. Il y a plus de chances d'avoir une boule noire qu'une boule rouge.
D. Il y a 2 chances sur 3 d'avoir une boule rouge.
E. Il y a 2 chances sur 5 d'avoir une boule rouge.

QCM 2 On lance un dé à 6 faces parfaitement équilibré, dont les faces sont numérotées de 1 à 6. On note le numéro obtenu.

Aide : §2.2 p. 241 §2.3 p. 243

A. La probabilité d'obtenir un 5 est de $\frac{1}{5}$.
B. La probabilité d'obtenir un nombre pair est de $\frac{1}{2}$.
C. La probabilité d'obtenir un multiple de 3 est de $\frac{2}{6}$.
D. La probabilité d'obtenir un nombre qui n'est pas un multiple de 3 est de $\frac{5}{6}$.

QCM 3 On lance un dé à 6 faces, parfaitement équilibré, numérotées de 1 à 6. On note le numéro obtenu. On répète cette expérience 10 fois.
On a obtenu 10 fois le 6.
La onzième fois qu'on lance ce dé...

A. la probabilité d'obtenir le 6 est plus grande que celle d'obtenir un autre nombre.
B. la probabilité d'obtenir le 6 est moins grande que celle d'obtenir un autre nombre.
C. la probabilité d'obtenir le 6 est la même que celle d'obtenir un autre nombre.

1. C, E   2. B, C   3. C

LE COURS

1 Expérience aléatoire et évènement

A. Expérience aléatoire

Une expérience est dite « aléatoire » si elle vérifie deux conditions[1] :
– elle conduit à des résultats possibles qu'on est parfaitement capable de nommer ;
– on ne sait pas lequel de ces résultats va se produire quand on mène l'expérience.

1 Il y a une 3e condition, « L'expérience doit être reproductible dans les mêmes conditions », qu'il ne nous semble pas nécessaire d'indiquer ici.

EXEMPLES :

- « **Lancer une pièce de monnaie et regarder sur quelle face elle tombe** » est une expérience aléatoire. En effet, il y a deux résultats possibles parfaitement identifiés (pile ou face) et on ne peut pas prévoir *a priori* sur quelle face cette pièce va tomber.
- « **Lancer deux dés cubiques numérotés de 1 à 6 et calculer la somme des points obtenus dans cette expérience** » est également une expérience aléatoire. En effet, l'ensemble des résultats possibles est parfaitement identifié : les nombres entiers de 2 à 12. Par contre, on ne peut pas prévoir *a priori* la somme que l'on va obtenir.
- « **Tracer un carré dont on connait la longueur du côté et mesurer son périmètre** » n'est pas une expérience aléatoire car le périmètre est totalement prévisible.

B. Évènement

À partir d'une expérience aléatoire, on peut définir ce qu'on appelle des **évènements** qui sont des ensembles de résultats.

EXEMPLES :

Expérience aléatoire : Tirer un jeton au hasard d'un sac qui contient des jetons numérotés 1 ; 2 ; 3 ; 4 ; 5 ; 6 ; 7 ou 8.

- « **Tirer un nombre pair** » est un **évènement** car c'est l'ensemble des résultats suivants : « Tirer un 2 » ou « Tirer un 4 » ou « Tirer un 6 » ou « Tirer un 8 ».
- « **Tirer un nombre inférieur à 3** » est aussi un **évènement** car c'est l'ensemble des résultats : « Tirer un 1 » ou « Tirer un 2 ».

2 Probabilité

Nous donnons une définition « intuitive » de la probabilité.

Pour certaines expériences aléatoires, on peut déterminer par un quotient la « chance » qu'un évènement a de se produire. Ce **quotient** est appelé **probabilité de l'évènement.**

EXEMPLE : Si on tire au hasard une boule dans un sac contenant 11 boules dont 5 sont vertes et 6 jaunes, la probabilité de tirer une boule verte est de $\frac{5}{11}$, car on a 5 « chances » sur 11 de tirer une boule verte.

2.1 Probabilité et fréquence

Si on répète une expérience aléatoire un très grand nombre de fois, la **fréquence** de n'importe quel évènement de cette expérience finit par se stabiliser autour d'un nombre qui est la **probabilité de cet évènement.**

EXEMPLE : On dispose de 7 cartes dont 2 sont des piques et 5 des cœurs. On tire une carte au hasard et on s'intéresse à sa couleur.
Si on renouvelle un très grand nombre de fois cette expérience et si on calcule la fréquence de la sortie d'un pique, on s'aperçoit que le résultat se stabilise autour de $\frac{2}{7}$ qui est la probabilité de tirer un pique.

Cette propriété permet de calculer une valeur approchée de la probabilité d'un évènement d'une expérience aléatoire. Mais cela nécessite de pouvoir renouveler l'expérience un très grand nombre de fois.
Certaines expériences ne peuvent être probabilisées que par cette **approche fréquentiste**. C'est par exemple le cas de l'expérience qui consiste à lancer une punaise et à regarder, une fois qu'elle est tombée, si la pointe est en haut ou en bas.

2.2 Propriétés

Propriété 1

Quand les résultats d'une expérience aléatoire ont tous la même probabilité, alors la probabilité d'un évènement est égale au quotient :

$$\frac{\textbf{Nombre de résultats favorables à la réalisation de l'évènement}}{\textbf{Nombre de résultats possibles}}$$

EXEMPLE : On dispose d'un sac de jetons numérotés de 1 à 12. On tire un jeton au hasard. Quelle est la probabilité de tirer un multiple de 3 ?
Résultats favorables à la réalisation de l'évènement : l'un des numéros 3 ; 6 ; 9 ou 12. Il y a donc 4 résultats favorables à la réalisation de l'évènement.
Nombre de résultats possibles : 12.
Probabilité de tirer un multiple de 3 : $\frac{4}{12}=\frac{1}{3}$.

CORRIGÉ QCM 1 : On est en présence d'une expérience aléatoire et chaque résultat a la même probabilité d'apparition. On peut donc appliquer la propriété précédente. QCM 1, p. 239
Probabilité de tirer une boule rouge ?
Nombre de cas possibles : 5 car il y a 5 boules.
Nombre de cas favorables : 2 car il y a 2 boules rouges.
Probabilité de tirer **une boule rouge** : $\frac{2}{5}$ et probabilité de tirer **une boule noire** : $\frac{3}{5}$.

CORRIGÉ QCM 2 : On est en présence d'une expérience aléatoire et chaque résultat a la même probabilité d'apparition. On peut donc appliquer la propriété précédente. QCM 2, p. 239
Probabilité d'obtenir 5 : $\frac{1}{6}$ (car il y a un seul 5).
Probabilité d'obtenir un nombre pair : $\frac{3}{6}=\frac{1}{2}$ (car il y a 3 nombres pairs : 2 ; 4 et 6).

Probabilité d'obtenir un multiple de 3 : $\frac{2}{6}=\frac{1}{3}$ (car il y a 2 nombres multiples de 3 : 3 et 6).
Probabilité d'obtenir un nombre qui n'est pas un multiple de 3 : $\frac{4}{6}=\frac{2}{3}$ (car il y a 4 nombres qui ne sont pas multiples de 3 : 1 ; 2 ; 4 et 5).

Propriété 2

La probabilité d'un évènement est toujours comprise **entre 0 et 1**.

Propriété 3

La somme des probabilités de tous les résultats d'une expérience aléatoire est **égale à 1**.

Ces deux propriétés sont une conséquence directe de la propriété 1.

ENTRAINEMENT 1

Corrigé p. 247

On dispose d'un sac contenant des boules rouges et des boules blanches.
Voici des réponses d'étudiants :

a. Probabilité d'obtenir une boule rouge : $\frac{5}{4}$.

b. Probabilités d'obtenir une boule rouge : $\frac{1}{4}$ et d'obtenir une boule blanche : $\frac{4}{5}$.

Que pensez-vous de ces réponses ?

ENTRAINEMENT 2

Corrigé p. 247

On tire une carte d'un jeu classique de 32 cartes. Quelle est la probabilité des évènements suivants :

a. Obtenir une dame. **b.** Obtenir un trèfle. **c.** Obtenir le 10 de cœur.

ENTRAINEMENT 3

Corrigé p. 247

On dispose d'un sac contenant les 26 lettres de l'alphabet. On tire un jeton au hasard. Quelle est la probabilité des évènements suivants :

a. Obtenir une voyelle. **b.** Obtenir une lettre du mot « Concours ».

ENTRAINEMENT 4

Corrigé p. 247

On dispose d'une urne qui contient 3 boules rouges, 2 boules vertes, 1 boule blanche et 2 boules bleues.

a. On tire une boule de cette urne. Quelle est la probabilité des évènements suivants :

(1) Tirer une boule verte.

(2) Tirer une boule rouge ou verte.

(3) Tirer une boule de la couleur du drapeau français.

b. On répète l'expérience un très grand nombre de fois. Vers quel nombre doit tendre la fréquence de l'évènement « Tirer une boule bleue » ?

ENTRAINEMENT 5

Corrigé p. 247

Dans un sac, il y a 12 boules : des boules vertes et des boules rouges.
La probabilité de tirer une boule verte est de $\frac{2}{3}$.
Combien y a-t-il de boules vertes ?

2.3 Probabilité de l'évènement contraire

Dans une expérience aléatoire, l'**évènement contraire de A** est « **non A** ».

EXEMPLE : Dans l'expérience qui consiste à tirer une boule d'un sac et à regarder sa couleur, l'évènement contraire de « tirer une boule rouge » est : « Ne pas tirer une boule rouge ».

Propriété 4

Si p est la probabilité d'un évènement, alors $1 - p$ est la **probabilité de l'évènement contraire**.

CORRIGÉ QCM 2, affirmation D : On sait que la probabilité d'obtenir un multiple de 3 est $\frac{1}{3}$, donc la probabilité de ne pas obtenir un multiple de 3 est : $1-\frac{1}{3}=\frac{2}{3}$.

QCM 2, p. 239

ENTRAINEMENT 6

Corrigé p. 247

On prend un paquet de cartes ne contenant que des trèfles et des piques. On sait que la probabilité de tirer un trèfle est de $\frac{3}{7}$. Quelle est la probabilité de tirer un pique ?

3 Évènements particuliers

3.1 Évènements indépendants[3]

Deux évènements d'une expérience aléatoire sont **indépendants** si les résultats de l'un n'ont aucune influence sur les résultats de l'autre.

EXEMPLES :

- On dispose de deux sacs : le sac A contient 2 boules rouges et 3 boules vertes ; le sac B contient 5 boules jaunes et 3 boules bleues. « **Tirer une boule rouge du sac A** » et « **Tirer une boule jaune du sac B** » sont deux évènements indépendants.
- Les évènements « **Tirer une première boule d'un sac** » et « **Tirer une seconde boule du même sac** » sont indépendants si on remet la première boule dans le sac ; par contre, ils ne le sont pas si on ne remet pas la première boule dans le sac.

3 Les notions d'évènements indépendants et d'évènements incompatibles ne font pas partie du programme du collège. Nous les présentons toutefois ici car ce sont des notions assez faciles à appréhender qui simplifient la résolution de certains problèmes de probabilité.

Propriété 5

Si A et B sont deux évènements **indépendants,** alors la probabilité de l'évènement A et B est :

$$P(A \text{ et } B) = P(A) \times P(B)$$ [4]

4 Dans la suite, P(X) représente la probabilité de l'évènement X.

EXEMPLE : En reprenant l'exemple précédent, la probabilité de l'évènement « Tirer une boule rouge du sac A et tirer une boule jaune du sac B » est égale à : $\frac{2}{5}\times\frac{5}{8}=\frac{10}{40}=\frac{1}{4}$.

ENTRAINEMENT 7

Corrigé p. 248

On lance un dé rouge et un dé vert. Quelle est la probabilité d'obtenir simultanément un nombre pair avec le dé rouge et un multiple de 3 avec le dé vert ?

3.2 Évènements incompatibles

Deux évènements A et B sont **incompatibles** s'ils ne peuvent pas se produire simultanément, c'est-à-dire si la probabilité de « A et B » est nulle.

EXEMPLES :

- « **Obtenir un 2** » et « **Obtenir un nombre impair** » en lançant un dé à 6 faces sont deux évènements incompatibles. En effet, on ne peut avoir ces deux évènements en même temps.
- « **Obtenir un multiple de 3** » et « **Obtenir un nombre pair** » ne sont pas, par contre, des évènements incompatibles. En effet, avec le 6, on a simultanément un nombre pair et un multiple de 3.

Propriété 6

Si A et B sont deux évènements incompatibles, alors la probabilité de l'évènement A ou B est :

$$P(A \text{ ou } B) = P(A) + P(B).$$

EXEMPLE : La probabilité d'« **Obtenir un 2** » ou d'« **Obtenir un nombre impair** » en lançant un dé à 6 faces est égale à la somme de la probabilité d'obtenir un 2 et de la probabilité d'obtenir un nombre impair, car ces deux évènements sont incompatibles : $\frac{1}{6}+\frac{1}{2}=\frac{4}{6}=\frac{2}{3}$.

ENTRAINEMENT 8

Corrigé p. 248

On prend un paquet de cartes ne contenant que des cœurs, des carreaux et des trèfles. On sait que la probabilité de tirer un cœur est de $\frac{2}{5}$ et la probabilité de tirer un carreau est de $\frac{3}{7}$. Quelle est la probabilité de tirer un trèfle ?

Remarque :

Si les évènements ne sont pas incompatibles, alors :

$$P(A \text{ ou } B) = P(A) + P(B) - P(A \text{ et } B).$$

La propriété 6 est un cas particulier de cette formule car P(A et B) = 0.

EXEMPLE : On lance un dé à 6 faces.

P(« Obtenir un nombre pair ou un multiple de 3 ») = P(« Obtenir un nombre pair ») + P(« Obtenir un multiple de 3 ») − P(« Obtenir un nombre pair et un multiple de 3 »)

$=\frac{1}{2}+\frac{2}{6}-\frac{1}{6}=\frac{4}{6}=\frac{2}{3}$.

FICHE MÉTHODE Calculer la probabilité d'un évènement.

Exemple (1) : On dispose de sept cartes à jouer : un valet de trèfle, une dame de cœur, un huit de trèfle, un as de carreau, un valet de pique, un dix de trèfle, une dame de pique.
Quelle est la probabilité de tirer un pique ?

Exemple (2) : Une urne contient trois boules blanches et deux boules noires.
Les boules blanches sont numérotées 1, 2 et 3.
Les boules noires sont numérotées 1 et 2.
On tire une première boule dont on note le numéro et la couleur puis, sans remettre cette boule dans l'urne, on en tire une deuxième.
Quelle est la probabilité d'obtenir deux boules blanches ?

Exemple (3) : Dans une urne, il n'y a que des boules rouges ou noires. La probabilité de tirer une boule rouge est de $\frac{2}{5}$. Quelle est la probabilité de tirer une boule noire ?

Exemple (4) : Un sac contient 3 boules rouges et 2 boules vertes. On tire une première boule, on note sa couleur et on la remet dans le sac. Puis, on tire une seconde boule dont on note la couleur.
Quelle est la probabilité d'obtenir une boule rouge au premier tirage, puis une boule verte au second tirage ?

Exemple (5) : On reprend l'expérience précédente. Quelle est la probabilité de tirer deux boules de même couleur ?

Exemple (6) : On sait qu'un dé cubique, dont les faces sont numérotées de 1 à 6, est truqué.
Comment déterminer une valeur approchée de la probabilité d'obtenir le 6 lorsqu'on lance ce dé ?

Si on est dans le cas où les résultats ont la même probabilité, **utiliser la formule** : **Probabilité d'un évènement =** $\dfrac{\textbf{Nombre de résultats favorables à la réalisation de l'évènement}}{\textbf{Nombre de résultats possibles}}$ Il est parfois nécessaire de construire ces tableau ou arbre pour calculer le nombre de cas favorables et le nombre de cas possibles.	(1) Toutes les cartes ont la même probabilité d'être tirées. Nombre de cas favorables à l'évènement : 2. Nombre de résultats possibles : 7. Probabilité : $\frac{2}{7}$. (2) *Voir arbre de choix page suivante.* Il y a 20 cas possibles et 6 cas favorables. Probabilité de tirer deux boules blanches : $\frac{6}{20} = \frac{3}{10}$.
Utiliser la propriété de la **probabilité de l'évènement contraire**.	(3) Tirer une boule noire est l'évènement contraire de tirer une boule rouge (puisqu'il n'y a que des boules rouges et noires). Donc la probabilité de tirer une boule noire est égale à : $1-\frac{2}{5}=\frac{3}{5}$.

Décomposer l'évènement dont on cherche la probabilité sous la forme de l'intersection de deux évènements indépendants, et **appliquer la propriété** : « Si A et B sont deux évènements indépendants, alors **P(A et B) = P(A) × P(B)**. »	**(4)** A = « Tirer une boule rouge au 1er tirage ». B = « Tirer une boule verte au second tirage ». A et B sont indépendants car on remet la boule dans le sac, donc P(A et B) = P(A) × P(B). $P(A)=\frac{3}{5}$ et $P(B)=\frac{2}{5}$ $P(A \text{ et } B)=\frac{3}{5}\times\frac{2}{5}=\mathbf{\frac{6}{25}}$.
Décomposer l'évènement dont on cherche la probabilité sous la forme de la réunion de deux évènements incompatibles, et **appliquer la propriété** : « Si A et B sont deux évènements incompatibles, alors **P(A ou B) = P(A) + P(B)**. »	**(5)** X = « Tirer deux boules de même couleur ». A = « Tirer une boule rouge au 1er tirage ». B = « Tirer une boule rouge au 2nd tirage ». C = « Tirer une boule verte au 1er tirage ». D = « Tirer une boule verte au 2nd tirage ». **X = « A et B » ou « C et D ».** Les évènements « A et B » et « C et D » sont incompatibles. A et B sont indépendants, C et D le sont également. P(X) = P(A et B) + P(C et D) P(X) = P(A) × P(B) + P(C) × P(D). $P(X)=\frac{3}{5}\times\frac{3}{5}+\frac{2}{5}\times\frac{2}{5}=\mathbf{\frac{13}{25}}$.
Effectuer un très grand nombre de fois l'expérience et calculer **la fréquence d'apparition de l'évènement**.	**(6)** On lance le dé un très grand nombre de fois et on note **la fréquence de la sortie du 6**. Cette fréquence est une valeur approchée de la probabilité de l'évènement « sortie du 6 ».

Exemple (2) : Construction d'un arbre de choix pour représenter l'ensemble des tirages possibles :

Il y a 20 cas possibles et 6 cas favorables.
Probabilité de tirer deux boules blanches : $\frac{6}{20}=\frac{3}{10}$.

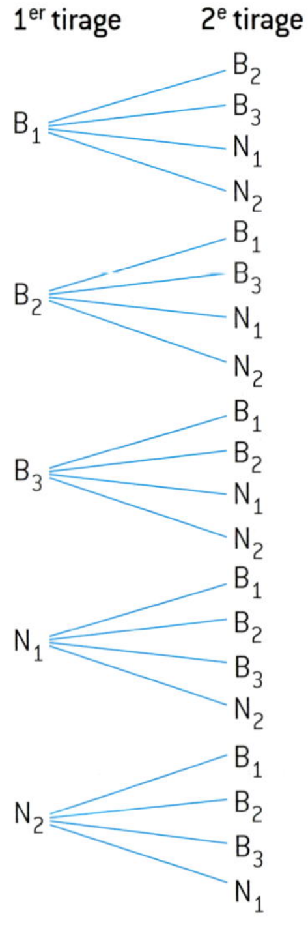

CORRIGÉS EXERCICES D'ENTRAINEMENT

ENTRAINEMENT 1

Énoncé p. 242

a. Ce résultat est impossible puisque que la probabilité d'un évènement est forcément inférieure ou égale à 1.

b. $\frac{1}{4}+\frac{4}{5}=\frac{21}{20}$ or $\frac{21}{20}>1$, c'est donc impossible car la somme des probabilités de l'ensemble des résultats d'une expérience aléatoire est égale à 1.

ENTRAINEMENT 2

Énoncé p. 242

Il y a **32 résultats possibles.**

a. Il y a 4 dames, donc la probabilité d'obtenir une dame est de : $\frac{4}{32}=\mathbf{\frac{1}{8}}$.

b. Il y a 8 trèfles, donc la probabilité d'obtenir un trèfle est de : $\frac{8}{32}=\mathbf{\frac{1}{4}}$.

c. Il y a un seul 10 de cœur, donc la probabilité d'obtenir cette carte est de : $\mathbf{\frac{1}{32}}$.

ENTRAINEMENT 3

Énoncé p. 242

Il y a **26 résultats possibles.**

a. Il y a 6 voyelles (a, e, i, o, u et y),
donc la probabilité d'avoir une voyelle est de : $\frac{6}{26}=\mathbf{\frac{3}{13}}$.

b. Il y a 6 lettres différentes dans le mot « concours » (c, o, n, u, r, s), donc 6 résultats favorables.
Donc la probabilité d'obtenir une lettre du mot « concours » est de : $\frac{6}{26}=\mathbf{\frac{3}{13}}$.

ENTRAINEMENT 4

Énoncé p. 242

Il y a **8 résultats possibles.**

a. (1) Probabilité de tirer une boule verte : $\frac{2}{8}=\mathbf{\frac{1}{4}}$.

(2) Probabilité de tirer une boule rouge ou verte : $\mathbf{\frac{5}{8}}$.

(3) Probabilité de tirer une boule de la couleur du drapeau français : $\frac{6}{8}=\mathbf{\frac{3}{4}}$.

b. La fréquence doit tendre vers la probabilité « Tirer une boule bleue » : $\frac{2}{8}=\mathbf{\frac{1}{4}}$.

ENTRAINEMENT 5

Énoncé p. 243

Soit v le nombre de boules vertes.

La probabilité de tirer une boule verte est de $\frac{v}{12}$,
donc $\frac{v}{12}=\frac{2}{3}$, donc $v=8$.

Il y a 8 boules vertes.

ENTRAINEMENT 6

Énoncé p. 243

Probabilité de tirer un pique : $1-\frac{3}{7}=\mathbf{\frac{4}{7}}$.

ENTRAINEMENT 7

Énoncé p. 244

Soit les évènements :
A : « On obtient un nombre pair avec le dé rouge ».
B : « On obtient un multiple de 3 avec le dé vert ».

A et B sont indépendants (le résultat d'un des deux dés n'a pas d'influence sur le résultat de l'autre), donc P(A et B) = P(A) × P(B).

$$P(\text{A et B}) = \frac{3}{6} \times \frac{2}{6} = \frac{6}{36} = \mathbf{\frac{1}{6}}.$$

ENTRAINEMENT 8

Énoncé p. 244

Soit A : « Tirer un cœur » et B : « Tirer un carreau ».

A ou B est l'évènement contraire de « Tirer un trèfle », donc :
P(« Tirer un trèfle ») = 1 – P(A ou B)   or A et B sont incompatibles.

$$\text{Donc } P(\text{A ou B}) = P(\text{A}) + P(\text{B}) = \frac{2}{5} + \frac{3}{7} = \frac{29}{35}.$$

$$\text{Donc } P(\text{« Tirer un trèfle »}) = 1 - \frac{29}{35} = \mathbf{\frac{6}{35}}.$$

AUTRE MÉTHODE :

Il y a trois résultats possibles : tirer un trèfle, tirer un carreau, tirer un cœur. La somme de probabilité de ces trois résultats est donc égale à 1.

➤ **§2.2 Propriétés,** p. 241

$$\text{Donc } P(\text{« Tirer un trèfle »}) = 1 - \left(\frac{2}{5} + \frac{3}{7}\right) = 1 - \frac{29}{35} = \mathbf{\frac{6}{35}}.$$

AU CONCOURS

EXERCICE 1

Corrigé p. 251

Un sac contient des billes indiscernables au toucher. 11 billes sont rouges et les autres sont noires.
On tire une bille au hasard dans le sac.
La probabilité de tirer une bille noire est 0,3125.

Vrai ou faux ? « Il y a dans le sac exactement quatre billes noires. »

EXERCICE 2

Corrigé p. 251

Dans une certaine région du monde, on utilise le modèle ci-dessous pour prévoir le temps, en se limitant aux deux cas possibles « le temps est sec » et « le temps est humide » :

- Si le temps est sec un jour, alors il sera sec le lendemain avec une probabilité de $\frac{5}{6}$.
- Si le temps est humide un jour, alors il sera humide le lendemain avec une probabilité de $\frac{2}{3}$.

Aujourd'hui, le temps est sec.

Vrai ou faux ? « La probabilité que le temps soit humide après-demain est 0,25. »

EXERCICE 3

Corrigé p. 251

On lance simultanément deux dés cubiques équilibrés, dont les faces sont numérotées de 1 à 6.
On calcule la somme des deux numéros obtenus.

Vrai ou faux ? « Les probabilités d'obtenir un résultat pair ou un résultat impair sont égales. »

EXERCICE 4

Corrigé p. 252

Aujourd'hui, Martin n'a pas appris sa leçon. Le professeur fait un contrôle dans lequel figure un QCM comportant 3 questions. À chacune des questions, il y a 3 choix possibles dont une seule bonne réponse. Martin répond au hasard à chaque question.

A. Vrai ou faux ? « La probabilité que toutes les réponses soient justes est $\frac{1}{27}$. »

B. Vrai ou faux ? « La probabilité que toutes les réponses soient fausses est $\frac{1}{3}$. »

EXERCICE 5

Corrigé p. 253

Au stand d'une foire, on propose le jeu suivant : « Le joueur fait tourner l'aiguille. Si elle tombe sur un nombre impair, alors il tire une bille dans le sac et il gagne si la bille tirée est jaune. »
Quelle probabilité a-t-il de gagner ?

EXERCICE 6

Corrigé p. 254

On lance en même temps deux pièces de monnaie. Pour chaque pièce, on note P si elle tombe sur « pile » et F si elle tombe sur « face ».

❶ Quels sont les résultats possibles de cette expérience ?

❷ Parmi les affirmations suivantes, lesquelles sont vraies ? Justifier.

a. On a autant de chance d'avoir les évènements suivants : « Obtenir deux fois pile », « Obtenir deux fois face », « Obtenir une fois pile, une fois face ».

b. On a plus de chance d'« Obtenir une fois pile, une fois face » que d'« Obtenir deux fois face ».

c. On a deux fois plus de chance d'« Avoir une fois pile, une fois face » que d'« Avoir deux fois pile ».

PROBLÈME

Corrigé p. 254

On dispose d'un sac contenant 3 boules bleues, 2 boules rouges et 1 boule verte.

❶ **Expérience 1 :** On tire une première boule dont on note la couleur ; on la remet dans le sac ; puis on en tire une seconde dont on note la couleur.
Quelle est la probabilité d'obtenir 2 boules de couleurs différentes ?

❷ **Expérience 2 :** On tire une première boule dont on note la couleur ; on ne la remet pas dans le sac ; on tire une seconde boule dont on note la couleur.
Quelle est la probabilité d'obtenir 2 boules de couleurs différentes ?

❸ **Expérience 3 :** On tire simultanément 2 boules dont on note la couleur.
Quelle est la probabilité d'obtenir 2 boules de couleurs différentes ?

CORRIGÉS EXERCICES

EXERCICE 1

Énoncé p. 249

MÉTHODE 1 : S'il y avait 4 billes noires, alors la probabilité de tirer une bille noire serait $\frac{4}{15}$ qui n'est pas égal à 0,3125. En effet $\frac{4}{15}$ n'est pas un nombre décimal car cette fraction est irréductible et son dénominateur contient un facteur premier autre que 2 et 5.

> On peut aussi dire que $\frac{4}{15} < 0{,}27$.

MÉTHODE 2 : Soit x le nombre de billes noires.

On a $\frac{x}{x+11} = 0{,}3125$ donc $x = 0{,}3125\,(x+11)$ donc $x = 5$.

Donc l'affirmation est fausse.

EXERCICE 2

Énoncé p. 249

> On peut établir un **arbre de choix** (on n'est pas obligé de le construire totalement).
>
> Attention ! Les évènements « avoir un temps sec un jour » et « avoir un temps humide le lendemain » ne sont pas indépendants. Par conséquent, P(« avoir un temps sec un jour » et « avoir un temps humide le lendemain ») n'est pas égal au produit de P(« avoir un temps sec un jour ») par P(« avoir un temps humide le lendemain »).
> Dans le cas de temps humide le lendemain, il faut se ramener à 6 possibilités (SSHHHH) et non 3 (SHH). En effet, si on ne place que ces 3 possibilités, on respecte bien le fait que si le temps est humide, il y a 1 chance sur 3 pour qu'il soit sec le lendemain, mais il faut également respecter le nombre de cas possibles de la veille (ici 6 cas).

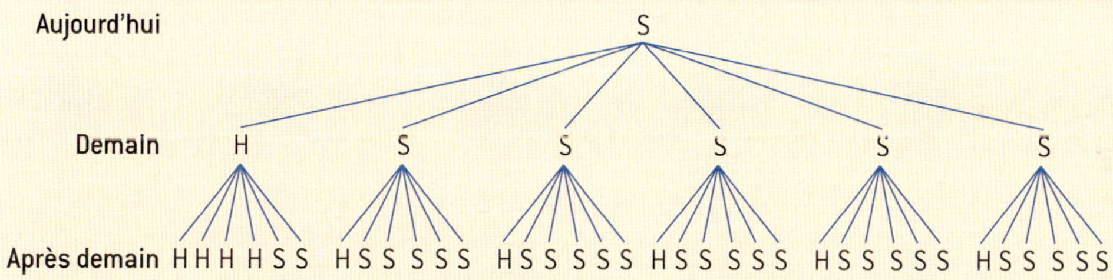

On constate alors qu'il y a 36 cas possibles et 9 cas favorables.

Donc la probabilité cherchée est de $\frac{9}{36} = \frac{1}{4} = 0{,}25$.

Donc l'affirmation est vraie.

EXERCICE 3

Énoncé p. 249

MÉTHODE 1 : On établit un tableau à double entrée. Sur la 1re ligne figurent les nombres possibles pour un des deux dés. Et la 1re colonne recense les nombres possibles pour le second dé. L'intersection est la somme des deux numéros obtenus.

	1	**2**	**3**	**4**	**5**	**6**
1	2	3	4	5	6	7
2	3	4	5	6	7	8
3	4	5	6	7	8	9
4	5	6	7	8	9	10
5	6	7	8	9	10	11
6	7	8	9	10	11	12

On constate qu'il y a 18 résultats pairs possibles et 18 impairs, donc la probabilité d'obtenir un nombre pair est la même que celle d'obtenir un nombre impair $\frac{18}{36} = \frac{1}{2}$.

MÉTHODE 2 : Pour que la somme soit un nombre pair, il faut obtenir soit deux nombres pairs, soit deux nombres impairs.

- « Obtenir 2 nombres pairs » = « Obtenir un nombre pair avec le 1er dé » et « Obtenir un nombre pair avec le 2nd dé ». Ces deux évènements sont indépendants donc :
P(« Obtenir 2 nombres pairs ») = P(« Obtenir un nombre pair avec le 1er dé ») × P(« Obtenir un nombre pair avec le 2nd dé»)
$= \frac{1}{2} \times \frac{1}{2} = \frac{1}{4}$.
- De même, P(« Obtenir 2 nombres impairs ») = P(« Obtenir un nombre impair avec le 1er dé » et « Obtenir un nombre impair avec le 2nd dé ») $= \frac{1}{4}$.
- P(« Obtenir un nombre pair ») = P(« Obtenir 2 nombres pairs » ou « 2 nombres impairs ») ;
les évènements « Obtenir 2 nombres pairs » et « 2 nombres impairs » sont incompatibles donc :
P(« Obtenir un nombre pair ») $= \frac{1}{4} + \frac{1}{4} = \frac{1}{2}$ et
P(« Obtenir un nombre impair ») $= 1 - \frac{1}{2} = \frac{1}{2}$.

Donc l'affirmation est vraie.

EXERCICE 4

Énoncé p. 249

MÉTHODE 1 :
On peut amorcer un arbre de choix qui permet d'établir :

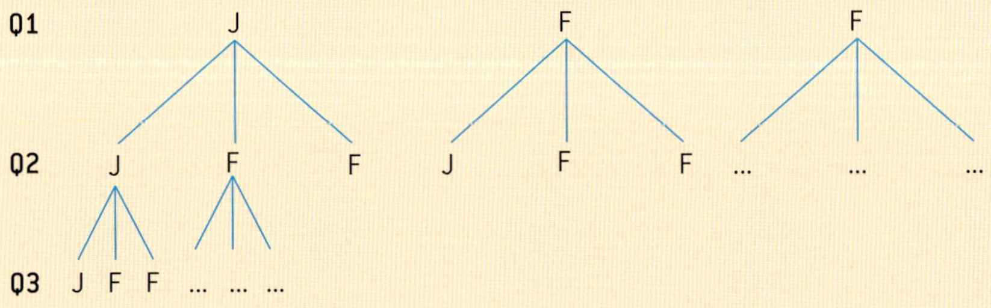

Il y a 27 cas possibles.

- Nombre de cas favorables à l'évènement « Toutes les réponses sont justes » = 1.
Donc la probabilité que toutes les réponses soient justes est $\frac{1}{27}$.
- Nombre de cas favorables « Toutes les réponses sont fausses » = 8.
Donc la probabilité que toutes les réponses soient fausses est $\frac{8}{27}$.

MÉTHODE 2 :

Soit A : « La réponse à la 1re question est juste » ;
B : « La réponse à la 2e question est juste » ;
C : « La réponse à la 3e question est juste ».

$P(A) = P(B) = P(C) = \frac{1}{3}$.

- P« Toutes les réponses sont justes » = P« A et B et C ».

Les évènements A, B et C sont indépendants,
donc P(« Toutes les réponses sont justes ») $= P(A) \times P(B) \times P(C) = \frac{1}{27}$.

- P(« La réponse à la 1re question est fausse ») $= 1 - \frac{1}{3} = \frac{2}{3}$.

En procédant comme précédemment, on trouve :
P(« La réponse aux trois questions est fausse ») $= \frac{2}{3} \times \frac{2}{3} \times \frac{2}{3} = \frac{8}{27}$.

Donc l'affirmation A est vraie et l'affirmation B est fausse.

EXERCICE 5

Énoncé p. 249

MÉTHODE 1 :

On construit un **tableau à double entrée** (ou un **arbre de choix**).
Dans la 1re ligne sont placés les numéros de la roue.
Dans la 1re colonne sont placées les boules du sac.
Dans les cases : P signifie « Perdu » et G signifie « Gagné ».

	1	2	3	4	5	6	7	8
V	P	P	P	P	P	P	P	P
V	P	P	P	P	P	P	P	P
J	G	P	G	P	G	P	G	P
J	G	P	G	P	G	P	G	P
J	G	P	G	P	G	P	G	P
R	P	P	P	P	P	P	P	P
R	P	P	P	P	P	P	P	P
R	P	P	P	P	P	P	P	P

Nombre de cas possibles : $8 \times 8 = 64$.
Nombre de cas favorables : 12.
Probabilité de gagner $= \frac{12}{64} = \frac{3}{16}$.

MÉTHODE 2 :

Pour gagner, il faut que l'aiguille tombe sur un nombre impair (évènement A) et que la boule tirée soit jaune (évènement B). **Ces deux évènements sont indépendants.**

$P(A \text{ et } B) = P(A) \times P(B)$.

$P(A) = \frac{4}{8} = \frac{1}{2}$ et $P(B) = \frac{3}{8}$.

$P(A \text{ et } B) = \frac{1}{2} \times \frac{3}{8} = \frac{3}{16}$.

Énoncé p. 250

EXERCICE 6

❶ Trois résultats : avoir deux faces ; avoir deux piles ; avoir un pile et une face.

❷ Cet arbre permet de trouver la probabilité de chacun des résultats :

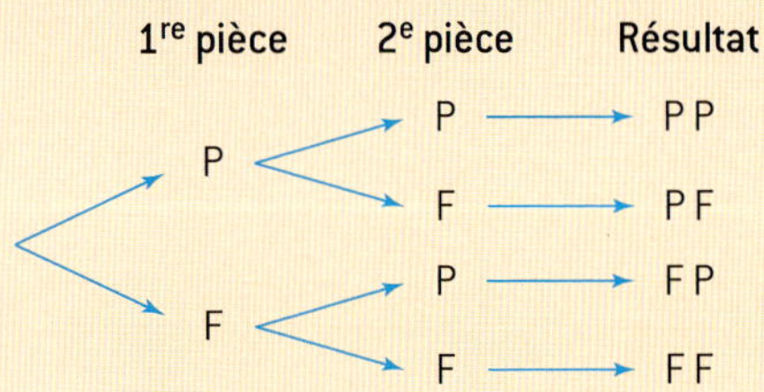

– probabilité (PP) $= \frac{1}{4}$

– probabilité (FF) $= \frac{1}{4}$

– probabilité (PF ou FP) $= \frac{2}{4} = \frac{1}{2}$.

Donc seules les phrases b. et c. sont vraies.

Attention ! De fait, il y a 4 résultats possibles : PP, FF, PF et FP. La réponse à la question a est trompeuse. Elle laisse penser qu'il n'y a que 3 résultats possibles, mais derrière « pile et face » se cachent 2 résultats.

CORRIGÉS PROBLÈME

Énoncé p. 250

PROBLÈME

❶ Expérience 1

MÉTHODE 1 :

On établit un **tableau à double entrée** ou un **arbre de choix**.
Les boules bleues sont identifiées par un B, les rouges un R et les vertes un V.
Les cases des résultats favorables sont grisées.

	B	B	B	R	R	V
B	BB	BB	BB	BR	BR	BV
B	BB	BB	BB	BR	BR	BV
B	BB	BB	BB	BR	BR	BV
R	RB	RB	RB	RR	RR	RV
R	RB	RB	RB	RR	RR	RV
V	VB	VB	VB	VR	VR	VV

Nombre de cas possibles : 36.
Nombre de cas favorables : 22.
Probabilité d'avoir 2 boules de couleurs différentes : $\frac{22}{36} = \mathbf{\frac{11}{18}}$.

MÉTHODE 2 :

Soit les évènements suivants :
B1 : Tirer une boule bleue au 1er tirage.
B2 : Tirer une boule bleue au 2nd tirage.
R1: Tirer une boule rouge au 1er tirage.
R2 : Tirer une boule rouge au 2nd tirage.
V1: Tirer une boule verte au 1er tirage.
V2 : Tirer une boule verte au 2nd tirage.

On n'est pas obligé de passer par l'évènement contraire mais c'est plus rapide de le faire !

- L'évènement contraire de « Tirer 2 boules de couleurs différentes » est « Tirer 2 boules de même couleur » ;
P(« Tirer 2 boules de même couleur ») = P(« B1 et B2 » ou « R1 et R2 » ou « V1 et V2 »).
- Les évènements « B1 et B2 », « R1 et R2 » et « V1 et V2 » sont incompatibles.
Donc : P(« Tirer 2 boules de même couleur ») = P(B1 et B2) + P(R1 et R2) + P(V1 et V2).
- B1 et B2 sont indépendants puisqu'on remet la boule du premier tirage dans le sac.
Donc : P(B1 et B2) = P(B1) × P(B2).
Idem pour P(R1 et R2) et P(V1 et V2).

$P(B1) = P(B2) = \frac{3}{6}$; $P(R1) = P(R2) = \frac{2}{6}$ et $P(V1) = P(V2) = \frac{1}{6}$.

Donc P(« Tirer 2 boules de même couleur ») $= \frac{3}{6} \times \frac{3}{6} + \frac{2}{6} \times \frac{2}{6} + \frac{1}{6} \times \frac{1}{6} = \frac{14}{36}$.

Donc P(« Tirer 2 boules de couleurs différentes ») $= 1 - \frac{14}{36} = \frac{22}{36} = \mathbf{\frac{11}{18}}$.

❷ Expérience 2

On établit un **tableau à double entrée** mais attention, comme la boule tirée n'est pas remise, une boule tirée ne peut pas être tirée la seconde fois !

	B	B	B	R	R	V
B	╳	BB	BB	BR	BR	BV
B	BB	╳	BB	BR	BR	BV
B	BB	BB	╳	BR	BR	BV
R	RB	RB	RB	╳	RR	RV
R	RB	RB	RB	RR	╳	RV
V	VB	VB	VB	VR	VR	╳

Nombre de cas possibles : 30.
Nombre de cas favorables : 22.
Probabilité d'avoir 2 boules de couleurs différentes : $\frac{22}{30} = \mathbf{\frac{11}{15}}$.

La méthode 2 utilisée dans la question précédente ne fonctionne pas ici car les évènements B1 et B2 ne sont pas indépendants du fait qu'on ne remet pas la 1re boule tirée dans le sac.

❸ Expérience 3

Cette expérience est la même que l'expérience précédente. En effet, tirer deux boules simultanément ou tirer une boule l'une après l'autre sans remise donne le même nombre de résultats possibles et le même nombre de résultats favorables.

CHAPITRE 12

Calcul littéral, équations, inéquations

OBJECTIFS DU CHAPITRE

– Développer, réduire et factoriser des expressions littérales.

– Utiliser le calcul littéral pour établir des formules.

– Utiliser le calcul littéral pour prouver des propriétés avec les nombres.

– Utiliser les équations et inéquations pour résoudre des problèmes.

FICHES MÉTHODE

TESTER SES CONNAISSANCES

QCM 1 On considère les expressions : $x^2 + x - 3$ et $4x - 5$.
Quelles affirmations sont vraies ?

Aide : §1.1 p. 259

A. Ces deux expressions donnent la même valeur pour $x = 1$ et pour $x = 2$, donc elles sont égales.

B. Ces deux expressions ne sont pas égales car elles n'ont pas la même forme.

C. Ces deux expressions sont différentes car, pour $x = 3$, elles ne donnent pas la même valeur.

D. Ces deux expressions sont parfois égales (par exemple pour $x = 1$ et pour $x = 2$) et parfois différentes (par exemple pour $x = 3$).

E. On ne peut pas savoir si ces deux expressions sont égales ou non.

QCM 2 $P = x^2 - (3 - x)(5 - x)$.
Si on développe cette expression, on obtient :

Aide : §1.2 p. 260

A. -15

B. $2x^2 - 15$

C. $8x - 15$

D. $2x^2 - 8x + 15$

E. $x^2 + 2$

QCM 3 $Q = (2x+1)^2 - (x-2)(2x+1)$.
Si on factorise cette expression, on obtient :

Aide : §1.3 p. 262

A. $(2x+1)(x-1)$ **C.** $(2x+1)(3-x)$

B. $(2x+1)(x+3)$ **D.** $(2x+1)^2(-x+3)$

QCM 4 Quel(s) problème(s) correspond(ent) à cette équation :
$3x + 3 = 8 + x$.

Aide : énoncé A, §2.3 p. 264
énoncés B à D, §2.3 p. 265

A. André pense à un nombre, il lui ajoute 3 et il multiplie le résultat obtenu par 3. Alfred pense au même nombre qu'André et il l'ajoute à 8. Tous deux trouvent le même résultat.
À quel nombre ont-ils pensé ?

B. Ces deux figures ont le même périmètre.
Quelle est la valeur de x (en cm) ?

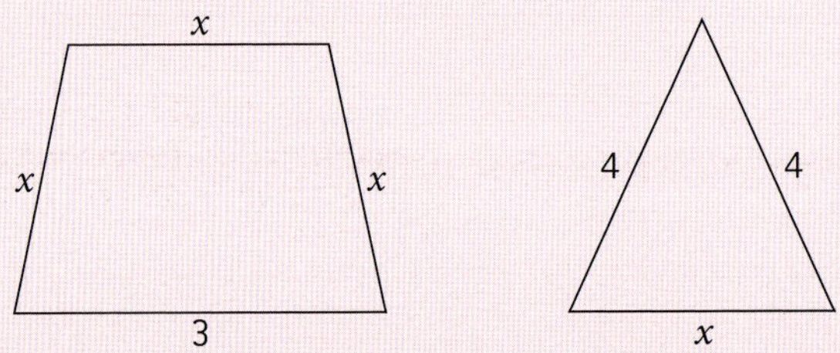

C. Pour l'achat de trois stylos identiques et d'un compas à 3 €, Cécile a payé le même prix que Charles qui a acheté un livre à 8 € et un stylo identique à ceux achetés par Cécile.
Combien chacun a-t-il payé ?

D. Didier a fait une balade à vélo. Il a d'abord fait un circuit autour de son village, puis il est parti au village voisin distant de 8 km. Daniel, lui, a parcouru 3 fois le circuit autour du village. Il a ainsi fait 3 km de plus que Didier.
Quelle est la longueur du circuit autour du village ?

QCM 5 L'équation $5x - 2 = 10 - 3x$ admet pour solution :

Aide : §2.1 p. 263

A. 6 **B.** $\frac{3}{2}$ **C.** 1 **D.** 4 **E.** $\frac{2}{5}$

1. C 2. C 3. B 4. B, C 5. B

LE COURS

1 Calcul littéral

Une expression littérale est une expression qui contient une ou plusieurs lettres (on parle aussi d'expression algébrique). Le calcul littéral est le calcul sur de telles expressions.

1.1 Égalité de deux expressions littérales

Deux expressions littérales sont égales si elles donnent le même résultat quelle que soit la valeur numérique attribuée à chacune des lettres qui figurent dans ces expressions.

CORRIGÉ QCM1 : Les deux expressions x^2+x-3 et $4x-5$ donnent :

- pour $x=1$, le même résultat -1 ;
- pour $x=2$, le même résultat 3 ;
- pour $x=3$, des résultats différents, respectivement 9 et 7.

Ces deux expressions ne sont donc pas égales. On dit qu'elles sont différentes.

QCM1, p. 257

Attention ! Il suffit de trouver une seule valeur pour lesquelles deux expressions donnent des résultats différents pour affirmer qu'elles sont différentes.

Si on considère maintenant, les deux expressions suivantes :

$A=x^3-x$ et $B=(x^2+x)(x-1)$

Elles donnent :

– pour $x=1$, le même résultat 0 ;
– pour $x=2$, le même résultat 6 ;
– pour $x=3$, le même résultat 24 ;
– pour $x=-1$, le même résultat 0.

En testant plusieurs valeurs, on n'en trouve pas qui donnent de résultats différents. Cela ne suffit pas pour affirmer qu'elles sont égales. On peut simplement en faire la conjecture, mais elle reste à démontrer.

La suite de ce chapitre fournit des moyens pour transformer des expressions en d'autres expressions qui leur sont égales, et pour démontrer que deux expressions sont égales.

Remarque :

- **Une expression littérale est appelée somme** si la dernière opération à effectuer (en respectant les règles de priorité) est une somme (ou une différence).

  EXEMPLE : $x^3-x(x-2)$

- **Une expression littérale est appelée produit** si la dernière opération à effectuer (en respectant les règles de priorité) est un produit.

  EXEMPLE : $(x^3-x)(x-2)$

RAPPEL **Dans une suite de calculs, les règles de priorité sont :**
1. les calculs entre parenthèses
2. en cas d'absence de parenthèses, on commence par les puissances, puis les multiplications et divisions, et enfin on effectue les additions et soustractions de gauche à droite.

- **Une expression littérale est appelée quotient** si la dernière opération à effectuer (en respectant les règles de priorité) est un quotient. Elle est alors souvent exprimée sous forme fractionnaire.

  EXEMPLE : $\dfrac{x^3(x+3)}{x-2}$

1. 2 Développer et réduire des expressions littérales

Réduire (ou simplifier) une expression littérale revient à l'écrire avec **le moins de termes possibles.**
Développer une expression littérale revient à l'écrire sous la forme d'**une somme d'expressions simples.**

A. Propriétés utilisées

Pour réduire et développer des expressions littérales, on utilise, quels que soient les nombres a, b et c :

- **La propriété de distributivité de la multiplication par rapport à l'addition :**

$a(b+c) = ab + ac$

- **Deux conséquences de cette propriété :**

$-(a+b) = -a-b$
$-(a-b) = -a+b$

Dans ces deux cas, on a distribué le signe « – » (en réalité le nombre –1).

- **La propriété de double distributivité :**

$(a+b)(c+d) = ac + ad + bc + bd$

CORRIGÉ QCM2 : Pour $P = x^2 - (3-x)(5-x)$, on utilise la distributivité de la multiplication sur l'addition :

QCM 2, p. 257

$P = x^2 - (3-x)(5-x) = x^2 - [(3-x)\times 5 + (3-x)(-x)]$
$= x^2 - [3\times 5 + (-x)\times 5 + 3\times(-x) + (-x)\times(-x)] = x^2 - (15 - 5x - 3x + x^2)$
$= x^2 - 15 + 5x + 3x - x^2$

On dit qu'on a développé l'expression P.

On peut maintenant la **réduire** en regroupant les termes de même forme. Pour cela, on utilise la commutativité de l'addition :

$P = x^2 - 15 + 5x + 3x - x^2 = x^2 - x^2 + 5x + 3x - 15 = 8x - 15$

Ce qui justifie la **réponse C.**

Pour remplacer $5x + 3x$ par $8x$, on a également utilisé la distributivité de la multiplication sur l'addition car : $5x + 3x = (5+3)x = 8x$.

Au concours, sauf demande explicite, il n'est pas nécessaire de préciser toutes les étapes du calcul ni les propriétés utilisées.
Ainsi, on aurait pu écrire directement : $P = x^2 - (3-x)(5-x) = x^2 - 15 + 3x + 5x - x^2$.
Cependant, par sécurité, les candidats peuvent avoir intérêt à ne pas trop « court-circuiter » certains calculs.

ENTRAINEMENT 1

Corrigé p. 272

Développer et simplifier les expressions :

$A = 3(x-5) - (4x-2)$.

$B = (4x-1)(6+3x)$.

$C = 3(5x^2 - 2x + 1) - (x-5)(2x-3)$.

B. Identités remarquables

Certaines expressions à développer sont souvent utilisées. C'est le cas des « identités remarquables » ci-dessous qu'il faut connaitre :

$(a+b)^2 = a^2 + 2ab + b^2$ (I)
$(a-b)^2 = a^2 - 2ab + b^2$ (II)
$(a-b)(a+b) = a^2 - b^2$ (III)

EXEMPLES :

- $A = (2x-1)^2 = 4x^2 - 4x + 1$.

Dans ce cas, on a remplacé a par $2x$ et b par 1, et utilisé l'identité remarquable (II).

- $B = (2-3x)(2+3x) = 2^2 - (3x)^2 = 4 - 9x^2 = -9x^2 + 4$.

En général, on écrit une somme algébrique dans cet ordre : du terme qui comporte le plus grand exposant à celui qui comporte le plus petit.

ENTRAINEMENT 2

Corrigé p. 272

Démontrer chacune des identités remarquables.

ENTRAINEMENT 3

Corrigé p. 272

Développer et simplifier les expressions :
$A = (3x-1)(3x+1) - (4x-1)^2$.
$B = (2x+1)^2 - (x^2+3)^2 + (3-x^2)(3+x^2)$.

ENTRAINEMENT 4

Corrigé p. 272

Écrire cette expression sous la forme d'une seule fraction :

$C = \frac{4x+5}{x-1} - \frac{-2x+3}{x+1}$ avec $x \neq 1$ et $x \neq -1$.

1. 3 Factoriser des expressions littérales

Factoriser une expression littérale revient à l'écrire sous la forme d'**un produit**.
Pour cela, on utilise les mêmes propriétés des opérations et les mêmes identités remarquables que pour développer cette expression, mais dans « **l'autre sens** ».

- **Propriétés :**

$ab + ac = a(b+c)$
$-a-b = -(a+b)$
$-a+b = -(a-b)$
$ac+ad+bc+bd = (a+b)(c+d)$

- **Identités remarquables :**

$a^2 + 2ab + b^2 = (a+b)^2$ (I)
$a^2 - 2ab + b^2 = (a-b)^2$ (II)
$a^2 - b^2 = (a-b)(a+b)$ (III)

Pour factoriser, on cherche donc à mettre en évidence un facteur commun ou une identité remarquable.

EXEMPLES : En reprenant les expressions du § 1.2 ci-dessus,

- $A = 4x^2 - 4x + 1$.

Dans $4x^2 - 4x + 1$, on reconnait $(2x)^2 - 2(2x) + 1^2$, ce qui correspond à l'identité remarquable (II) en remplaçant a par $2x$ et b par 1. Donc $A = (2x-1)^2$.

- $B = -9x^2 + 4 = -(9x^2 - 4)$.

Dans $9x^2 - 4$, on reconnait $(3x)^2 - 2^2$, ce qui correspond à l'identité remarquable (III) en remplaçant a par $3x$ et b par 2. Donc $B = -(3x-2)(3x+2)$.

CORRIGÉ QCM3 : Dans l'expression $Q = (2x+1)^2 - (x-2)(2x+1)$, on remarque que le facteur $(2x+1)$ figure deux fois. D'où la factorisation possible :

$Q = (2x+1)^2 - (x-2)(2x+1)$

$Q = (2x+1)[(2x+1)-(x-2)]$

$Q = (2x+1)(2x+1-x+2)$

$Q = (2x+1)(x+3)$

Ce qui correspond à la **réponse B**.

QCM 3, p. 258

ENTRAINEMENT 5

Corrigé p. 273

Factoriser les expressions suivantes :

$A = 3x^2 - 2x$ $B = 4x^2 + 4x + 1$ $C = 9x^2 - 1$ $D = 4x^2 - 9 + 12 - 8x$.

2 Équations

Une équation est une égalité conditionnelle contenant une ou plusieurs inconnues représentées par des lettres.

Il ne faut pas confondre l'« identité », qui est une égalité vraie quelles que soient les valeurs données aux lettres (comme $a^2 - b^2 = (a+b)(a-b)$), et une équation, qui est une égalité qui n'est pas nécessairement vraie pour toutes les valeurs possibles que peut prendre la variable (par exemple, $x + 2 = 3$ est uniquement vraie quand x vaut 1).

2.1 Résolution d'équations

Une équation est une égalité conditionnelle contenant **une inconnue** et qui ne peut être vérifiée que pour certaines valeurs de l'inconnue : ces valeurs sont appelées **solutions de l'équation**.

Résoudre une équation, c'est trouver l'ensemble de ces solutions (cet ensemble peut être vide).

Deux équations sont équivalentes si elles ont le même ensemble de solutions.

A. Propriétés pour rendre une équation équivalente à une équation donnée

La résolution d'une équation débute souvent par la recherche d'une équation qui lui est équivalente et qui est plus facile à résoudre.

Pour trouver une équation équivalente à une équation donnée, on utilise **trois règles** fondamentales.

Pour obtenir une équation équivalente à une équation donnée, on peut :

Règle 1 : Simplifier chacun des membres, par développement ou factorisation.

Règle 2 : Ajouter ou retrancher aux deux membres une même expression algébrique.

Règle 3 : Multiplier ou diviser ses deux membres par un même nombre non nul.

➤ Illustration de ces règles dans la fiche méthode page suivante.

B. Équation du premier degré

Une équation du premier degré à une inconnue est une équation équivalente à une équation de la forme $ax = b$ où x est l'inconnue, et a et b deux nombres réels[1].

Souvent ces équations du 1er degré se présentent d'abord sous la forme suivante : $cx + d = ex + f$, où c, d, e et f sont des nombres réels.

1 L'équation du 2e degré à une inconnue est une équation dont l'inconnue (x par exemple) est affectée d'un exposant égal à 2 et éventuellement égal à 1. Exemples : $3x^2 - 7 = 0$ et $5x^2 - 3x + 6 = 0$.

FICHE MÉTHODE Résoudre une équation de la forme $ax = b$.

→ Résoudre l'équation $4(2 + x) = 7 - 2x$.

1. Trouver une équation équivalente de la forme $ax = b$.	$8 + 4x = 7 - 2x$	(1) développement du 1er membre en utilisant la distributivité de la multiplication sur l'addition (**règle 1**)
	$8 + 6x = 7$	(2) addition de $2x$ aux deux membres de (1) (**règle 2**)
	$6x = -1$	(3) soustraction de 8 (ou ajout de −8) aux deux membres de (2) (**règle 2**)
2. Résolution de l'équation b obtenue. – Si $a \neq 0$, l'équation ne possède qu'une seule solution : $\frac{b}{a}$. – Si $a = 0$ et $b \neq 0$, l'équation n'a pas de solution. – Si $a = 0$ et $b = 0$, tout nombre réel est solution de l'équation.	Dans l'équation (3), le coefficient de x est différent de 0. On peut donc diviser les deux membres de l'équation par 6 (**règle 3**). D'où $x = -\frac{1}{6}$. L'équation de départ a donc pour solution : $-\frac{1}{6}$.	

CORRIGÉ QCM 5 : Cet exercice peut être traité en utilisant ces connaissances, par une suite d'équations équivalentes :

$5x - 2 = 10 - 3x$

$8x = 12$

$2x = 3$

D'où $x = \frac{3}{2}$

QCM 5, p. 258

ENTRAINEMENT 6

Corrigé p. 273

Résoudre les équations suivantes :

a. $4(x - 1) - (x + 5) = x - 7$

b. $5 - (x + 7) = -x - 11$

c. $6x - 7 = 5(x - 1) + (x - 2)$

2.2 Équation produit

On appelle **équation produit** toute équation équivalente à une équation de la forme $(ax + b)(cx + d) = 0$.

La propriété suivante permet de résoudre ce type d'équation :

Quels que soient les nombres a et b, $ab = 0$ équivaut à $a = 0$ ou $b = 0$.

EXEMPLE : Résoudre $3x^2 = 4x$.
Les équations suivantes sont équivalentes à l'équation initiale :
$3x^2 - 4x = 0$ (**règle 2**)
$x(3x - 4) = 0$.
Donc $x = 0$ ou $3x - 4 = 0$, donc $x = 0$ ou $x = \frac{4}{3}$.
Cette équation a deux solutions : 0 et $\frac{4}{3}$.

ENTRAINEMENT 7

Corrigé p. 273

Résoudre les équations suivantes :
a. $(x - 3)(5 - 2x)(8 - 2x) = 0$
b. $9x^2 = 12x - 4$
c. $(3x - 1)^2 = 9$

2. 3 Résoudre un problème par une mise en équation

Pour mettre en équation un problème, on peut généralement utiliser la méthode suivante en quatre étapes.

FICHE MÉTHODE Mettre un problème en équation.

→ QCM 4, énoncé A : André pense à un nombre, il lui ajoute 3 et il multiplie le résultat obtenu par 3. Alfred pense au même nombre qu'André et il l'ajoute à 8. Tous deux trouvent le même résultat. À quel nombre ont-ils pensé ?

QCM 4, p. 258

1. Choisir les inconnues. La lecture de la question suffit souvent à dégager une inconnue, mais parfois il peut être intéressant de choisir une autre inconnue que celle suggérée par la question. Il faut également déterminer, en fonction de la situation, à quel domaine numérique doit (ou doivent) appartenir la (ou les) inconnue(s).	Il semble naturel de prendre le nombre choisi par André comme inconnue. Appelons-le x. Sans précision sur sa nature, on suppose qu'il s'agit d'un nombre réel.
2. Traduire les informations fournies par des égalités ou des inégalités où figurent les inconnues (on obtient ainsi ce qu'on appelle des équations ou des inéquations).	voir tableau ci-dessous

Énoncé	Traduction mathématique	Commentaires
« André ajoute 3 »	$x + 3$	
« Il multiplie le résultat par 3 »	$(x + 3) \times 3$	Attention à bien mettre les parenthèses
« Alfred ajoute 8 au nombre de départ »	$x + 8$	
« Ils obtiennent le même résultat »	$(x + 3) \times 3 = x + 8$	Cela se traduit par une égalité

3. Résoudre l'équation en utilisant les calculs et méthodes possibles.	Les équations suivantes sont équivalentes à celle à laquelle on est arrivé : $3x+9=x+8$ $2x=-1$ Donc $x=-\frac{1}{2}$.
4. Conclure en interprétant les résultats obtenus dans le langage de la situation et éventuellement vérifier la pertinence des réponses obtenues (par un calcul exact ou approché, ou simplement par le bon sens).	**Le nombre choisi est donc** $-\frac{1}{2}$. Vérification : $3x+9=\left(-\frac{1}{2}+3\right)\times 3=\frac{5}{2}\times 3=\frac{15}{2}$ $x+8=-\frac{1}{2}+8=\frac{15}{2}$

CORRIGÉ QCM4 : En utilisant cette méthode, on arrive aux équations suivantes pour chacun des autres problèmes. QCM 4, p. 258

- Enoncé B : Il conduit à l'équation $3x+3=x+8$ qui traduit l'égalité des deux périmètres (équation proposée dans le QCM). On trouve $x=\frac{5}{2}=$ **2,5** (en cm).
- Enoncé C : On peut penser à choisir le prix payé par chacun comme inconnue, mais il apparait rapidement qu'il vaut mieux choisir le prix d'un stylo comme inconnue x. Cela conduit à l'équation $3x+3=8+x$ qui traduit l'égalité des deux sommes à payer (équation proposée dans le QCM). La solution est 2,5. On en déduit la somme payée par chacun : **10,50 €**.
- Enoncé D : Il conduit à choisir comme inconnue x la longueur du circuit autour du village, ce qui amène à l'équation $x+8=3x-3$ ou à l'équation équivalente $x+8+3=3x$, qui traduisent le fait que Didier a fait 3 km de moins que Daniel ou que Daniel a fait 3 km de plus que Didier. Ces équations ne sont pas équivalentes à celle qui est proposée dans le QCM. On trouve $\frac{11}{2}=5,5$ comme solution de l'équation. La longueur du circuit autour du village est de **5,5 km**.

ENTRAINEMENT 8

Corrigé p. 274

Éric dit à Zoé : « Choisis un nombre, ajoute 1 au triple de ce nombre ; calcule alors le carré du nombre obtenu et retranche-lui le nombre 4. »

a. Quel résultat trouvera Zoé si elle choisit 5 ?

b. Zoé rejoue avec un nombre positif et trouve 0. Quel nombre a-t-elle choisi ?

ENTRAINEMENT 9

Corrigé p. 274

Le prix d'une excursion en autocar était fixé à 25 € par personne. Mais trois personnes n'ont pas pu y participer et chaque personne présente a dû verser un supplément de 1,5 €.
Combien y avait-il d'inscrits ?

ENTRAINEMENT 10

Corrigé p. 274

On considère trois entiers naturels consécutifs rangés dans l'ordre croissant. La somme du carré du premier et du deuxième est égale au carré du dernier.
Quels sont ces trois nombres ?

2. 4 Systèmes de 2 équations du premier degré à 2 inconnues

Un système de 2 équations du premier degré à 2 inconnues est un système qui peut être mis sous la forme suivante :

$\begin{cases} ax+by=c \\ a'x+b'y=c' \end{cases}$ où a, b, c, a', b', c' sont des nombres réels.

Un couple de deux nombres qui vérifie simultanément les deux équations d'un système est **une solution de ce système**.

EXEMPLE : Le couple (1 ; 2) est solution du système :

$\begin{cases} 3x+2y=7 \\ -x+3y=5 \end{cases}$

On le vérifie en remplaçant x par 1 et y par 2 et en calculant les valeurs prises par chaque expression figurant à gauche du signe =.

Par convention, le 1er terme du couple (ici 1) correspond à la valeur de x et le second (ici 2) à la valeur de y.

Quand on souhaite utiliser des équations pour résoudre un problème, il faut généralement autant d'équations qu'il y a d'inconnues.

Dans le cas de la recherche de nombres entiers, et en faisant référence à des conditions de divisibilité, on peut avoir moins d'équations que d'inconnues.

Pour résoudre un système de 2 équations, trois méthodes sont utilisables, illustrées ici à partir du même exemple :

– **les méthodes 1 et 2** utilisent le calcul littéral et visent à obtenir des systèmes équivalents au système initial et dont la résolution est plus facile ;

– **la méthode 3** est de nature graphique.

RAPPEL Deux systèmes sont équivalents s'ils possèdent exactement les mêmes solutions.

Ces méthodes sont généralisables à la résolution de systèmes de 3 équations à 3 inconnues, etc.

FICHE MÉTHODE **Résoudre un système de 2 équations du premier degré à 2 inconnues.**

➜ Résoudre ce système de deux équations : $\begin{cases} 2x+y=3 \\ 3x+2y=-5 \end{cases}$

méthode **1.** Par substitution	méthode **2.** Par combinaison
1. Tirer y de la 1re équation.	**1. Chercher à égaliser les coefficients de y dans les deux équations.**
$2x+y=3$, donc $y=3-2x$ D'où le système : $\begin{cases} y=3-2x \\ 3x+2y=-5 \end{cases}$	Multiplier par 2 les deux membres de la 1re équation. D'où le système : $\begin{cases} 4x+2y=6 \\ 3x+2y=-5 \end{cases}$ Remarque : On aurait pu aussi chercher à égaliser les coefficients de x, et multiplier par 3 les deux membres de la 1re équation et par 2 ceux de la 2nde pour avoir 6 comme coefficient de x dans les deux équations.

2. Remplacer y par son expression en fonction de x dans la 2nde équation.	**2. Chercher à supprimer l'inconnue y.**
D'où le système : $\begin{cases} y = 3 - 2x \\ 3x + 2(3 - 2x) = -5 \end{cases}$ La 2nde équation est du 1er degré à une inconnue.	Multiplier par -1 les deux membres de la 2nde équation. D'où le système : $\begin{cases} 4x + 2y = 6 \\ -3x - 2y = 5 \end{cases}$
3. Chercher l'inconnue x.	**3. Chercher l'inconnue x.**
Résoudre la 2nde équation. $3x+2(3-2x)=-5$ $-x+6=-5$ équivalente à $x=11$ D'où le système : $\begin{cases} y = 3-2x \\ x=11 \end{cases}$	Additionner membre à membre la 1re et la 2nde équation. Écrire l'équation équivalente obtenue à la place de la 1re ou de la 2nde. $(4x+2y)+(-3x-2y)$ et $6+5$. D'où le système : $\begin{cases} x=11 \\ -3x - 2y = 5 \end{cases}$
4. Chercher l'inconnue y.	**4. Chercher l'inconnue y.**
Remplacer x par 11 dans la 1re équation. D'où le système : $\begin{cases} y=3-22=-19 \\ x=11 \end{cases}$	Remplacer x par 11 dans la 2nde équation. D'où le système : $\begin{cases} x=11 \\ -33 - 2y = 5 \end{cases}$ De la 2nde équation, on tire : $2y=-38$ d'où $y=-19$.
5. Le système a donc pour solution le couple $(11\,;-19)$.	

méthode 3. Résolution avec le graphique

1. Tracer, dans un repère, les deux droites qui ont pour équation chacune des deux équations données, en les ramenant à la forme $y = ax + b$.

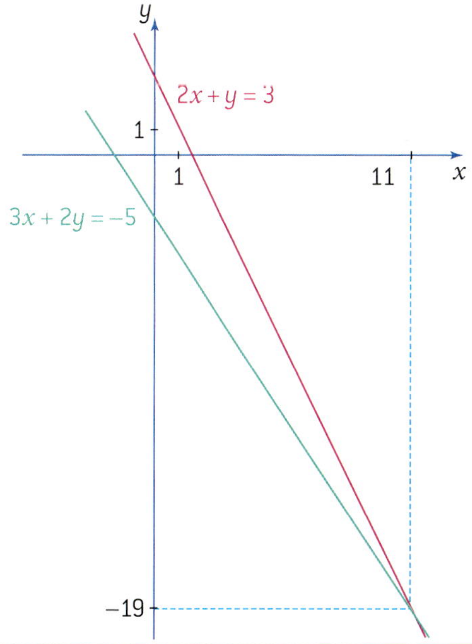

Les droites ont pour équations :

$y=-2x+3$

$y'=-\frac{3}{2}x-\frac{5}{2}$

Chaque droite est tracée en déterminant deux couples solutions, par exemple :

- pour la 1re équation $(0\,;3)$ et $(1\,;1)$;
- pour la 2nde équation $(1\,;-4)$ et $\left(0;-\frac{5}{2}\right)$

2. Lire les coordonnées du point d'intersection, s'il existe.
Le couple solution est formé de l'abscisse et de l'ordonnée de ce point. Le point d'intersection semble avoir pour coordonnées 11 et −19. **Le système aurait donc pour solution le couple (11 ; −19).**
3. Vérifier que les coordonnées trouvées sont bien solutions du système.

Cette méthode graphique ne permet généralement d'obtenir qu'une valeur approchée des solutions. Si on souhaite des valeurs exactes, il faut utiliser une méthode algébrique.

ENTRAINEMENT 11

Corrigé p. 275

Résoudre en utilisant un graphique, puis par substitution ou par combinaison les systèmes suivants :

a. $\begin{cases} 3x-2y=6 \\ -5x+6y=10 \end{cases}$ **b.** $\begin{cases} 2x+3y=-7 \\ -6x-9y=21 \end{cases}$ **c.** $\begin{cases} x-2y=0 \\ 3x-6y=3 \end{cases}$

ENTRAINEMENT 12

Corrigé p. 275

Une part de flan de pâtissier est vendue 1,50 € et une part de tarte aux pommes est vendue 2 €. Dans l'après-midi, 72 parts de gâteaux de ces deux sortes ont été vendues pour une somme totale de 122 €.
Combien de parts de chaque sorte ont été vendues ?

ENTRAINEMENT 13

Corrigé p. 276

J'ai des billets de 5 € et de 10 € pour un total de 400 €. Si je diminue d'un tiers le nombre de billets de 10 € et que j'augmente de 50 % le nombre de billets de 5 €, j'aurais toujours la même somme d'argent.
Combien ai-je de billets de chaque sorte ?

3 Inéquations

Une inéquation est une inégalité conditionnelle contenant une ou plusieurs inconnues représentées par des lettres.
Résoudre l'inéquation revient à déterminer les valeurs que peut prendre l'inconnue pour que l'inégalité soit vraie. Les valeurs pour lesquelles l'inégalité est vraie sont les **solutions de l'inéquation**.

3.1 Inéquations du premier degré à une inconnue

On appelle **inéquation du premier degré à une inconnue** toute inéquation qui est équivalente à une inéquation de la forme :
$ax<b$ ou $ax \leqslant b$ ou $ax>b$ ou $ax \geqslant b$.

Quatre règles fondamentales peuvent être utilisées pour ramener une inéquation à la forme précédente.

Pour obtenir une inéquation équivalente à une inéquation donnée, on peut :
Règle 1 : Simplifier chacun des membres.
Règle 2 : Ajouter ou retrancher aux deux membres une même expression.
Règle 3 : Multiplier ou diviser ses deux membres par un même nombre positif.
Règle 4 : Multiplier ou diviser ses deux membres par un même nombre négatif, à condition de changer le sens de l'inégalité.

EXEMPLE : $3x-6<7x+2$.

Résolvons cette inéquation en utilisant une suite d'inéquations équivalentes :

$3x-6-7x<2$	(1)	On enlève $7x$ aux deux membres. **(règle 2)**
$-4x-6<2$	(2)	On simplifie le membre de gauche. **(règle 1)**
$-4x<8$	(3)	On ajoute 6 aux deux membres. **(règle 2)**
$x>-2$	(4)	On divise les deux membres par -4, donc changement du sens de l'inégalité. **(règle 4)**

Tous les nombres réels supérieurs strictement à -2 sont solutions de l'inéquation initiale (une inéquation admet souvent une infinité de solutions).

Ces solutions appartiennent à l'intervalle $]-2\,;+\infty[$ et peuvent être représentées sur une droite numérique (partie hachurée) :

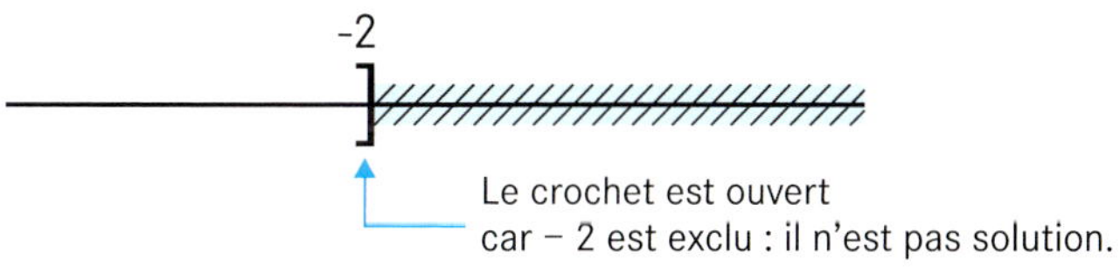

ENTRAINEMENT **14**

Corrigé p. 276

Résoudre, dans $\mathbb{R}$, les inéquations suivantes :

a. $-3x+9 \leqslant 14-5x$

b. $4(2-0{,}5x) > -2x+7$

ENTRAINEMENT **15**

Corrigé p. 276

Pour quels naturels a-t-on : $-3n+4 \geqslant 2n-23$?

ENTRAINEMENT **16**

Corrigé p. 277

Trouver, dans $\mathbb{R}$, les nombres x qui vérifient simultanément les deux inéquations données (on parle de système d'inéquations) :

$$\begin{cases} 2x-5 \geqslant -x+4 \\ 3x+7>5x-6 \end{cases}$$

3. 2 Systèmes de 2 inéquations du premier degré à 2 inconnues[2]

Un système de 2 inéquations du premier degré à 2 inconnues est un système qui peut être mis sous la forme suivante :

$\begin{cases} ax+by+c<0 \\ a'x+b'y+c'<0 \end{cases}$ où a, b, c, a', b', c' sont des nombres réels.

Les signes $<$ pouvent être remplacés par $>$, $\leqslant$ ou $\geqslant$.

Pour résoudre ce système d'inéquations, on utilise le plus souvent une **méthode graphique** qui permet de visualiser toutes les solutions, comme le montre l'exemple suivant.

FICHE MÉTHODE **Résoudre un système de 2 inéquations du premier degré à 2 inconnues.**

→ Résoudre ce système de deux inéquations :

$\begin{cases} 2x-y<8 \\ x-3y>0 \end{cases}$

1. Simplifier chaque inégalité.	Ce système est équivalent à : $\begin{cases} 2x-y-8<0 & \text{(I)} \\ x-3y>0 & \text{(II)} \end{cases}$
2. Tracer, dans un repère, les deux droites qui ont pour équation les équations associées aux inéquations en remplaçant les signes de comparaison par le signe =.	Tracer les droites d'équations respectives : $2x-y-8=0$ (I) $x-3y=0$ (II) Soit $y=2x-8$ 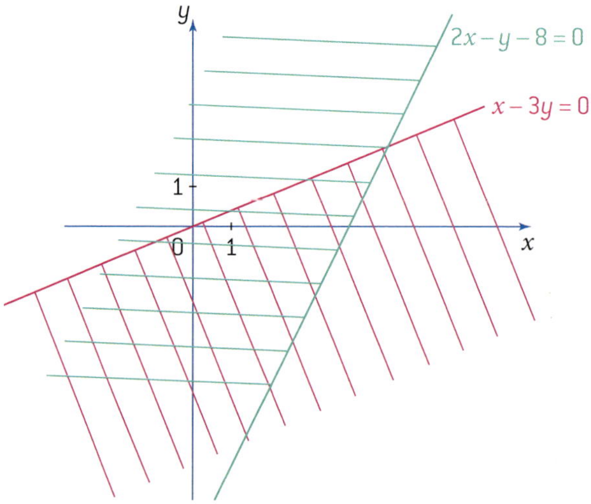

2 La résolution d'un système d'inéquations n'est pas au programme du collège et ne devra donc pas être nécessaire dans des sujets du CRPE. Nous avons cependant choisi d'en proposer l'étude pour parer toute éventualité.

3. Pour les coordonnées d'un point situé dans un demi-plan déterminé par l'une des deux droites, chercher le signe de l'expression algébrique associée à cette droite. Si ce signe (positif ou négatif) est identique à celui figurant dans l'équation correspondante, tout le demi-plan est hachuré pour indiquer qu'il convient. Sinon, c'est l'autre demi-plan qui est hachuré. On procède de même pour l'autre droite.	Pour (I), les coordonnées du point (0 ; 0) donnent à l'expression $2x - y - 8$ la valeur -8 qui est négative, donc de même signe que ce qu'indique l'inéquation (I). Tout le demi-plan contenant le point (0 ; 0) est donc hachuré. Pour (II), on ne peut pas utiliser le point (0 ; 0). Prenons le point (0 ; 1) dont les coordonnées donnent à l'expression $x - 3y$ la valeur -3 qui est négative, donc de signe contraire à ce qu'indique l'inéquation (II). Tout le demi-plan qui ne contient pas le point (0 ; 1) est donc hachuré.
4. Considérer la partie du plan hachurée deux fois : elle contient tous les points dont les coordonnées sont solutions du système d'inéquations.	**Les solutions du système** sont donc les coordonnées des points de la région hachurée deux fois, les points figurant sur l'une ou l'autre des droites étant exclus (du fait que les deux inégalités sont strictes).

Cette résolution est fondée sur cette propriété.

Tous les couples $(x ; y)$, coordonnées des points situés dans un même demi-plan délimité par une droite (d) d'équation $ax + by + c = 0$,
donnent à l'expression $ax + by + c$
des valeurs de même signe et des valeurs de signes contraires dans l'autre demi-plan.

ENTRAINEMENT 17

Corrigé p. 277

Résoudre en utilisant un graphique le système suivant :

$$\begin{cases} x - 2y > 0 \\ 2x + y < 5 \end{cases}$$

CORRIGÉS — EXERCICES D'ENTRAINEMENT

ENTRAINEMENT 1

Énoncé p. 260

$A = 3(x-5) - (4x-2)$

$A = 3x - 3 \times 5 - 4x + 2$ On utilise deux fois la distributivité, pour calculer $3(x-5)$ et pour calculer $-(4x-2)$ qui peut être remplacé par $(-1)(4x-2)$.

$A = 3x - 4x - 3 \times 5 + 2$ On utilise la commutativité de l'addition.

$A = x(3-4) - 15 + 2$ On utilise ici encore la propriété de distributivité pour remplacer $3x - 4x$ par $x(3-4)$.

$\mathbf{A = -x - 13.}$

$B = (4x-1)(6+3x)$
$B = 24x + 12x^2 - 6 - 3x$
$\mathbf{B = 12x^2 + 21x - 6.}$

Pour les expressions B et C, toutes les étapes ne sont pas détaillées et les propriétés utilisées ne sont pas mentionnées. C'est cela qui est attendu au concours, sauf demande explicite.

$C = 3(5x^2 - 2x + 1) - (x-5)(2x-3)$
$C = 15x^2 - 6x + 3 - (2x^2 - 13x + 15)$
$C = 15x^2 - 6x + 3 - 2x^2 + 13x - 15$
$\mathbf{C = 13x^2 + 7x - 12.}$

ENTRAINEMENT 2

Énoncé p. 261

$(a+b)^2 = (a+b)(a+b) = a^2 + ab + ba + b^2 = \mathbf{a^2 + 2ab + b^2}.$
$(a-b)^2 = (a-b)(a-b) = a^2 - ab - ba + b^2 = \mathbf{a^2 - 2ab + b^2}.$
$(a+b)(a-b) = a^2 - ab + ba - b^2 = \mathbf{a^2 - b^2}.$

ENTRAINEMENT 3

Énoncé p. 261

$A = (3x-1)(3x+1) - (4x-1)^2$
$A = [(3x)^2 - 1^2] - [(4x)^2 - 8x + 1^2]$
$A = 9x^2 - 1 - 16x^2 + 8x - 1$
$\mathbf{A = -7x^2 + 8x - 2.}$

$B = (2x+1)^2 - (x^2+3)^2 + (3-x^2)(3+x^2)$
$B = (4x^2 + 4x + 1) - (x^4 + 6x^2 + 9) + (9 - x^4)$
$B = 4x^2 + 4x + 1 - x^4 - 6x^2 - 9 + 9 - x^4$
$\mathbf{B = -2x^4 - 2x^2 + 4x + 1.}$

ENTRAINEMENT 4

Énoncé p. 261

$$C = \frac{4x+5}{x-1} - \frac{-2x+3}{x+1}$$

$$C = \frac{(4x+5)(x+1)}{(x-1)(x+1)} - \frac{(-2x+3)(x-1)}{(x-1)(x+1)} = \frac{(4x+5)(x+1) - (-2x+3)(x-1)}{x^2-1}$$

$$C = \frac{4x^2 + 9x + 5 - \left(-2x^2 + 5x - 3\right)}{x^2-1} = \frac{4x^2 + 9x + 5 + 2x^2 - 5x + 3}{x^2-1}$$

$$\mathbf{C = \frac{6x^2 + 4x + 8}{x^2 - 1}}$$

ENTRAINEMENT 5

Énoncé p. 262

$A = x(3x - 2)$ — x est reconnu comme facteur commun.
$B = (2x + 1)^2$ — identité remarquable (I) utilisée « à l'envers ».
$C = (3x - 1)(3x + 1)$ — identité remarquable (III) utilisée « à l'envers ».
$D = 4x^2 - 9 + 12 - 8x$

> Pour l'expression D, on ne voit immédiatement ni facteur commun, ni identité remarquable. On note aussi que D n'est pas simplifiée et que la simplification ne ferait pas apparaitre de solution évidente. Dans ce cas, on peut essayer de factoriser par « morceaux ».

On commence par factoriser $4x^2 - 9$ car on reconnait une identité remarquable.
$4x^2 - 9 = (2x - 3)(2x + 3)$.
De plus, $12 - 8x = 4(3 - 2x)$, ce qui permet de mettre en évidence un facteur commun $(2x - 3)$ au signe près !

$D = (2x - 3)(2x + 3) + 4(3 - 2x)$
$D = (2x - 3)(2x + 3) - 4(2x - 3)$
$D = (2x - 3)\,[(2x + 3) - 4]$
$\mathbf{D = (2x - 3)(2x - 1)}$

> Pour contrôler le résultat, on peut développer et réduire l'expression initiale et l'expression factorisée, et observer si on trouve le même résultat.
> En effet, dans les deux cas, on trouve : $D = 4x^2 - 8x + 3$.

ENTRAINEMENT 6

Énoncé p. 263

a. Les équations suivantes sont équivalentes :
$4(x - 1) - (x + 5) = x - 7$
$4x - 4 - x - 5 = x - 7$
$3x - 9 = x - 7$
$2x - 2 = 0$
$2x = 2$
$x = 1$.
1 est solution de l'équation.

> Les calculs détaillés ne sont donnés que pour la 1re équation.

b. L'équation est équivalente à l'équation $0x = -9$. Elle n'a **pas de solution**.

c. L'équation est équivalente à $0x = 0$. **Tous les nombres réels** sont solutions.

ENTRAINEMENT 7

Énoncé p. 264

a. Les solutions sont obtenues directement en cherchant les valeurs qui annulent chacun des 3 facteurs du produit : 3 ; $\frac{5}{2}$ et 4.

b. Les équations suivantes sont équivalentes à l'équation initiale :
$9x^2 - 12x + 4 = 0$
où on reconnait une identité remarquable :
$9x^2 - 12x + 4 = (3x)^2 - 2 \times (3x \times 2) + 2^2$
donc $(3x - 2)^2 = 0$.
Elle a donc une seule solution : $\frac{2}{3}$.

c. $(3x - 1)^2 - 3^2 = 0$
$(3x - 1 - 3)(3x - 1 + 3) = 0$
$(3x - 4)(3x + 2) = 0$.
Il y a donc deux solutions : $\frac{4}{3}$ **et** $-\frac{2}{3}$.

ENTRAINEMENT 8

Énoncé p. 265

a. Si on choisit 5, on obtient 252.

b. Appelons x le nombre positif choisi.

En traduisant l'énoncé et le fait que Zoé obtienne « 0 », on trouve :
$(3x+1)^2 - 4 = 0$.
On reconnait ici l'identité $a^2 - b^2 = (a+b)(a-b)$,
avec $a = (3x+1)$ et $b = 2$ (car $2^2 = 4$).
Donc l'équation $(3x+1)^2 - 4 = 0$ est équivalente à :
$[(3x+1)+2][(3x+1)-2] = 0$, soit $(3x+3)(3x-1) = 0$.
Il s'agit d'une équation produit.
$(3x+3)(3x-1) = 0$
Donc $3x+3=0$ ou $3x-1=0$, donc $x=-1$ ou $x=\frac{1}{3}$.

Comme le nombre doit être positif, la solution est donc $x = \frac{1}{3}$.

ENTRAINEMENT 9

Énoncé p. 265

Appelons x le nombre d'inscrits (x est donc un nombre naturel), puis traduisons les informations de l'énoncé à l'aide de cette inconnue :
Prix initial de l'excursion : $25x$
Nombre de participants : $x-3$
Prix effectif de l'excursion : $26{,}5(x-3)$.

On fait l'hypothèse que le prix total à payer n'a pas été modifié, ce qui se traduit par l'équation : $25x = 26{,}5(x-3)$.
Cette équation est équivalente à :
$25x = 26{,}5x - 79{,}5$
$1{,}5x = 79{,}5$
En résolvant cette équation on trouve 53 comme solution.

Il y avait donc 53 inscrits pour l'excursion.

Vérification : $25 \times 53 = 26{,}5 \times 50$.

ENTRAINEMENT 10

Énoncé p. 265

Appelons x le 1er nombre entier choisi ; les suivants sont donc : $x+1$ et $x+2$.
Traduisons l'énoncé par l'équation : $x^2 + (x+1)^2 = (x+2)^2$.
Cette équation est équivalente à : $x^2 - 2x - 3 = 0$.
Avec les connaissances exigibles au concours, le premier membre ne peut pas être factorisé.

Essayons de changer d'inconnue.
Appelons x le 2e terme, le 1er terme est donc : $x-1$ et le 3e terme est : $x+1$.
De plus, $x \geqslant 1$ car les nombres choisis sont des entiers naturels.
On arrive à l'équation :
$(x-1)^2 + x^2 = (x+1)^2$
$x^2 - 4x = 0$
$x(x-4) = 0$ qui est une équation produit.
Donc $x = 0$ ou $x = 4$.
Or $x \geqslant 1$, donc il y une seule solution : 4.

> On peut contrôler facilement que ces nombres vérifient bien la condition donnée.

La suite des nombres choisis est donc 3, 4 et 5.

ENTRAINEMENT 11

Énoncé p. 268

a. $\begin{cases} 3x-2y=6 \\ -5x+6y=10 \end{cases}$

Si on résout par combinaison, on peut passer, par exemple, par les systèmes suivants équivalents au système donné (on cherche à « éliminer » y en multipliant les deux membres de la 1re équation par 3) .

$\begin{cases} 9x-6y=18 \\ -5x+6y=10 \end{cases}$

$\begin{cases} 4x=28 \\ -5x+6y=10 \end{cases}$

D'où le couple solution $\left(7\,;\dfrac{15}{2}\right)$.

Ce couple correspond aux coordonnées du point d'intersection des deux droites d'équations $3x-2y=6$ (ou $y=\dfrac{3}{2}x-3$) et $-5x+6y=10$ (ou $y=\dfrac{5}{6}x+\dfrac{5}{3}$) tracées dans un repère.

b. $\begin{cases} 2x+3y=-7 \\ -6x-9y=21 \end{cases}$

En divisant les deux membres de la 2nde équation par -3, on retrouve la 1re équation. On n'a donc finalement qu'une équation :
$2x+3y=-7$ qui admet une infinité de couples solutions qui correspondent aux coordonnées de tous les points de la droite d'équation $2x+3y+7=0$.

> Le fait qu'il y ait une infinité de solutions ne signifie pas que tout couple est solution ; par exemple le couple (1 ; 1) n'est pas solution.

Sur une représentation graphique, on constate que les droites d'équations $2x+3y=-7$ (ou $y=-\dfrac{2}{3}x-\dfrac{7}{3}$) et $-6x-9y=21$ (ou $y=-\dfrac{2}{3}x-\dfrac{7}{3}$) sont confondues.

c. $\begin{cases} x-2y=0 \\ 3x-6y=3 \end{cases}$

En divisant les deux termes de la 2nde équation par 3, on obtient : $x-2y=1$ qui est une équation contradictoire avec la 1re équation.
Il n'y a donc pas de couple solution pour le système proposé.
Sur une représentation graphique, on constate que les droites d'équations $x-2y=0$ (ou $y=\dfrac{x}{2}$) et $3x-6y=3$ (ou $y=\dfrac{x}{2}-\dfrac{1}{2}$) sont parallèles (sans être confondues).

ENTRAINEMENT 12

Énoncé p. 268

Appelons x le nombre de parts de flan de pâtissier et y le nombre de parts de tarte aux pommes.
Les données du problème conduisent au système :

$\begin{cases} x+y=72 & \textit{nombre total de parts vendues} \\ 1{,}5x+2y=122 & \textit{somme totale} \end{cases}$

On peut résoudre le système **par substitution**, puisqu'au moins un des coefficients est égal à 1.

De la 1re équation, on tire : $y = 72 - x$

En reportant l'expression de y en fonction de x dans la 2nde équation, on obtient :

$1{,}5x + 2(72 - x) = 122$

$-0{,}5x = -22$

$x = 44$ et $y = 28$.

Le pâtissier a vendu 44 parts de flan et 28 parts de tarte aux pommes.

ENTRAINEMENT 13

Énoncé p. 268

Appelons x le nombre de billets de 5 € et y le nombre billets de 10 €.

Après les modifications, le nombre de billets de 5 € devient $\frac{3}{2}x$, et le nombre billets de 10 € devient $\frac{2}{3}y$.

Les données du problème conduisent au système :

$$\begin{cases} 5x + 10y = 400 & \textit{avoir de début} \\ 5 \times \frac{3}{2}x + 10 \times \frac{2}{3}y = 400 & \textit{avoir de fin} \end{cases}$$

En divisant par 5 les deux membres des deux équations, on obtient le système équivalent :

$$\begin{cases} x + 2y = 80 \\ \frac{3x}{2} + \frac{4y}{3} = 80 \end{cases}$$

ce qui, en multipliant les deux membres de la 2nde équation par 6, est équivalent à :

$$\begin{cases} x + 2y = 80 \\ 9x + 8y = 480. \end{cases}$$

On peut le résoudre par **combinaison**, le système étant équivalent à :

Une résolution par substitution est aussi possible : on remplace x par $80 - 2y$ dans la 2nde équation.

$$\begin{cases} -4x - 8y = -320 \\ 9x + 8y = 480. \end{cases}$$

En additionnant membre à membre on obtient l'équation :

$5x = 160$ d'où $x = 32$ et $y = 24$.

J'ai donc 32 billets de 5 € et 24 billets de 10 €.

ENTRAINEMENT 14

Énoncé p. 269

a. L'inéquation $-3x + 9 \leqslant 14 - 5x$ est équivalente à :

$2x \leqslant 5$, donc $x \leqslant \frac{5}{2}$.

Les solutions sont les nombres inférieurs ou égaux à $\frac{5}{2}$.

b. L'inéquation $4(2 - 0{,}5x) > -2x + 7$ est équivalente :

$8 - 2x > -2x + 7$, soit $8 > 7$.

L'inégalité est vérifiée pour toute valeur de x.

Tout nombre réel est solution de l'inéquation.

ENTRAINEMENT 15

Énoncé p. 269

L'inéquation $-3n + 4 \geqslant 2n - 23$ est équivalente à : $5n \leqslant 27$.

Donc $n \leqslant 27/5$ ou encore $n \leqslant 5{,}4$.

n étant un nombre naturel, **n peut prendre les valeurs 0, 1, 2, 3, 4 ou 5.**

Ce sont les solutions de l'inéquation dans l'ensemble $\mathbb{N}$.

ENTRAINEMENT 16

Énoncé p. 269

$\begin{cases} 2x-5 \geqslant -x+4 \\ 3x+7>5x-6 \end{cases}$ Le système est équivalent à : $\begin{cases} 3x \geqslant 9 \\ -2x>-13 \end{cases}$

$\begin{cases} x \geqslant 3 \\ x<\dfrac{13}{2} \end{cases}$ soit $3 \leqslant x<\dfrac{13}{2}$

Les solutions sont les nombres de l'intervalle $\left[3 ; \dfrac{13}{2}\right[$.

Elles peuvent être représentées par ce segment de la droite numérique :

Les crochets indiquant les bornes des intervalles signalent que 3 est compris dans l'ensemble des solutions (crochet fermé), mais pas $\dfrac{13}{2}$ (crochet ouvert).

ENTRAINEMENT 17

Énoncé p. 271

$\begin{cases} x-2y>0 \\ 2x+y<5 \end{cases}$

On trace les 2 droites d'équations respectives :

$x-2y=0$ (ou $y=\dfrac{1}{2}x$) et $2x+y-5=0$ (ou $y=-2x+5$).

Pour chaque droite, on teste ensuite les coordonnées d'un point situé dans un des deux demi-plans qu'elle définit.

- **Pour la droite d'équation $y=\dfrac{1}{2}x$**

Le point (1 ; 1) donne à l'expression $x-2y$ la valeur -1 qui est négative.
Il faut donc hachurer le demi-plan qui ne contient pas ce point.

- **Pour la droite d'équation $y=-2x+5$**

Le point (0 ; 0) donne à l'expression $2x+y-5$ la valeur -5 qui est négative.
Il faut donc hachurer le demi-plan qui contient ce point.

Les couples solutions du système d'inéquations :
ce sont les coordonnées des points situés dans la partie du plan hachurée deux fois, hormis ceux des deux demi-droites frontières.

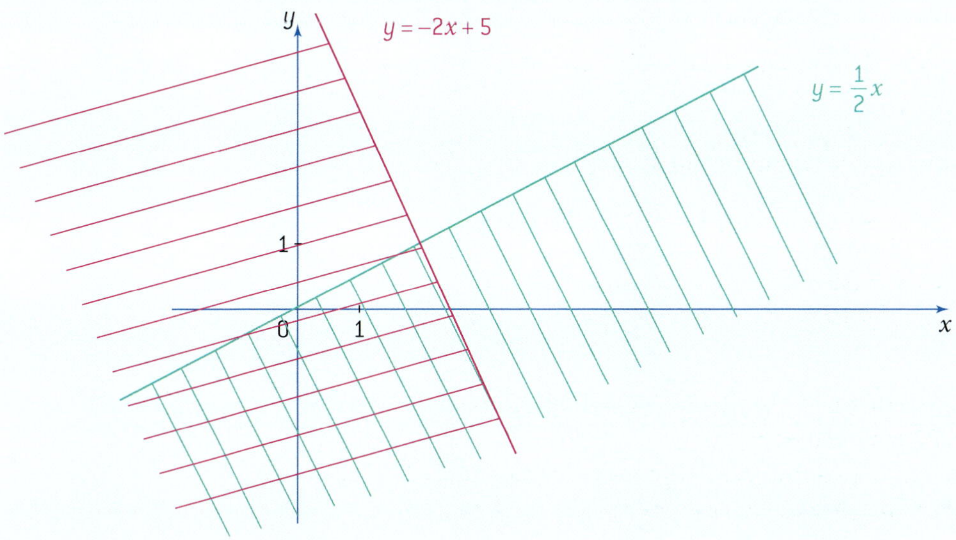

AU CONCOURS

EXERCICE 1

Corrigé p. 281

Quelles affirmations sont vraies ? Justifiez votre réponse.

A. La somme de cinq nombres entiers naturels consécutifs est un multiple de 5.

B. La somme de quatre nombres entiers naturels consécutifs est un multiple de 4.

C. La différence entre les carrés de deux nombres entiers naturels est égale à la somme de ces deux nombres entiers.

D. Le produit de deux nombres pairs consécutifs est divisible par 8.

EXERCICE 2

Corrigé p. 282

Étant donné trois nombres, en les additionnant deux à deux, on obtient trois sommes. Si les sommes obtenues sont 78, 59 et 43, retrouver les trois nombres choisis.

EXERCICE 3

Corrigé p. 282

Gabrielle s'intéresse au problème suivant :

« Deux nombres ont pour somme 100. Comment varie leur produit si on soustrait 5 à chacun d'eux ? »

Gabrielle a alors l'idée d'expérimenter à l'aide d'un tableur. Au cours de son expérimentation, elle est amenée à choisir des nombres dans la colonne A.

1 a. La colonne B est obtenue à partir d'une formule écrite en B2, puis répétée vers le bas. Faire une proposition pour une telle formule.

b. La colonne E est obtenue à partir d'une formule écrite en E2, puis répétée vers le bas. Faire une proposition pour une telle formule.

2 Émettre une conjecture relative au problème posé et la démontrer.

	A	B	C	D	E
1	1er nombre	2ème nombre	Produit	Nouveau produit	Variation
2	1	99	99	-376	-475
3	2	98	196	-279	-475
4	3	97	291	-184	-475
5	4	96	384	-91	-475
6	5	95	475	0	-475
7	6	94	564	89	-475
8	7	93	651	176	-475
9	8	92	736	261	-475
10	9	91	819	344	-475
11	10	90	900	425	-475
12	1,345	98,655	132,690975	-342,309025	-475
13	1,346	98,654	132,788284	-342,211716	-475
14	1,347	98,653	132,885591	-342,114409	-475
15	1,348	98,652	132,982896	-342,017104	-475
16	1,349	98,651	133,080199	-341,919801	-475
17	1,35	98,65	133,1775	-341,8225	-475
18	1,351	98,649	133,274799	-341,725201	-475
19	1,352	98,648	133,372096	-341,627904	-475
20	1,353	98,647	133,469391	-341,530609	-475
21	-4,55	104,55	-475,7025	-950,7025	-475
22	-4,56	104,56	-476,7936	-951,7936	-475
23	-4,57	104,57	-477,8849	-952,8849	-475
24	-4,58	104,58	-478,9764	-953,9764	-475
25	-4,59	104,59	-480,0681	-955,0681	-475
26	-4,6	104,6	-481,16	-956,16	-475
27	-4,61	104,61	-482,2521	-957,2521	-475
28	-4,62	104,62	-483,3444	-958,3444	-475
29	-4,63	104,63	-484,4369	-959,4369	-475
30					

PROBLÈME 1

Corrigé p. 283

1 On appelle triplet pythagoricien, tout triplet $(a\ ;\ b\ ;\ c)$ formé de trois entiers positifs non nuls tels que : $a^2 + b^2 = c^2$.

a. Vérifier que le triplet (3 ; 4 ; 5) est un triplet pythagoricien.

b. Vérifier que, quel que soit l'entier positif n non nul, on a : $(3n)^2 + (4n)^2 = (5n)^2$.

c. En déduire un autre triplet pythagoricien composé d'entiers tous supérieurs à 1 000.

2 On s'intéresse maintenant à des triplets $(a\ ;\ b\ ;\ c)$ tels que :

$a = 2xy$; $\quad b = y^2 - x^2$; $\quad c = y^2 + x^2$

où x et y sont deux nombres entiers positifs non nuls, $x < y$.

À l'aide d'un tableur, on a obtenu la feuille de calcul reproduite ci-après.

	A	B	C	D	E	F	G
1	valeur de x	valeur de y	a	b	c	$a^2 + b^2$	c^2
2	1	2	4	3	5	25	25
3	1	3	6	8	10	100	100
4	3	6	36	27	45	2025	2025
5	4	15	120	209	241	58081	58081
6	8	12	192	80	208	43264	43264
7	12	15	360	81	369	136161	136161
8	7	8	112	15	113	12769	12769
9	2	3	12	5	13	169	169
10	11	13	286	48	290	84100	84100
11	7	8	112	15	113	12769	12769
12	4	5					

a. Donner une formule qui, entrée dans la cellule D2 puis recopiée vers le bas, permet de compléter la colonne D.

b. Recopier et compléter la ligne 12.

c. Au vu de cette feuille de calcul, quelle conjecture peut-on faire quant à la nature des triplets $(a\ ;\ b\ ;\ c)$ ainsi définis ? Prouver cette conjecture.

3 Le triplet pythagoricien (3 ; 4 ; 5) a la particularité d'être constitué de trois nombres entiers consécutifs. Existe-t-il d'autres triplets pythagoriciens ayant cette particularité ? Justifier.

PROBLÈME 2

Corrigé p. 284

Un groupe de vingt-sept personnes va au théâtre. Les adultes paient 45 € et les enfants paient moitié prix. Leur dépense totale s'élève à 877,50 €.
On veut connaitre le nombre d'adultes et le nombre d'enfants de ce groupe.

1 Utiliser un tableur

a. En observant la feuille de calcul fournie en annexe (*voir page suivante*), donner la solution du problème.

b. Recopier et compléter la ligne 21.

c. Sachant que la formule entrée dans la cellule B4 est :

$= 27 - A4$

Quelles formules ont pu être écrites dans les cellules C4, D4 et E4 afin d'obtenir les valeurs de la feuille de calcul de l'annexe ?

2 Résoudre ce problème

a. En utilisant une méthode algébrique.

b. En faisant appel à une démarche arithmétique.

Annexe du problème 2 – Feuille de calcul

	A	B	C	D	E
1	Prix d'une place adulte	45			
2					
3	Nombre d'adultes	Nombre d'enfants	Prix payé par les adultes	Prix payé par les enfants	Somme totale dépensée
4	0	27	0	607,50	607,50
5	1	26	45	585	630
6	2	25	90	562,50	652,50
7	3	24	135	540	675
8	4	23	180	517,50	697,50
9	5	22	225	495	720
10	6	21	270	472,50	742,50
11	7	20	315	450	765
12	8	19	360	427,50	787,50
13	9	18	405	405	810
14	10	17	450	382,50	832,50
15	11	16	495	360	855
16	12	15	540	337,50	877,50
17	13	14	585	315	900
18	14	13	630	292,50	922,50
19	15	12	675	270	945
20	16	11	720	247,50	967,50
21	17				
22		9			
23	19	8	855	180	1 035
24	20	7	900	157,50	1 057,50
25	21	6	945	135	1 080
26	22	5	990	112,50	1 102,50
27	23	4	1 035	90	1 125
28					
29	25	2	1 125	45	1 170
30	26	1	1 170	22,50	1 192,50
31	27	0	1 215	0	1 215

PROBLÈME 3

Corrigé p. 285

En empilant dix cubes identiques comme ci-contre, on construit un escalier de hauteur $h = 4$.

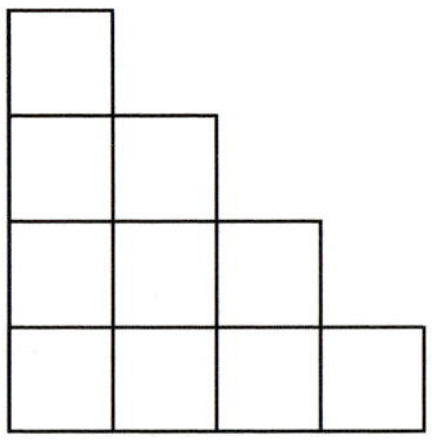

❶ Indiquer le nombre de cubes nécessaires pour réaliser respectivement des escaliers de hauteur 5 et de hauteur 9.

❷ Y a-t-il proportionnalité entre la hauteur des escaliers et le nombre de cubes nécessaires pour les construire ? Justifier votre réponse.

❸ Avec deux escaliers identiques on peut construire un « mur ».
À partir de l'observation de cette construction, déduire la formule qui donne le nombre de cubes nécessaires à la réalisation d'un escalier de hauteur h.

❹ Calculer la hauteur de l'escalier le plus haut que l'on puisse construire avec 3 523 cubes.
Combien de cubes seront inutilisés ? Justifier votre réponse.

CORRIGÉS EXERCICES

EXERCICE 1

Énoncé p. 278

- **Affirmation A**

On a intérêt à choisir pour variable x un nombre médian.
Les cinq nombres qui se suivent sont alors : $x - 2$; $x - 1$; x ; $x + 1$; $x + 2$.
Leur somme est égale à $5x$. Elle est bien multiple de 5.

L'affirmation A est vraie.

- **Affirmation B**

Dans le cas de quatre nombres, il n'y a pas de nombre médian.
On peut donc appeler x le premier nombre,
les autres étant : $x + 1$; $x + 2$; $x + 3$.
Leur somme est égale à $4x + 6$ ou encore à $4(x + 1) + 2$,
ce qui indique qu'elle n'est pas un multiple de 4 (en effet, le reste dans la division euclidienne par 4 n'est pas nul).

L'affirmation B est fausse.

Un contre-exemple comme $0 + 1 + 2 + 3 = 6$ aurait suffi à établir que l'affirmation est fausse.

- **Affirmation C**

Appelons n et p ces deux nombres, avec $n \geqslant p$.
La différence de leurs carrés est égale à : $n^2 - p^2 = (n + p)(n - p)$.
Donc $n^2 - p^2$ n'est égale à $n + p$ que si $n - p = 1$, c'est-à-dire si les deux nombres sont consécutifs.

L'affirmation C est fausse.

Là encore, un contre-exemple comme $3^2 - 1^2 = 8$ (qui est différent de $3 + 1$) aurait suffi à établir que l'affirmation est fausse.

- **Affirmation D**

Appelons n et p ces deux nombres pairs consécutifs.
Ils peuvent s'écrire : $n = 2k$ et $p = 2(k + 1)$ k étant un nombre naturel.
Leur produit est égal à $np = 4k\ (k + 1)$. Les deux nombres k et $k + 1$ étant consécutifs, l'un des deux obligatoirement pair.
On a donc : soit $k = 2a$, soit $k + 1 = 2a$ a étant un nombre naturel.
Dans le 1er cas : $np = 8a\ (k + 1)$.
Dans le 2e cas : $np = 8ak$.
Dans tous les cas, np est un multiple de 8 car np peut s'écrire sous la forme du produit d'un entier naturel par 8.

L'affirmation D est vraie.

EXERCICE 2

Énoncé p. 278

Soit x, y, et z les trois nombres cherchés (s'ils existent).
Ils vérifient les trois conditions suivantes :

$$\begin{cases} x+y=78 \\ y+z=59 \\ z+x=43 \end{cases}$$

On a un système de 3 équations du premier degré à 3 inconnues.
Par substitution, on obtient le système :

$$\begin{cases} x=78-y \\ z=59-y \\ 59-y+78-y=43 \end{cases}$$

De la 3e équation, on tire : $y=47$.

Les trois nombres cherchés sont : $x=31$, $y=47$ et $z=12$.

Compte tenu des coefficients tous égaux à 1, on a intérêt à procéder par **substitution**.
On exprime par exemple x et z en fonction de y dans les deux premières équations et on les substitue dans la troisième qui devient une équation à une seule inconnue y.
Mais on peut également additionner les trois équations membre à membre, ce qui donne : $2(x+y+z)=180$, donc $x+y+z=90$, ce qui permet ensuite de facilement calculer x, y et z.

EXERCICE 3

Énoncé p. 278

1 a. Formule à écrire dans la cellule B2 : « =100 – A2 » qu'il suffit de recopier vers le bas pour compléter la colonne B.
b. Formule à écrire dans la cellule E2 :
– en supposant complétée la colonne D : « =D2 – C2 » ;
– en complétant directement à partir des seules colonnes A, B et C :
« =(A2 – 5)*(B2 – 5) – C2 ». On peut aussi écrire A2*B2 à la place de C2.
On recopie vers le bas l'une ou l'autre de ces deux formules pour compléter la colonne E.

2 Conjecture :
D'après la feuille de calcul de l'énoncé, on peut conjecturer que « Si deux nombres x et y ont pour somme 100, leur produit diminue de 475 lorsqu'on soustrait 5 à chacun d'eux ».

Démonstration :
Soit x l'un des nombres (réel quelconque), on a alors : $y=100-x$.
Le produit des deux nombres est $xy=x(100-x)=100x-x^2$.
Si on retranche 5 à chacun d'eux, le produit devient :
$(x-5)(100-x-5)=(x-5)(95-x)$
$=95x-x^2-5\times 95+5x$
$=100x-x^2-475$
$=xy-475$ (puisqu'on a établi que $xy=100x-x^2$).

Le produit des deux nombres a diminué de 475.

CORRIGÉS **PROBLÈMES**

Énoncé p. 279

PROBLÈME 1

1 a. $5^2 = 25$ et $3^2 + 4^2 = 9 + 16 = 25$,
donc (3 ; 4 ; 5) est un triplet pythagoricien.

b. n étant un entier positif non nul quelconque, on calcule :
$(3n)^2 + (4n)^2 = 9n^2 + 16n^2 = 25n^2 = (5n)^2$, ce qui prouve l'égalité demandée.

c. (3 000 ; 4 000 ; 5 000) est, par exemple, un triplet pythagoricien.
On a choisi $n = 1\ 000$ dans la question précédente (**1b**).

2 a. Formule à entrer dans la cellule D2 :
« =B2^2–A2^2 »
qu'il suffit de « recopier vers le bas » pour compléter la colonne D.

On peut aussi entrer la formule sous la forme « =(B2*B2)–(A2*A2) ».
Les parenthèses dans cette formule « =B2*B2–A2*A2 » ne sont pas indispensables.

b. Voici la ligne 12 complétée :

	A	B	C	D	E	F	G
1	Valeur de x	Valeur de y	a	b	c	$a^2 + b^2$	c^2
12	4	5	40	9	41	1 681	1 681

c. Conjecture :
« x et y étant des entiers positifs non nuls avec $x < y$,
les triplets (a ; b ; c) avec $a = 2xy$, $b = y^2 - x^2$, $c = y^2 + x^2$
sont des triplets pythagoriciens ».

Démonstration :

Étape 1 : Les trois nombres du triplet (a ; b ; c) sont des entiers positifs non nuls.

En effet, quels que soient les entiers positifs non nuls x et y avec $x < y$, alors :

- **$2xy$ est un entier positif non nul** (il est nul si et seulement si $x = 0$ et $y = 0$, ce qui n'est pas le cas).
- **$y^2 - x^2$ est un entier** (différence de deux entiers) **positif non nul** (car si $x < y$ alors $x^2 < y^2$, comme nombres positifs ils sont dans le même ordre que leurs carrés).
- **$y^2 + x^2$ est un entier** (somme de deux entiers) **positif** (somme de deux carrés) **non nul** (car $y^2 + x^2 = 0$ si et seulement si $x = y = 0$, ce qui n'est pas le cas).

Étape 2 : Ces trois nombres a, b et c vérifient l'égalité $a^2 + b^2 = c^2$.

Calculons :
$(2xy)^2 + (y^2 - x^2)^2 = 4\,x^2y^2 + [(y^2)^2 - 2x^2y^2 + (x^2)^2] = 2x^2y^2 + (y^2)^2 + (x^2)^2$.
Or $(y^2 + x^2)^2 = (y^2)^2 + 2y^2x^2 + (x^2)^2$.

Donc, quels que soient les entiers positifs non nuls x et y avec $x < y$, les triplets de la forme ($2xy$; $y^2 - x^2$; $y^2 + x^2$) sont pythagoriciens.

❸ Soit $(a\,;b\,;c)$ un triplet pythagoricien formé de trois entiers positifs consécutifs, alors il existe un entier n positif au moins égal à 2 tel que $a = n - 1$, $b = n$ et $c = n + 1$, c'est-à-dire qu'il existe un entier $n \geqslant 2$ tel que :

$(n-1)^2 + n^2 = (n+1)^2$

$n^2 - 2n + 1 + n^2 = n^2 + 2n + 1$

$n^2 - 4n = 0$

$n(n-4) = 0$ donc $n = 0$ ou $n = 4$.

La solution $n = 0$ ne convient pas puisque $n \geqslant 2$ (hypothèse) ; la seule solution possible est $n = 4$, ce qui conduit au triplet $(a\,;b\,;c) = (3\,;4\,;5)$.

Donc le seul triplet pythagoricien formé de trois entiers consécutifs est le triplet (3 ; 4 ; 5). Il n'en existe pas d'autre.

On aurait pu aussi nommer les trois nombres consécutifs : $a = n$, $b = n + 1$, $c = n + 2$, et écrire la condition $a^2 + b^2 = c^2$. On effectue les calculs en fonction de n et on obtient l'équation : $n^2 - 2n - 3 = 0$.

Cette équation est du second degré, sa résolution nécessite : soit de connaitre la méthode générale (connaissance non exigible pour le concours) ; soit d'effectuer une factorisation de $n^2 - 2n - 3$ qui passe par la recherche d'une solution particulière en faisant des essais sur des entiers simples comme 1, 2, –1, –2...

Ici, on vérifie aisément que $n = -1$ est solution. Donc $n^2 - 2n - 3 = (n + 1)(n - 3)$.

$n = 3$ est la seule réponse possible (n positif), ce qui conduit au triplet (3 ; 4 ; 5).

PROBLÈME 2

Énoncé p. 279

❶ Utiliser un tableur

a. Pour trouver la solution à l'aide de la feuille de calcul, on cherche dans la dernière colonne la somme totale dépensée par le groupe : 877,50 €.
On la trouve sur la ligne correspondant à 12 adultes et 15 enfants.

b.

Nombre d'adultes	Nombre d'enfants	Prix payé par les adultes	Prix payé par les enfants	Somme totale dépensée
17	10	765 €	225 €	990 €

c.

Cellules	C4	D4	E4
Formules	=A4*45	=B4*22,5	=C4+D4

❷ a. Méthode algébrique

Soit x le nombre d'adultes et y le nombre d'enfants, ces inconnues sont des nombres naturels.
On sait que le groupe est constitué de 27 personnes, donc $x + y = 27$.
Prix total payé en € par le groupe : $45x + 22{,}50y = 877{,}50$.
On a donc un système à résoudre :

$$\begin{cases} x + y = 27 \\ 45x + 22{,}50y = 877{,}50 \end{cases}$$

Pour résoudre ce système, on peut utiliser la méthode par substitution.

Grâce à la 1re équation, on obtient $y = 27 - x$ et on remplace y par cette valeur dans la 2nde équation.

Ce qui conduit à : $45x + 22{,}50\,(27 - x) = 877{,}50$ (1)

On obtient finalement $x = 12$, ce qui permet de trouver $y = 15$.

Il y a donc 12 adultes et 15 enfants.

> On peut aussi prendre une seule inconnue, par exemple x le nombre d'adultes.
> Le nombre d'enfants est alors : $27 - x$, et on peut calculer la somme dépensée par le groupe uniquement en fonction de x, ce qui permet d'aboutir directement à l'équation (1).

b. Méthode arithmétique

On peut utiliser la méthode dite de la « fausse position ».

On suppose, par exemple, qu'il y a 27 enfants et aucun adulte ; on obtient alors une somme totale de : 607,50 € (résultat de $27 \times 22{,}50$), il manque donc 270 €.

Or, un adulte de plus entraine un enfant de moins, ce qui augmente la dépense de 22,50 € par rapport à notre hypothèse de départ.

Or $270 : 22{,}50\,(45 - 22{,}50) = 12$.

Aussi, pour arriver à une somme totale de 887,50 €, il faut procéder à 12 « échanges » d'un enfant contre un adulte et ainsi aboutir à **un groupe de 12 adultes et 15 enfants.**

> On peut également partir d'une autre « position » : 10 adultes et 17 enfants par exemple.

PROBLÈME 3

Énoncé p. 280

❶ c désignant le nombre de cubes et h le nombre d'étages, les réponses sont : pour $h = 5$, $c = 15$; pour $h = 9$, $c = 45$.

- **La réponse à la première question peut être obtenue de plusieurs façons :**

– en construisant effectivement chaque escalier (ce qui est assez long) ;
– en observant que le nombre de cubes peut être obtenu en additionnant les nombres naturels de 1 à 5 ou de 1 à 9 ;
– en observant que l'escalier de hauteur 4 nécessite 10 cubes, qu'il en faut 5 de plus si la hauteur est 5, puis qu'il faut encore en ajouter 6, 7, 8 et 9 pour arriver à une hauteur de 9.

- **Pour calculer la somme** $1 + 2 + 3 + 4 + 5 + 6 + 7 + 8 + 9$, on peut simplifier les calculs en associant les nombres deux par deux (1 avec 9, 2 avec 8…) ; on arrive ainsi à : $4 \times 10 + 5 = 45$.

❷ Le choix des valeurs pour h (4, 5 et 9) incite à observer si la propriété additive de linéarité est vérifiée ou non ; autrement dit, f désignant la fonction qui à la hauteur associe le nombre de cubes, si $f(4 + 5) = f(4) + f(5)$.

Or $f(4 + 5) = f(9) = 45$ et $f(4) + f(5) = 10 + 15 = 25$.

Donc $f(4 + 5) \neq f(4) + f(5)$ et il n'y a pas proportionnalité entre la hauteur des escaliers et le nombre de cubes nécessaires.

AUTRE MÉTHODE :

D'autres rédactions plus simples sont possibles, sans utiliser la notation fonctionnelle. Par exemple, on peut construire un tableau mettant en relation les hauteurs et les nombres de cubes. Son analyse permet de constater qu'il n'y a pas de proportionnalité entre ces deux grandeurs.

❸ L'observation permet de constater que, avec deux escaliers de hauteur h, on réalise un mur de forme rectangulaire, de largeur h et de longueur $h + 1$.
Ce rectangle est donc obtenu avec $h(h + 1)$ cubes.
Comme il représente un double escalier, le nombre de cubes nécessaires à la réalisation d'un escalier de hauteur h est égal à $\frac{h(h+1)}{2}$.

❹ Répondre à cette question revient à chercher la plus grande valeur de h, entier naturel vérifiant l'inégalité :

$\frac{h(h+1)}{2} < 3\,523$ ce qui revient à écrire : $h\,(h + 1) < 7\,046$.

Cette valeur de h peut être trouvée :

- **par estimation :**
h est supérieur à 80 et inférieur à 100,
car $80 \times (80 + 1) < 7\,046$ et $100 \times (100 + 1) > 7\,046$,
et elle est plus proche de 80 que de 100 ;
- **puis par essais et ajustements :**
L'estimation peut être plus précise en calculant la racine carrée de 7 046 à l'aide de la calculatrice (on trouve environ 83,9...).
Ce qui amène à tester $83 \times 84 = 6\,972$ et $84 \times 85 = 7\,140$.
La hauteur de l'escalier le plus haut est donc égale à 83, ce qui nécessite :
$\frac{83 \times 84}{2} = \frac{6\,972}{2} = 3\,486$ cubes.

Il en reste donc 37 qui ne sont pas utilisés.

On peut également résoudre l'équation du second degré :
$h(h + 1) = 7\,046$, soit $h^2 + h - 7046 = 0$.
La valeur cherchée est alors le plus grand entier inférieur à la plus grande des deux solutions de cette équation.

CHAPITRE 13 Droite, segment, cercle, perpendicularité, parallélisme

OBJECTIFS DU CHAPITRE

– Reconnaitre et construire des figures de base de la géométrie : droites parallèles, droites perpendiculaires, médiatrice, cercle…

– Reproduire, construire des figures géométriques à l'aide de différents instruments.

FICHES MÉTHODE

- **Tracer une droite perpendiculaire à une droite donnée passant par un point donné.** p. 290
- **Tracer une droite parallèle à une droite donnée passant par un point donné.** p. 291
- **Rédiger un programme de tracé d'une figure géométrique.** p. 293
- **Tracer la médiatrice d'un segment.** p. 296

TESTER SES CONNAISSANCES

QCM 1 En utilisant le dessin ci-dessous, préciser quelles phrases sont correctes (une phrase dont l'écriture mathématiques n'est pas correcte sera considérée comme incorrecte) :

Aide :
phrases A, B et C, §1 p. 288
phrases D, E et F, §2 p. 289
phrase G, §7 p. 295

A. I est un point du segment [AO].
B. I est un point de la droite (AO).
C. I est le milieu de OB.
D. [JB] est une corde du cercle.
E. OA est le rayon du cercle.
F. [OA] est un rayon du cercle.
G. (JM) est la médiatrice de (OB).

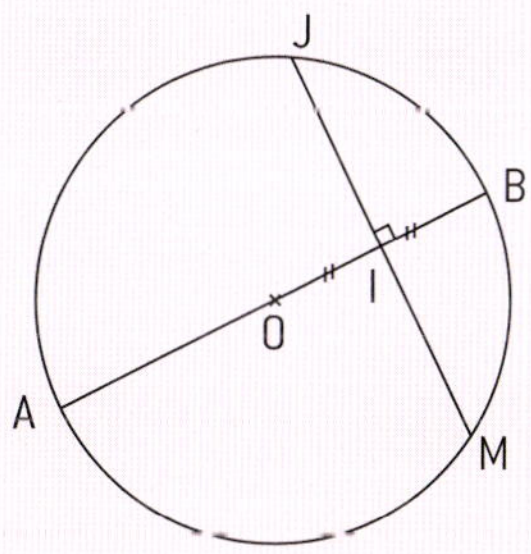

QCM 2 Tracer un triangle ABC tel que AC = 7 cm, BC = 5 cm et AB = 3,5 cm.
Tracer la droite perpendiculaire à (BC) qui passe par A, elle coupe (BC) en H.
Tracer la droite parallèle à (AC) qui passe par H.
Tracer la droite perpendiculaire à (BC) qui passe par C, elle coupe la parallèle précédente en D.
Placer le point I milieu de [HC]. Tracer la demi-droite [AI].

Aide :
réalisation du dessin, §2 p. 289 et §5 p. 292
phrases A et B, §4 p. 291
phrase C, §1 p. 288

Après avoir réalisé le dessin demandé, préciser quelles phrases sont vraies :

A. Les droites (BD) et (AC) sont parallèles.
B. Les droites (AH) et (DC) sont parallèles.
C. I est le milieu de [AD].

1. B, D, E, F 2. B, C

LE COURS

1 Droite, demi-droite, segment

Dans ce chapitre, nous allons aborder les concepts fondamentaux de la géométrie plane. Pour chacun d'eux, nous présenterons leurs définition et propriétés, le symbolisme et les savoir-faire qui leurs sont associés, et certains problèmes qu'ils permettent de résoudre.

Droite	Demi-droite d'origine A passant par B	Segment d'extrémités A et B
(AB) ou (*d*)	[AB)	[AB]

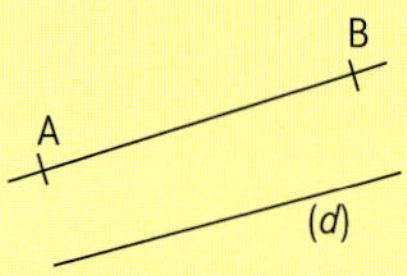

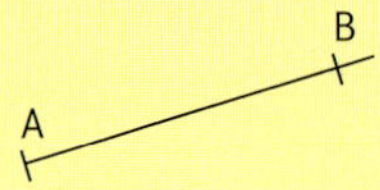

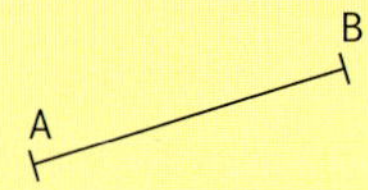

AB représente la longueur du segment [AB], c'est-à-dire la distance de A à B et non le segment lui-même.

- Une paire de crochets sert à désigner un segment et une paire de parenthèses une droite.
- Un crochet et une parenthèse servent à désigner une demi-droite.
- Deux segments de même longueur sont notés sur le dessin par des petits traits parallèles.

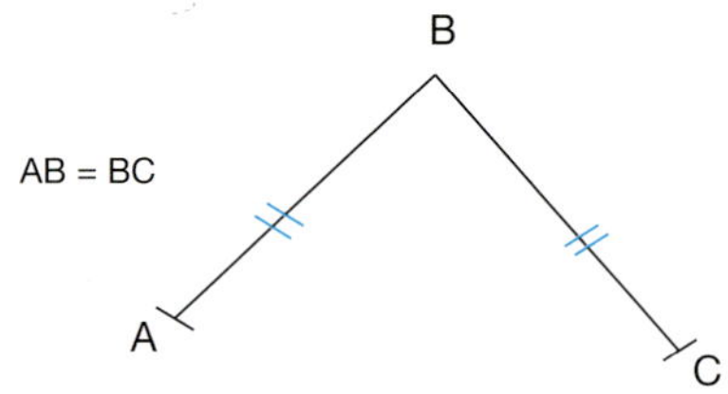

QCM 1 et 2, p.

I est le milieu de [EF] signifie que E, I et F sont alignés et EI = IF.

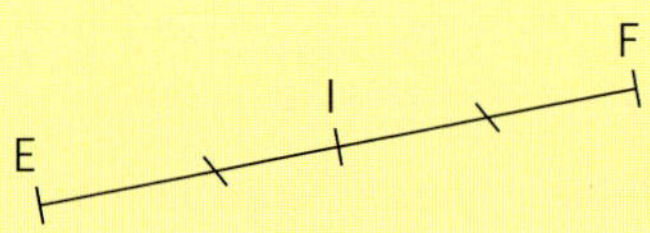

Attention ! Au concours il faut être précis au niveau de l'écriture. Il faut en particulier veiller à ne pas confondre le segment [EF] et la longueur EF de ce segment. Ainsi, le point I ci-contre n'est pas le milieu de EF mais le milieu de [EF].
(*Voir QCM 1, phrase C*)

ENTRAINEMENT 1

Les segments [AB] et [BC] ci-dessus sont-ils égaux ?

Corrigé p. 298

ENTRAINEMENT 2

Combien un segment contient-il de points ?

Corrigé p. 298

ENTRAINEMENT 3

Les droites (KL) et (MN) ci-contre se coupent-elles ?

Corrigé p. 298

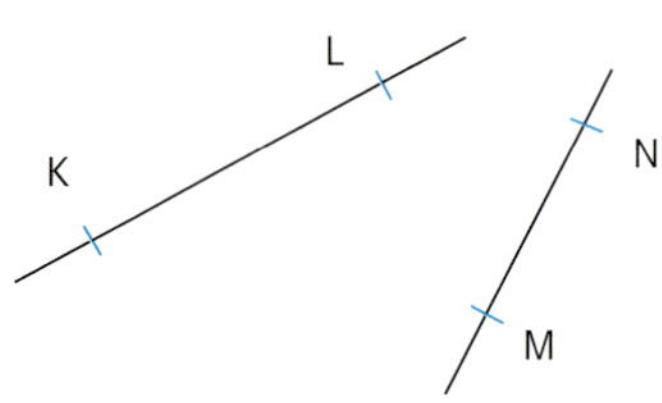

ENTRAINEMENT 4

Corrigé p. 298

En utilisant les points A, B et C, de combien de façons différentes peut-on nommer cette droite ?

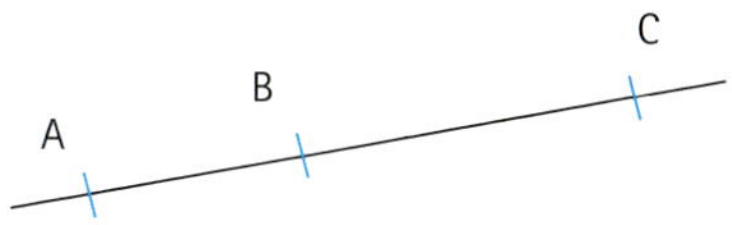

2 Cercle, disque

QCM 1 et 2 p. 287

Le cercle de centre O et de rayon *r* est l'ensemble des points situés à une distance *r* de O, *r* étant un nombre positif.
Le disque de centre O et de rayon *r* est l'ensemble des points M tels que $OM \leqslant r$.

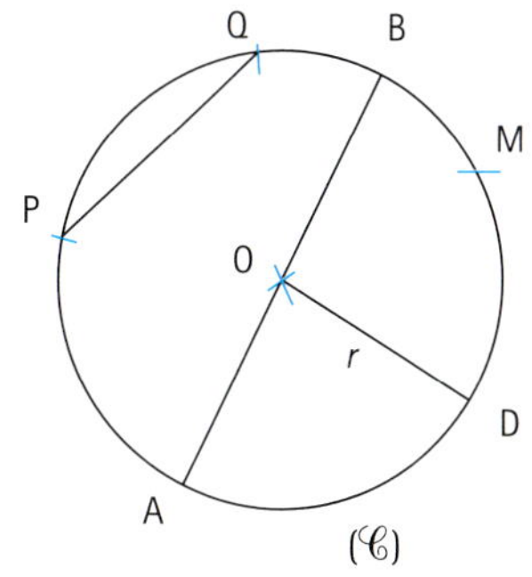

Conséquences de la définition :

- Si un point M est sur le cercle de centre O et de rayon *r*, alors on a $OM = r$.
- Si un point M est tel que $OM = r$, alors M est sur le cercle de centre O et de rayon *r*.
- [OD] est un **rayon** du cercle. [AB] est un **diamètre** du cercle.

Attention ! Le terme **rayon** d'un cercle évoque, soit une longueur (le rayon du cercle est de 2 cm), soit un segment (cercle de rayon [OD]). Il en est de même pour le diamètre.

Une corde d'un cercle est un segment dont les extrémités sont sur ce cercle.
Un arc de cercle est une portion de cercle limitée par deux points d'un cercle.

Sur le dessin ci-dessus :
– **[PQ]** est une **corde** du cercle.
– L'**arc de cercle** $\overset{\frown}{PQ}$ est délimité par les points P et Q. Il y a en réalité deux arcs de cercles, le « petit » et le « grand ».

Le **compas** permet de tracer des cercles, mais il permet également de reporter des longueurs égales.

Attention ! Dans une construction géométrique les points ne peuvent pas être placés par tâtonnement. Tout point à construire est l'intersection de deux lignes : deux droites, deux arcs de cercle, une droite et un arc de cercle.
(*Voir QCM 2, construction du triangle ABC*).

ENTRAINEMENT 5

Corrigé p. 298

Tracer un triangle ABC tel que AB = 4 cm, BC = 5 cm et AC = 6 cm.

3 Droites perpendiculaires

Deux droites sont perpendiculaires si elles forment un **angle droit** (90°).
Si deux droites sont perpendiculaires, elles déterminent alors **quatre angles droits**.
On note : $(d) \perp (d')$.

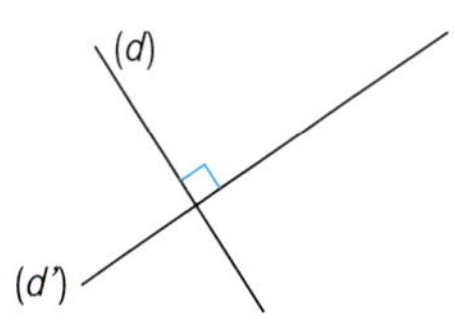

FICHE MÉTHODE : Tracer une droite perpendiculaire à une droite donnée passant par un point donné.

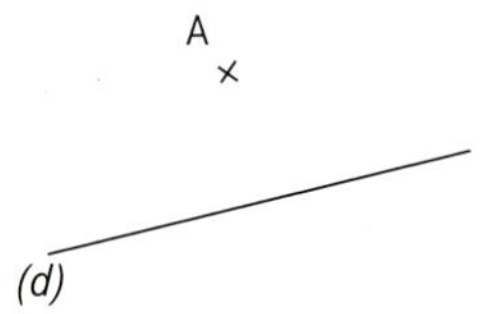

→ Tracer la droite perpendiculaire à (*d*) passant par A.

méthode 1. Avec la règle et l'équerre

1. Placer la règle « sur » la droite (*d*), puis faire glisser l'équerre sur cette règle.

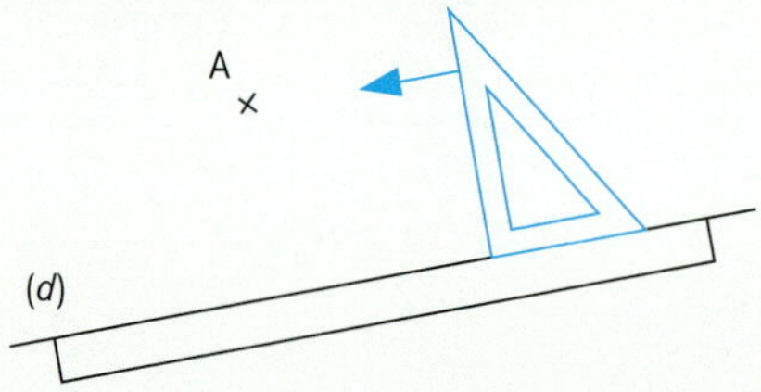

2. Quand l'équerre arrive au point A, **tracer la perpendiculaire** que l'on prolonge.

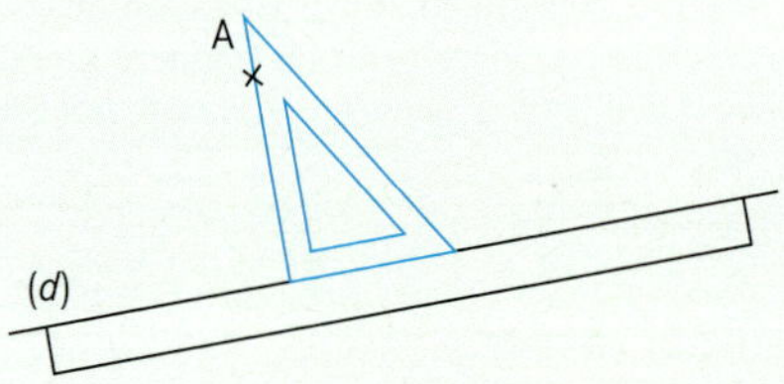

La **méthode 1** est une conséquence directe de la définition, puisqu'on trace un angle droit avec l'équerre.

méthode 2. Avec le compas et la règle

1. Tracer un arc de cercle de centre A qui coupe (*d*) en deux points que l'on nomme B et B′ pour faciliter la communication de la méthode.

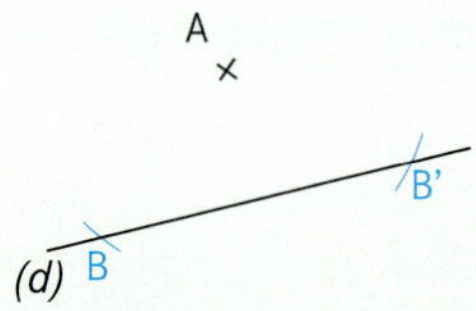

2. Tracer deux arcs de cercle de centre B et B′ de même rayon et qui se coupent.

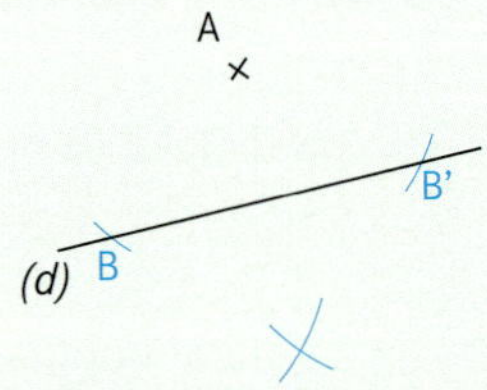

3. La droite passant par A et par le point d'intersection des deux arcs est **perpendiculaire à (*d*)**.

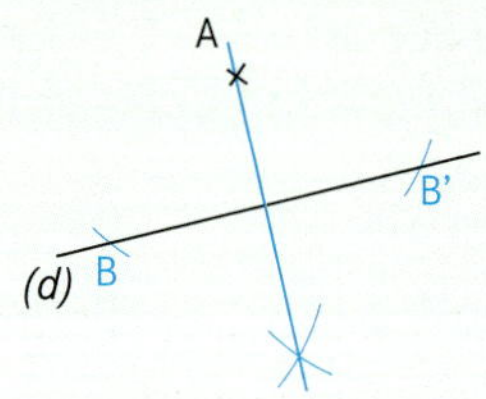

La **méthode 2**, qui revient à construire la médiatrice du segment [BB′], sera justifiée dans l'entrainement 14 p. 296. Elle est souvent utilisée pour les constructions de droites perpendiculaires à l'aide de la règle et du compas.

Il y a une seule droite passant par un point et perpendiculaire à une droite donnée.

• Distance d'un point à une droite

La distance d'un point A à une droite (*d*) est la plus petite distance entre A et n'importe quel point de cette droite.

Conséquence : La distance du point A à la droite (*d*) est égale à AH où H est le point d'intersection de (*d*) avec la droite perpendiculaire à (*d*) qui passe par A.

DÉMONSTRATION : Quel que soit le point M placé sur (*d*), AMH est un triangle rectangle, donc AM (l'hypoténuse) est plus grand que AH (un côté de l'angle droit).

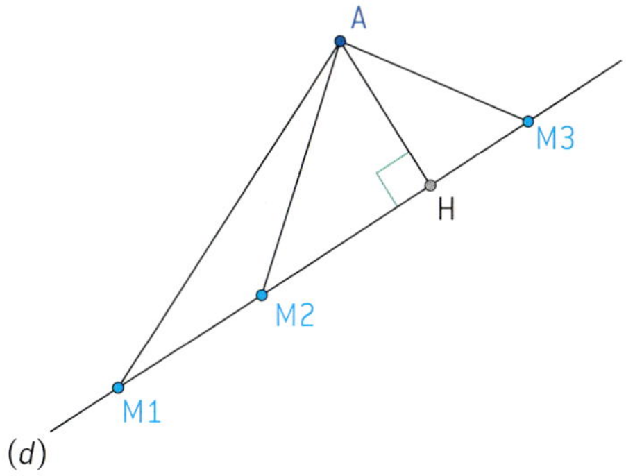

➤ **Théorèmes de Pythagore et de Thalès,** chap. 16 p. 353

4 Droites parallèles

QCM 2, p. 287

Deux droites sont parallèles si elles sont confondues (figure 2) ou si elles n'ont aucun point commun (figure 1).

On note : **(*d*) // (*d'*)**.

Lorsqu'elles ne sont pas confondues, on dit parfois qu'elles sont strictement parallèles.

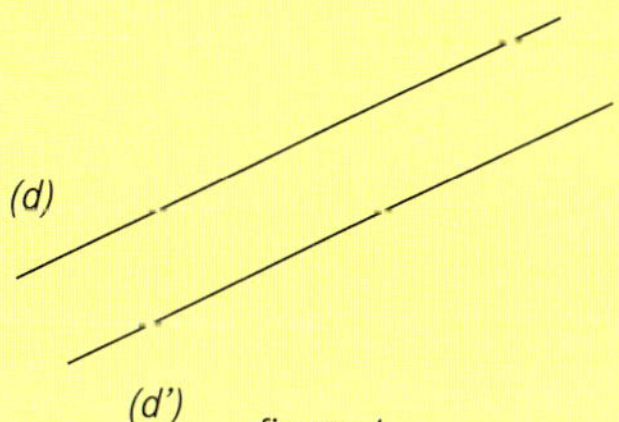

figure 1

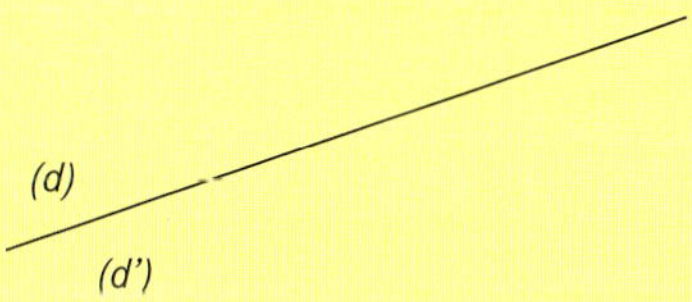

figure 2

FICHE MÉTHODE : Tracer une droite parallèle à une droite donnée passant par un point donné.

➜ Tracer la droite parallèle à (*d*) passant par A.

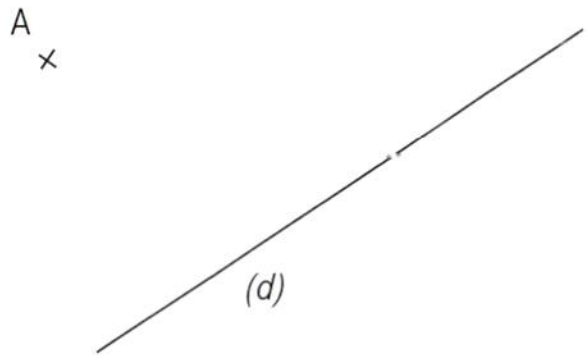

méthode **1.** Avec l'équerre	méthode **2.** Avec le compas et la règle
1. Tracer une perpendiculaire à (*d*). 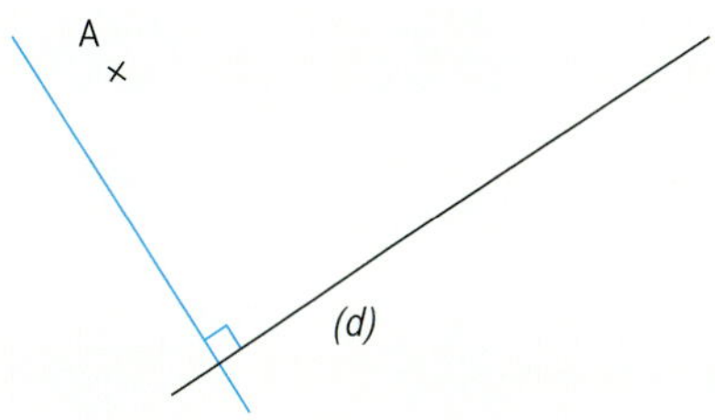	**1.** Placer deux points sur (*d*) que l'on nomme ici B et B′ pour faciliter l'explication de la méthode. 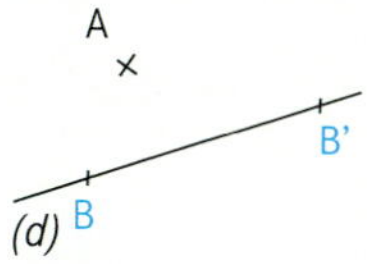

<table>
<tr>
<td rowspan="2">2. Tracer la droite passant par A et qui est perpendiculaire à la droite que l'on vient de tracer.
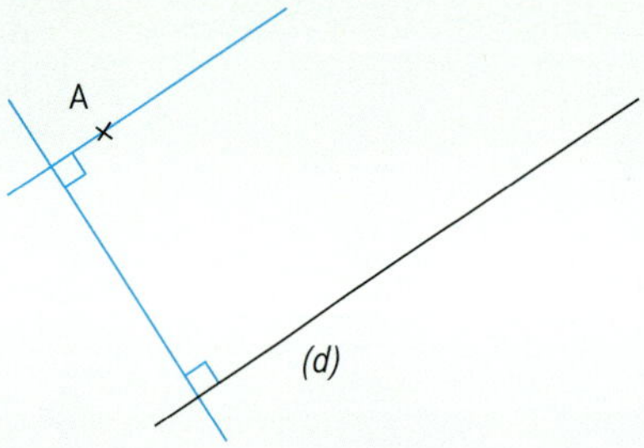
</td>
<td>2. Tracer un arc de cercle de centre A et de rayon BB′, et un arc de cercle de centre B′ et de rayon AB qui se coupent.
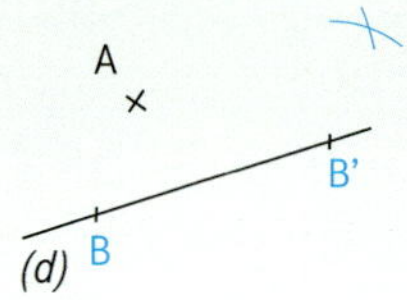
</td>
</tr>
<tr>
<td>3. La droite passant par A et le point d'intersection des arcs est parallèle à (d).
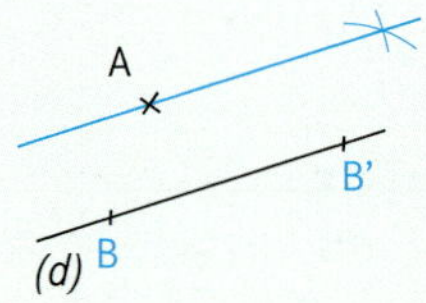
</td>
</tr>
<tr>
<td>La méthode 1 est la conséquence de la propriété D1[1] : « Si deux droites sont perpendiculaires à une même troisième, alors elles sont parallèles ».</td>
<td>La méthode 2, qui revient à construire un parallélogramme, sera justifiée dans le chapitre 14, entrainement 30 p. 318.</td>
</tr>
</table>

1 Voir les propriétés de géométrie p. 477.

Il y a une seule droite passant par un point et parallèle à une droite donnée.

5 Construire, décrire une construction géométrique

QCM 2, p. 287

Un programme de tracé (ou de construction) est une suite d'instructions qui permet de construire une figure géométrique[2]. Lorsque dans une épreuve du concours on demande d'effectuer une construction, on peut distinguer **trois types de questions** :

2 Les énoncés des entrainements 6 et 7 ci-après sont des programmes de tracé.

- **Effectuer la construction**, généralement sans utiliser l'équerre, éventuellement sans la règle graduée (donc à l'aide du compas et d'une règle non graduée). Dans ce cas, il est impératif de laisser très clairement apparents les traits de construction. Ils permettent d'attester que les contraintes de réalisation du dessin ont été respectées.

- **Décrire la construction.** Il s'agit d'établir un programme de tracé en utilisant un vocabulaire et une syntaxe corrects (*voir l'encadré p. 294*). Par contre, sauf en cas de demande explicite, il n'est pas nécessaire de décrire comment tracer une perpendiculaire, une parallèle, une médiatrice, un parallélogramme... uniquement avec le compas.

> Attention ! Le fait d'établir le programme de tracé ou de justifier la construction, alors que ce n'est pas demandé, ne vous rapportera pas de point supplémentaire. C'est donc une perte de temps.

- **Justifier la construction.** Dans ce cas, il faut citer les propriétés qui permettent de s'assurer que le dessin vérifie bien le cahier des charges.

Pour les entrainement 6 et 7, il est possible de tracer les figures sans utiliser d'équerre, uniquement en utilisant une règle graduée et un compas.

ENTRAINEMENT 6

Corrigé p. 298

Tracer un triangle ABC. Placer le point I milieu du segment [AC].
Tracer la parallèle à (BC) passant par I, elle coupe (AB) en K.
Tracer la parallèle à (AC) passant par K, elle coupe (BC) en J.
Tracer la parallèle à (AB) passant par J. Elle coupe (AC) en L.

ENTRAINEMENT 7

Corrigé p. 298

Tracer un triangle ABC. Tracer la perpendiculaire à (AB) qui passe par C.
Tracer la perpendiculaire à (AC) qui passe par B. Ces deux perpendiculaires se coupent en H.
Placer le point I milieu de [AC] et J milieu de [AB]. Tracer les segments [BI] et [CJ], ils se coupent en G.
Tracer la perpendiculaire à (AC) qui passe par I et la perpendiculaire à (AB) qui passe par J. Ces deux droites se coupent en O. Tracer la droite (OG).
Que peut-on remarquer ?

FICHE MÉTHODE : Rédiger un programme de tracé d'une figure géométrique.

→ Rédiger un programme de tracé à communiquer à une personne qui doit reproduire la figure ci-contre, sachant qu'elle dispose d'une feuille sur laquelle est tracé le triangle ABC.

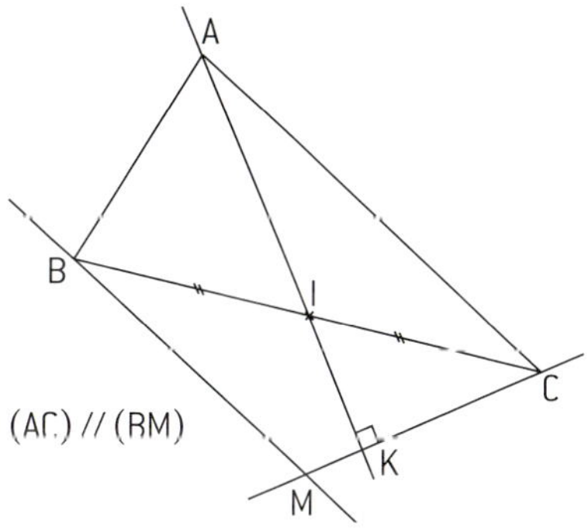

1. Repérer les figures de base (segments, droites, droites parallèles, droites perpendiculaires, triangles particuliers, quadrilatères particuliers, etc.) qui constituent la figure.	Ici, il y a un triangle, un milieu, deux droites perpendiculaires et deux droites parallèles.
2. Repérer les liens entre les figures de base et choisir éventuellement celles qui vont finalement servir à réaliser la figure.	Le milieu est le milieu d'un côté du triangle. La droite (CK) est la perpendiculaire à (AI) qui passe par un sommet du triangle. La droite (BM) est la droite parallèle à un côté du triangle qui passe par un de ses sommets.
3. Définir une chronologie.	On peut placer le point I en premier, puis tracer la droite (AI), puis la perpendiculaire à (AI) qui passe par C, et enfin la parallèle à (AC) qui passe par B. Remarque : Cette parallèle peut être tracée à n'importe quel moment.
4. Écrire le programme de tracé.	Placer le point I milieu de [BC]. Tracer (AI). Tracer la droite perpendiculaire à (AI) passant par C, elle coupe (AI) en K. Tracer la droite parallèle à (AC) qui passe par B, elle coupe (CK) en M.

Les trois premières étapes constituent ce qu'on appelle **l'analyse de la figure**.

Attention ! Le vocabulaire doit être précis et sans implicite :
- on parle du milieu d'un segment, pas d'une droite ;
- on trace la perpendiculaire à une droite passant par un point, idem pour les parallèles…
- « Tracer la parallèle à (AC) », mais qui passe par quel point ?

ENTRAINEMENT 8

Corrigé p. 298

Rédiger un programme de tracé à communiquer à une personne qui doit reproduire la figure ci-dessous, sachant qu'elle dispose d'une feuille sur laquelle est tracé le triangle DCE.

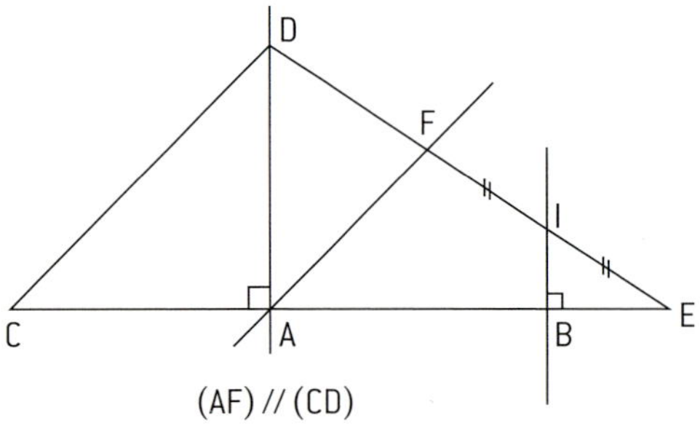

(AF) // (CD)

Pour contrôler votre programme, il est conseillé de l'exécuter comme le ferait quelqu'un qui n'a pas vu la figure.

ENTRAINEMENT 9

Corrigé p. 299

Reproduire la figure ci-contre.

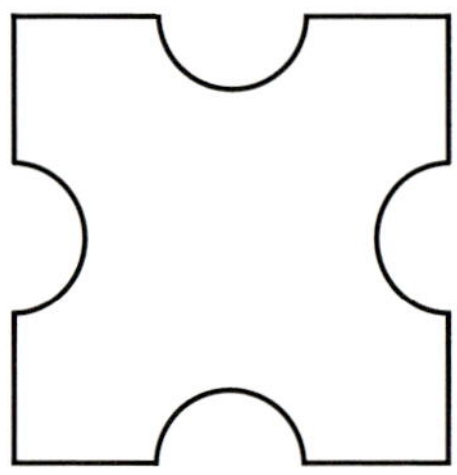

Pour reproduire une figure géométrique, on passe par les étapes d'analyse de la figure (*voir étapes 1 à 3 fiche méthode*) ; l'étape 4 est remplacée par l'exécution du tracé.

6 Tangente à un cercle

Une tangente à un cercle est une droite qui a un seul point commun avec le cercle.
La tangente à un cercle de centre C, en un point M situé sur le cercle, est la droite perpendiculaire en M au rayon [CM].

Sur le dessin ci-contre :
(*d*) est perpendiculaire au rayon [CM], c'est donc la tangente au cercle en M.

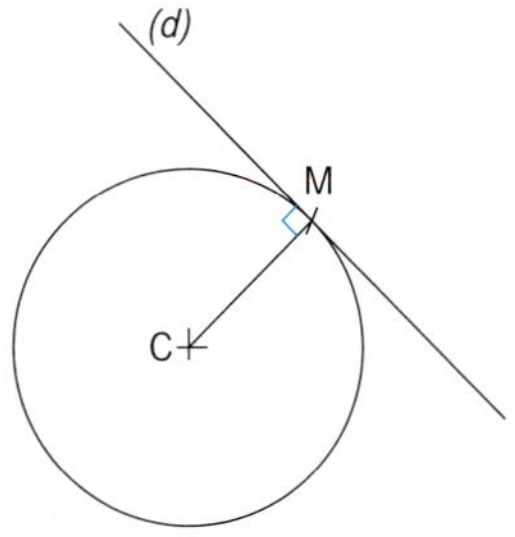

ENTRAINEMENT 10

Corrigé p. 299

Tracer un cercle de centre K.
Placer sur ce cercle deux points D et F non diamétralement opposés.
Placer le milieu I de [DF].
Tracer les tangentes à ce cercle en D et F, elles se coupent en J. Tracer (KJ).
Que peut-on remarquer ?

ENTRAINEMENT 11

Corrigé p. 299

Tracer deux cercles de centre A et B, de rayons distincts et qui se coupent en C et D.
Tracer les tangentes au cercle de centre A en C et D. Ces tangentes se coupent en I et elles coupent le cercle de centre B respectivement en K et L.
Tracer les tangentes au cercle de centre B en K et L, elles se coupent en J.
Tracer la droite (JI). Que peut-on remarquer ?

ENTRAINEMENT 12

Corrigé p. 299

Rédiger un programme de tracé à communiquer à une personne qui doit reproduire chacune des figures ci-dessous, sachant qu'elle dispose d'une feuille sur laquelle est tracé le cercle de centre J pour la figure (1) et le cercle de centre O pour la figure (2).

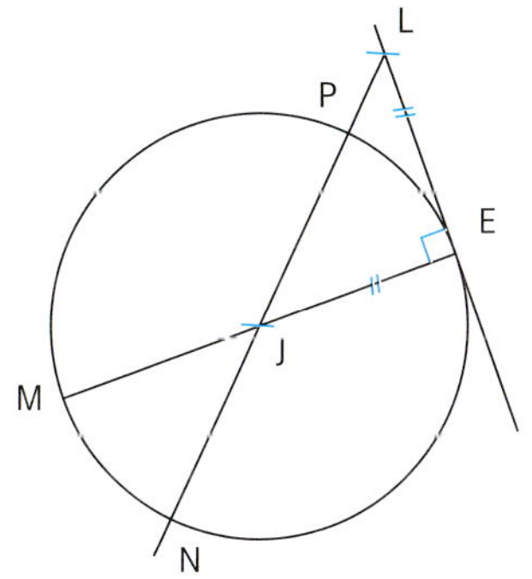

Figure (1)

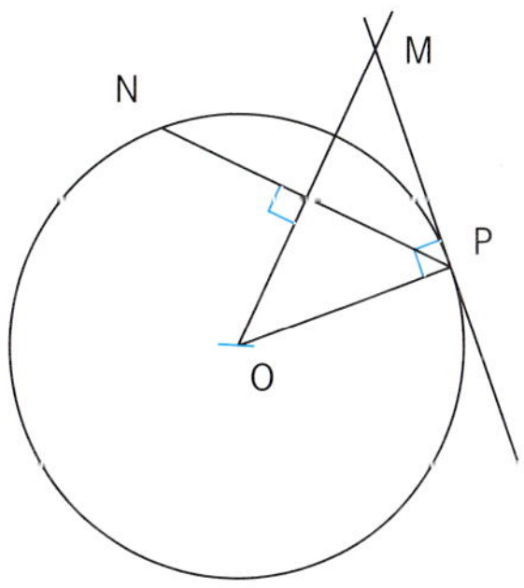

Figure (2)

7 Médiatrice d'un segment

QCM 1, p. 287

La médiatrice d'un segment est l'ensemble des points équidistants des extrémités de ce segment.
C'est la droite perpendiculaire à ce segment et qui passe par son milieu.

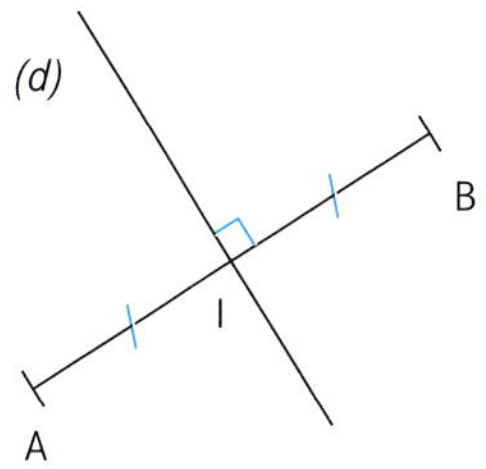

Attention ! Ici encore, il faut être précis au niveau des notations et du vocabulaire.
La droite (*d*) ci-contre est la médiatrice du segment [AB] mais pas de la droite (AB) ou de AB.
C'est ce qui explique que la **phrase G** du QCM 1 est fausse.

La médiatrice est une droite qui est un axe de symétrie du segment.

➤ **Axe de symétrie,** chap. 18 p. 387

FICHE MÉTHODE : Tracer la médiatrice d'un segment.

→ Tracer la médiatrice du segment [AB].

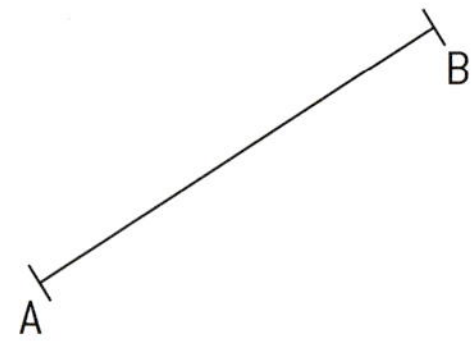

méthode 1. Avec la règle graduée et l'équerre

Appliquer la seconde partie de la définition (*voir page précédente*) :
On place le milieu de [AB] puis on trace la perpendiculaire à (AB) passant par ce milieu.

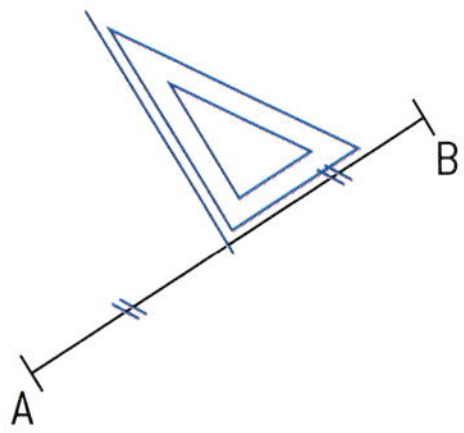

méthode 2. Avec uniquement le compas et la règle non graduée

1. Tracer deux arcs de cercle de centre A et B qui se coupent en deux points (dont le rayon est donc supérieur à AB/2).

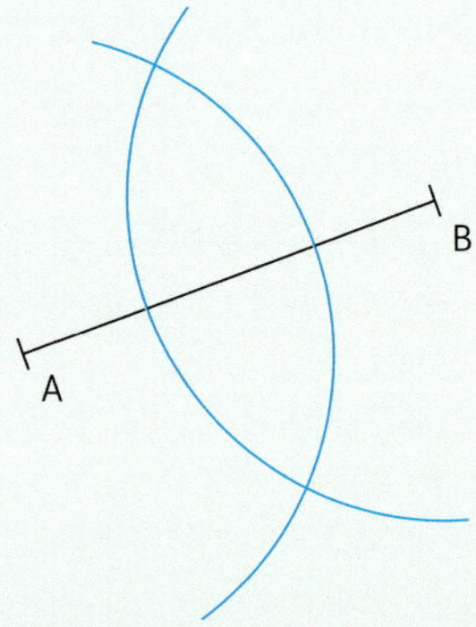

2. Tracer la droite joignant ces deux points, c'est la médiatrice de [AB].

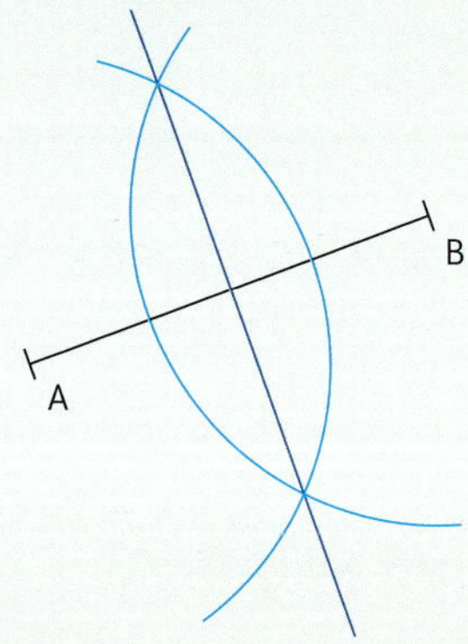

Remarque :
Justification de la méthode 2 : *voir entrainement 13 ci-dessous*.

La **méthode 2** permet de justifier la construction de la droite perpendiculaire à une droite passant par un point, présentée p. 290.
Elle est également utilisée pour tracer le milieu d'un segment uniquement avec un compas et une règle non graduée, **le milieu étant le point d'intersection de [AB] et de sa médiatrice.**

ENTRAINEMENT 13

Corrigé p. 299

Justifier cette seconde méthode en vous référant aux propriétés données à partir de la p. 477.

➤ **Propriétés de la médiatrice**, p. 477

ENTRAINEMENT 14

Corrigé p. 299

Justifier la méthode 2 de la construction d'une droite perpendiculaire p. 290.

- Médiatrice et régionnement du plan

Le demi-plan délimité par la médiatrice de [AB] et qui contient le point A est l'ensemble des points dont la distance au point A est inférieure à la distance au point B.

Le demi-plan hachuré est le demi-plan délimité par la médiatrice de [AB] et qui contient A.
C'est l'ensemble des points M tels que MA < MB.

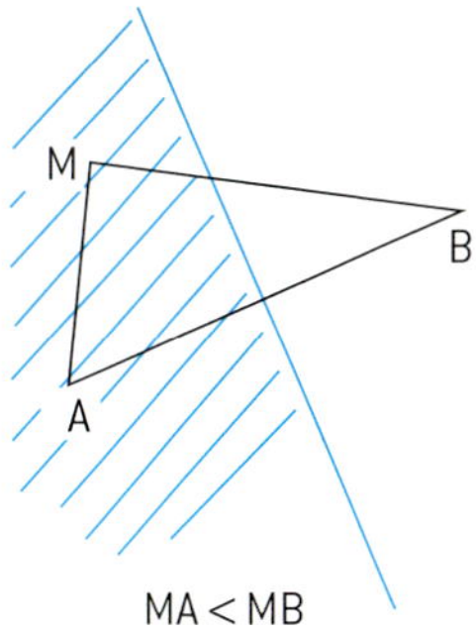

8 Cercle circonscrit à un triangle

Le cercle circonscrit à un triangle est le cercle qui passe par les trois sommets de ce triangle.

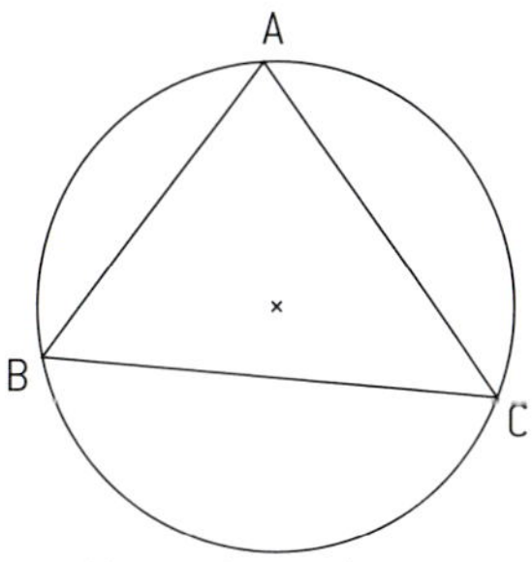

($\mathscr{C}$) est le cercle circonscrit au triangle ABC.

Les entrainements ci-dessous permettent de justifier qu'il y a un seul cercle circonscrit à un triangle et donnent la méthode de construction de ce cercle.

ENTRAINEMENT 15

Corrigé p. 300

Tracer un triangle ABC et les médiatrices de [AB] et [AC] : elles se coupent en O.
Tracer le cercle de centre O et de rayon [OA]. Expliquer pourquoi il passe par les trois sommets du triangle.
La médiatrice de [BC] passe-t-elle par O ? Justifier.

ENTRAINEMENT 16

Corrigé p. 300

Soit A et B deux points distincts.
Combien peut-on tracer de cercles passant par A et B ?
Quel est l'ensemble des centres de ces cercles ?

ENTRAINEMENT 17

Corrigé p. 300

Combien peut-on tracer de cercles passant par trois points distincts A, B et C ?

ENTRAINEMENT 18

Corrigé p. 300

Décrire la méthode de tracé d'un cercle circonscrit à un triangle.

CORRIGÉS EXERCICES D'ENTRAINEMENT

ENTRAINEMENT 1

Énoncé p. 288

Les segments [AB] et [BC] ont la même longueur mais ils ne sont pas égaux.
En effet, un segment est un ensemble de points, donc deux segments sont égaux si tout point de l'un appartient à l'autre et réciproquement (c'est donc le cas uniquement lorsque les deux segments sont confondus). Or le point A, par exemple, appartient à [AB] mais pas à [BC].

Attention ! On rencontre souvent cette confusion dans les copies du concours. Des candidats écrivent [AB] = [CD] alors qu'ils veulent dire que les longueurs de ces segments sont égales. Ils devraient écrire : AB = CD.

ENTRAINEMENT 2

Énoncé p. 288

Une infinité : il y a bien sûr les deux extrémités, mais aussi tous les points situés « entre » les extrémités !

ENTRAINEMENT 3

Énoncé p. 288

Oui. Attention à ne pas confondre la représentation d'une droite, qui est un trait qui représente aussi un segment, et la droite qui est « infinie ».

ENTRAINEMENT 4

Énoncé p. 289

On peut la nommer : (AB), (BA), (AC), (CA), (BC), (CB), soit 6 façons différentes.

ENTRAINEMENT 5

Énoncé p. 289

Penser à laisser bien apparents les traits de construction.

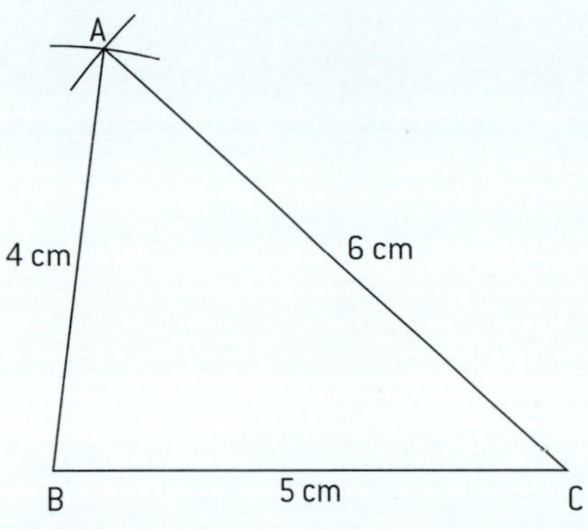

Il est indispensable de tracer le 3e sommet avec le compas (*voir § 2 p. 289*).

ENTRAINEMENT 6

Énoncé p. 293

Si vous avez tracé correctement la figure, L et I sont confondus.
On peut le démontrer. Il en sera de même pour les constatations faites pour les entrainements 7, 10 et 11.

ENTRAINEMENT 7

Énoncé p. 293

Si vous avez tracé correctement la figure, O, G et H sont alignés.

ENTRAINEMENT 8

Énoncé p. 294

Tracer la perpendiculaire à (CE) qui passe par D. Elle coupe (CE) en A.
Tracer la parallèle à (CD) qui passe par A, elle coupe (DE) en F.
Placer le point I milieu de [EF] et tracer la perpendiculaire à (CE) passant par I, elle coupe (CE) en B.

ENTRAINEMENT 9

Énoncé p. 294

Pour reproduire cette figure, il faut tout d'abord l'**analyser**, comme le montre le tableau ci-dessous :

1• Repérer les figures de base qui constituent la figure.	On constate que la figure est constituée de quatre angles droits et quatre demi-cercles de diamètre 1 cm.
2• Repérer les liens entre les figures de base et choisir éventuellement les figures qui vont finalement servir à réaliser la figure.	Pour cette figure, on constate que les quatre angles droits sont les quatre angles d'un carré de côté 3 cm, et que les demi-cercles ont pour centre les milieux des côtés.
3• Définir une chronologie.	Il faut donc commencer par tracer un carré de côté 3 cm, puis tracer les demi-cercles de diamètre 1 cm et dont les centres sont les milieux des côtés des carrés.

ENTRAINEMENT 10

Énoncé p. 295

Si vous avez tracé correctement la figure, I est un point de la droite (KJ).

ENTRAINEMENT 11

Énoncé p. 295

Si vous avez tracé correctement la figure, la droite (JI) passe par les centres A et B des cercles.

ENTRAINEMENT 12

Énoncé p. 295

Figure 1 : Tracer un diamètre [ME]. Tracer la tangente au cercle en E. Placer sur cette tangente un point L tel que LE = EJ. Tracer la demi-droite d'origine L passant par J. Elle coupe le cercle en P et N (on peut éventuellement ajouter que P est un point de [LJ]).

Figure 2 : Tracer un rayon [OP] du cercle de centre O. Tracer la tangente au cercle en P. Tracer une corde [NP] (qui n'est pas un diamètre). Tracer la demi-droite d'origine O perpendiculaire à (NP). Elle coupe la tangente en M.

> Il est possible de tracer la corde avant de tracer la tangente. On pourrait aussi choisir un point M sur la tangente et tracer la droite passant par P et perpendiculaire à (OM).

ENTRAINEMENT 13

Énoncé p. 296

Les points d'intersection des deux arcs de cercle sont équidistants de A et B (puisque ces arcs de cercle ont le même rayon). Donc, d'après la propriété M5, la droite joignant ces deux points d'intersection est la médiatrice de [AB].

ENTRAINEMENT 14

Énoncé p. 296

Justification de la méthode de tracé avec le compas :
A est équidistant des points B et B′. De même le point d'intersection des deux arcs est équidistant de B et B′, donc la droite passant par A et ce point d'intersection est la médiatrice de [BB′] (propriété M5[3]).
Elle est donc perpendiculaire à (BB′), donc à (*d*).

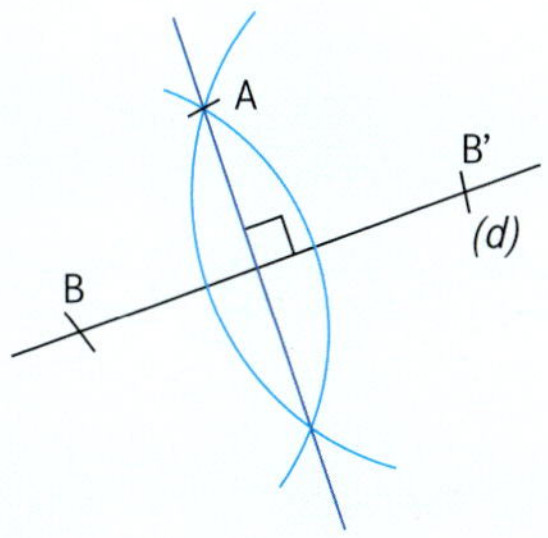

[3] Ici, nous indiquons le numéro de la propriété utilisée (*voir p. 477*). Le jour du concours il ne faudra évidemment pas faire référence à ces numéros !

AUTRE MÉTHODE

Pour tracer une droite perpendiculaire à une droite en utilisant uniquement le compas et la règle :
on trace un arc de cercle passant par A et dont le centre est sur la droite (*d*).
On trace ensuite un 2e arc de cercle passant par A, dont le centre est sur la droite et qui coupe le premier arc en A′ (il n'est pas nécessaire d'avoir le même rayon).
On trace enfin la droite (AA′). Cette droite est perpendiculaire à (*d*).

En effet, les centres des arcs de cercle sont équidistants de A et A′. La droite passant par ces centres, c'est-à-dire la droite (*d*), est donc la médiatrice de [AA′] ; elle est donc perpendiculaire à (AA′).
Donc (AA′) est perpendiculaire à (*d*).

À noter que cette méthode n'est pas utilisable si le point par lequel doit passer la perpendiculaire est sur la droite.

ENTRAINEMENT 15

Énoncé p. 297

O est équidistant de A et B puisqu'il est sur la médiatrice de [AB] (M3). O est équidistant de A et C puisqu'il est sur la médiatrice de [AC]. Donc O est équidistant des points A, B et C, et le cercle de centre O qui passe par A passe donc par les points B et C.
De plus, O est équidistant de B et C, donc il est sur la médiatrice du segment [BC] (M4), donc les médiatrices des trois côtés du triangle sont concourantes en un point (noté ici O).

ENTRAINEMENT 16

Énoncé p. 297

Une infinité de cercles : les centres sont tous sur la médiatrice du segment [AB], car ils sont équidistants de A et B (*définition du centre du cercle*).

ENTRAINEMENT 17

Énoncé p. 297

Si A, B et C ne sont pas alignés, on ne peut tracer qu'un seul cercle passant par ces trois points.
En effet, les médiatrices de [AB] et [BC], par exemple, se coupent en un seul point qui est également sur la médiatrice de [AC] (*voir entrainement 15 ci-dessus*).
C'est donc le centre du cercle circonscrit au triangle ABC et il y a un seul cercle circonscrit.
Si les points sont alignés, il ne sera pas possible de faire passer un cercle par ces trois points dans la mesure où les médiatrices des segments [AB] et [BC] ne se coupent pas, puisqu'elles sont parallèles d'après la propriété : « Si deux droites sont perpendiculaires à une même troisième, alors elles sont parallèles entre elles. »

ENTRAINEMENT 18

Énoncé p. 297

Pour tracer le cercle circonscrit à un triangle quelconque, il suffit de tracer les médiatrices de deux côtés. Le point d'intersection de ces médiatrices est le centre du cercle et son rayon est de la longueur des segments qui joignent le centre aux sommets du triangle (*voir entrainement 15 ci-dessus*).

AU CONCOURS

Les connaissances de ce chapitre ne font, en général, pas l'objet de problèmes spécifiques, mais interviennent dans les problèmes d'autres chapitres. C'est pourquoi seuls un exercice et un problème sont proposés.

EXERCICE

Corrigé p. 302

Reproduire avec précision le dessin schématisé ci-contre en sachant que A est le centre du cercle et que (AK) // (DG).
On utilisera uniquement la règle graduée et le compas.
Rédiger le programme de tracé.

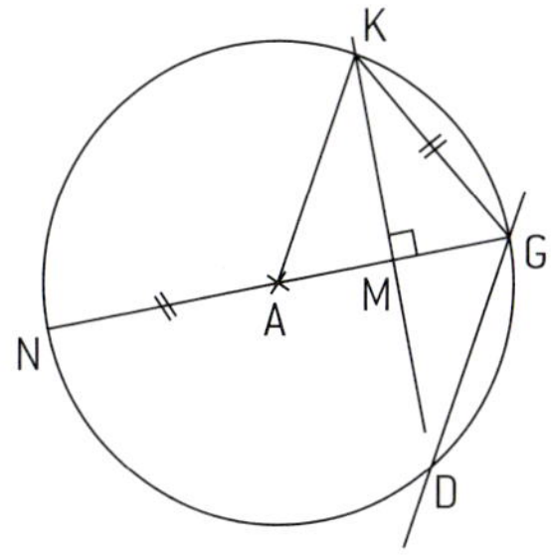

AN = 3 cm

PROBLÈME

Corrigé p. 302

Soit [AB] un segment de longueur 6 cm.

Pour chacune des questions, le candidat donnera une réponse sans justification, soit en faisant une figure et en la décrivant, soit en donnant une définition mathématique de l'ensemble demandé.

Quel est l'ensemble des points M du plan vérifiant :

1. AM < BM.
2. AM est le plus petit côté du triangle ABM.
3. ABM est un triangle rectangle.

CORRIGÉS EXERCICE

EXERCICE

Énoncé p. 301

a. Réalisation de la figure :
Si la figure est réalisée correctement, alors (KM) passe par D. On doit voir les arcs de cercle de construction pour le point K, la perpendiculaire (KM) et la parallèle (GD).

b. Un programme de tracé :
Tracer un cercle de centre A et de rayon 3 cm.
Tracer un diamètre [NG] de ce cercle.
Placer un point K sur le cercle tel que GK = AN
Tracer la perpendiculaire à (AG) qui passe par K, elle coupe (AG) en M.
Tracer la parallèle à (AK) qui passe par G, elle coupe le cercle en D.

CORRIGÉS PROBLÈME

PROBLÈME

Énoncé p. 301

❶ AM < BM signifie qu'il s'agit de l'ensemble des points du demi-plan contenant A et limité par la médiatrice de [AB].

❷ AM doit être telle que : AM < BM (1) et AM < AB (2).
La condition (1) se traduit par le fait que M appartient au demi-plan contenant A et limité par la médiatrice de [AB].
La condition (2) se traduit par le fait que le point M est situé à l'intérieur du disque de centre A et de rayon AB.
Donc l'ensemble des points M est l'intersection du disque de centre A et de rayon AB (privé du cercle), et du demi-plan contenant A et limité par la médiatrice de [AB].

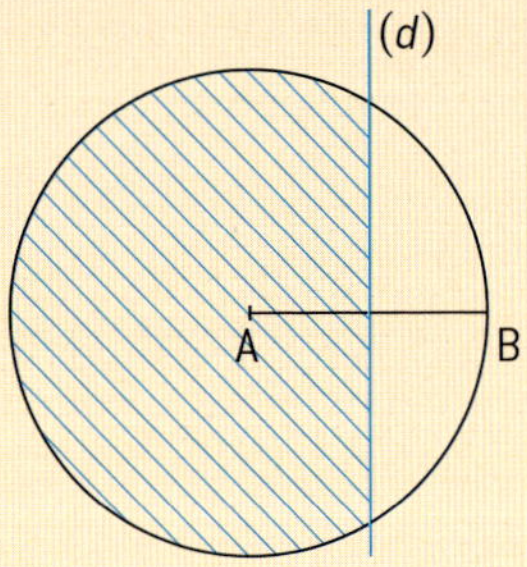

❸ AMB doit être un triangle rectangle, mais on ne précise pas en quel point.
Il peut donc être rectangle :
- en M : dans ce cas, le point M appartient au cercle de diamètre [AB] (propriété T2) ;
- en A : dans ce cas, le point M appartient à la droite perpendiculaire à (AB) qui passe par A ;
- en B : dans ce cas, le point M appartient à la droite perpendiculaire à (AB) qui passe par B.

L'ensemble des points M est donc la réunion de ces trois ensembles.

CHAPITRE 14 Angles, polygones

OBJECTIFS DU CHAPITRE

– Reconnaitre et construire des polygones (triangles et quadrilatères particuliers).

– Reproduire ou construire des figures géométriques.

– Calculer des mesures d'angles.

FICHES MÉTHODE

- **Tracer la bissectrice d'un angle.** p. 305
- **Tracer un polygone régulier sans rapporteur.** p. 310
- **Calculer la mesure d'un angle.** p. 312

TESTER SES CONNAISSANCES

QCM 1 Quelles phrases sont vraies ?
(On ne prendra en compte que les informations codées de la figure.)

Aide : phrases A, C et D, §3.3 p. 313

Aide : phrase B, §1.2 p. 305

A. (AD) est une hauteur du triangle ABC.
B. (BK) est une bissectrice du triangle ABC.
C. (MK) est une médiatrice du triangle ABC.
D. (AJ) est une médiane du triangle ABC.

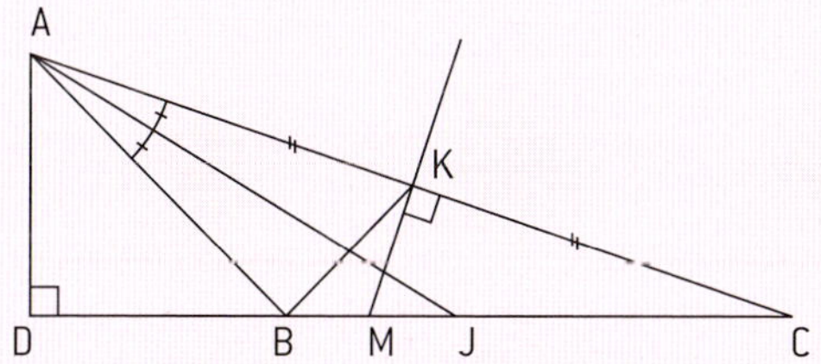

QCM 2 Les points B, D et C sont alignés. La mesure de l'angle $\widehat{ADB}$ est égale à :

Aide : §3.2 p. 311

A. 60° **B.** 120° **C.** 50° **D.** On ne peut pas savoir.

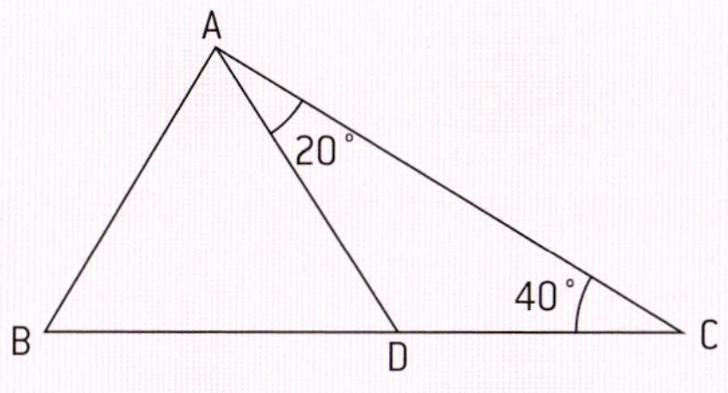

QCM 3 Quels triangles est-il possible de tracer ?

A. AB = 5 cm, BC = 3 cm et AC = 1 cm .

B. AB = 5 cm, $\widehat{ABC} = 40°$ et $\widehat{BAC} = 60°$.

C. AC = 6 cm, BC = 4 cm et $\widehat{ACB} = 50°$.

D. AC = 5 cm et $\widehat{ACB} = 40°$.

E. AB = 4 cm, $\widehat{ABC} = 60°$, $\widehat{ACB} = 30°$ et $\widehat{CAB} = 50°$.

1. A, C **2.** A **3.** B, C, D (infinité de triangles possibles)

Aide : §3.1 et 3.2 p. 311

LE COURS

1 Angles

On appelle **secteur angulaire** toute portion de plan limitée par deux demi-droites de même origine. L'origine commune est appelée **sommet du secteur** et les deux demi-droites sont appelées **côtés du secteur angulaire**.
L'ensemble des secteurs superposables constitue un **angle**.

- Dans la pratique, par abus de langage, on assimile souvent « secteur angulaire » et « angle » ; c'est ce que nous ferons dans la suite de cet ouvrage.
- On peut mesurer les angles avec un rapporteur.
- Le sommet de l'angle est toujours nommé en deuxième position :

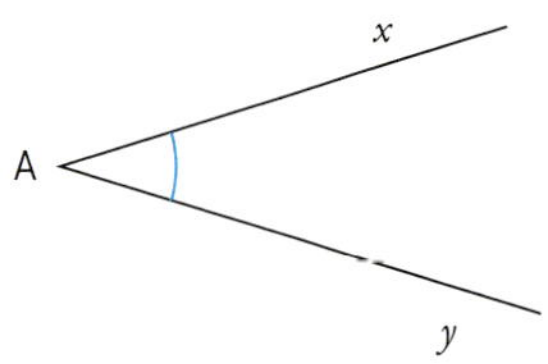

Angle $\widehat{xAy}$

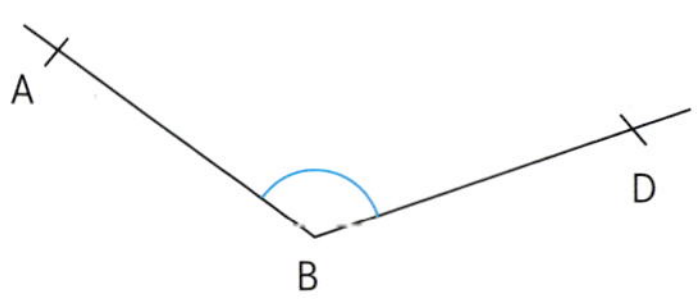

Angle $\widehat{ABD}$

Un angle est **aigu** s'il est inférieur à un angle droit (qui mesure 90°).
L'angle $\widehat{xAy}$ est aigu.
Un angle est **obtus** s'il est compris entre un angle droit et un angle plat (qui mesure 180°).
L'angle $\widehat{ABD}$ est obtus.

Un angle est **saillant** s'il est inférieur à un angle plat.
Un angle est **rentrant** s'il est supérieur à un angle plat.

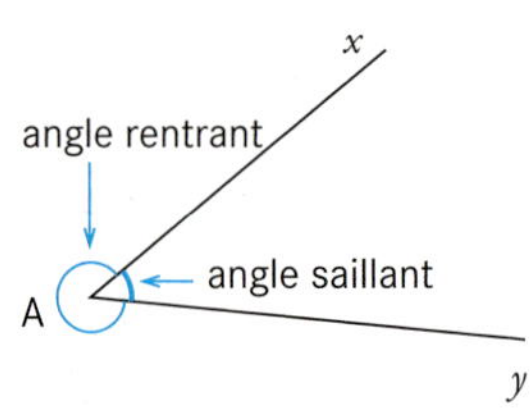

Le dessin ci-contre représente aussi bien l'angle saillant $\widehat{xAy}$ que l'angle rentrant $\widehat{xAy}$.
Par la suite, on ne considèrera que des angles saillants.

1. 1 Relation entre deux angles

A. Angles complémentaires et supplémentaires

Deux angles sont **complémentaires** si la somme de leur mesure est égale à **90°**.
Deux angles sont **supplémentaires** si la somme de leur mesure est égale à **180°**.

B. Angles adjacents

Deux angles sont **adjacents** s'ils ont un sommet et un côté communs et s'ils sont situés de part et d'autre de ce côté.

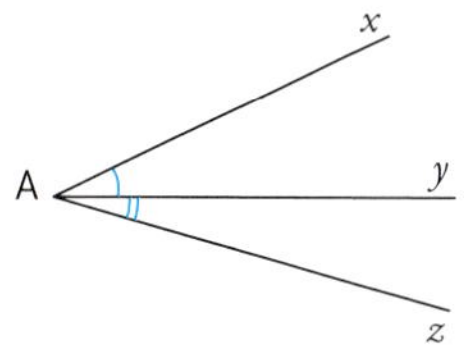

Les angles $\widehat{xAy}$ et $\widehat{yAz}$ sont adjacents.

C. Angles opposés par le sommet

Les angles $\widehat{xAy}$ et $\widehat{x'Ay'}$ sont **opposés par le sommet**.
Ils ont leur sommet en commun et leurs côtés sont dans le prolongement l'un de l'autre.
Deux angles opposés par le sommet sont **égaux**.

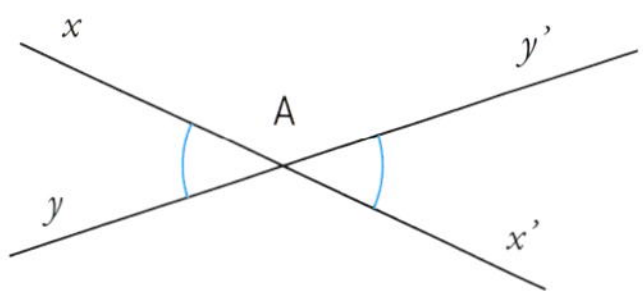

1. 2 Bissectrice d'un angle

La bissectrice d'un angle est la droite qui passe par le sommet de l'angle et qui partage l'angle en deux angles égaux.

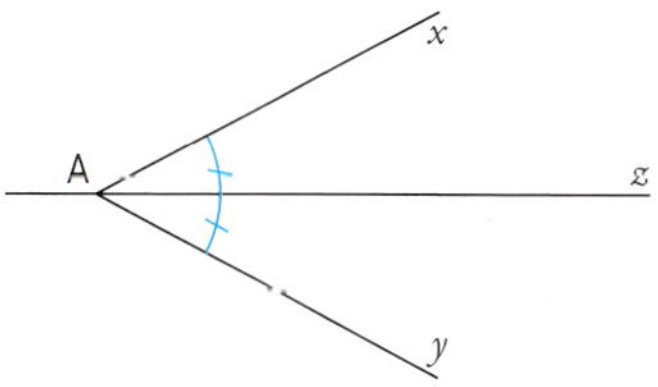

(Az) est la bissectrice de l'angle $\widehat{xAy}$.

La bissectrice d'un angle est l'axe de symétrie de cet angle.

FICHE MÉTHODE **Tracer la bissectrice d'un angle.**

→ Tracer la bissectrice de l'angle $\widehat{xOy}$.

méthode **1.** Avec le rapporteur	méthode **2.** Avec le compas et une règle graduée
1. Mesurer l'angle $\widehat{xOy}$ et calculer la moitié de cette mesure.	**1. Tracer avec le compas un arc de cercle** de centre O (sommet de l'angle) qui coupe les deux côtés de l'angle [Ox) et [Oy) respectivement en B et C.
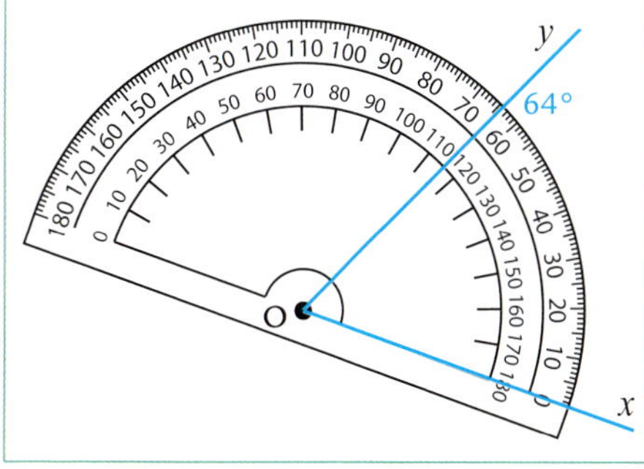	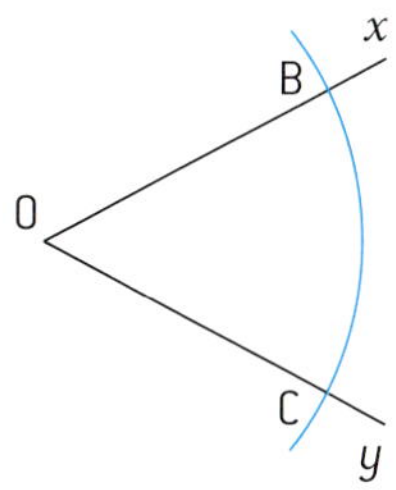

2. Tracer la demi-droite qui partage l'angle en deux angles égaux.

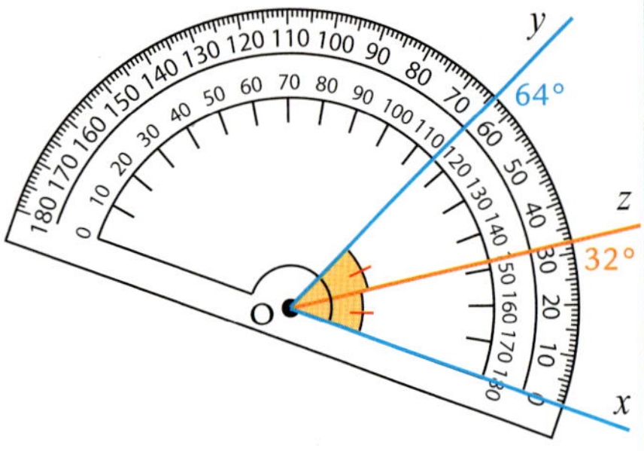

Remarque : La **méthode 1** est la conséquence directe de la définition.

2. Tracer 2 arcs de cercle de même rayon de centres B et C. Ces 2 arcs se coupent en **D**.

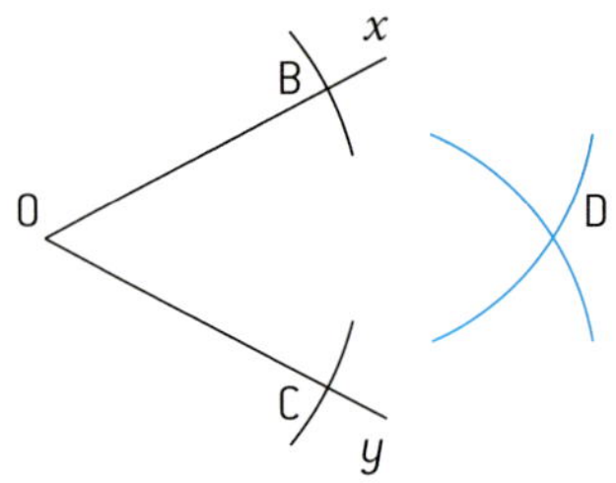

3. Tracer la droite passant par le sommet de l'angle et par le point **D**.

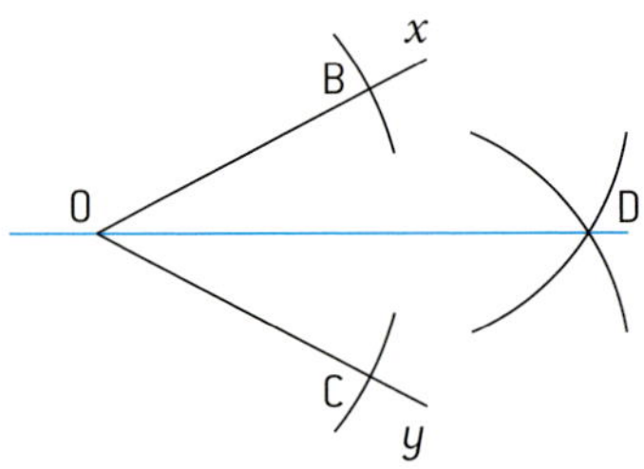

ENTRAINEMENT 1

Corrigé p. 320

Tracer un angle et sa bissectrice.

Placer un point M sur cette bissectrice, puis tracer les perpendiculaires aux côtés qui passent par M. Elles coupent respectivement les côtés en H et H′. Comparer MH et MH′.

Refaire ce travail avec d'autres points de la bissectrice. Énoncer le résultat qui semble se dégager.

Propriété :

La **bissectrice d'un angle** est l'ensemble des points équidistants des côtés de cet angle.

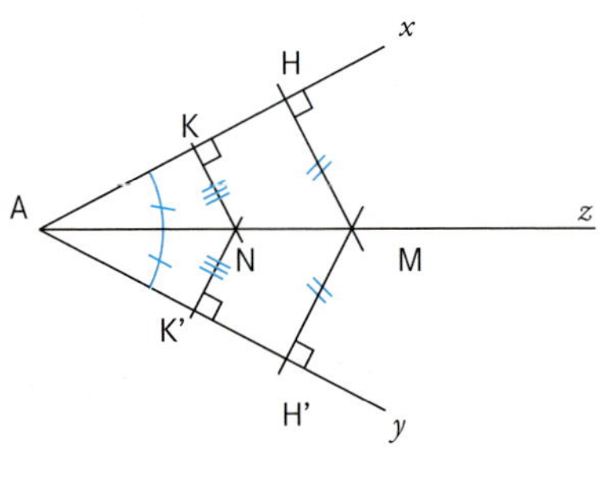

NK = NK′ et MH = MH′.

Cette propriété a pu être constatée (mais non démontrée) dans l'entrainement 1 ci-dessus.

ENTRAINEMENT 2

Corrigé p. 320

Tracer un triangle ABC, ainsi que les trois bissectrices de ce triangle. Que peut-on remarquer ?

Tracer la perpendiculaire à l'un des côtés du triangle qui passe par le point d'intersection K de deux bissectrices. Elle coupe ce côté en un point H. Tracer le cercle de centre K et rayon [HK].

Que peut-on remarquer ? Ce cercle est appelé le **cercle inscrit dans le triangle** ABC.

1. 3 Angles et droites parallèles

A. Angles alternes-internes

Les **angles alternes-internes** $\widehat{xAB}$ et $\widehat{zBA}$ formés par des droites parallèles sont égaux.

De même, par exemple, les angles alternes-internes $\widehat{yAB}$ et $\widehat{tBA}$ sont égaux.

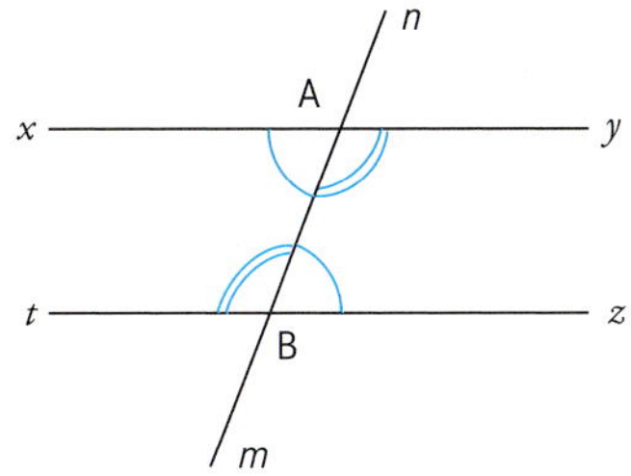

B. Angles correspondants

Les **angles correspondants** $\widehat{nAy}$ et $\widehat{nBz}$ formés par des droites parallèles sont égaux.

De même, par exemple, les angles correspondants $\widehat{yAm}$ et $\widehat{zBm}$ sont égaux.

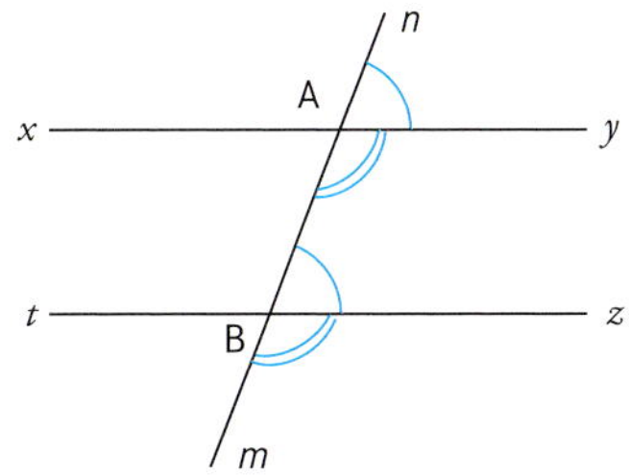

ENTRAINEMENT 3

Corrigé p. 320

En utilisant la figure ci-contre, préciser si les phrases suivantes sont vraies.
Si c'est le cas expliquer pourquoi.

A. Les angles $\widehat{t'AB}$ et $\widehat{xAC}$ sont égaux.
B. Les angles $\widehat{ABD}$ et $\widehat{BDy'}$ sont égaux.
C. Les angles $\widehat{BAC}$ et $\widehat{ABD}$ sont égaux.
D. Les angles $\widehat{ACD}$ et $\widehat{t'Ax'}$ sont égaux.
E. Les angles $\widehat{ABD}$ et $\widehat{BDC}$ sont complémentaires.
F. Les angles $\widehat{ACD}$ et $\widehat{DBA}$ sont égaux.

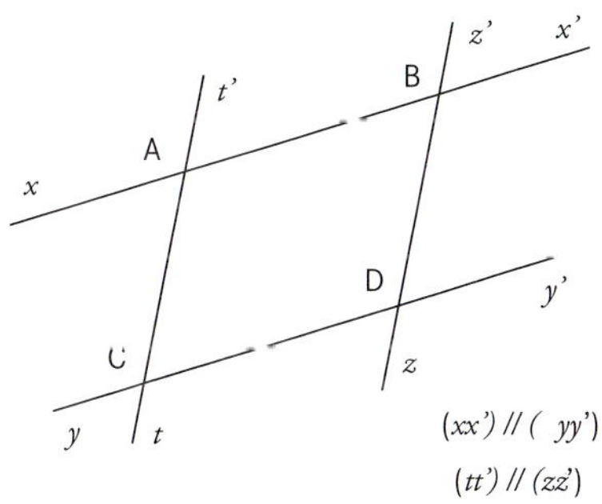

Les angles opposés d'un parallélogramme sont égaux. La justification de la phrase F permet de le démontrer.

C. Réciproques des propriétés des angles alternes-internes et correspondants

Si deux droites coupées par une sécante forment des angles alternes-internes ou correspondants égaux, alors **ces droites sont parallèles**.

ENTRAINEMENT 4

Corrigé p. 320

Démontrer, en utilisant les informations notées sur le dessin, que les droites (AC) et (DF) sont parallèles.

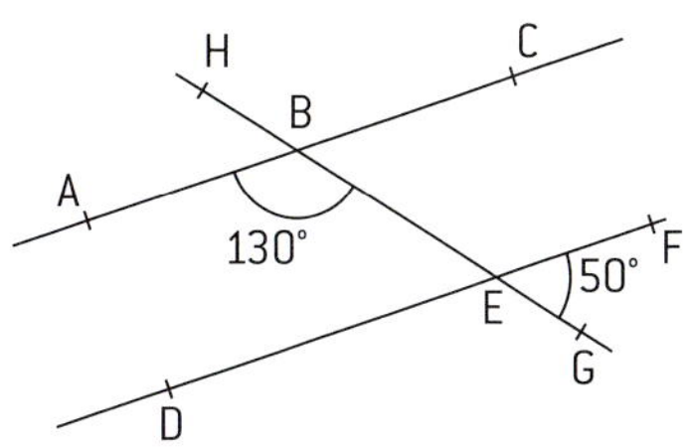

1.4 Angles et cercle

A. Angle au centre dans un cercle

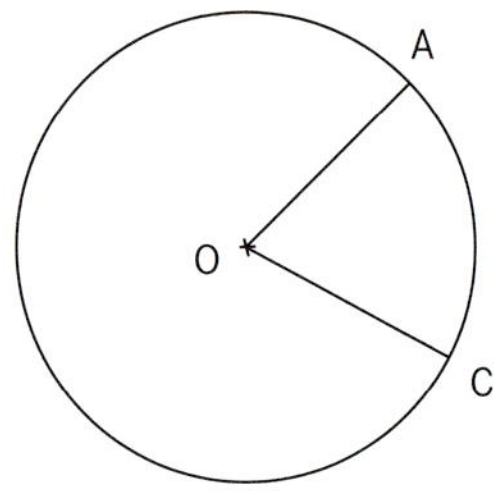

On appelle **angle au centre dans un cercle** tout angle dont le sommet est le centre du cercle.

$\widehat{AOC}$ est un angle au centre.
On dit qu'il intercepte l'arc $\overset{\frown}{AC}$.

B. Angle inscrit dans un cercle

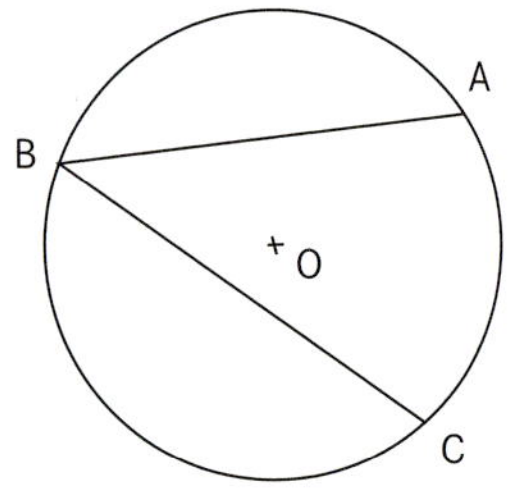

On appelle **angle inscrit dans un cercle** tout angle dont le sommet est un point du cercle et dont les côtés coupent le cercle.

$\widehat{ABC}$ est un angle inscrit.
On dit qu'il intercepte l'arc $\overset{\frown}{AC}$.

Propriété 1

Si un angle inscrit $\widehat{ABC}$ intercepte le même arc qu'un angle au centre $\widehat{AOC}$, alors $\widehat{ABC} = \frac{1}{2}\widehat{AOC}$.

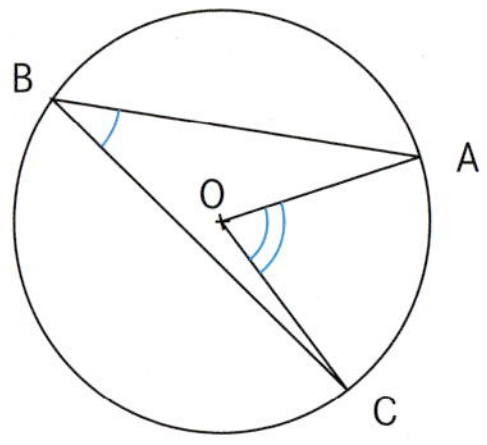

Propriété 2 (conséquence de la propriété 1)

Si deux angles inscrits interceptent le même arc, alors ils sont égaux.

$\widehat{ADC} = \widehat{ABC}$ car ce sont des angles inscrits dans le même cercle, qui interceptent le même arc $\overset{\frown}{AC}$.

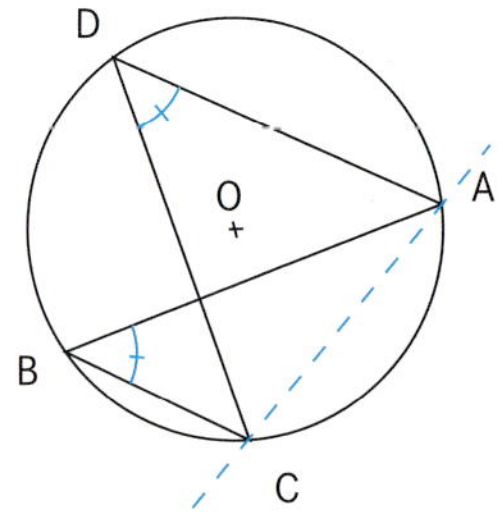

Propriété 3 (conséquence de la propriété 1)

Si [AB] est un diamètre d'un cercle et C un point de ce cercle, alors ABC est un triangle rectangle en C.

Cette propriété permet de tracer des angles droits, des droites perpendiculaires, des triangles rectangles avec un compas et une règle.

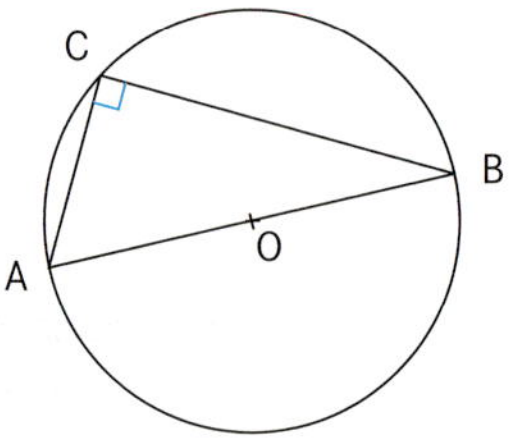

ENTRAINEMENT 5

Corrigé p. 320

En utilisant la figure ci-contre, nommer des angles au centre et des angles inscrits, en précisant les arcs interceptés.

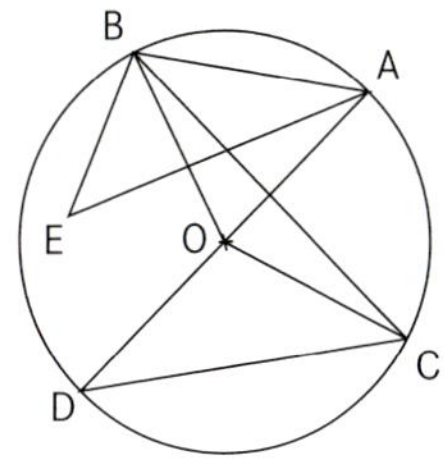

ENTRAINEMENT 6

Corrigé p. 321

Démontrer les propriétés 2 et 3 en utilisant la propriété 1 (*voir page précédente*).

ENTRAINEMENT 7

Corrigé p. 321

En utilisant la propriété 3, tracer un triangle DEF rectangle en F tel que DE = 4 cm et EF = 2 cm.

2 Polygones

Un **polygone** est une figure géométrique limitée par des côtés qui sont tous des **segments**.

Un **triangle** est un polygone à **3 côtés**.
Un **quadrilatère** est un polygone à **4 côtés**.
Un **pentagone** est un polygone à **5 côtés**.
Un **hexagone** est un polygone à **6 côtés**.
Un **octogone** est polygone à **8 côtés**.
Un **décagone** est un polygone à **10 côtés**.
Un **dodécagone** est un polygone à **12 côtés**.

2.1 Polygones convexes, concaves, croisés

Un **polygone** est **convexe** s'il est tout entier situé du même côté que toutes les droites support de ses côtés. Sinon il est **concave** (ou non convexe).
Un **polygone** est **croisé** si deux de ses côtés se coupent.

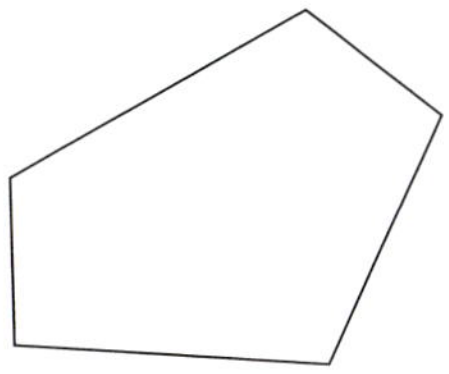

Polygone convexe

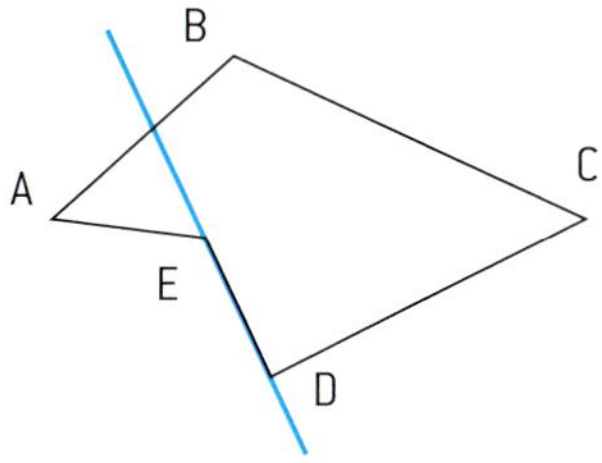

ABCDE est un polygone concave

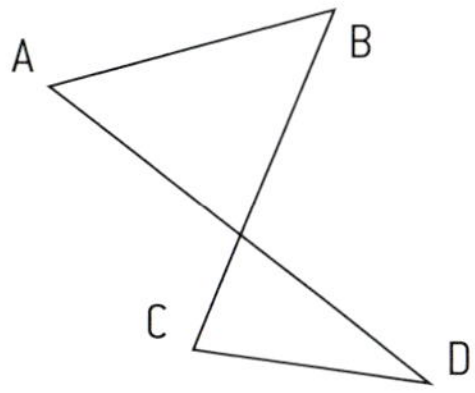

ABCD est un polygone croisé

2. 2 Polygones réguliers

On admet que ces deux définitions sont équivalentes :

Un **polygone régulier** est un polygone qui a tous ses angles et ses côtés égaux.

Un polygone régulier est un polygone inscriptible dans un cercle et qui a tous ses côtés de même longueur.

Conséquence :

Si ABCDE... est un polygone régulier de n côtés et si O est le centre du cercle circonscrit au polygone alors, $\widehat{AOB}=\widehat{BOC}=\widehat{COD}=\ldots=\dfrac{360°}{n}$.

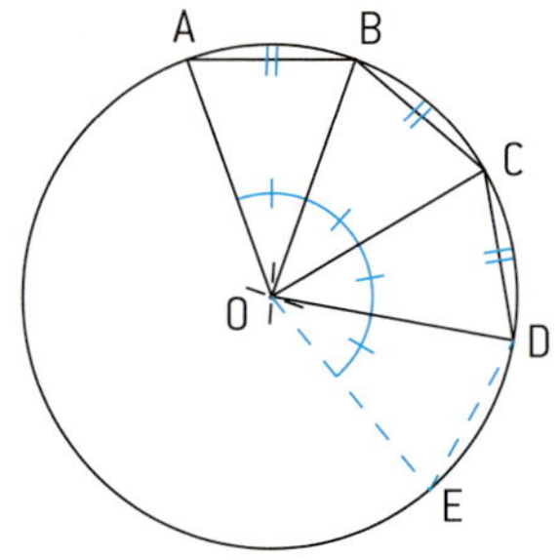

ENTRAINEMENT 8

Corrigé p. 321

a. Un carré est-il un polygone régulier ?

b. Un rectangle est-il un polygone régulier ?

c. Un losange est-il un polygone régulier ?

2. 3 Tracé d'un polygone régulier

Tout polygone régulier peut être tracé **avec un rapporteur**.

Toutefois, certains polygones réguliers peuvent être tracés **sans l'aide du rapporteur**. C'est par exemple le cas des deux polygones ci-dessous :

FICHE MÉTHODE **Tracer un polygone régulier sans rapporteur.**

→ Tracer un hexagone régulier.	→ Tracer un octogone régulier.
1. Tracer un cercle. 2. Reporter successivement sur ce cercle des cordes qui sont égales au rayon.	1. Tracer un cercle avec deux diamètres perpendiculaires. 2. Tracer les bissectrices des quatre angles ainsi formés.
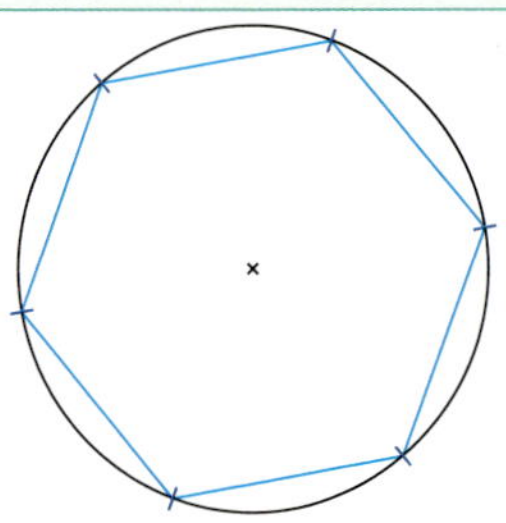	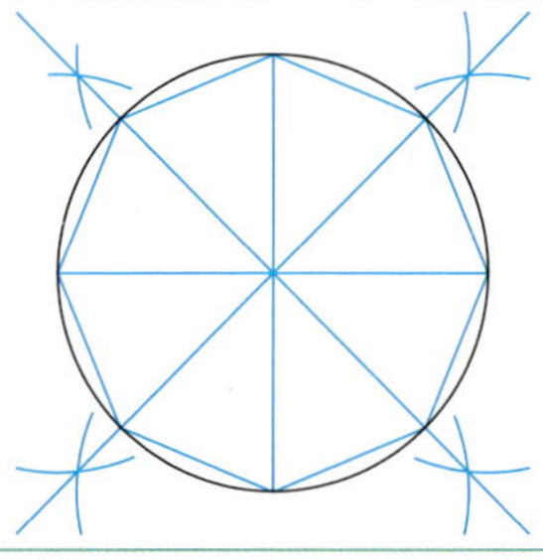

ENTRAINEMENT 9

Corrigé p. 321

Tracer un polygone régulier de 12 côtés en utilisant un rapporteur.

ENTRAINEMENT 10

Corrigé p. 322

Tracer un hexagone régulier avec le compas et la règle non graduée, à l'aide de la méthode présentée ci-dessus. Justifier cette méthode.

3 Triangles

3. 1 Triangle et côtés

Dans un triangle, la longueur de n'importe quel côté est **inférieure** à la somme des longueurs des deux autres côtés.

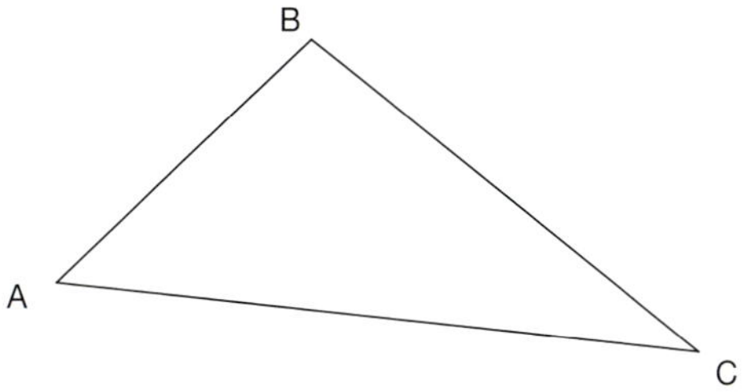

AC < AB + BC
BC < AB + AC
AB < AC + BC

Cette propriété est appelée **inégalité triangulaire.** Elle est connue en acte par tous car elle est équivalente à la propriété suivante : « Pour aller d'un point à l'autre, la plus courte distance est la ligne droite. »

CORRIGÉ QCM 3 énoncé A : Il a été impossible de construire un triangle avec les données de départ :
AB = 5 cm, BC = 3 cm et AC = 1 cm, car la longueur d'un des côtés (5 cm) est supérieure à la somme des deux autres côtés (3 cm + 1 cm).

QCM 3, p. 304

3. 2 Triangle et angles

La somme des angles d'un triangle est égale à **180°**.

CORRIGÉ QCM 3 énoncé E : Le triangle n'a pas pu être construit car la somme de ses angles (60° + 30° + 50°) n'est pas égale à 180°.

QCM 3, p. 304

ENTRAINEMENT **11**

Corrigé p. 322

Démontrer cette propriété en répondant aux questions ci-dessous.
Soit ABC un triangle quelconque, tracer la parallèle (xx') à (BC) qui passe par A.
Comparer :

a. $\widehat{xAB}$ et $\widehat{ABC}$ **b.** $\widehat{x'AC}$ et $\widehat{ACB}$.

Puis conclure.

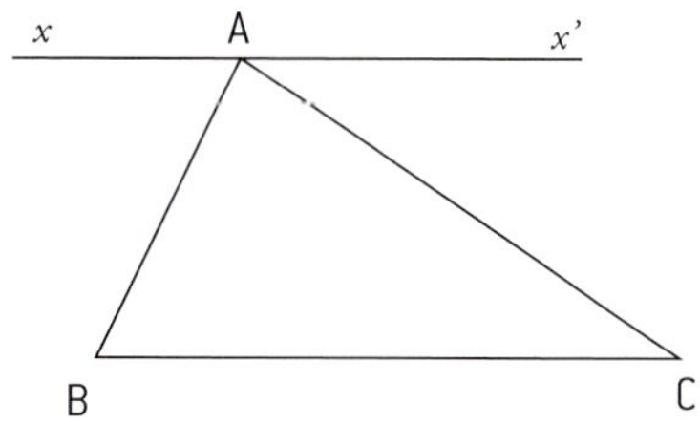

ENTRAINEMENT **12**

Corrigé p. 322

Tracer un triangle DEF tel que EF = 5 cm, $\widehat{DEF} = 40°$ et $\widehat{EDF} = 60°$.

ENTRAINEMENT 13

Corrigé p. 322

Sachant que [BC] est un diamètre du cercle, calculer la mesure de l'angle $\widehat{AEC}$.

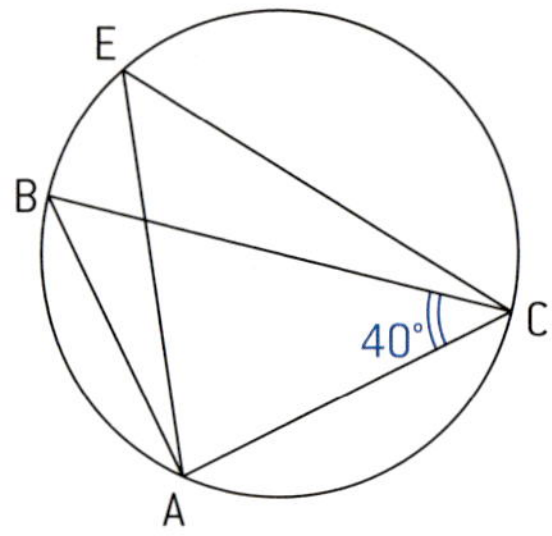

ENTRAINEMENT 14

Corrigé p. 322

Quelle est la mesure de l'angle $\widehat{BCA}$?

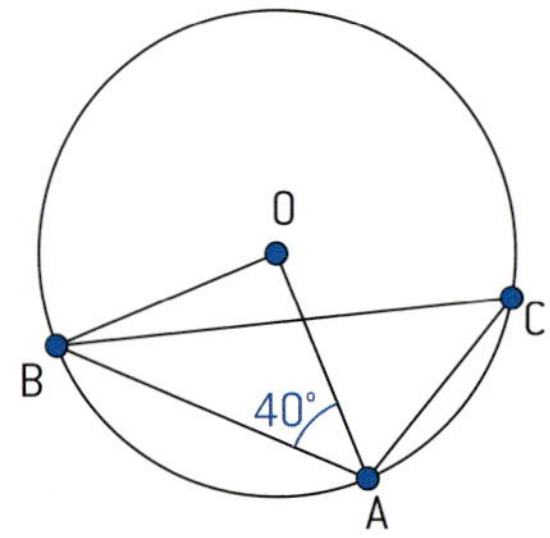

ENTRAINEMENT 15

Corrigé p. 322

Sachant que (DE) est parallèle à (AC) et en utilisant les informations portées sur le dessin ci-contre, calculer la mesure de l'angle $\widehat{ACB}$.

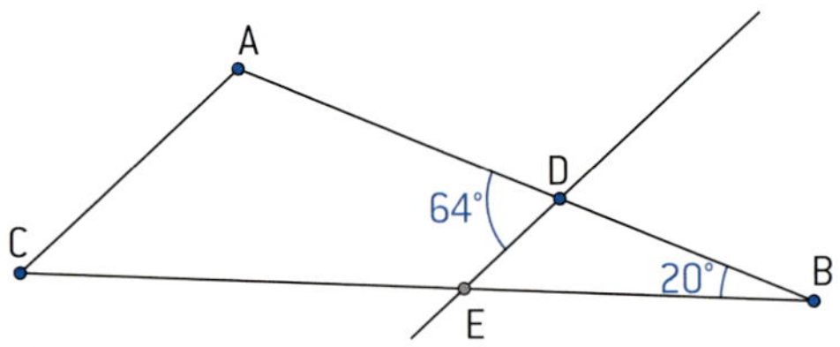

FICHE MÉTHODE Calculer la mesure d'un angle.

On peut utiliser les propriétés suivantes :

1. Utiliser le fait que l'angle dont on doit calculer la mesure est le **complémentaire** ou le **supplémentaire** d'un angle connu.

2. Utiliser la propriété de la **somme des angles d'un triangle** qui est égale à 180°.

3. Utiliser la propriété qui lie **un angle inscrit ($\widehat{ABC}$) et un angle au centre ($\widehat{AOC}$) qui intercepte le même arc** dans un cercle donné : $\widehat{ABC} = \frac{1}{2}\widehat{AOC}$.

4. Démontrer qu'il est **égal à un angle connu** en utilisant l'une de ces propriétés :
- les angles opposés par le sommet sont égaux ;
- les angles alternes-internes ou correspondants définis par des droites parallèles sont égaux ;
- les angles inscrits, qui dans un même cercle interceptent le même arc, sont égaux ;
- les angles à la base d'un triangle isocèle sont égaux ;
- les angles opposés d'un parallélogramme sont égaux.

Les symétries centrales et axiales conservent les angles[1].

1 Ces propriétés seront abordées dans le chapitre 18 « Transformations », p. 385.

3. 3 Droites particulières du triangle

Tracé	Définition	Propriétés
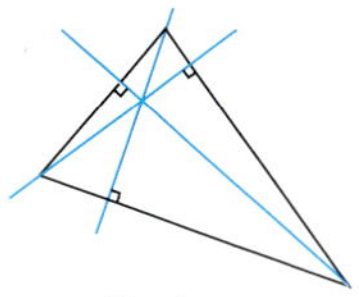 Hauteur	Une **hauteur** d'un triangle est une droite perpendiculaire à un côté et qui passe par le sommet opposé.	Les trois hauteurs d'un triangle sont concourantes en un point appelé **orthocentre**.
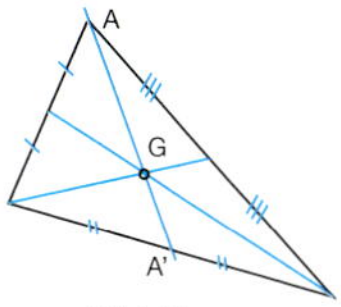 Médiane	Une **médiane** d'un triangle est une droite qui passe par le milieu d'un côté et par le sommet opposé.	Les trois médianes d'un triangle sont concourantes en un point appelé le **centre de gravité**, tel que AG = $\frac{2}{3}$ AA' (idem pour les autres médianes).
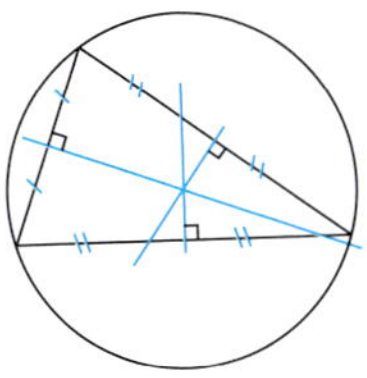 Médiatrice	Une **médiatrice** d'un triangle est une médiatrice d'un de ses côtés.	Les trois médiatrices d'un triangle sont concourantes en un point qui est le **centre du cercle circonscrit** au triangle (cercle qui passe par les trois sommets du triangle).
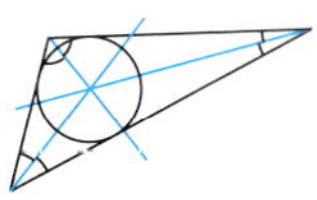 Bissectrice	Une **bissectrice** d'un triangle est une bissectrice d'un de ses angles.	Les trois bissectrices d'un triangle sont concourantes en un point qui est le **centre du cercle inscrit** (cercle qui est tangent aux trois côtés du triangle).

CORRIGÉ QCM 1 énoncé A : (AD) est une droite passant par A et perpendiculaire au côté [BC] du triangle ABC. C'est bien une hauteur de ce triangle, même si elle est située en dehors.

QCM 1 p. 303

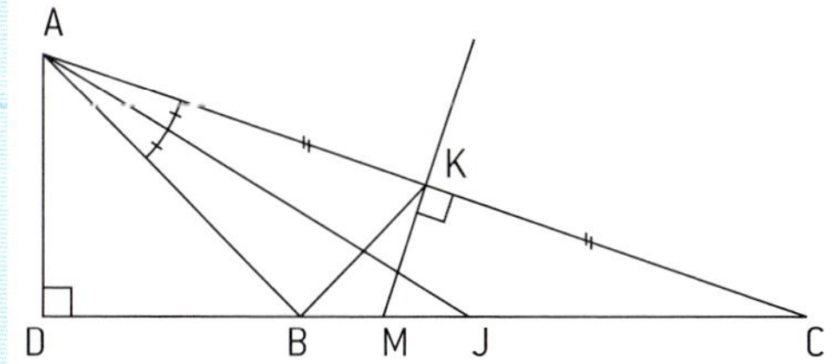

Attention ! Des hauteurs peuvent « sortir » du triangle si un angle du triangle est obtus.

ENTRAINEMENT 16

Corrigé p. 323

Tracer un triangle possédant trois angles aigus. Tracer ses trois hauteurs.
Faire de même avec un triangle qui possède un angle obtus.

ENTRAINEMENT 17

Corrigé p. 323

Tracer un triangle et placer l'orthocentre, le centre de gravité, le centre du cercle circonscrit.
Que remarquez-vous ? (On ne demande pas de justifier cette conjecture).

3. 4 Triangles particuliers

A. Triangle rectangle

Un **triangle rectangle** est un triangle qui a un angle droit.
Le côté opposé à l'angle droit est appelé **hypoténuse**.

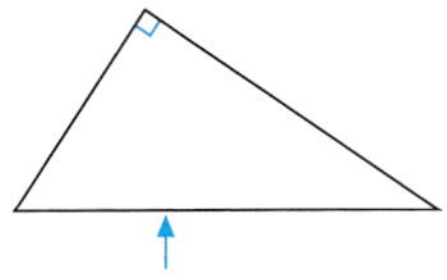

Propriété :

Le centre du cercle circonscrit d'un triangle rectangle est le milieu de l'hypoténuse.

DÉMONSTRATION : Si O est le centre du cercle circonscrit au triangle ABC rectangle en A, alors $\widehat{BOC} = 2\,\widehat{BAC}$ (propriété de l'angle au centre qui intercepte le même arc qu'un angle inscrit, *voir p. 308*).

Comme $\widehat{BAC} = 90°$, alors $\widehat{BOC} = 180°$ et B, O et C sont alignés. De plus, BO = OC (ce sont des rayons), donc O est le milieu de l'hypoténuse [BC].

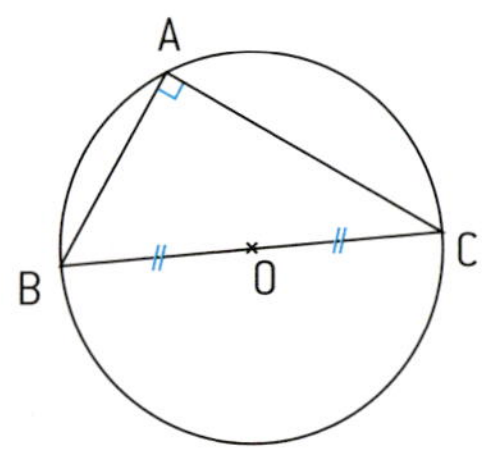

B. Triangle isocèle

Un **triangle isocèle** est un triangle qui a deux côtés de même longueur.

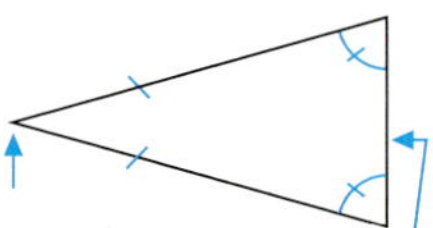

Propriétés :

Dans un triangle isocèle, la hauteur issue du sommet principal est aussi médiane, médiatrice, bissectrice.

DÉMONSTRATION : Appelons ABC le triangle isocèle en A.
La hauteur passe évidemment par A, ce point est donc équidistant des deux autres sommets (puisque le triangle est isocèle), donc la hauteur passe par un point équidistant de B et C et est perpendiculaire à (BC). C'est donc la médiatrice de [BC].
La hauteur issue de A est donc une médiatrice du triangle. Elle passe par le milieu de [BC] et, par conséquent, est aussi une médiane. En tant que médiatrice issue du sommet principal, c'est un axe de symétrie du triangle, donc elle partage l'angle $\hat{A}$ en deux angles égaux, et donc elle est une bissectrice du triangle ABC.

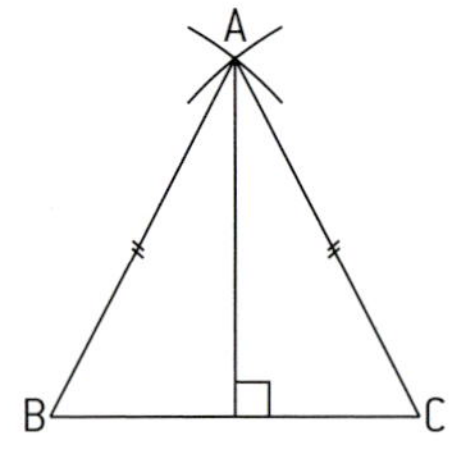

Dans un triangle isocèle, les angles à la base sont égaux.

C. Triangle équilatéral

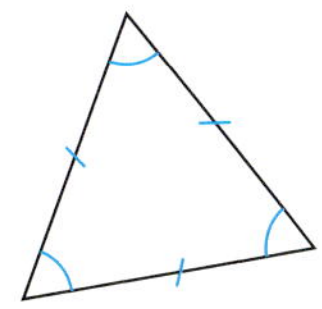

Un **triangle équilatéral** est un triangle qui a trois côtés égaux.

Propriétés :

Dans un triangle équilatéral, toute hauteur est aussi médiane, médiatrice, bissectrice.

Dans un triangle équilatéral, les trois angles sont égaux.

ENTRAINEMENT 18 Corrigé p. 323

Construire un triangle isocèle ABC tel que AB = AC = 4 cm et BC = 3 cm.

ENTRAINEMENT 19 Corrigé p. 323

Construire un triangle équilatéral de côté 3 cm.

ENTRAINEMENT 20 Corrigé p. 323

Construire, uniquement avec le compas et la règle graduée, un triangle ABC rectangle en A tel que AB = 3 cm et AC = 4 cm.

ENTRAINEMENT 21 Corrigé p. 323

Tracer un triangle isocèle en A tel que BC – 4 cm et $\widehat{BAC}$ – 50°.

ENTRAINEMENT 22 Corrigé p. 323

Tracer en utilisant uniquement le compas et la règle :
a. un angle de 90°. **b.** un angle de 45°. **c.** un angle de 60°. **d.** un angle de 30°.

4 Quadrilatères

4.1 Quadrilatère quelconque

Un **quadrilatère** est un polygone qui a 4 côtés.

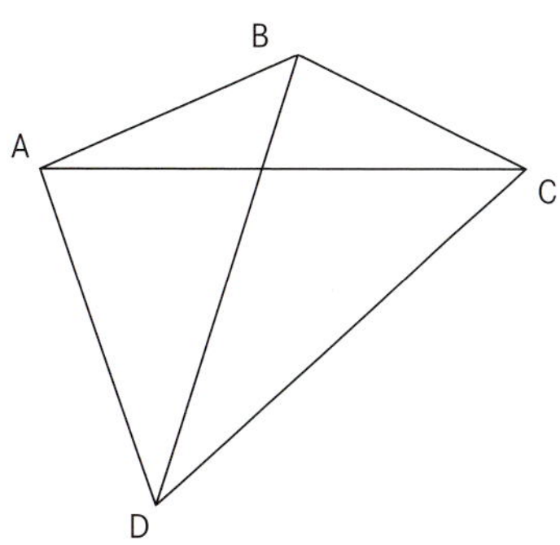

- A, B, C et D sont les **sommets** de ce quadrilatère.
- [AB], [BC], [CD] et [AD] sont les **côtés** du quadrilatère.
- [AB] et [BC] sont des **côtés consécutifs**.
- [AB] et [CD] sont des **côtés opposés**.
- [AC] et [BD] sont les **diagonales** du quadrilatère.
- On **nomme un quadrilatère** en désignant ses sommets en tournant dans le sens des aiguilles d'une montre ou dans le sens inverse : par exemple, ABCD ou ADCB.

ENTRAINEMENT 23

Corrigé p. 324

Combien y a-t-il de façons différentes de nommer un quadrilatère ABCD ?

ENTRAINEMENT 24

Corrigé p. 324

Quelle est la somme des angles d'un quadrilatère non croisé ?

ENTRAINEMENT 25

Corrigé p. 324

a. Combien peut-on tracer de triangles différents dont les mesures des côtés sont données ?

b. Combien peut-on tracer de quadrilatères différents dont les mesures des côtés sont données ?

ENTRAINEMENT 26

Corrigé p. 324

Reproduire uniquement avec le compas et une règle non graduée le quadrilatère ci-dessous :

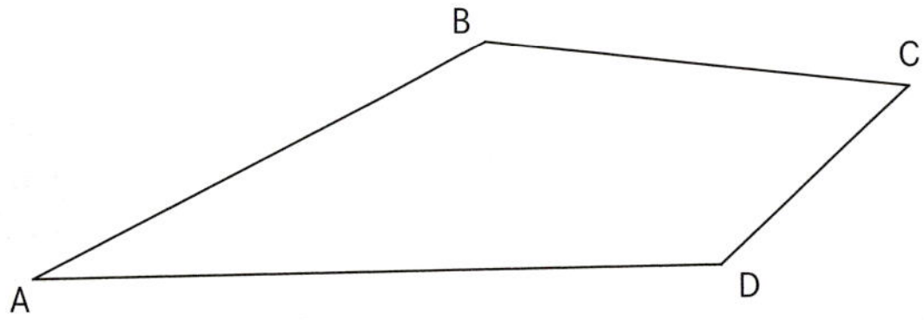

4.2 Quadrilatères particuliers

	Propriétés caractéristiques des côtés	Propriétés caractéristiques des diagonales	Propriétés caractéristiques des angles
Trapèze	• Un trapèze est un quadrilatère qui a deux côtés opposés parallèles. • Un trapèze isocèle est un trapèze qui a deux côtés opposés de même longueur.		• Un trapèze rectangle est un trapèze qui a deux angles droits. • Les angles à la base d'un trapèze isocèle sont égaux.
Parallélogramme	• Un parallélogramme est un quadrilatère qui a des côtés opposés parallèles deux à deux. • Un parallélogramme est un quadrilatère non croisé qui a deux côtés opposés parallèles et de même longueur. • Un parallélogramme est un quadrilatère non croisé qui a les côtés opposés de même longueur.	• Un parallélogramme est un quadrilatère qui a des diagonales qui ont le même milieu.	• Un parallélogramme est un quadrilatère qui a des angles opposés égaux et des angles adjacents supplémentaires.

Losange	• Un losange est un quadrilatère qui a quatre côtés de même longueur. • Un losange est un parallélogramme qui a deux côtés consécutifs de même longueur.	• Un losange est un quadrilatère qui a des diagonales perpendiculaires et qui ont le même milieu. • Un losange est un parallélogramme qui a des diagonales perpendiculaires.	
Rectangle		• Un rectangle est un quadrilatère qui a ses diagonales de même longueur et qui ont le même milieu. • Un rectangle est un parallélogramme qui a des diagonales de même longueur.	• Un rectangle est un quadrilatère qui a quatre angles droits. • Un rectangle est un parallélogramme qui a un angle droit.
Carré	• Un carré est un rectangle qui a deux côtés consécutifs de même longueur.	• Un carré est un quadrilatère qui a ses diagonales égales, perpendiculaires et qui ont le même milieu.	• Un carré est un losange qui a un angle droit.

Propriétés caractéristiques au carré : Un carré est un quadrilatère qui a quatre côtés de même longueur et quatre angles droits.

➤ **Définitions et propriétés des quadrilatères particuliers**, p. 477

Les exercices qui suivent ont pour but d'utiliser les principales propriétés de certains quadrilatères.

ENTRAINEMENT 27

Corrigé p. 324

Placer trois points I, K, et L non alignés. Construire le point H tel que IKLH soit un parallélogramme. Trouver trois méthodes de construction, préciser chaque fois la propriété utilisée.

ENTRAINEMENT 28

Corrigé p. 325

Tracer si c'est possible les quadrilatères suivants (on précisera les propriétés utilisées) :

a. un carré de 3 cm de côté sans équerre.

b. un rectangle dont une diagonale mesure 4 cm et l'autre 2 cm.

c. un rectangle dont les diagonales mesurent 4 cm et dont un côté mesure 3 cm (sans équerre).

d. un losange dont un côté mesure 3 cm et l'autre 2 cm.

e. un losange dont les diagonales mesurent 4 cm et 6 cm (sans équerre).

f. un losange ABCD tel que AB = 3 cm et AC = 5 cm (sans équerre).

g. un losange dont les diagonales mesurent 5 cm et 3 cm et dont les côtés mesurent 2 cm.

h. un parallélogramme dont un côté mesure 3 cm, l'autre 2 cm.

i. un parallélogramme ABCD tel que AB = 3 cm, AD = 4 cm et AC = 4,5 cm (sans équerre).

j. un trapèze ABCD rectangle en A et D, de bases [AB] et [CD], tel que AB = 3 cm, BC = 4 cm et AD = 2 cm (sans équerre).

ENTRAINEMENT 29

Corrigé p. 326

Justifier la méthode 2 du tracé d'une droite parallèle, présentée au chapitre 13 p. 291, avec les propriétés des quadrilatères.

ENTRAINEMENT 30

Corrigé p. 326

Est-il possible ou impossible de :

a. tracer un quadrilatère qui a exactement deux angles droits ?

b. tracer un quadrilatère qui a exactement trois angles droits ?

c. tracer un quadrilatère qui ne soit pas un losange mais qui ait des diagonales perpendiculaires ?

d. tracer un quadrilatère qui ne soit pas un rectangle mais qui ait des diagonales égales ?

5 Logiciels de géométrie dynamique

Un **logiciel de géométrie dynamique** permet de construire des figures avec une précision remarquable en déchargeant l'utilisateur des tâches de tracé. En contrepartie, ce dernier doit donner les instructions correctes qui s'appuient sur des propriétés caractéristiques de la figure. Ces propriétés sont évidemment des propriétés géométriques. C'est en ce sens qu'un logiciel de géométrie dynamique diffère d'un logiciel de dessin.

Ce type de logiciel permet aussi de déplacer la figure obtenue en « tirant » sur un point (géométrie dynamique) et ainsi de contrôler la procédure mise en place pour construire cette figure.

En effet, en se déplaçant, la figure doit garder les propriétés qui ont été utilisées pour la construire.

A. Les outils

Pour construire des figures, les logiciels de géométrie dynamique utilisent des outils qui peuvent se répartir en **plusieurs catégories** :

- **les primitives** : point, droite, segment, triangle, polygone... ;
- **les outils de construction** : droites perpendiculaires, droites parallèles, milieu, médiatrice, bissectrice... ;
- **les transformations** : symétries axiale et centrale, rotation... ;
- **les mesures** d'angles et de longueurs de segments.

B. Les principales procédures à maitriser

L'utilisation d'un logiciel de géométrie dynamique suppose au minimum de maitriser les **procédures suivantes** :

– savoir placer, déplacer, nommer, renommer un **point** ;

– savoir tracer un **segment** d'extrémités données, tracer un segment de longueur donnée ;

– savoir tracer une **droite** passant par deux points donnés, tracer une **demi-droite** d'origine donnée passant par un point donné ;

– savoir tracer une **droite perpendiculaire** à une droite donnée passant par un point donné ;

– savoir tracer une **droite parallèle** à une droite donnée passant par un point donné ;

– savoir tracer la **médiatrice** d'un segment donné, tracer la **bissectrice** d'un angle donné ;

– savoir tracer un **cercle** de centre donné passant par un point donné, tracer un cercle de centre et de rayon donnés ;

– savoir tracer un **angle** de sommet et de mesure donnés.

ENTRAINEMENT **31** Non corrigé

Télécharger un logiciel de géométrie dynamique et s'entrainer afin de maitriser les procédures ci-avant.

GeoGebra est un logiciel de géométrie dynamique libre de droit, téléchargeable sur le site **www.geogebra.org**

ENTRAINEMENT **32** Non corrigé

Avec un logiciel de géométrie dynamique, réaliser les figures des entrainements :
chapitre 13 : entrainements 5 ; 6 ; 7 ; 10 ; 11.
chapitre 14 : entrainements 18 à 21 ; 28 a, e et i.

CORRIGÉS EXERCICES D'ENTRAINEMENT

ENTRAINEMENT 1

Énoncé p. 306

Il semble que, dans tous les cas, MH = MH′.
Le résultat qui semble se dégager peut s'énoncer ainsi : « Si un point M est sur la bissectrice d'un angle, alors il est équidistant des côtés de cet angle. » Cette propriété et sa réciproque sont vraies. On peut alors donner une nouvelle définition de la bissectrice d'un angle : « C'est l'ensemble des points équidistants des côtés de cet angle. »

ENTRAINEMENT 2

Énoncé p. 306

Les bissectrices d'un triangle sont concourantes. Ce résultat peut se démontrer en utilisant la propriété énoncée dans l'entrainement 1 ci-dessus.
On remarque que ce cercle est tangent aux trois côtés du triangle (cette propriété découle également de la propriété énoncée dans l'entrainement 1).

ENTRAINEMENT 3

Énoncé p. 307

A. Ils sont égaux parce qu'opposés par le sommet.
B. Ils sont égaux parce qu'alternes-internes avec les droites parallèles (xx') et (yy').
C. Ces angles ne sont pas égaux, ils sont supplémentaires.
D. Ils sont égaux parce que correspondants avec les droites parallèles (xx') et (yy').
E. Ces angles ne sont pas complémentaires, ils sont supplémentaires.
F. $\widehat{ACD} = \widehat{BDy'}$ comme angles correspondants avec des droites parallèles (tt') et (zz') ; $\widehat{BDy'} = \widehat{DBA}$ comme angles alternes-internes avec les droites parallèles (xx') et (yy'). Donc $\widehat{ACD} = \widehat{DBA}$.

ENTRAINEMENT 4

Énoncé p. 307

$\widehat{CBE} = 180° - 130° = 50°$.
Donc $\widehat{CBE} = \widehat{FEG} = 50°$.
Les angles $\widehat{CBE}$ et $\widehat{FEG}$ sont des angles correspondants définis par les droites (AC) et (DF), donc ces droites sont parallèles.

ENTRAINEMENT 5

Énoncé p. 309

- Voici des angles au centre qui sont représentés sur la figure :
$\widehat{BOA}$ (intercepte l'arc $\overset{\frown}{BA}$), $\widehat{AOC}$ (intercepte l'arc $\overset{\frown}{AC}$), $\widehat{COB}$ (intercepte l'arc $\overset{\frown}{CB}$), $\widehat{DOE}$ peut aussi être considéré comme angle au centre, mais attention il n'intercepte pas l'arc $\overset{\frown}{DE}$. Il y a d'autres angles au centre comme $\widehat{BOC}$, $\widehat{AOD}$...
- Les angles inscrits possibles sont :
$\widehat{ADC}$ (intercepte l'arc $\overset{\frown}{AC}$), $\widehat{BDA}$ (intercepte l'arc $\overset{\frown}{BA}$), $\widehat{BCA}$ (intercepte l'arc $\overset{\frown}{BA}$), $\widehat{CAD}$ (intercepte l'arc $\overset{\frown}{CD}$)...

Attention ! $\widehat{BEA}$ n'est pas un angle inscrit puisque son sommet ne se situe pas sur le cercle.

ENTRAINEMENT 6

Énoncé p. 309

On utilisera les notations qui figurent dans le § 1.4 B p. 308.

- **Propriété 2 :** $\widehat{ADC}$ est un angle inscrit qui intercepte le même arc que l'angle au centre $\widehat{AOC}$, donc $\widehat{ADC} = \frac{1}{2}\widehat{AOC}$.

De même, l'angle $\widehat{ABC}$ est un angle inscrit qui intercepte le même arc que l'angle au centre $\widehat{AOC}$, donc $\widehat{ABC} = \frac{1}{2}\widehat{AOC}$.

Donc $\widehat{ADC} = \widehat{ABC}$.

- **Propriété 3 :** $\widehat{ACB}$ est un angle inscrit qui intercepte le même arc que l'angle au centre $\widehat{AOB}$.

Or $\widehat{AOB} = 180°$, donc $\widehat{ACB} = \frac{180°}{2} = 90°$.

ENTRAINEMENT 7

Énoncé p. 309

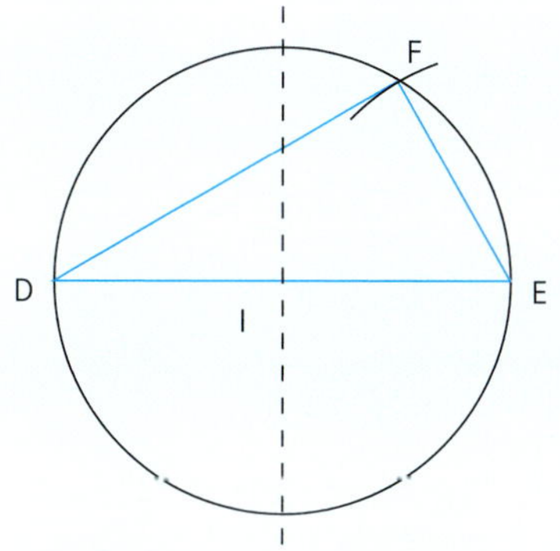

On trace un segment [DE] de 4 cm. On place le milieu I de ce segment.
On trace un cercle de diamètre [DE]. On place sur ce cercle le point F tel que FE = 2 cm (pour cela on trace un arc de cercle de centre E et de rayon 2 cm).
DEF est un triangle rectangle en F qui satisfait aux conditions de l'énoncé.

ENTRAINEMENT 8

Énoncé p. 310

a. Un carré est un polygone régulier puisqu'il est inscriptible dans un cercle et que ses quatre côtés sont de même longueur.
b. Un rectangle n'est pas un polygone régulier car ses quatre côtés ne sont pas de même longueur.
c. Un losange n'est pas un polygone régulier. Il a bien quatre côtés de même longueur, mais il n'est pas inscriptible dans un cercle puisque les diagonales ne sont pas nécessairement égales (sauf bien sûr si c'est un carré).

ENTRAINEMENT 9

Énoncé p. 310

En utilisant les notations qui figurent dans le § 2.2 p. 310, on a :

$\widehat{AOB} = \widehat{BOC} = \widehat{COD} = \ldots = \frac{360°}{12} = 30°$ (360° correspond à l'angle au centre complet). Ce qui permet de tracer avec le rapporteur les angles au centre $\widehat{AOB}, \widehat{BOC}, \widehat{COD}\ldots$ et ensuite de tracer le polygone régulier de 12 côtés.

AUTRE MÉTHODE :

Construire $\widehat{AOB} = 30°$ et reporter successivement, avec le compas, des cordes consécutives de longueur AB.

ENTRAINEMENT 10

Énoncé p. 310

En utilisant les notations du § 2.3 p. 310 et en appliquant la méthode énoncée, chacun des triangles AOB, BOC ; COD, DOE ; EOF et FOA est un triangle équilatéral. En effet, OA = OB = OC = ... (rayon du cercle) et AB, BC, CD... sont aussi égaux au rayon du cercle par construction.

Donc $\widehat{AOB} = \widehat{BOC} = \widehat{COD} = ... = 60° = \frac{360°}{6}$. On obtient donc bien par cette méthode un hexagone régulier.

ENTRAINEMENT 11

Énoncé p. 311

a. $\widehat{xAB} = \widehat{ABC}$ (angles alternes-internes définis par les parallèles (xx') et (BC)).

b. De même $\widehat{x'AC} = \widehat{ACB}$ (angles alternes-internes définis par les parallèles (xx') et (BC)).
On en conclut que : $\widehat{xAB} + \widehat{x'AC} + \widehat{BAC} = \widehat{xAx'} = 180°$,
donc $\widehat{ABC} + \widehat{ACB} + \widehat{BAC} = 180°$.

ENTRAINEMENT 12

Énoncé p. 311

Pour construire un triangle DEF, il faut tout d'abord tracer [EF], puis un angle $\widehat{xEF}$ de 40°. Mais cela ne nous permet pas de déterminer la position du point D. On ne peut donc pas tracer l'angle $\widehat{EDF}$ de 60°. Mais nous savons que la somme des angles d'un triangle est égale à 180°.

Donc $\widehat{EFD} = 180° - (40° + 60°) = 80°$.

On trace donc l'angle $\widehat{EFy}$ de 80° tel que [Fy) soit dans le demi-plan limité par (EF) et contenant [Ex).
Les demi-droites [Ex) et [Fy) se coupent en D et on peut vérifier que EDF mesure effectivement 60°.

ENTRAINEMENT 13

Énoncé p. 312

A est un point du cercle de diamètre [BC], donc ABC est un triangle rectangle en A (Propriété C'2), donc $\widehat{BAC} = 90°$.

Dans le triangle ABC, on a : $\widehat{ABC} = 180° - (90° + 40°) = 50°$.

$\widehat{AEC}$ et $\widehat{ABC}$ sont des angles inscrits qui interceptent le même arc $\overset{\frown}{AC}$, donc $\widehat{AEC} = \widehat{ABC} = 50°$.

ENTRAINEMENT 14

Énoncé p. 312

Le triangle OAB est isocèle car OA = OB = rayon du cercle.

Donc $\widehat{OBA} = 40°$. Dans le triangle OAB, on a : $\widehat{BOA} = 180° - 2 \times 40° = 100°$.

L'angle inscrit $\widehat{BCA}$ intercepte le même arc que l'angle au centre $\widehat{BOA}$, donc $\widehat{BCA} = \frac{100°}{2} = 50°$.

ENTRAINEMENT 15

Énoncé p. 312

$\widehat{EDB} = 180° - 64° = 116°$.
Dans le triangle DEB, on a : $\widehat{DEB} = 180° - (20° + 116°) = 54°$.

$\widehat{ACB} = \widehat{DEB} = 54°$ (angles alternes-internes définis par les parallèles (AC) et (DE)).

ENTRAINEMENT 16 Énoncé p. 313

Dans les deux cas, les hauteurs sont concourantes. Mais dans le cas où le triangle possède un angle obtus, l'orthocentre est extérieur au triangle.

ENTRAINEMENT 17 Énoncé p. 314

L'orthocentre, le centre de gravité et le centre du cercle circonscrit sont alignés.

ENTRAINEMENT 18 Énoncé p. 315

Pour construire ce triangle isocèle, il est nécessaire d'utiliser ici encore le compas. On peut commencer, par exemple, par tracer le côté [BC], puis des arcs de cercle de centre B et C et de rayon 4 cm. Ils se coupent en un point qui est le point A. Il y a deux points A possibles.

ENTRAINEMENT 19 Énoncé p. 315

Le compas est également indispensable ici.

ENTRAINEMENT 20 Énoncé p. 315

On trace tout d'abord le segment [AB] de 3 cm, puis une perpendiculaire à [AB] qui passe par A en utilisant la méthode 2 présentée au chapitre 13 § 3 p. 290. Sur cette perpendiculaire, on place ensuite un point C tel que AC = 4 cm et on trace le segment [BC].

> Il est conseillé, quand les tracés se compliquent, d'effectuer dans un premier temps un tracé à main levée de la figure sur laquelle on place les données.

ENTRAINEMENT 21 Énoncé p. 315

> **Pour effectuer cette construction**, il est nécessaire de déterminer l'angle $\widehat{ABC}$ (ou $\widehat{ACB}$).
> Pour cela, on applique les propriétés : « Les angles à la base d'un triangle isocèle sont égaux. » et « La somme des angles d'un triangle est égale à 180°. », ce qui permet de déterminer :
> $\widehat{ABC} = \dfrac{180° - 50°}{2} = 65°$.

On trace un segment [BC] de 4 cm, puis un angle $\widehat{CBx}$ de 65° et un angle $\widehat{BCy}$ de 65° dans un même demi-plan limité par la droite (BC). Les demi-droites [Bx) et [Cy) se coupent au point A.

ENTRAINEMENT 22 Énoncé p. 315

a. Pour tracer un angle de 90°, on trace une perpendiculaire à l'aide de la méthode utilisant le compas (*voir méthode 2, chap. 13 § 3, p. 290*).
b. Pour tracer un angle de 45°, on trace la bissectrice d'un angle de 90° (utiliser la méthode p. 305).
c. Pour tracer un angle de 60°, on trace un triangle équilatéral.
d. Pour tracer un angle à 30°, on trace la bissectrice d'un angle de 60°.

ENTRAINEMENT 23

Énoncé p. 316

Le quadrilatère ABCD peut être nommé BCDA, CDAB, DABC, mais aussi ADCB, DCBA... Il y a 8 façons différentes de nommer le quadrilatère.

ENTRAINEMENT 24

Énoncé p. 316

Dans n'importe quel quadrilatère non croisé peut être tracée une diagonale. Elle définit alors deux triangles. On sait que la somme des angles dans un triangle est de 180°, donc la somme des angles d'un quadrilatère non croisé est de 360°.

ENTRAINEMENT 25

Énoncé p. 316

a. Un seul possible (bien sûr à une superposition près).
b. Une infinité. Imaginez que vous disposiez de quatre morceaux de carton dont les longueurs correspondent aux dimensions du quadrilatère. Vous les assemblez à l'aide d'attaches parisiennes, comme ci-dessous, vous constaterez sans peine que vous pouvez faire bouger ces morceaux autour des attaches. Par contre, avec trois morceaux ce n'est pas possible !

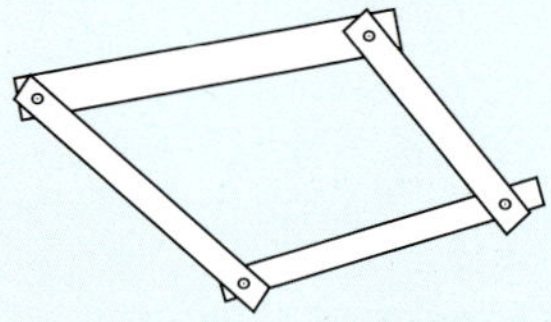

ENTRAINEMENT 26

Énoncé p. 316

Pour reproduire ce quadrilatère uniquement avec le compas, on peut le décomposer à l'aide de triangles en traçant par exemple la diagonale [BD].
On trace le triangle ABD, puis le triangle BDC.

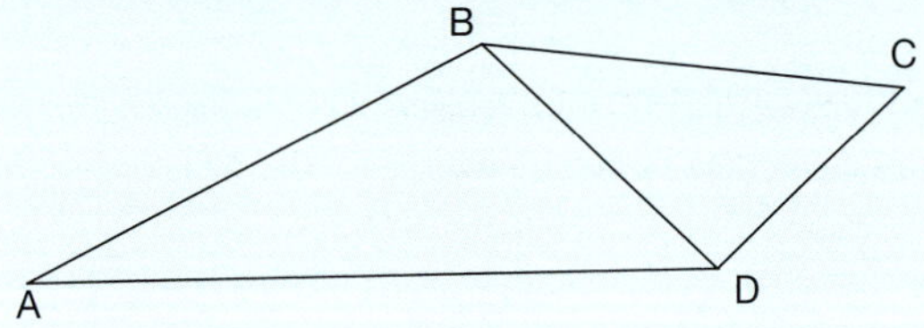

ENTRAINEMENT 27

Énoncé p. 317

MÉTHODE 1 : **On utilise le fait qu'un parallélogramme est un quadrilatère qui a ses côtés opposés parallèles.**
On peut tracer une perpendiculaire à (IK), puis la perpendiculaire à cette perpendiculaire qui passe par L. On obtient ainsi la parallèle à (IK) qui passe par L. On peut tracer de même la parallèle à (KL) qui passe par I. L'intersection des deux droites que l'on vient de tracer est le point H.

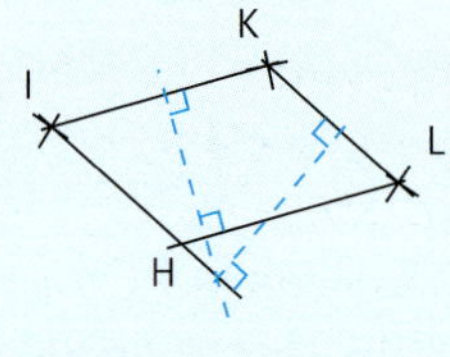

MÉTHODE 2 : **On utilise la propriété des diagonales d'un parallélogramme.**
On trace la diagonale [IL]. On place le point J milieu de [IL] et le point H sur la demi-droite [KJ) tel que KJ = JH (le symétrique de K par rapport à J).

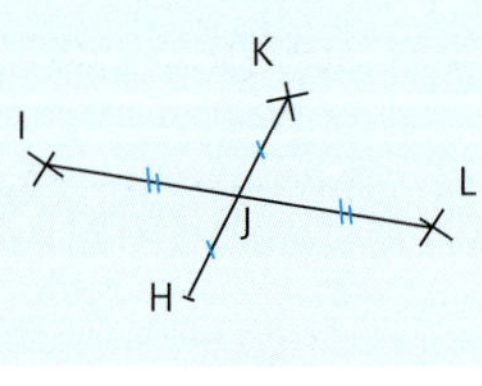

MÉTHODE 3 : **On utilise le fait qu'un parallélogramme est un quadrilatère non croisé qui a des côtés opposés de même longueur.**
On trace un arc de cercle de centre I et de rayon KL, et un arc de cercle de centre L et de rayon KI. Ces deux arcs se coupent en un point H tel que le quadrilatère IKLH soit un parallélogramme.

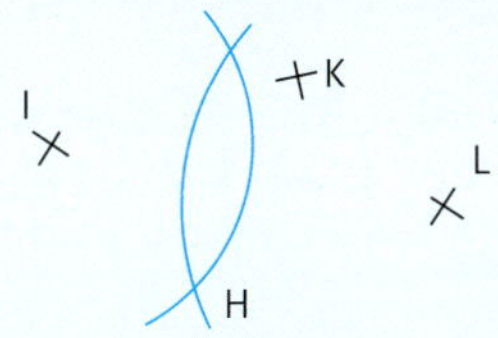

ENTRAINEMENT 28

Énoncé p. 317

Quadrilatère a :
Ici, on peut appliquer la définition du carré. C'est un quadrilatère qui a quatre côtés de même longueur et un angle droit. Mais il est préférable de tracer un losange avec un angle droit, cela diminue le nombre de droites perpendiculaires à tracer.
Une seule solution est possible.

Quadrilatère b :
Dans un rectangle, les diagonales sont égales. **Il est donc impossible de tracer le rectangle.**

Quadrilatère c :
Appelons ABCD ce rectangle, [AC] mesure donc 4 cm. On détermine le milieu I de [AC]. On a BI = 2 cm et BA = 3 cm. On détermine alors le point B à l'aide de ces données et en utilisant le compas. Puis on trace le point D symétrique du point B par rapport à I.
Il y a un seul rectangle possible.

Quadrilatère d :
La construction du losange est impossible dans la mesure où les côtés d'un losange sont de même longueur.

Quadrilatère e :
On trace une première diagonale qui mesure, par exemple, 4 cm. On trace la médiatrice de cette diagonale. On trace un arc de cercle dont le centre est le milieu de la première diagonale et qui coupe la médiatrice en deux points, qui sont les deux autres sommets du losange.
On utilise ici les propriétés des diagonales du losange. **Il y a un seul losange possible.**

Quadrilatère f :
On trace la diagonale [AC] de 5 cm, puis la médiatrice de [AC] qui coupe (AC) en I. On trace un arc de cercle de centre A et de rayon 3 cm. Il coupe la médiatrice qu'on vient de tracer en un point B et en un point D.
Ici, on a utilisé le fait que dans un losange les diagonales sont perpendiculaires et se coupent en leur milieu. **Une seule solution est donc possible.**

Quadrilatère g :
On trace tout d'abord les diagonales de 5 cm et de 3 cm de telle sorte qu'elles soient perpendiculaires et qu'elles aient le même milieu. On s'aperçoit alors que le côté ne peut pas être égal à 2 cm (on peut le démontrer en utilisant le théorème de Pythagore).
La construction du losange est impossible.

➤ **Théorème de Phythagore**, chap. 16 p. 354

Quadrilatère h :

On trace un côté de 3 cm, puis un autre côté adjacent de 2 cm. On peut tracer le dernier sommet en utilisant le fait qu'un parallélogramme est un quadrilatère non croisé dont les côtés opposés sont égaux deux à deux. Pour appliquer ce résultat on utilise le compas.

Il y a une infinité de parallélogrammes possibles puisque ni l'angle entre deux côtés, ni la longueur d'une diagonale n'ont été donnés.

Quadrilatère i :

On trace un segment [AC] de 4,5 cm. On sait que BC = AD = 4 cm. On trace un arc de cercle de centre A et de rayon 3 cm, un arc de cercle de centre C et de rayon 4 cm. Ils se coupent en un point B. Le point D est l'intersection d'un arc de centre C et de rayon 3 cm, et d'un arc de centre A et de rayon 4 cm.

On a utilisé ici le fait qu'un parallélogramme est un quadrilatère non croisé qui a ses côtés opposés égaux deux à deux. **Il y a une seule solution.**

Quadrilatère j :

On trace un segment [AB] de 3 cm, puis la perpendiculaire à (AB) qui passe par A. On place le point D sur cette perpendiculaire tel que AD = 2 cm. Puis on trace une perpendiculaire à [AD] qui passe par D, et enfin un arc de cercle de centre B et de rayon 4 cm qui coupe la perpendiculaire précédente en C.

On a utilisé ici la définition du trapèze. **Un seul trapèze est possible.**

ENTRAINEMENT 29

Énoncé p. 318

On a utilisé la propriété P7 pour construire un parallélogramme et la propriété P2 qui permet de conclure que les droites sont parallèles.

ENTRAINEMENT 30

Énoncé p. 318

a. C'est possible. On obtient par exemple un trapèze rectangle.

b. Non ce n'est pas possible. Tout quadrilatère qui a trois angles droits a son quatrième angle qui est aussi droit. C'est la conséquence du fait que la somme des angles d'un quadrilatère est égale à 360° (*voir entrainement 24 p. 324*).

c. et d. C'est possible. Il suffit que les diagonales ne se coupent pas en leur milieu.

AU CONCOURS

EXERCICE 1

Corrigé p. 329

En utilisant les informations portées sur le dessin ci-dessous, calculer l'angle $\widehat{ADC}$.

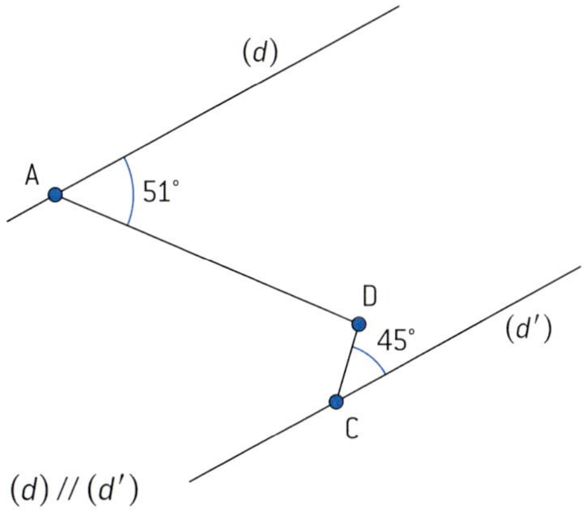

EXERCICE 2

Corrigé p. 329

En utilisant les informations portées sur ce dessin, calculer la mesure de $\widehat{DBC}$.

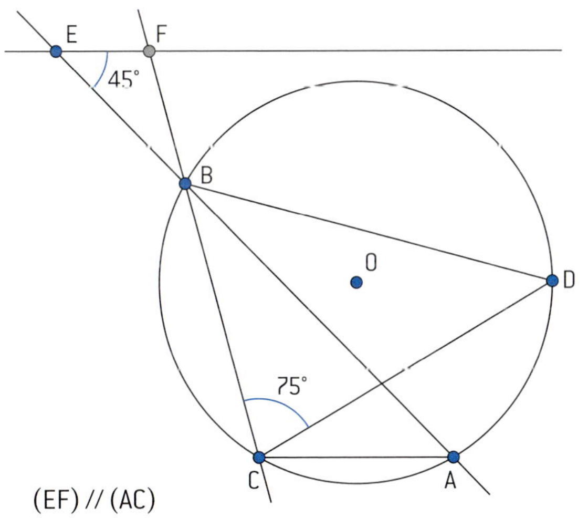

PROBLÈME 1

Corrigé p. 330

On considère deux triangles isocèles : BAC rectangle en A et ADC rectangle en D. Ces deux triangles sont situés de part et d'autre du segment [AC].

a. Construire, à la règle et au compas, la figure en prenant 10 cm pour longueur de [AC].

b. Décrire les étapes de la construction, on décrira entre autres comment tracer une perpendiculaire.

PROBLÈME 2

Corrigé p. 330

a. Tracer un triangle ABC rectangle et isocèle tel que l'hypoténuse [AC] mesure 5 cm. Laisser apparents les traits de construction.
b. Écrire le programme de tracé.
c. Citer les propriétés qui permettent de justifier la construction.

PROBLÈME 3

Corrigé p. 330

On considère un cadran d'horloge et ses douze graduations horaires.
On veut construire, avec un logiciel de géométrie dynamique, un cercle et douze points régulièrement espacés pour représenter ce cadran.
On dispose pour cela des seules fonctionnalités accessibles à l'aide des 5 icônes ci-dessous.

Numéro	Icônes	Description de la fonctionnalité
N° 1		Placer et nommer un point libre.
N° 2	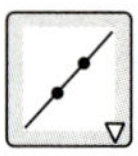	Tracer la droite passant par deux points.
N° 3		Tracer la médiatrice d'un segment.
N° 4		Tracer le cercle défini par son centre et un de ses points.
N° 5		Identifier et nommer les points d'intersection de deux objets.

Recopier et compléter la description, ébauchée ci-dessous, de la construction des points (A, B, C, D, E, F) nécessaires pour réaliser la totalité de la figure donnée.

– *Avec l'icône 1, placer et nommer deux points A et B.*

– *Avec l'icône 4, tracer le cercle de centre A passant par B.*

– …

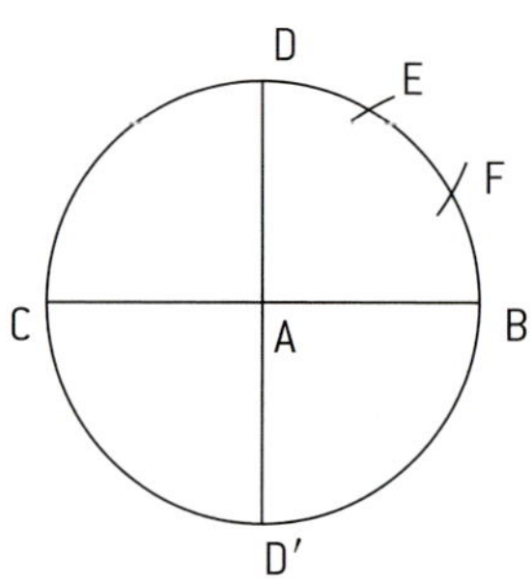

CORRIGÉS EXERCICES

EXERCICE 1

Énoncé p. 327

On peut chercher la solution en mettant en place le **chainage arrière**, en utilisant la **fiche méthode p. 312 : Comment calculer la mesure d'un angle**.
La présence de droites parallèles laisse penser qu'il faut utiliser la propriété des angles alternes-internes ou correspondants. Pour cela il faut construire une sécante à ces deux droites. On peut prolonger le segment [AD] ou [DC].

Une solution possible :
La droite (AD) coupe (d') en B.
Soit E un point sur (d).

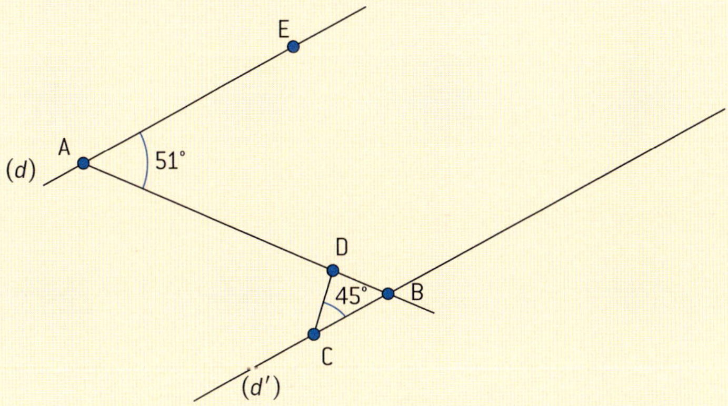

➤ Fiches méthode :
– Le chainage arrière, chap. 15 p. 335
– Comment calculer la mesure d'un angle, p. 312

$\widehat{DBC}$ et $\widehat{EAD}$ sont des angles alternes-internes définis par les droites parallèles (d) et (d'). Donc $\widehat{DBC} = \widehat{EAD} = 51°$.
Dans le triangle BCD, la somme des mesures des angles est égale à 180°.
Donc $\widehat{CDB} = 180° - (51° + 45°) = 84°$.
Donc $\widehat{\mathbf{ADC}} = 180° - 84° = \mathbf{96°}$.

EXERCICE 2

Énoncé p. 327

Ici le **chainage avant** permet de tirer des conséquences de l'énoncé :
$\widehat{FEB} = \widehat{BAC}$ (angles alternes-interne), $\widehat{BDC} = \widehat{BAC}$ (angles inscrits qui interceptent le même arc $\overset{\frown}{BC}$).
Arriver à ce stade, on peut bloquer. Le passage par le chainage arrière permet de débloquer la situation. Pour trouver la mesure de l'angle $\widehat{DBC}$, on peut se placer dans le triangle DBC en utilisant le fait que la somme des mesures des angles d'un triangle est égale à 180°.

Les angles $\widehat{FEB}$ et $\widehat{BAC}$ sont des angles alternes-internes définis par les droites parallèles (EF) et (AC). Donc $\widehat{BAC} = \widehat{FEB} = 45°$.
$\widehat{BDC} = \widehat{BAC} = 45°$ (angles inscrits qui interceptent le même arc $\overset{\frown}{BC}$).
Dans le triangle BDC, on a $\widehat{\mathbf{DBC}} = 180° - (45° + 75°) = \mathbf{60°}$.

➤ Fiches méthode :
– Le chainage avant, chap. 15 p. 335
– Comment calculer la mesure d'un angle, p. 312

PROBLÈME 1

Énoncé p. 327

a. Tracé de la figure (ici, à l'échelle 1/2)

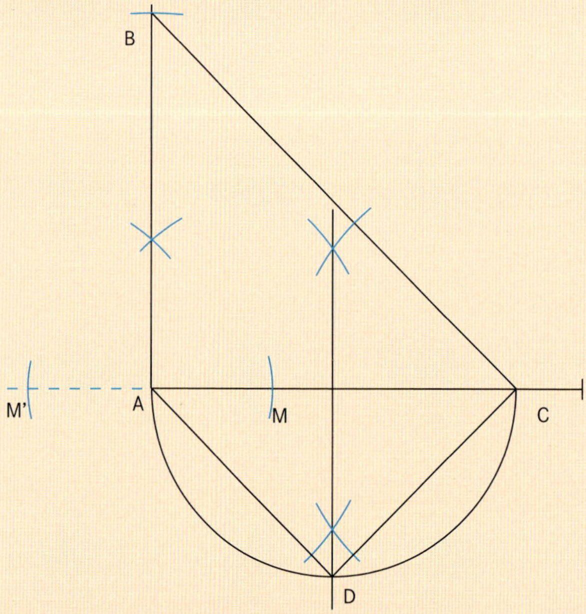

b. Programme de construction

- Tracer un segment [AC] de 10 cm, puis la perpendiculaire à (AC) qui passe par A. Pour cela, tracer la droite (CA), puis un arc de cercle de centre A qui coupe la droite en M et M′. Tracer avec le compas la médiatrice de [MM′].
- Placer le point B sur cette perpendiculaire tel que AB = AC. Tracer [BC].
- Tracer la médiatrice de [AC], puis le demi-cercle de diamètre [AC] dont le centre est le point d'intersection de cette médiatrice avec [AC], qui passe par A et qui est extérieur au triangle ABC. Cet arc de cercle coupe la médiatrice de [AC] en D.

PROBLÈME 2

Énoncé p. 328

a. Tracé de la figure

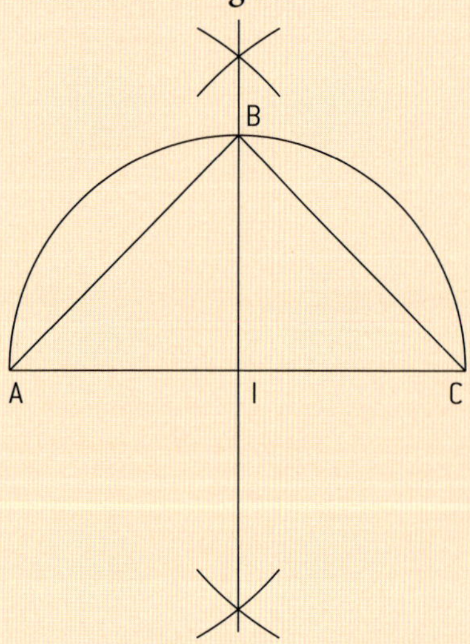

b. Programme de construction

- Tracer un segment [AC] tel que AC = 5 cm.
- Tracer la médiatrice de [AC], elle coupe [AC] en I.
- Tracer un demi-cercle de centre I qui passe par A. Il coupe la médiatrice en B.

c. Propriétés utilisées

- Si un point est sur la médiatrice d'un segment, alors il est équidistant des extrémités de ce segment.
- Si dans un cercle, un triangle a pour sommets les extrémités d'un diamètre et un point du cercle, alors ce triangle est rectangle en ce point.

On pourrait rajouter pour le tracé de la médiatrice :
Si une droite passe par deux points équidistants des extrémités d'un segment, alors c'est la médiatrice de ce segment.

PROBLÈME 3

Énoncé p. 329

- **L'ébauche proposée** permet de construire un cercle (nommé (Γ)) et un de ses points (B) qui, d'après sa position dans la figure de l'énoncé, représente la graduation horaire 3.
Placer ensuite la graduation 9 (C), puis les graduations 6 (D′) et 12 (D), ((DD′) est la médiatrice de [BC]).

- **Dans un deuxième temps**, construire les graduations 1 (E) et 2 (F).
En s'appuyant sur la figure ci-contre, montrer que chacun des arcs séparant deux graduations consécutives (comme $\widehat{DE}$, $\widehat{EF}$ et $\widehat{FB}$) mesure 360°/12 = 30°. Donc les angles au centre $\widehat{DAF}$ et $\widehat{BAE}$ mesurent 2 × 30° = 60°.
Les triangles DAF et BAE sont isocèles de sommet A et ont l'angle au sommet de 60°, ils sont donc équilatéraux (*Rappel* : la somme des angles d'un triangle vaut 180°).
En déduire que DF = DA et BE = BA et que, d'une part, F est intersection du cercle (Γ) et du cercle de centre D passant par A et, d'autre part, E est intersection du cercle (Γ) et du cercle de centre B passant par A *(voir la figure ci-contre)*.

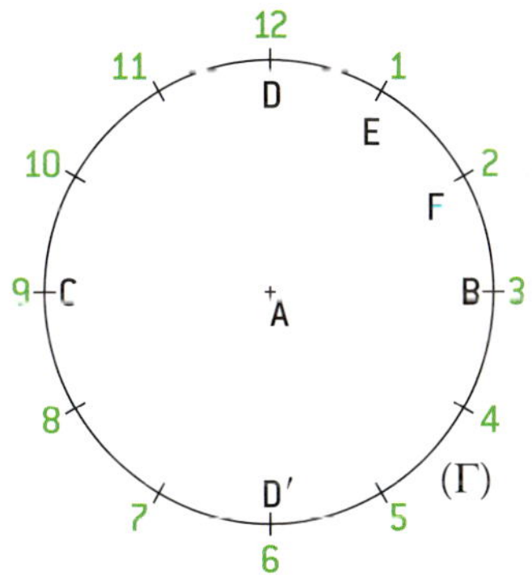

- **L'ensemble des points D, E, F, B, C et D′** permet d'obtenir les autres graduations, soit en reproduisant des constructions analogues à E et F, soit en reportant les arcs égaux tels que $\widehat{DE}$ ou $\widehat{EF}$ ou $\widehat{FB}$.

Description de la construction des points (A, B, C, D, E, F) :

- avec **l'icône 1** : placer et nommer deux points A et B ;
- avec **l'icône 4** : tracer le cercle de centre A passant par B (il sera nommé (Γ) dans la suite) ;
- avec **l'icône 2** : tracer la droite passant par les points A et B ;
- avec **l'icône 5** : définir et nommer le point C, intersection du cercle et de la droite (AB) ;
- avec **l'icône 3** : tracer la médiatrice du segment [BC] ;
- avec **l'icône 5** : définir et nommer les points D et D′, intersections de cette médiatrice et du cercle (Γ) ;
- avec **l'icône 4** : tracer le cercle de centre B passant par A ;

- avec **l'icône 5** : définir et nommer le point E, intersection de ce cercle avec (Γ) et situé sur l'arc $\overset{\frown}{BD}$;
- avec **l'icône 4** : tracer le cercle de centre D passant par A ;
- avec **l'icône 5** : définir et nommer le point F, intersection de ce cercle avec (Γ) et situé sur l'arc $\overset{\frown}{BD}$.

On peut remplacer la construction du point E (et/ou du point F) par les deux étapes suivantes :

- avec **l'icône 3** : tracer la médiatrice du segment [AB] ;
- avec **l'icône 5** : définir et nommer le point E, intersection de cette médiatrice avec le cercle (Γ) et situé sur l'arc $\overset{\frown}{BD}$.

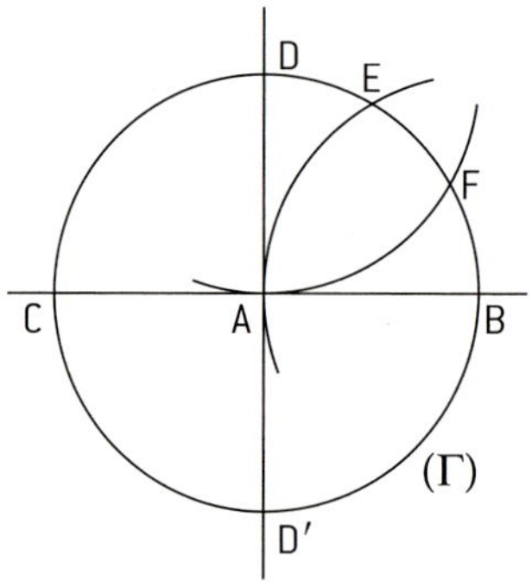

CHAPITRE 15

Démonstration en géométrie plane

OBJECTIF DU CHAPITRE

– Élaborer et rédiger une démonstration en géométrie plane.

FICHES MÉTHODE

- **Le chainage avant.** p. 335
- **Le chainage arrière.** p. 335
- **Démontrer que deux droites sont perpendiculaires ou qu'un triangle est rectangle.** p. 339
- **Démontrer que deux droites sont parallèles.** p. 340
- **Démontrer qu'un point est le milieu d'un segment.** p. 341
- **Démontrer que trois points sont alignés.** p. 342

TESTER SES CONNAISSANCES

QCM 1 Voici deux énoncés :

Aide : §2.1 et 2.2 p. 337

1. Quelles que soient les droites choisies, si ces deux droites sont perpendiculaires alors elles sont sécantes.
2. Quelles que soient les droites choisies, si ces deux droites sont sécantes alors elles sont perpendiculaires.

À propos de ces énoncés, quelle affirmation est vraie ?

A. Les deux énoncés sont vrais.
B. Les deux énoncés sont faux.
C. Seul l'énoncé 1 est vrai.
D. Seul l'énoncé 2 est vrai.

QCM 2 Voici trois énoncés :

Aide : §2.1 et 2.2 p.337 et 338

1. Quels que soient les points A, B, C et D choisis, si AB = BC = CD alors le quadrilatère ABCD est un losange.
2. Quels que soient les points A, B et M, si M est le milieu de [AB] alors AM = MB.
3. Quel que soit le quadrilatère ABCD, si ABCD est un parallélogramme alors [AC] et [BD] ont le même milieu.

Si on considère ces trois énoncés et leurs trois énoncés réciproques, quelle affirmation est vraie ?

A. Deux énoncés sont vrais.
B. Quatre énoncés sont vrais.
C. Trois énoncés sont vrais.
D. Cinq énoncés sont vrais.

1. C 2. B ; réciproques de 1 et de 3.

LE COURS

1 Une méthode de preuve spécifique : la démonstration

1. 1 Caractéristiques d'une démonstration

Pour **prouver un énoncé**, on utilise en mathématiques la **démonstration**.

EXEMPLE :

EAB est un triangle rectangle en A.
Soit I le milieu de [AB] et F un point tel que I soit le milieu de [EF].
(AB) est-elle perpendiculaire à (BF) ?

Précisons tout de suite que dans ce type d'énoncé, comme on ne donne pas la mesure des côtés du triangle EAB, la réponse attendue doit être valable pour n'importe quel triangle EAB.

Pour répondre, il est évidemment nécessaire de **tracer un dessin correspondant à cet énoncé** en codant certaines informations fournies (angles droits, égalités de segments...).

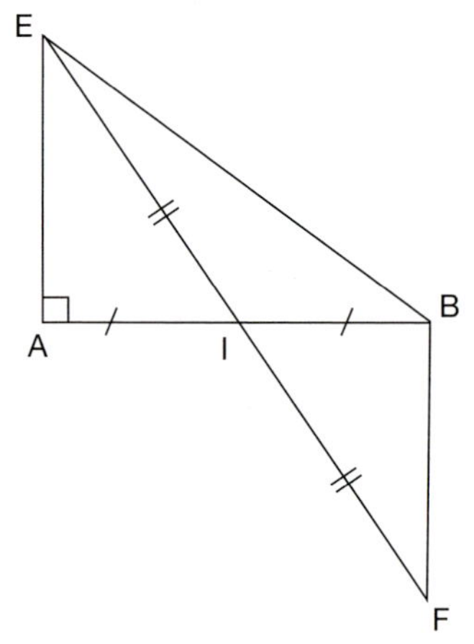

Ensuite, on peut envisager d'utiliser son équerre pour répondre à la question. Cette façon de procéder a deux inconvénients :

- On ne sera jamais sûr que, sur le dessin réalisé, la droite (AB) est bien perpendiculaire à (BF), à cause des imprécisions de construction et d'utilisation de l'équerre.
- On ne sera jamais sûr que les deux droites sont perpendiculaires, quel que soit le triangle EAB.

Comment alors être sûr que les droites sont bien perpendiculaires et cela dans tous les cas de figure ?

En mathématiques, on utilise **une démonstration**, c'est-à-dire une preuve qui possède les caractéristiques suivantes :

➤ **Propriétés géométrie,** p. 471

Toute affirmation est soit **une donnée**, soit **une définition**, soit **une propriété**, soit **la conséquence d'une propriété** (souvent donnée par un théorème connu). Ces conséquences sont établies à partir de règles de logique.

Les démonstrations opèrent sur des objets idéaux (ici sur des objets géométriques, et donc pas sur les dessins que l'on réalise pour s'approprier l'énoncé et évoquer les objets géométriques idéaux).

Une fois qu'un résultat est démontré, il est considéré comme vrai sans que l'on ait besoin de le redémontrer.

1. 2 Comment chercher une démonstration

Il y a deux méthodes (ou stratégies) : le chainage avant et le chainage arrière. Appliquons-les à l'exemple présenté précédement.

FICHE MÉTHODE 1 Le chainage avant.

Partir des données et essayer d'en tirer des conséquences en utilisant des propriétés de géométrie (définitions, théorèmes...). Remarque : Cette méthode permet de tirer de nombreuses conséquences, mais on n'est pas sûr que l'une d'entre elles nous mène à la conclusion du problème.	• Dans cet énoncé, I est le milieu de [AB] et de [EF], donc EAFB est un parallélogramme. On peut en conclure que : EA = BF, AF = EB et (EA) // (BF), (AF) // (EB). • On sait que EAB est un triangle rectangle, donc on peut conclure que (EA) et (AB) sont perpendiculaires. On pourrait continuer à tirer des conséquences de ces conséquences... mais sans être sûr d'arriver à la conclusion. Avec cette seule stratégie, on bloque souvent !

FICHE MÉTHODE 2 Le chainage arrière.

1. **Partir de la conclusion et lister les propriétés de géométrie** qui sont susceptibles de mener à cette conclusion. Pour chacune de ces propriétés, repérer : – leurs conditions d'utilisation ; – si la figure associée est présente dans la figure que nous avons réalisée. Cela doit permettre de sélectionner une de ces propriétés.	**Quelles sont les propriétés qui permettent de conclure que deux droites sont perpendiculaires ou qu'un triangle est rectangle ?** En reprenant la liste des propriétés à la fin de l'ouvrage (p. 471), ainsi que leur codage, nous identifions plusieurs propriétés possibles : – L4, il faut avoir un losange. Aucune chance ici ! – T3, il faut avoir un triangle, une médiane et connaitre la longueur de cette médiane et celle du côté correspondant. Aucune chance ! – D3, il faut avoir deux droites parallèles et une troisième droite perpendiculaire à une de ces deux droites parallèles. En regardant la figure que nous avons réalisée, cela semble possible en considérant les droites (AE), (BF) et (AB).
2. **Démontrer ensuite les conditions d'utilisation de la propriété choisie,** si ce n'est pas une donnée du problème.	Ici, pour D3, il suffit de démontrer que (AE) est parallèle à (BF) car nous savons déjà que (AB) et (EA) sont perpendiculaires (*donnée de l'énoncé*).
3. **Pour démontrer la (ou les) condition(s) de la propriété choisie,** utiliser à nouveau le chainage arrière ou bien prendre appui sur le début du chainage avant (qu'on a mis en place au début de la recherche).	**Comment démontrer que (EA) et (BF) sont parallèles ?** Le chainage avant que nous avons amorcé nous permet de savoir qu'il faut utiliser la propriété des côtés d'un parallélogramme (P2). On peut donc maintenant rédiger la démonstration.

1. 3 Comment rédiger une démonstration

A. Proposition de rédaction

EXEMPLE (suite) :

On sait que I est le milieu de [AB] *(donnée)* et de [EF] *(donnée)*. Si les diagonales d'un quadrilatère ont le même milieu, alors ce quadrilatère est un parallélogramme. Donc EAFB est un parallélogramme.
Si un quadrilatère est un parallélogramme, alors ses côtés sont parallèles deux à deux.
Donc (EA) est parallèle à (BF).
On sait que (EA) et (BF) sont parallèles et que (EA) est perpendiculaire à (AB) (car le triangle AEB est rectangle en A).
Si deux droites sont parallèles et qu'une troisième est perpendiculaire à l'une, alors elle est perpendiculaire à l'autre.
Donc (AB) et (BF) sont perpendiculaires.

Cet exemple permet de mettre en évidence la différence qu'il y a entre chercher une démonstration et la rédiger. Comme vous pouvez le constater, la rédaction se fait en chainage avant, tandis que la recherche se fait plutôt en chainage arrière (même si elle utilise aussi le chainage avant).
Vous constatez aussi l'importance qu'il y a à connaitre les propriétés de géométrie en les organisant par types de problèmes.
Quelles sont les propriétés qui permettent de démontrer que :
– deux droites sont perpendiculaires ;
– un point est le milieu d'un segment ;
– deux droites sont parallèles ;
– ...

B. Quelles sont les exigences des correcteurs concernant la rédaction d'une démonstration ?

On n'est pas obligé de citer les propriétés, mais en revanche il est essentiel de faire figurer la **condition d'utilisation de la propriété** et la **conclusion**.

Ainsi, pour la démonstration précédente les rédactions 1 et 2 ci-dessous sont tout à fait correctes. Par contre, la rédaction 3 est incorrecte.

EXEMPLE (fin) :

- **Rédaction 1 :**

On sait que I est le milieu des diagonales [AB] *(donnée)* et [EF] *(donnée)* de EAFB, donc c'est un parallélogramme. Donc (EA) est parallèle à (BF).
On sait que (EA) et (BF) sont parallèles et que (EA) est perpendiculaire à (AB) (car le triangle AEB est rectangle en A).
Donc (AB) et (BF) sont perpendiculaires.

- **Rédaction 2 :**

EAFB est un parallélogramme car ses diagonales ont le même milieu I *(donnée)*. Donc ses côtés opposés (EA) et (BF) sont parallèles. De plus, (EA) est perpendiculaire à (AB), donc (AB) et (BF) sont perpendiculaires.

- **Rédaction 3, incorrecte :**

EAFB est un parallélogramme, donc (EA) est parallèle à (BF), donc (AB) et (BF) sont perpendiculaires.
On n'a pas justifié le fait que EAFB est un parallélogramme, ni que (AB) et (BF) sont perpendiculaires.

2 Propriété et réciproque

2. 1 Réciproque d'une propriété

CORRIGÉ QCM 1 : Les deux énoncés ne sont pas équivalents et pourtant ils contiennent les mêmes mots ! En effet **l'énoncé 1 est vrai** par définition de deux droites perpendiculaires (*voir p. 339*). En revanche, **l'énoncé 2 est faux**. En effet, on imagine sans peine que deux droites peuvent être sécantes sans qu'elles fassent un angle de 90°.
L'énoncé 2 est la réciproque de l'énoncé 1 et inversement.

QCM 1, p. 333

En mathématiques, de nombreuses propriétés sont énoncées sous la forme « Si ... alors ... ». La première partie de cet énoncé indique la condition d'utilisation de l'énoncé et la seconde partie la conclusion.

Si .... alors ....
condition *conclusion*

La réciproque d'un énoncé de la forme « Si ... alors ... » est un énoncé que l'on obtient en inversant la condition et la conclusion (il est parfois nécessaire de modifier légèrement la phrase pour qu'elle soit plus facilement compréhensible).

CORRIGÉ QCM 2 :

QCM 2, p. 333

- **Réciproque de 1** : Quels que soient les point A, B, C et D choisis, si ABCD est un losange alors AB = BC = CD.
- **Réciproque de 2** : Quels que soient les points A, B et M, si AM = MB alors M est le milieu de [AB].
- **Réciproque de 3** : Quel que soit le quadrilatère ABCD, si [AC] et [BD] ont le même milieu alors ABCD est un parallélogramme.

Pour prouver qu'un énoncé est vrai, il faut s'appuyer sur des propriétés.

CORRIGÉ QCM 2 (suite) :

- **La réciproque de l'énoncé 1 est vraie** car, par définition, un losange a quatre côtés de même longueur, il en a donc forcément trois.
- **L'énoncé 2 est vrai** car, par définition du milieu, AM = BM.
- **L'énoncé 3 et sa réciproque sont vrais** d'après la propriété des diagonales d'un parallélogramme.

➤ **Propriétés P3 et P4**, p. 478

2. 2 Contre-exemple

Pour prouver qu'un énoncé de la forme « Si ... alors ... » est faux, il suffit de trouver un exemple qui vérifie la condition et qui ne vérifie pas la conclusion.
Ce type d'exemple est appelé « **contre-exemple** ».

CORRIGÉ QCM1 : « Deux droites sécantes qui forment un angle de 60°. » est un contre-exemple pour démontrer que **l'énoncé 2 est faux**.

QCM 1, p. 333

CORRIGÉ QCM 2 (fin) :

• **L'énoncé 1 est faux**. En effet, « un quadrilatère qui possède trois côtés de même longueur et dont le 4e ne l'est pas » est un contre-exemple.

• **La réciproque de l'énoncé 2 est fausse**, en effet le dessin ci-dessous est un contre-exemple :

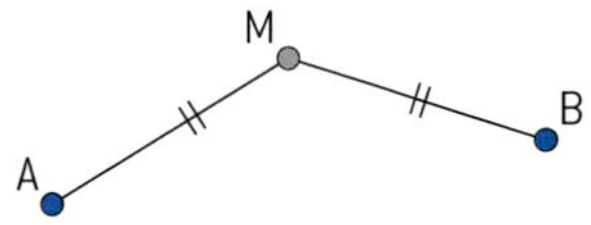

QCM 2, p. 333

ENTRAINEMENT 1

Corrigé p. 343

Préciser pour chacun de ces énoncés et sa réciproque s'ils sont vrais ou non.

a. Si un quadrilatère est un parallélogramme alors ses côtés opposés sont parallèles deux à deux.

b. Si un quadrilatère est un losange alors ses diagonales sont perpendiculaires.

c. Si une droite est la médiatrice d'un segment alors elle passe par le milieu de ce segment.

d. Si un quadrilatère a des diagonales qui ont même longueur alors c'est un rectangle.

2. 3 Phrases équivalentes

On dira que **deux phrases mathématiques Ph1 et Ph2 sont équivalentes** si l'énoncé « Si Ph1 alors Ph2 » et sa réciproque « Si Ph2 alors Ph1 » sont vraies.

EXEMPLE : Les phrases « Un quadrilatère est un parallélogramme. » et « Un quadrilatère a des diagonales qui ont le même milieu. » sont équivalentes.

3 Principales propriétés pour quatre démonstrations les plus fréquemment demandées au concours

Nous allons travailler sur quatre types de démonstrations :

- démontrer que deux droites sont perpendiculaires ou qu'un triangle est rectangle,
- démontrer que deux droites sont parallèles,
- démontrer qu'un point est le milieu d'un segment,
- démontrer que trois points sont alignés.

Ce sont les démonstrations les plus fréquemment demandées au concours. Pour chacune de ces questions, nous établissons la liste des principales propriétés qui permettent d'effectuer ces démonstrations.

Cet inventaire pourra être complété au gré des exercices et problèmes rencontrés par le lecteur.

FICHE MÉTHODE Démontrer que deux droites sont perpendiculaires ou qu'un triangle est rectangle.

On peut utiliser ces propriétés :

Droite

D3 **Si** deux droites sont parallèles et qu'une troisième droite est perpendiculaire à l'une **alors** elle est perpendiculaire à l'autre.

Triangle

T3 **Si** dans un triangle la longueur de la médiane issue d'un sommet est égale à la moitié de la longueur du côté opposé **alors** le triangle est rectangle en ce sommet.

T9 **Si** une droite passe par un sommet et par l'orthocentre d'un triangle (point de concours de deux hauteurs) **alors** elle est perpendiculaire au côté du triangle opposé à ce sommet.

T12 **Si** dans un triangle le carré de la longueur d'un côté (le plus grand) est égal à la somme des carrés des longueurs des deux autres côtés **alors** ce triangle est rectangle. *(Réciproque du théorème de Pythagore)*[1].

Médiatrice

M2 **Si** une droite est la médiatrice d'un segment **alors** elle est perpendiculaire à ce segment et passe par son milieu.

Losange

L4 **Si** un quadrilatère est un losange **alors** ses diagonales ont le même milieu et sont perpendiculaires.

Rectangle

R2 **Si** un quadrilatère est un rectangle **alors** ses côtés opposés sont parallèles deux à deux, sont de même longueur et ses quatre angles sont droits.

Cercle

C'2 **Si** dans un cercle, un triangle a pour sommets les extrémités d'un diamètre et un point du cercle **alors** ce triangle est rectangle en ce point.

Carré

C2 **Si** un quadrilatère est un carré **alors** il a quatre côtés de même longueur, quatre angles droits et ses côtés opposés sont parallèles deux à deux.

Transformations :

Les symétries centrales et axiales, les translations, les rotations, les homothéties conservent les angles (entre autres les angles droits)[2].

1 Le théorème de Pythagore et sa réciproque seront abordés dans le chapitre 16 p. 353.

2 Les symétries, et autres transformations, sont étudiées dans le chapitre 18 p. 385.

ENTRAINEMENT 2

Corrigé p. 343

Compléter ces chainons déductifs :

a. Je sais que (AB) // (CD) et (AB) ⊥ (EF).

Or si .... alors ....

Donc (CD) est perpendiculaire à (EF).

b. Je sais que N est un point du cercle de diamètre [AB].

Or si .... alors ....

Donc ....

c. Je sais que I est le milieu de [BC] et que AI = IB.

Or si .... alors ....

Donc ....

d. Je sais que les droites (AH) et (BH') sont deux hauteurs du triangle ABC et qu'elles se coupent en K.

Or si .... alors ....

Donc ....

ENTRAINEMENT 3

Corrigé p. 343

En utilisant les informations portées sur le dessin ci-contre, démontrer que (GI) est perpendiculaire à (EF).

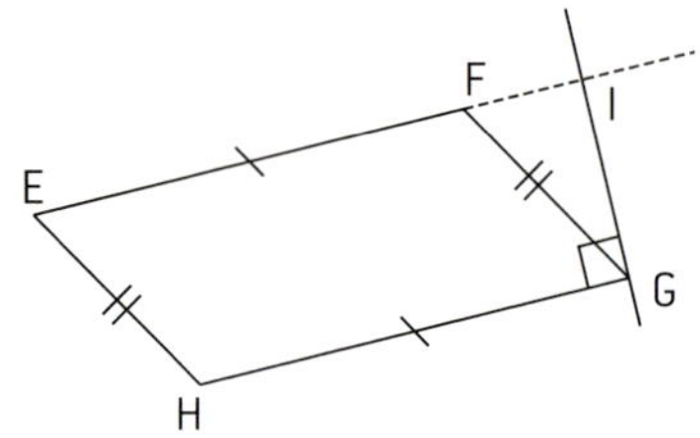

ENTRAINEMENT 4

Corrigé p. 343

Soit ($\mathscr{C}$) et ($\mathscr{C}'$) deux cercles de centres A et B qui se coupent en I et J. Démontrer que (IJ) et (AB) sont perpendiculaires.

ENTRAINEMENT 5

Corrigé p. 343

Sur la figure ci-contre, on sait que ABCD est un parallélogramme, que DB = 3 cm et EI = 1,5 cm.
Démontrer que (EB) et (ED) sont perpendiculaires.

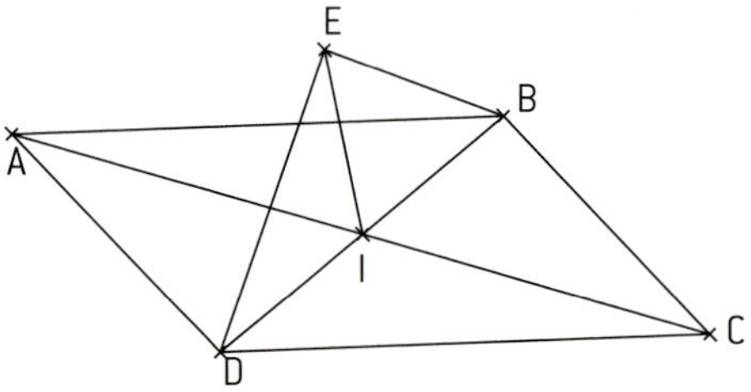

FICHE MÉTHODE **Démontrer que deux droites sont parallèles.**

On peut utiliser ces propriétés :

Droite D1 Si deux droites sont parallèles à une même troisième **alors** elles sont parallèles entre elles. D2 Si deux droites sont perpendiculaires à une même troisième **alors** elles sont parallèles entre elles.
Triangle T4 Si une droite passe par les milieux de deux côtés d'un triangle **alors** elle est parallèle au troisième côté du triangle. T14 Réciproque du théorème de Thalès (*voir page 359*).
Parallélogramme P2 Si un quadrilatère est un parallélogramme **alors** ses côtés sont parallèles deux à deux.
Losange L2 Si un quadrilatère est un losange **alors** ses côtés opposés sont parallèles deux à deux et ses quatre côtés sont de même longueur.
Rectangle R2 Si un quadrilatère est un rectangle **alors** ses côtés opposés sont parallèles deux à deux, sont de même longueur et ses quatre angles sont droits.
Carré C2 Si un quadrilatère est un carré **alors** il a quatre côtés de même longueur, quatre angles droits et ses côtés opposés sont parallèles deux à deux.
Angle A9 Si deux droites coupées par une sécante forment des angles correspondants ou alternes-internes égaux **alors** ces deux droites sont parallèles.
Transformations : Les symétries centrales et axiales, les translations, les rotations, les homothéties conservent le parallélisme. L'image d'une droite (d) par une symétrie axiale, une homothétie est une droite (d') parallèle à (d).

ENTRAINEMENT 6

Corrigé p. 343

Compléter ces chainons déductifs :

a. Je sais que ABCD est un parallélogramme.
Or si un quadrilatère est un parallélogramme alors ses côtés opposés sont parallèles.
Donc ....

b. Je sais que I est le milieu de [EF] et J le milieu de [FG].
Si .... alors ....
Donc ....

ENTRAINEMENT 7

Corrigé p. 344

Soit ($\mathscr{C}$) un cercle de diamètre [AB] et de centre O.
Soit ($\mathscr{C}'$) le cercle de diamètre [OA].
Soit E un point de ($\mathscr{C}$). La droite (AE) coupe ($\mathscr{C}'$) en F.
Démontrer que (OF) et (BE) sont parallèles.

ENTRAINEMENT 8

Corrigé p. 344

EFGH est un parallélogramme de centre K. Soit L le milieu de [FG].
Démontrer que (KL) est parallèle à (EF).

FICHE MÉTHODE **Démontrer qu'un point est le milieu d'un segment.**

On peut utiliser ces propriétés :

Définition du milieu : Si I, A et B sont alignés et si AI = IB alors I est le milieu de [AB].
Médiatrice M2 **Si** une droite est la médiatrice d'un segment **alors** elle est perpendiculaire à ce segment et passe par son milieu.
Triangle T2 **Si** un triangle est rectangle **alors** le centre du cercle circonscrit au triangle est le milieu de l'hypoténuse. T6 **Si** une droite passe par le milieu d'un côté d'un triangle et est parallèle à un deuxième côté **alors** cette droite passe par le milieu du troisième côté du triangle. T8 **Si** une droite passe par un sommet et par le centre de gravité d'un triangle (point de concours de deux médianes) **alors** elle coupe le côté opposé à ce sommet en son milieu. T10 **Si** un triangle est isocèle **alors** la hauteur (respectivement médiane) issue du sommet principal est aussi une médiane (respectivement hauteur) et une médiatrice.
Parallélogramme P4 **Si** un quadrilatère est un parallélogramme **alors** ses diagonales ont le même milieu.
Losange L4 **Si** un quadrilatère est un losange **alors** ses diagonales ont le même milieu et sont perpendiculaires.
Rectangle R4 **Si** un quadrilatère est un rectangle **alors** ses diagonales ont le même milieu et sont de même longueur.
Carré C4 **Si** un quadrilatère est un carré **alors** il a des diagonales qui ont le même milieu, sont perpendiculaires et sont de même longueur.
Transformations : **Définition du symétrique d'un point** : Si M′ est le symétrique de M par rapport à I alors I est le milieu de [MM′]. Les symétries centrales et axiales, les translations, les rotations, les homothéties conservent le milieu d'un segment.

ENTRAINEMENT 9

Corrigé p. 344

Compléter ces chainons déductifs :

a. Je sais que IJK est un triangle, A le milieu de [IJ] et B un point de [JK] tel que (AB) // (IK).

Si .... alors ....

Donc ....

b. On sait que PQRS est un parallélogramme et que I est le milieu de [PR].

Si .... alors ....

Donc ....

ENTRAINEMENT 10

Corrigé p. 344

Soit ($\mathscr{C}$) un cercle de centre O. Soit [AB] une corde de ce cercle.
Soit (d) la droite perpendiculaire à (AB) qui passe par O. Elle coupe (AB) en J.
Démontrer que J est le milieu de [AB].

ENTRAINEMENT 11

Corrigé p. 344

ABCD est un parallélogramme. La parallèle à (AC) qui passe par B coupe (DC) en E.
Soit I le milieu de [BC]. Démontrer que I est le milieu de [AE].

FICHE MÉTHODE **Démontrer que trois points sont alignés.**

On peut utiliser ces propriétés :

Droite
D4 **Si** AC + CB = AB **alors** A, C et B sont alignés. **D5** **Si** (AB) et (AC) sont parallèles **alors** les points A, B et C sont alignés.
Propriétés qui ne sont pas à la fin de l'ouvrage **(p. 477 et 478)** • **Si** l'angle formé par trois points est plat **alors** ces trois points sont alignés. • **Si** un point est le milieu d'un segment **alors** il est aligné avec les extrémités de ce segment. • **Si** trois points appartiennent à la médiane ou bissectrice d'un triangle ou à la médiatrice d'un segment **alors** les points sont alignés. • **Si** un point A est l'image de B par une symétrie (ou une homothétie) de centre O **alors** A, O et B sont alignés.

ENTRAINEMENT 12

Corrigé p. 344

En utilisant les informations portées sur le dessin ci-contre, démontrer que B, C et D sont alignés.

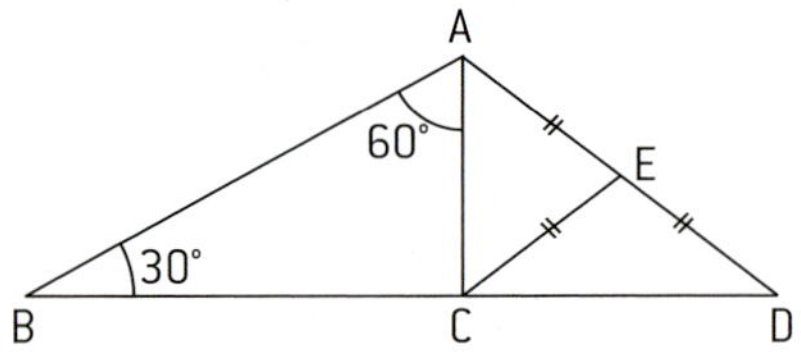

ENTRAINEMENT 13

Corrigé p. 344

En utilisant les informations portées sur le dessin ci-contre, démontrer que A, L et M sont alignés.

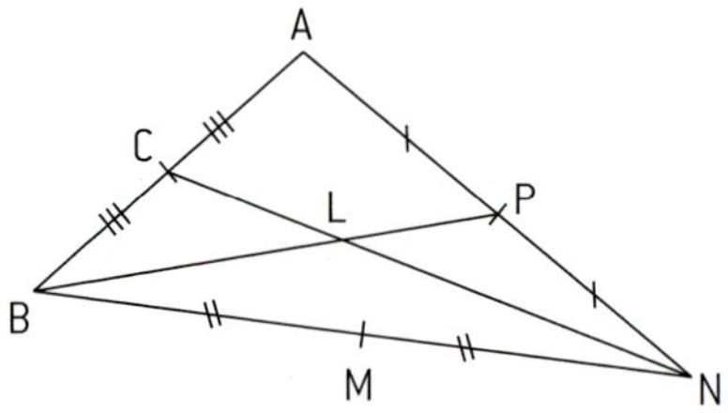

CORRIGÉS EXERCICES D'ENTRAINEMENT

ENTRAINEMENT 1

Énoncé p. 338

Enoncés vrais : a ; b ; c ; réciproque de a ; réciproque de d.
La **réciproque de b** est fausse car les diagonales perpendiculaires du quadrilatère peuvent ne pas se couper en leur milieu. La **réciproque de c** est fausse car une droite qui passe par le milieu d'un segment n'est pas forcément perpendiculaire à ce segment.

ENTRAINEMENT 2

Énoncé p. 339

a. Je sais que (AB) // (CD) et (AB) ⊥ (EF).
Or si deux droites sont parallèles et qu'une troisième est perpendiculaire à l'une **alors** elle est perpendiculaire à l'autre.
Donc (CD) est perpendiculaire à (EF).
b. Je sais que N est un point du cercle de diamètre [AB].
Or si dans un cercle, un triangle a pour sommet les extrémités d'un diamètre et un point du cercle **alors** ce triangle est rectangle en ce point.
Donc NAB est rectangle en N.
c. Je sais que I est le milieu de [BC] et que AI = IB.
Or si dans un triangle, la longueur de la médiane issue d'un sommet est égale à la moitié de la longueur du côté opposé **alors** le triangle est rectangle en ce point.
Donc ABC est un triangle rectangle en A.
d. Je sais que les droites (AH) et (BH′) sont deux hauteurs du triangle ABC et qu'elles se coupent en K.
Or si une droite passe par un sommet et par l'orthocentre du triangle (point d'intersection de deux hauteurs) **alors** elle est aussi une hauteur et elle est donc perpendiculaire au côté du triangle opposé à ce sommet.
Donc (CK) et (AB) sont perpendiculaires.

ENTRAINEMENT 3

Énoncé p. 340

D'après les données, on a EF = HG et EH = FG, donc EFGH est un parallélogramme (propriété P7), donc (EF) // (HG) (propriété P2). De plus, (IG) ⊥ (GH) (*données*), **donc (IG) ⊥ (EF)** (propriété D3).

ENTRAINEMENT 4

Énoncé p. 340

A est équidistant de I et J car I et J sont sur le cercle de centre A (propriété C′1). De même, B est équidistant de I et J, donc la droite (AB) est la médiatrice de [IJ] (propriété M5), **donc (IJ) ⊥ (AB)** (propriété M2).

ENTRAINEMENT 5

Énoncé p. 340

Comme ABCD est un parallélogramme, I est le milieu de [BD] (propriété P4), donc (EI) est une médiane du triangle EBD.
Or EI = DB/2, donc le triangle EBD est rectangle en E (propriété T3), **donc (EB) ⊥ (ED).**

ENTRAINEMENT 6

Énoncé p. 341

a. Je sais que ABCD est un parallélogramme.
Or si un quadrilatère est un parallélogramme **alors** ses côtés opposés sont parallèles.
Donc (AB) // (CD) et (AD) // (BC).

b. Je sais que I est le milieu de [EF] et J le milieu de [FG].
Si une droite passe par les milieux de deux côtés d'un triangle **alors** elle est parallèle au troisième côté du triangle.
Donc (IJ) // (EG).

On peut aussi démontrer que $IJ = \frac{EG}{2}$.

ENTRAINEMENT 7

Énoncé p. 341

E est un point du cercle de diamètre [AB], donc AEB est un triangle rectangle en E (propriété C'2), donc (EB) ⊥ (AE) (1).
De même, avec le cercle de diamètre [AO], (OF) ⊥ (AF), donc (OF) ⊥ (AE) (2).
D'après (1) **et** (2) **on a (OF) // (EB)** (propriété D2).

ENTRAINEMENT 8

Énoncé p. 341

K est le milieu de [EG] car EFGH est un parallélogramme (propriété P4).
De plus, L est le milieu de [FG], donc dans le triangle GEF, la droite (KL) passe par les milieux des deux côtés, donc elle est parallèle au troisième côté (propriété T4), **donc (KL) // (EF)**.

ENTRAINEMENT 9

Énoncé p. 342

a. Je sais que IJK est un triangle, A le milieu de [IJ] et B un point de [JK] tel que (AB) // (IK).
Si une droite passe par le milieu d'un côté d'un triangle et est parallèle à un deuxième côté **alors** elle coupe le troisième en son milieu.
Donc B est le milieu de [JK].
b. On sait que PQRS est un parallélogramme et que I est le milieu de [PR].
Si un quadrilatère est un parallélogramme **alors** ses diagonales ont le même milieu.
Donc I est le milieu de [QS].

ENTRAINEMENT 10

Énoncé p. 342

A et B sont des points du cercle de centre O, donc O est équidistant de A et B (propriété C'1). De plus (*d*) est perpendiculaire à (AB), donc c'est la médiatrice de [AB] (propriété M6), **donc (*d*) coupe [AB] en son milieu** (le point J).

On peut aussi utiliser T10.

ENTRAINEMENT 11

Énoncé p. 342

ABCD est un parallélogramme, donc (AB) // (DC) (propriété P2), donc (AB) // (CE).
De plus, (AC) // (BE) (*donnée*), donc ABEC est un parallélogramme (propriété P1), donc ses diagonales ont le même milieu (propriété P4).
Or I est le milieu de [BC], **donc I est aussi le milieu de** [AE].

ENTRAINEMENT 12

Énoncé p. 342

Dans le triangle ACB, on a $\widehat{ACB} = 180° - (60° + 30°) = 90°$.
Dans le triangle ACD, (AE) est une médiane (*donnée*) telle que $AE = \frac{AD}{2}$ (*donnée*), donc ACD est un triangle rectangle en C, donc $\widehat{ACD} = 90°$.
Or $\widehat{BCD} = \widehat{BCA} + \widehat{ACD} = 90° + 90° = 180°$, **donc B, C et D sont alignés.**

ENTRAINEMENT 13

Énoncé p. 342

Dans le triangle ABN, les droites (NC) et (BP) sont des médianes (*donnée*). Elles se coupent en L, donc L est le centre de gravité du triangle ABN, donc (AL) est la troisième médiane du triangle ABN (propriété T8). Elle passe par le milieu de [BN], **donc A, L et M sont alignés.**

AU CONCOURS

EXERCICE 1

Corrigé p. 347

En utilisant les informations portées sur le dessin ci-contre, démontrer que (KL) // (PN).

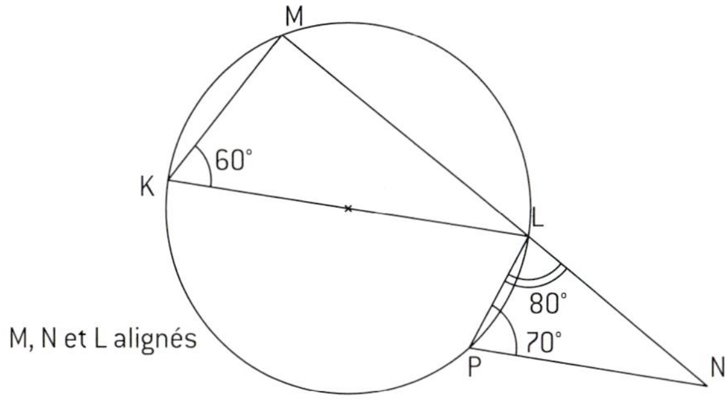

EXERCICE 2

Corrigé p. 347

On sait que AD = FE et (AD) // (FE). En utilisant ces informations et celles portées sur le dessin ci-contre, démontrer que les points F, J et C sont alignés.

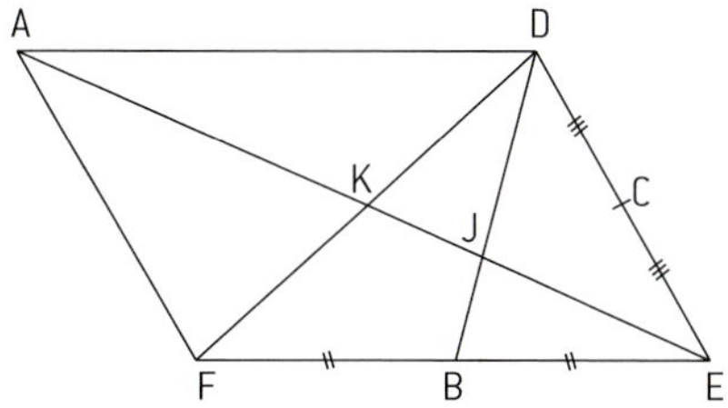

EXERCICE 3

Corrigé p. 347

En utilisant les informations portées sur le dessin ci-contre, démontrer que G est le milieu de [CF].

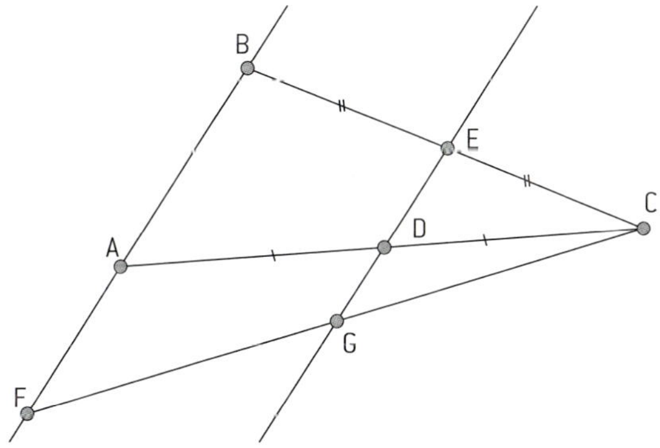

PROBLÈME 1

Corrigé p. 348

❶ La figure sera réalisée avec le crayon, le compas et la règle non graduée.
Soit [BC] un segment de milieu I.
Tracer le cercle de centre I et de rayon BI.
Placer un point A sur le cercle, distinct de B et de C.
Tracer la perpendiculaire à (AB) qui passe par I ; elle coupe [AB] en K et l'arc de cercle ne contenant pas A en M.
Placer le point J tel que BIMJ soit un losange. Ses diagonales se coupent en P.
Tracer la perpendiculaire à (IJ) qui passe par J ; elle coupe (IM) en T.

❷ Démontrer, en utilisant deux méthodes différentes, que (IK) // (AC).

❸ Démontrer que (BJ) // (AC).

❹ Démontrer que (BM) // (JT).

PROBLÈME 2

Corrigé p. 349

Il s'agit de construire un triangle à partir de ses trois médianes en utilisant les propriétés de la figure. Les constructions seront effectuées à la règle et au compas (on laissera apparents les traits de construction).

❶ Tracer deux droites quelconques, d_1 et d_2, sécantes en un point O. Placer un point I extérieur à ces deux droites.
Construire le parallélogramme OPQR de centre I tel que P appartienne à d_1 et R appartienne à d_2. Écrire le programme de construction correspondant.

❷ Soit ABC un triangle, G son centre de gravité, M le milieu de [BC] et A′ le symétrique de A par rapport à G.

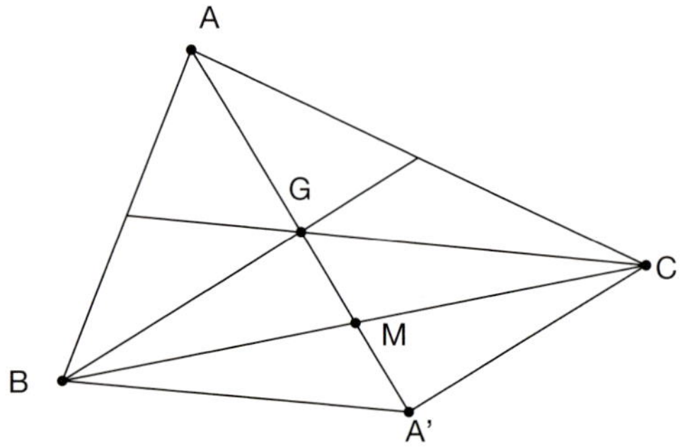

a. Montrer que M est le milieu de [GA′].
b. Quelle est la nature du quadrilatère GBA′C ? Justifier.
c. Que peut-on en déduire pour les droites (GB) et (CA′) ? Pour les droites (GC) et (BA′) ?

❸ Tracer sur la copie trois droites quelconques d_1, d_2 et d_3 sécantes en un point G.
Placer sur la droite d_1 un point A différent de G.
En utilisant les résultats précédents, construire le point B sur d_2 et le point C sur d_3 de sorte que d_1, d_2 et d_3 soient les trois médianes du triangle ABC.
Écrire le programme de construction correspondant.

PROBLÈME 3

Corrigé p. 350

Soit un cercle de centre O et de rayon 4 cm, [AB] un diamètre de ce cercle et C un point du cercle tel que AC = 4 cm.

❶ Quelle est la nature du triangle AOC ? Justifier.
Quelle est la nature du triangle ABC ? Justifier.

❷ Soit H le milieu du segment [CB].
Démontrer que la droite (OH) est parallèle à la droite (AC).

❸ Le point I désignant le milieu du segment [AO], la droite (CI) recoupe le cercle en D. Démontrer que le quadrilatère CADO est un losange, puis que les points D, H et O sont alignés.

❹ Démontrer que la droite (CO) est perpendiculaire à la droite (BD).

❺ Calculer les mesures des angles suivants : $\widehat{CAO}$, $\widehat{HOB}$, $\widehat{ABC}$, $\widehat{ADC}$, $\widehat{CDB}$, $\widehat{COB}$.

PROBLÈME 4

Corrigé p. 352

Un polygone est inscriptible s'il existe un cercle qui passe par tous les sommets de ce polygone. On va s'intéresser à quelques polygones inscriptibles particuliers.

> Dans cet énoncé de concours, on utilise successivement « justifier « et « démontrer ». Il n'y a pas de différence entre ces deux termes, si ce n'est que parfois la justification est plus facile à trouver que la démonstration.

❶ Tous les triangles sont-ils des polygones inscriptibles ? Justifier votre réponse.

❷ Tous les rectangles sont-ils inscriptibles ? Démontrer votre réponse.

❸ Tous les quadrilatères sont-ils inscriptibles ? Démontrer votre réponse.

❹ Démontrer qu'un quadrilatère convexe qui a deux angles opposés de 90° est un quadrilatère inscriptible.

CORRIGÉS EXERCICES

EXERCICE 1

Énoncé p. 345

M est un point du cercle de diamètre [KL], donc MKL est un triangle rectangle en M (propriété C′2).
Dans le triangle MKL, on a $\widehat{MLK} = 180° - (90° + 60°) = 30°$.

Dans le triangle PLN, on a $\widehat{LNP} = 180° - (70° + 80°) = 30°$.

Les angles $\widehat{MLK}$ et $\widehat{LNP}$ sont des angles correspondants égaux définis par les droites (KL) et (PN).

Donc les droites (KL) et (PN) sont parallèles (propriété A9).

EXERCICE 2

Énoncé p. 345

On sait que AD = FE et (AD) // (FE), donc ADEF est un parallélogramme (propriété P6). Donc ses diagonales ont le même milieu (propriété P4), donc K est le milieu de [FD], donc (EK) est une médiane du triangle FDE (car B milieu de [FE]).
(DB) est également une médiane de ce triangle, donc J est le centre de gravité du triangle FDE.
Or (FC) est la troisième médiane (car C milieu de [DE]), elle passe donc par le centre de gravité du triangle.

Donc F, J et C sont alignés.

EXERCICE 3

Énoncé p. 345

Dans le triangle ABC, on a E milieu de [BC] et D milieu de [AC] (*donnée*).
Donc (ED) // (AB) (propriété T4).
Or les points B, A et F d'une part, et E, D et G d'autre part, sont alignés (*donnée*).
Donc dans le triangle ACF, on a (DG) // (AF) et D milieu de [AC] (*donnée*).

Donc G est le milieu de [CF] (propriété T6).

CORRIGÉS **PROBLÈMES**

PROBLÈME 1

Énoncé p. 345

1 Construction de la figure

Attention ! Pour la réalisation de la figure, bien laisser les traits de construction apparents.

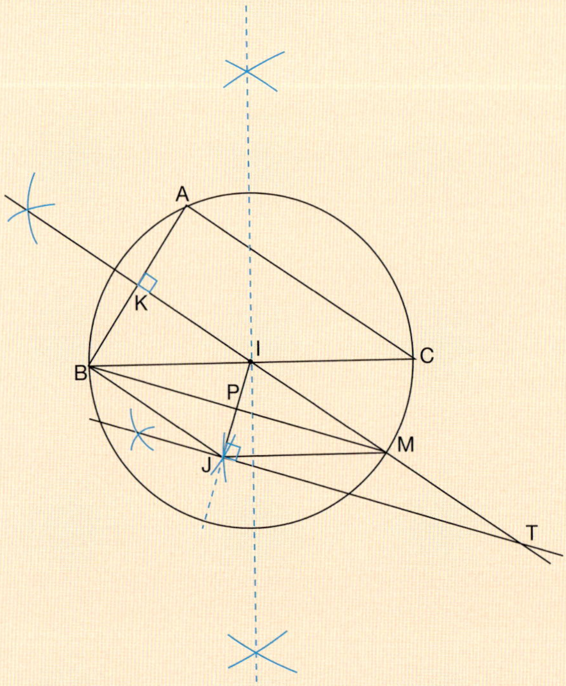

2 **MÉTHODE 1**

A est un point du cercle de diamètre [BC], donc ABC est un triangle rectangle en A (propriété C′2). Donc (AC) ⊥ (AB).
On sait que (IK) ⊥ (AB), donc les droites (IK) et (AC) sont perpendiculaires à une droite commune.

Donc (IK) // (AC) (propriété D2).

MÉTHODE 2

La droite (IK) est une droite qui passe par le point I équidistant de A et B (car A et B sont sur le cercle de centre I). Elle est également perpendiculaire à (AB), donc c'est la médiatrice de [AB] (propriété M6), donc K est le milieu de [AB].
Dans le triangle ABC, la droite (IK) passe par les milieux de deux côtés.

Donc (IK) est parallèle au troisième côté [AC] (propriété T4).

3 BIMJ est un losange, donc (IM) // (BJ) (propriété L2), donc (BJ) // (IK).
Or on sait que (IK) // (AC) (d'après le 2).

Donc (BJ) // (AC) car ces deux droites sont parallèles à une même troisième (propriété D1).

4 BIMJ est un losange, donc (BM) ⊥ (IJ) (propriété L4).
De plus, (JT) ⊥ (IJ) (*donnée*).

Donc (JT) // (BM) car ces deux droites sont perpendiculaires à (IJ) (propriété D2).

Énoncé p. 346

PROBLÈME 2

❶ Programme de construction de la figure

Réaliser un schéma à main levée de la figure terminée peut aider à répondre à cette question.
Pour cela, on commence par tracer le parallélogramme OPQR, ce qui permet de constater que Q doit être le symétrique de O par rapport à I.
Cela permet de déterminer le programme de tracé.

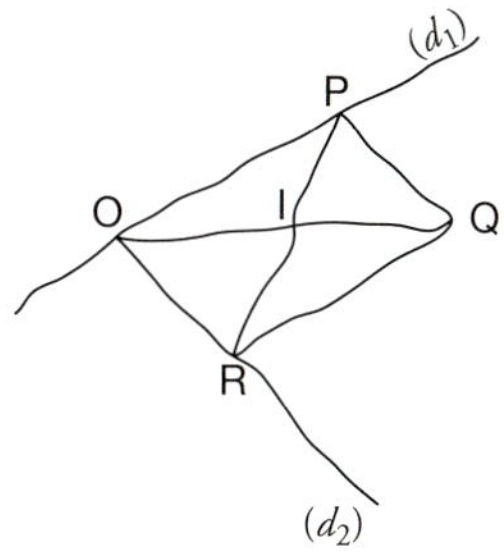

Placer le point Q symétrique de O par rapport à I.
Tracer la parallèle à (d_1) qui passe par Q, elle coupe (d_2) en R.
Tracer la droite parallèle à (d_2) qui passe par Q, elle coupe (d_1) en P.

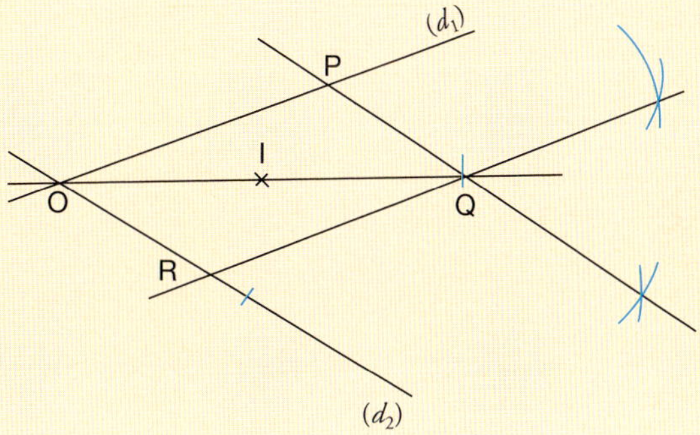

❷ a.

Il y a deux méthodes entre lesquelles on peut hésiter, ici, pour démontrer qu'un point est le milieu d'un segment :
- **Prouver que le point M est l'intersection des diagonales d'un parallélogramme.** Mais cette méthode ne peut pas être utilisée ici car on demande ensuite de démontrer que GBA′C est un parallélogramme.
- **Utiliser la définition du milieu d'un segment.** C'est cette méthode que nous allons utiliser.

Il existe bien sûr d'autres méthodes pour démontrer qu'un point est le milieu d'un segment, mais elles ne peuvent pas être utilisées ici car leurs conditions d'utilisation ne sont pas remplies.

Pour démontrer que $GM = MA'$ ou $GM = \frac{GA'}{2}$, on peut utiliser la propriété du centre de gravité d'un triangle (propriété T7) :

G est le centre de gravité de ABC. D'après cette propriété, $GM = \frac{AM}{3}$ ou encore $GM = \frac{AG}{2}$ (propriété T7).

A′ est le symétrique de A par rapport à G, donc $AG = GA'$, donc $GM = \frac{GA'}{2}$.
De plus G, M et A′ sont alignés.
Donc M est le milieu de [GA′].

b. M est le milieu de [GA′] et le milieu de [BC].
Donc BGCA′ est un parallélogramme car ses diagonales ont le même milieu (propriété P3).

c. Les côtés opposés d'un parallélogramme sont parallèles deux à deux (propriété P2).
Donc (GB) // (CA′) et (GC) // (BA′).

❸ Programme de construction

Les trois droites (d_1), (d_2) et (d_3) correspondent aux droites (GA), (GB) et (GC) du 2 précédent.

Placer le point A sur (d_1) puis construire le point A′ symétrique de A par rapport à G.
Tracer vla droite parallèle à (d_2) qui passe par A′ ; elle coupe (d_3) en C.
Tracer la droite parallèle à (d_3) qui passe par A′ ; elle coupe (d_2) en B.

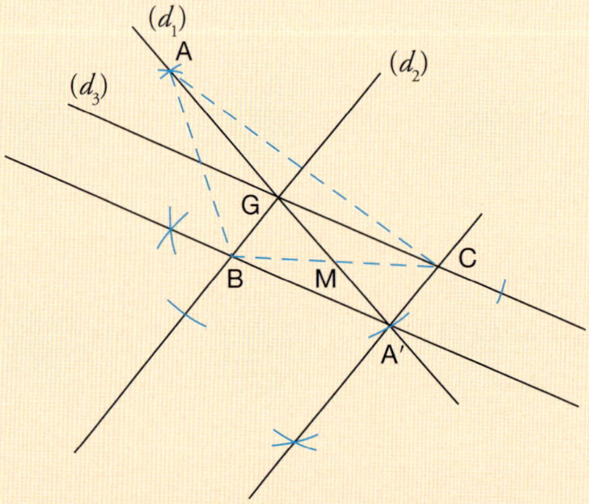

La justification n'est pas demandée, la voici tout de même.

Par construction, GCA′B est un parallélogramme, donc M, point d'intersection des diagonales, est le milieu de [BC], donc (AM) (c'est-à-dire (d_1)) est bien une médiane du triangle ABC.

M est aussi le milieu de [A′G], donc $GM = \frac{A'G}{2}$, or AG = A′G, donc $GM = \frac{AG}{2}$.

En conséquence, $GM = \frac{AM}{3}$; de plus, le point G est sur la médiane (AM) du triangle ABC, donc c'est bien le centre de gravité du triangle ABC et les droites (d_2) et (d_3) sont les deux autres médianes de ce triangle (propriété T7).

PROBLÈME 3

Énoncé p. 346

> Pour résoudre ce problème, **la stratégie chainage avant/chainage arrière est très performante**. En cas de blocage, il faut la mettre explicitement en place.
> Comme dans beaucoup d'épreuves de concours, il faut aussi **savoir tenir compte des résultats des questions précédentes pour résoudre les questions suivantes**. On rappelle qu'il est tout à fait possible d'utiliser le résultat d'une question précédente même si on n'a pas réussi à le démontrer.

❶ OA = OC (rayon du cercle) ;
de plus, AC = OA (*donnée*).
Donc le triangle AOC est équilatéral.
C est un point du cercle de diamètre [AB].

Donc le triangle ABC est rectangle en C (propriété C′2).

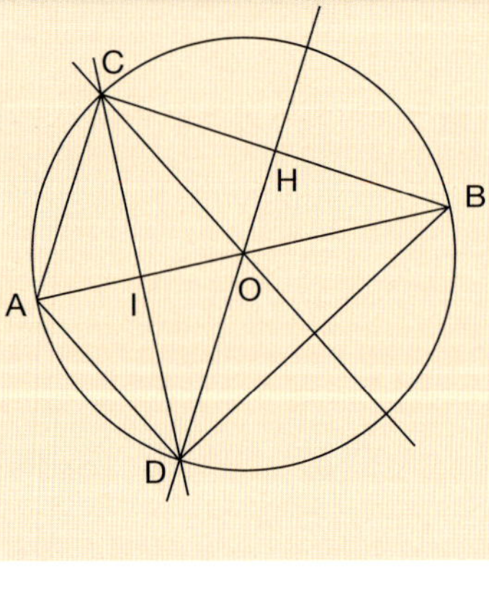

❷ Dans le triangle ABC, H est le milieu de [BC] et O le milieu de [AB], puisque c'est le centre du cercle de diamètre [AB].
Si une droite passe par les milieux de deux côtés d'un triangle, alors elle est parallèle au troisième côté du triangle.
Donc (OH) et (AC) sont parallèles (propriété T4)**.**

❸ CAO est un triangle équilatéral et I est le milieu de [AO].
(CI) étant une médiane, elle est aussi la médiatrice du segment [OA] (propriété T10).
Donc D, qui est sur cette droite, est équidistant de A et O (propriété M3).
Donc DA = DO.
De plus, on sait que CA = CO et que CO = DO (rayon du cercle).
Donc CADO est un losange, car il a quatre côtés de même longueur.

On sait que (OH) et (AC) sont parallèles (propriété L1) (*voir* 2), et on sait que (OD) et (AC) sont parallèles (car ce sont deux côtés opposés d'un losange).
Donc (OH) et (DO) sont parallèles (droites parallèles à une même troisième).
Donc les points D, O et H sont alignés (propriété D5)**.**

❹ (CO) et (AD) sont parallèles (propriété L2).
D est un point du cercle de diamètre [AB], donc (AD) et (DB) sont perpendiculaires (propriété C′2).
Si deux droites sont parallèles et qu'une troisième droite est perpendiculaire à l'une, alors elle est perpendiculaire à l'autre.
Donc (DO) et (BC) sont perpendiculaires.

Pour cette question, on pouvait aussi utiliser la propriété T10.

❺ • **Calcul de $\widehat{CAO}$**

$\widehat{CAO} = \mathbf{60°}$ car AOC est un triangle équilatéral.

• **Calcul de $\widehat{HOB}$**

$\widehat{HOB} = \widehat{CAB}$ car ces deux angles sont correspondants et définis à partir des droites parallèles (HO) et (AC), et de la sécante (AB) (propriété A6).
Donc $\widehat{HOB} = \mathbf{60°}$.

AUTRE MÉTHODE :

Considérer que (OH) est la bissectrice de $\widehat{COB}$.
$\widehat{HOB} = \widehat{AOD} = 60°$ (angles opposés par le sommet).
Cette méthode suppose que « le triangle AOD est équilatéral » ait été explicité.

• **Calcul de $\widehat{ABC}$**

Dans le triangle rectangle ABC, on a $\widehat{ABC} = 180° - (90° + 60°) = \mathbf{30°}$.

• **Calcul de $\widehat{ADC}$**

$\widehat{ADC}$ est un angle inscrit qui intercepte l'arc $\overset{\frown}{AC}$. Il intercepte donc le même arc que $\widehat{ABC}$. Donc $\widehat{ADC} = \mathbf{30°}$ (propriété A7).

- **Calcul de $\widehat{CDB}$**

$\widehat{CDB}$ et $\widehat{CAB}$ sont deux angles inscrits qui interceptent la même arc $\overset{\frown}{BC}$, donc ils sont égaux. Donc $\widehat{CDB} = \mathbf{60°}$.

- **Calcul de $\widehat{COB}$**

$\widehat{COB}$ est un angle au centre qui intercepte le même arc $\overset{\frown}{BC}$ que l'angle inscrit $\widehat{CDB}$. Donc $\widehat{COB} = 2 \times \widehat{CDB}$ (propriété A8). Donc $\widehat{COB} = \mathbf{120°}$.

PROBLÈME 4

Énoncé p. 346

❶ Les trois médiatrices d'un triangle sont concourantes.
Le cercle, qui a pour centre ce point d'intersection des médiatrices et qui passe par un sommet, passe par les deux autres sommets puisque le point d'intersection des médiatrices est équidistant des sommets du triangle.
Donc tous les triangles sont inscriptibles.

❷ On considère le cercle ayant pour centre le point d'intersection des diagonales et qui passe par un sommet du rectangle. Comme les diagonales se coupent en leur milieu et sont de même longueur, ce cercle passe par les autres sommets.
Donc tous les rectangles sont inscriptibles.

❸ On considère un cercle de centre O sur lequel on place trois points A, B et C. On place un 4e point D qui n'est pas sur le cercle de centre O.
Le quadrilatère ABCD n'est pas inscriptible.

Pour le prouver, on va utiliser un raisonnement par l'absurde :
Supposons qu'il soit inscriptible, alors il y a deux cercles circonscrits distincts au triangle ABC. Le centre de ce 2e cercle est le point d'intersection des médiatrices du triangle et ce cercle passe par un sommet ; il est donc confondu avec le cercle ($\mathscr{C}$), ce qui est impossible puisque le cercle ($\mathscr{C}$) ne passe pas par D.

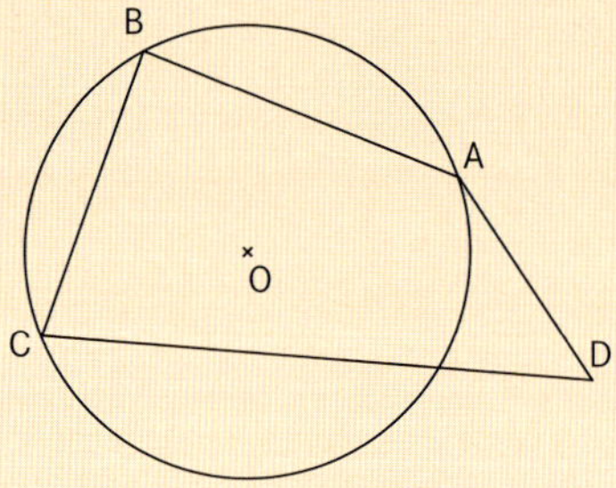

❹ On considère le quadrilatère ABCD construit de façon à ce que les angles $\widehat{B}$ et $\widehat{D}$ soient des angles droits.
Le cercle circonscrit au triangle ABC a pour diamètre [AC] (propriété T2). Or ce cercle passe par D car [AC] est aussi l'hypoténuse du triangle rectangle ADC.
Le quadrilatère ABCD est donc inscriptible.

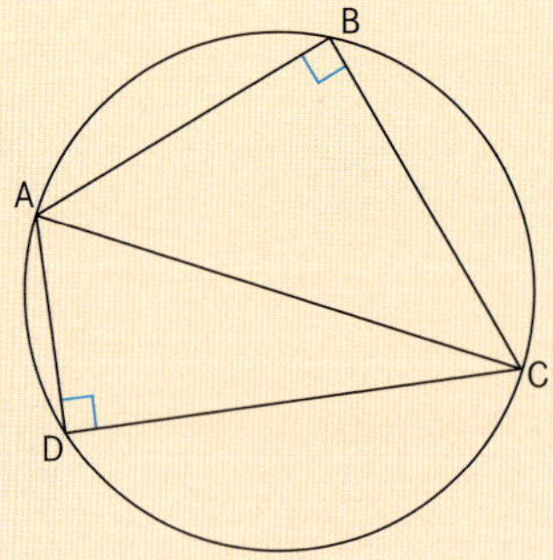

CHAPITRE 16

Théorèmes de Pythagore et de Thalès

OBJECTIFS DU CHAPITRE

– Calculer des longueurs (théorèmes de Pythagore et de Thalès).

– Démontrer que deux droites sont perpendiculaires (réciproque du théorème de Pythagore).

– Démontrer que deux droites sont parallèles (réciproque du théorème de Thalès).

FICHE MÉTHODE

– Calculer la longueur d'un segment. p. 358

TESTER SES CONNAISSANCES

Pour chacun des trois QCM :
En s'appuyant sur les informations sur les figures, indiquer quelles affirmations sont vraies (les mesures sont exprimées dans la même unité).

QCM 1

Aide :
C à F, §1.1 p. 355

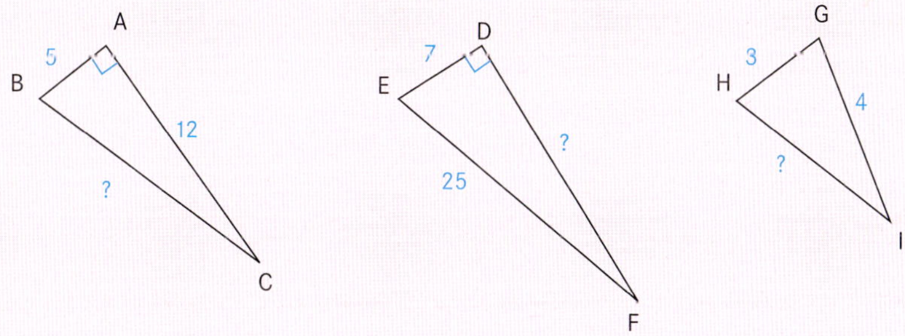

A. $BC = \sqrt{119}$ **C.** $DF = \sqrt{674}$ **E.** $HI = 5$

B. $BC = 13$ **D.** $DF = 24$ **F.** $HI = \sqrt{7}$

QCM 2

Aide :
§2.1 p. 357

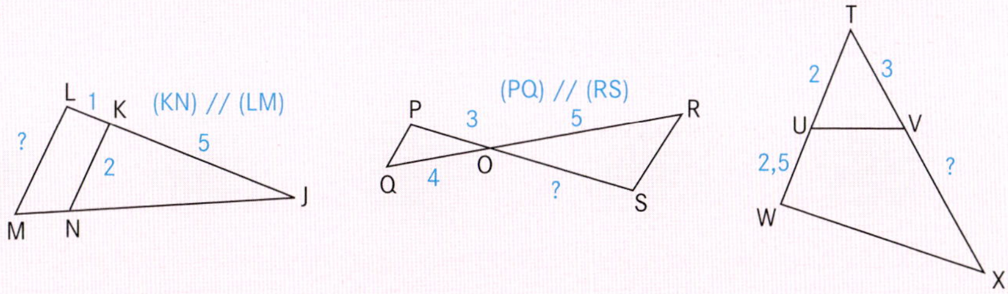

A. $LM = 2{,}4$ **C.** $OS = 20/3$ **E.** $VX = 3{,}75$

B. $LM = 0{,}4$ **D.** $OS = 15/4$ **F.** $VX = 4{,}75$

Aide :
affirmation A §1.
p. 356
affirmation D §2.
p. 359

QCM 3

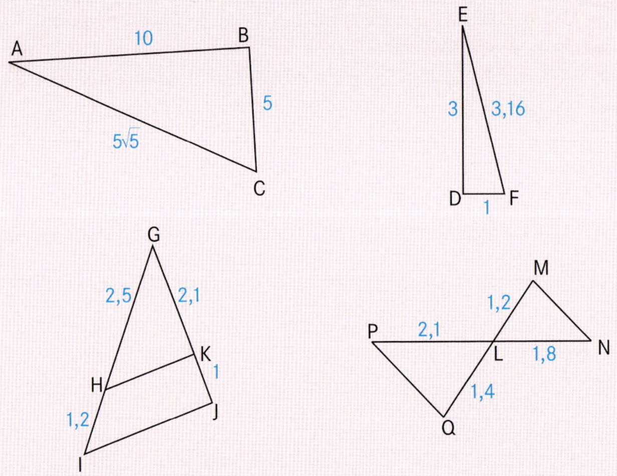

A. ABC est un triangle rectangle.
B. DEF est un triangle rectangle.
C. (HK) // (IJ).
D. (PQ) // (MN).

1. B et D 2. A et D 3. A et D

LE COURS

1 Théorème de Pythagore

Rappelons un peu de vocabulaire.

Dans un triangle rectangle, le côté opposé à l'angle droit est appelé **hypoténuse**.

Les deux autres côtés sont appelés **côtés de l'angle droit**.

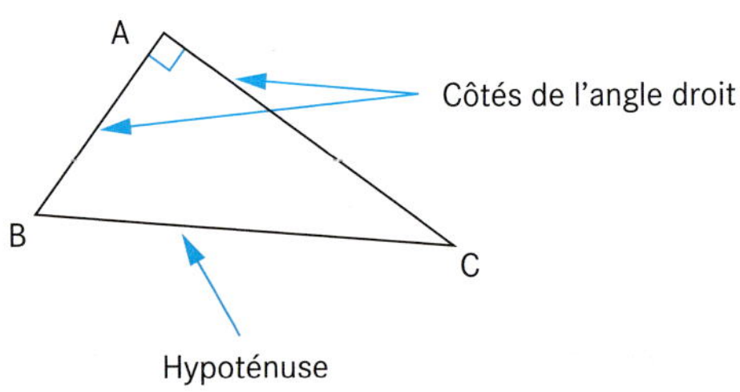

1. 1 Énoncé du théorème

Si un triangle est rectangle alors le carré de la longueur de l'hypoténuse est égal à la somme des carrés des longueurs des côtés de l'angle droit.

OU

Si ABC est un triangle rectangle en A alors $AB^2 + AC^2 = BC^2$.

Application : **Ce théorème permet de calculer la longueur d'un segment** dans le cas où ce segment est le côté d'un triangle rectangle dont on connait la longueur des deux autres côtés.

Pour rédiger une solution utilisant le théorème de Pythagore, il est indispensable de bien indiquer dans quel triangle rectangle on se place. Il faut ensuite écrire la relation de Pythagore correspondante et remplacer les longueurs connues par leurs valeurs. Si, dans l'énoncé, on ne précise pas que le triangle est rectangle, il faut le démontrer.

CORRIGÉ QCM 1 affirmations C et D : Dans le triangle rectangle EDF, on a d'après le théorème de Pythagore : $EF^2 = ED^2 + DF^2$ donc $25^2 = 7^2 + DF^2$ donc $DF^2 = 25^2 - 7^2 = 576$ donc DF = 24. **Donc l'affirmation D est vraie.**

QCM 1, p. 353

• Cas particuliers

La **longueur de la diagonale d'un carré** de côté *a* est égale à $a\sqrt{2}$.

La **hauteur d'un triangle équilatéral** de côté *a* est égal à $a\dfrac{\sqrt{3}}{2}$.

ENTRAINEMENT 1

Corrigé p. 360

Démontrer ces deux propriétés.

Au concours, on peut utiliser directement ces résultats si on a à calculer la longueur de la diagonale d'un carré ou la hauteur d'un triangle équilatéral.

CORRIGÉ QCM 1 affirmations E et F :

QCM 1, p. 353

On ne peut pas calculer HI car cette longueur dépend de l'angle $\widehat{HGI}$.

ENTRAINEMENT 2

Corrigé p. 360

Pour chacune des figures suivantes, déterminer la longueur demandée (les figures ne sont pas tracées à l'échelle ; les mesures sont exprimées dans la même unité).

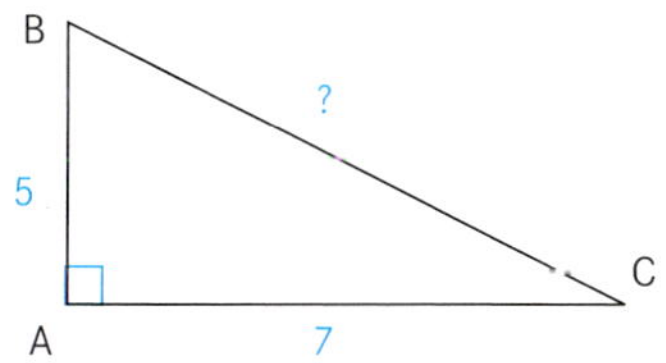

Fig. 1 (BC = ?)

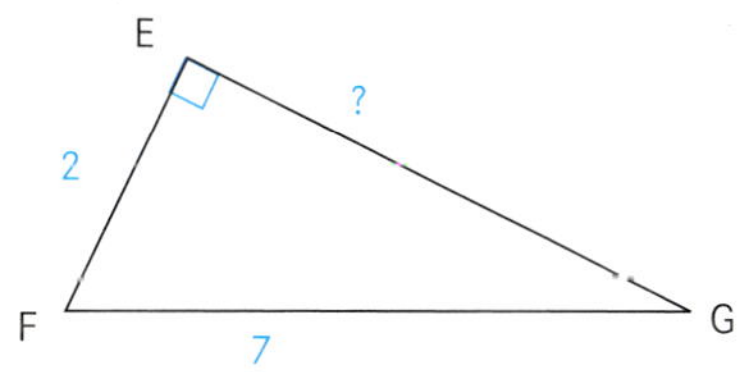

Fig. 2 (EG = ?)

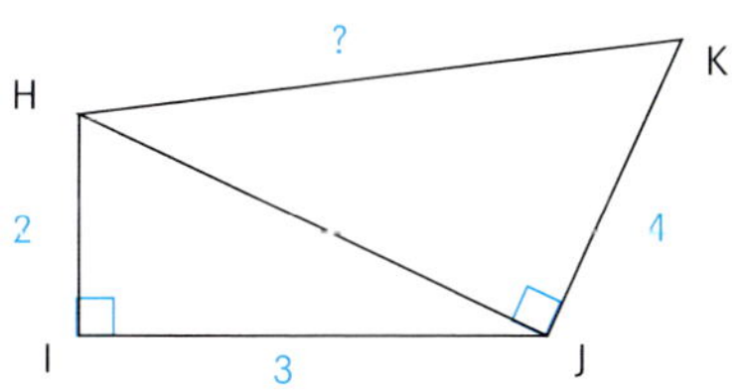

Fig. 3 (HK = ?)

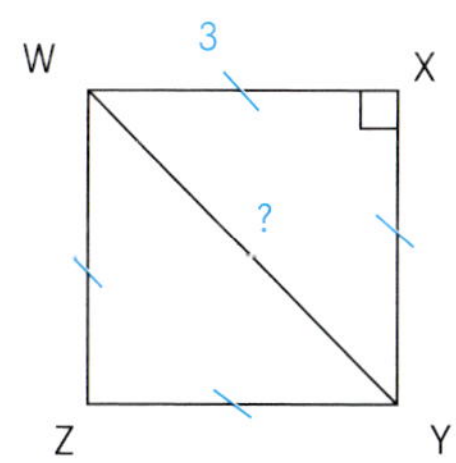

Fig. 4 (WY = ?)

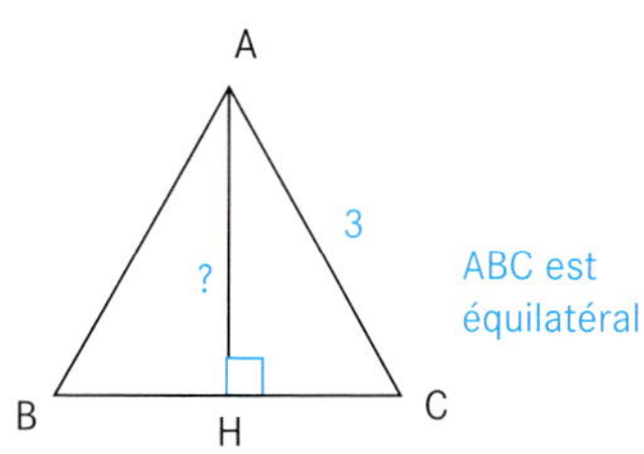

Fig. 5 (AH = ?)

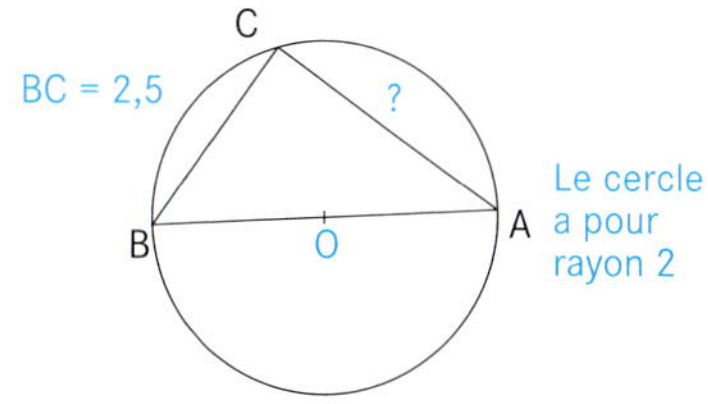

Fig. 6 (AC = ?)

Attention ! Si on ne précise rien dans l'énoncé, il faut donner la valeur exacte de la longueur cherchée, éventuellement en gardant les radicaux.
Si on est amené à utiliser une longueur qu'on a préalablement calculée, il faut utiliser la valeur exacte de cette longueur (*voir Fig. 3*).

1. 2 La « réciproque » du théorème de Pythagore

Si dans un triangle le carré de la longueur d'un côté est égal à la somme des carrés des longueurs des deux autres côtés alors ce triangle est rectangle.

OU

Si $AB^2 + AC^2 = BC^2$ alors ABC est un triangle rectangle en A.

Application : **Ce théorème permet de démontrer qu'un triangle est rectangle** (donc que deux droites sont perpendiculaires). Il nécessite, pour pouvoir être utilisé, de connaitre les longueurs des trois côtés du triangle.

Attention ! Parfois l'égalité de Pythagore est « presque vérifiée », cela ne suffit pas pour dire que le triangle est rectangle. C'est pourquoi, il faut toujours travailler avec des valeurs exactes et non avec des valeurs approchées (*voir QCM 3 triangle DEF*).

CORRIGÉ QCM 3 affirmation A : Le plus grand côté est AC. QCM 3 p. 354

$AC^2 = (5\sqrt{2})^2 = 125$

$AB^2 + BC^2 = 100 + 25 = 125$

Donc $AC^2 = AB^2 + BC^2$, donc d'après la réciproque du théorème de Pythagore, **le triangle ABC est rectangle en B.**

Pour rédiger une solution utilisant la réciproque du théorème de Pythagore, il faut identifier le plus grand côté du triangle, puis calculer séparément les deux membres de la relation de Pythagore pour constater leur égalité.

ENTRAINEMENT 3 Corrigé p. 360

Les triangles dont les mesures sont données sont-ils des triangles rectangles ?

a. AB = 3 cm, BC = 4 cm, AC = 5 cm.

b. ST = 4 cm, TM = 5 cm, SM = 7 cm

c. $QT = \sqrt{5}$ cm , QR = 4 cm et $RT = \sqrt{11}$ cm.

2 Théorème de Thalès

2. 1 Énoncé du théorème

Soit (d) et (d') deux droites sécantes en A,
soit B et M deux points de (d) distincts de A,
soit C et N deux points de (d') distincts de A,
si les droites (BC) et (MN) sont parallèles alors $\frac{AM}{AB} = \frac{AN}{AC} = \frac{MN}{BC}$.

Il y a deux configurations correspondant à ce théorème :

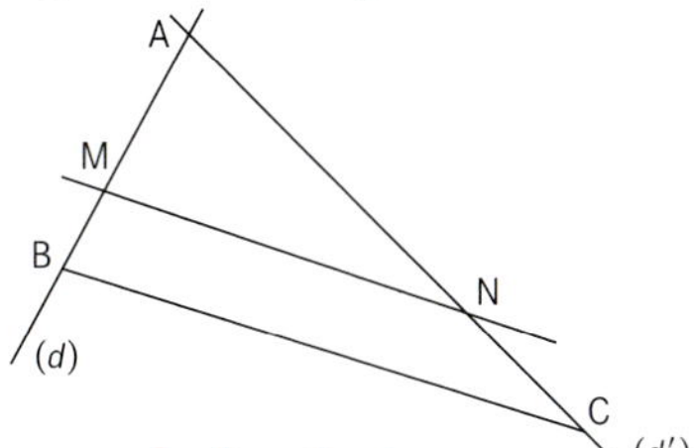

Configuration 1

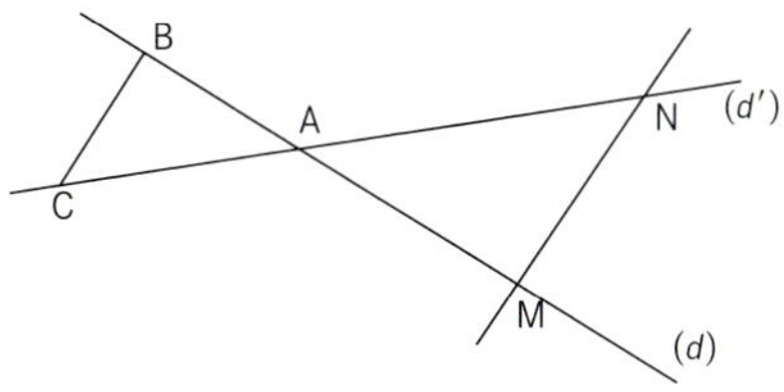

Configuration 2

1er triangle : A M N
↓ ↓ ↓
2e triangle : A B C

$\rightarrow \dfrac{AM}{AB} = \dfrac{AN}{AC} = \dfrac{MN}{BC}$

Dans les conditions de la **configuration 1**, on a également : $\dfrac{AM}{MB} = \dfrac{AN}{NC}$ mais, attention, ces rapports ne sont pas égaux à $\dfrac{MN}{BC}$.

ENTRAINEMENT 4

Non corrigé

Tracer des configurations de Thalès et « vérifier » le théorème en mesurant des longueurs (cela n'en constitue pas une démonstration !).

Applications :

- **Le théorème de Thalès permet de calculer des longueurs.**

Pour l'utiliser, il faut avoir des droites parallèles et connaitre des longueurs de segments. Dans certains exercices ou problèmes, avant d'utiliser le théorème de Thalès, il faut démontrer qu'on a bien des droites parallèles.

Pour rédiger une solution utilisant le théorème de Thalès, il faut indiquer les sécantes (ou le triangle) et les parallèles que l'on utilise. On écrit les rapports égaux (généralement deux rapports suffisent), puis on remplace les longueurs connues par leurs valeurs.

CORRIGÉ QCM 2 :

QCM 2 p. 353

- Les droites (PQ) et (RS) sont parallèles, avec les sécantes (QR) et (PS) ; d'après le théorème de Thalès on a : $\dfrac{OR}{OQ} = \dfrac{OS}{OP}$ donc $\dfrac{5}{4} = \dfrac{OS}{3}$ donc $OS = \dfrac{15}{4}$.
- On ne peut pas appliquer le théorème de Thalès dans le triangle TWX car (UV) et (WX) ne sont pas parallèles.

ENTRAINEMENT 5

Corrigé p. 360

Pour chacune des figures suivantes, déterminer la longueur demandée (les figures ne sont pas tracées à l'échelle ; les mesures sont exprimées dans la même unité).

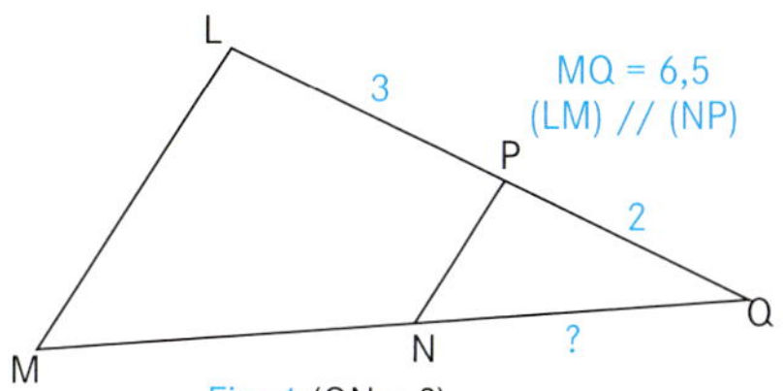

Fig. 1 (QN = ?)

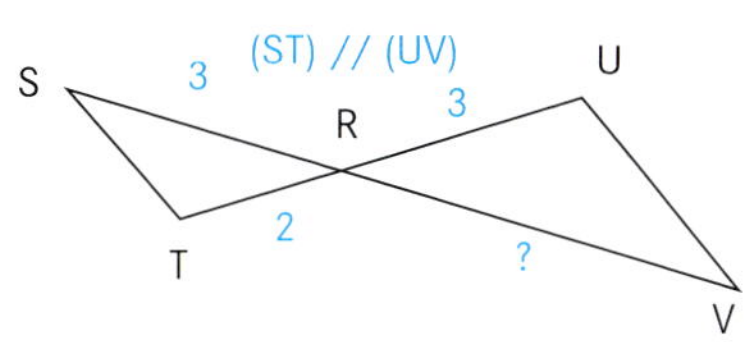

Fig. 2 (RV = ?)

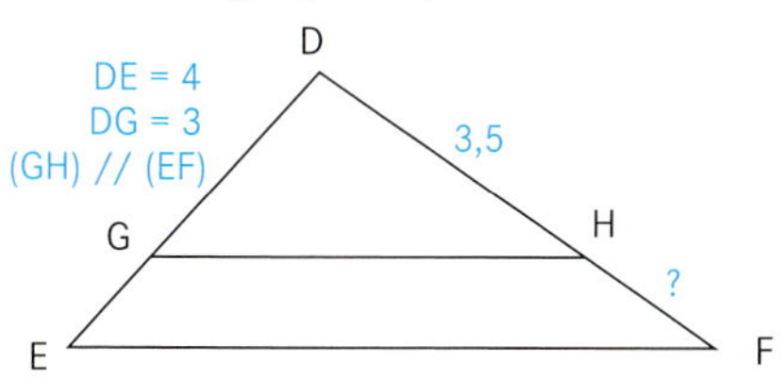

Fig. 3 (HF = ?)

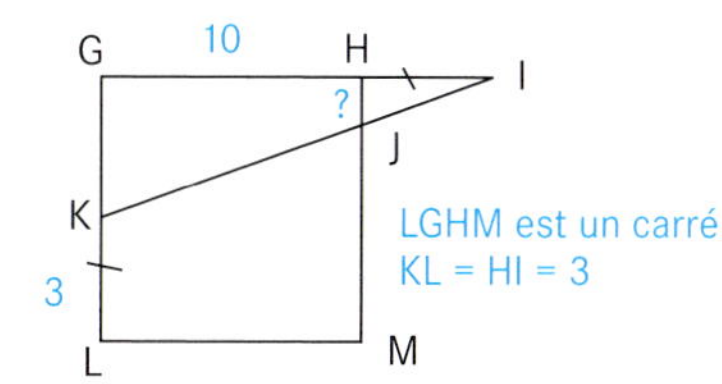

Fig. 4 (HJ = ?)

- **Le théorème de Thalès permet aussi de partager un segment en segments égaux,** en utilisant uniquement le compas et la règle non graduée.

EXEMPLE : Partager le segment [AB] en 5 segments de longueurs égales.

On trace une demi-droite [Ax). On reporte avec le compas, sur cette demi-droite, à partir de A, cinq segments consécutifs d'une même longueur arbitrairement choisie.

Soit C le dernier point obtenu.

On trace la droite (BC), puis les parallèles à (BC) qui passent par les points obtenus avec le compas. Les points d'intersection de ces parallèles avec le segment [AB] définissent des segments égaux.

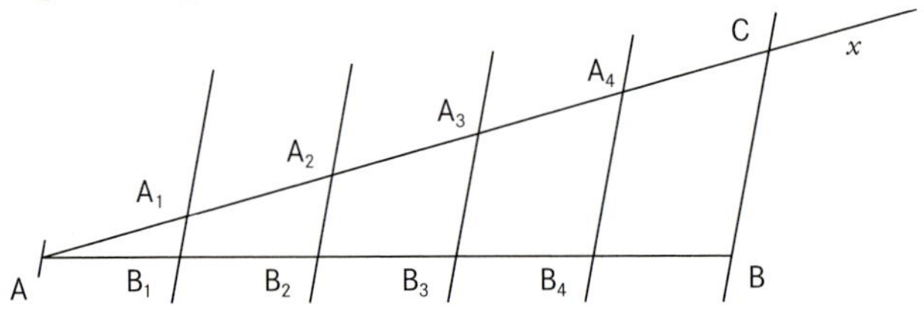

En effet, en application du 1er encadré p. 357, on a :

$$\frac{AB_1}{AA_1}=\frac{B_1B_2}{A_1A_2}=\frac{B_2B_3}{A_2A_3}=\frac{B_3B_4}{A_3A_4}=\frac{B_4B}{A_4C}$$

avec $AA_1 = A_1A_2 = ... = A_4C$;

on en déduit que $AB_1 = B_1B_2 = ... = B_4B$.

Cette méthode, appliquée au partage d'un segment en deux segments de même longueur, offre un deuxième moyen pour tracer le milieu d'un segment uniquement en utilisant le compas : il suffit de partager le segment dont on cherche le milieu en deux segments de même longueur. (Nous rappelons qu'une méthode déjà évoquée utilisait le tracé de la médiatrice, *voir chap. 13 § 7, p. 296*).

On peut donc lister les méthodes permettant de calculer la longueur d'un segment.

FICHE MÉTHODE Calculer la longueur d'un segment.

On peut utiliser ces théorèmes ou propriétés :

- Le théorème de Pythagore.
- Le théorème de Thalès.
- La propriété de la médiane d'un triangle rectangle (propriété T1).
- La propriété du segment qui joint les milieux de deux côtés d'un triangle (propriété T5).
- La propriété du centre de gravité d'un triangle.
- La trigonométrie.
- Les formules de calculs de périmètres, d'aires, de volumes.
- Le fait que ce segment a même longueur qu'un segment connu ; pour cela on peut utiliser la propriété :

– des longueurs des côtés d'un triangle isocèle, équilatéral ;
– des longueurs des côtés d'un parallélogramme, d'un losange, d'un rectangle, d'un carré (propriétés P5, L2, R2, C2) ;
– des longueurs des diagonales d'un rectangle, d'un carré (propriété R4, C4) ;
– d'égalité des rayons d'un cercle (propriété C'1) ;
– d'équidistance des points de la médiatrice (propriété M3) ;
– de symétries, translations, rotations.

➤ **Trigonométr dans le triangle rectangle,** chap. 17 p. 369

➤ **Grandeurs e mesures,** chap. 20 p. 437

2. 2 La « réciproque » du théorème de Thalès

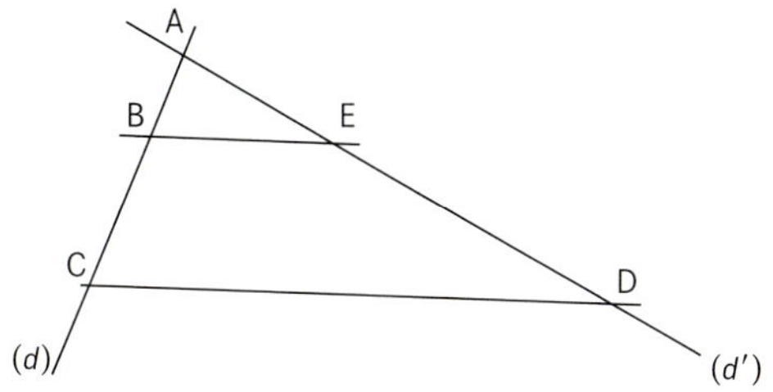

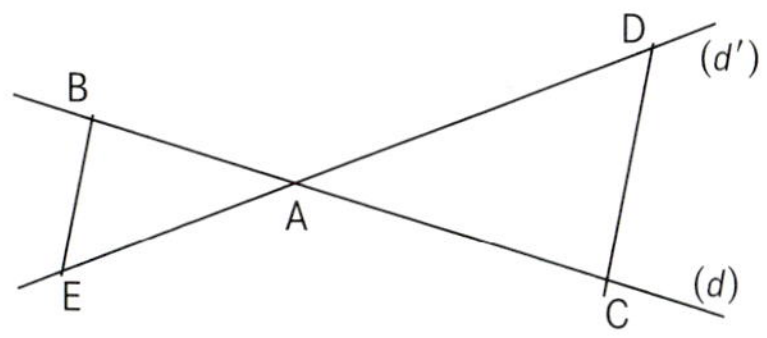

Si (d) et (d') sont deux droites sécantes en A,
si B et C sont deux points de (d) et E et D deux points de (d'), si $\frac{AB}{AC}=\frac{AE}{AD}$, et enfin si les points A, B, C et A, E, D sont alignés dans le même ordre,
alors les droites (BE) et (CD) sont parallèles.

Application : **Cette propriété permet de démontrer que deux droites sont parallèles.**
Si on ne précise pas que les points sont alignés dans le même ordre, alors les droites ne sont pas nécessairement parallèles. En revanche, on ne démontre pas que les points sont alignés dans le même ordre, on le constate seulement sur le dessin.

On ne peut pas démontrer une égalité de rapports en utilisant des valeurs approchées.

CORRIGÉ QCM 3 affirmation D :

QCM 3 p. 354

$$\frac{LQ}{LM}=\frac{1,4}{1,2}=\frac{14}{12}=\frac{7}{6} \quad \text{et} \quad \frac{LP}{LN}=\frac{2,1}{1,8}=\frac{21}{18}=\frac{7}{6} \quad \text{donc} \quad \frac{LQ}{LM}=\frac{LP}{LN}.$$

De plus les points Q, L, M et P, L, N sont alignés dans le même ordre donc, d'après la réciproque du théorème de Thalès, les droites (PQ) et (MN) sont parallèles.

ENTRAINEMENT 6

Corrigé p. 361

Les droites suivantes sont-elles parallèles (les figures ne sont pas tracées à l'échelle) ?

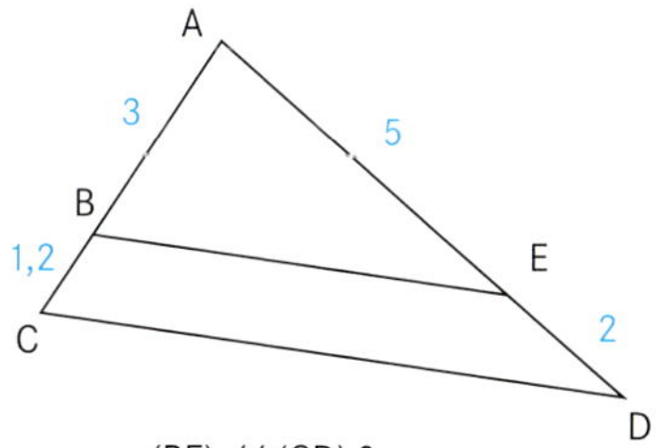

(BE) // (CD) ?

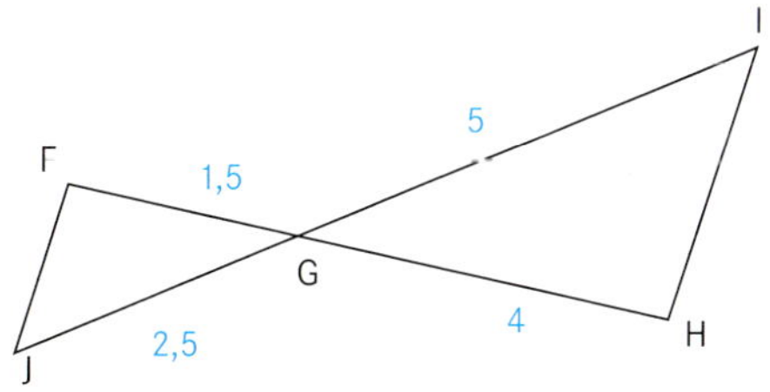

(FJ) // (IH) ?

ENTRAINEMENT 7

Non corrigé

Partager ce segment en 7 segments de même longueur en utilisant le compas et la règle non graduée :

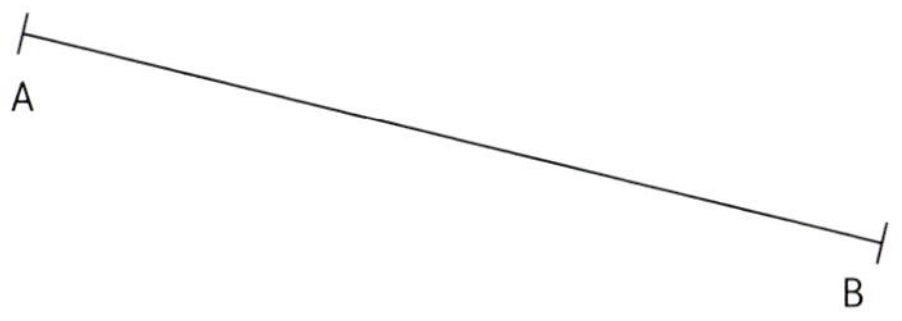

CORRIGÉS EXERCICES D'ENTRAINEMENT

ENTRAINEMENT 1

Énoncé p. 355

- **Propriété 1**

Soit ABCD le carré de côté a, ABC est un triangle rectangle en B.
On peut donc appliquer le théorème de Pythagore :
$AB^2 + BC^2 = AC^2$, donc $AC^2 = a^2 + a^2 = 2a^2$, **donc** $\mathbf{AC = \sqrt{2a^2} = a\sqrt{2}}$.

- **Propriété 2**

Soit ABC le triangle équilatéral de côté a et H le pied de la hauteur issue de A.
ABH est un triangle rectangle en H.
On peut donc appliquer le théorème de Pythagore dans ce triangle :
on a $AH^2 + BH^2 = AB^2$.
Or la hauteur dans un triangle équilatéral est aussi médiane (conséquence de T10).
Donc H est le milieu de [BC], donc $BH = \frac{a}{2}$.

L'égalité précédente permet donc d'écrire : $a^2 = \left(\frac{a}{2}\right)^2 + AH^2$.

Donc $AH^2 = a^2 - \frac{a^2}{4} = \frac{3a^2}{4}$, **donc** $\mathbf{AH = \frac{a\sqrt{3}}{2}}$.

ENTRAINEMENT 2

Énoncé p. 355

Figure 1 : $BC = \sqrt{74}$.

Figure 2 : $EG = \sqrt{45} = 3\sqrt{5}$.

Figure 3 : $HJ = \sqrt{13}$ et $HK = \sqrt{29}$.

Figure 4 : $WY = \sqrt{18} = 3\sqrt{2}$.

Figure 5 : $AH = \frac{3\sqrt{3}}{2}$.

Figure 6 : $AC = \sqrt{9{,}75}$.

> Attention ! Pour la figure 6, il faut justifier que ABC est un triangle rectangle en C (propriété C'2).

ENTRAINEMENT 3

Énoncé p. 356

Après avoir déterminé le plus grand côté du triangle, on regarde si la relation de Pythagore est vérifiée :

a. Le triangle ABC est rectangle en B.
b. Le triangle STM n'est pas rectangle.
c. Le triangle TQR est rectangle en T.

ENTRAINEMENT 5

Énoncé p. 377

Figure 1 : $\frac{2}{5} = \frac{QN}{6{,}5}$, **donc QN = 2,6.**

Figure 2 : $\frac{3}{RV} = \frac{2}{3}$, **donc RV = 4,5.**

> Attention ! On doit toujours travailler avec des valeurs exactes.

Figure 3 : $\frac{DE}{DG} = \frac{DF}{DH}$, donc $\frac{4}{3} = \frac{DF}{3,5}$ et $DF = \frac{14}{3}$.

Donc $HF = \frac{14}{3} - 3,5 = \frac{14}{3} - \frac{7}{2}$, **donc** $\mathbf{HF = \frac{7}{6}}$.

> Pour la **figure 3**, on est dans une configuration où l'on peut écrire que $\frac{DG}{GE} = \frac{DH}{HF}$ et calculer directement HF (*voir 1er encadré p. 357*).

Figure 4 : LGHM est un carré, donc (GL) // (HM).
Dans le triangle GKI, on applique le théorème de Thalès :

$\frac{HJ}{GK} = \frac{IH}{IG}$, donc $\frac{HJ}{10-3} = \frac{3}{10+3}$, **donc** $\mathbf{HJ = \frac{21}{13}}$.

ENTRAINEMENT 6

Énoncé p. 359

On vérifie si on a l'égalité des rapports :

$\frac{AB}{AC} = \frac{3}{4,2} = \frac{30}{42} = \frac{5}{7}$ et $\frac{AE}{AD} = \frac{5}{7}$, donc $\frac{AB}{AC} = \frac{AE}{AD}$.

De plus les points A, B, C et A, E, D sont alignés dans le même ordre, donc les droites (BE) et (CD) sont parallèles.

Les droites (FJ) et (IH) ne sont pas parallèles, car $\frac{GF}{GH} \neq \frac{GJ}{GI}$.

AU CONCOURS

EXERCICE 1

Corrigé p. 364

EBGC est un rectangle et (DF) est parallèle à (CG).
On donne :
EB = 10 ; BF = 2 ; FG = 3.
Les mesures sont exprimées dans la même unité.
Calculer AB.

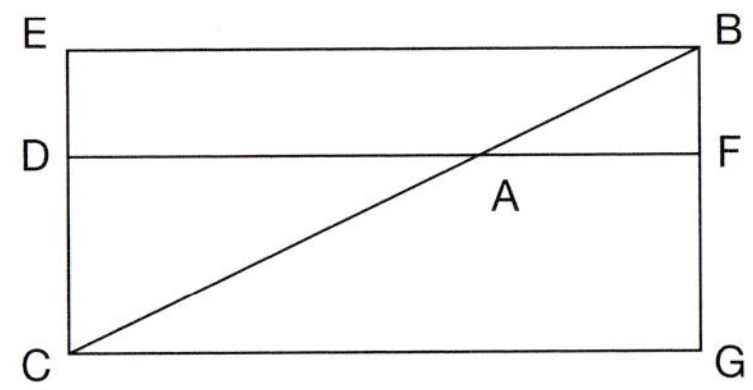

EXERCICE 2

Corrigé p. 364

Tracer un segment [BC] de 5 cm de longueur.
Tracer le cercle de diamètre [BC].
Placer sur ce cercle le point A tel que AB = 3 cm.
Placer sur [AC] le point N tel que CN = 1 cm.
La droite perpendiculaire à (AC) qui passe par N coupe (BC) en Q.
Calculer QC.

PROBLÈME 1

Corrigé p. 365

Les seuls instruments autorisés sont la règle graduée et le compas.

On considère le parallélogramme ABCD ci-dessous :

❶ Reproduire ce parallélogramme à l'échelle 1 avec la règle non graduée et le compas. Laisser nettement apparaitre les tracés de construction.

❷ Soit O le centre du parallélogramme ABCD. Soit E le point tel que A soit le milieu de [DE]. Soit F le point d'intersection des droites (AB) et (OE).

Démontrer que $AF = \frac{AB}{3}$. (On pourra utiliser le triangle BDE.)

❸ La parallèle à (BD) passant par F coupe (AC) en I et la droite (AD) en H.

Calculer les rapports $\frac{AH}{AD}$ et $\frac{AI}{AC}$.

❹ Soit R le point de la demi-droite [AB) tel que $AR = \dfrac{4AB}{3}$.

Soit S le point de la demi-droite [AC) tel que $AS = \dfrac{4AC}{3}$.

Soit T le point de la demi-droite [AD) tel que $AT = \dfrac{4AD}{3}$.

a. Placer R, S et T à la règle non graduée et au compas en explicitant le procédé utilisé.

b. Quelle est la nature du quadrilatère ARST ?

PROBLÈME 2

Corrigé p. 366

Le quadrilatère ABJI ci-dessous est un trapèze de bases [AI] et [BJ].
Les diagonales [AJ] et [BI] se coupent en M.
La distance du point M à la droite (AB) est HM.
On donne en centimètres : AI = 6, BJ = 5 et AB = 4.

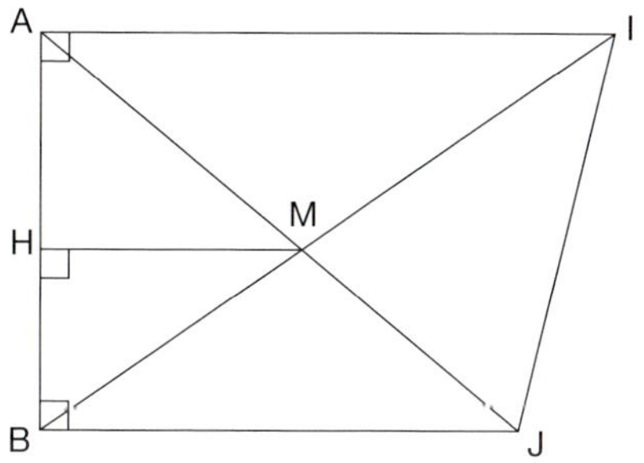

❶ Écrire en justifiant :

a. Deux rapports égaux à $\dfrac{HM}{AI}$.

b. Deux rapports égaux à $\dfrac{HM}{BJ}$.

❷ Calculer $\dfrac{HM}{AI} + \dfrac{HM}{BJ}$.

❸ En déduire la valeur HM.

❹ Calculer AH.

PROBLÈME 3

Corrigé p. 367

Les instruments autorisés sont le compas, l'équerre et la règle graduée.

❶ **a.** Tracer un carré ABCD de côté 5 cm.
Tracer le cercle de centre B passant par A. Il recoupe la droite (AB) en E.
b. Démontrer que ACE est un triangle isocèle rectangle en utilisant trois méthodes.

❷ **a.** Tracer le cercle de diamètre [BE]. Il coupe (CE) en L.
b. Démontrer que (BL) // (AC).

❸ Calculer BL.

CORRIGÉS **EXERCICES**

EXERCICE 1

Énoncé p. 362

On peut appliquer la stratégie du chainage arrière en identifiant les propriétés qu'on peut utiliser pour calculer [AB] (*voir fiche méthode p. 358*).
On peut penser au théorème de Pythagore dans le triangle rectangle ABF ou au théorème de Thalès dans le triangle BCG avec les parallèles (AF) et (CG), mais dans les deux cas il manque AF. Il faut donc calculer AF.

Dans le triangle BCG, (AF) est parallèle à (CG).
Donc, d'après le théorème de Thalès : $\frac{BF}{BG} = \frac{AF}{CG}$.
De plus, CG = EB = 10 cm car EBGC est un rectangle.
Donc $\frac{2}{5} = \frac{AF}{10}$, donc AF = 4.
Dans le triangle BAF rectangle en F,
on a d'après le théorème de Pythagore :
$BA^2 = 2^2 + 4^2$, **donc** $\mathbf{BA = \sqrt{20} = 2\sqrt{5}}$ **cm.**

Il y a d'autres méthodes possibles.

EXERCICE 2

Énoncé p. 362

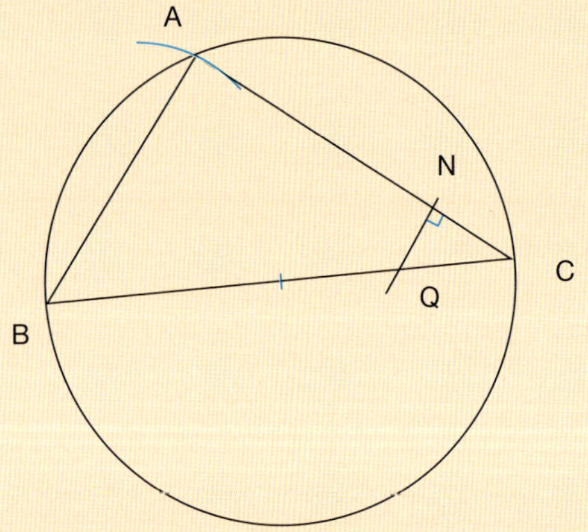

Il s'agit de **calculer la longueur d'un segment**. On a plusieurs possibilités (*voir fiche méthode p. 358*) :
- utiliser le théorème de Thalès ou celui de Pythagore ;
- montrer que le segment cherché a même longueur qu'un segment dont on connait la longueur ;
- …

Ici on reconnait une **configuration de Thalès** avec le triangle ABC et le fait que (NQ) semble parallèle à (AB), mais encore faut-il le démontrer.
En supposant qu'on arrive à démontrer que (AB) // (NQ), il faut disposer des longueurs de trois segments découpés par ces parallèles : on connait CN et CB, mais il nous manque CA. **Comment calculer CA ?**

A est un point du cercle de diamètre [BC].
Donc ABC est un triangle rectangle en A (propriété C'2), donc (AB) ⊥ (AC).
D'après le théorème de Pythagore, on a :
$BC^2 = AB^2 + AC^2$, donc $5^2 = 3^2 + AC^2$.
Donc $AC^2 = 16$, donc **AC = 4 cm.**

(NQ) ⊥ (AC) (*donnée*), or (AB) ⊥ (AC), donc (NQ) // (AB) (propriété D2).
Donc, d'après le théorème de Thalès, on a dans le triangle ABC :
$\frac{CN}{CA} = \frac{CQ}{CB}$, donc $\frac{1}{4} = \frac{CQ}{5}$, **donc en cm** $\mathbf{CQ = \frac{5}{4} = 1{,}25}$.

CORRIGÉS PROBLÈMES

PROBLÈME 1

Énoncé p. 362

❶

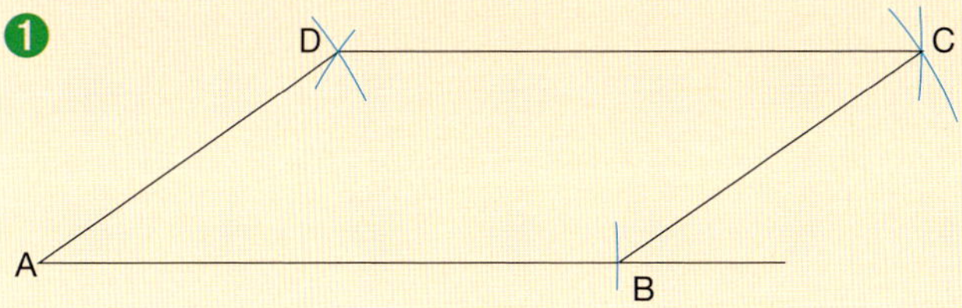

Pour reproduire le parallélogramme ABCD, on peut commencer par reproduire le triangle ABC à l'aide des mesures de ses 3 côtés, puis le triangle ADC pour obtenir le point D.

❷

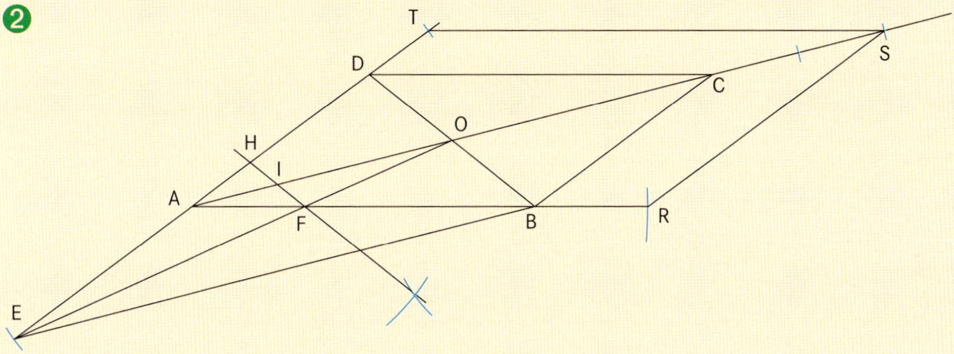

L'égalité $AF = \frac{AB}{3}$ peut faire penser au théorème de Thalès ou au centre de gravité du triangle.
En observant la figure, on constate que, dans le triangle EDB, les droites (EO) et (BA) sont des médianes, d'où l'idée d'utiliser la propriété du centre de gravité du triangle.

O est le milieu de [DB] car c'est le centre du parallélogramme ABCD (propriété P4).
Donc (EO) est une médiane du triangle EDB.
A est le milieu de [DE] (*donnée*), donc (BA) est une autre médiane du triangle EDB.
Donc F, qui est l'intersection de ces deux médianes, est le centre de gravité du triangle EDB.

Donc $\mathbf{AF = \frac{AB}{3}}$.

❸ • Les droites (FH) et (BD) sont parallèles (*donnée*).
On peut donc utiliser le théorème de Thalès avec les sécantes (AD) et (AB).

On a $\frac{AH}{AD} = \frac{AF}{AB}$, or $\frac{AF}{AB} = \frac{1}{3}$ (question 2), **donc** $\mathbf{\frac{AH}{AD} = \frac{1}{3}}$.

• Les droites (HF) et (DO) sont parallèles.
On peut donc utiliser le théorème de Thalès avec les sécantes (AD) et (AO).

On a $\frac{AH}{AD} = \frac{AI}{AO}$.

Or $\frac{AH}{AD} = \frac{1}{3}$, donc $\frac{AI}{AO} = \frac{1}{3}$.

Or AC = 2AO, donc $\frac{AI}{AC} = \frac{AI}{2AO}$, et **donc** $\mathbf{\frac{AI}{AC} = \frac{1}{6}}$.

4 **a.** Comme $\frac{4AB}{3} = AB + \frac{AB}{3}$, donc AR = AB + AF.

Il suffit donc de placer le **point R** sur [AB) en traçant un arc de cercle de centre B et de rayon AF (autrement dit en reportant avec le compas BR = AF).
On fait de même pour le **point T** (autrement dit en reportant DT = AH).

Pour le **point S**, on remarque que $AS = AC + \frac{AC}{3} = AC + 2AI$. Donc on reportera $CS = 2 \times AI$.

b. On sait que $\frac{AT}{AD} = \frac{AS}{AC} = \frac{4}{3}$.

Donc, d'après la réciproque du théorème de Thalès, on a (TS) et (DC) qui sont parallèles.
Or (AB) et (DC) sont parallèles (propriétés des côtés d'un parallélogramme P2), donc (TS) et (AR) sont parallèles, car toutes deux sont parallèles à (DC).
De même, on démontre que (BC) et (RS) sont parallèles, donc que (AT) et (RS) sont parallèles.

Le quadrilatère ARST a des côtés opposés parallèles deux à deux, c'est un parallélogramme (propriété P1).

On peut aussi démontrer que ARST est l'image du parallélogramme ABCD par l'homothétie de centre A et de rapport $\frac{4}{3}$.

PROBLÈME 2

Énoncé p. 363

1 **a.** Dans le triangle ABI, (HM) et (AI) sont parallèles (droites perpendiculaires à une même troisième, propriété D2), donc d'après le théorème de Thalès on a :

$$\mathbf{\frac{HM}{AI} = \frac{BH}{BA} = \frac{BM}{BI}}.$$

b. De même, dans le triangle ABJ, les droites (HM) et (BJ) sont parallèles (droites perpendiculaires à une même troisième, propriété D2), donc d'après le théorème de Thalès on a :

$$\mathbf{\frac{HM}{BJ} = \frac{AH}{AB} = \frac{AM}{AJ}}.$$

2 $\frac{HM}{AI} + \frac{HM}{BJ} = \frac{BH}{BA} + \frac{AH}{AB}$. Or $\frac{BH}{BA} + \frac{AH}{AB} = \frac{BH + AH}{BA}$

H étant un point de [AB], BH + AH = BA, donc $\frac{BH}{BA} + \frac{AH}{AB} = 1$.

Donc $\mathbf{\frac{HM}{AI} + \frac{HM}{BJ} = 1}$.

3 Remplaçons, dans l'égalité précédente, les longueurs par leurs valeurs.
On obtient :

$\frac{HM}{6} + \frac{HM}{5} = 1$, donc $\frac{11HM}{30} = 1$, donc $\mathbf{HM = \frac{30}{11}}$ **(en cm).**

4 On sait, d'après la question 1.b, que $\dfrac{HM}{BJ} = \dfrac{AH}{AB}$.

Donc $\dfrac{\frac{30}{11}}{5} = \dfrac{AH}{4}$, donc $\dfrac{30}{55} = \dfrac{AH}{4}$.

Donc $AH = \dfrac{120}{55} = \dfrac{24}{11}$ (en cm).

PROBLÈME 3

Énoncé p. 363

1 a.

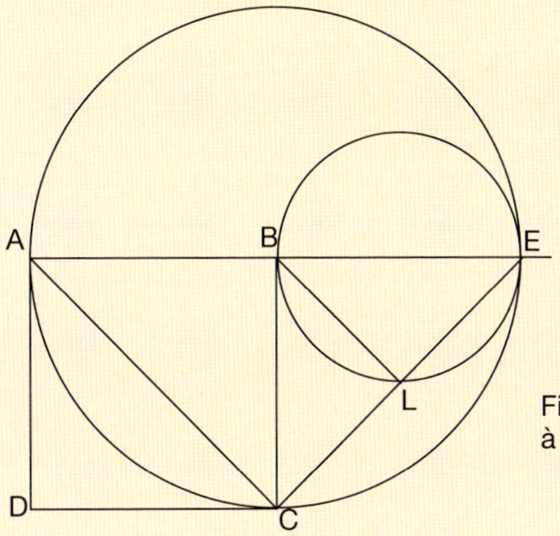

Figure
à l'échelle 1/2

b. • **Démontrons tout d'abord que ACE est un triangle isocèle.**
(BC) est perpendiculaire à (AE) (car ABCD est un carré) et B est le milieu de [AE] (car [AE] est un diamètre du cercle de centre B).
Donc (BC) est la médiatrice de [AE] (*définition de la médiatrice d'un segment*).
Donc C est un point équidistant de A et E (propriété M3), donc **ACE est un triangle isocèle.**

• **Démontrons que ACE est un triangle rectangle.**

MÉTHODE 1

C est sur le cercle de diamètre [AE], donc **ACE est un triangle rectangle en C** (propriété C′2).

MÉTHODE 2

Dans le triangle ACE, (BC) est une médiane (puisque B est le milieu de [AE]).
De plus BC = AB (car ABCD est un carré) et AB = BE.
Donc $BC = \dfrac{AE}{2}$, **donc le triangle ACE est rectangle en C** (propriété T3).

MÉTHODE 3

(DC) // (AB) (propriété du carré, C2), donc (DC) // (BE).
De plus, AB = DC (propriété du carré, C2) et AB = BE (*donnée*), donc BE = DC.
En conséquence, BECD est un parallélogramme (propriété P6), donc (BD) // (CE) (propriété P2).
Or (AC) ⊥ (BD) (propriété du carré, C4), par conséquent (AC) ⊥ (CE) (propriété D3).
Donc ACE est un triangle rectangle en C.

MÉTHODE 4

ABC est un triangle rectangle (car $\hat{B}$ est un angle droit) et isocèle (car AB = BC).

Donc $\widehat{BCA} = 45°$ (en effet la somme des angles d'un triangle est de 180°, un angle du triangle BCA mesure 90° et les deux autres sont égaux).

De même, BCE est un triangle rectangle isocèle, donc $\widehat{BCE} = 45°$.

Donc $\mathbf{\widehat{ACE} = 45° + 45° = 90°}$.

MÉTHODE 5

$AC = 5\sqrt{2}$ cm (*diagonale d'un carré de côté de 5 cm*), donc $CE = 5\sqrt{2}$.

$AC^2 + CE^2 = (5\sqrt{2})^2 + (5\sqrt{2})^2 = 100$. Or AE = 10 cm, $AE^2 = 100$.

Donc $AE^2 = AC^2 + CE^2$.

Donc, d'après la réciproque du théorème de Pythagore, **ACE est un triangle rectangle en C.**

❷ a. **Construction de la figure :** voir figure en 1a.

b. L est un point du cercle de diamètre [BE], donc BLE est un triangle rectangle en L (propriété C'2).

En conséquence, (BL) ⊥ (LE) ; de plus, (AC) ⊥ (CE) (AEC triangle rectangle en C).

Donc (BL) // (AC) (propriété D2).

❸ MÉTHODE 1

Dans le triangle AEC, on a B milieu de [AE] et (BL) // (AC).

Donc L est le milieu de [EC] (propriété T6), donc BL = AC/2 (propriété T5).

Or $AC = 5\sqrt{2}$ cm (*diagonale d'un carré de côté 5 cm*), **donc $\mathbf{BL = 2{,}5\sqrt{2}}$ cm.**

MÉTHODE 2

Comme ci-dessus, on démontre que B est le milieu de [AE].

Donc (BL) est une médiane issue du sommet de l'angle droit dans le triangle rectangle BEC.

Donc $BL = \frac{CE}{2}$ (propriété T1).

Or $CE = 5\sqrt{2}$ cm (*diagonale d'un carré de côté 5 cm*), **donc $\mathbf{BL = 2{,}5\sqrt{2}}$ cm.**

CHAPITRE 17

Trigonométrie dans le triangle rectangle

OBJECTIF DU CHAPITRE

– Savoir appliquer les formules de trigonométrie dans le triangle rectangle pour calculer la longueur d'un côté ou la mesure d'un angle.

FICHES MÉTHODE

– Calculer une longueur avec la trigonométrie. p. 372

– Calculer la mesure d'un angle avec la trigonométrie. p. 374

TESTER SES CONNAISSANCES

Pour chacun des trois QCM : En s'appuyant sur les informations des figures, indiquer quelles affirmations sont vraies.

QCM 1

Aide : §1.1 p. 371

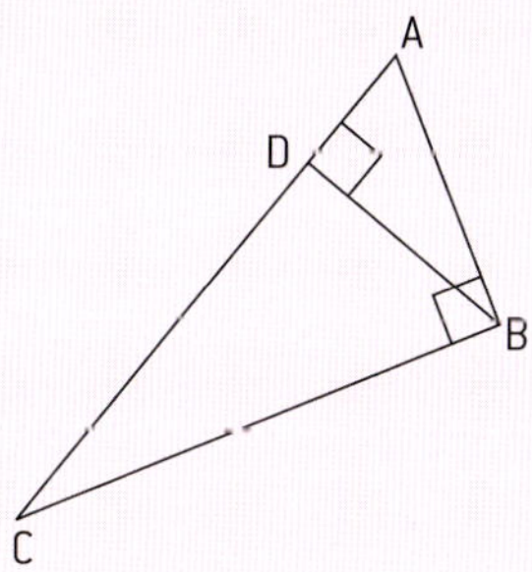

A. $\cos \widehat{ACB} = \frac{BC}{AC}$

B. $\sin \widehat{CAB} = \frac{AB}{DB}$

C. $\cos \widehat{CAB} = \frac{AD}{AB}$

D. $\sin \widehat{ABD} = \frac{AD}{AB}$

E. $\tan \widehat{BAC} = \frac{AB}{BC}$

QCM 2

Aide : §2 p. 373

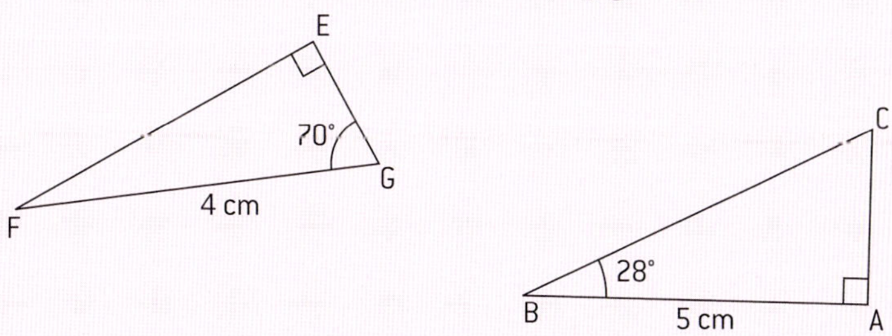

A. EG ≈ 1,37 cm **B.** EF ≈ 3,76 cm **C.** AC ≈ 2,35 cm **D.** BC ≈ 9,40 cm

QCM 3

Aide : §3 p. 375

A. $\widehat{HIJ} \approx 41{,}8°$

B. $\widehat{HJI} \approx 33{,}7°$

C. $\widehat{KML} \approx 56{,}2°$

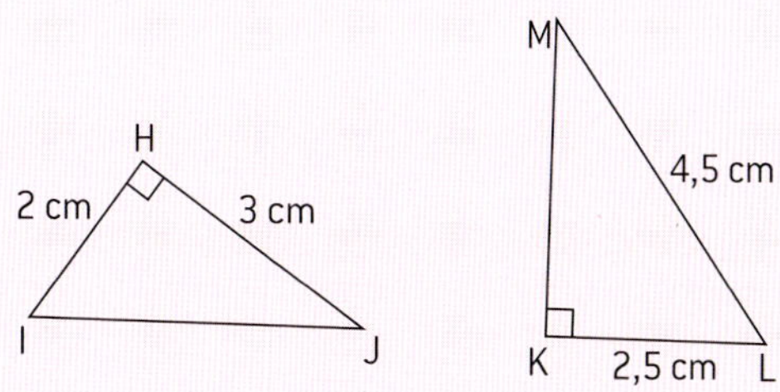

1. A, C, D 2. A, B 3. B, C

LE COURS

Trigonométrie vient de deux mots grecs *trigone* et *metron* qui signifient respectivement « triangle » et « mesure ». Ainsi, la trigonométrie est la « science de la mesure du triangle ».

1 Formules de trigonométrie

Les formules trigonométriques dans le triangle rectangle s'appuient sur des **relations entre les longueurs de côtés d'un triangle rectangle et la mesure des angles aigus de ce triangle**.

Ces formules permettent de calculer des longueurs de côtés de triangles rectangles et la mesure des angles aigus de ces triangles.

Pour utiliser ces formules, il est nécessaire de distinguer les deux côtés de l'angle droit dans un triangle rectangle. Voici leurs définitions :

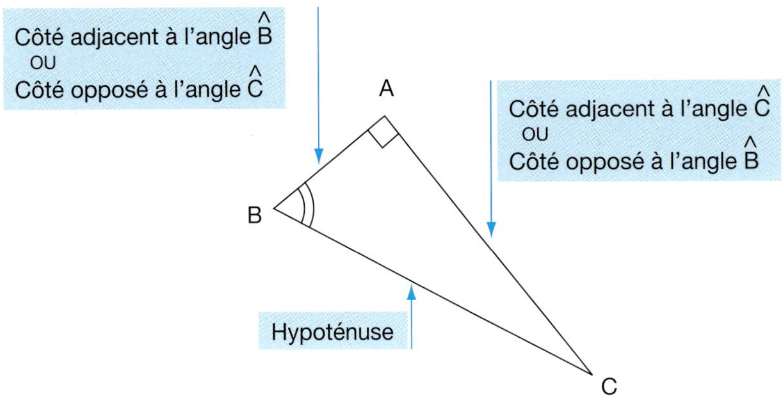

ENTRAINEMENT 1

Corrigé p. 376

Dans le triangle rectangle PQR rectangle en R :

a. Quel est le côté adjacent à l'angle $\hat{P}$?

b. Quel est le côté opposé à l'angle $\widehat{Q}$?

c. À quel angle le côté [RQ] est-il adjacent ?

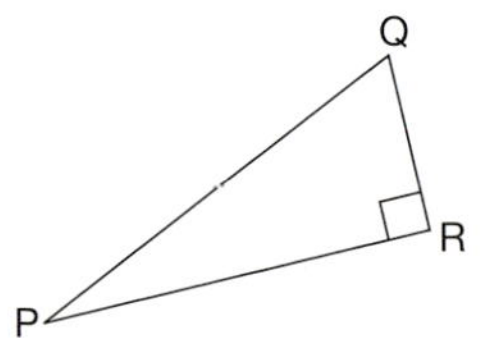

1. 1 Sinus, cosinus et tangente d'un angle aigu

Dans un triangle rectangle, le rapport $\dfrac{\text{longueur du côté opposé à un angle}}{\text{longueur de l'hypoténuse}}$ ne dépend que de cet angle : **il est appelé sinus de cet angle**.

Dans un triangle rectangle, le rapport $\dfrac{\text{longueur du côté adjacent à un angle}}{\text{longueur de l'hypoténuse}}$ ne dépend que de cet angle : **il est appelé cosinus de cet angle**.

Dans un triangle rectangle, le rapport $\dfrac{\text{longueur du côté opposé à un angle}}{\text{longueur du côté adjacent à cet angle}}$ ne dépend que de cet angle : **il est appelé tangente de cet angle**.

Dans un triangle ABC rectangle en A, on a :

$$\sin\widehat{ABC} = \frac{\text{côté opposé à } \widehat{ABC}}{\text{hypoténuse}} = \frac{AC}{BC}$$

$$\cos\widehat{ABC} = \frac{\text{côté adjacent à } \widehat{ABC}}{\text{hypoténuse}} = \frac{AB}{BC}$$

$$\tan\widehat{ABC} = \frac{\text{côté opposé à } \widehat{ABC}}{\text{côté adjacent à } \widehat{ABC}} = \frac{AC}{BA}$$

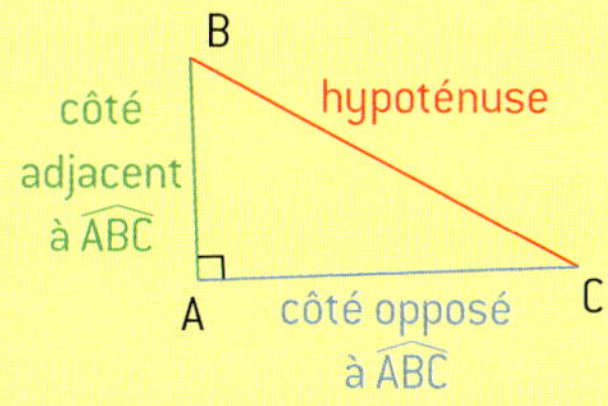

On a aussi, avec l'autre angle aigu $\widehat{ACB}$:

$\sin\widehat{ACB} = \frac{AB}{BC}$ $\cos\widehat{ACB} = \frac{AC}{BC}$ $\tan\widehat{ACB} = \frac{AB}{AC}$

La formule **SOH-CAH-TOA** permet à certains de retenir les formules ci-dessus (S : sinus ; O : opposé ; H : hypoténuse ; C : cosinus ; A : adjacent ; T : tangente).

L'hypoténuse est le plus grand côté d'un triangle rectangle.
Le cosinus et le sinus d'un angle aigu d'un triangle rectangle sont donc toujours compris entre 0 et 1. Cette remarque ne s'applique pas à la tangente.

CORRIGÉ QCM 1 :

QCM 1, p. 369

A. Dans le triangle ACB, on a $\cos\widehat{ACB} = \frac{BC}{AC}$.

C. Dans le triangle ADB, on a $\cos\widehat{CAB} = \cos\widehat{DAB} = \frac{AD}{AB}$.

D. Dans le triangle ADB, on a $\sin\widehat{ABD} = \frac{AD}{AB}$.

B. et E. Ces autres affirmations sont fausses.

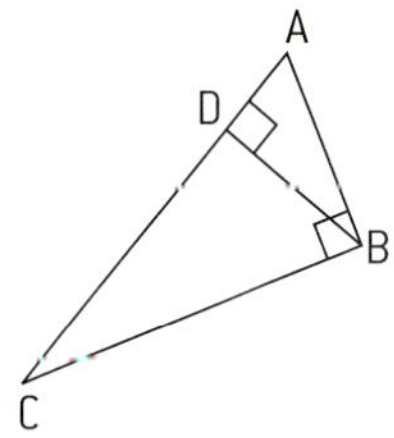

ENTRAINEMENT 2

Corrigé p. 376

En utilisant le dessin ci-contre et sans mesurer les segments, compléter :

a. $\cos\widehat{M} = \frac{\dots}{\dots}$ **b.** $\sin\widehat{M} = \frac{\dots}{\dots}$ **c.** $\tan\widehat{L} = \frac{\dots}{\dots}$

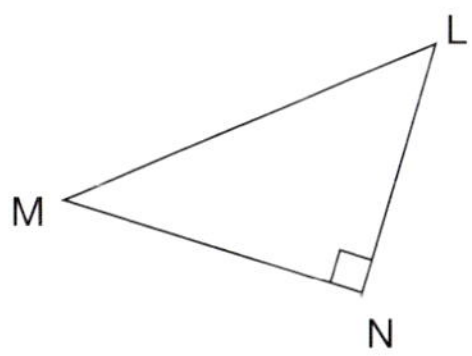

ENTRAINEMENT 3

Corrigé p. 376

En utilisant les lettres de la figure ci-contre, écrire de deux façons différentes $\cos\widehat{F}$, $\sin\widehat{F}$ et $\tan\widehat{L}$.

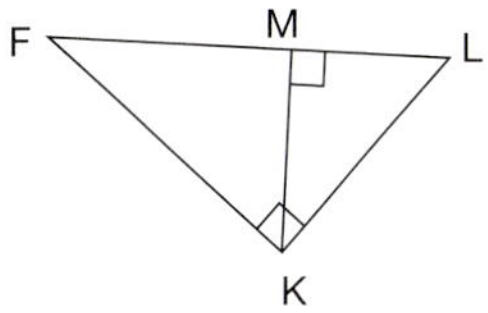

1. 2 Relations trigonométriques

Si ABC est un triangle rectangle en C, alors $\cos^2\hat{A} + \sin^2\hat{A} = 1$.

Si ABC est un triangle rectangle en C, alors $\tan\hat{A} = \frac{\sin\hat{A}}{\cos\hat{A}}$.

ENTRAINEMENT 4

Corrigé p. 376

Démontrer les deux propriétés précédentes.

1. 3 Calcul du sinus, cosinus ou tangente d'un angle

Le sinus, le cosinus et la tangente d'un angle se déterminent à l'aide des **touches [sin], [cos] et [tan] de la calculatrice**.

Attention ! Bien vérifier que la calculatrice est en mode degré.

EXEMPLES :

$\sin 27° \approx 0{,}4539$ $\cos 75° \approx 0{,}2588$ $\tan 65° \approx 2{,}1445$

ENTRAINEMENT 5

Corrigé p. 376

En utilisant une calculatrice, donner une valeur approchée à 0,001 près par défaut de :

a. $\cos 25°$ b. $\sin 75°$ c. $\tan 67°$

1. 4 Calcul de la mesure d'un angle à l'aide de son sinus, de son cosinus ou de sa tangente

Lorsqu'on connait le sinus ou cosinus ou tangente d'un angle, on peut calculer les valeurs approchées de la mesure de cet angle en utilisant **les touches [sin^{-1}] ou [arcsin], [cos^{-1}] ou [arccos] et [tan^{-1}] ou [arctan] de la calculatrice**.

EXEMPLES :

- Si **$\sin \widehat{ABC} = 0{,}8$** et $\widehat{ABC}$ est un angle aigu alors **$\widehat{ABC} = 53{,}13°$** à 0,01° près par défaut.
On obtient cette valeur en tapant $\sin^{-1}(0{,}8)$ ou arcsin (0,8).
- Si **$\cos \widehat{ABC} = 0{,}5$** et $\widehat{ABC}$ est un angle aigu alors **$\widehat{ABC} = 60°$**.
- Si **$\tan \widehat{ABC} = 0{,}2$** et $\widehat{ABC}$ est un angle aigu alors **$\widehat{ABC} = 11{,}30°$** à 0,01° près par défaut.

ENTRAINEMENT 6

Corrigé p. 376

Calculer, si possible, une valeur approchée par excès à 0,1° près de x dans les cas suivants :

a. $\cos x = 0{,}567$ b. $\sin x = 0{,}876$ c. $\tan x = 2{,}37$ d. $\sin x = 1{,}2$

2 Calcul d'une longueur

Avec les formules trigonométriques et la calculatrice, on peut calculer **une longueur dans un triangle rectangle** connaissant la mesure d'un angle du triangle (autre que l'angle droit) et la longueur d'un côté.

FICHE MÉTHODE **Calculer une longueur avec la trigonométrie.**

→ Tracer un triangle ABC rectangle en C tel que $\widehat{BAC} = 35°$ et BC = 5 cm.
Calculer une valeur approchée de AB à 0,1 cm près par excès.

1. Identifier ou construire un triangle rectangle dont un côté correspond à la longueur cherchée. S'assurer que le triangle est bien rectangle, qu'on connait un angle aigu et la longueur d'un des côtés de ce triangle.	Dans le triangle ABC on a : 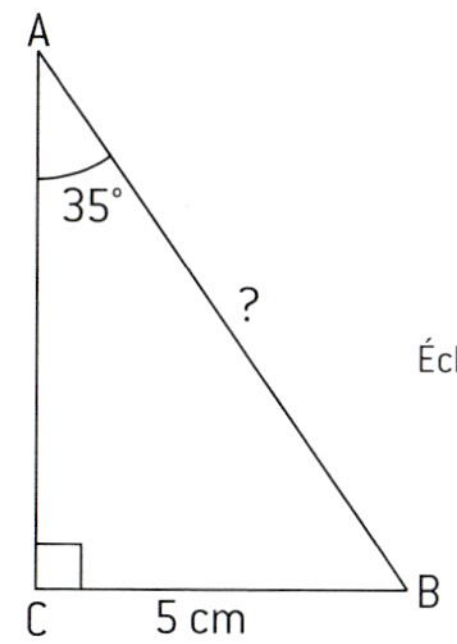 Échelle 1/2 Remarque : Pour tracer ce triangle, il faut calculer $\widehat{ABC}$.
2. Choisir la formule trigonométrique qui permet de calculer la longueur cherchée avec les données de l'énoncé.	$\sin\widehat{BAC}=\dfrac{BC}{AB}$.
3. Remplacer dans cette formule les valeurs connues.	$\sin 35°=\dfrac{5}{AB}$.
4. Calculer la longueur cherchée et écrire le résultat avec la précision demandée dans l'énoncé.	$AB=\dfrac{5}{\sin 35°}$. En tapant la division 5 par [sin] 35 sur la calculatrice, on trouve : **AB ≈ 8,8 cm**.
5. Vérifier la vraisemblance du résultat.	AB est l'hypoténuse du triangle, c'est donc le plus grand côté du triangle, le résultat est cohérent. *(Cette phrase n'est pas à rédiger.)*

- **Le choix de formule trigonométrique** est fonction du côté connu et du côté dont on cherche la longueur :

– si on connait le côté adjacent de l'angle connu et qu'on cherche l'hypoténuse, il faut utiliser le cosinus ;

– si on connait le côté opposé à l'angle connu et qu'on cherche le côté adjacent, il faut utiliser la tangente...

- **Pour rédiger la solution,** il est indispensable de :

– bien indiquer dans quel triangle rectangle on se place ;

– remplacer le sinus, cosinus ou tangente de l'angle par une valeur approchée en toute fin de calcul pour éviter des erreurs d'approximation.

- **Il faut toujours penser à contrôler son résultat,** quand c'est possible, en se rappelant que la longueur de l'hypoténuse est plus grande que les longueurs des côtés de l'angle droit.

CORRIGÉ QCM 2 :

QCM 2, p. 371

A. Dans le triangle rectangle EFG on a :

$\cos\widehat{EGF}=\dfrac{EG}{FG}$, donc $\cos 70°=\dfrac{EG}{4}$, donc $EG=4\times\cos 70°$, donc **EG ≈ 1,37 cm**.

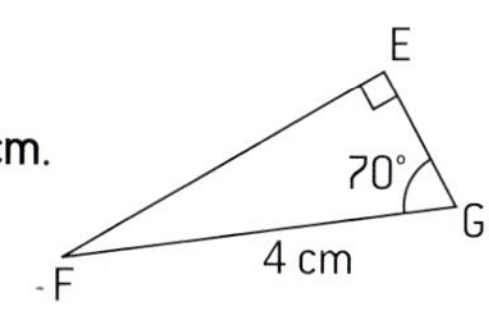

B. Dans le triangle rectangle EFG on a :

$\sin\widehat{EGF}=\dfrac{EF}{FG}$, donc $\sin 70°=\dfrac{EF}{4}$, donc $EF=4\times\sin 70°$, donc **EF ≈ 3,76 cm**.

C. Dans le triangle rectangle ABC on a :

$\tan\widehat{ABC} = \frac{AC}{AB}$, donc $\tan 28° = \frac{AC}{5}$, donc $AC = 5 \times \tan 28°$,

donc **AC ≈ 2,66 cm**.

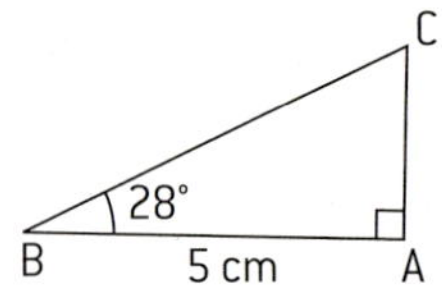

D. Dans le triangle rectangle ABC on a :

$\cos\widehat{ABC} = \frac{AB}{BC}$, donc $\cos 28° = \frac{5}{BC}$, donc $BC = \frac{5}{\cos 28°}$, donc **BC ≈ 5,66 cm**.

ENTRAINEMENT 7

Corrigé p. 376

Calculer, si possible, un arrondi à 0,1 cm près de AB dans les cas suivants (les dessins ne sont pas réalisés à l'échelle) :

a.

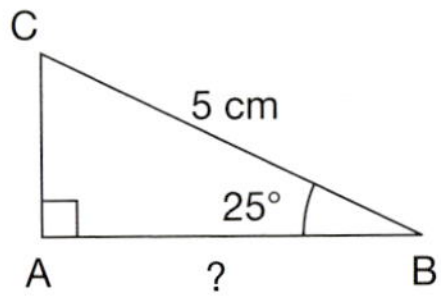

b.

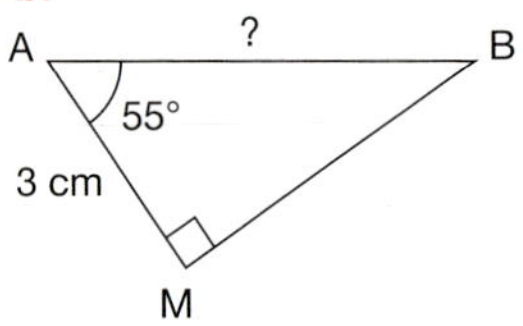

c.

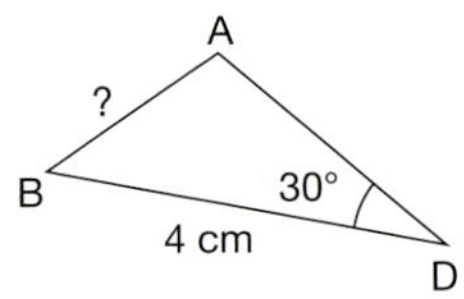

d.

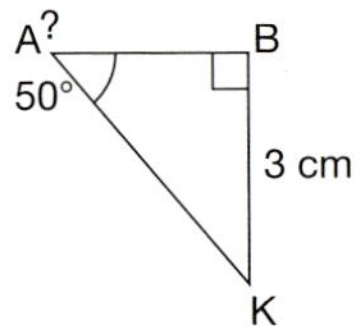

3 Calcul de la mesure d'un angle dans un triangle rectangle

Avec les formules trigonométriques et la calculatrice, on peut également calculer **la mesure d'un angle dans un triangle rectangle** connaissant les mesures de deux côtés de ce triangle.

FICHE MÉTHODE Calculer la mesure d'un angle avec la trigonométrie.

→ Construire un triangle ABC rectangle en A tel que AB = 5 cm et BC = 6 cm.
Calculer un arrondi à 1° près de la mesure de l'angle $\widehat{ABC}$.

1. Identifier ou construire un triangle rectangle dont un angle correspond à l'angle dont on cherche la mesure. S'assurer que le triangle est bien rectangle et qu'on connait la longueur de deux côtés de ce triangle.	Dans le triangle ABC on a : Échelle 1/2 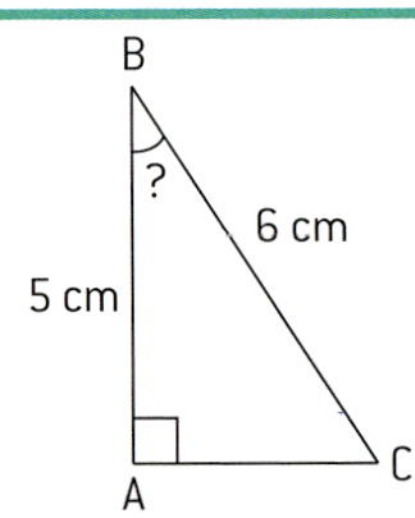
2. Choisir la formule trigonométrique qui permet de calculer la mesure de l'angle cherché avec les données de l'énoncé.	$\cos\widehat{ABC} = \frac{AB}{BC}$.
3. Remplacer dans cette formule les valeurs connues.	$\cos\widehat{ABC} = \frac{5}{6}$.
4. Calculer la mesure de l'angle cherché et écrire le résultat avec la précision demandée dans l'énoncé.	En tapant $[\cos^{-1}]\frac{5}{6}$ sur la calculatrice, on trouve : $\widehat{ABC} \approx 34°$.
5. Contrôler la vraisemblance du résultat en mesurant cet angle sur le dessin avec un rapporteur.	L'angle $\widehat{ABC}$ mesure bien 34°. *(Cette phrase n'est pas à rédiger.)*

- **Le choix de la formule trigonométrique** est fonction de l'angle cherché et des côtés dont on connait les longueurs :
– si on connait le côté opposé à l'angle et l'hypoténuse, il faut utiliser le sinus ;
– si on connait le côté adjacent à l'angle et l'hypoténuse, il faut utiliser le cosinus ;
– si on connait les côtés adjacent et opposé, il faut utiliser la tangente.
- **Ne pas utiliser une valeur approchée du rapport avant de calculer l'angle.**
Il faut taper directement sur la calculatrice $[\cos^{-1}]$ et le rapport.

Dans l'exemple précédent, prendre une valeur approchée de $\frac{5}{6}$ pour calculer la mesure de $\widehat{ABC}$ peut entrainer des erreurs d'approximation.

- **Les critères d'une bonne rédaction** sont les mêmes que pour le calcul d'une longueur.

CORRIGÉ QCM 3 :

QCM 3, p. 369

A. Dans le triangle rectangle HIJ on a :

$\tan\widehat{HIJ} = \frac{HJ}{HI}$, donc $\tan\widehat{HIJ} = \frac{3}{2}$, donc $\widehat{\mathbf{HIJ}} \approx \mathbf{56{,}3°}$.

B. Dans le triangle rectangle HJI on a :

$\widehat{HJI} = 180° - (90° + 56{,}3°)$, donc $\widehat{\mathbf{HJI}} \approx \mathbf{33{,}7°}$.

On peut aussi calculer $\widehat{HJI}$ en utilisant la tangente.

C. Dans le triangle rectangle KLM on a :

$\cos\widehat{KLM} = \frac{KL}{LM}$, donc $\cos\widehat{KLM} = \frac{2{,}5}{4{,}5}$, donc $\widehat{\mathbf{KLM}} \approx \mathbf{56{,}2°}$.

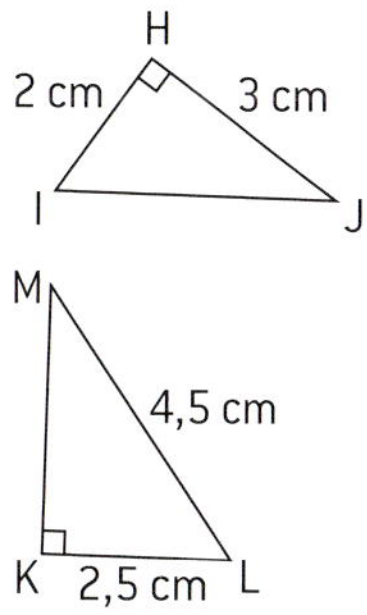

ENTRAINEMENT 8

Corrigé p. 377

Dans chacun des cas, calculer si possible la mesure de l'angle demandé. On donnera une troncature à 1° près (les dessins ne sont pas tracés à l'échelle).

a.

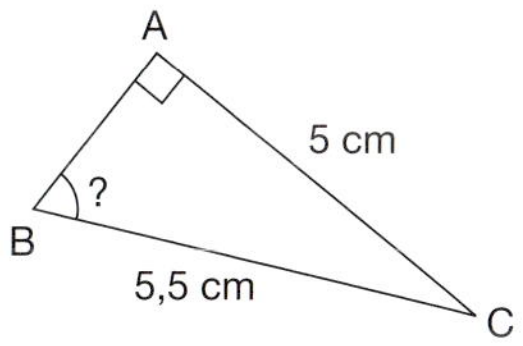

b.

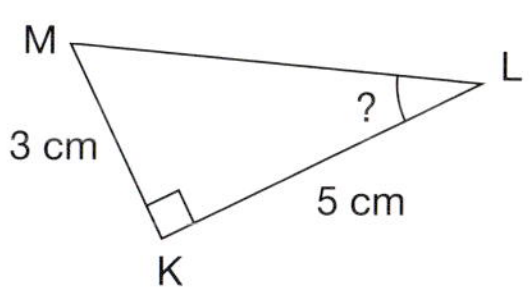

c.

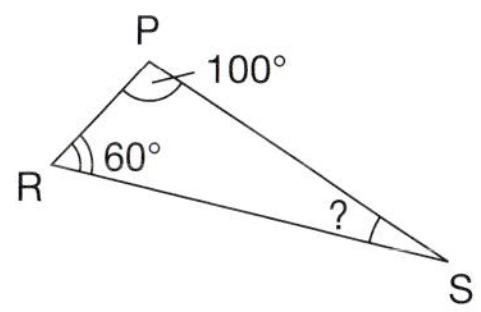

ENTRAINEMENT 9

Corrigé p. 377

Dans chacun de ces cas, calculer la longueur demandée ou la mesure de l'angle demandée. On donnera une valeur approchée par excès à 0,1 cm près ou à 1° près (les dessins ne sont pas tracés à l'échelle).

a.

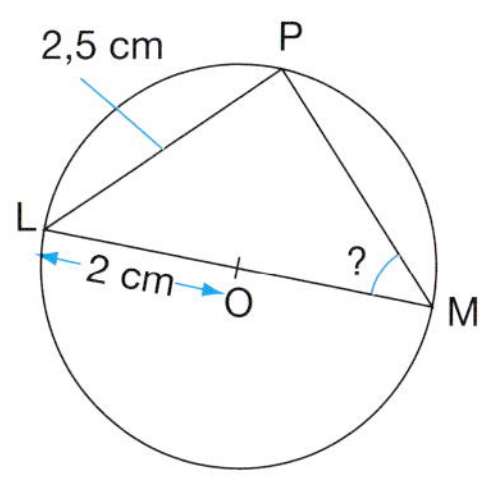

b.

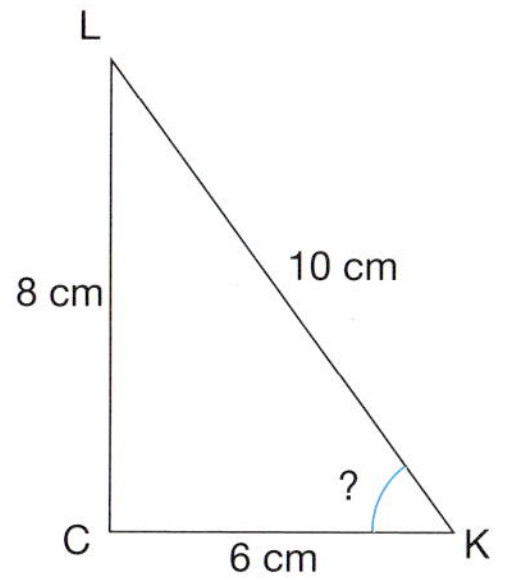

c.

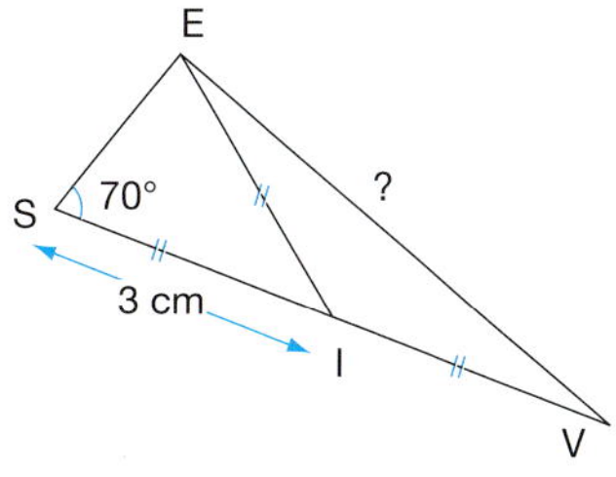

CORRIGÉS EXERCICES D'ENTRAINEMENT

ENTRAINEMENT 1

Énoncé p. 370

a. [PR] **b.** [PR] **c.** $\widehat{Q}$.

ENTRAINEMENT 2

Énoncé p. 371

a. $\cos \widehat{M} = \frac{MN}{ML}$ **b.** $\sin \widehat{M} = \frac{NL}{ML}$ **c.** $\tan \widehat{L} = \frac{MN}{NL}$.

ENTRAINEMENT 3

Énoncé p. 371

a. Dans le triangle rectangle FKL, on a $\cos \widehat{F} = \frac{FK}{FL}$.

Dans le triangle rectangle FMK, on a $\cos \widehat{F} = \frac{FM}{FK}$.

b. Dans le triangle rectangle FKL, on a $\sin \widehat{F} = \frac{LK}{FL}$.

Dans le triangle rectangle FMK, on a $\sin \widehat{F} = \frac{KM}{FK}$.

c. Dans le triangle rectangle FKL, on a $\tan \widehat{L} = \frac{FK}{LK}$.

Dans le triangle rectangle MLK, on a $\tan \widehat{L} = \frac{KM}{LM}$.

ENTRAINEMENT 4

Énoncé p. 372

- ABC est rectangle en C, donc : $\cos \widehat{A} = \frac{AC}{AB}$ et $\sin \widehat{A} = \frac{BC}{AB}$,

$\cos^2 \widehat{A} = \frac{AC^2}{AB^2}$ et $\sin^2 \widehat{A} = \frac{BC^2}{AB^2}$.

Donc $\cos^2 \widehat{A} + \sin^2 \widehat{A} = \frac{AC^2}{AB^2} + \frac{BC^2}{AB^2} = \frac{AC^2 + BC^2}{AB^2}$, or d'après le théorème de Pythagore on a $AC^2 + BC^2 = AB^2$, donc $\frac{AC^2 + BC^2}{AB^2} = \frac{AB^2}{AB^2} = 1$.

Donc $\cos^2 \widehat{A} + \sin^2 \widehat{A} = 1$.

- $\frac{\sin \widehat{A}}{\cos \widehat{A}} = \frac{\frac{BC}{AB}}{\frac{AC}{AB}} = \frac{BC}{AB} \times \frac{AB}{AC} = \frac{BC}{AC} = \tan \widehat{A}$.

ENTRAINEMENT 5

Énoncé p. 372

a. $\cos 25° = 0,906$ **b.** $\sin 75° = 0,965$

c. $\tan 67° = 2,355$

> Si vous ne trouvez pas ces valeurs, vérifiez que l'unité des angles de votre calculatrice est bien en degré.

ENTRAINEMENT 6

Énoncé p. 372

a. $x \approx 55,5$ **b.** $x \approx 61,2$ **c.** $x \approx 67,2$ **d.** Impossible car il faut que $0 \leqslant \sin x \leqslant 1$.

ENTRAINEMENT 7

Énoncé p. 374

a. Dans le triangle rectangle ABC on a :

$\cos \widehat{ABC} = \frac{AB}{BC}$, donc $\cos 25° = \frac{AB}{5}$.

Donc $AB = 5 \times \cos 25°$.

Donc $AB \approx 4,5$ cm.

> Dans le triangle ABC rectangle en A, on connait l'angle $\widehat{ABC}$ et la longueur de l'hypoténuse. On cherche le côté adjacent à cet angle, il faut donc utiliser le cosinus.

b. En utilisant $\cos\widehat{MAB}$, on trouve $\mathbf{AB \approx 5{,}2\ cm}$.

c. Impossible car il y a une infinité de triangles qui vérifient les conditions données (on sait simplement que le point A est sur la demi-droite qui fait un angle de 30° avec [BD]).
On peut également dire que le triangle n'étant pas rectangle, on ne peut pas appliquer les formules de trigonométrie.

d. En utilisant $\tan\widehat{BAK}$, on obtient $\mathbf{AB \approx 2{,}5\ cm}$.

ENTRAINEMENT 8

Énoncé p. 375

a. Dans le triangle rectangle ABC on a :

$\sin\widehat{ABC} = \dfrac{AC}{BC}$, donc $\sin\widehat{ABC} = \dfrac{5}{5{,}5}$.

Donc $\widehat{ABC} = 65°$.

Dans le triangle rectangle ABC, on cherche l'angle $\widehat{ABC}$. Or on connait la longueur du côté opposé à cet angle et l'hypoténuse. Il faut donc utiliser le sinus.

b. Dans le triangle rectangle MKL on a :

$\tan\widehat{MLK} = \dfrac{MK}{KL}$, donc $\tan\widehat{MLK} = \dfrac{3}{5}$.

Donc $\widehat{MLK} = 30°$.

c. Dans le triangle PRS on a :

$\widehat{PSR} = 180° - \left(\widehat{SPR} + \widehat{PRS}\right)$.

Donc $\widehat{PSR} = 180° - (100° + 60°)$.

Donc $\widehat{PSR} = 20°$.

Ici il est possible de calculer l'angle $\widehat{PSR}$, bien que PRS ne soit pas un triangle rectangle, en utilisant la propriété de la somme des angles d'un triangle.

ENTRAINEMENT 9

Énoncé p. 375

Si on veut utiliser la trigonométrie, il faut se placer dans un triangle rectangle. Si, comme ici, l'énoncé ne précise pas la nature du triangle, alors il est nécessaire d'abord de démonter qu'il est rectangle.

a. P est un point du cercle de diamètre [LM], donc le triangle PLM est rectangle en P (propriété C'2).

Dans ce triangle, $\sin\widehat{M} = \dfrac{LP}{LM}$, donc $\sin\widehat{M} = \dfrac{2{,}5}{4}$.

Donc $\widehat{M} = 39°$.

b. Démontrons que CKL est rectangle en C :

$LK^2 = 10^2 = 100$ et $CK^2 + CL^2 = 6^2 + 8^2 = 100$.

Donc $LK^2 = CK^2 + CL^2$.
Donc d'après la réciproque du théorème de Pythagore, le triangle est rectangle en C.

Dans le triangle CKL, on a (par exemple) $\sin\widehat{K} = \dfrac{LC}{LK} = 0{,}8$.

Donc $\widehat{K} \approx 54°$.

c. Dans le triangle ESV, la droite (EI) est une médiane tel que $EI = \dfrac{SV}{2}$.
Donc le triangle ESV est rectangle en E (propriété T3).

En utilisant le sinus de $\widehat{ESV}$, on obtient :

$\mathbf{EV \approx 5{,}7\ cm}$.

AU CONCOURS

EXERCICE 1

Corrigé p. 380

L'entraineur a placé trois fanions aux points A, B et D. Les joueurs doivent faire le tour du triangle ABD.
Quelle distance parcourent-ils à chaque tour ? On donnera un arrondi à 0,1 m près.

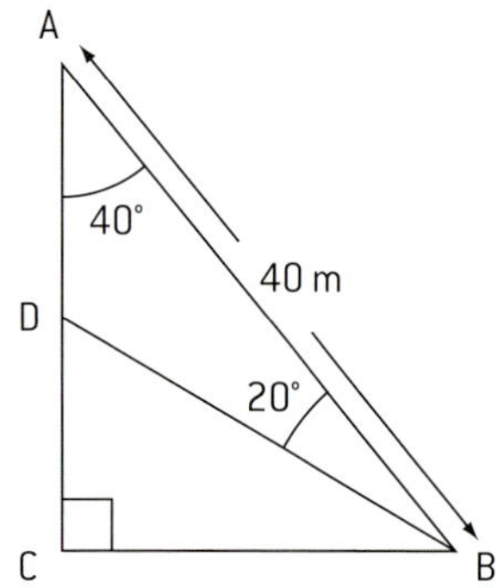

EXERCICE 2

Corrigé p. 380

En utilisant les informations portées sur le dessin ci-dessous, calculer l'arrondi à 10^{-1} degré près de l'angle $\widehat{CFB}$.

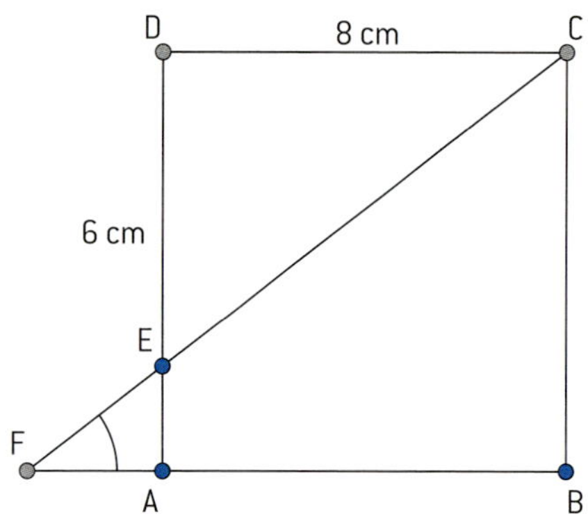

ABCD est un carré.

PROBLÈME 1

Corrigé p. 381

Tracer un triangle ABC tel que AB = 3 cm, BC = 5 cm et AC = 4 cm.
Sur la demi droite [BC), placer le point D tel que BD = 8 cm.
Tracer le cercle de diamètre [CD]. La droite (AC) coupe ce cercle en E.

❶ **a.** Démontrer que ABC est un triangle rectangle en A.

b. Calculer un arrondi à 1° près de $\widehat{ABC}$.

❷ **a.** Démontrer que $(DE)//(AB)$.

b. Calculer CE.

c. Calculer un arrondi à 1° près de $\widehat{DCE}$.

❸ Placer un point F sur la demi-droite [AB), sans appartenir à [AB], tel que $\widehat{BCF} = 15°$. Calculer BF.

PROBLÈME 2

Corrigé p. 382

❶ *Pour la construction de la figure ci-dessous, on n'utilisera qu'une règle graduée et un compas.*
Construire un cercle ($\mathscr{C}$) de centre O et de diamètre [EF] tel que EF = 6 cm.
Placer un point G sur le cercle tel que la corde [EG] mesure 4,8 cm.
Placer un point I sur [EG] tel que EI = 1,2 cm.
Tracer la perpendiculaire à (EG) qui passe par I, elle coupe (EF) en K.
Placer le point S sur [GF] tel que SF = 0,9 cm et le point T sur [EF] tel que FT = 1,5 cm.
Les droites (IK) et (ST) se coupent en P.

❷ Calculer GF.

❸ Calculer la valeur arrondie à 0,1° près de la mesure de l'angle $\widehat{GFE}$ et de l'angle $\widehat{GOF}$.

❹ Calculer la distance EK.

❺ Démontrer que (ST) ⊥ (GF).

❻ Quelle est la nature du quadrilatère GIPS ?

❼ Les points G, O et P sont-ils alignés ?

EXERCICE 1

Énoncé p. 378

Il y a plusieurs étapes pour résoudre ce problème.

- **On cherche AC.**

Dans le triangle rectangle ABC, on a $\cos\widehat{CAB} = \frac{AC}{AB}$, donc $\cos 40° = \frac{AC}{40}$.
Donc $AC = 40 \times \cos 40°$.

> Pour l'instant, on évite de mettre des valeurs approchées. Si certains d'entre vous sont gênés par des expressions littérales assez complexes, il est possible d'utiliser des valeurs approchées qu'on choisira au minimum à 0,01 m près pour éviter les erreurs finales d'approximation.

- **On cherche CB.**

Dans le triangle rectangle ABC, on a $\sin\widehat{CAB} = \frac{CB}{AB}$, donc $\sin 40° = \frac{CB}{40}$.
Donc $CB = 40 \times \sin 40°$.

- **On cherche $\widehat{CBD}$.**

Dans le triangle ABC, on a $\widehat{CBA} = 180° - (90° + 40°) = 50°$.
Donc $\widehat{CBD} = \widehat{CBA} - \widehat{DBA} = 50° - 20° = 30°$.

- **On cherche AD.**

Dans le triangle rectangle CBD, on a $\tan\widehat{CBD} = \frac{CD}{CB}$, donc $\tan 30° = \frac{CD}{40\sin 40°}$.
Donc $CD = 40 \times \sin 40° \times \tan 30°$.
$AD = AC - CD$ (car D est un point de [AC]).
$AD = 40 \times \cos 40° - 40 \times \sin 40° \times \tan 30°$.

- **On cherche BD.**

On peut utiliser le théorème de Pythagore ou la trigonométrie dans le triangle rectangle BCD.
Dans le triangle rectangle BCD, on a : $\cos\widehat{CBD} = \frac{BC}{BD}$.

Donc $\cos 30° = \frac{40 \times \sin 40°}{BD}$, donc $BD = \frac{40 \times \sin 40°}{\cos 30°}$.

- **La longueur d'un tour en m est de :**

$$AB + AD + BD = 40 + 40 \times \cos 40° - 40 \times \sin 40° \times \tan 30° + \frac{40 \times \sin 40°}{\cos 30°} \approx 85{,}5.$$

> Attention ! Quand on utilise la calculatrice pour effectuer ce type de calculs, ne pas oublier de fermer la parenthèse après avoir écrit l'angle de la ligne trigonométrique cherchée.

EXERCICE 2

Énoncé p. 378

> **Pour calculer l'angle $\widehat{CFB}$**, on pense à utiliser la trigonométrie dans l'un des **triangles CFB ou EFA**, rectangle respectivement en B et en A. Dans les deux cas, il faut connaitre la longueur de deux côtés du triangle choisi.
> **On va par exemple se placer dans le triangle rectangle EFA.**
> On n'a pas de peine à trouver la longueur du côté de AE. Il manque une seconde longueur. On pense à FA en utilisant le théorème de Thalès avec les parallèles (EA) et (BC) et les sécantes (FC) et (FB). Mais on ne connait que deux longueurs de segments : EA et BC. On connait une relation entre deux autres longueurs de segments : FB = FA + 8. On peut donc utiliser le théorème de Thalès.

En cm : EA = AD − DE = 8 − 6 = 2.
Les droites (DA) et (CB) sont parallèles car ABCD est un carré.
Donc d'après le théorème de Thalès on a :
$\frac{FA}{FB}=\frac{EA}{CB}=\frac{2}{8}$ or FB = FA + AB = FA + 8 (car A ∈ [FB]).
Donc $\frac{FA}{FA+8}=\frac{2}{8}$ donc 8 FA = 2 FA + 16 donc 6 FA = 16 donc $FA=\frac{16}{6}=\frac{8}{3}$.
Dans le triangle rectangle FAE, on a : $\tan\widehat{EFA}=\frac{2}{\frac{8}{3}}=\frac{3}{4}$
Donc $\widehat{CFB}=\widehat{EFA}\approx 36{,}9°$.

AUTRE MÉTHODE :
$\widehat{EFA}$ et $\widehat{DCE}$ sont alternes-internes, définis par les droites parallèles (DC) et (AB), et donc égaux. On peut utiliser la trigonométrie pour calculer $\widehat{DCE}$:
dans EDC rectangle en D, on connait la mesure de deux côtés.

CORRIGÉS PROBLÈMES

PROBLÈME 1

Énoncé p. 378

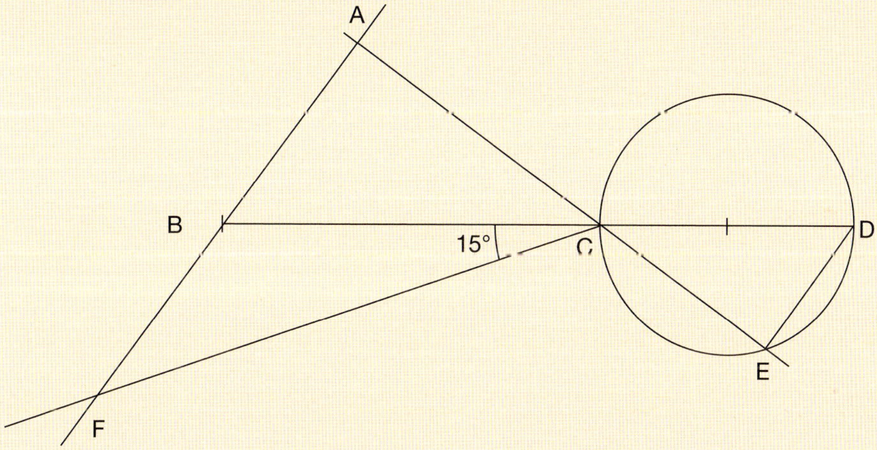

1 a. $AB^2+AC^2=3^2+4^2=25$ $BC^2=5^2=25$ donc $AB^2+AC^2=BC^2$.
Donc d'après la réciproque du théorème de Pythagore, **le triangle ABC est rectangle en A.**

b. Dans le triangle rectangle ABC, on a :
$\cos\widehat{B}=\frac{AB}{BC}$, donc $\cos\widehat{B}=\frac{3}{5}$, donc $\widehat{ABC}\approx 53°$.

2 a. Le point E est un point du cercle de diamètre [CD].
Si dans un cercle, un triangle a pour sommets les extrémités d'un diamètre et un point du cercle alors ce triangle est rectangle en ce point (propriété C'2).
Donc ECD est un triangle rectangle en E.
Donc (ED) ⊥ (EC), donc (ED) ⊥ (AE).
De plus on sait que : (AB) ⊥ (AE) car ABC est un triangle rectangle en A (1.a).
Donc **(AB)//(ED)** (propriété D2).

b. Les points A, C et E sont alignés ; les points B, C et D sont alignés et (AB)//(DE).

Donc d'après le théorème de Thalès, on a : $\frac{CA}{CE} = \frac{CB}{CD}$.

Comme CD = 8 – 5 = 3 donc $\frac{4}{CE} = \frac{5}{3}$

donc $\mathbf{CE = \frac{12}{5} = 2{,}4\ cm}$.

c. Dans le triangle ABC on a :

$\widehat{ACB} = 180° - (90° + 53°) \approx 37°$.

$\widehat{DCE} = \widehat{ACB}$ (*angles opposés par le sommet*).

Donc $\mathbf{\widehat{DCE} \approx 37°}$.

On peut aussi utiliser la trigonométrie dans le triangle DCE.

❸ $\widehat{ACF} = \widehat{ACB} + \widehat{BCF} = 37° + 15° = 52°$

Dans le triangle rectangle AFC on a : $\tan \widehat{ACF} = \frac{AF}{AC}$.

Donc $\tan 52° = \frac{AF}{4}$, donc $AF = 4 \times \tan 52°$, donc AF ≈ 5,12 cm.

Or BF = AF – AB, donc BF ≈ 5,12 – 3 ≈ 2,12.

Donc **BF ≈ 2,1 cm.**

PROBLÈME 2

Énoncé p. 379

❶ **Construction de la figure**

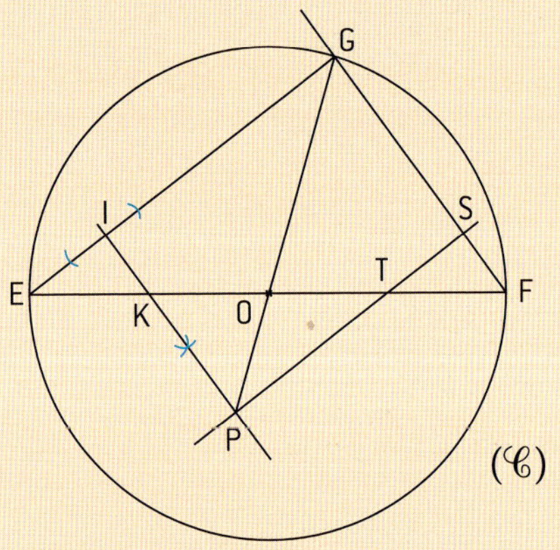

Attention de bien laisser les traits de construction.

❷ G est un point du cercle de diamètre [EF], donc GEF est un triangle rectangle en G (propriété C'2).

D'après le théorème de Pythagore on a :

$GF^2 + GE^2 = EF^2$

donc $4{,}8^2 + GE^2 = 6^2$

donc $GE^2 = 6^2 - 4{,}8^2 = 12{,}96$.

Donc GF = 3,6 cm.

❸ • Dans le triangle rectangle GFE on a :

$\sin\widehat{GFE} = \frac{EG}{EF} = \frac{4,8}{6} = 0,8$

donc $\widehat{\mathbf{GFE}} \approx \mathbf{53,1°}$.

On peut aussi utiliser le cosinus ou la tangente. Mais il est préférable d'utiliser les dimensions données par l'énoncé.

• Pour calculer $\widehat{GOF}$:

Ici, on ne peut pas utiliser la trigonométrie du triangle rectangle car ce triangle GOF n'est pas rectangle ! Mais $\widehat{GOF}$ est un angle au centre. Intercepte-t-il le même arc qu'un angle connu ou qu'on peut calculer ?

Dans le triangle GEF on a : $\widehat{GEF} = 180° - \left(\widehat{EGF} + \widehat{EFG}\right)$.

Donc $\widehat{GEF} \approx 180° - (90° + 53,1°) \approx 36,9°$.

$\widehat{GOF}$ est un angle au centre qui intercepte le même arc que l'angle inscrit $\widehat{GEF}$.

Donc $\widehat{GOF} = 2 \times \widehat{GEF}$, donc $\widehat{GOF} \approx 2 \times 36,9° \approx 73,8°$.

❹ Pour calculer la distance EK :

EIK est un triangle rectangle, mais on ne connait la longueur que du côté [EI]. On ne peut donc pas utiliser le théorème de Pythagore. Les droites (IK) et (GF) semblent parallèles, cela permettrait d'utiliser le théorème de Thalès avec les sécantes (EG) et (EF).

Les droites (IK) et (GF) sont toutes les deux perpendiculaires à (EG), elles sont donc parallèles (propriété D2).

On peut donc utiliser le théorème de Thalès avec les sécantes (EG) et (EF) :

$\frac{EI}{EG} = \frac{EK}{EF}$ donc $\frac{1,2}{4,8} = \frac{EK}{6}$ **donc EK = 1,5 cm.**

❺ Pour démontrer que (ST) ⊥ (GF) :

Pour démontrer que (ST) ⊥ (GF), on peut penser à utiliser la réciproque du théorème de Pythagore dans le triangle TSF, mais on ne connait que la longueur de deux côtés et il ne semble pas évident de calculer la troisième longueur.
On ne peut évidemment pas utiliser le théorème de Thalès pour effectuer ces calculs puisqu'on ne sait pas si les droites sont parallèles ! On peut essayer de démontrer qu'elles sont parallèles. Comme on sait que (EG) ⊥ (GF) cela permettra de conclure.

$\frac{FS}{FG} = \frac{0,9}{3,6} = 0,25$ $\frac{FT}{FE} = \frac{1,5}{6} = 0,25$ donc $\frac{FS}{FG} = \frac{FT}{FE}$.

De plus les points F, T, E et F, S, G sont alignés dans le même ordre.

Donc d'après la réciproque du théorème de Thalès, les droites (ST) et (GE) sont parallèles.

Or (EG) ⊥ (GF), **donc (ST) ⊥ (GF)** (propriété D3).

❻ **GIPS est un rectangle** car il a trois angles droits (propriété R1).

7 Il y a deux méthodes possibles pour chercher si les points G, O et P sont alignés.

En cas de blocage, il faut se reporter à la fiche méthode : « Démontrer que trois points sont alignés », chap. 15 p. 342.

MÉTHODE 1 :

- **A-t-on : PG = PO + OG ?**

OG = 3 cm (rayon du cercle).
O est le milieu de [KT] car en cm : OT = OF − TF = 3 − 1,5 = 1,5.
De même en cm : OK = OE − EK = 1,5.
KPT est un triangle rectangle en P (car GIPS est un rectangle).
Donc OP est la médiane du triangle rectangle KPT issue du sommet de l'angle droit. Or en cm KT = EF − EK − TF = 6 − 2 × 1,5 = 3.
Donc OP = $\frac{KT}{2}$ = 1,5 cm (propriété T1).
Donc en cm : PO + OG = 1,5 + 3 = 4,5.

- **Calculons GP :**

Dans le triangle rectangle GSP on a : $PG^2 = GS^2 + SP^2$.
Or GSIP est un rectangle donc en cm : SP = GI = 4,8 − 1,2 = 3,6.
De plus, en cm : GS = GF − FS = 3,6 − 0,9 = 2,7.
Donc $PG^2 = 2{,}7^2 + 3{,}6^2 = 20{,}25$ donc PG = 4,5 cm.
Donc PG = PO + OG.

Donc **G, O et P sont alignés** (propriété D4).

MÉTHODE 2 :

Il est possible de démontrer que $\widehat{GOP} = 180°$.

Attention ! On ne peut pas utiliser les valeurs approchées qu'on a trouvées précédemment car on ne pourra pas conclure avec certitude que cet angle mesure exactement : 180°.

Pour cela, on peut appeler x la mesure de $\widehat{SFT}$.
Alors dans le triangle isocèle GOF on a :
$\widehat{GOF} = 180° - 2x$.
Dans le triangle rectangle STF on a :
$\widehat{STF} = 180° - (90° + x) = 90° - x$.
Donc $\widehat{OTP} = \widehat{STF} = 90° - x$ (*angles opposés par le sommet*).
Dans le triangle isocèle OPT (pour la justification *voir la méthode 1*) on a :
$\widehat{TOP} = 180° - 2(90° - x) = 2x$.
Or $\widehat{GOP} = \widehat{GOF} + \widehat{FOP}$
donc $\widehat{GOF} = 180° - 2x + 2x = 180°$.

Donc **G, O et P sont alignés**.

CHAPITRE 18

Transformations

OBJECTIFS DU CHAPITRE

– Reconnaitre les axes et centres de symétrie d'une figure.

– Construire l'image d'une figure par une symétrie axiale ou centrale.

– Savoir, pour deux figures données, s'il existe une symétrie axiale ou centrale qui transforme l'une d'elles en l'autre.

– Construire l'agrandissement ou la réduction d'une figure.

– Utiliser les propriétés de ces transformations dans des démonstrations.

FICHES MÉTHODE

TESTER SES CONNAISSANCES

QCM 1 En utilisant le dessin ci-dessous, indiquer quelles affirmations sont vraies.

A. Le symétrique du triangle ABC par rapport à la droite (*d*) est $A_1B_1C_1$.
B. Le symétrique du triangle ABC par rapport à la droite (*d*) est $A_2B_2C_2$.
C. Le symétrique du triangle ABC par rapport au point C est CA_3B_3.
D. Le symétrique du triangle ABC par rapport au point C est A_4B_3C.

Aide :
phrase A, §1 p. 387
phrase B, §1.1 p. 388
phrases C et D, §2 p. 392 et §1.2 p. 393

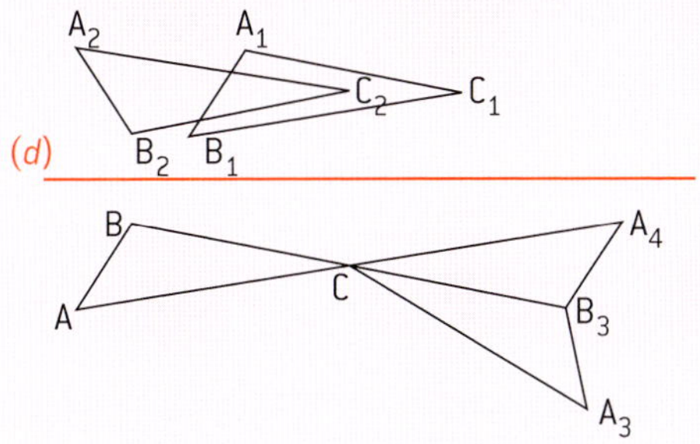

QCM 2 Indiquer quelles affirmations sont vraies.

Aide :
§2.3 p. 395

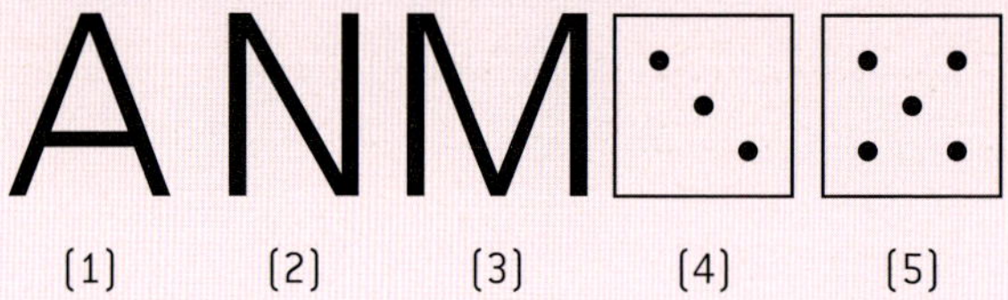

A. Le dessin (1) a exactement un axe de symétrie.
B. Le dessin (2) a exactement un axe de symétrie.
C. Le dessin (3) a exactement 2 axes de symétrie.
D. Le dessin (4) a exactement un centre de symétrie et un axe de symétrie.
E. Le dessin (5) a exactement 4 axes de symétrie.

QCM 3 Indiquer quelles affirmations sont vraies.

Aide :
§2.3 p. 395

A. Un rectangle, qui n'est pas un carré, a exactement 4 axes de symétrie.
B. Un triangle équilatéral a exactement 3 axes de symétrie.
C. Un triangle équilatéral a exactement un centre de symétrie.
D. Un losange, qui n'est pas un carré, a exactement 2 axes de symétrie.
E. Un carré a exactement 4 axes de symétrie.
F. Un parallélogramme, qui n'est ni un losange ni un rectangle, n'a pas d'axe de symétrie.
G. Un parallélogramme n'a pas de centre de symétrie.
H. Un cercle a un centre de symétrie.
I. Un cercle a exactement 2 axes de symétrie.

QCM 4 Indiquer quelles affirmations sont vraies.

Aide :
§3 p. 396

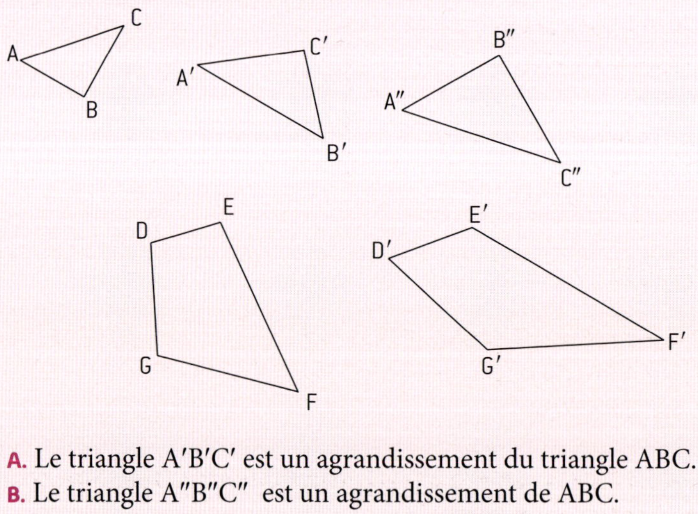

A. Le triangle A′B′C′ est un agrandissement du triangle ABC.
B. Le triangle A″B″C″ est un agrandissement de ABC.
C. D′E′F′G′ est un agrandissement de DEFG.

1. B, D 2. A, E 3. B, D, E, F, H 4. B

LE COURS

Une transformation du plan est une application du plan dans lui-même.
Cela signifie que c'est un procédé qui, à tout point M du plan, associe un point M′ et un seul.
On dit que **M′ est l'image M par la transformation**.

Nous allons ici étudier deux transformations du plan : **les symétries axiale et centrale**. Pour chacune d'elles, nous donnerons une définition « naïve » (mais souvent très opératoire pour reconnaitre si deux figures se déduisent l'une de l'autre par cette transformation), puis une définition mathématique qui est une définition ponctuelle[1], ainsi que des propriétés. Nous étudierons également l'**agrandissement/réduction d'une figure**.

1 Cette définition précise comment construire l'image d'un point par cette transformation.

Vous trouverez des informations sur d'autres transformations qui ne sont pas étudiées au collège sur le site compagnon, à l'adresse www.concours-hatier.com

1 Symétrie axiale (ou symétrie orthogonale par rapport à une droite)

A. Définition « naïve »

(F′) et (F) étant deux figures dessinées sur une feuille, la figure (F′) est le symétrique de la figure (F) par rapport à une droite (*d*) si, lorsqu'on plie la feuille suivant (*d*), (F) et (F′) se superposent (par exemple par transparence).

CORRIGÉ QCM 1 affirmation A : En imaginant qu'on plie la feuille selon la droite (*d*), on constate que $A_1B_1C_1$ n'est pas le symétrique de ABC.

QCM 1, p. 385

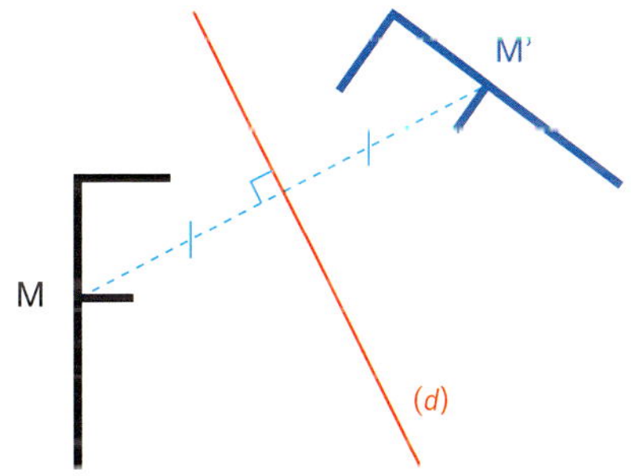

B. Définition mathématique

Le symétrique d'un point M par rapport à une droite (*d*) est :
– **le point M′** tel que (*d*) soit la médiatrice de [MM′], si M n'est pas sur (*d*) ;
– **le point M lui-même**, si M est sur (*d*).

- On dit que **M′ est l'image de M par la symétrie par rapport à la droite (*d*)** (ou d'axe (*d*)).
M est aussi le symétrique de M′ par rapport à (*d*).
On dit que **M et M′ sont symétriques par rapport à (*d*)**.
- Tous les points de l'axe de symétrie sont leur propre image : on dit qu'ils sont **invariants**.
- Le **symétrique d'une figure (F)** par rapport à une droite (*d*) est **l'ensemble (F′)** de toutes les images des points de (F) par cette symétrie.

1. 1 Symétrique d'un point par rapport à une droite

➤ **Tracé d'une médiatrice**, chap. 13 p. 296

Il y a deux méthodes qui correspondent aux deux méthodes de tracé de la médiatrice d'un segment.

FICHE MÉTHODE Tracer le symétrique d'un point par rapport à une droite.

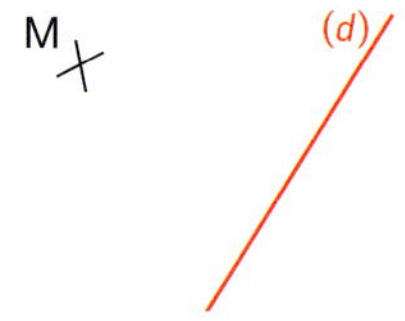

→ Tracer le symétrique de M par rapport à (*d*).

méthode **1.** Avec la règle graduée et l'équerre	méthode **2.** Avec la règle non graduée et le compas
1. Tracer la perpendiculaire à (*d*) qui passe par M. Elle coupe (*d*) en H.	**1. Placer deux points quelconques sur (*d*).**
2. Placer le point M′ sur cette perpendiculaire tel que MH = M′H.	**2. Tracer deux arcs de cercle dont le centre est un de ces deux points** et passant par M (ces arcs n'ont pas forcément le même rayon). Le deuxième point commun de ces deux arcs est le symétrique de M.
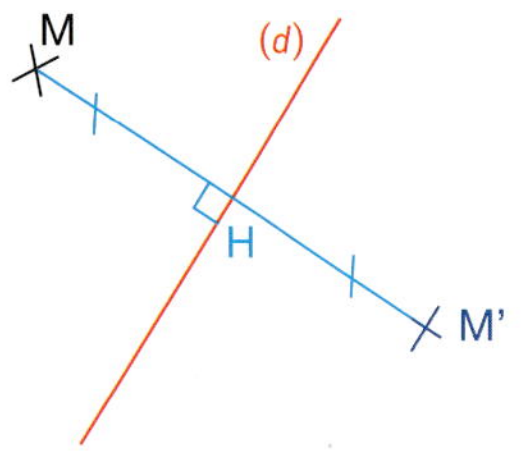	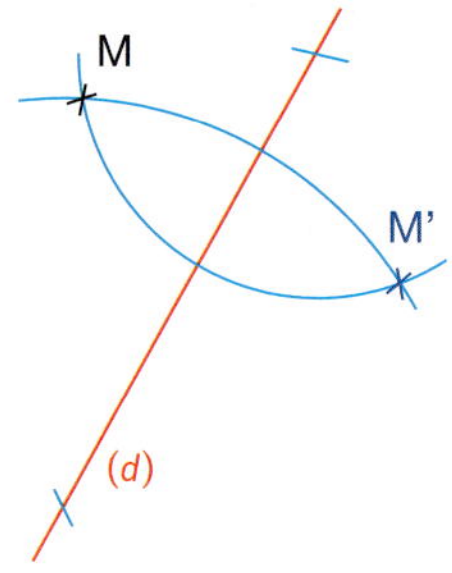

CORRIGÉ QCM 1 affirmation B : En joignant A et A_2, B et B_2, C et C_2, on peut constater que le symétrique de ABC par rapport à (*d*) est $A_2B_2C_2$.

QCM 1, p. 385

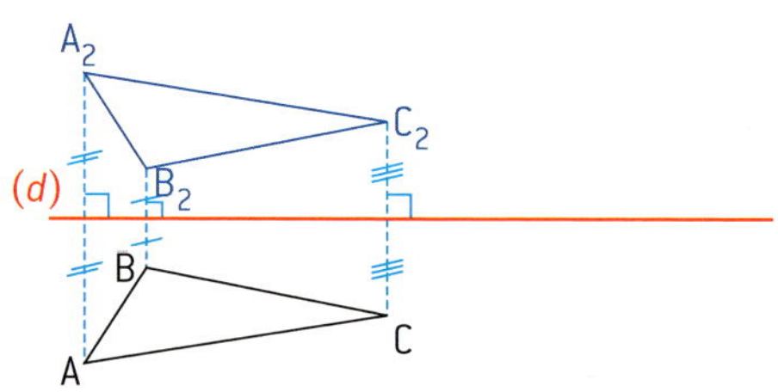

ENTRAINEMENT 1

Corrigé p. 399

Reproduire des figures analogues à chacune des deux figures ci-dessous et tracer le symétrique du triangle ABC par rapport à (*d*) :

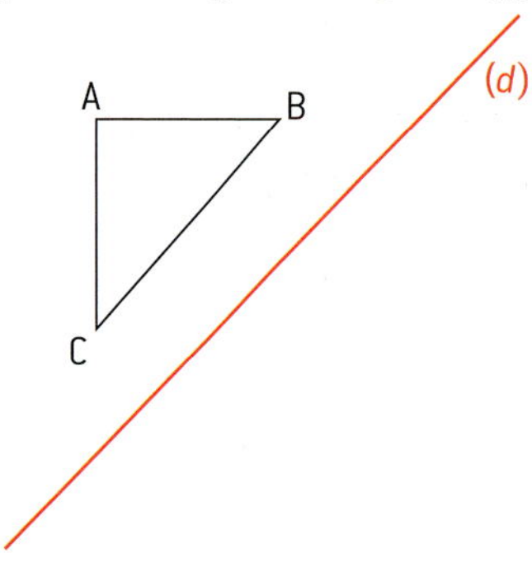

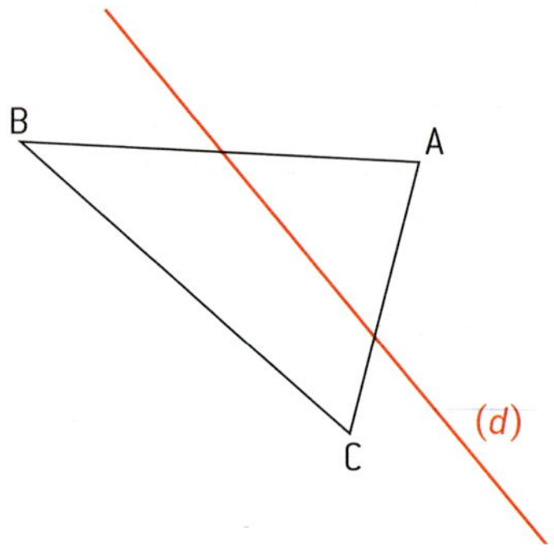

1. 2 Propriétés de la symétrie axiale

A. Conservation de l'alignement

L'image d'une **droite** par une symétrie axiale est une **droite**.

Conséquences :

- Si un point est sur une droite alors son symétrique est sur le symétrique de cette droite.
- Si une droite coupe l'axe de symétrie alors son symétrique coupe l'axe en ce point.

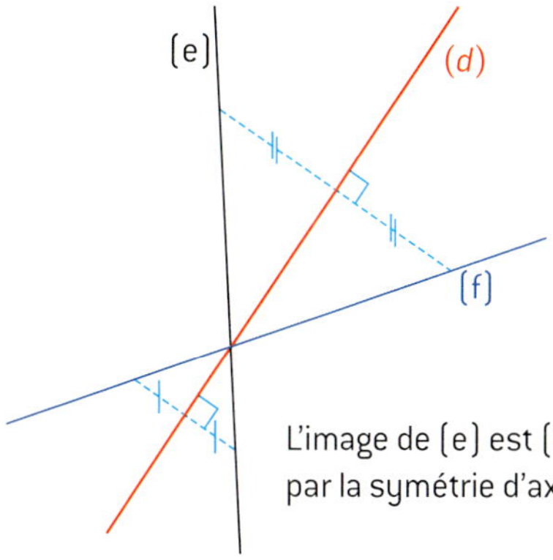

L'image de (e) est (f) par la symétrie d'axe (d).

Attention ! L'image d'une droite par une symétrie axiale n'est pas une droite parallèle (sauf dans le cas où cette droite est parallèle à l'axe), contrairement à ce qui se passe pour la symétrie centrale (*voir § 2 p. 392*).
Cette notion ne doit pas être confondue avec le fait que la symétrie axiale conserve le parallélisme (*voir ci-dessous*).

B. Conservation des longueurs

L'image d'un **segment** par une symétrie axiale est un **segment** de même longueur.

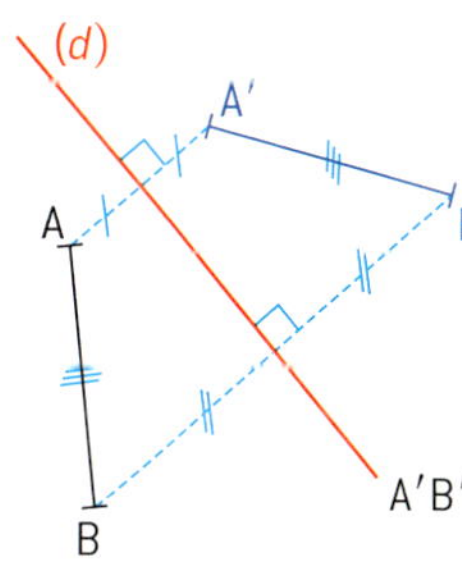

$A'B' = AB$

C. Conservation du milieu

L'image du **milieu d'un segment** par une symétrie axiale est le **milieu de l'image de ce segment**.

C'est une conséquence directe de la propriété précédente.

D. Conservation des angles

L'image d'un **angle** par une symétrie axiale est un **angle** de même mesure.

En particulier, l'image de deux droites perpendiculaires est formée de deux droites perpendiculaires. On dit que la symétrie axiale conserve l'**orthogonalité** (ou la perpendicularité).

E. Conservation du parallélisme

L'image de deux **droites parallèles** par une symétrie axiale est formée de **deux droites parallèles**.

ENTRAINEMENT 2

Corrigé p. 399

Soit (*d*) une droite, A un point de (*d*) et B un point non situé sur (*d*).
Tracer B′ le symétrique de B par rapport à (*d*).
Démontrer que ABB′ est un triangle isocèle.

Applications des propriétés :

- **Ces propriétés permettent de dire que le symétrique d'un cercle est un cercle** de même rayon dont le centre est le symétrique du centre.
- **Ces propriétés permettent de tracer le symétrique d'une figure** : on analyse la figure en identifiant les différentes figures de base qui la compose et leurs liens (*voir chap. 13, §5 p. 292*), puis on trace les symétriques de ces différentes figures en s'appuyant sur le fait que le symétrique d'un segment est un segment, celui d'un cercle est un cercle de même rayon…

ENTRAINEMENT 3

Corrigé p. 399

Reproduire une figure analogue à la figure ci-contre et construire le symétrique de cette figure par rapport à (*d*).
O est le centre du demi-cercle.

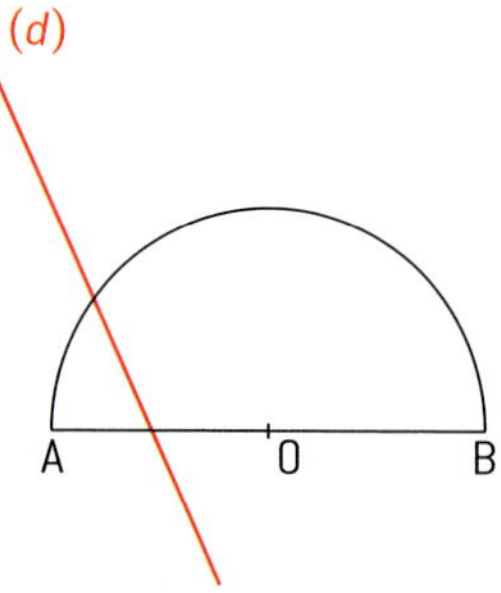

ENTRAINEMENT 4

Corrigé p. 399

Sur le dessin ci-contre, A′ est le symétrique de A par rapport à (*d*). Décrire une méthode qui permette de tracer le symétrique de B par rapport à (*d*) en traçant une droite et un arc de cercle.

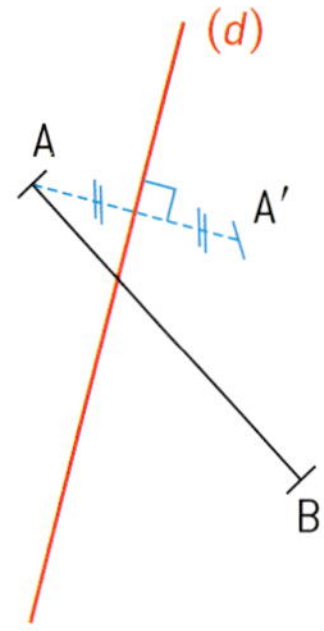

- **Ces propriétés permettent également de déterminer le symétrique d'un point.**

Si un point est le seul point d'intersection de deux figures (F) et (G) dont on connait les symétriques alors le symétrique de ce point est l'intersection des symétriques de (F) et (G).

Si (F′) est le symétrique de (F) et (G′) est le symétrique de (G) alors le symétrique de M est l'intersection de (F′) et (G′), c'est-à-dire M′.

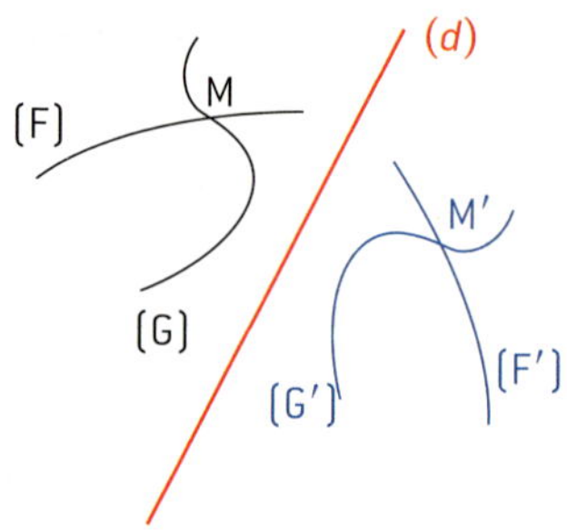

1. 3 Axe(s) de symétrie

Une **figure (F)** admet un axe de symétrie (d) si le symétrique de tout point de (F) par rapport à (d) appartient à (F).

FICHE MÉTHODE **Chercher le(s) axe(s) de symétrie d'une figure.**

→ Chercher un axe de symétrie de la figure ci-contre.

1. Plier mentalement la figure suivant une droite de façon à ce que les deux parties de la figure délimitées par le pli se superposent (on peut aussi faire cette recherche mentale avec un miroir) : – **Si ce n'est pas possible,** on peut penser que la figure n'a pas d'axe de symétrie. – **Si c'est possible,** passer à l'étape suivante.	Plier mentalement la figure suivant la médiatrice du segment en haut de la figure. Il semble que les deux parties de la figure ainsi délimitées se superposent.
2. Repérer deux points M et M′ de la figure comme étant symétriques et tracer la médiatrice de [MM′].	On trace la médiatrice de [MM′] : 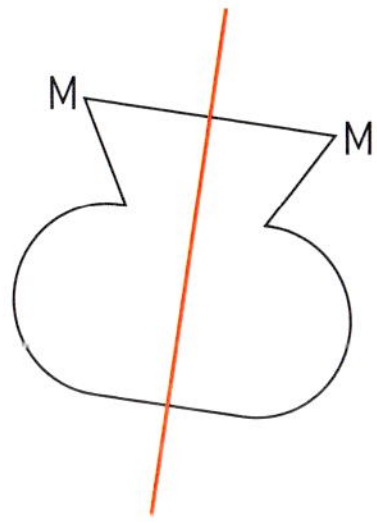
3. S'assurer que cette droite est bien un axe de symétrie, par exemple en pliant mentalement (ou réellement si c'est possible) la figure suivant cet axe.	Cette figure n'a qu'un seul axe de symétrie, c'est la médiatrice de [MM′].
4. Essayer de trouver d'autres axes en procédant comme ci-dessus.	

Dans ce genre d'exercice, on ne demande pas de démontrer que la figure possède ou ne possède pas d'axe de symétrie, il suffit de les caractériser par exemple en les traçant.

Une figure peut avoir plusieurs axes de symétrie (*voir ci-dessous*).

ENTRAINEMENT 5 Corrigé p. 400

Combien d'axes de symétrie ont ces panneaux de signalisation ?

(1)

(2)

(3)

2 Symétrie centrale (ou symétrie par rapport à un point)

A. Définition « naïve »

Une figure (F′) est le symétrique d'une figure (F) par rapport à un point C si on obtient (F′) en faisant tourner (F) de 180° (soit un demi-tour) autour de C.

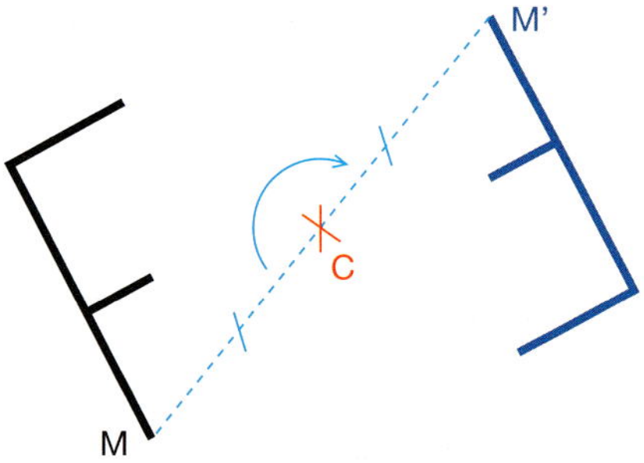

B. Définition mathématique

Le symétrique d'un point M par rapport à un point C est :
– **le point M′** tel que C soit le milieu de [MM′], si M est distinct de C ;
– **le point M lui-même** si M et C sont confondus.

- On dit que M et M′ sont symétriques par rapport à C.
- Le symétrique d'une figure (F) par rapport à un point est l'ensemble (F′) de toutes les images des points de (F) par cette symétrie.

CORRIGÉ QCM 1 :
Affirmation C : Si on imagine que le triangle ABC tourne d'un demi-tour autour de C, on constate qu'il ne peut pas se superposer avec A_3B_3C.
Affirmation D : En revanche, le triangle ABC, en tournant de 180° autour de C, se superpose avec A_4B_3C.

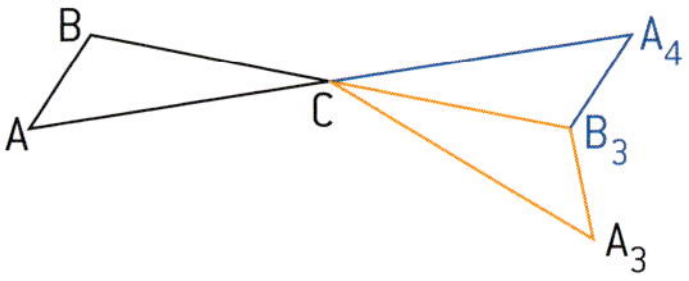

QCM 1, p. 385

2. 1 Symétrique d'un point par rapport à un point

FICHE MÉTHODE Tracer le symétrique d'un point par rapport à un point.

➜ Tracer le symétrique du point M par rapport à C.

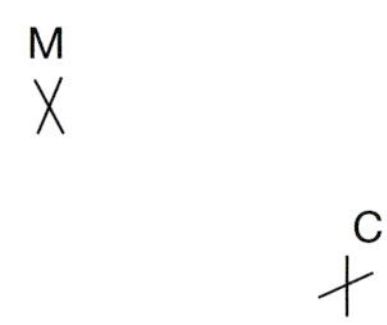

1. Tracer la demi-droite d'origine M qui passe par C.	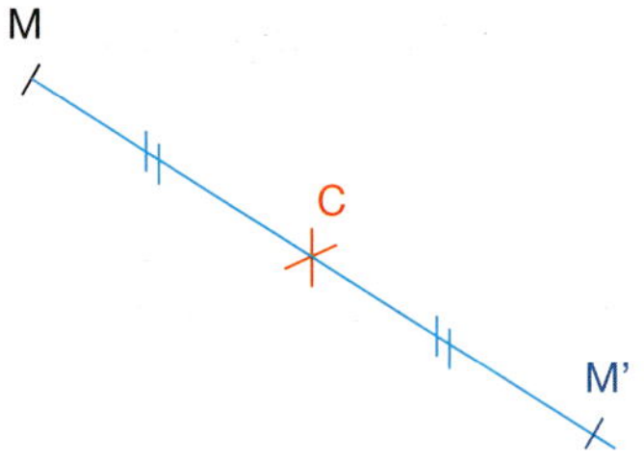
2. Placer le point M′ avec le compas ou la règle graduée sur cette demi-droite tel que MC = M′C.	

CORRIGÉ QCM 1 affirmation D (suite) : Si on trace les segments [AA_4] et [BB_3] (*voir figure page précédente*), on constate que le symétrique de ABC par rapport à C est A_4B_3C.

QCM 1, p. 385

ENTRAINEMENT 6

Corrigé p. 400

Reproduire la figure ci-contre et tracer le symétrique de cette figure par rapport à C.

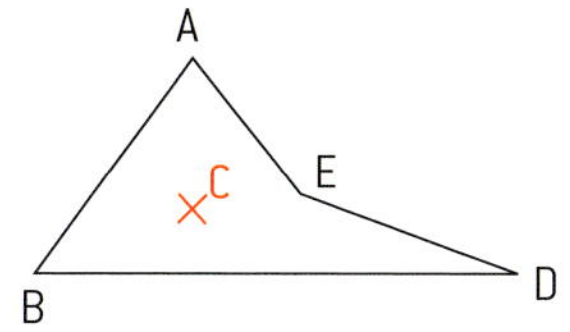

2. 2 Propriétés de la symétrie centrale

Si on se réfère à la définition « naïve », ces propriétés sont évidentes. Comme pour la symétrie axiale, on admet que :

La symétrie centrale conserve l'**alignement,** les **longueurs**, les **angles**, l'**orthogonalité**, les **milieux**, le **parallélisme**.

Mais la propriété suivante est particulière à la symétrie centrale :

Quelle que soit la droite, la symétrie centrale transforme cette droite en une **droite parallèle.**

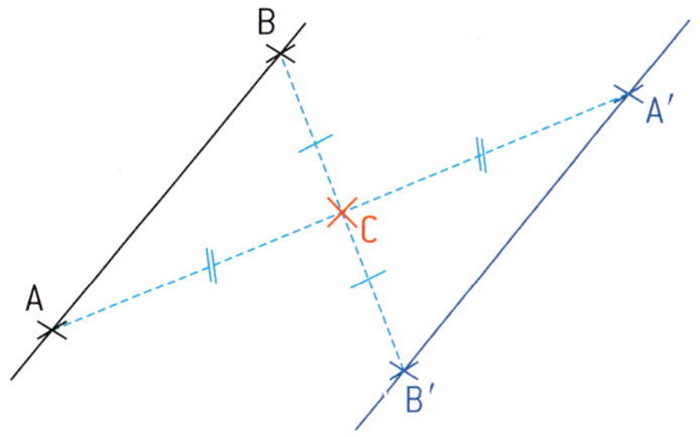

Comme pour la symétrie axiale, toutes ces propriétés permettent de **tracer le symétrique d'une figure par rapport à un point.**

ENTRAINEMENT 7

Corrigé p. 400

Démontrer cette dernière propriété.

ENTRAINEMENT 8

Corrigé p. 400

Tracer un triangle ABC tel que AB = 6 cm, AC = 5 cm et BC = 4 cm. Tracer le demi-disque de diamètre [AB] qui n'est pas dans le même demi-plan délimité par (AB) que C. Placer le point I sur [BC] tel que BI = 3 cm.
Tracer le symétrique de la figure obtenu par rapport à I.

ENTRAINEMENT 9

Corrigé p. 400

Soit DEF un triangle quelconque. Soit K un point quelconque sur [DF]. Tracer D′ et F′ les symétriques de D et F par rapport à E. Tracer uniquement avec une règle non graduée le symétrique K′ de K par rapport à E. Justifier cette construction.

ENTRAINEMENT 10

Corrigé p. 401

a. L'image du point A ci-contre par une **symétrie axiale** est A′. Tracer le symétrique B′ de B par cette même symétrie.
b. L'image du point A ci-contre par une **symétrie centrale** est A′. Tracer le symétrique B′ de B par cette même symétrie.

2. 3 Centre de symétrie

Une **figure (F)** admet un centre de symétrie C si le symétrique de tout point de (F) appartient à (F).

Si une figure, dont certains côtés sont des segments, **admet un centre de symétrie**, alors nécessairement **ces segments sont parallèles deux à deux** (propriété : la symétrie centrale transforme une droite en une droite qui lui est parallèle).

Conséquence : Si un polygone n'a pas des côtés parallèles deux à deux, il n'a pas de centre de symétrie.

EXEMPLE : La figure ci-contre admet O comme centre de symétrie.

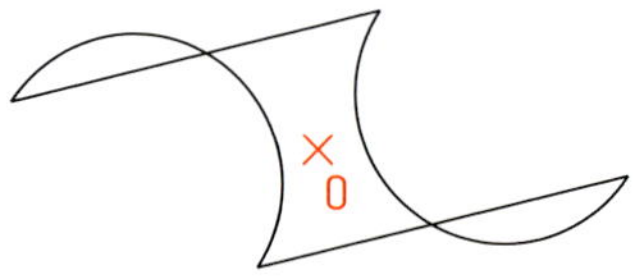

FICHE MÉTHODE Chercher le centre de symétrie d'une figure.

→ Chercher un centre de symétrie de la figure ci-contre.

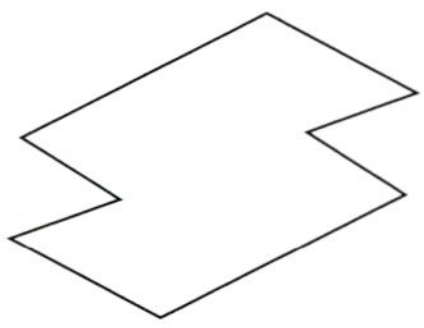

1. Si des segments composent la figure, **ces segments sont-ils parallèles deux à deux ?** – **Si ce n'est pas le cas,** on peut affirmer que la figure n'a pas de centre de symétrie. – **Si c'est le cas,** on passe à l'étape suivante.	Les segments qui composent cette figure sont parallèles deux à deux.
2. Déterminer mentalement un point qui semble être le centre de symétrie de la figure. Ce peut être un point « central » de la figure ou l'intersection de segments reliant des couples de points qui devraient être deux à deux symétriques.	Si la figure possède un centre de symétrie, les points M et M′ devraient être symétriques. Leur milieu pourrait être le centre de symétrie de cette figure. 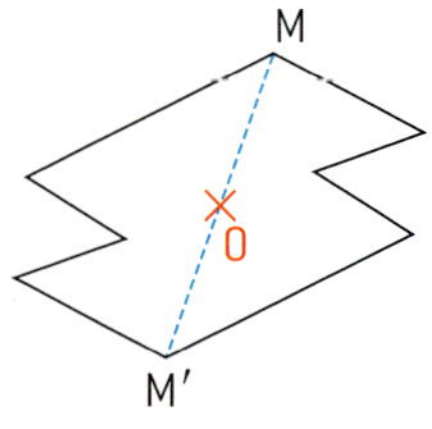
3. Tracer le point central avec précision.	Tracer le milieu O de [MM′].
4. Vérifier mentalement que ce point est bien le centre de symétrie de la figure en imaginant de faire tourner de 180° la figure autour de ce point.	Constater mentalement que O est le centre de symétrie de la figure.

Dans ce genre de question, on ne demande pas de démontrer que la figure possède un centre de symétrie (il suffit de le caractériser par exemple en le traçant) ; par contre, on peut demander de prouver qu'elle n'en a pas (*voir étape 1*).

CORRIGÉ QCM 2 : Voici les axes et centres de symétrie des figures proposées dans cette question : QCM 2, p. 386

(1) (2) (3) (4) (5)

> Attention ! La **figure (2)** n'a pas d'axe de symétrie ! Pour s'en convaincre, décalquer la figure et plier la feuille suivant l'axe imaginé, et constater que les deux parties de la figure ne sont pas superposables.

CORRIGÉ QCM 3 : Voici les axes et centres de symétrie des figures proposées dans cette question : QCM 3, p. 386

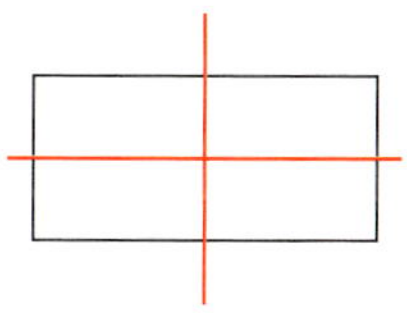

2 axes et un centre

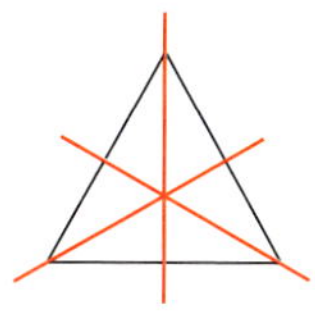

3 axes mais pas de centre

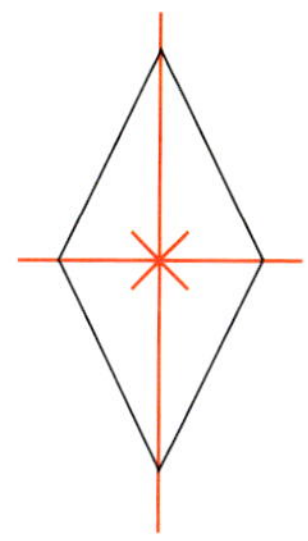

2 axes et un centre

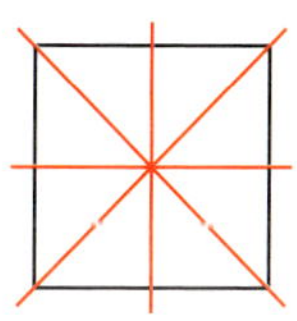

4 axes et un centre

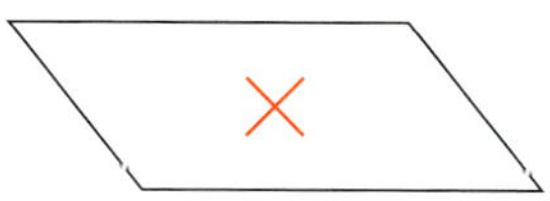

pas d'axe et un centre

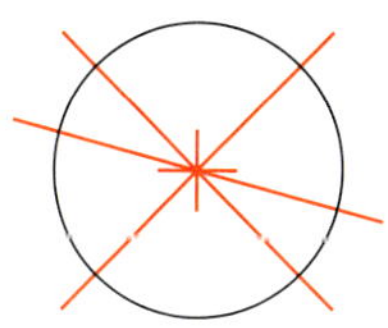

une infinité d'axes et un centre

> Attention !
> - **Les diagonales du rectangle** ne sont pas des axes de symétrie. Vous pouvez le vérifier en pliant un rectangle selon ses diagonales.
> - **Le point de concours des médiatrices d'un triangle équilatéral** n'est pas un centre de symétrie. Vous pouvez le vérifier en décalquant le triangle équilatéral et en le faisant pivoter de 180° autour de ce point, vous constaterez qu'il ne se superpose pas avec le modèle.
> - **Les diagonales du parallélogramme** ne sont pas des axes de symétrie. Vous pouvez le vérifier en pliant un parallélogramme selon ses diagonales.

ENTRAINEMENT 11

Corrigé p. 401

Quels panneaux de l'entrainement 5 p. 391 ont un centre de symétrie ?

ENTRAINEMENT 12

Corrigé p. 401

Un triangle peut-il avoir un centre de symétrie ?

ENTRAINEMENT 13

Corrigé p. 401

Tracer un triangle ABC rectangle en A tel que AB = 4 cm et BC = 5 cm.
Placer le point H intersection de (BC) avec la droite perpendiculaire à (BC) qui passe par A.
Tracer en vert le symétrique du triangle ABC par rapport à (AB).
Tracer en pointillés le symétrique de ABC par rapport à (BC).
Tracer en bleu le symétrique de ABC par rapport au point H.

> Il est possible d'utiliser un logiciel de géométrie dynamique pour construire des symétriques orthogonaux par rapport à une droite ou des symétriques par rapport à un point. *GeoGebra* en est un, téléchargeable gratuitement sur le site www.geogebra.org

ENTRAINEMENT 14

Télécharger un logiciel de géométrie dynamique.
Effectuer avec ce logiciel l'entrainement 13 ci-dessus.

Non corrigé

ENTRAINEMENT 15 Corrigé p. 402

Tracer, le cas échéant, le (ou les) axe(s) et centre(s) de symétrie des figures usuelles suivantes : droite, segment, triangle quelconque, triangle isocèle, triangle rectangle, trapèze, trapèze isocèle, hexagone régulier.

3 Agrandissement et réduction d'une figure

Un polygone F′ est un agrandissement ou une réduction d'un polygone F si les dimensions de ses côtés ont été multipliées par un même coefficient (réel et positif) et que les angles sont conservés.
Si le coefficient est **supérieur à 1,** on obtient un **agrandissement**.
Si le coefficient est **inférieur à 1,** on obtient une **réduction**.

CORRIGÉ QCM 4 affirmations A et B : QCM 4, p. 386

- **A″B″C″ est un agrandissement du triangle ABC.** En effet, on constate que les dimensions ont été multipliées par un même coefficient : A″B″ = 1,5 AB ; B″C″ = 1,5 BC et A″C″ = 1,5 AC. Et $\widehat{ABC} = \widehat{A''B''C''}$; $\widehat{ACB} = \widehat{A''C''B''}$ et $\widehat{BAC} = \widehat{B''A''C''}$.
- Par contre A′B′C′ n'est pas un agrandissement de ABC car A′B′ = 2 AB mais A′C′ est différent de 2 AC.

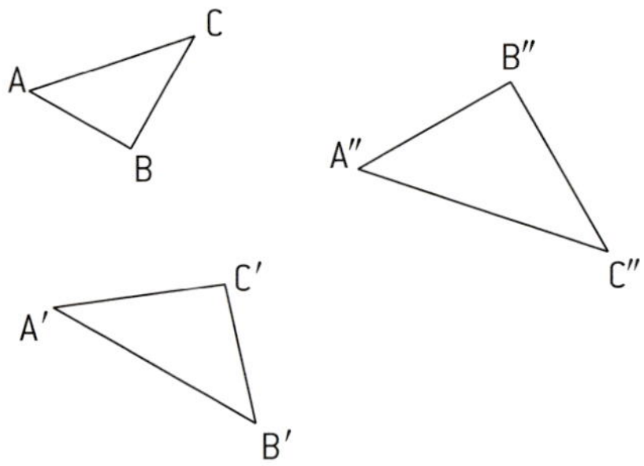

Si on multiplie les dimensions d'un triangle par un même coefficient, on obtient un triangle qui est un agrandissement ou une réduction du triangle de départ. Les angles sont automatiquement conservés. Ce n'est pas le cas pour un polygone autre qu'un triangle.

CORRIGÉ QCM 4 affirmation C :
On constate que D′E′ = 1,2 DE ; E′F′ = 1,2 EF ; F′G′ = 1,2 FG ; G′D′ = 1,2 GD et pourtant D′E′F′G′ n'est pas un agrandissement de DEFG car, par exemple, $\widehat{EDG} \neq \widehat{E'D'G'}$.

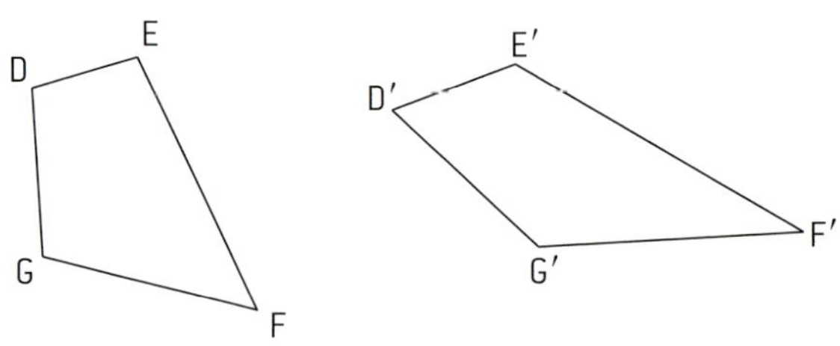

Attention ! Ajouter (ou soustraire) un même nombre aux dimensions des côtés d'un polygone ne permet pas d'obtenir un agrandissement (ou une réduction) de ce polygone.

3.1 Propriétés d'un agrandissement et d'une réduction

L'agrandissement ou la réduction conserve l'alignement, les angles (donc la perpendicularité), le parallélisme, l'égalité de longueurs, le milieu d'un segment.

On retrouve également les conséquences des **propriétés de linéarité de la proportionnalité** :
– Si dans la figure, un côté est la somme de deux autres côtés alors il en est de même de leurs agrandissements/réductions respectifs.
– Si dans la figure, un côté est k fois plus long qu'un autre côté (k étant un nombre réel) alors il en est de même de leurs agrandissements/réductions respectifs.

3. 2 Tracé de l'agrandissement et de la réduction d'une figure

Avec les deux exemples qui suivent, nous allons étudier comment réduire ou agrandir une figure.

FICHE MÉTHODE Construire l'agrandissement ou la réduction d'une figure.

→ **Exemple 1** : Construire la réduction de ce quadrilatère sachant que le côté correspondant à AB doit mesurer 2 cm sur la réduction.

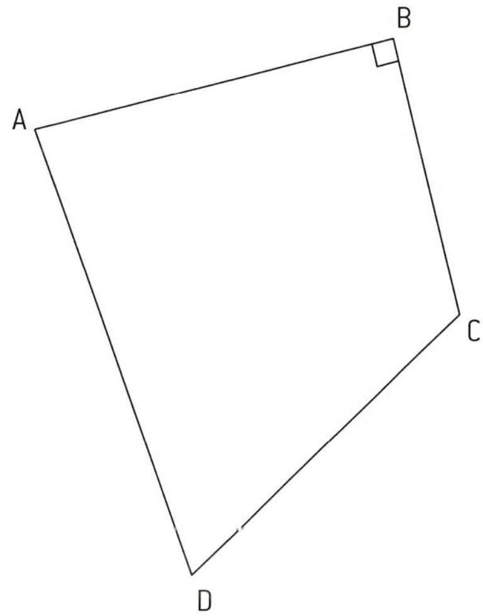

méthode 1. Utilisation de la définition

1. Déterminer le coefficient d'agrandissement ou de réduction s'il n'est pas connu. Pour cela on divise la mesure d'un côté de la figure agrandie ou réduite par la mesure du côté correspondant de la figure donnée.	Calcul du coefficient de réduction : $\frac{2}{4}=0{,}5$
2. Calculer les mesures des côtés nécessaires à la construction de l'agrandissement ou de la réduction en mesurant les côtés correspondants de la figure d'origine et en multipliant ces mesures par le coefficient de proportionnalité calculé ci-dessus. Remarque : Si ce coefficient est « compliqué » (nombre rationnel non décimal par exemple), il est parfois plus simple, pour calculer les mesures des côtés de l'agrandissement ou de la réduction, d'appliquer les propriétés additive et multiplicative de la linéarité (*voir le corrigé de l'entrainement 16 p. 402*).	Il faut donc multiplier toutes les dimensions par 0,5 : A′B′ = 2 cm B′C′ = 1,5 cm C′D′ = 2 cm A′D′ = 2,5 cm
3. Mesurer les angles nécessaires à la construction du quadrilatère.	$\widehat{ABC} = 90°$, donc $\widehat{A'B'C'} = 90°$.
4. Construire la figure agrandie.	• Tracer [A′B′] puis la perpendiculaire à (A′B′) qui passe par B′. • Placer le point C′ tel que B′C′ = 1,5 cm. • Placer D′ avec le compas tel que : A′D′ = 2,5 cm et C′D′ = 2 cm.

Il y a évidemment plusieurs possibilités pour construire cette figure. On peut ne pas utiliser les angles en traçant une diagonale de ce quadrilatère, la mesurer, puis appliquer à cette mesure le coefficient d'agrandissement ou de réduction pour déterminer la mesure de la diagonale correspondante de la figure agrandie ou réduite.

➔ **Exemple 2** : Décrire une méthode pour construire un agrandissement de la figure ci-contre sachant que le côté correspondant à [AB] est [A′B′]. On n'utilisera qu'un compas, une règle non graduée et un rapporteur. Justifier cette méthode.

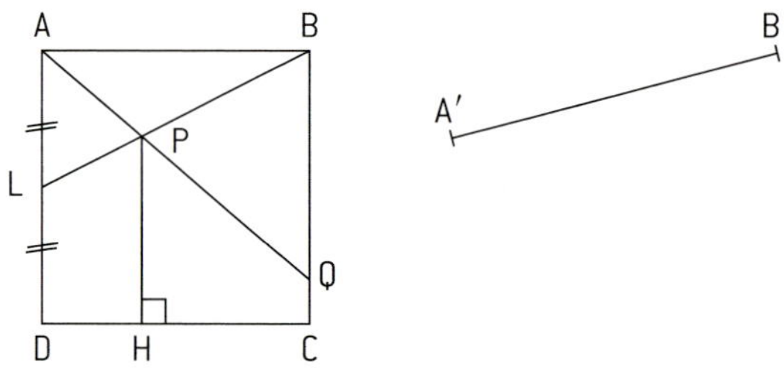

méthode 2. Utilisation de propriétés de l'agrandissement ou de la réduction

1. Analyser la figure de départ en identifiant les figures de base, les liens entre ses figures (*voir chap. 13, § 5 p. 292*). Remarque : Il n'est pas nécessaire de faire figurer cette analyse dans la rédaction de la réponse.	**Analyse de la figure :** *La figure est constituée d'un carré et de segments.* *Le point L est le milieu du segment [AD].* *Le point H est l'intersection de (DC) avec la droite perpendiculaire à (DC) qui passe par P.* *L'angle* $\widehat{BAQ}$ *mesure 40°.*
2. Utiliser les propriétés de conservation des angles, de l'alignement, du milieu d'un segment, de la perpendicularité, du parallélisme par un agrandissement ou une réduction.	Tracer un carré A′B′C′D′. Placer le point L′ milieu de [A′D′]. Tracer [B′L′]. Placer le point Q′ sur [B′C′], tel que $\widehat{B'A'Q'} = 40°$. Soit P′ l'intersection de [A′Q′] et [B′L′]. Tracer la perpendiculaire à (D′C′) qui passe par P′, elle coupe [C′D′] en H′. **Propriétés utilisées :** Un agrandissement conserve les angles, la perpendicularité, les milieux.

ENTRAINEMENT 16

Corrigé p. 402

Agrandir le triangle ci-contre sachant que [A′C′] est l'agrandissement de [AC].

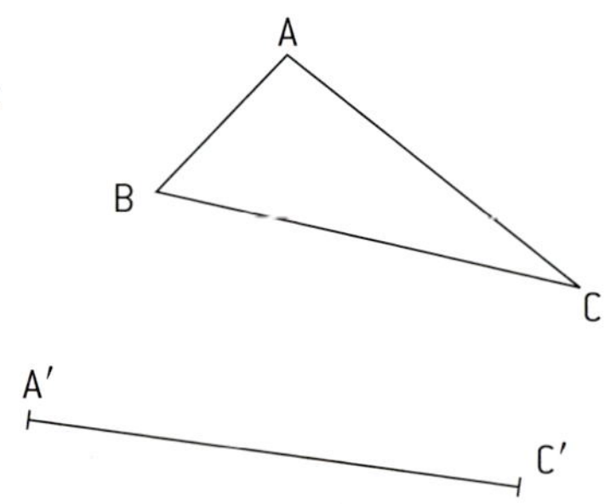

ENTRAINEMENT 17

Corrigé p. 402

En utilisant uniquement un rapporteur, un compas et une règle non graduée, réduire la figure ci-contre, sachant que la longueur du côté du carré ABCD doit être égale à la longueur du segment ci-dessous :

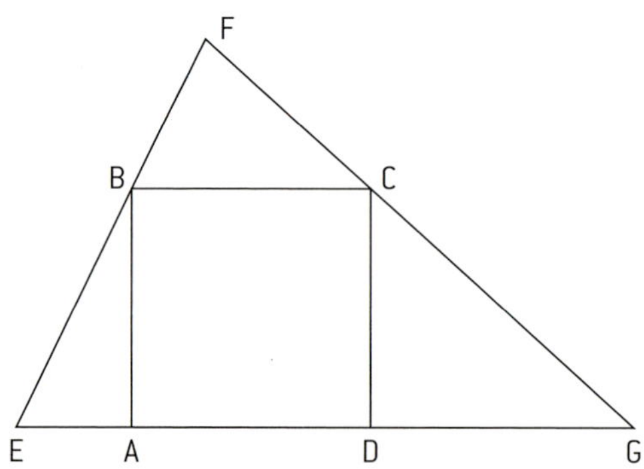

CORRIGÉS EXERCICES D'ENTRAINEMENT

ENTRAINEMENT 1

Énoncé p. 388

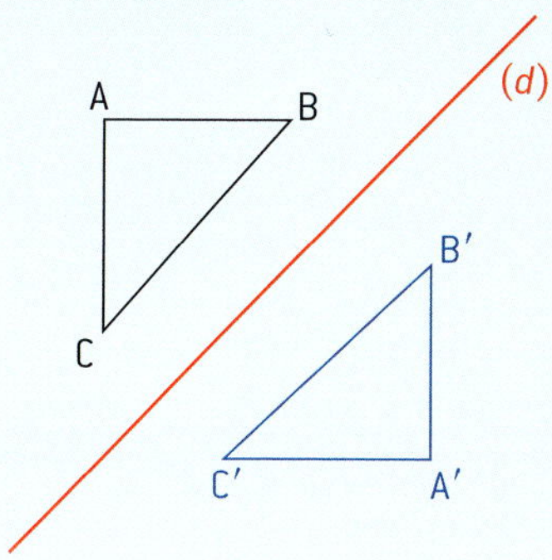

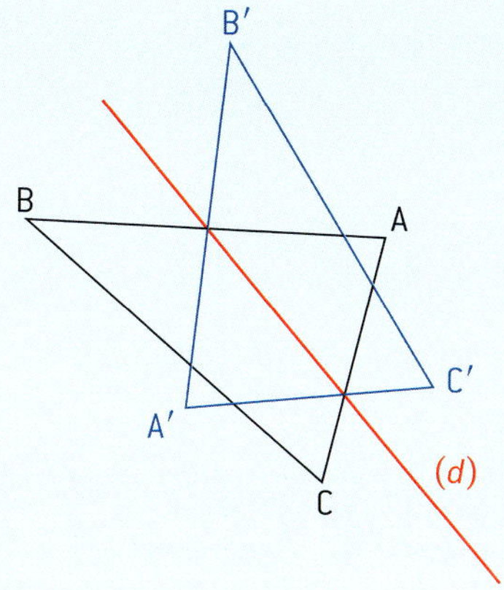

ENTRAINEMENT 2

Énoncé p. 390

Le symétrique de A par rapport à (*d*) est A, car A est un point de (*d*).
Le symétrique de B est B′.
La symétrie axiale conserve les distances, donc AB = AB′, donc ABB′ est un triangle isocèle.

ENTRAINEMENT 3

Énoncé p. 390

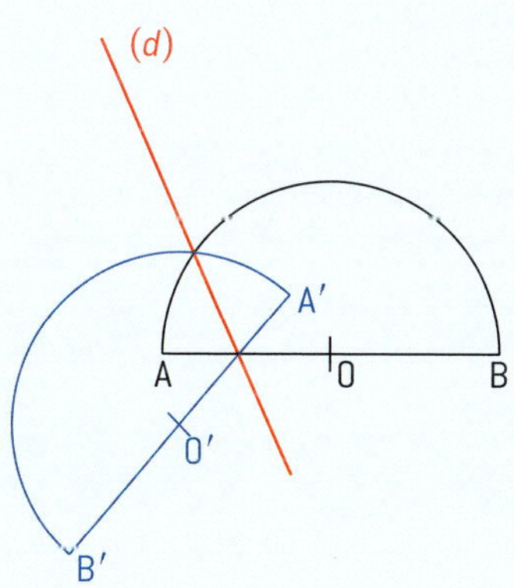

ENTRAINEMENT 4

Énoncé p. 390

On appelle I l'intersection de (AB) et de (*d*). On trace la demi-droite [A′I) et un arc de cercle de centre A′ et de rayon AB ; il coupe la demi-droite [A′I) en B′.

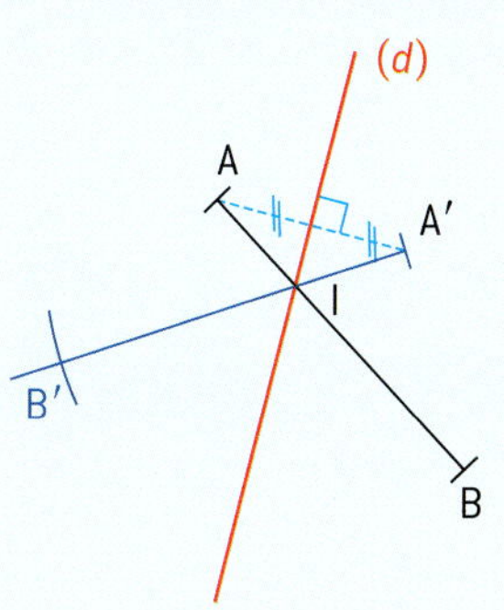

ENTRAINEMENT 5

Énoncé p. 391

un axe

pas d'axe

deux axes

ENTRAINEMENT 6

Énoncé p. 393

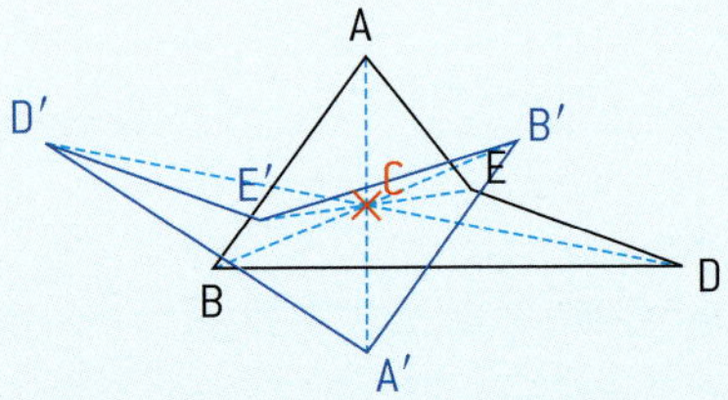

ENTRAINEMENT 7

Énoncé p. 393

A′ est le symétrique de A par rapport à C, donc C est le milieu de [AA′].
De même, C est le milieu de [BB′], donc ABA′B′ est un parallélogramme (propriété P3).
Donc (AB) // (A′B′) (propriété P2).

ENTRAINEMENT 8

Énoncé p. 393

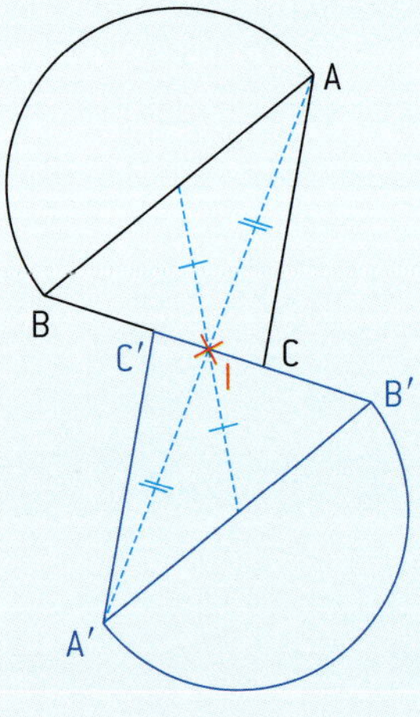

Échelle 1/2

ENTRAINEMENT 9

Énoncé p. 393

Le symétrique du segment [DF] est [D′F′].
K est un point de [DF], donc son image K′ est sur [D′F′].
De plus K, K′ et E sont alignés, donc K′ est le point d'intersection de (KE) et [D′F′].

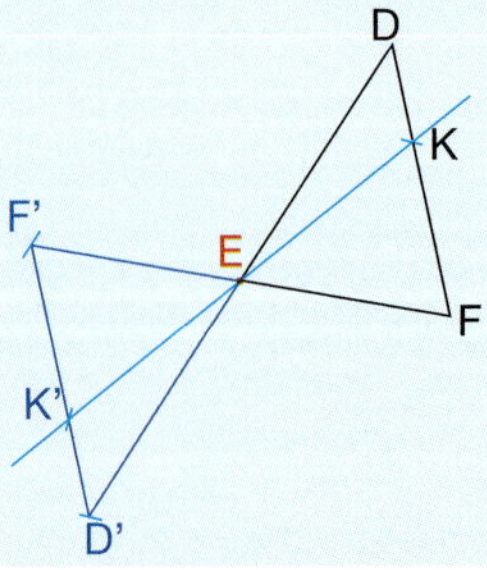

ENTRAINEMENT 10

Énoncé p. 393

Pour cet exercice, il faut tout d'abord trouver les éléments caractéristiques de la transformation.

L'axe de symétrie est la médiatrice de $[AA']$; une fois cette médiatrice tracée, il n'y a plus qu'à tracer le symétrique de B par rapport à cette droite.

a.

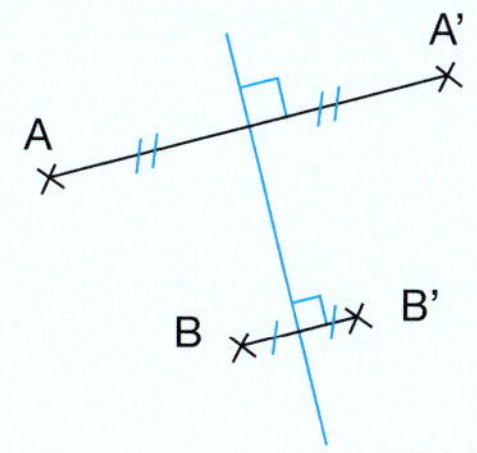

b.

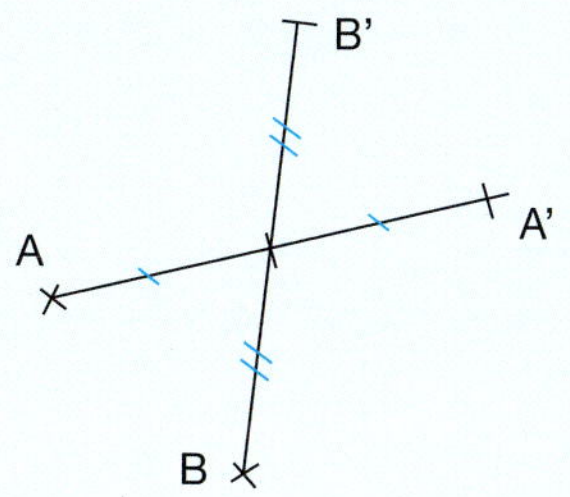

ENTRAINEMENT 11

Énoncé p. 394

Seul le **panneau (3)** a un centre de symétrie qui est le centre du cercle.

ENTRAINEMENT 12

Énoncé p. 395

Un triangle ne peut pas avoir de centre de symétrie car s'il en avait un, il aurait des côtés parallèles deux à deux, ce qui est évidemment impossible.

ENTRAINEMENT 13

Énoncé p. 395

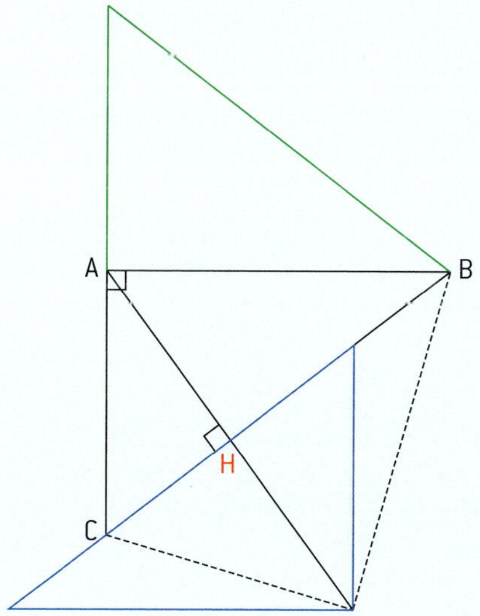

ENTRAINEMENT 15

Énoncé p. 396

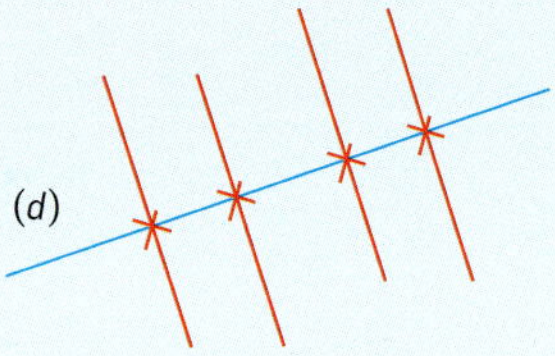

Les axes de symétrie de (*d*) sont (*d*) elle-même et toute droite perpendiculaire à (*d*). Attention, une droite est infinie ! Tout point de (*d*) est un centre de symétrie.

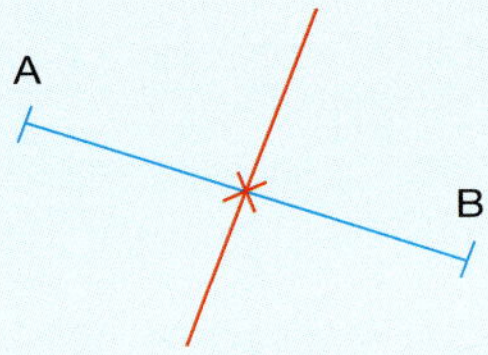

Les axes de symétrie de [AB] sont (AB) et la médiatrice de [AB]. Le milieu de [AB] est son unique centre de symétrie.

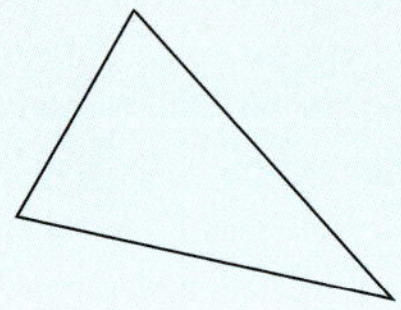

Ni axe, ni centre de symétrie.

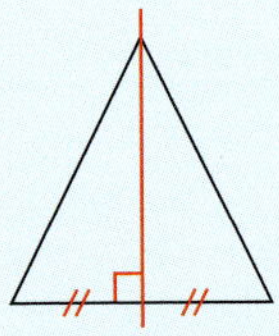

Un axe de symétrie : la médiatrice de la base. Pas de centre de symétrie.

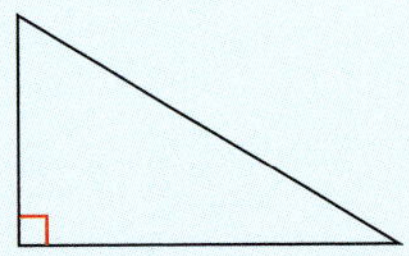

Ni axe, ni centre de symétrie.

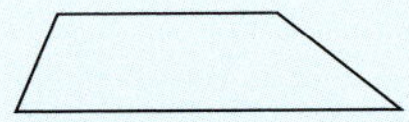

Un trapèze quelconque n'a ni axe, ni centre de symétrie.

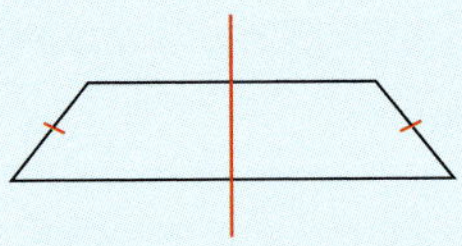

Un trapèze isocèle a un axe de symétrie, mais pas de centre de symétrie. Le point d'intersection des diagonales n'est pas un centre de symétrie.

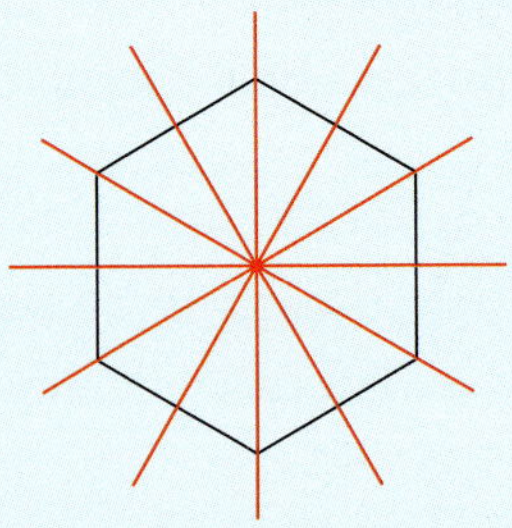

Six axes de symétrie et un centre de symétrie qui est le point de concours de ces axes et le centre du cercle circonscrit à l'hexagone.

ENTRAINEMENT 16

Énoncé p. 398

Si on mesure AB, on trouve 1,5 cm. Si on mesure AC, on trouve 3 cm. On a donc bien $AB = \frac{AC}{2}$. D'après la propriété multiplicative de la linéarité, on a $A'B' = \frac{A'C'}{2}$.

On trace la demi-droite [A′*x*) tel que $\widehat{C'A'x} = 96°$; sur cette demi-droite on place le point B′ tel que $A'B' = \frac{A'C'}{2}$.

Ainsi, on peut construire l'agrandissement de ABC sans utiliser le coefficient d'agrandissement.

> Le coefficient d'agrandissement est : $\frac{A'C'}{AC} = \frac{4}{3}$.
> Ce n'est pas un nombre décimal ; il n'est donc pas facile à utiliser. On va alors essayer de calculer les dimensions de la figure agrandie en utilisant les propriétés additive et multiplicative de la linéarité.

ENTRAINEMENT 17

Énoncé p. 398

On trace tout d'abord la réduction du carré ABCD avec la longueur donnée que l'on reporte avec le compas. Puis, on mesure les angles $\widehat{FBC}$ et $\widehat{FCB}$ que l'on reporte pour construire le point correspondant à F dans la réduction. On peut alors facilement terminer la construction de la réduction.

AU CONCOURS

EXERCICE 1

Corrigé p. 406

Tracer une droite (*d*).
Placer deux points A et B qui n'appartiennent pas à (*d*) et tel que (AB) ne soit pas parallèle à (*d*).
Tracer avec le compas le symétrique A′ de A par rapport à (*d*).
Tracer le symétrique B′ de B par rapport à (*d*) en utilisant uniquement la règle non graduée.
Décrire la méthode et la justifier.

EXERCICE 2

Corrigé p. 406

Décrire une méthode pour agrandir le quadrilatère ci-dessous sachant que l'agrandissement du côté [AB] devra mesurer A′B′, en utilisant uniquement une règle non graduée et le compas. Entre parenthèses figurent les mesures des côtés en cm.

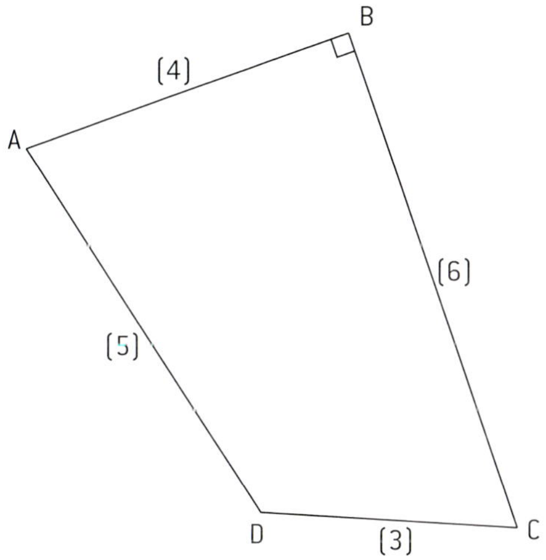

PROBLÈME 1

Corrigé p. 407

Dans la figure ci-dessous, les cercles de centres A et O ont même rayon et se coupent en E et F.
La droite (AO) recoupe le cercle de centre O en C.

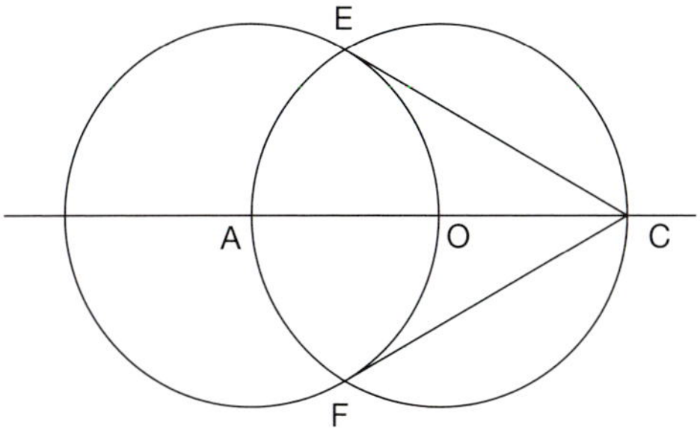

❶ Montrer que (AC) est axe de symétrie de la figure.

❷ On complète la figure en traçant le carré ABCD, le point B étant du même côté que E par rapport à (AC).
a. Construire la figure complète (les cercles et le carré), à la règle non graduée et au compas, en indiquant les différentes étapes de la construction et en laissant les traits de construction apparents. On prendra pour longueur de [AB], la longueur *L* ci-dessous :

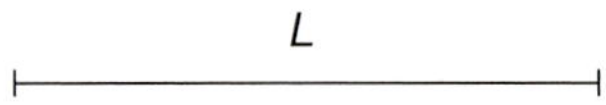

b. Quelle est la droite symétrique de (AB) par rapport à (AC) ?
c. Soit G l'intersection des droites (AB) et (CE), et H l'intersection des droites (AD) et (CF).
Montrer que le point G est le symétrique du point H par rapport à la droite (AC).
d. Démontrer que le triangle CGH est équilatéral.

PROBLÈME 2

Corrigé p. 409

Deux villes A et B se situent du même côté d'une voie ferrée rectiligne (CD), comme l'indique le schéma ci-dessous.
On cherche où construire une gare G pour que le trajet de la ville A à la ville B, en passant par la gare G, soit le plus court possible.

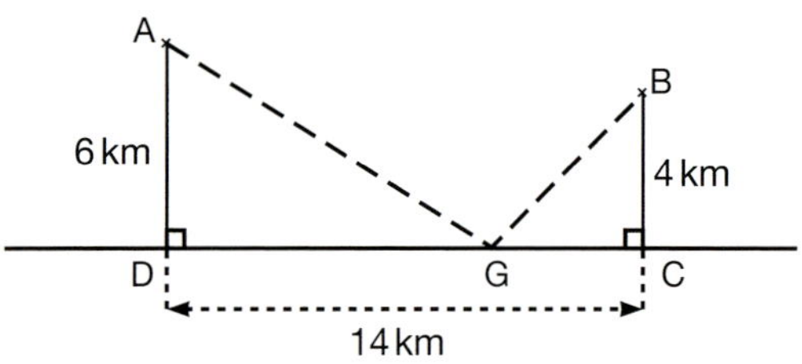

❶ Représenter les points A, B, C et D sur une figure pour laquelle 1 cm correspond à 1 km.
Quelle est l'échelle de cette représentation ? Justifier la réponse.

❷ Construire le point E symétrique du point B par rapport à la droite (CD).

❸ On appelle F le point d'intersection des droites (AE) et (CD).
Soit M un point quelconque du segment [DC] distinct du point F.
Démontrer que AM + MB > AF + FB.

❹ En déduire l'endroit où l'on doit construire la gare G.

❺ Démontrer que $FD = \frac{3}{2}FC$.

❻ En déduire que FC = 5,6 km.

❼ Calculer, au mètre près, la longueur du trajet de la ville A à la ville B en passant par la gare G.

PROBLÈME 3

Corrigé p. 410

❶ Pour cette question, tracer sur la copie une figure ressemblant à celle du dessin ci-dessous. Il ne s'agit pas de reproduire exactement cette figure mais d'en respecter la forme et la disposition.
Construire à la règle et au compas les symétriques A′, B′ et C′ des points A, B et C par rapport à la droite (OI) en laissant apparents les traits de construction
Construire à la règle et au compas les symétriques A″, B″ et C″ des points A′, B′ et C′ par rapport à la droite (OJ) en laissant apparents les traits de construction.

❷ À partir de l'observation de la figure obtenue, donner un argument montrant qu'il n'existe pas de symétrie axiale qui transforme les trois points A, B et C en A″, B″ et C″.

❸ Montrer que l'angle $\widehat{BOB''}$ vaut le double de l'angle $\widehat{IOJ}$.

❹ Quelle est la transformation du plan qui transforme le triangle ABC en A″B″C″ ? Justifier la réponse.

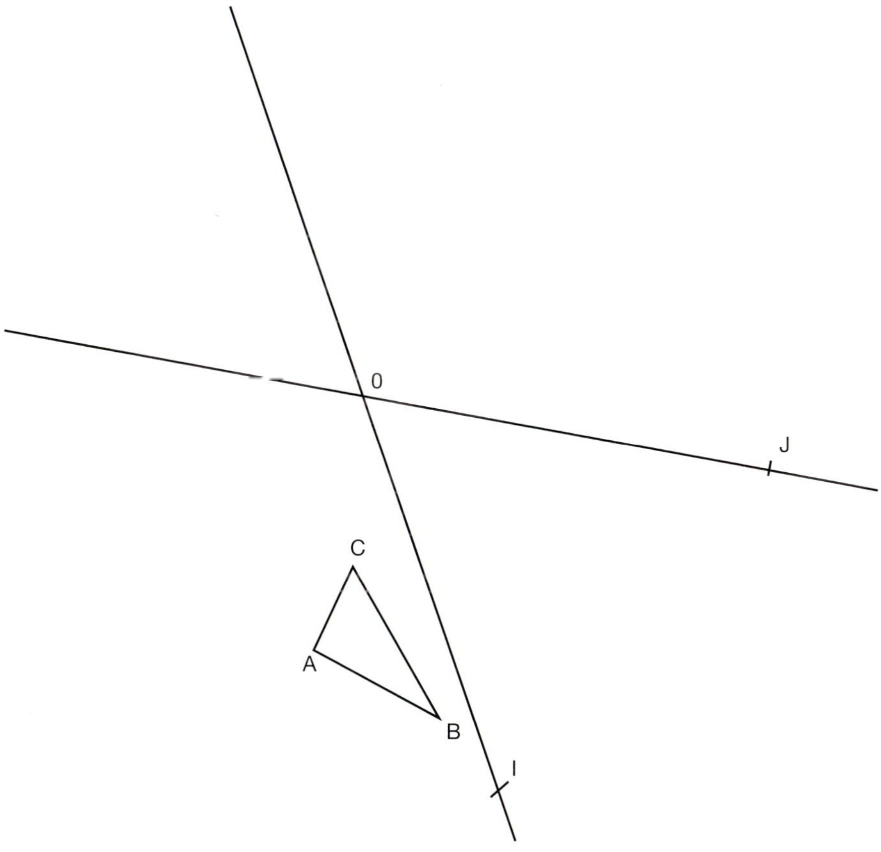

EXERCICE 1

Énoncé p. 403

Une fois qu'on a tracé le symétrique de A, on ne dispose plus que d'une règle non graduée pour tracer le symétrique de B. On ne peut donc que tracer des droites. On peut alors soit :
- procéder au hasard pour finalement aboutir à un point qui semble être le symétrique de B (mais avec cette méthode on aura de la peine à justifier la construction) ;
- appliquer la remarque du § 1.2.E p. 390 pour construire le symétrique d'un point B.

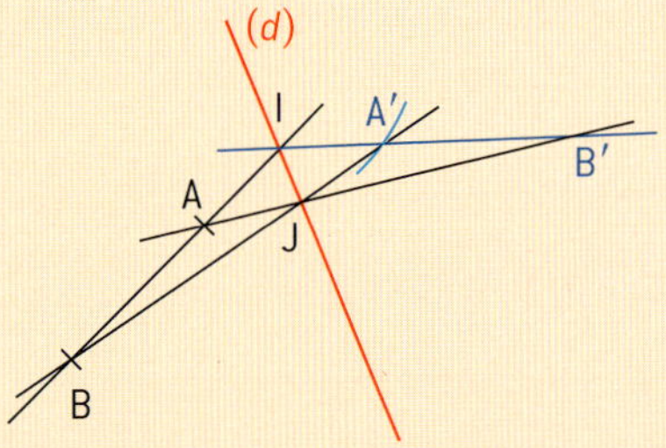

Méthode : On trace les droites (AB) et (A′B) qui coupent (*d*) respectivement en I et J. Le symétrique de B est l'intersection de (A′I) et (AJ).

Justification : Le symétrique de I est I et le symétrique de A est A′.
Donc le symétrique de la droite (AI) est la droite (A′I).
Le symétrique de A′ est A et le symétrique de J est J.
Donc le symétrique de la droite (A′J) est la droite (AJ).
B est l'intersection des droites (AI) et (A′J), donc son symétrique est l'intersection des droites (A′I) et (AJ).

EXERCICE 2

Énoncé p. 403

On ne peut évidemment pas calculer le coefficient d'agrandissement. Il faut donc utiliser les propriétés de linéarité pour calculer les dimensions des côtés du quadrilatère.

BC = 1,5 AB donc B′C′ = 1,5 A′B′ (propriété multiplicative de la linéarité).
Pour tracer un segment de longueur B′C′, il suffit de tracer la médiatrice de [A′B′] et de reporter la moitié du segment [A′B′] à la « suite » du segment [A′B′].

Comme $\text{DC} = \frac{1}{2}\text{BC}$, il suffit de tracer la médiatrice du segment qu'on vient d'obtenir (B′C′) pour avoir un segment qui a même longueur que D′C′.

$\text{AD} = \frac{\text{AB} + \text{BC}}{2}$ donc $\text{A'D'} = \frac{\text{A'B'} + \text{B'C'}}{2}$.

Pour tracer un segment de longueur A′D′, il faut mettre « bout à bout » un segment de longueur A′B′ et B′C′ et tracer la médiatrice de ce segment.
Il suffit ensuite de tracer A′B′, puis de tracer la perpendiculaire à (A′B′) passant par B′. Sur cette perpendiculaire, on place le point C′ avec le compas. On place, toujours avec le compas, le point D′.

Ici, on peut aussi utiliser la propriété de conservation des angles : reporter avec le compas les angles $\widehat{\text{DAC}}$ et $\widehat{\text{ABC}}$.

CORRIGÉS **PROBLÈMES**

PROBLÈME 1

Énoncé p. 403

❶ Toute droite support d'un diamètre est un axe de symétrie d'un cercle.
La droite (AC) est support d'un diamètre de chacun des deux cercles.
Donc c'est un axe de symétrie des deux cercles.
Il faut maintenant démontrer que [CE] et [CF] sont symétriques par rapport à (AC). C appartient à (AC) donc il est son propre symétrique. Démontrons que le symétrique de E est F.

> **Pour démontrer qu'un point M′ est le symétrique d'un point M par rapport à une droite (*d*)**, on peut :
> • **Méthode 1 :** Utiliser la définition en montrant que (*d*) est la médiatrice de [MM′].
> • **Méthode 2 :** Démontrer que M est l'intersection de deux courbes (par exemple deux droites ou une droite et un cercle) et démontrer que le symétrique de ces deux courbes a pour intersection M′ (*voir § 1.2. E, p. 390*).

MÉTHODE 1 : AE = AF (rayon du cercle de centre A), donc A est sur la médiatrice de [EF] ; de même pour O ; donc (AO), c'est-à-dire (AC), est la médiatrice de [EF], donc axe de symétrie de [EF].

MÉTHODE 2 : E est une intersection des deux cercles, donc son symétrique est aussi l'intersection des deux cercles (puisque chaque cercle est son propre symétrique) ; donc le symétrique de E est F.
Donc le symétrique de [CE] est [CF]. Donc (AC) est bien un axe de symétrie de la figure.

> Ici, les deux cercles ont deux points d'intersection E et F, ce qui peut engendrer une difficulté pour reconnaitre lequel des deux points est le symétrique de E. Mais comme E ne peut pas être son symétrique car il n'est pas sur l'axe, le symétrique de E est forcément F.

❷ **a.** Une méthode possible pour construire la figure complète (*voir page suivante*) à la règle non graduée et au compas est la suivante :

- Tracer en premier le carré ABCD ; pour cela :
  – tracer [AB] tel que AB = L et la perpendiculaire à (AB) qui passe par B (avec la méthode avec le compas) ;
  – placer ensuite C sur cette perpendiculaire tel que BC = L et D tel que CD = AD = L ;
  – tracer enfin les diagonales du carré, leur intersection est O.
- Tracer le cercle de centre O et de rayon [OA].
- Tracer le cercle de centre A et de rayon [OA].
- Ces deux cercles se coupent en E et F. Tracer les segments [CF] et [CE].

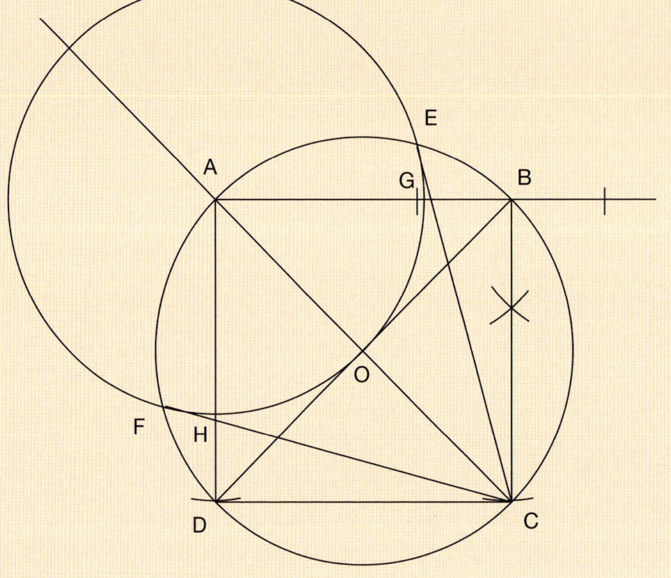

b.

> Pour déterminer le symétrique d'une droite, il suffit de déterminer le symétrique de deux de ses points.

On va démontrer que le symétrique de B par rapport à (AC) est D, ce qui prouvera que le symétrique de (AB) est (AD), puisque A est son propre symétrique.

O est le milieu de [BD] et (AC) est perpendiculaire à (BD) (propriété des diagonales du carré), donc (AC) est la médiatrice de [BD] (propriété M1).
Donc le symétrique de B par rapport à (AC) est D (définition du symétrique d'un point par rapport à un axe). De plus, A est son propre symétrique.
Donc le symétrique de [AB] est [AD].

c.

> On peut essayer de démontrer que (AC) est la médiatrice de [GH], mais cela semble très complexe. Aussi allons-nous utiliser la méthode présentée au §1.2.E, p. 390 et rappelée ci-dessous.

Dans la symétrie d'axe (AC), le symétrique de la droite (AB) est (AD) (question 2.b), le symétrique de (CE) est (CF) (question 1). Le point G est sur (AB) et (EC), donc son symétrique est à l'intersection de leurs symétriques, c'est-à-dire (AD) et (CF).
Le symétrique de G est donc H.

d.

> Pour démontrer que le triangle isocèle CGH est équilatéral, il suffit de démontrer qu'il a un angle de 60°. Pour cela on va démontrer que $\widehat{ECA} = 30°$.

CG = CH car la symétrie conserve les longueurs.
Le triangle CGH est donc isocèle de sommet principal C.
Le triangle AEC est rectangle en E ([AC] est un diamètre et E un point du cercle) (propriété C'2).
Le triangle AEO est équilatéral car OE = OA = AE (ce sont des rayons égaux des deux cercles).

Dans le triangle rectangle ACE, l'un des angles aigus ($\widehat{EAC}$) valant 60°, l'autre angle vaut 30°, donc $\widehat{ECA} = 30°$.
$\widehat{ECA} = \widehat{ACF}$ car ces angles sont symétriques par rapport à (AC).
Donc $\widehat{ECF} = 30° + 30° = 60° = \widehat{GCH}$.
Donc le triangle GCH est un triangle isocèle qui a un angle de 60°.
Le triangle CGH est donc équilatéral.

PROBLÈME 2

Énoncé p. 404

❶ et ❷

On peut utiliser l'équerre pour effectuer les constructions, puisqu'on ne donne pas de contrainte au niveau des instruments.

1 cm correspond à :
1 km = 100 000 cm,
donc l'échelle est 1/100 000.

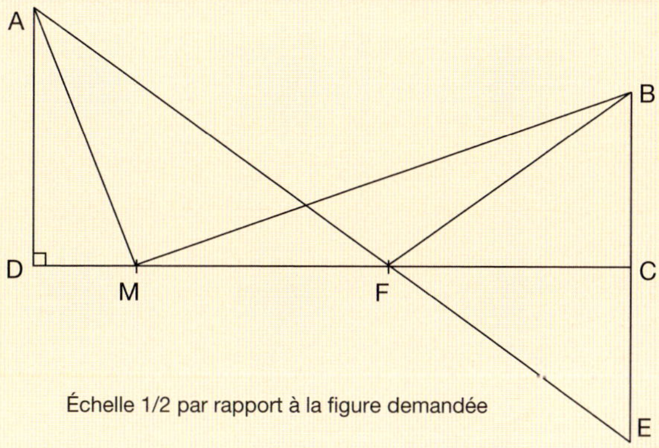

Échelle 1/2 par rapport à la figure demandée

❸

On peut envisager de comparer AM et AF d'une part, et MB et FB d'autre part.
Malheureusement si AM < AF alors MB > FB.
On est donc amené à remplacer certaines longueurs par des longueurs égales.
Il est également nécessaire de faire intervenir le fait que E est le symétrique de B par rapport à (CD).

E est le symétrique de B par rapport à (DC) et M est son propre symétrique.
Donc MB = ME (car la symétrie axiale conserve les longueurs).
De même FB = FE.
En conséquence, AM + MB = AM + ME et AF + FB = AF + FE.
Or AM + ME > AE (d'après l'inégalité triangulaire dans le triangle AME).
Or AE = AF + FE (car F est un point du segment [AE]).
Donc AM + ME > AF + FE.
Donc AM + MB > AF + FB.

❹ Comme on souhaite que la distance AG + GB soit minimum, il faut placer G en F, c'est-à-dire à l'intersection de (DC) avec la droite joignant A au symétrique de B par rapport à (DC).

❺

Il s'agit de démontrer l'égalité de deux longueurs dont l'une est affectée d'un rapport. On pense au théorème de Thalès et ce d'autant plus qu'on reconnait une configuration de Thalès : le « nœud papillon » avec les points A, F et E, et D, F et C, ainsi que les parallèles (AD) et (BE).

Les points A, F et E d'une part, et les points D, F et C d'autre part, sont alignés. De plus (AD) et (BE) sont parallèles car ce sont deux droites perpendiculaires à (DC). Donc d'après le théorème de Thalès on a :

$\frac{FD}{FC} = \frac{AD}{CE}\left(= \frac{FA}{FE}\right)$, or E est le symétrique de B par rapport à (DC) donc CE = CB

et $\frac{FD}{FC} = \frac{AD}{CB} = \frac{6}{4} = \frac{3}{2}$, donc $\mathbf{FD = \frac{3}{2}FC}$.

❻ L'unité de longueur est ici le km.
FD + FC = DC (car F est un point du segment [DC]).

$FD + FC = 14$, donc $\frac{3}{2}FC + FC = 14$, donc $\frac{5}{2}FC = 14$.

En conséquence : $\mathbf{FC = \frac{28}{5} = 5{,}6\ km}$.

❼

Il s'agit de calculer AF + FB et donc de calculer AF et FB.
L'utilisation du théorème de Pythagore s'impose avec les triangles rectangles ADF et FBC.

• Dans le triangle AFD rectangle en D, on a d'après le théorème de Pythagore :
$AD^2 + DF^2 = AF^2$.
De plus FD = DC – FC (car F est un point de [DC]), donc FD = 14 – 5,6 = 8,4.
Donc $6^2 + 8{,}4^2 = AF^2$, donc $AF^2 = 106{,}56$, donc $AF = \sqrt{106{,}56}$ km .

• De même, dans le triangle BFC rectangle en C, on a d'après le théorème de Pythagore : $BC^2 + CF^2 = BF^2$.
Donc $4^2 + 5{,}6^2 = BF^2$, donc $BF^2 = 47{,}36$
donc $BF = \sqrt{47{,}36}$ km .

Attention !
$\sqrt{a+b} \neq \sqrt{a} + \sqrt{b}$
Penser à vérifier sur le dessin la vraisemblance du résultat trouvé.

• $AF + FB = \sqrt{106{,}56} + \sqrt{47{,}36} \approx 17{,}205$ si on prend un arrondi à un mètre près.
Donc le trajet de la ville A à la ville B passant par G est d'environ : **17,205 km.**

PROBLÈME 3

Énoncé p. 405

❶

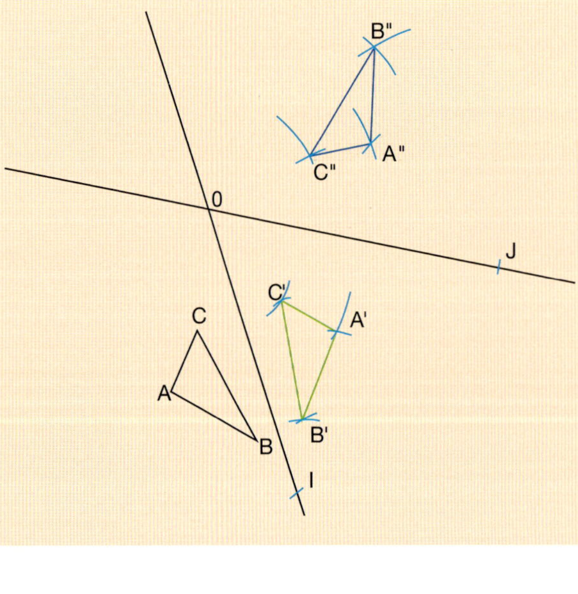

❷ L'axe de la symétrie qui transforme B en B″ est la médiatrice de [BB″].
Manifestement cette droite n'est pas la médiatrice de [AA″], donc la symétrie qui transforme B en B″ ne transforme pas A en A″.
Il n'y a donc pas de symétrie axiale qui transforme A, B et C en A″, B″ et C″.

> Ici, il ne faut pas produire une démonstration mais trouver un argument à partir de l'observation de la figure.

❸ Le symétrique de B par rapport à (OI) est B′ et le symétrique de O est O lui-même. Le symétrique de I est I lui-même.

> Ici, il faut faire une démonstration.

Or la symétrie orthogonale conserve les angles, donc $\widehat{BOI} = \widehat{B'OI}$.
Par un raisonnement analogue avec la symétrie d'axe (OJ), on démontre que $\widehat{B'OJ} = \widehat{B''OJ}$.

Or $\widehat{BOB''} = \widehat{BOI} + \widehat{IOJ} + \widehat{JOB''}$ donc en utilisant les égalités ci-dessus on a :

$\widehat{BOB''} = \widehat{B'OI} + \widehat{IOJ} + \widehat{JOB'}$.

Donc $\widehat{BOB''} = \widehat{IOJ} + \left(\widehat{B'OI} + \widehat{JOB'}\right)$, or $\widehat{B'OI} + \widehat{JOB'} = \widehat{IOJ}$.

Donc $\mathbf{\widehat{BOB''} = 2\widehat{IOJ}}$.

❹

> La transformation ne peut pas être une symétrie axiale (voir question 2) ni une symétrie centrale du fait que les segments [AB] et [A″B″] ne sont pas parallèles. Il faut donc chercher une autre transformation qui conserve les longueurs.
>
> La question 3 prouve que l'angle formé par n'importe quel point M, le point O et l'image de M est constante et égale à $2\widehat{IOJ}$. On doit donc penser à la rotation de centre O. Pour cela, il faut également montrer que O (centre supposé de la rotation) est équidistant d'un point et de son image.

B′ est l'image de B par la symétrie d'axe (OI).
Donc (OI) est la médiatrice de [BB′], donc OB = OB′.
On démontre de même que OB′ = OB″ par la symétrie d'axe (OJ), donc OB = OB″.

De plus $\widehat{BOB''} = 2\widehat{IOJ}$ qui est constant.
Donc B′ est l'image de B par la rotation de centre O et d'angle $2\widehat{IOJ}$.

On peut faire une démonstration analogue pour A et C.

Donc c'est **la rotation de centre O et d'angle $2\widehat{IOJ}$** qui transforme ABC en A″B″C″.

> On pourrait rajouter le sens de rotation, de I vers J.

CHAPITRE 19

Géométrie dans l'espace

OBJECTIFS DU CHAPITRE

– Reconnaitre et utiliser les propriétés des solides suivants : cube, pavé droit, prisme droit, pyramide, tétraèdre, cylindre, cône, sphère.
– Représenter chacun de ces solides en perspective cavalière.
– Reconnaitre et construire des patrons de ces solides.
– Repérer des droites orthogonales, des faces parallèles à partir de la représentation en perspective cavalière de polyèdres.
– Calculer des mesures de longueurs sur des solides.
– Déterminer la section d'un solide par un plan.

Les calculs de volumes et d'aires des solides sont abordés dans le chapitre 20 « Grandeurs et mesures », p. 437

TESTER SES CONNAISSANCES

QCM 1 À l'aide de la figure en 1.1 p. 415 et pour chaque affirmation, trouver la bonne réponse :

Aide : §1.1 p. 415

a. Le nombre de faces de ce solide est : **A.** 5 **B.** 7 **C.** 8 **D.** 9
b. Le nombre de sommets de ce solide est : **A.** 10 **B.** 12 **C.** 20 **D.** 11
c. Le nombre d'arêtes de ce solide est : **A.** 17 **B.** 15 **C.** 18 **D.** 19

QCM 2 Quelles affirmations sont vraies ?

Aide : §1.1 p. 415 et 1.2 p. 417

A. Les solides (1), (3), (4), (5) et (6) sont des prismes droits.
B. Le solide (3) est un pavé droit.
C. Les solides (7) et (8) sont des cônes.
D. Les solides (2) et (9) sont des pyramides.

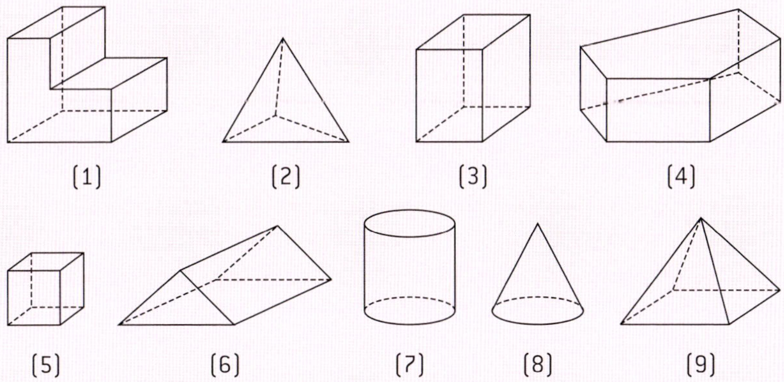

QCM 3 Quelle est la vue de droite de ce solide ?

Aide : §2.2 p. 419

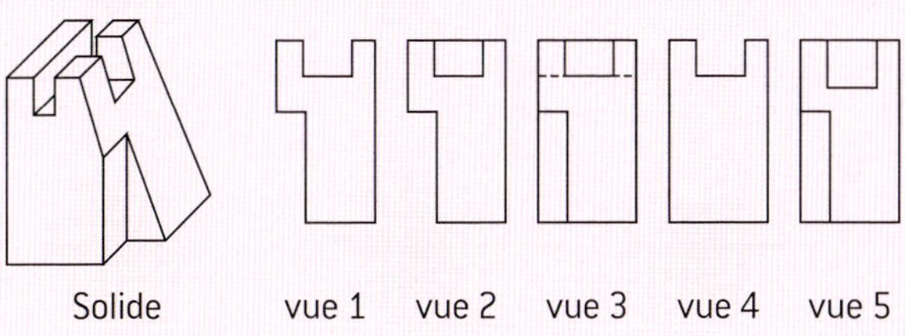

QCM 4 La figure ci-contre est la représentation d'un cube en perspective cavalière. Quelles affirmations sont vraies ?

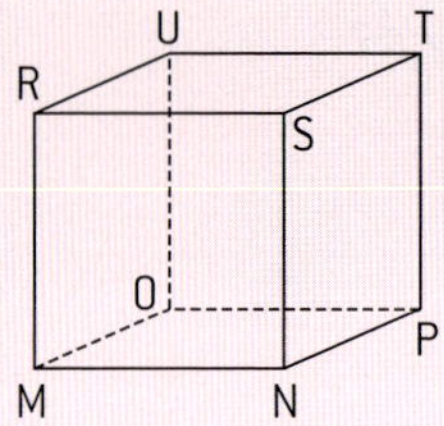

A. MRS est un triangle rectangle.
B. MRS est un triangle isocèle.
C. MSP est un triangle équilatéral.
D. MSP est un triangle rectangle.

Aide : §2.1 p. 418

QCM 5 Quelle(s) figure(s), après pliage, donne(nt) une boite fermée ?

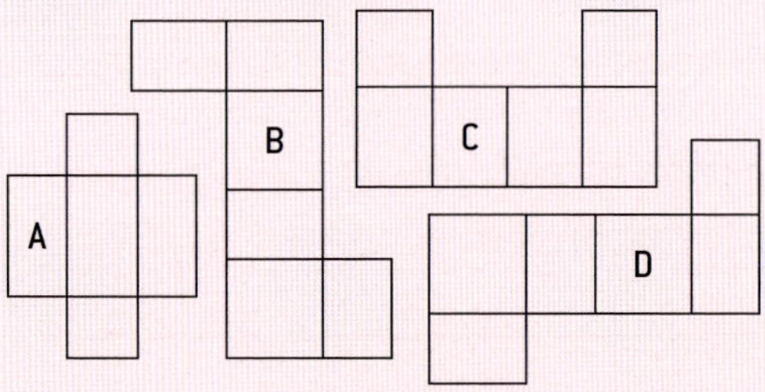

Aide : §3 p. 420

QCM 6 Quel(s) dessin(s) représente(nt) le patron d'un cône ? Les dimensions sont exprimées dans la même unité.

(1)

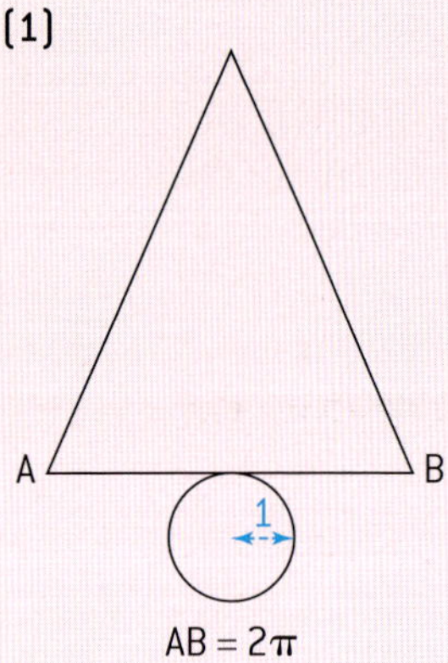

(2)

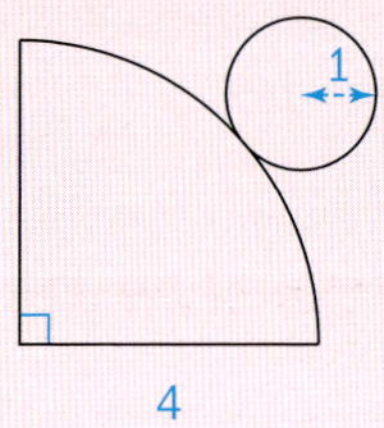

(3)

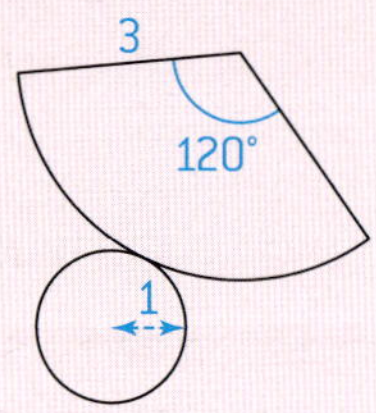

Aide : §3 p. 421

QCM 7 Quelles affirmations sont vraies ?

A. En sectionnant un pavé par un plan parallèle à une face, on obtient un rectangle.
B. En sectionnant un cylindre par un plan, on peut obtenir un rectangle.
C. En sectionnant une pyramide par un plan orthogonal à sa hauteur, on obtient un polygone qui est une réduction de la base de cette pyramide.
D. En sectionnant une sphère par un plan, on obtient une ellipse.

Aide : §5 p. 425

1.a. C ; b. B ; c. C 2. A, B, D 3. vue 3 4. A, B, C 5. B 6. 2, 3 7. A, B, C

LE COURS

1 Solides

On appelle **solide** tout ensemble de points de l'espace limité par une surface fermée.

1.1 Polyèdres

Un polyèdre est un solide délimité par des faces qui sont toutes des **polygones**.

Le mot *poly* signifie « plusieurs » et *èdre* « face ».

QCM 1 et 2, p. 413

L'intersection de deux faces est une **arête. Une arête est donc un segment.**

L'intersection de deux arêtes est un **sommet. Un sommet est donc un point.**

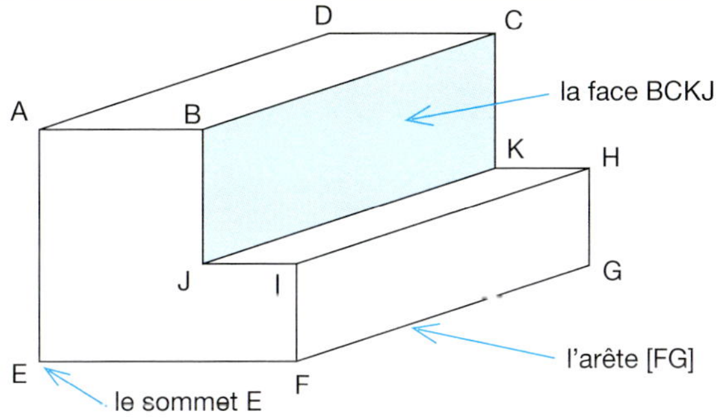

- **Un polyèdre est convexe** s'il est situé tout entier d'un même côté de tout plan contenant une quelconque de ses faces.

EXEMPLE : Le polyèdre représenté ci-dessus n'est pas convexe car il n'est pas situé tout entier du même côté du plan contenant la face BCKJ.

- **Certains polyèdres sont particuliers.**

Le **cube** est un polyèdre qui a 6 faces carrées.

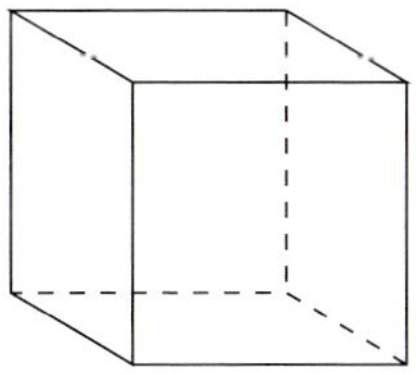

Le **parallélépipède** rectangle (ou pavé droit) est un polyèdre qui a 6 faces rectangulaires.
Un cube est donc un pavé droit.

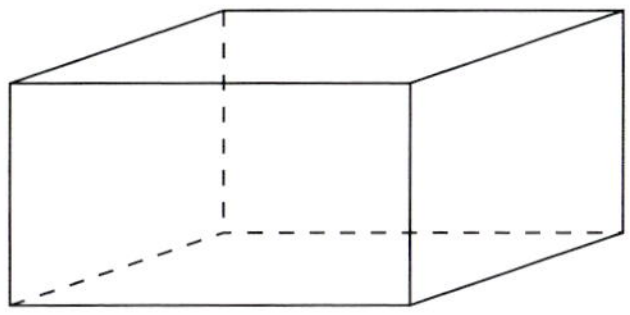

Le **prisme droit** est un polyèdre qui a deux faces superposables, les autres sont des rectangles.
Un pavé droit est donc un prisme droit particulier.

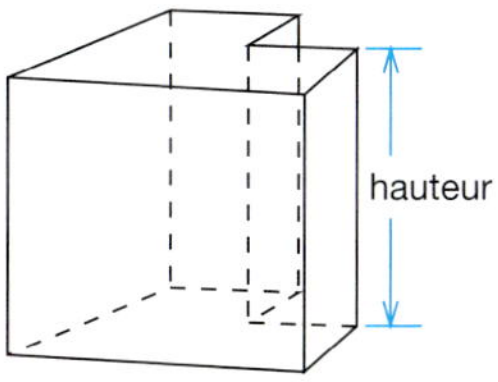

Le **tétraèdre** est un polyèdre qui a 4 faces triangulaires.

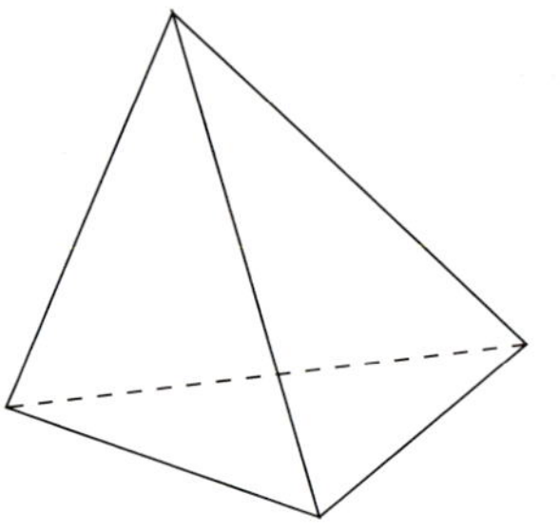

La **pyramide** est un polyèdre dont une face est un polygone (appelé base de la pyramide) et toutes les autres faces sont des triangles dont un côté est un côté de la base et qui ont toutes un sommet commun (appelé sommet de la pyramide).
Si la base est un carré, on parlera **de pyramide à base carrée**.
Si la base est un polygone régulier et si la projection orthogonale de son sommet est le centre de la base, alors on dit que **la pyramide est régulière**. Dans ce cas, toutes les faces autres que la base sont des triangles isocèles superposables.

La pyramide de Chéops est une pyramide régulière à base carrée.

SO est la hauteur de la pyramide.

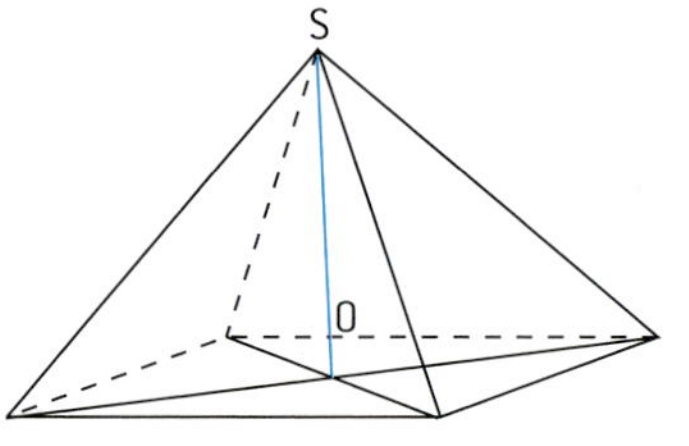

ENTRAINEMENT 1

Corrigé p. 427

Qu'est-ce qu'une pyramide à base triangulaire ?

ENTRAINEMENT 2

Corrigé p. 427

Trouver une relation entre le nombre de faces, de sommets et d'arêtes des polyèdres représentés ci-avant.

ENTRAINEMENT 3

Corrigé p. 427

On coupe l'angle d'un cube comme indiqué ci-contre. Quel est le nombre de faces, de sommets et d'arêtes du solide obtenu une fois enlevée la partie découpée ?

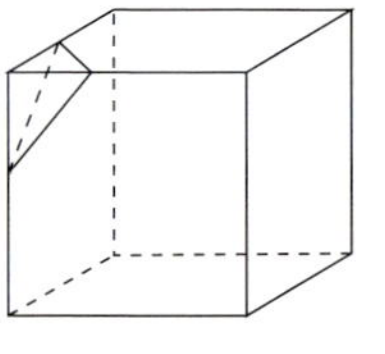

ENTRAINEMENT 4

Corrigé p. 427

On peint les 6 faces d'un cube, puis on le découpe en petits cubes, comme ci-contre. Combien y a-t-il de petits cubes dont sont peintes 4 faces, 3 faces, 2 faces, 1 face et aucune face ?

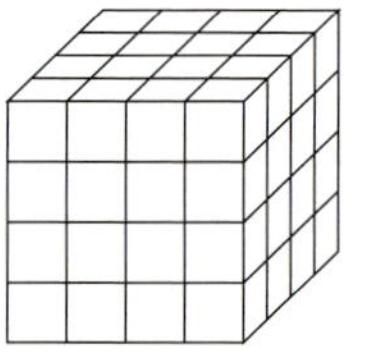

1. 2 Autres solides

Tous les solides ne sont pas des polyèdres.

En voici trois exemples :

Un **cylindre de révolution** (appelé plus simplement cylindre) est un solide obtenu en faisant tourner un rectangle autour de l'un de ses côtés. Il possède deux bases identiques et parallèles qui sont des disques.

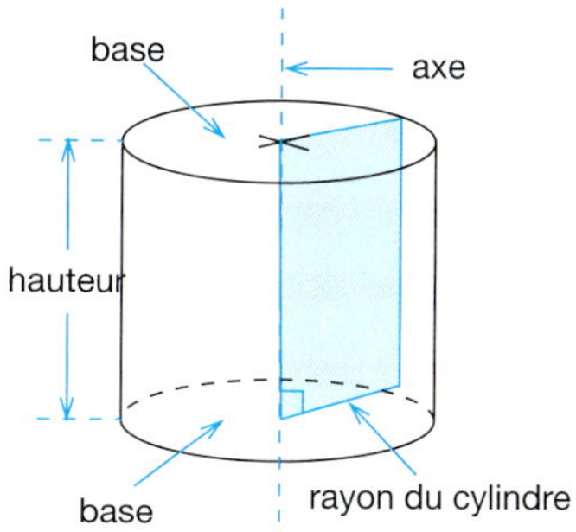

Un **cône de révolution** (appelé plus simplement cône) est un solide engendré par un triangle rectangle qui fait un tour complet autour de l'un des côtés de l'angle droit. La base est donc un disque.

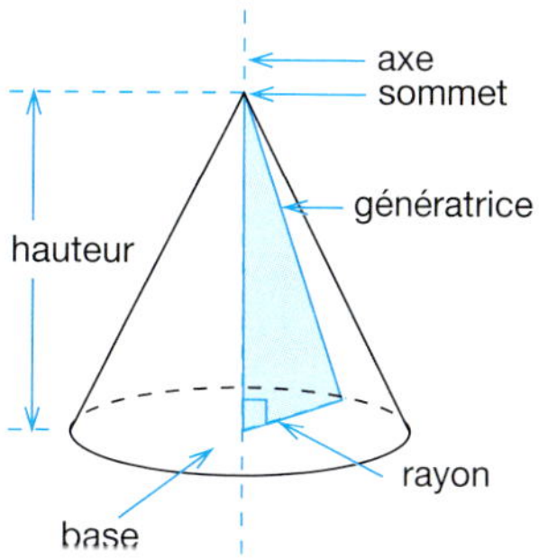

La **sphère**, de centre O et de rayon *r*, est l'ensemble des points M de l'espace situés à une distance de O égale à *r*.

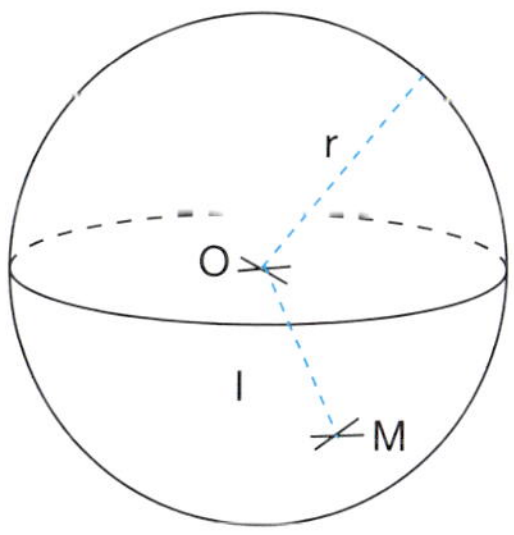

CORRIGÉ QCM 2 affirmation C : Le solide (8) est bien **un cône**, mais pas le solide (7) qui est un **cylindre**.

QCM 2, p. 413

2 Représentation d'un solide

Il y a plusieurs manières de représenter un solide dans un plan : en perspective, par vue de face, de dessus, de dessous, etc.

2. 1 Perspective cavalière

Dans une perspective cavalière, on représente l'image du solide par une **projection oblique** sur un plan de projection qui est parallèle à une face du solide.

Caractéristiques d'une représentation en perspective cavalière :

– les faces parallèles au plan de projection sont représentées sans déformation ;
– les droites perpendiculaires au plan de projection se projettent selon une direction qui est toujours la même, appelée **direction des fuyantes** ;
– l'angle avec la direction horizontale est généralement de 30° ou de 45° ;
– les distances sur la direction horizontale sont réduites, le coefficient utilisé étant souvent compris entre 0,5 et 0,7 ;
– les arêtes cachées sont représentées en pointillés.

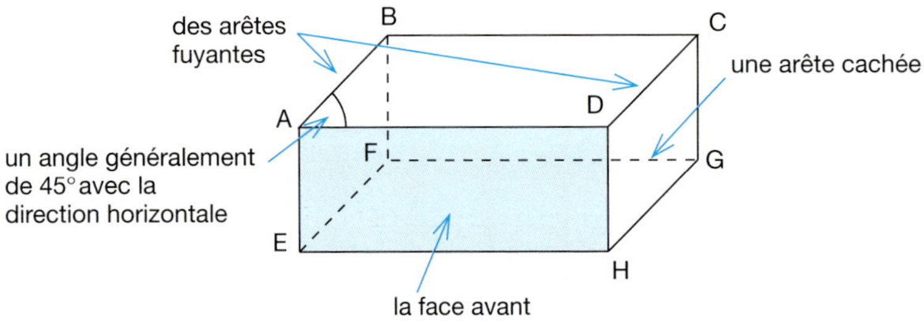

Attention ! Dans la perspective cavalière, le parallélisme et le milieu des arêtes sont respectés. En revanche, la perpendicularité n'est respectée que pour les faces avant et arrière.

Il y a d'autres types de perspectives qui ne sont pas abordés dans cet ouvrage : la **perspective axonométrique, celle du dessin d'art**…

CORRIGÉ QCM 4 : QCM 4, p. 414

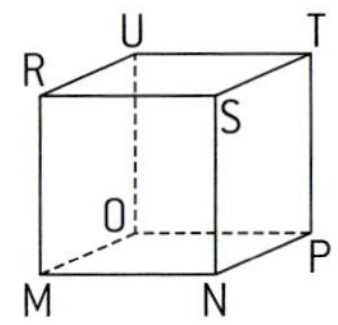

• **MRS** est un **triangle** à la fois **isocèle et rectangle**, sur le dessin et dans la réalité.

• **MSP** n'est pas sur le dessin un triangle équilatéral : si on mesure, on constate que MS > SP ; par contre dans la réalité, ces deux côtés (ainsi que MP) ont la même mesure puisque ce sont les diagonales de carrés superposables (les faces du cube).

Donc **MSP** est un **triangle équilatéral** dans la réalité.

ENTRAINEMENT 5

Corrigé p. 427

Tracer en perspective cavalière un pavé droit de dimensions 2 cm, 3 cm et 5 cm.
La face avant est celle qui mesure 2 cm sur 3 cm.

ENTRAINEMENT 6

Non corrigé

Tracer en perspective cavalière un prisme à base triangulaire de hauteur 5 cm.
Les dimensions de la base (qui correspond à la face avant) sont : 2 cm, 3 cm et 4 cm.

2. 2 Vues de face, de dessus, de droite, de gauche

Il s'agit d'une autre façon de représenter les solides.

On projette le solide orthogonalement sur trois (quatre, cinq ou six) faces d'un pavé droit. Sur chacune de ces faces, on obtient des vues appelées **vue de face, de dessus, de droite**…

EXEMPLE : On a dessiné sur trois faces d'un pavé droit les vues de face, de droite et de dessus d'un polyèdre.
Les arêtes qui se trouvent cachées sont tracées en pointillés.

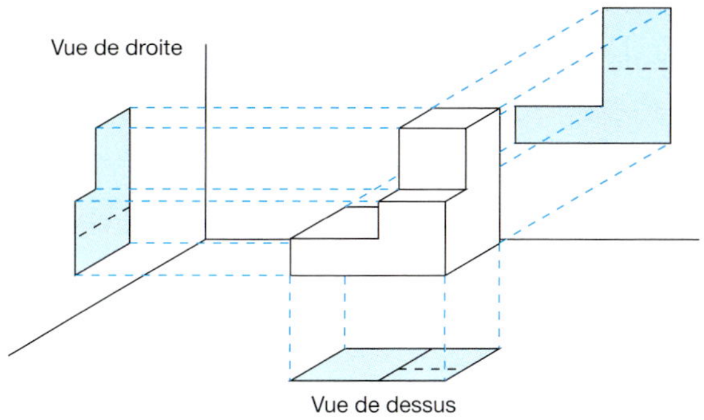

On pourrait de même définir des vues de dessous et d'arrière.

CORRIGÉ QCM 3 :

QCM 3, p. 413

La seule vue qui convienne est la **vue 3**.

La **vue 5** ne convient pas car il n'y a pas les pointillés des arrêtes cachées.

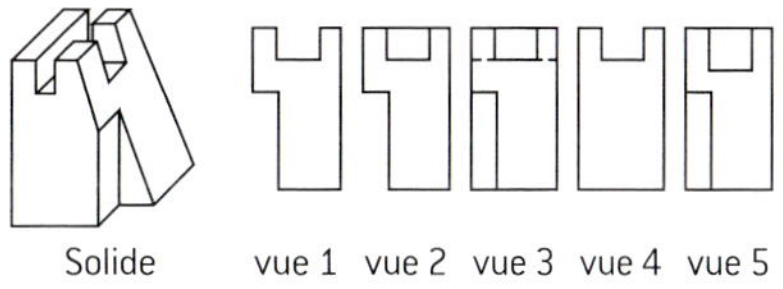

ENTRAINEMENT 7

Corrigé p. 427

Construire les vues de dessus, de face et de droite de ces solides :

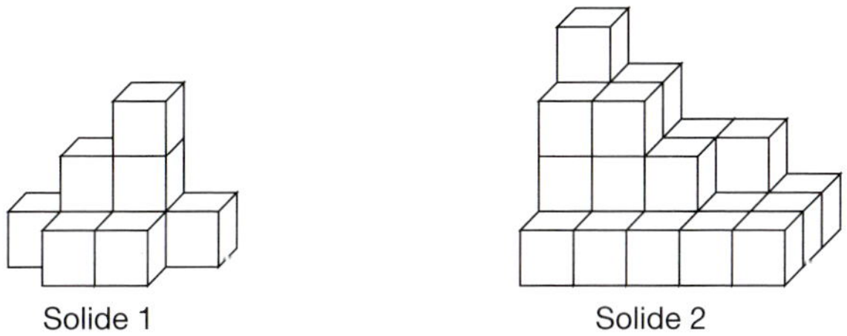

ENTRAINEMENT 8

Corrigé p. 427

Construire en perspective cavalière un solide dont voici trois vues :

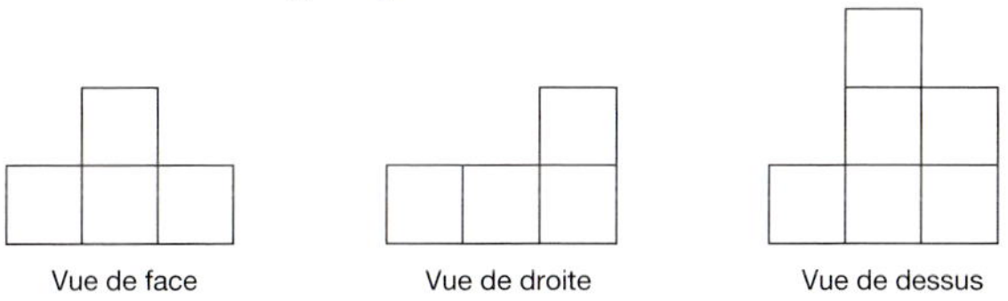

3 Patrons de solides

Le patron d'un solide est une figure géométrique plane telle que, uniquement par pliage, on puisse obtenir ce solide, sans chevauchement de faces.

EXEMPLE : Le dessin (1) est un patron d'un **prisme droit** dont la base est un triangle.
Le dessin (2) est un patron d'une **pyramide à base carrée**.

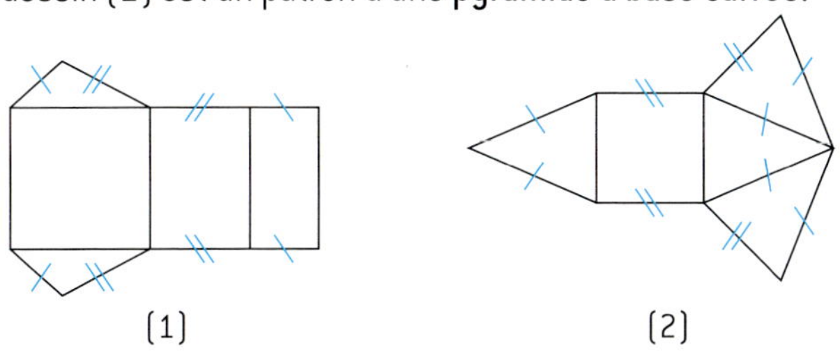

CORRIGÉ QCM 5 : Seul le **dessin B** représente un **patron de cube**.

- Pour le **dessin A**, il manque une face.
- Pour le **dessin C**, deux faces se superposent.
- Pour le **dessin D**, des côtés qui doivent coïncider n'ont pas la même mesure.

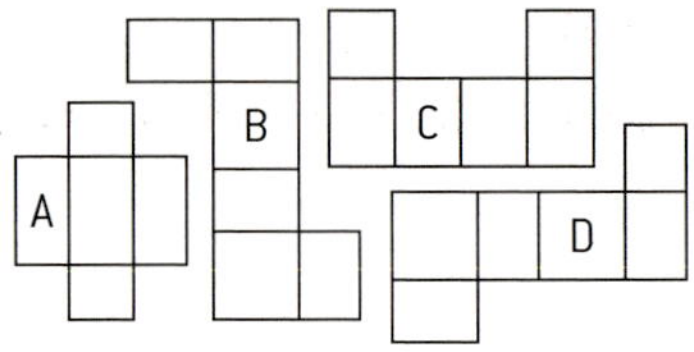

QCM 5, p. 414

ENTRAINEMENT 9

Corrigé p. 427

Parmi les dessins ci-dessous, quels sont les patrons de pavés droits ?

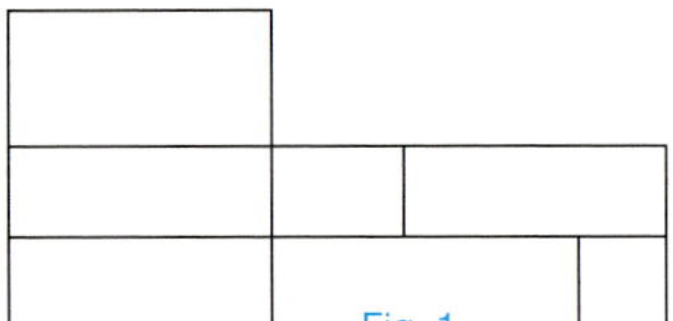
Fig. 1

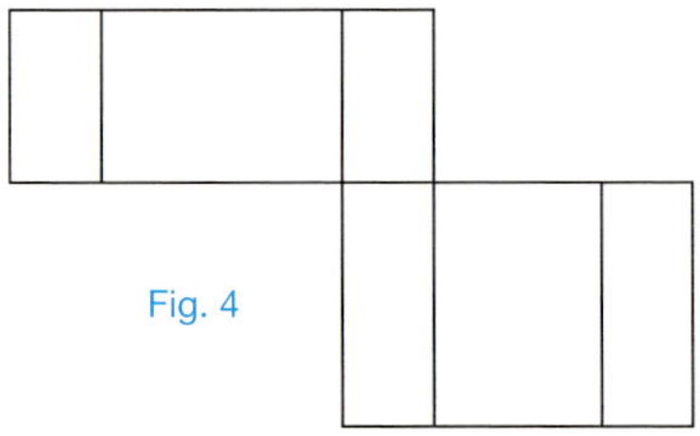
Fig. 4

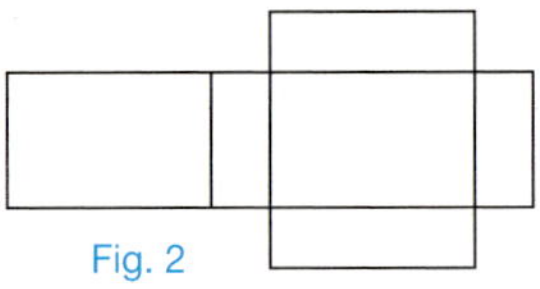
Fig. 2

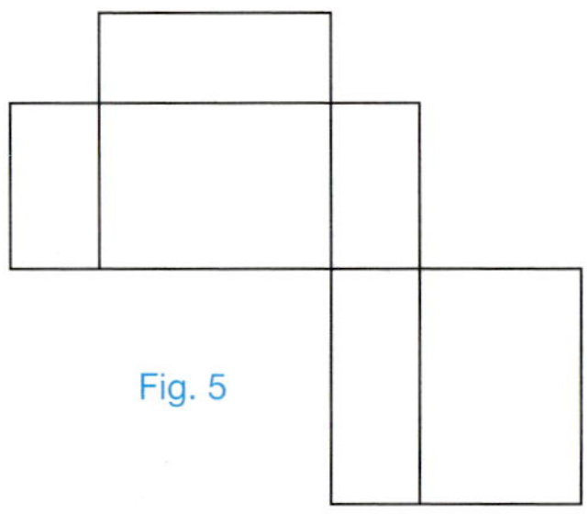
Fig. 5

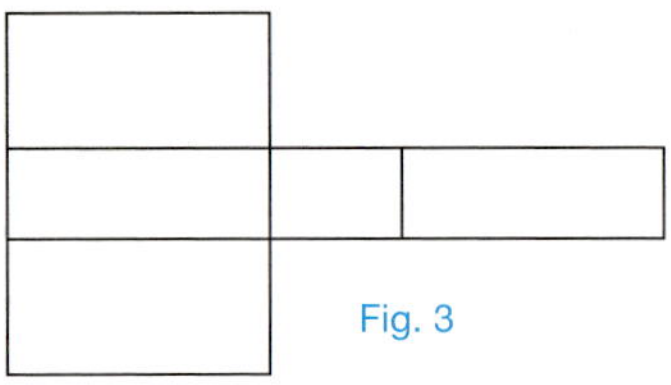
Fig. 3

ENTRAINEMENT 10

Corrigé p. 427

Le patron ci-contre est celui d'un cube. Quel est le dessin de la face de dessus de ce cube ?

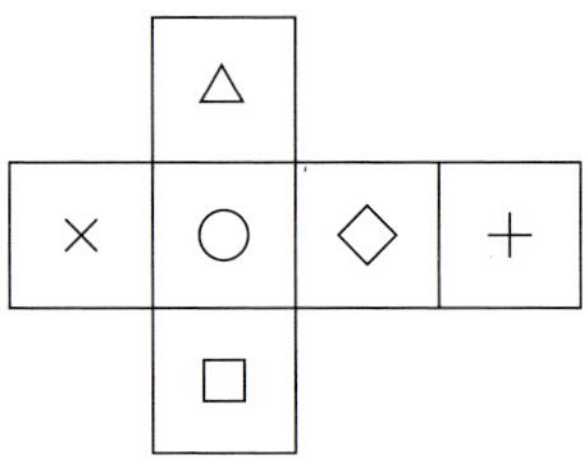

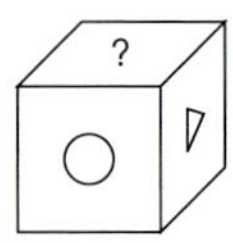

ENTRAINEMENT 11

Corrigé p. 428

Quelles figures sont des patrons de solides ?

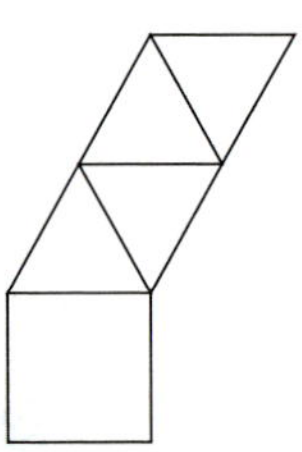
Fig. 1

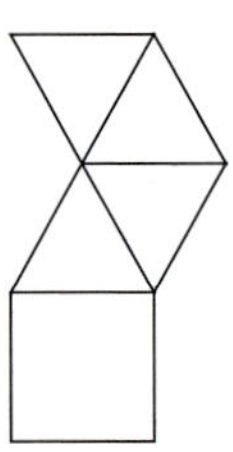
Fig. 2

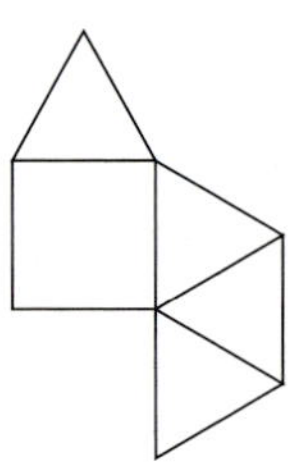
Fig. 3

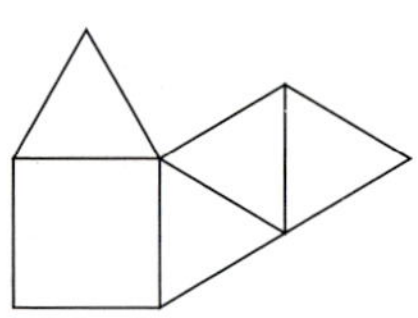
Fig. 4

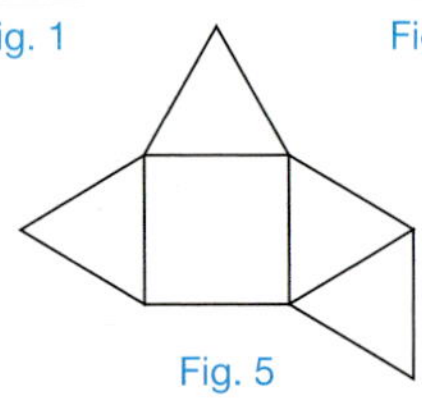
Fig. 5

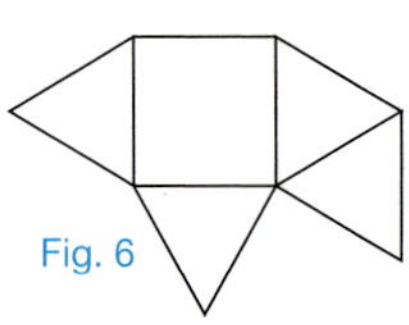
Fig. 6

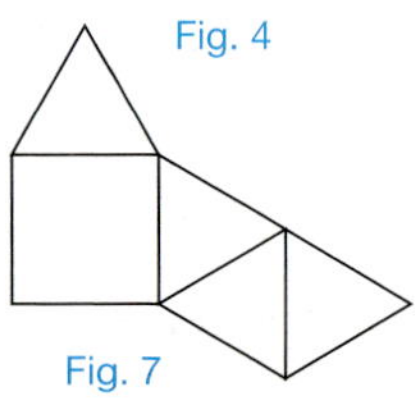
Fig. 7

ENTRAINEMENT 12

Corrigé p. 428

Quelles figures sont des patrons de solides ?

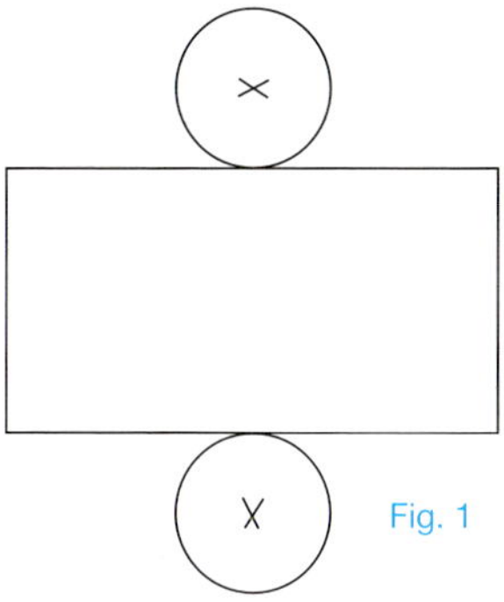
Fig. 1

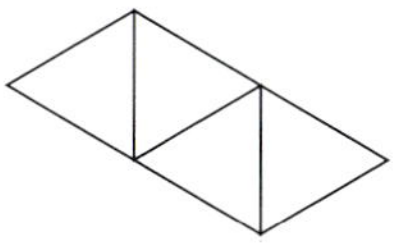
Fig. 2

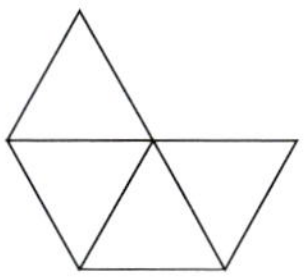
Fig. 3

ENTRAINEMENT 13

Corrigé p. 428

Construire un patron d'un pavé droit de dimensions 1,5 cm, 2 cm et 3 cm.

ENTRAINEMENT 14

Corrigé p. 428

Construire un patron d'un tétraèdre régulier dont les faces sont des triangles équilatéraux de 2 cm de côté.

ENTRAINEMENT 15

Corrigé p. 428

Construire un patron d'une pyramide régulière de base carrée de 2 cm de côté et de hauteur 3 cm.

ENTRAINEMENT 16

Corrigé p. 429

Construire le patron d'un cylindre de 4 cm de hauteur et 1 cm de rayon.

CORRIGÉ QCM 6 :

QCM 6, p. 414

(1)

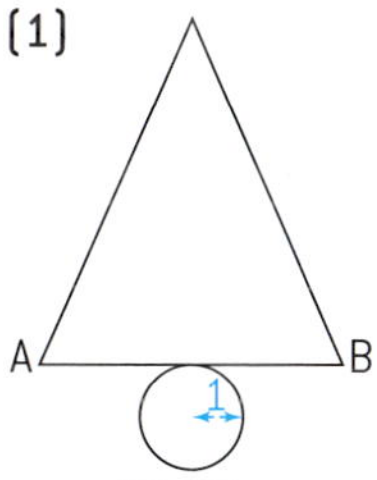

$AB = 2\pi$

(2)

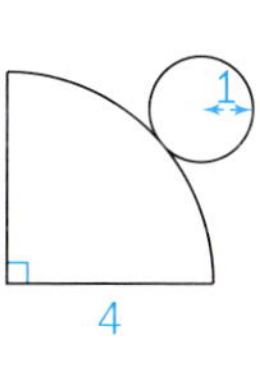

(3)

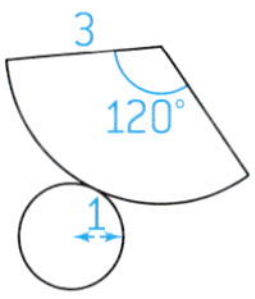

- **Le dessin (1) n'est pas le patron d'un cône** car la surface latérale d'un cône n'est pas un triangle, mais un secteur circulaire.

En effet, dans le cône de sommet S et de centre O, quel que soit le point M appartenant au cercle de base, SM est constant (dans le triangle rectangle SOM, on a $SM^2 = SO^2 + OM^2$). Donc, dans le patron de ce cône, M appartient à un arc de cercle de centre S.

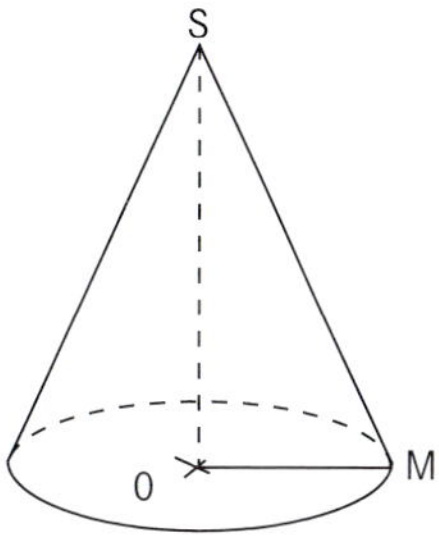

- Le dessin (2) est bien constitué d'un secteur circulaire et d'un disque. Il faut maintenant s'assurer que la longueur du quart de cercle est bien égale au périmètre du cercle de base :

– périmètre du cercle de base : 2π

– longueur du quart de cercle : $\frac{2 \times 4\pi}{4} = 2\pi$.

Les deux longueurs sont égales, donc **le dessin (2) est bien le patron d'un cône.**

• Le dessin (3) est bien constitué d'un secteur circulaire et d'un disque. Il faut maintenant s'assurer que la longueur de l'arc de cercle est bien égale au périmètre du cercle de base :
– périmètre du cercle de base : 2π
– longueur de l'arc de cercle : ?

Pour calculer cette longueur, on peut appliquer la proportionnalité entre la longueur d'un arc de cercle et la mesure de l'angle qui l'intercepte :

Mesure de l'angle au centre	360°	120°
Longueur de l'arc de cercle	$2\pi \times 3$	?

Un arc de cercle de 360° correspond au cercle complet, donc à une longueur qui est le périmètre du cercle. On obtient : $2\pi \times 3 \times \frac{120}{360} = 2\pi$.

Les deux longueurs sont égales donc **le dessin (3) est bien le patron d'un cône.**

Remarque : On n'était pas obligé d'établir un tableau de proportionnalité. On pouvait constater que 120° correspond au tiers de 360°, donc la longueur de l'arc correspondant est égale au tiers du périmètre du cercle (application de la propriété multiplicative de la linéarité).

ENTRAINEMENT 17

Corrigé p. 429

On désire réaliser la surface latérale d'un cône de rayon 3 cm et de hauteur 4 cm, à l'aide du dessin ci-contre. Quelles affirmations sont vraies ?

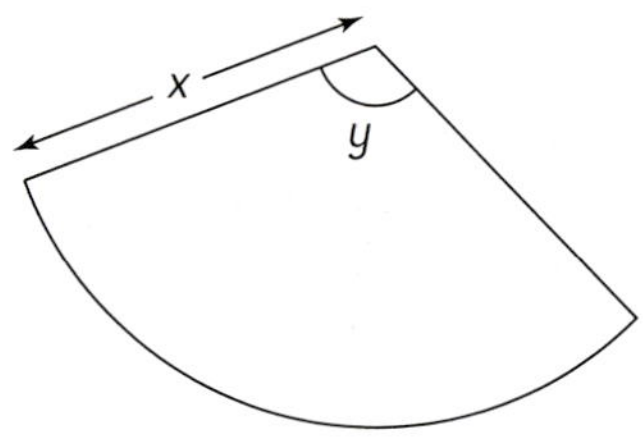

A. x vaut 5 cm.
B. x vaut environ 7 cm.
C. y vaut 90°.
D. y vaut 216°.
E. y vaut 106°.

ENTRAINEMENT 18

Corrigé p. 429

a. Construire le patron d'un cône de 6 cm de hauteur et de 2 cm de rayon.
b. Construire le patron d'un cône de 4 cm de hauteur et de 2 cm de rayon.

ENTRAINEMENT 19

Corrigé p. 430

Construire les onze patrons du cube.

4 Orthogonalité et parallélisme dans l'espace

4.1 Droites et plans dans l'espace

Toute arête d'un polyèdre est portée par une droite. De même, **toute face est contenue dans un plan.**

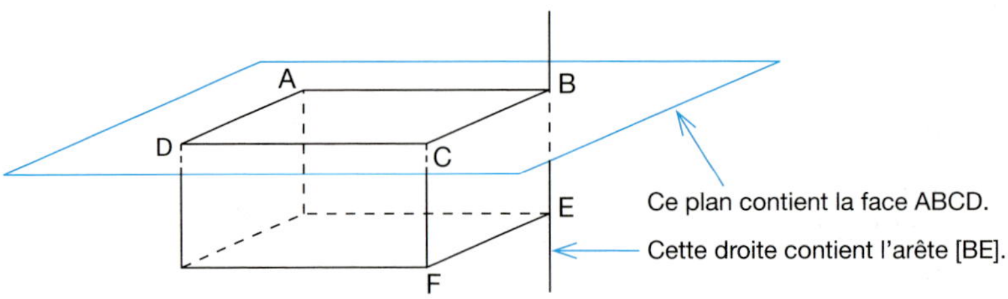

Un plan, comme une droite, **est illimité.**
Il est entièrement défini par **trois points non alignés**.

Si deux points appartiennent à un plan, alors tous les points de la droite qui passent par ces deux points appartiennent à ce plan.

4.2 Droites parallèles ou orthogonales dans l'espace

Deux droites de l'espace sont parallèles :
– si elles sont dans le même plan ;
– et si elles sont parallèles dans ce plan (c'est-à-dire si elles sont confondues ou si elles n'ont aucun point commun).

EXEMPLE : En reprenant le pavé précédent, on a (BE) qui est parallèle à (CF).

Deux droites de l'espace sont orthogonales si leurs parallèles menées par un point sont perpendiculaires.

EXEMPLE : Sur le même pavé, on a (AD) qui est orthogonale à (DC), bien que cela ne se voit pas sur le dessin. (AD) est aussi orthogonale à (CF), car la parallèle à (AD) passant par C (qui est (BC)) est perpendiculaire à (CF).

On réserve le mot « perpendiculaire » à des droites d'un même plan qui forment des angles droits. Ainsi, des droites perpendiculaires sont forcément orthogonales ; par contre des droites orthogonales ne sont pas forcément perpendiculaires.

EXEMPLE : Sur le même pavé, les droites (AB) et (BE) sont orthogonales et perpendiculaires. Par contre, les droites (AB) et (CF) sont orthogonales sans être perpendiculaires.

ENTRAINEMENT 20

Corrigé p. 430

Deux droites de l'espace, qui n'ont aucun point commun, sont-elles parallèles ?

ENTRAINEMENT 21

Corrigé p. 430

Les phrases suivantes, qui se rapportent à la perspective cavalière ci-dessous, sont-elles vraies ou fausses ?

a. (CF) et (DE) sont parallèles.
b. (FE) et (GH) sont parallèles.
c. (CD) et (FJ) sont parallèles.
d. (CE) et (HJ) sont parallèles.
e. (DF) et (HJ) sont parallèles.
f. (CF) et (FJ) sont perpendiculaires.
g. (CF) et (FD) sont perpendiculaires.
h. (EI) et (HI) sont perpendiculaires.
i. (CE) et (CG) sont perpendiculaires.
j. (GF) et (FI) sont perpendiculaires.
k. (EI) et (GJ) sont orthogonales.

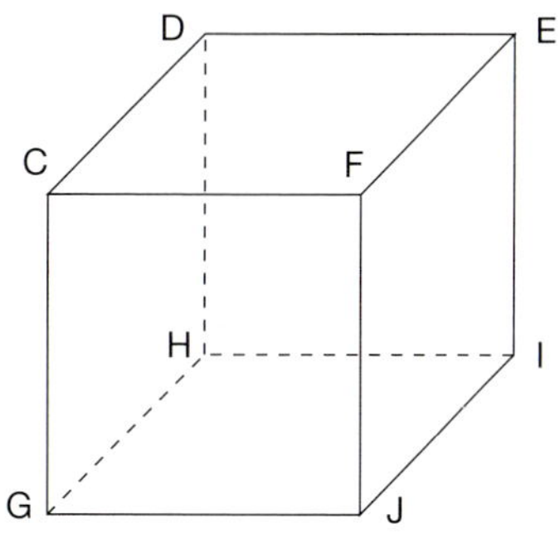

4.3 Plans parallèles

Deux plans sont parallèles s'ils n'ont aucun point commun ou s'ils sont confondus.

EXEMPLE : En reprenant le dessin du cube précédent, le plan (CDEF) est parallèle au plan (GHIJ).

4.4 Droite orthogonale à un plan

Une droite est orthogonale à un plan si elle est orthogonale à toute droite de ce plan. Si une droite est orthogonale à deux droites sécantes du plan, alors elle est orthogonale au plan (donc à toute droite du plan).

EXEMPLE : Sur le dessin du même cube, la droite (FJ) est perpendiculaire à (GJ) et (IJ), donc elle est orthogonale au plan (GHIJ). Donc (FJ) est orthogonale à (GI), car (GI) est une droite du plan (GHIJ).

A. Démontrer que deux droites sont orthogonales

Pour prouver que deux droites sont orthogonales, on peut s'appuyer sur la définition (*voir § 4.2 p. 423*) ou démontrer qu'une droite est orthogonale à un plan qui contient l'autre droite.

EXEMPLE : Dans la représentation de ce cube, le **triangle MPT** sur le dessin n'est pas un triangle rectangle, alors qu'en réalité il l'est. En effet (TP) est perpendiculaire à (PN) et à (PQ) car les faces NSTP et UQPT sont des carrés. Donc (TP) est orthogonale au plan MNPQ, donc (TP) est perpendiculaire à (PM).

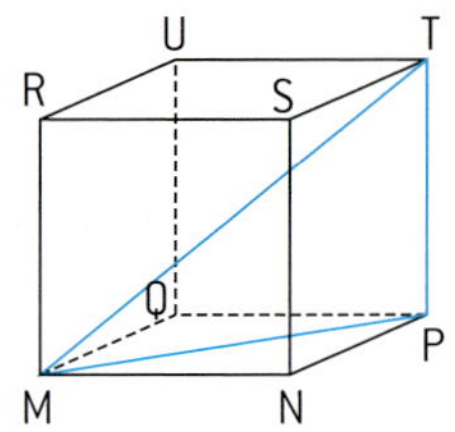

ENTRAINEMENT 22

Corrigé p. 430

En prenant la figure ci-contre, préciser si les phrases suivantes sont vraies ou fausses :

a. (DH) et (CE) sont orthogonales.
b. (DF) et (GJ) sont orthogonales.
c. (FJ) et (JH) sont orthogonales.
d. (CG) et (DF) sont orthogonales.

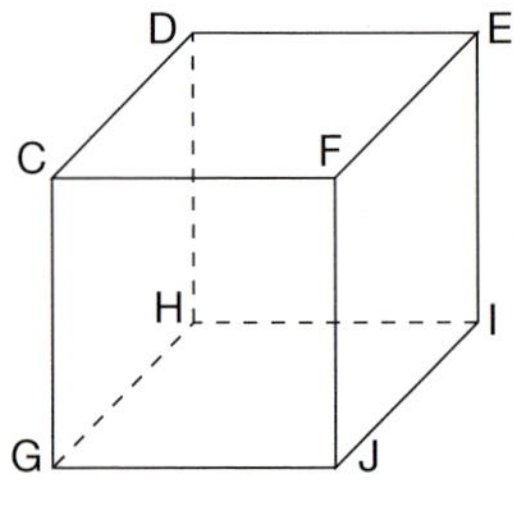

B. Calculer des longueurs dans l'espace

Ces notions de parallélisme et d'orthogonalité dans l'espace permettent de **calculer des longueurs dans l'espace**, comme nous allons le voir à travers ces exercices d'entrainement.

ENTRAINEMENT 23

Corrigé p. 431

On sait que la distance AB sur le cône ci-contre est de 12 cm. Le rayon de la base est 3 cm. Quelle est la hauteur du cône ?

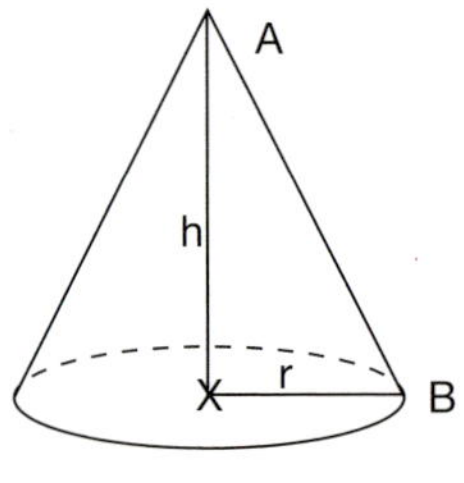

Corrigé p. 431

ENTRAINEMENT 24

SABCD est une pyramide régulière à base carrée.
On sait que SB = 8 cm et AB = 4 cm.
(SH) est la hauteur de la face SBC.

a. Calculer la hauteur de cette pyramide.
b. Calculer SH.

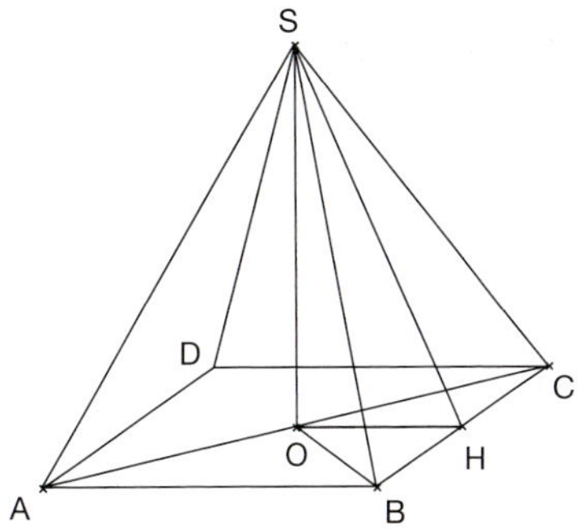

5 Section d'un solide par un plan

La section d'un solide par un plan est la surface constituée de l'ensemble des points d'intersection du plan et du solide.

EXEMPLE : On sectionne un cube par un plan (P) :

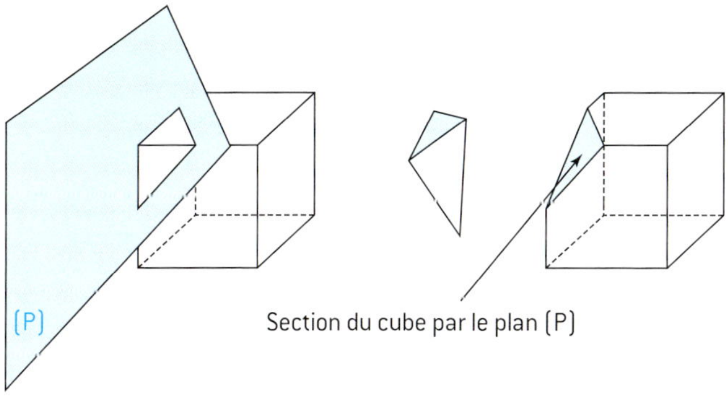

Section du cube par le plan (P)

- **En sectionnant une pyramide** par un plan orthogonal à sa hauteur, on obtient un **polygone** qui est une réduction de la base de cette pyramide.

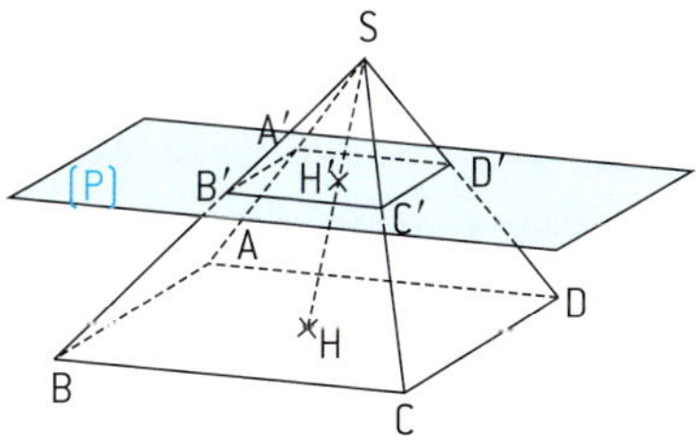

- **En sectionnant un cylindre** par un plan, on peut obtenir un **rectangle** si l'axe du cylindre est parallèle au plan.

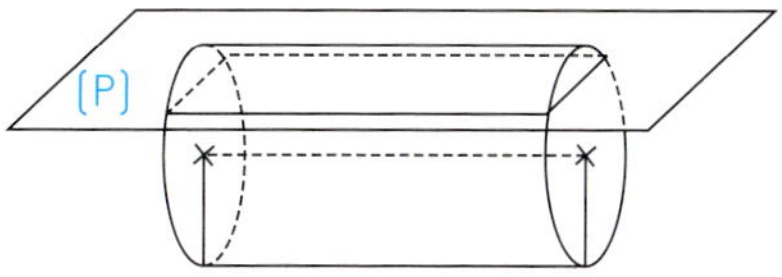

- **En sectionnant un pavé** par un plan parallèle à une face, on obtient un **rectangle**.

- **En sectionnant une sphère** par un plan, on obtient toujours un **cercle**.

ENTRAINEMENT **25**

Corrigé p. 431

On sectionne une sphère de 4 cm de rayon suivant un plan, comme indiqué ci-dessous.
Déterminer le rayon r du cercle de section.

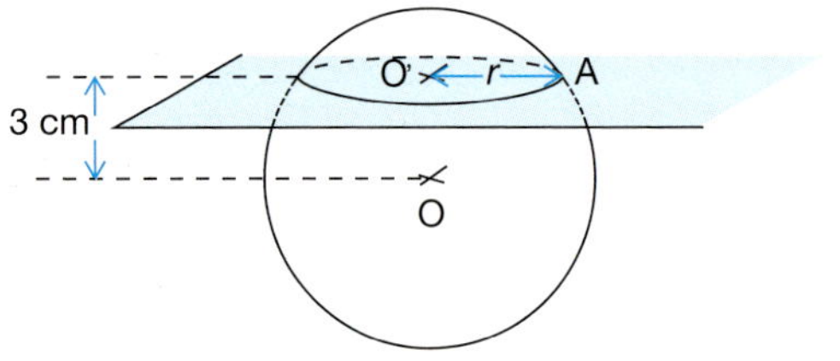

ENTRAINEMENT **26**

Corrigé p. 431

On sectionne un cône de 6 cm de hauteur et de 2 cm de rayon suivant un plan perpendiculaire à l'axe, comme indiqué ci-dessous.
Déterminer le rayon r du cercle de section.

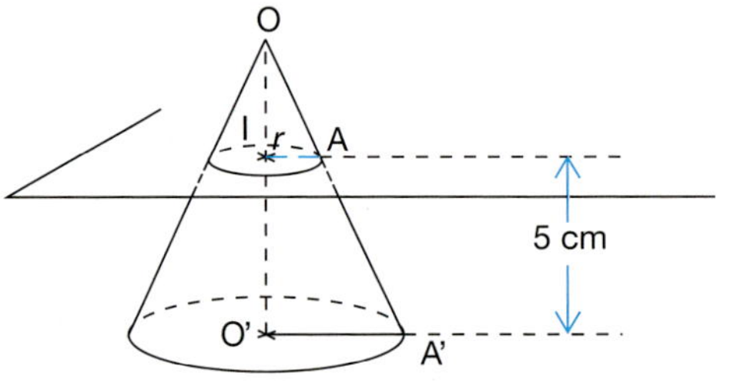

CORRIGÉS EXERCICES D'ENTRAINEMENT

ENTRAINEMENT 1

Énoncé p. 416

Un tétraèdre.

ENTRAINEMENT 2

Énoncé p. 416

La formule qui lie le nombre de faces, le nombre d'arêtes et le nombre de sommets d'un polyèdre est la suivante :
« Le nombre de sommets augmenté du nombre de faces et diminué du nombre d'arêtes est égal à 2. »

> Cette formule appelée **formule d'Euler**, qu'on peut résumer par $S + F - A = 2$, n'est pas à mémoriser.

ENTRAINEMENT 3

Énoncé p. 416

7 faces, 10 sommets, 15 arêtes.
On peut constater que la formule de l'entrainement 2 est vérifiée.

ENTRAINEMENT 4

Énoncé p. 416

Il n'y a aucun cube peint sur 4 faces.
Il y a 8 cubes peints sur 3 faces, 24 cubes peints sur 2 faces, 24 cubes peints sur 1 face et 8 cubes qui ne sont peints sur aucune face.

ENTRAINEMENT 5

Énoncé p. 418

Penser à réduire (par exemple de moitié) les dimensions correspondant aux côtés sur les fuyantes $\left(\frac{5\text{ cm}}{2} = 2{,}5\text{ cm}\right)$.

ENTRAINEMENT 7

Énoncé p. 419

Solide 1 :

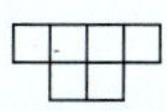
Vue de dessus

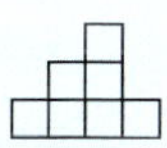
Vue de face

Vue de droite

Solide 2 :

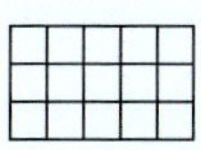
Vue de dessus

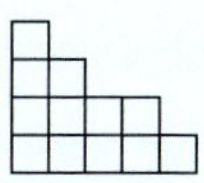
Vue de face

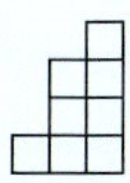
Vue de droite

ENTRAINEMENT 8

Énoncé p. 420

Voici une solution possible :

ENTRAINEMENT 9

Énoncé p. 420

Les figures **2**, **4** et **5** sont des patrons de pavé droit.

ENTRAINEMENT 10

Énoncé p. 420

La face portant **la croix**.

ENTRAINEMENT 11

Énoncé p. 420

Les figures 2, 5 et 7 sont des patrons de pyramide à base carrée.

ENTRAINEMENT 12

Énoncé p. 421

Les figures 1 et 2 sont des patrons de solide.
La figure 1 est le patron d'un cylindre car la longueur de la surface latérale (rectangle) est égale au périmètre des cercles de base.

ENTRAINEMENT 13

Énoncé p. 421

Il y a bien sûr beaucoup de patrons possibles.
Pour s'assurer de la validité d'une construction, il suffit de la découper et d'essayer de construire le pavé.

ENTRAINEMENT 14

Énoncé p. 421

Un patron possible :

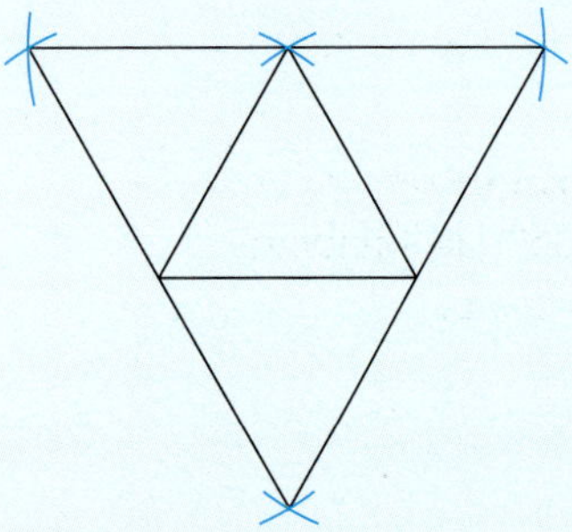

ENTRAINEMENT 15

Énoncé p. 421

La pyramide étant régulière, H le pied de la hauteur est l'intersection des diagonales du carré.
Pour déterminer la longueur des côtés des triangles isocèles des faces latérales, on utilise le théorème de Pythagore dans le triangle AHB rectangle en H.

On obtient $AB^2 = AH^2 + HB^2$. Or $HB = \frac{2\sqrt{2}}{2} = \sqrt{2}$ (*moitié de la diagonale d'un carré de côté 2 cm*), donc $AB = \sqrt{11}$ cm.
On pouvait aussi déterminer la hauteur AI d'un des triangles latéraux $\left(\sqrt{10}\text{ cm}\right)$.

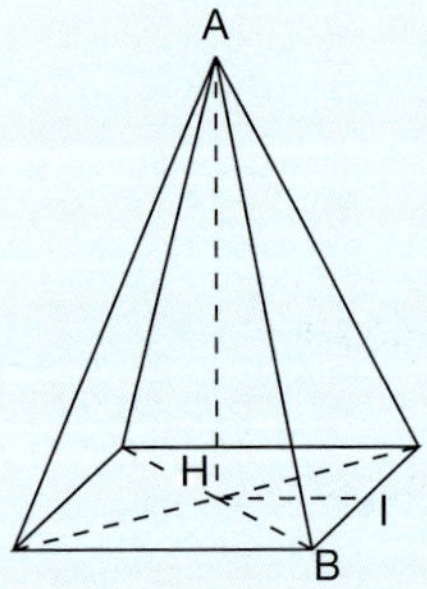

Un patron possible :

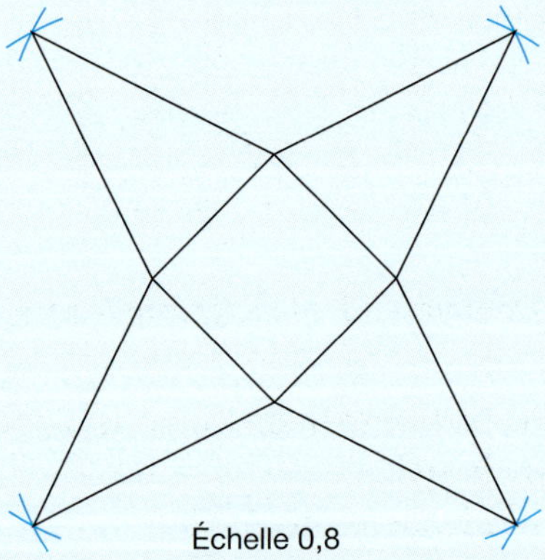

Échelle 0,8

ENTRAINEMENT 16

Énoncé p. 421

La surface latérale est un rectangle d'environ 6,3 cm de longueur (car $2 \times 1 \times \pi \approx 6{,}3$) et de 4 cm de largeur.

ENTRAINEMENT 17

Énoncé p. 422

x est égal à AB, OB = 3 cm et OA = 4 cm.

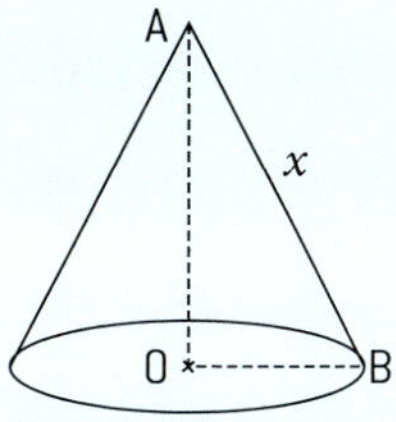

- Le triangle AOB est rectangle en O, donc d'après le théorème de Pythagore on a : $OA^2 + OB^2 = AB^2$ donc $4^2 + 3^2 = x^2$ donc $x =$ **5 cm.**

- Déterminons la longueur de l'arc de cercle : cette longueur est égale au périmètre du disque de base, puisqu'après la réalisation du cône, l'arc de cercle et le disque doivent coïncider.
Le rayon du cercle est de 3 cm, donc son périmètre en cm est de $2 \times 3 \times \pi = 6\pi$.
Donc la longueur de l'arc est de : $6 \times \pi$ cm.

Il y a proportionnalité entre l'angle du secteur circulaire et la longueur de l'arc de cercle correspondant. On sait d'autre part que, pour un secteur de 360°, la longueur de l'arc correspondant est égale au périmètre du cercle de rayon $x = 5$ cm.
On peut donc établir le tableau de proportionnalité:

Mesure de l'angle	360°	y
Longueur de l'arc	$2 \times 5 \times \pi$	6π

Donc $y = \dfrac{360 \times 6\pi}{2 \times 5 \times \pi}$ donc en degrés $y =$ **216°**.

- A et D sont les affirmations vraies.

ENTRAINEMENT 18

Énoncé p. 422

a. Une face du cône est un disque de rayon 2 cm. La face « latérale » correspond à un secteur circulaire dont la longueur de l'arc est égale à la circonférence du disque de base du cône.

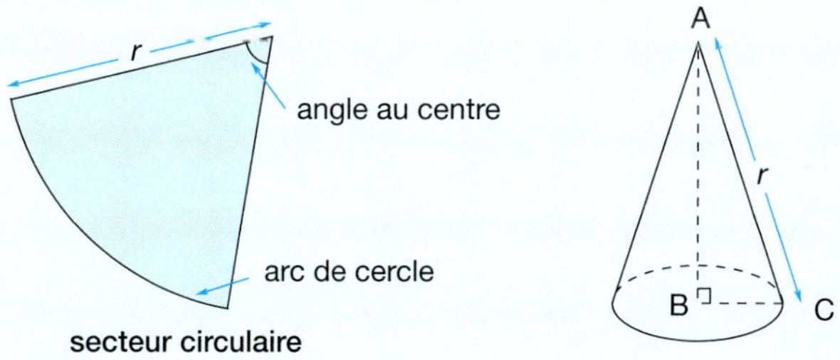

- Pour tracer ce secteur circulaire, il faut déterminer son rayon et l'angle au centre correspondant.

- Pour déterminer le rayon r du secteur, on utilise le théorème de Pythagore dans le triangle ABC rectangle en B :
$AC^2 = AB^2 + BC^2$ (AB étant la hauteur du cône).
Donc $r^2 = 6^2 + 2^2$, donc $r^2 = 40$, donc $r = \sqrt{40}$ cm $\approx$ **6,3 cm**.

● Pour déterminer l'angle au centre, on utilise le fait qu'il y a proportionnalité entre la mesure de l'angle au centre et la longueur de l'arc de cercle correspondant. 360° correspond au périmètre du cercle.

Mesure de l'angle	360°	?
Longueur de l'arc	$2 \times \sqrt{40} \times \pi$	$2 \times 2 \times \pi$

La mesure de l'angle est donc de : $\dfrac{360 \times 2 \times 2 \times \pi}{2 \times \sqrt{40} \times \pi} = \dfrac{360 \times 2}{\sqrt{40}} \approx$ **114°**.

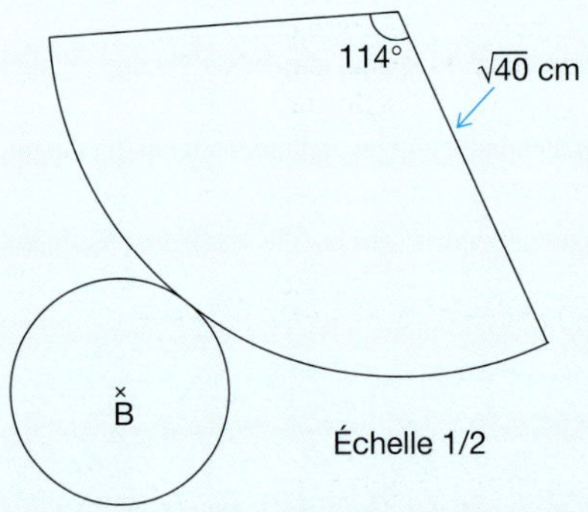

Échelle 1/2

b. Comme pour la question **a**, il faut déterminer le rayon et l'angle au centre du secteur circulaire représentant la surface latérale. On obtient $r = 2\sqrt{5}$ **cm** et environ **161° pour la mesure de l'angle du secteur.**

ENTRAINEMENT 19

Énoncé p. 422

Il y a 11 patrons possibles :

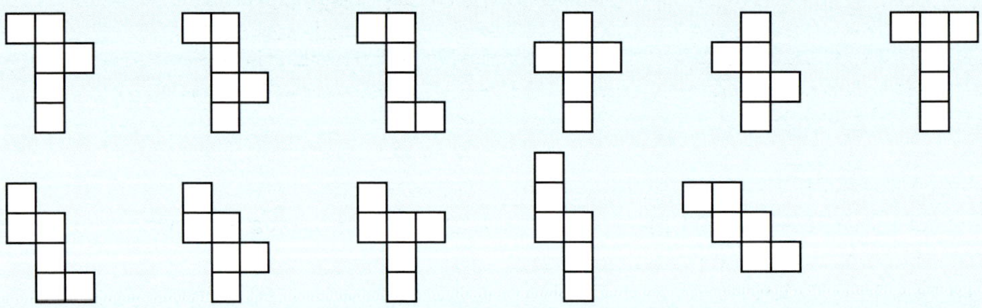

ENTRAINEMENT 20

Énoncé p. 423

Non, elles peuvent ne pas être dans le même plan.
En reprenant la figure du § 4.1 p. 422, les droites (AD) et (BE) n'ont pas de point commun, mais comme elles ne sont pas dans le même plan, **elles ne sont pas parallèles.**

ENTRAINEMENT 21

Énoncé p. 423

a. vraie **b.** vraie **c.** fausse **d.** fausse **e.** vraie **f.** vraie **g.** fausse
h. vraie **i.** vraie **j.** fausse : le triangle GFI est équilatéral, donc $\widehat{GFI} = 60°$.
k. vraie : (EI) est parallèle à (FJ) et (FJ) est perpendiculaire à (GJ).

ENTRAINEMENT 22

Énoncé p. 424

a. vraie : (DH) est perpendiculaire à (DC) et (DE), donc au plan DCFE, donc à toutes droites du plan, donc à (CE).
b. fausse **c.** vraie **d.** vraie.

ENTRAINEMENT 23

Énoncé p. 424

D'après le théorème de Pythagore, la hauteur du cône en cm est : $\sqrt{135} \approx$ **11,6**.

ENTRAINEMENT 24

Énoncé p. 425

La pyramide est régulière, donc (SO) est la hauteur de cette pyramide. Elle est donc orthogonale au plan (ABCD), donc elle est orthogonale à toutes les droites du plan, en particulier à (OB) et à (OH).

> Il s'agit de calculer une longueur. On pense bien sûr au théorème de Thalès ou de Pythagore. L'absence de parallèles nous amène à pencher pour l'utilisation du théorème de Pythagore, mais pour cela il faut un triangle rectangle. La difficulté, en géométrie dans l'espace, c'est que les triangles rectangles ne sont pas toujours représentés, sur le dessin, par des triangles rectangles.
> SOB est un triangle rectangle en O (*voir ci-dessus*).

a. On connait SB, il faut calculer OB.
Or, OB est égal à la moitié de la longueur de la diagonale du carré ABCD de côté 4 cm.
Donc en cm : $OB = 4\dfrac{\sqrt{2}}{2} = 2\sqrt{2}$.
Dans le triangle rectangle SOB, on a d'après le théorème de Pythagore :
$SB^2 = SO^2 + OB^2$.
Donc $SO^2 = 8^2 - \left(2\sqrt{2}\right)^2 = 56$.
Donc SO = $\sqrt{56}$ **cm.**

b.

> Attention ! Il ne faut pas confondre la hauteur de la pyramide et la hauteur d'une face triangulaire.
> On va calculer SH en utilisant le théorème de Pythagore dans le triangle rectangle SOH.
> On peut aussi utiliser le théorème de Pythagore dans le triangle SBH : cette méthode n'est pas donnée dans le corrigé mais vous pouvez l'utiliser et contrôler votre résultat avec le résultat ci-dessous.
> Il faut calculer OH et se rappeler que, dans une pyramide régulière, toutes les faces latérales sont des triangles isocèles de sommet S.

SBC est un triangle isocèle en S (car la pyramide est régulière).
(SH) est la hauteur issue du sommet principal de ce triangle, donc c'est aussi une médiane. Donc H est le milieu de [BC].
De plus, O est le milieu de [AC].
Donc, dans le triangle ACB on a $OH = \dfrac{AB}{2} = 2$ cm (propriété T5).
Après calcul, on trouve **SH =** $\sqrt{60}$ **cm =** $2\sqrt{15}$ **cm**.

ENTRAINEMENT 25

Énoncé p. 426

Le triangle OO′A est un triangle rectangle en O′.
On peut donc appliquer le théorème de Pythagore, ce qui permet de déterminer $r = \sqrt{7}$ **cm.**

ENTRAINEMENT 26

Énoncé p. 426

Dans le triangle OO′A′, on a (IA) qui est parallèle à (O′A′).
On peut donc appliquer le théorème de Thalès, ce qui permet de déterminer $r = \dfrac{1}{3}$ cm.

AU CONCOURS

EXERCICE 1

Corrigé p. 434

En coupant le cube ci-contre suivant le plan (BED), on obtient deux polyèdres.
L'exercice ne concerne que le polyèdre ne contenant pas le sommet A.
Nommer chacune des faces de ce polyèdre en précisant sa nature géométrique particulière éventuelle. Justifier.

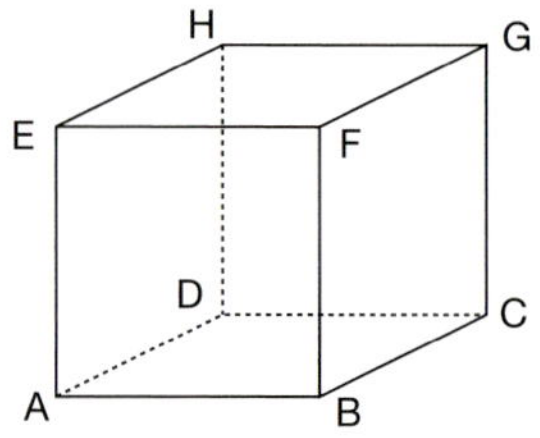

EXERCICE 2

Corrigé p. 434

On considère le pavé droit ABCDURST tel que : AB = 6 cm, AD = 12 cm et CS = 4 cm.
La figure n'est pas tracée à l'échelle.
Dessiner en vraie grandeur, un patron de la pyramide BUTR.
Indiquer les angles droits, les noms des points et laisser les traces de construction.
On ne calculera pas les longueurs BU, BT et RT.

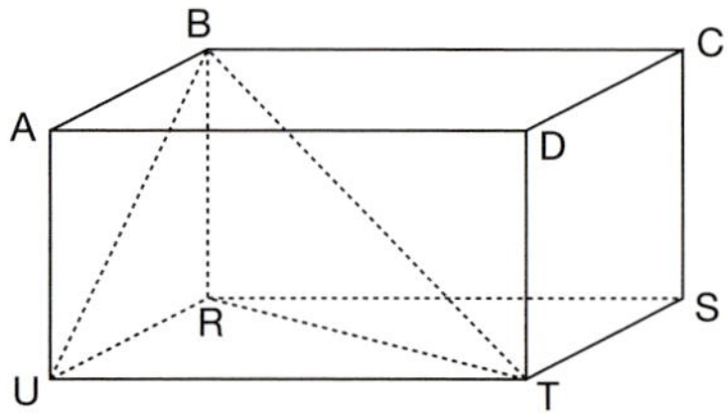

EXERCICE 3

Corrigé p. 435

On considère une sphère de centre O et de rayon OA.
Un octaèdre SABCDT est inscrit dans cette sphère.
Le quadrilatère ABCD est un carré de centre O.
Les sommets S et T des pyramides SABCD et TABCD sont situés sur la droite perpendiculaire en O au plan contenant le carré ABCD.

Vrai ou faux : Toutes les arêtes de l'octaèdre sont de même longueur. Justifier.

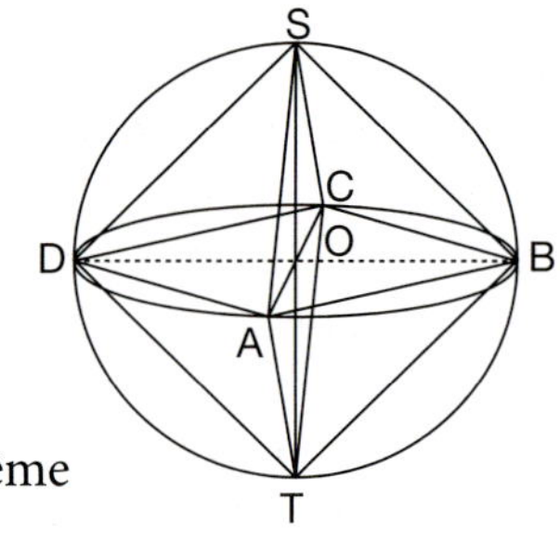

EXERCICE 4

Corrigé p. 435

On considère un solide constitué d'un empilement de cubes identiques.
On voit ci-contre les vues de droite, de face et de dessus.
Est-il possible de construire un tel solide à l'aide d'un empilement de 7 cubes ?

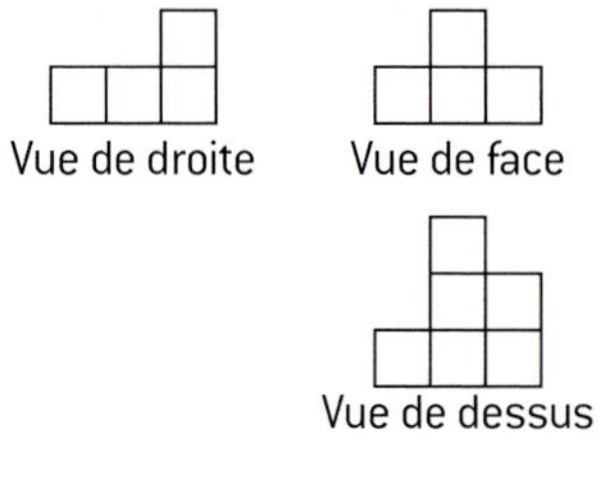

Corrigé p. 436

PROBLÈME

La figure ci-contre représente un cube de 10 cm d'arête.

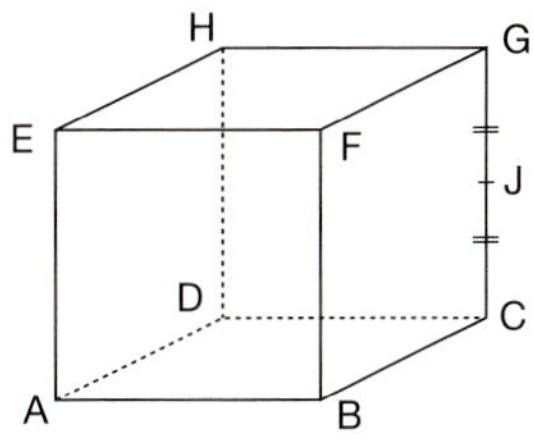

Partie A

Le point J est le milieu du segment [CG].

1 a. Reproduire sur votre copie le tableau ci-dessous et le compléter en répondant par oui ou par non. Pour la dernière ligne, on nommera un triangle autre que ceux qui figurent dans le tableau.

Le triangle	Est-il rectangle ?	Est-il isocèle ?	Est-il équilatéral ?
DJH			
ACG			
AFC			
EHG			
	oui	non	non

b. Justifier vos affirmations concernant la nature des triangles AFC et EHG.

Partie B

On considère que la figure précédente représente un cube en bois (de 10 cm d'arête). On le partage en deux morceaux à l'aide d'une scie, qu'on suppose sans épaisseur, réalisant une coupe plane passant par les trois points R, S et T :
- le point R est à 6 cm du sommet B, sur l'arête [BC] ;
- le point S est à 3 cm du sommet B, sur l'arête [BA] ;
- le point T est à 6 cm du sommet B, sur l'arête [BF].

On applique une des deux surfaces obtenues sur un tampon encreur et on imprime cette section RST sur une feuille.

2 a. Sans faire de calculs, construire en taille réelle à la règle et au compas le contour de la surface imprimée. On utilisera des constructions géométriques annexes (les faire figurer sur la copie). Expliquer succinctement la construction géométrique.

b. Calculer la dimension exacte de la longueur TR.

CORRIGÉS **EXERCICES**

EXERCICE 1

Énoncé p. 432

Ce polyèdre a :

- trois faces carrées : **FGCB, CDHG** et **EFGH** ;
- quatre faces triangulaires :

– les faces **DEH, EFB** et **BCD** sont des triangles rectangles et isocèles ;
en effet, par exemple pour DEH, on a (HE) et (DH) qui sont perpendiculaires et EH = HD (car EHDA est un carré).
– la face **BDE** est un triangle équilatéral ;
en effet, [ED], [EB] et [BD] sont des diagonales de carrés superposables (faces du cube initial).

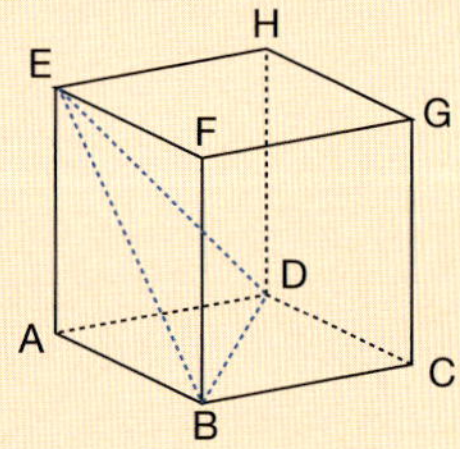

EXERCICE 2

Énoncé p. 432

La difficulté de cet exercice est de construire les faces BRT et BRU sans calculer RT, BU, et BT. Par exemple, pour la face BRT, il suffit de construire le triangle URT que l'on sait tracer, puis d'utiliser la longueur RT ainsi dessinée.
Une autre difficulté peut apparaitre : comment nommer les points sur le patron (comme c'est demandé dans l'énoncé), alors que certains points apparaissent plusieurs fois ? On peut utiliser des indices.

BUTR est un tétraèdre.
Ses quatre faces sont :

– RUT qui est un triangle rectangle en U dont les côtés de l'angle droit mesurent 12 cm et 6 cm ;
– BRU qui est un triangle rectangle en R dont les côtés de l'angle droit mesurent 6 cm et 4 cm ;
– BRT qui est un triangle rectangle en R dont on connait la longueur du côté BR (4 cm) ;
– BUT qui est un triangle rectangle en U dont on connait la longueur du côté UT (12 cm).

On peut donc commencer par tracer la face RUT (on peut aussi commencer par la face BRU), puis tracer la demi-droite d'origine R et perpendiculaire à (RT) et placer le point B_1 sur cette demi-droite tel que $RB_1 = 4$ cm.

On trace ensuite la demi-droite perpendiculaire à (UR) d'origine R, dans le demi-plan ne contenant pas T, en plaçant le point B_2 tel que $RB_2 = 4$ cm.

On termine en traçant le triangle BUT en plaçant le point B_3 à l'aide du compas tel que : $B_3U = B_2U$ et $B_3T = B_1T$.

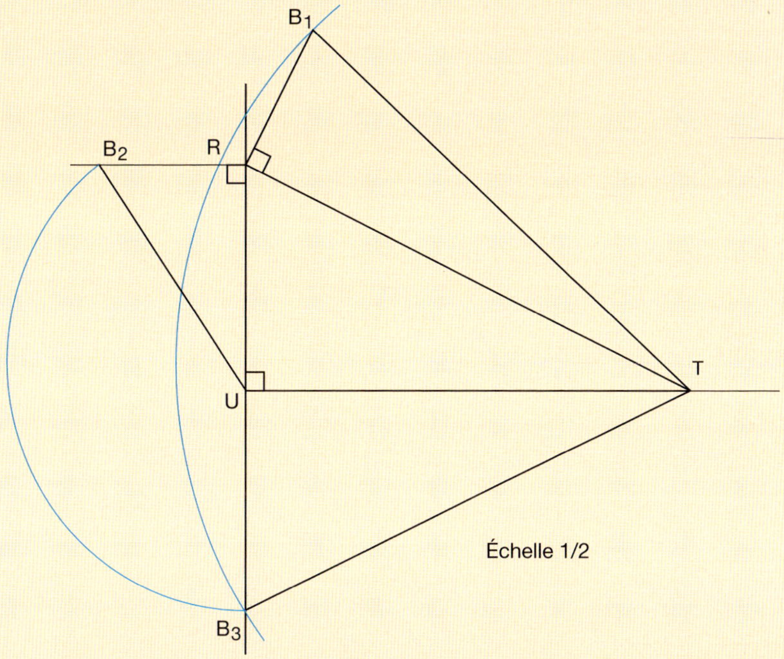

EXERCICE 3

Énoncé p. 432

ABCD est un carré (*donnée*) donc AB = BC = CD = DA.

Considérons le quadrilatère SBTD.
Les diagonales du quadrilatère SBTD ont le même milieu et la même longueur car ce sont des diamètres de la sphère. De plus elles sont perpendiculaires, donc SBTD est un carré.
Donc SB = BT = TD = DS.

Les carrés ABCD et SBTD ont en commun la diagonale [BD], donc ils sont superposables.
Donc AB = BC = CD = DA = SB = BT = TD = DS.

On démontre de la même façon que les quatre arêtes restantes ont également la même longueur en montrant que SATC est un carré.

Donc l'affirmation est vraie.

EXERCICE 4

Énoncé p. 432

Pour construire ce solide avec 7 cubes, il suffit de placer 6 cubes sur le plan de base dans la disposition indiquée par la vue de dessus, puis de placer un 7e cube sur le cube bleu du schéma ci-dessous.

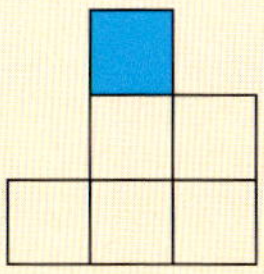

PROBLÈME

Énoncé p. 433

PARTIE A

1 a.

Le triangle	Est-il rectangle ?	Est-il isocèle ?	Est-il équilatéral ?
DJH	non	oui	non
ACG	oui	non	non
AFC	non	oui	oui
EHG	oui	oui	non
Plusieurs choix possibles de type EAC, ACJ…	**oui**	**non**	**non**

b. • **Nature du triangle AFC**
Ses côtés sont les diagonales de carrés superposables (faces du cube initial) et sont de même longueur. **AFC** est donc **équilatéral** (donc isocèle) **et non rectangle** (ses angles mesurent 60°).

• **Nature du triangle EHG**
EHGF est un carré (puisque ABCDEFGH est un cube), donc EH = HG et $\widehat{EHG} = 90°$. **EHG** est donc un triangle **rectangle isocèle.**

PARTIE B

2 a. La surface imprimée correspond au triangle TRS.

> Pour construire le triangle TRS, il faut connaitre les longueurs TR et RS = TS.
> La difficulté ici, c'est qu'on ne peut pas calculer ces longueurs, il faut donc les construire.

Il faut d'abord construire les triangles rectangles TBS, TBR et SBR (TBS et SBR sont superposables), pour ensuite reporter les longueurs des hypoténuses de ces triangles rectangles avec un compas et ainsi construire le triangle TSR.

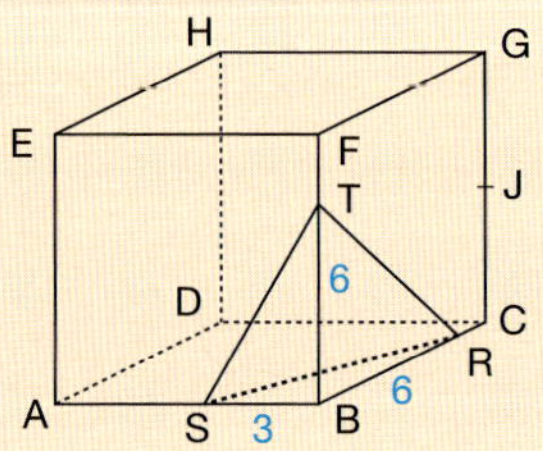

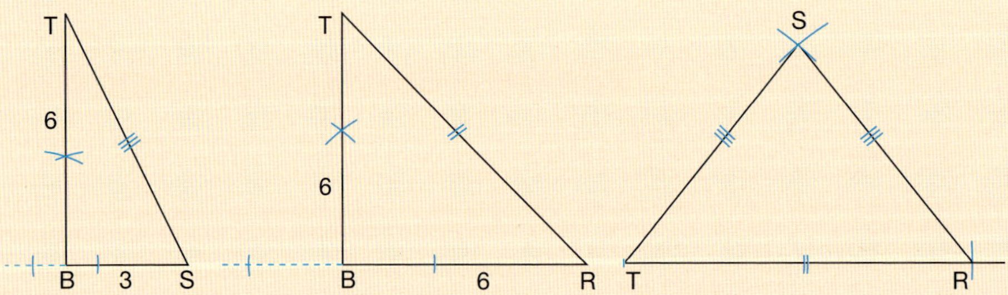

Échelle 1/2

b. TR peut être considéré comme la diagonale d'un carré de 6 cm de côté.
Donc **TR** = $6\sqrt{2}$ **cm.**

CHAPITRE 20

Grandeurs et mesures

OBJECTIFS DU CHAPITRE

– Calculer le périmètre et l'aire de surfaces, le volume de solides.

– Convertir des unités d'aires et des unités de volumes.

FICHES MÉTHODE

- **Convertir des unités d'aires.** p. 442
- **Calculer l'aire d'une surface.** p. 443
- **Convertir des unités de volumes.** p. 448

TESTER SES CONNAISSANCES

Aide :
phrase A p. 439
phrases B à D, §2 p. 441
phrases E et F, §2.2 p. 444

QCM 1 Quelles affirmations concernant les figures (1) à (7) sont vraies ?

A. La surface (6) est plus petite que la surface (1).
B. Aire (5) < Aire (3)
C. Aire (6) = Aire (1)
D. Aire (7) = Aire (1)
E. Aire (3) > Aire (2)
F. Aire (4) > Aire (3)

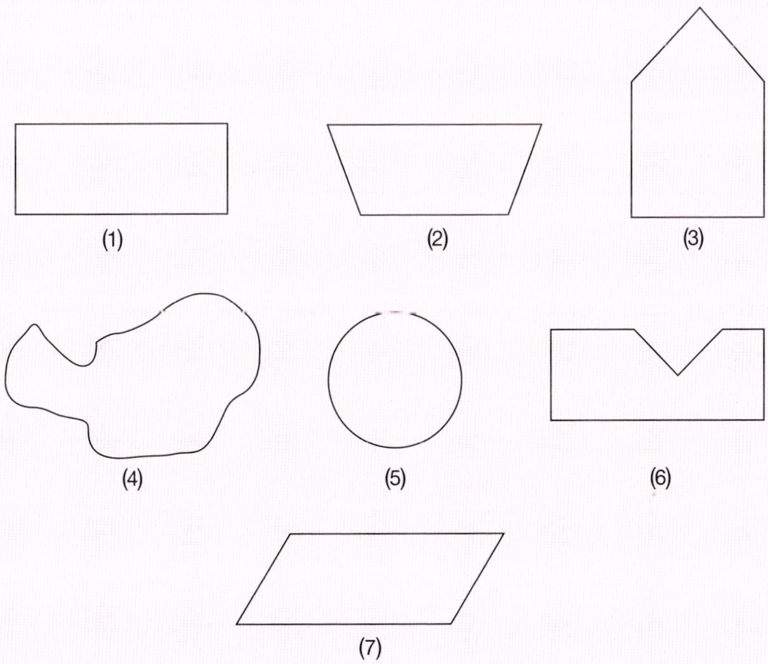

Aide :
§2.1 p. 442

QCM 2 Quelles affirmations sont vraies ?

A. 234,5 cm = 2,345 m
B. 3,42 m^2 = 342 cm^2
C. 0,12 m^2 = 120 000 mm^2
D. 240 mm^2 = 0,00240 m^2

QCM 3 En prenant les mesures nécessaires sur le dessin, préciser les affirmations vraies ?

Aide : §2.2 p. 443

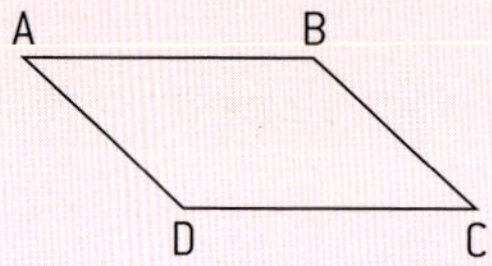

Le périmètre du parallélogramme est de : **A.** 6 cm **B.** 7 cm
L'aire du parallélogramme est de : **C.** 2 cm^2 **D.** 3 cm^2

QCM 4 « Quelles que soient les surfaces A et B, si l'aire de la surface A est supérieure à celle de la surface B, alors le périmètre de A est supérieur au périmètre de B. »

Aide : §2.2 p. 446

Cet énoncé est : **A.** vrai. **B.** faux.

QCM 5 Quelles affirmations sont vraies ?

Aide : §3.1 p. 449

A. 13,42 m^3 = 1 342 cm^3
B. 0,012 m^3 = 12 000 cm^3
C. 2 400 mm^3 = 0,0240 dm^3
D. 3,5 cL = 35 000 mm^3

QCM 6 Voici une représentation en perspective cavalière de quatre solides :

Aide : §3.2 p. 449

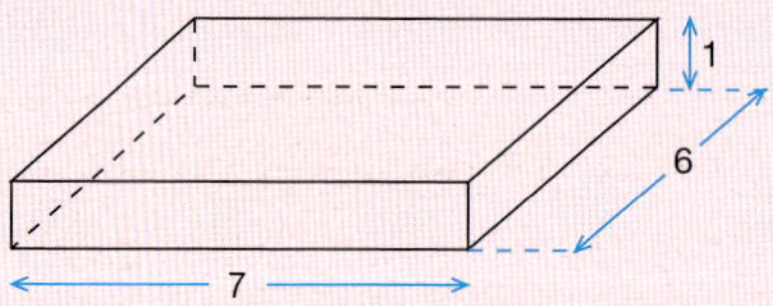

Solide (1)

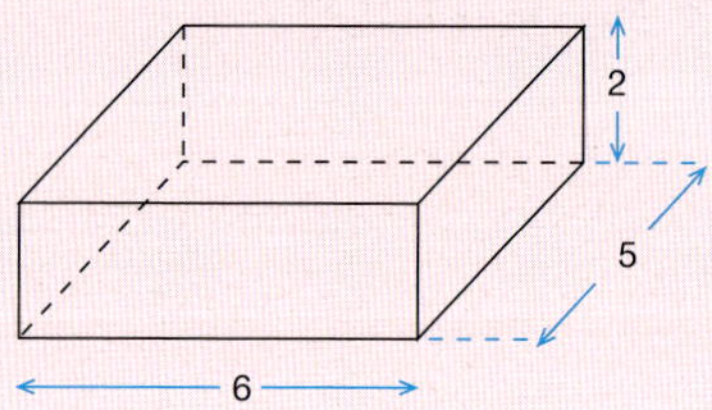

Solide (2)

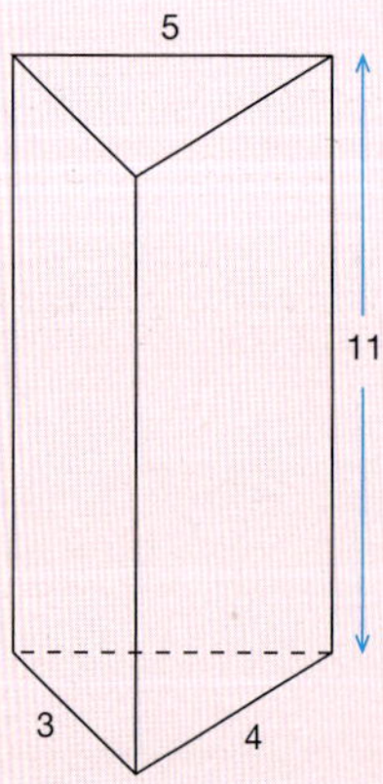

Solide (3)

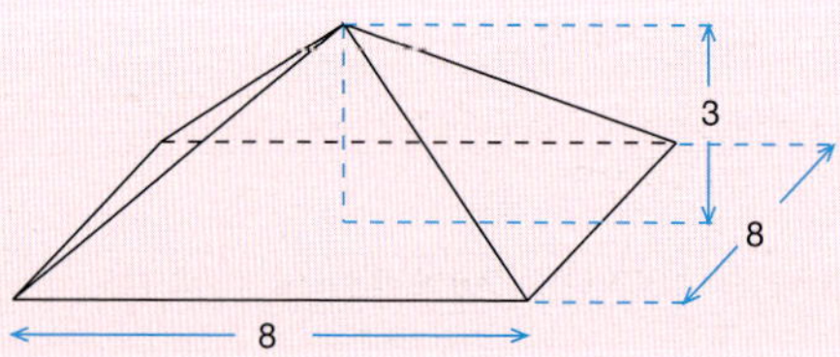

pyramide à base carrée

Solide (4)

Quelles affirmations sont vraies ?

A. Volume (2) > Volume (1)
B. Volume (4) > Volume (2)
C. Volume (4) < Volume (3)
D. Aire totale (2) > Aire totale (1)
E. Aire totale (1) > Aire totale (3)

1. B, D, E, F 2. A, C 3. B, C 4. B 5. B, D 6. A, B, C

LE COURS

D'une façon très générale :

Une grandeur peut être considérée comme « tout caractère d'un objet, susceptible de variation chez cet objet, ou d'un objet à l'autre. »[1]

EXEMPLE : Si l'objet est une baguette de bois, on pourra définir sa masse, son volume, sa longueur…

Les grandeurs que nous allons étudier sont : le périmètre et l'aire de surfaces, le volume de solides, les durées, les masses et les angles.

Elles sont caractérisées ici par deux relations :

- une relation qui permettra de dire qu'un objet est de même grandeur qu'un autre ;
- une relation qui permettra de dire qu'un objet est plus grand qu'un autre.

CORRIGÉ QCM 1 affirmation A : La surface (6) est plus petite que la surface (1).
On ne peut pas répondre à cette question car la grandeur dont on parle n'est pas précisée. S'il s'agit de l'aire, la surface (6) est plus petite que la surface (1) ; par contre, s'il s'agit du périmètre, c'est le contraire.

QCM 1, p. 437

1 *Publication mots*, tome IV « Grandeurs », Association des Professeurs de mathématiques de l'Enseignement Public, 1982.

1 Périmètre de surfaces

Le périmètre d'une surface désigne tout à la fois **le contour de cette surface** (dans le langage courant) et **la longueur du contour** (sens que nous utiliserons ici).
Le périmètre est défini à partir de la notion de longueur de segments, de lignes brisées et curvilignes.

A. Périmètre d'un polygone

Pour déterminer le périmètre d'un polygone, il suffit d'**additionner les mesures des longueurs** de ses côtés. Mais attention de s'assurer que ces longueurs sont bien exprimées dans la même unité !

Voici les unités de longueurs usuelles présentées dans un tableau qui peut servir pour les conversions d'unités :

km	hm	dam	m	dm	cm	mm

B. Périmètres de figures usuelles

Déterminer le périmètre de certaines figures est plus complexe.

Ainsi, pour **calculer le périmètre du cercle**, on utilise une formule dans laquelle intervient un **nombre noté** π.

π est un nombre qui n'est pas rationnel : il ne peut pas s'écrire sous la forme $\frac{a}{b}$ où a et b sont des entiers.
Ce résultat a été démontré au milieu du XVIIIe siècle. On ne peut donc pas lui donner une valeur décimale exacte.

Pour certaines figures, des **formules** permettent de simplifier les calculs.

Rectangle	Carré – Losange	Cercle
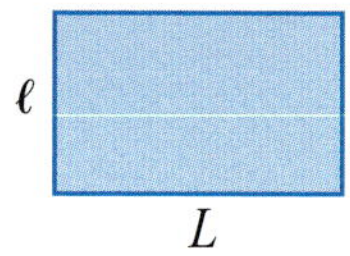		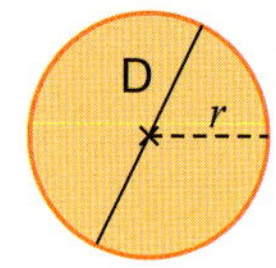
L : mesure de la longueur ℓ : mesure de la largeur	c : mesure de la longueur du côté	r : mesure du rayon D : mesure du diamètre
Périmètre $= (L + \ell) \times 2$	Périmètre $= 4 \times c$	Périmètre $= 2 \times \pi \times r = D \times \pi$

ENTRAINEMENT 1

Corrigé p. 453

Déterminer, si possible, le périmètre des figures ci-dessous ; elles ne sont pas tracées à l'échelle.

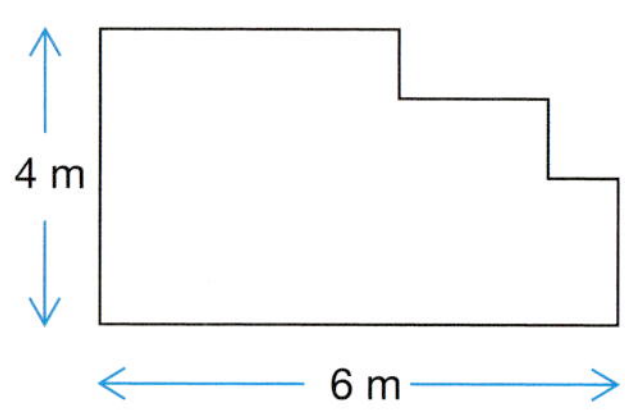

Figure (1)

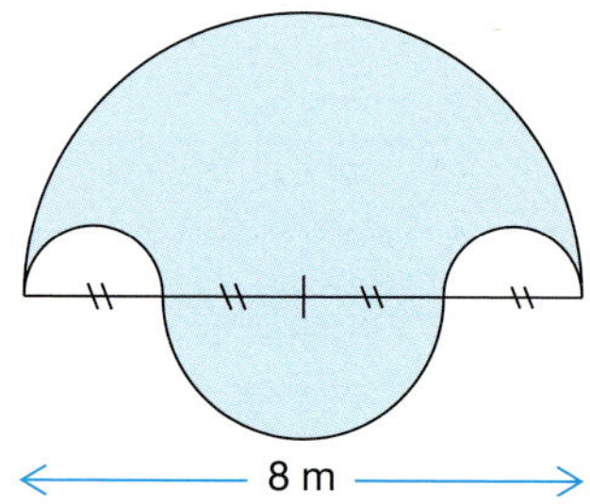

Figure (2)

ENTRAINEMENT 2

Corrigé p. 453

Déterminer x de telle sorte que le carré et le triangle équilatéral aient même périmètre. Les mesures sont exprimées dans la même unité.

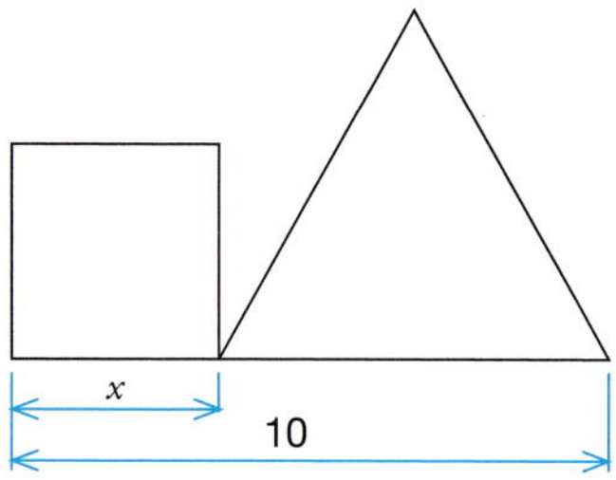

ENTRAINEMENT 3

Corrigé p. 453

Déterminer le rayon d'un cercle dont le périmètre est 10 m.

ENTRAINEMENT 4

Corrigé p. 453

Un chien est attaché en un point A de la clôture d'un espace fermé, à l'aide d'une corde de 8 m de longueur.

Quel est le périmètre de la surface sur laquelle le chien peut aller ?

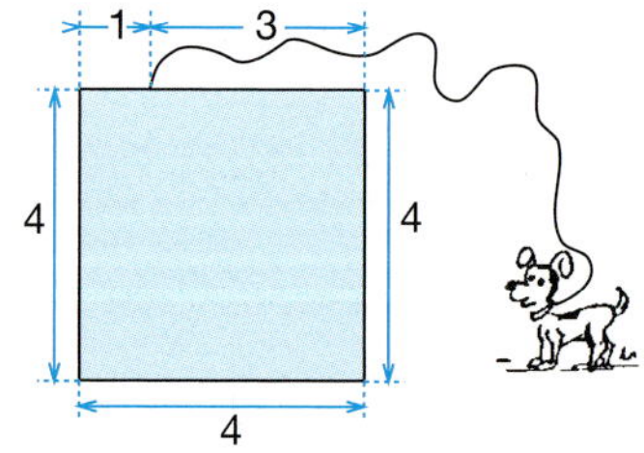

2 Aire

L'aire est une grandeur définie pour les surfaces par les relations suivantes :
– S et S′ étant deux surfaces, **S a la même aire que S′** si on peut transformer S par découpage, déplacement… pour qu'elle se superpose à S′.
– **S a une aire plus grande que S′** si on peut transformer S′ par découpage, déplacement… de façon à ce que la figure ainsi obtenue puisse être incluse dans S.

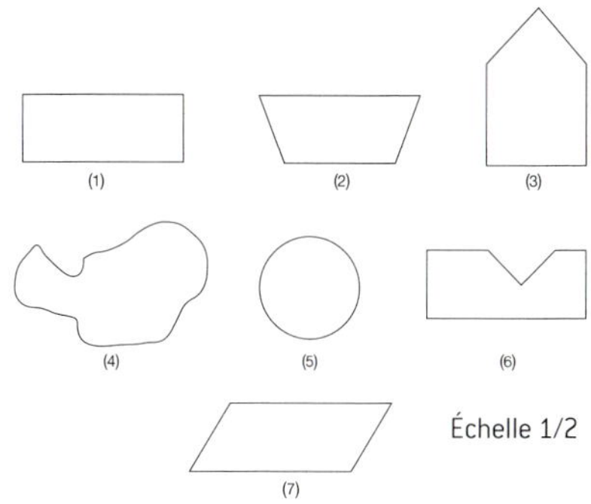

CORRIGÉ QCM 1 :

QCM 1, p. 437

- Affirmation B : **Aire (5) < Aire (3) est vraie** car après déplacement, on constate que la surface (5) est incluse dans la surface (3).
- Affirmation C : **Aire (6) = Aire (1) est fausse** car après déplacement, on constate que la surface (6) est incluse dans la surface (1).
- Affirmation D : **Aire (7) = Aire (1) est vraie** grâce à un découpage/déplacement de la surface (7) qui va permettre de retrouver la surface (1).

La mesure de l'aire S, à partir du choix d'une unité, est le nombre d'unités nécessaires pour recouvrir exactement et sans chevauchement la surface de départ.
Ce nombre n'est pas nécessairement un nombre entier.

Attention ! La mesure d'une aire dépend donc de l'unité choisie.

ENTRAINEMENT 5

Corrigé p. 453

Déterminer l'aire des trois surfaces ci-dessous en utilisant comme unité :
a. l'aire du carré □ **b.** l'aire du triangle ◺

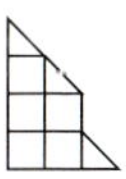
Fig. (1)

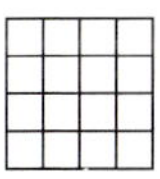
Fig. (2)

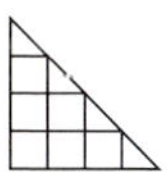
Fig. (3)

2.1 Unités d'aire

Pour mesurer l'aire d'une surface, il est possible de prendre n'importe quelle surface comme unité.

- **L'unité usuelle** est le « **mètre carré** », notée **m^2**.

Le **m^2** est l'aire d'un carré de **1 m** de côté.

Attention ! 2 m² n'est pas l'aire d'un carré de 2 m de côté ! C'est l'aire d'une surface équivalente à deux carrés de 1 m de côté (par exemple un rectangle de 2 m sur 1 m).

- On utilise aussi **les sous-multiples et les multiples du m^2** :

le « décimètre carré » noté **dm^2**,
le « centimètre carré » noté **cm^2**,
le « millimètre carré » noté **mm^2**,

le « décamètre carré » noté **dam²** (appelé aussi « are » noté **a**),
l'« hectomètre carré » noté **hm²** (appelé aussi « hectare » noté **ha**),
le « kilomètre carré » noté **km²**.

- Des relations entre ces unités permettent d'effectuer des **conversions** :

$1\ m^2 = 100\ dm^2$ $1\ dm^2 = 100\ cm^2$ $1\ cm^2 = 100\ mm^2$...

ENTRAINEMENT 6

Corrigé p. 453

Combien faut-il d'unités de $1\ dm^2$ pour recouvrir une aire de $1\ m^2$?

- **Pour effectuer des conversions d'unités d'aire**, on peut soit utiliser les formules telles que $1\ m^2 = 100\ dm^2$, soit utiliser un tableau de conversion.

FICHE MÉTHODE Convertir des unités d'aires.

→ Convertir : **a.** $32{,}5\ m^2 = ...\ cm^2$ **b.** $230{,}51\ m^2 = ...\ ha$

méthode 1. Utilisation de relations connues

Appliquer directement des relations connues entre les unités.	**a.** $1\ m^2 = 10^4\ cm^2$ donc $32{,}5\ m^2 = 32{,}5 \times 10^4\ cm^2$ Donc **$32{,}5\ m^2 = 325\ 000\ cm^2$**. **b.** $1\ ha = 10^4\ m^2$ donc $1\ m^2 = 10^{-4}\ ha$ donc **$230{,}51\ m^2$** $= 230{,}51 \times 10^{-4}\ ha =$ **$0{,}023051\ ha$**.

méthode 2. Utilisation d'un tableau de conversion

1. Construire le tableau de conversion des unités d'aires :

km²		hm²		dam²		m²		dm²		cm²		mm²	

km²		hm		dam²		m²		dm²		cm²		mm²	
						3	2	5	0	0	0		
			0	0	2	3	0	5	1				
			,										

2. Placer le nombre à convertir dans le tableau en mettant son chiffre des unités dans la colonne de droite de l'unité correspondante.

a. $32{,}5\ m^2 = 325\ 000\ cm^2$.

b. $230{,}51\ m^2 = 0{,}023051\ ha$.

3. Placer la virgule dans la colonne de droite de l'unité « visée ». On complète si nécessaire avec des zéros.

CORRIGÉ QCM 2 :

QCM 2, p. 437

A. $234{,}5\ cm = 2{,}345\ m$
B. $3{,}42\ m^2 = 34\ 200\ cm^2$
C. $0{,}12\ m^2 = 120\ 000\ mm^2$.
D. $240 mm^2 = 0{,}000240\ m^2$.

ENTRAINEMENT 7

Corrigé p. 453

Effectuer les conversions suivantes :

a. $35{,}2\ m^2 = ...\ cm^2$
b. $45{,}7\ m^2 = ...\ ha$
c. $2{,}5\ km^2 = ...\ m^2$
d. $3{,}5\ ha = ...\ m^2$
e. $125\ 365\ m^2 = ...\ ha$
f. $3{,}5\ dm^2 = ...\ cm^2$
g. $125\ 000\ mm^2 = ...\ dm^2$.

2. 2 Mesure d'aire de figures usuelles

Vous trouverez, à la fin de cet ouvrage (p. 476), les principales formules qui permettent de calculer l'aire des figures usuelles.
Un schéma suffit pour justifier les formules des aires de certaines figures :

Parallélogramme : Aire : $c \times h$

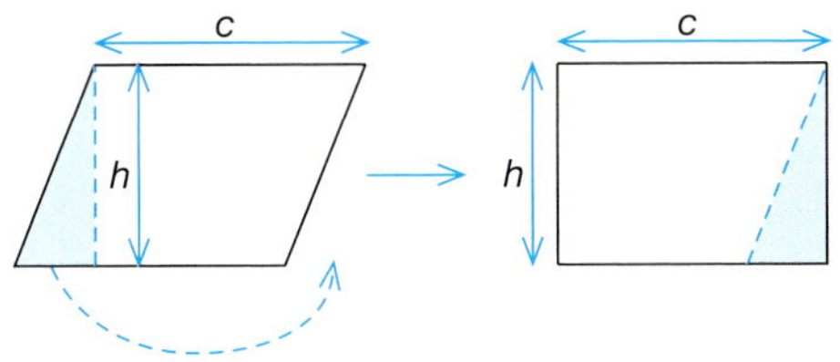

Triangle : Aire : $\dfrac{c \times h}{2}$

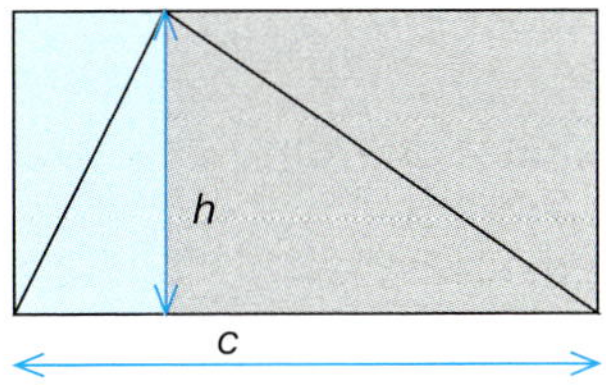

Trapèze : Aire : $\dfrac{B+b}{2} \times h$

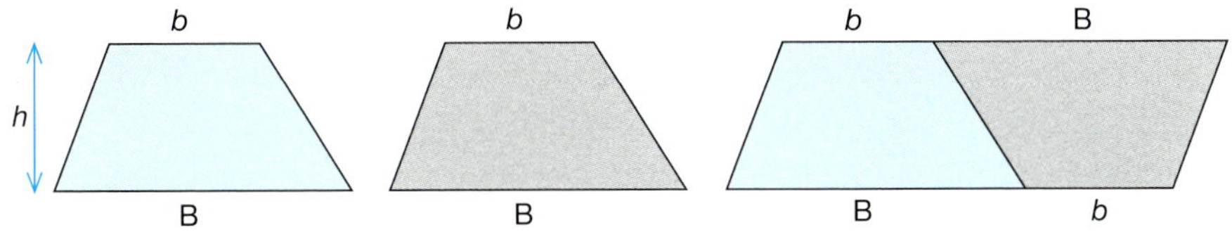

Attention ! Pour calculer **le périmètre du parallélogramme**, comme pour calculer celui du rectangle, on peut ajouter la longueur de deux côtés consécutifs et multiplier le résultat par deux.
Par contre, pour calculer **l'aire du parallélogramme** il ne faut pas, comme pour le rectangle, effectuer le produit des deux côtés (corrigé QCM 3) !

CORRIGÉ QCM 3 :

QCM 3, p. 438

Périmètre de ABCD en cm : $(2+1,5) \times 2 = 7$.
Aire de ABCD en cm^2 : $2 \times 1 = 2$.
Pour calculer l'aire du parallélogramme, il faut tracer une hauteur du parallélogramme.

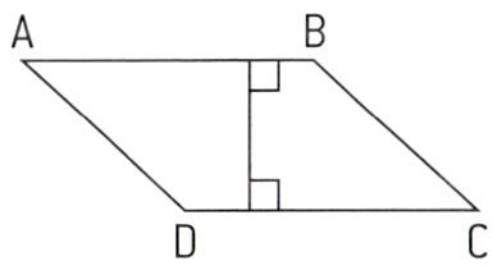

FICHE MÉTHODE **Calculer l'aire d'une surface.**

→ Calculer les aires des cinq surfaces suivantes :

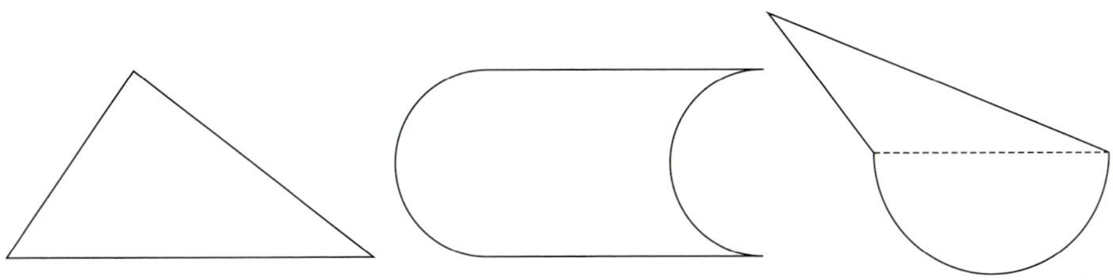

(1) (2) (3)

(4) (5)

Méthode 1 : La surface est une figure usuelle. Appliquer la formule qui permet de calculer l'aire de cette figure.	**Surface (1)** : C'est un triangle, on trace l'une de ses hauteurs que l'on mesure. Aire (1) : $4 \times \frac{2}{2} = \mathbf{4\ cm^2}$.
Méthode 2 : Déplacer une partie de la figure pour obtenir une figure usuelle.	**Surface (2)** : En déplaçant le demi-cercle, on constate que cette surface a même aire qu'un rectangle de dimensions 4 cm sur 2 cm. Aire (2) : $4 \times 2 = \mathbf{8\ cm^2}$.
Méthode 3 : Décomposer la surface en la réunion de surfaces usuelles.	**Surface (3)** : On peut décomposer cette surface en la réunion d'un triangle et d'un demi-cercle. Aire (3) = Aire (triangle) + Aire (demi-cercle) Aire (3) $= \frac{1{,}5 \times 2{,}6}{2} + 1{,}3^2 \times \frac{\pi}{2}$ Aire (3) $\approx \mathbf{4{,}6\ cm^2}$.
Méthode 4 : Décomposer la surface en le complémentaire de deux surfaces usuelles.	**Surface (4)** : On peut décomposer cette surface en le complémentaire d'un rectangle et d'un triangle. Aire (4) = Aire (rectangle) – Aire (triangle) Aire (4) $= 3 \times 2 - \frac{3 \times 1}{2}$ Aire (4) $= \mathbf{4{,}5\ cm^2}$.
Méthode 5 : Dans le cas où les méthodes précédentes ne fonctionnent pas, on utilise un quadrillage pour trouver un encadrement de l'aire.	Le quadrillage ci-dessous permet de déterminer une valeur approchée de l'aire de la figure (5) : **environ 560 mm²**. 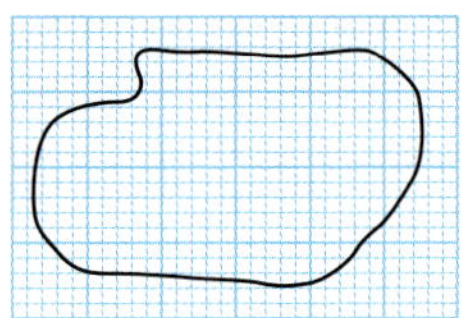

CORRIGÉ QCM 1 : QCM 1, p. 437

• Affirmation E : Aire (3) > Aire (2).

Pour comparer les figures (2) et (3), le découpage/déplacement est plus complexe.

On peut calculer les aires de ces deux figures :

– en utilisant une formule pour la surface (2) car c'est une figure usuelle ;

– en décomposant la surface (3) en la réunion de deux surfaces usuelles (un rectangle et un triangle).

Ce qui permet de conclure que Aire (3) > Aire (2).

(2)

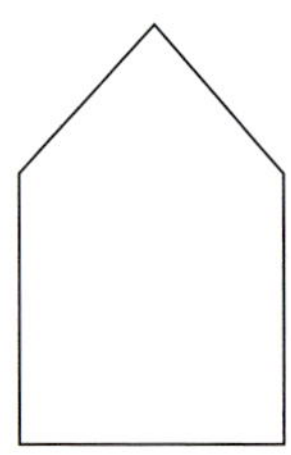

(3)

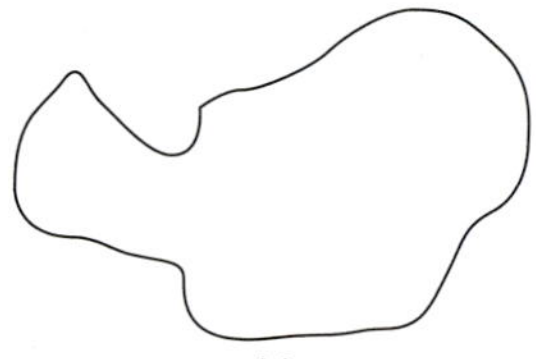

(4)

• Affirmation F :

Pour comparer les aires des surfaces (4) et (3), il faut :

– décomposer la surface (3) en la réunion d'un carré et d'un triangle et appliquer les formules du calcul d'aire de ces deux figures usuelles. On trouve **Aire (3) ≈ 4,14 cm²**.

– calculer l'aire (ou au moins une valeur approchée de l'aire) de la figure (4).

On ne peut pas décomposer (4) en la réunion de deux figures usuelles, on peut seulement envisager d'encadrer la mesure de cette aire. Si on prend comme unité l'aire d'un carré de 0,5 cm de côté, la mesure de l'aire est comprise entre 9 et 24 (ce qui correspond respectivement à 2,25 cm^2 et 6 cm^2). Pour être plus précis, on peut utiliser comme unité des carrés de 1 mm de côté. **L'aire de la surface (4) est d'environ 5 cm^2.**

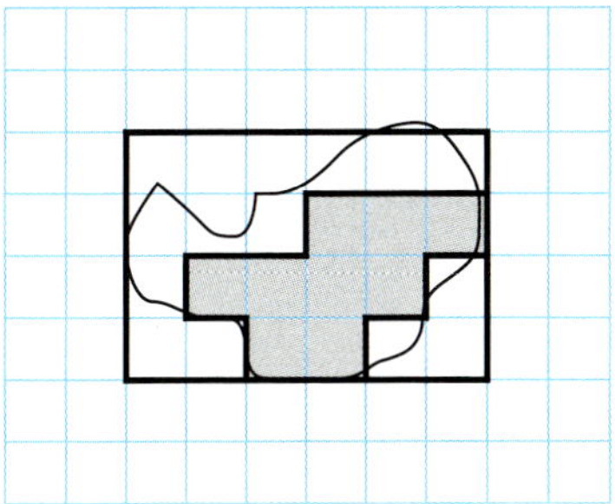

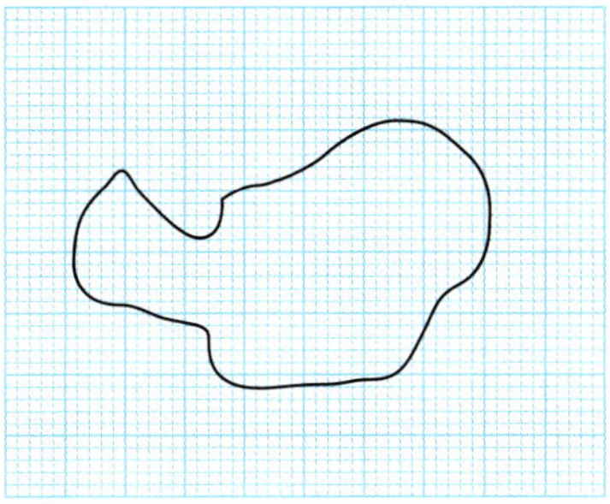

Donc Aire (3) < Aire (4).

ENTRAINEMENT 8

Corrigé p. 454

a. Justifier la formule qui permet de calculer l'aire du losange.

b. Justifier la formule du calcul de l'aire du triangle rectangle en utilisant la formule du calcul de l'aire du triangle quelconque.

ENTRAINEMENT 9

Corrigé p. 454

Tracer un triangle et les trois hauteurs de ce triangle.
Calculer l'aire de ce triangle en utilisant trois méthodes.

ENTRAINEMENT 10

Corrigé p. 454

Déterminer la hauteur d'un triangle dont l'aire est de 42 cm^2 et dont le côté correspondant mesure 14 cm.

ENTRAINEMENT 11

Corrigé p. 454

(*d*) et (*d'*) sont deux droites parallèles. A et B sont deux points de (*d*), et D et C deux points de (*d'*), tels que (AD) est perpendiculaire à (*d*) et (*d'*).

Quelle phrase est vraie quels que soient le point B placé sur (*d*) et le point C placé sur (*d'*) ?

A. L'aire de ACB est supérieure à l'aire de ADB.

B. Les aires des deux triangles ADB et ACB sont égales.

C. On ne peut pas affirmer que les deux triangles ont toujours la même aire ou qu'un des deux triangles a toujours une aire supérieure à l'autre.

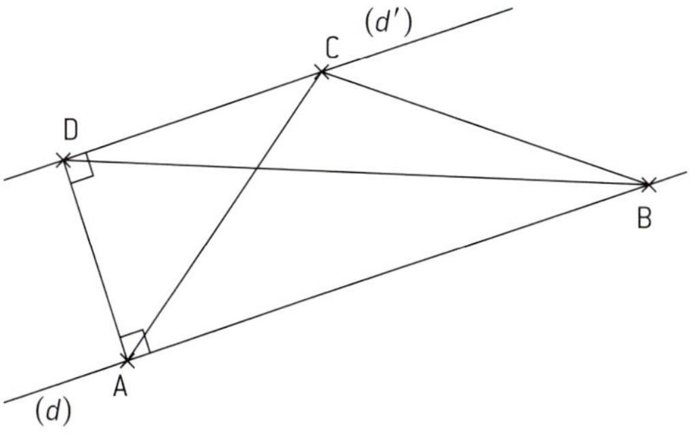

ENTRAINEMENT 12

Corrigé p. 455

Déterminer si possible la mesure de l'aire des figures en bleu (les dessins ne sont pas tracés à l'échelle et les dimensions sont en mètres).

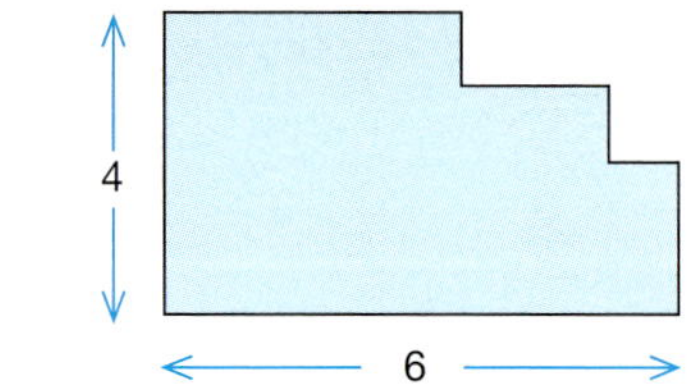

Figure (1)

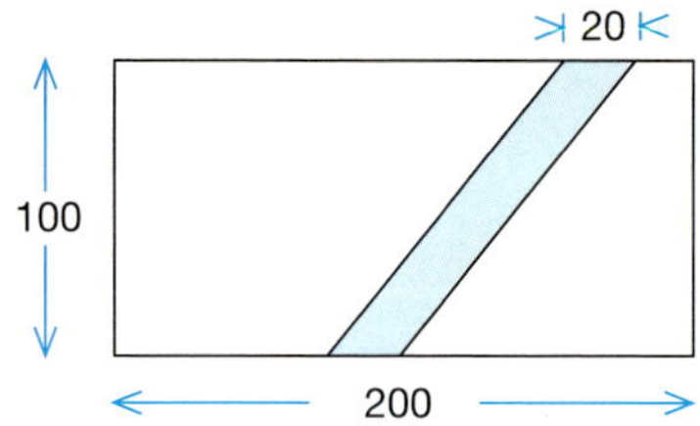

Figure (2)

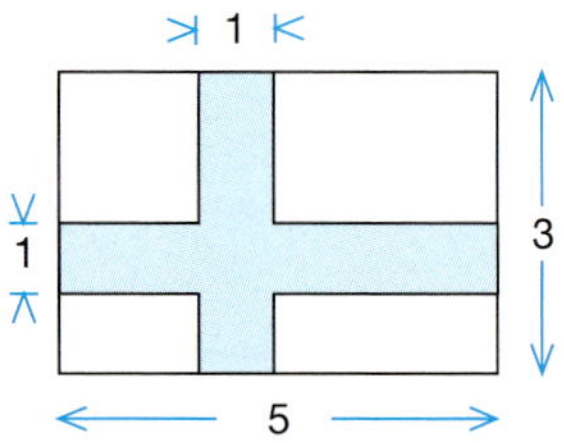

Figure (3)

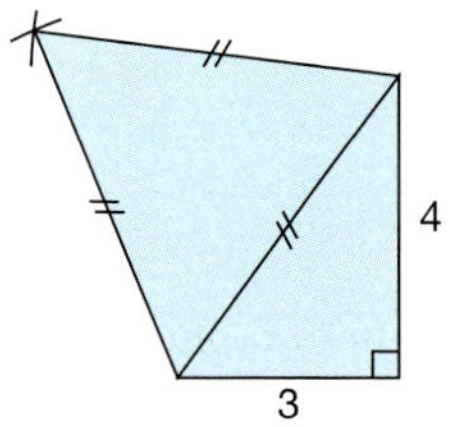

Figure (4)

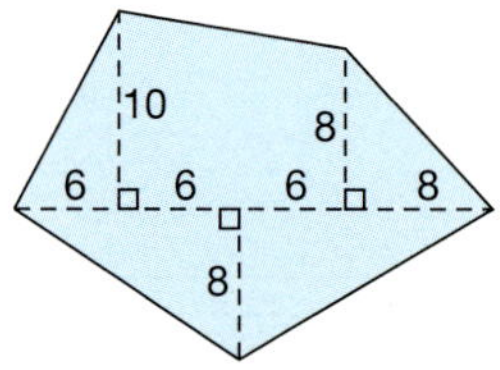

Figure (5)

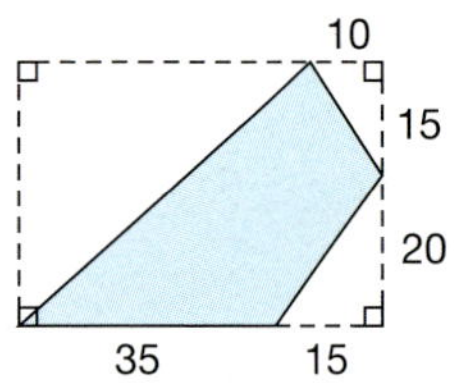

Figure (6)

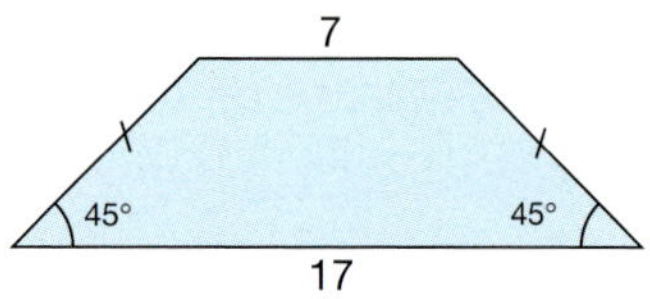

Figure (7)

ENTRAINEMENT 13

Corrigé p. 456

Déterminer le rayon d'un cercle dont la mesure de l'aire est 40 cm^2.

ENTRAINEMENT 14

Corrigé p. 456

Déterminer si possible l'aire des figures en bleu ci-dessous :

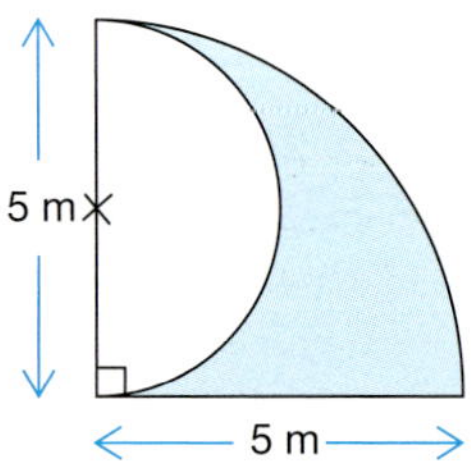

Figure (1)

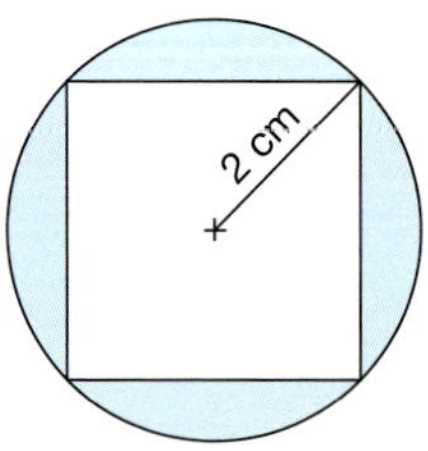

Figure (2)

Attention ! Le fait qu'une figure ait une aire plus grande qu'une autre ne prouve pas qu'elle ait un périmètre plus grand.

CORRIGÉ QCM 4 : « Quelles que soient les surfaces A et B, si l'aire de la surface A est supérieure à celle de la surface B, alors le périmètre de A est supérieur au périmètre de B. »

QCM 4, p. 438

Cet énoncé est faux. On a un contre-exemple avec les figures (1) et (6) du QCM 1 :

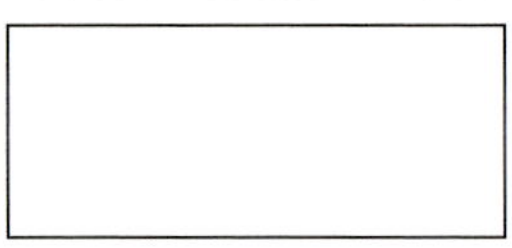
(1)

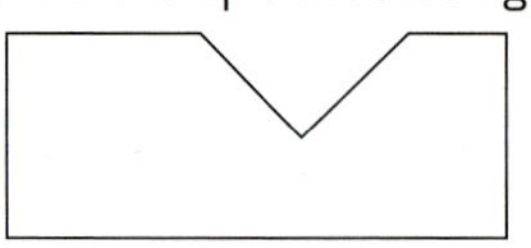
(6)

Aire (1) > Aire (6) et pourtant le périmètre de (1) est inférieur au périmètre de (6).

2. 3 Aire et agrandissement

Si on agrandit / réduit une figure d'un coefficient k :
– son périmètre est multiplié par k
– son aire est multipliée par k^2.

ENTRAINEMENT 15

Corrigé p. 456

Si on multiplie les dimensions d'un rectangle par 5, par combien est multiplié son périmètre ? Son aire ?

3 Volume

Le volume est une grandeur qui caractérise des solides et qui peut être définie par les deux relations suivantes :
– **Deux solides S et S′ ont le même volume** s'il faut la même quantité d'eau pour remplir S et S′ ou, si plongés dans une même quantité d'eau contenue dans des récipients identiques, la hauteur de l'eau monte de la même façon dans les deux récipients.
– **Un solide S a un volume inférieur à un solide S′** si la quantité d'eau pour remplir S ne suffit pas à remplir S′.

La mesure du volume suppose le choix d'un solide unité (c'est souvent un cube) et représente le nombre de solides unités nécessaires pour remplir le solide.

3. 1 Unités

Il y a deux types d'unités : les unités en « cube » et les unités en « litre ».

A. Les unités en « cube »

- **L'unité usuelle** est le « **mètre cube** », noté **m³**.

Le **m³** est le volume d'un cube de 1 m de côté.

Attention ! 2 m³ ne représentent pas un cube de 2 m de côté.

- On utilise aussi **les sous-multiples du m³** :

décimètre cube (**dm³**) centimètre cube (**cm³**) millimètre cube (**mm³**)

- Des relations permettent d'effectuer **des conversions** :

$1 \text{ m}^3 = 1\,000 \text{ dm}^3$ $1 \text{ dm}^3 = 1\,000 \text{ cm}^3$ $1 \text{ cm}^3 = 1\,000 \text{ mm}^3$

ENTRAINEMENT 16

Corrigé p. 456

Combien met-on de cubes de 1 dm de côté dans un cube de 1 m de côté ?

B. Les unités en « litre »

- L'unité usuelle est le « **litre** », noté **L**.
- On utilise aussi **les multiples et sous-multiples du litre** :

hectolitre (**hL**)	décilitre (**dL**)	millilitre (**mL**)
décalitre (**daL**)	centilitre (**cL**)	

- **Pour effectuer des conversions des unités de volume** on peut, comme avec les unités d'aire, soit utiliser les formules telles que 1 m^3 = 1 000 dm^3, soit utiliser un tableau de conversion.

Pour passer des unités en « litre » aux unités en « cube », on utilise la relation :
1 L = 1 dm^3.

FICHE MÉTHODE Convertir des unités de volumes.

→ Convertir : **a.** 132,5 m^3 = ... cm^3 **b.** 30,5 cm^3 = ... L **c.** 1 425 mm^3 = ... cL

méthode 1. Utilisation de relations connues

Appliquer directement des relations connues entre les unités.

a. 1 m^3 = 10^6 cm^3
donc **132,5 m^3** = 132,5 × 10^6 cm^3
Donc **132,5 m^3 = 132 500 000 cm^3**.

b. 1 L = 1 dm^3 = 1 000 cm^3
donc 1 cm^3 = 10^{-3} L
Donc **30,5 cm^3** = 30,5 × 10^{-3} L = **0,0305 L**.

c. 1 mm^3 = 10^{-6} et dm^3 = 10^{-6} L
donc 1 425 mm^3 = 1 425 × 10^{-6} L = 0,001425 L
1 L = 100 cL, donc **1 425 mm^3 = 0,1425 cL.**

méthode 2. Utilisation d'un tableau de conversion

1. Construire le tableau de conversion des unités de volumes :

m^3			dm^3			cm^3			mm^3		
			hL	daL	L	dL	cL	mL			

m^3			dm^3			cm^3			mm^3		
			hL	daL	L	dL	cL	mL			
1	3	2	5	0	0	0	0	0			
					0,	0	3	0	5		
							0,	1	4	2	5

2. Placer le nombre à convertir dans le tableau en mettant son chiffre des unités dans la colonne de droite de l'unité correspondante.

3. Placer la virgule dans la colonne de droite de l'unité « visée ». On complète si nécessaire avec des zéros.

a. 132,5 m^3 = 132 500 000 cm^3.
b. 30,5 cm^3 = 0,0305 L.
c. 1 425 mm^3 = 0,1425 cL.

CORRIGÉ QCM 5 : QCM 5, p. 438

A. 13,42 $m^3 = 13\,420\,000\ cm^3$
B. 0,012 $m^3 = 12\,000\ cm^3$
C. 2 400 $mm^3 = 0{,}0024\ dm^3$
D. 3,5 cL $= 35\,000\ mm^3$

ENTRAINEMENT 17 Corrigé p. 456

Effectuer les conversions suivantes :

a. 3,7 m^3 = ... cm^3
c. 3,5 cm^3 = ... mL
e. 12,57 mL = ... cm^3
b. 4 500 000 L = ... m^3
d. 3,5 L = ... cm^3
f. 0,0045 m^3 = ... cL

3. 2 Volume des solides usuels

Vous trouverez, à la fin de cet ouvrage (p. 476), les principales formules qui permettent de calculer le volume des figures usuelles.

CORRIGÉ QCM 6 : QCM 6, p. 438

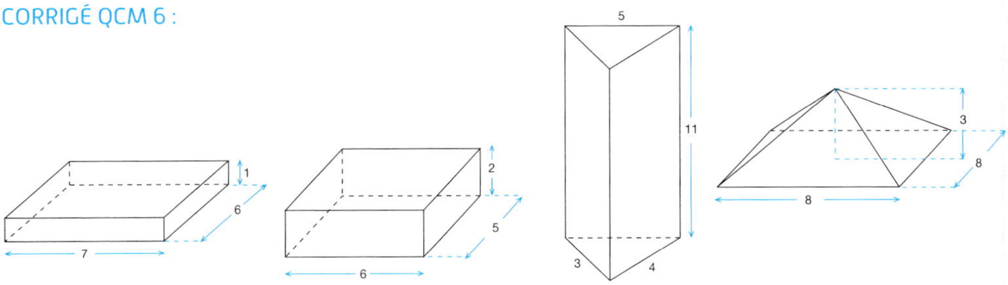

Solide (1) Solide (2) Solide (3) Solide (4)

Pour comparer les volumes de solides, on peut ici calculer leur volume en appliquant des formules.
La mesure du volume du solide (1), si l'on choisit comme unité le cm^3, est : $7 \times 6 \times 1 = 42$.
Voici un tableau présentant les résultats dans l'ordre croissant :

Solide	(1)	(2)	(3)	(4)
Mesure du volume en cm^3	42	60	66	64

Attention ! Les aires totales des solides ne sont pas forcément dans le même ordre que leur volume.

Remarque : Le solide (3) a une base qui est un triangle rectangle ; on peut le prouver à l'aide de la réciproque du théorème de Pythagore.

Aire totale (2) $= 2 \times 6 \times 5 + 2 \times 6 \times 2 + 2 \times 5 \times 2 = 104$.
Aire totale (1) $= 2 \times 7 \times 6 + 2 \times 7 \times 1 + 2 \times 6 \times 1 = 110$.
Donc **Aire totale (2)** < **Aire totale (1)** alors que Volume (2) > Volume (1).

Aire totale (3) $= 2 \times \frac{4 \times 3}{2} + 4 \times 11 + 3 \times 11 + 5 \times 11 = 144$.

Donc **Aire totale (3)** > **Aire totale (1)** (Ici les volumes sont dans le même ordre).

ENTRAINEMENT 18

Corrigé p. 457

Calculer le volume de ces solides (les dimensions sont en cm) :

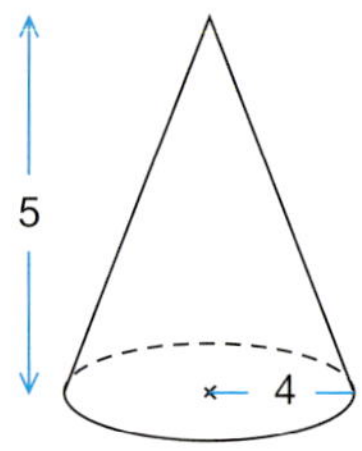

Figure (1)

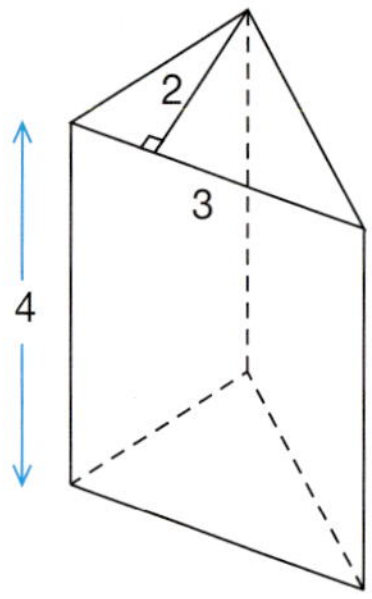

Figure (2)

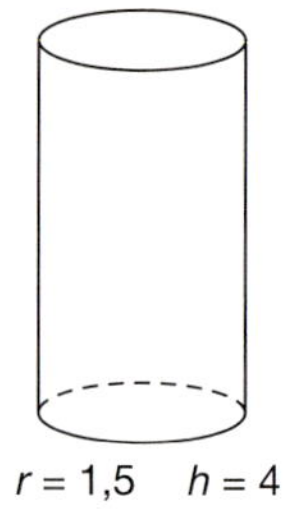

Figure (3)

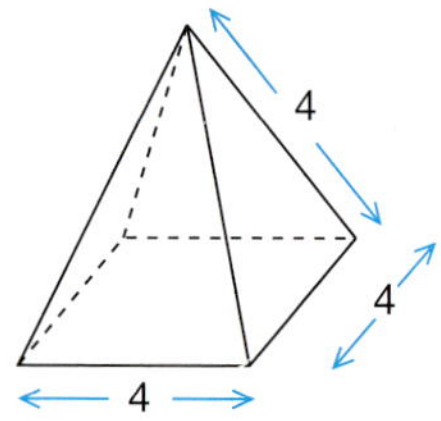

Figure (4)

La Fig. 4 est une pyramide régulière de base carrée.

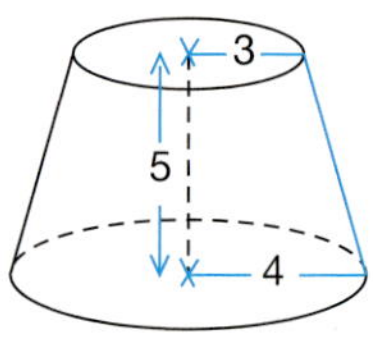

Figure (5)

La Fig. 5 est un tronc de cône.

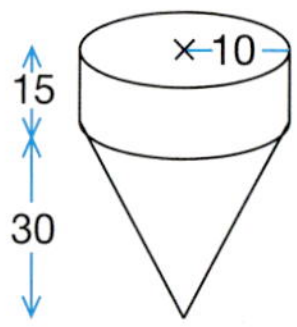

Figure (6)

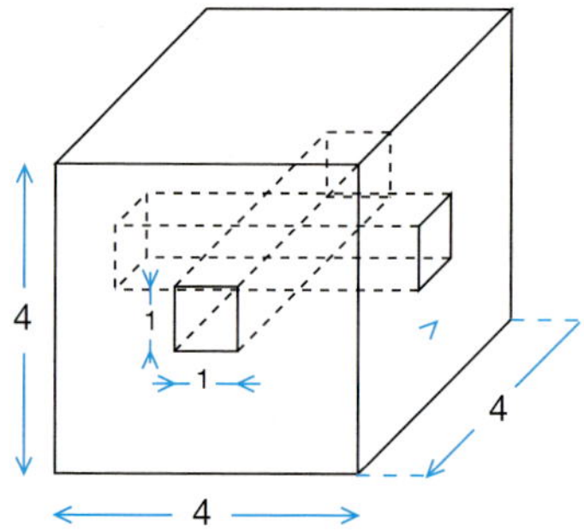

Figure (7)

ENTRAINEMENT 19

Corrigé p. 458

Chercher la dimension manquante.

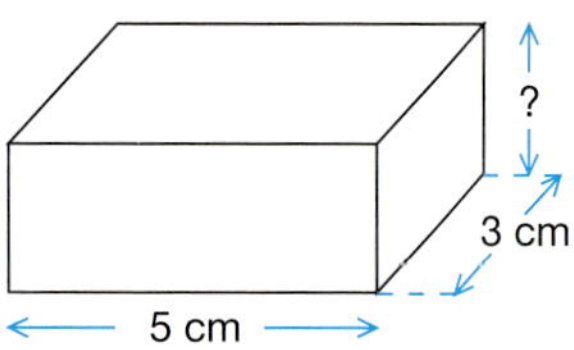

Figure (1)

$\mathcal{V}$ = 37,5 cm^3

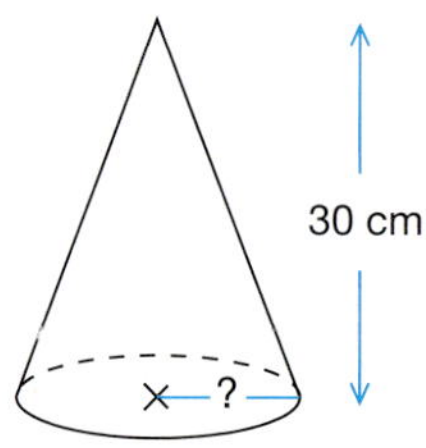

Figure (2)

$\mathcal{V}$ = 376 cm^3

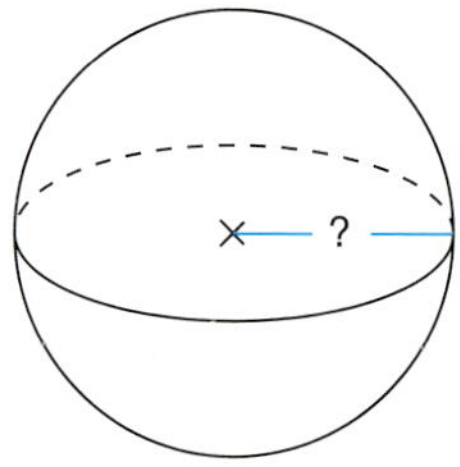

Figure (3)

$\mathcal{V}$ = 113,1 cm^3

ENTRAINEMENT 20

Corrigé p. 458

On verse 3 L d'eau dans ce cylindre.
L'eau débordera-t-elle ?
Sinon, à quelle hauteur arrivera-t-elle ?

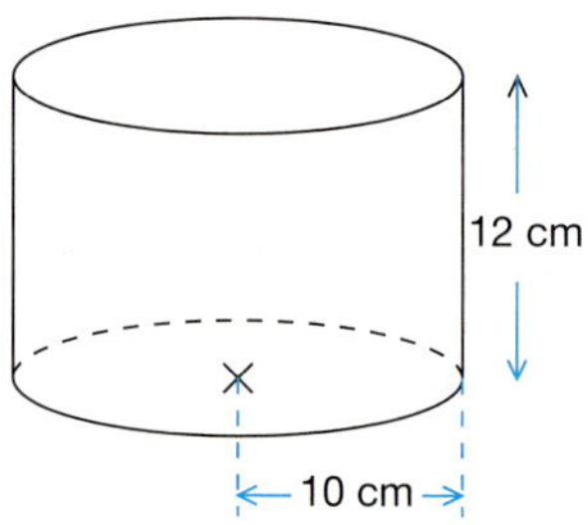

ENTRAINEMENT 21

Corrigé p. 458

Déterminer x pour que le volume des deux cônes soit maximal. Les sommets des deux cônes ci-contre sont les centres des disques de base du cylindre. Le disque de base commun à ces deux cylindres est superposable aux deux disques de base.

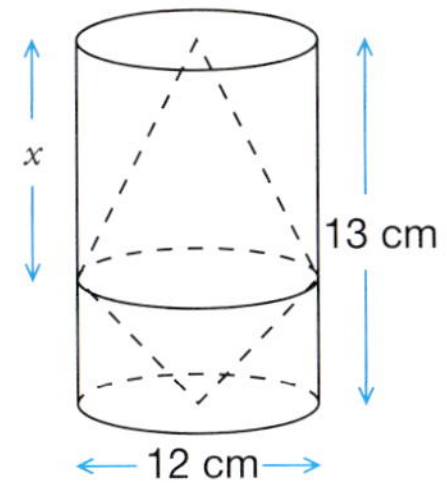

ENTRAINEMENT 22

Corrigé p. 458

Une sorbetière a la forme d'un pavé droit de dimension 16 cm sur 12 cm sur 10 cm. Elle est remplie aux 4/5e de glace. Combien de demi-boules de glace peut-on faire avec une cuillère de glace dont le diamètre est de 45 mm ?

3.3 Volume et agrandissement

Si on multiplie par k toutes les dimensions d'un solide, son volume est multiplié par k^3.

ENTRAINEMENT 23

Corrigé p. 458

Si on multiplie par 3 les dimensions d'un pavé, par combien est multiplié son volume ?

4 Autres grandeurs

4.1 Durée

A. Unités de durée

- **L'unité de base** est la **seconde**, notée **s**.

La **seconde** est définie comme « la durée de 9 192 631 770 périodes de la radiation correspondant à la transition entre les deux niveaux hyperfins de l'état fondamental de l'atome Césium 133 ».

- **Les autres unités sont :**

– la **minute** (min), qui est égale à **60 secondes** (s) ;
– l'**heure** (h), qui est égale à **60 minutes** ou à **3 600 secondes**.

B. Difficultés de ce système en base 60

Ce système n'est pas un système décimal, il est peu pratique à manipuler.
Voici deux difficultés spécifiques.

- **Difficulté pour additionner les mesures**

EXEMPLE : 2 h 52 min
+ 3 h 53 min

La retenue provenant de la somme de 5 + 5 n'est pas à ajouter aux heures car, contrairement à ce qui se passe dans le système décimal, 10 unités d'un rang ne donnent pas une unité du rang suivant. On est obligé d'ajouter les minutes aux minutes, les heures aux heures et de faire les éventuels échanges nécessaires sachant que **60 min = 1 h**.

On obtient : 5 h 105 min, soit **6 h 45 min.**

- **Difficulté liée à l'utilisation des nombres décimaux pour noter des durées**

EXEMPLE : 2,5 min est différent de 2 minutes et 5 secondes.

En effet, **2,5 minutes = 2 minutes 30 secondes** (car 0,5 min = $\frac{1}{2}$ min = 30 s).

ENTRAINEMENT **24**

Corrigé p. 458

a. Convertir en minutes et secondes : 3,5 min 2,2 min 1,25 min.

b. Convertir en heures : 5 h 30 min 2 h 45 min 4 h 20 min.

4. 2 Masse

- **L'unité usuelle** est le **kilogramme**, noté **kg**.

Le **kilogramme** est « la masse du prototype iridié déposé au pavillon de Breteuil à Sèvres ».

- On utilise aussi **les multiples et les sous-multiples suivants** :

tonne (**t**)	hectogramme (**hg**)	centigramme (**cg**)
quintal (**q**)	décagramme (**dag**)	décigramme (**dg**)
kilogramme (**kg**)	gramme (**g**)	milligramme (**mg**)

- Voici des **relations** entre ces unités :

1 t = 1 000 kg 1 q = 100 kg

4. 3 Angle

- **L'unité usuelle** est le **degré**.

Le **degré** est l'angle au centre qui intercepte un arc dont la longueur est égale à $\frac{1}{360^e}$ de celle du cercle.

- Les autres unités sont :

la **minute** qui est $\frac{1}{60^e}$ de degré la **seconde** qui est $\frac{1}{60^e}$ de minute

- **Une autre unité** est utilisée dans l'enseignement secondaire : le **radian**, noté **rad**.

C'est la mesure d'un angle au centre qui intercepte un arc donc la longueur est égale au rayon du cercle : **1 rad ≈ 57,3°**.

CORRIGÉS EXERCICES D'ENTRAINEMENT

ENTRAINEMENT 1
Énoncé p. 440

Figure (1) : Le périmètre de cette figure a la même mesure que le périmètre du rectangle de 6 m sur 4 m, c'est-à-dire **20 m.**

Figure (2) : Le périmètre de cette figure est constitué de quatre demi-cercles : deux ont pour rayon 1 m, un a pour rayon 2 m et un a pour rayon 4 m.

Le périmètre de cette figure est donc : $\frac{2 \times 2\pi}{2} + \frac{4 \times 2\pi}{2} + \frac{8 \times 2\pi}{2}$

$= (2 \times 1 \times \pi) + (2 \times \pi) + (4 \times \pi) = 8\pi$ (environ **25,1 m**),
ce qui correspond au périmètre du cercle de rayon 4 m.

ENTRAINEMENT 2
Énoncé p. 440

Le périmètre du carré est $4x$, celui du triangle équilatéral est $3(10 - x)$.

On doit avoir : $4x = 3(10 - x)$, donc $4x = 30 - 3x$, donc $7x = 30$ et $x = \frac{30}{7}$.

ENTRAINEMENT 3
Énoncé p. 440

Soit r la mesure du rayon en m.

On a : $10 = 2\pi r$, donc $r = \frac{10}{2\pi}$, donc $r \approx$ **1,6 m.**

ENTRAINEMENT 4
Énoncé p. 440

Le périmètre de cette surface est constitué d'un demi-cercle de rayon 8 m et de quarts de cercles de rayons respectifs : 5 m, 1 m, 3 m et 7 m. La mesure du périmètre est donc en m :

$\frac{16\pi}{2} + \frac{10\pi}{4} + \frac{2\pi}{4} + \frac{6\pi}{4} + \frac{14\pi}{4} = 16\pi \approx \mathbf{50,3}$.

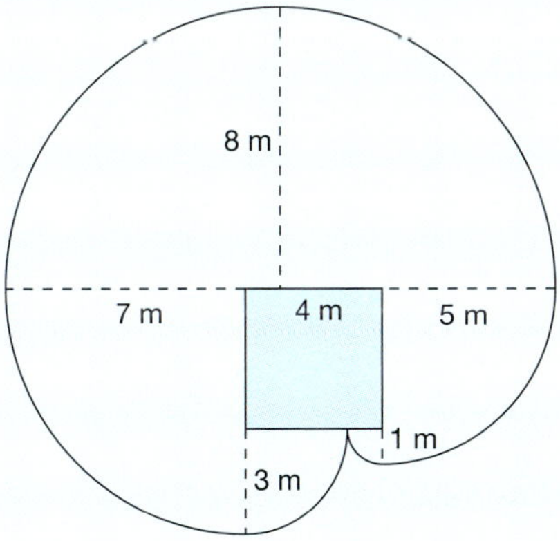

ENTRAINEMENT 5
Énoncé p. 441

a. Fig. (1) : 6,5 Fig. (2) : 16 Fig. (3) : 8
b. Fig. (1) : 13 Fig. (2) : 32 Fig. (3) : 16

ENTRAINEMENT 6
Énoncé p. 442

Il faut 100 dm^2, soit 100 unités de 1 dm^2 pour recouvrir une aire de 1 m^2.

ENTRAINEMENT 7
Énoncé p. 443

a. 35,2 m^2 = 352 000 cm^2
b. 45,7 m^2 = 0,00457 ha
c. 2,5 km^2 = 2 500 000 m^2
d. 3,5 ha = 35 000 m^2
e. 125 365 m^2 = 12,5365 ha
f. 3,5 dm^2 = 350 cm^2
g. 125 000 mm^2 = 12,5 dm^2.

ENTRAINEMENT 8

Énoncé p. 445

a. On peut découper le losange pour former un rectangle de dimensions $\frac{D}{2}$ et d.

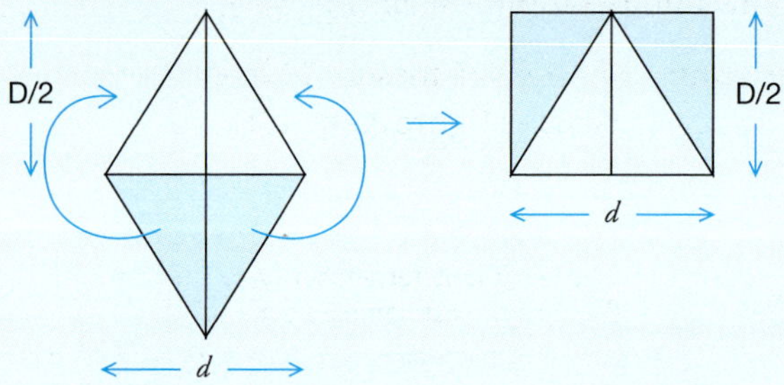

AUTRE MÉTHODE

On peut aussi considérer que l'aire du losange, c'est la moitié de l'aire du rectangle de dimension D et d. D'où la formule $\frac{D \times d}{2}$.

b. Dans un triangle rectangle, deux hauteurs sont confondues avec les côtés. Ainsi, dans un triangle ABC rectangle en B, deux hauteurs sont respectivement confondues avec les côtés [AB] et [BC]. En considérant le côté relatif à une de ces hauteurs, la formule $\frac{c \times h}{2}$ devient $\frac{BC \times AB}{2}$.

ENTRAINEMENT 9

Énoncé p. 445

On doit évidemment trouver le même résultat.

Attention !

Dans les triangles qui ont un angle obtus, deux hauteurs « sortent » du triangle, mais la formule du calcul de l'aire reste valable.

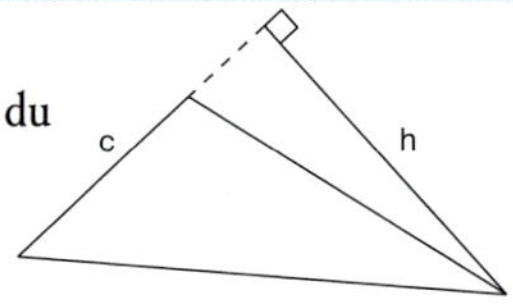

ENTRAINEMENT 10

Énoncé p. 445

Soit h la hauteur en cm, on a donc $\frac{14 \times h}{2} = 42$, donc $14 \times h = 84$.

Donc $h = \frac{84}{14} = \mathbf{6}$.

ENTRAINEMENT 11

Énoncé p. 445

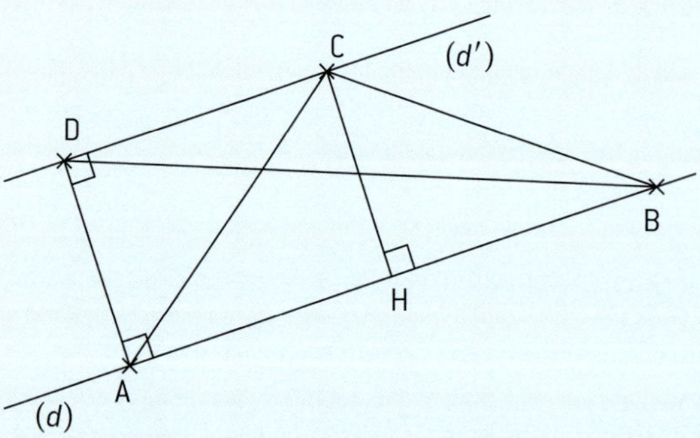

Soit H le pied de la hauteur issue de C du triangle ABC.

$\text{Aire (ADB)} = \frac{AB \times AD}{2}$ et $\text{Aire (ACB)} = \frac{AB \times CH}{2}$.

Or CH = DA car ADCH est un rectangle (il a trois angles droits).

Donc la phrase B est vraie : Aire (ADB) = Aire (ACB).

ENTRAINEMENT 12

Énoncé p. 446

Figure (1) : Il n'est pas possible de trouver son aire, car il nous manque des dimensions, alors qu'on a pu déterminer son périmètre (*entrainement 1 p. 440*).

Figure (2) : La figure en bleu est un parallélogramme dont un côté mesure 20 m et la hauteur correspondante mesure 100 m. Donc l'aire de cette figure en m^2 est : $20 \times 100 = \mathbf{2\,000}$.

Figure (3) : On peut déterminer l'aire des deux bandes rectangulaires : l'une a pour dimensions 5 m sur 1 m et l'autre 3 m sur 1 m.
L'aire de la surface en bleu en m^2 est donc de :
$(5 \times 1) + (3 \times 1) - (1 \times 1) = 7$.

> Attention ! Il faut retrancher l'aire du carré central, sinon elle est comptée deux fois !

Figure (4) : Cette surface est constituée d'un triangle rectangle et d'un triangle équilatéral.
Le triangle rectangle a une aire de $\frac{3 \times 4}{2} = \mathbf{6}$.
Pour calculer l'aire du triangle équilatéral, il faut déterminer :
- la mesure de son côté : pour cela, on applique le théorème de Pythagore au triangle rectangle et on trouve 5 ;
- la mesure de sa hauteur (on rappelle que la mesure de la hauteur dans un triangle équilatéral de côté a est $\frac{a\sqrt{3}}{2}$), on obtient ici : $\frac{5\sqrt{3}}{2}$.

L'aire du triangle équilatéral est donc $\frac{5 \times \frac{5\sqrt{3}}{2}}{2} = \mathbf{6,25\sqrt{3}}$.

Donc **l'aire de la surface (4) est en m^2 : $6 + 6,25\sqrt{3}$**.

Figure (5) : Cette surface est constituée de deux triangles rectangles, d'un triangle quelconque et d'un trapèze. Son aire en m^2 est donc de :

$$\frac{6 \times 10}{2} + \frac{8 \times 8}{2} + \frac{26 \times 8}{2} + \frac{(10+8) \times 12}{2} = 274.$$

Figure (6) : L'aire de cette surface s'obtient en faisant la différence entre l'aire du rectangle de dimensions 50 et 35, et l'aire de trois triangles rectangles.
Le grand triangle rectangle a pour dimensions : 40 et 35.
L'aire de la surface en bleu en m^2 est donc de :

$$50 \times 35 - \frac{10 \times 15}{2} - \frac{20 \times 15}{2} - \frac{40 \times 35}{2} = \mathbf{825}.$$

Figure (7) : Cette figure est un trapèze. Il faut déterminer sa hauteur.

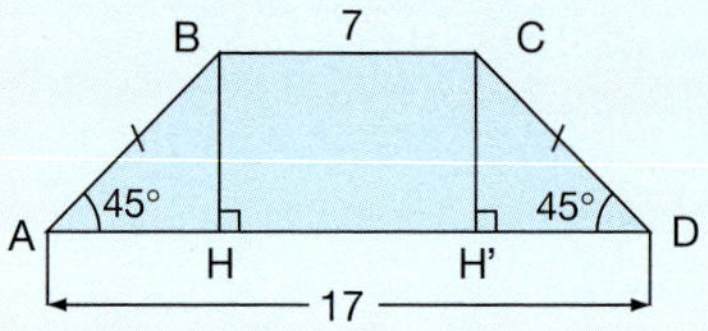

Le triangle ABH est un triangle rectangle qui a un angle de 45°, donc le troisième angle mesure également 45° (180° – 90° – 45°).
Donc c'est un triangle isocèle. Donc AH = BH.
De même CH′ = DH′, donc AH = DH′ (car BH = CH′).
Or AH + HH′ + H′D = 17 et HH′ = BC (car BCH′H est un rectangle).
Donc AH + DH′ = 17 – 7 = 10, donc $AH = \frac{10}{2} = 5$.

Donc **en m^2 Aire de** (7) $= \frac{17+7}{2} \times 5 = \mathbf{60}$.

ENTRAINEMENT 13

Énoncé p. 446

Soit r le rayon cherché : $\pi r^2 = 40$, donc $r^2 = \frac{40}{\pi}$.

Donc $\boldsymbol{r} = \sqrt{\frac{40}{\pi}} \approx \mathbf{3{,}57\ cm}$.

ENTRAINEMENT 14

Énoncé p. 446

Figure (1) : L'aire de la partie en bleu correspond à la différence entre l'aire d'un quart de disque de rayon 5 m et l'aire d'un demi-disque de diamètre 5 m.
On obtient donc, en m^2 :

$$\left(\frac{5 \times 5 \times \pi}{4}\right) - \left(\frac{2{,}5 \times 2{,}5 \times \pi}{2}\right) = 3{,}125\pi \approx \mathbf{9{,}82}.$$

Figure (2) : La partie bleue correspond à la différence entre l'aire du disque de rayon 2 cm et l'aire du carré.
Il faut calculer l'aire du carré et pour cela déterminer la mesure de son côté c.

La diagonale du carré mesure 4 cm, donc $c\sqrt{2} = 4$, donc $c = \frac{4}{\sqrt{2}} = 2\sqrt{2}$.

Aire bleue en cm^2 : $4\pi - \left(2\sqrt{2}\right)^2 = 4\pi - 8 \approx \mathbf{4{,}57}$.

ENTRAINEMENT 15

Énoncé p. 447

Son périmètre est multiplié par **5** et son aire par $5^2 = \mathbf{25}$.
En effet $(L \times 5) \times (\ell \times 5) = L \times \ell \times 25$.

ENTRAINEMENT 16

Énoncé p. 447

Il faut 1 000 dm^3 soit 1 000 cubes de 1 dm de côté.

ENTRAINEMENT 17

Énoncé p. 449

a. 3,7 m^3 = 3 700 000 cm^3
b. 4 500 000 L = 4 500 m^3
c. 3,5 cm^3 = 3,5 mL
d. 3,5 L = 3 500 cm^3
e. 12,57 mL = 12,57 cm^3
f. 0,0045 m^3 = 450 cL

ENTRAINEMENT 18

Énoncé p. 450

Figure (1) : $\mathcal{V}$ (en cm^3) $= \frac{1}{3} \times ((\pi \times 4^2) \times 5) \approx$ **83,776.**

Figure (2) : $\mathcal{V}$ (en cm^3) $= 4 \times \left(\frac{3 \times 2}{2}\right) =$ **12.**

Figure (3) : $\mathcal{V}$ (en cm^3) $= \pi \times (1{,}5)^2 \times 4 \approx$ **28,274.**

Figure (4) : Pour calculer le volume de cette pyramide, il faut déterminer sa hauteur. Pour cela, on peut par exemple se placer dans le triangle rectangle AHC :

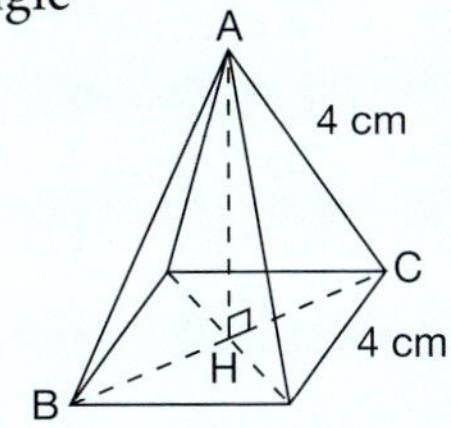

On a : $AH^2 = AC^2 - HC^2$ (théorème de Pythagore).

$BC = 4\sqrt{2}$ (diagonale d'un carré de côté 4 cm),

donc $HC = 2\sqrt{2}$.

Donc $AH^2 = 16 - \left(2\sqrt{2}\right)^2 = 8$, donc $AH = \sqrt{8} = 2\sqrt{2}$.

Donc le volume en cm^3 est : $\frac{1}{3} \times 4 \times 4 \times 2\sqrt{2} = \frac{32}{3} \times \sqrt{2} \approx$ **15,08.**

Figure (5) : Le volume de ce cône tronqué est égal à la différence du volume des 2 cônes :

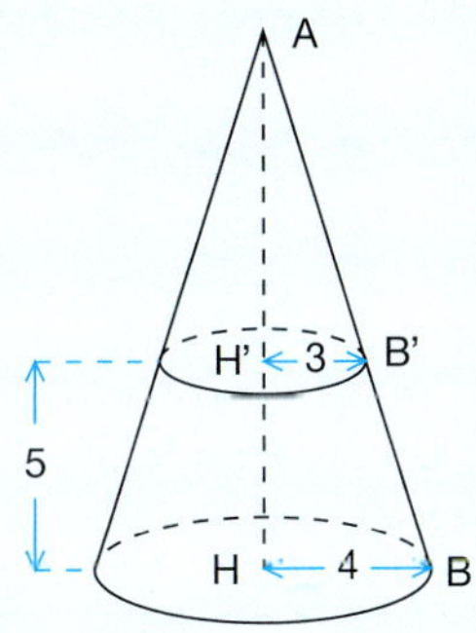

- l'un de rayon de base de 4 cm et dont il faut déterminer la hauteur ;
- l'autre de rayon de base 3 cm et dont il faut également déterminer la hauteur.

Il faut donc déterminer AH. Pour cela, on peut appliquer le théorème de Thalès dans le triangle AHB avec (H'B') parallèle à (HB).

On a donc : $\frac{AH}{AH'} = \frac{4}{3}$, donc $\frac{AH}{AH - 5} = \frac{4}{3}$,

donc $3AH = 4(AH-5)$,

donc $AH = 20$ et $AH' = 20 - 5 = 15$.

- **Volume du grand cône en cm^3** (de rayon de base 4) :

$\frac{1}{3} \times (4 \times 4 \times \pi \times 20) = \mathbf{\frac{320\pi}{3}}$.

- **Volume du petit cône en cm^3** (de rayon de base 3) :

$\frac{1}{3} \times (3 \times 3 \times \pi \times (20 - 5)) = \mathbf{45\pi}$.

- **Volume du cône tronqué en cm^3** : $\frac{320\pi}{3} - 45\pi = \frac{185\pi}{3} \approx$ **193,732**.

Figure (6) : Cette figure est constituée d'un cylindre (de rayon de base 10 cm et hauteur 15 cm) et d'un cône (de rayon de base 10 cm et de hauteur 30 cm).

Donc $\mathcal{V} = \pi \times 10^2 \times 15 + \pi \times 10^2 \times \frac{30}{3} = 2\,500\pi \approx$ **7 854 (en cm^3)**.

Figure (7) : Volume du cube : 64 cm^3. Volume d'un trou : 4 cm^3.
Volume du petit cube central : 1 cm^3.

Volume du solide en cm^3 : $64 - (2 \times 4) + 1 = 57$

Il faut ajouter le volume du petit cube central, sinon il est enlevé deux fois.

ENTRAINEMENT 19

Énoncé p. 450

Appelons x la mesure manquante en cm.

Figure (1) : $37{,}5 = 5 \times 3 \times x$, donc $x = \dfrac{37{,}5}{15} = 2{,}5$.

Figure (2) : $376 = \dfrac{x^2 \times \pi \times 30}{3}$, donc $376 = 10\pi x^2$, donc $x = \sqrt{\dfrac{376}{10\pi}} \approx 3{,}5$.

Figure (3) : $113{,}1 = \dfrac{4}{3} \times (\pi \times x^3)$, donc $x^3 = 3 \times \dfrac{113{,}1}{4 \times \pi}$, donc $x^3 \approx 27$, donc $x \approx 3$.

ENTRAINEMENT 20

Énoncé p. 450

Volume du cylindre : $10^2 \times \pi \times 12 \approx 3\,770$ cm^3.
3 L = 3 000 cm^3, donc l'eau ne débordera pas.

Soit x la hauteur de l'eau en cm, on a donc : $10^2 \times \pi \times x = 3\,000$.

Donc $x = \dfrac{3\,000}{100\pi} \approx$ **9,5 cm**.

ENTRAINEMENT 21

Énoncé p. 451

Volume du cône supérieur : $6^2 \times \pi \times \dfrac{x}{3} = 12\pi x$.

Volume du cône inférieur : $6^2 \times \pi \times \dfrac{13-x}{3} = 12\pi(13-x)$.

Volume total : $12\pi x + 12\pi(13 - x) = 12\pi \times 13 = \mathbf{156\pi}$.

Ce volume ne dépend donc pas de x, il est constant.

ENTRAINEMENT 22

Énoncé p. 451

Volume de glace : 1 536 cm^3 (car $\dfrac{4}{5} \times 16 \times 12 \times 10 = 1\,536$).
Volume d'une demi-boule : env. 23,8 cm^3 (car $\dfrac{1}{2} \times \dfrac{4}{3} \times 2{,}25^3 \times \pi \simeq 23{,}9$).

Nombre de demi-boules : 64 (à l'unité près par défaut).

ENTRAINEMENT 23

Énoncé p. 451

Le volume est multiplié par 27 (soit 3^3) : $(\mathrm{L} \times 3) \times (\ell \times 3) \times (h \times 3) = (\mathrm{L} \times \ell \times h) \times 27$.

ENTRAINEMENT 24

Énoncé p. 452

a. 3,5 min = **3 min 30 s**

2,2 min $= 2 + \dfrac{2}{10}$ min $= 2 + \dfrac{2}{10} \times 60$ s = **2 min 12 s**

1,25 min $= 1 + \dfrac{1}{4}$ min = **1 min 15 s**

b. 5 h 30 min $= 5 + \dfrac{30}{60}$ h = **5,5 h**

2 h 45 min = **2,75 h** (car 45 min $= \dfrac{3}{4}$ h)

4 h 20 min = 4 h + $\dfrac{20}{60}$ h = 4 h + $\dfrac{1}{3}$ h = **4,333... h**

AU CONCOURS

EXERCICE 1

Corrigé p. 464

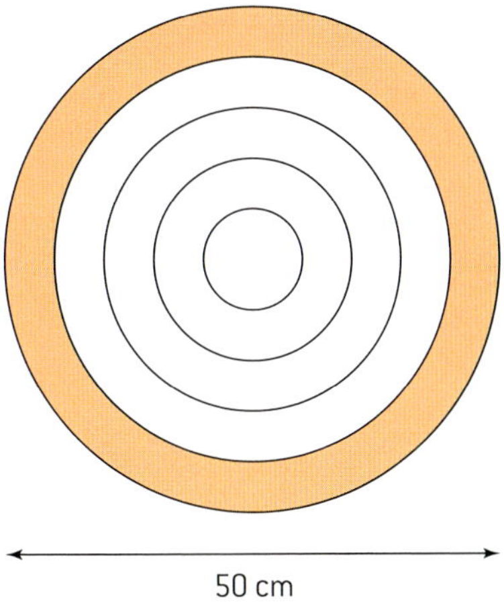

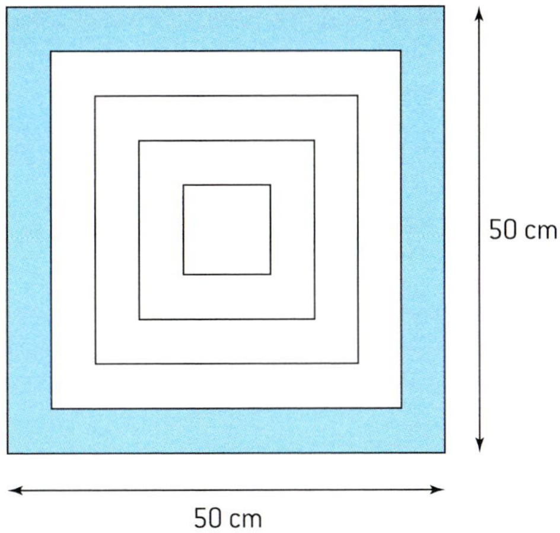

La première cible est constituée de cinq disques concentriques de rayons respectifs 5 cm, 10 cm, 15 cm, 20 cm et 25 cm.
La seconde est constituée de cinq carrés concentriques à bords parallèles de côtés respectifs 10 cm, 20 cm, 30 cm, 40 cm et 50 cm.
Vrai ou faux ? Le rapport entre l'aire du disque central et l'aire de la surface orange dans la figure de gauche est égal au rapport entre l'aire du carré central et l'aire de la surface bleue dans la figure de droite.

EXERCICE 2

Corrigé p. 464

La figure ci-contre est composée :
– d'un triangle isocèle ABC, rectangle en B ;
– de trois demi-cercles ayant ses côtés pour diamètres.
a. À l'aide de la règle et du compas, reproduire cette figure avec AC – 7 cm (laisser apparents les traits de construction).
b. Sachant que AC = 7 cm, calculer l'aire totale des surfaces en bleu (au mm^2 près).

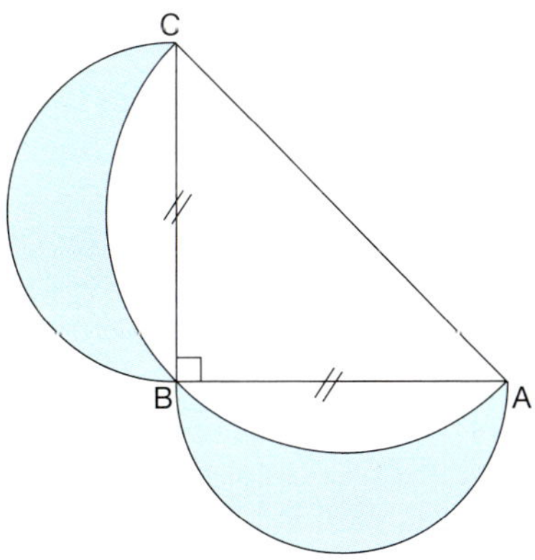

EXERCICE 3

Corrigé p. 465

Les aires des faces d'un parallélépipède rectangle sont respectivement égales à 96, 160 et 240 cm^2. Quel est le volume de ce parallélépipède ?

EXERCICE 4

Corrigé p. 465

On se propose de fabriquer un cylindre en roulant une feuille de carton rectangulaire dont les dimensions sont 30 cm par 21 cm. Il existe deux façons de rouler la feuille pour obtenir un cylindre.

Parmi ces phrases, laquelle est vraie ?

A. Ces deux solides ont même volume.
B. C'est le cylindre A qui a le plus grand volume.
C. C'est le solide B qui a le plus grand volume.

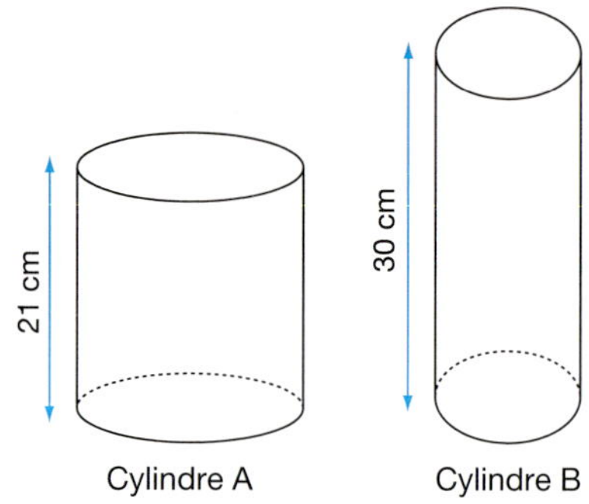

PROBLÈME 1

Corrigé p. 466

On considère un rectangle ABCD de centre O tel que AB = 9 cm et BC = 5 cm.
Soit M un point quelconque du segment [AB], distinct de A et de B.
La droite (OM) coupe la droite (CD) en N et la droite parallèle à la droite (BD) passant par N coupe la droite (BC) en P.

PARTIE A **Étude de la configuration**

❶ Quelle est la nature du quadrilatère MBCN ? Justifier.

❷ Démontrer que AM = CN.

❸ Démontrer que $BP = \frac{5}{9}DN$. En déduire que $BP = \frac{5}{9}BM$.

PARTIE B **Aire du triangle MNP**

L'objectif de cette partie est de déterminer l'emplacement du point M tel que l'aire du triangle MNP soit maximale.
On pourra utiliser les résultats de la partie A.

❶ **Étude d'un cas particulier**
Dans cette question, le point M est tel que AM = 6 cm.
a. Calculer l'aire du quadrilatère MBCN.
b. Calculer les aires des triangles BMP et PNC.
c. En déduire l'aire du triangle MNP.

❷ **Étude du cas général**
L'unité de longueur est le cm et l'unité d'aire le cm^2.
On considère maintenant que la longueur AM est quelconque. On note x sa mesure.
a. Montrer que l'aire du quadrilatère MBCN est indépendante de x.
b. On note $f(x)$ la mesure de l'aire du triangle MNP.

Montrer que $f(x) = -\frac{5}{9}x^2 + 5x$.

❸ **Détermination graphique de l'aire maximale du triangle MNP**
a. Parmi les trois courbes données à la fin de l'exercice (*voir page suivante*), laquelle représente la fonction f sur l'intervalle]0 ; 9[?
Justifier la réponse.
b. Par lecture graphique, estimer la valeur de x pour laquelle l'aire de MNP est maximale, puis donner l'arrondi à l'unité près de cette aire maximale.

❹ Détermination algébrique de l'aire maximale du triangle MNP

a. Montrer que $f(x)$ peut se mettre sous la forme :

$$f(x)=\frac{45}{4}-\frac{5}{9}\left(x-\frac{9}{2}\right)^2$$

b. Déterminer la valeur exacte de x pour laquelle l'aire du triangle MNP est maximale.

c. Calculer la valeur exacte de l'aire maximale du triangle MNP.

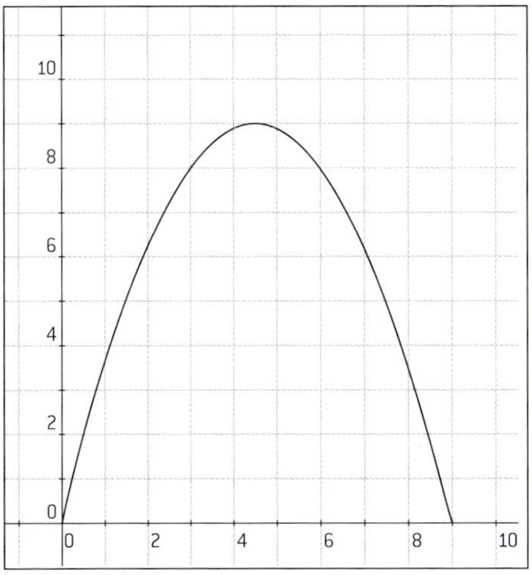

courbe 1

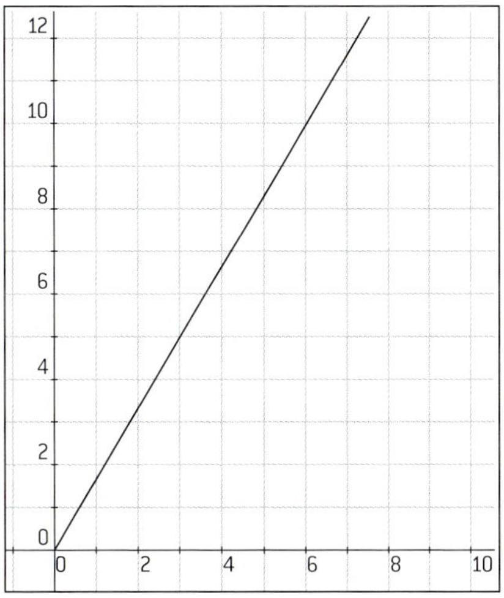

courbe 2

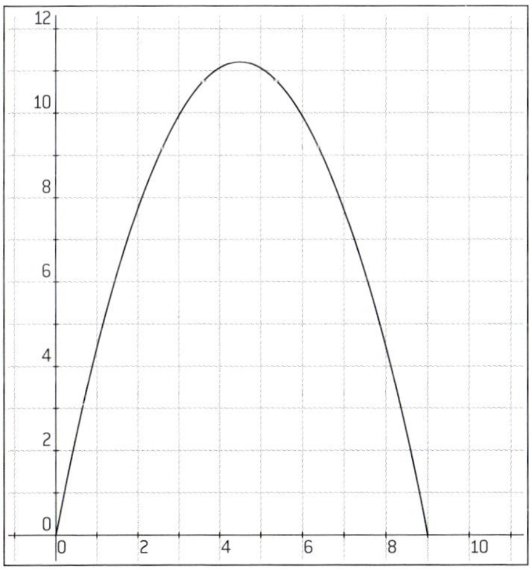

courbe 3

PROBLÈME 2

Corrigé p. 469

On considère un demi-cercle de centre O, de rayon 5 cm et de diamètre le segment [AB].

On étudie les rectangles CDEF tels que le point C appartient au segment [AO], le point F au segment [OB] et les points D et E appartiennent au demi-cercle.

Le rectangle CDEF peut, dans certains cas particuliers, être aplati. Son aire est alors nulle et son périmètre est égal au double de sa longueur.

❶ Montrer que les longueurs OC et OF sont égales.

❷ Quelles sont la plus petite valeur et la plus grande valeur possibles de OC ?

❸ Calculer l'aire et le périmètre du rectangle CDEF avec OC = 3 cm.

On note désormais OC = x cm.

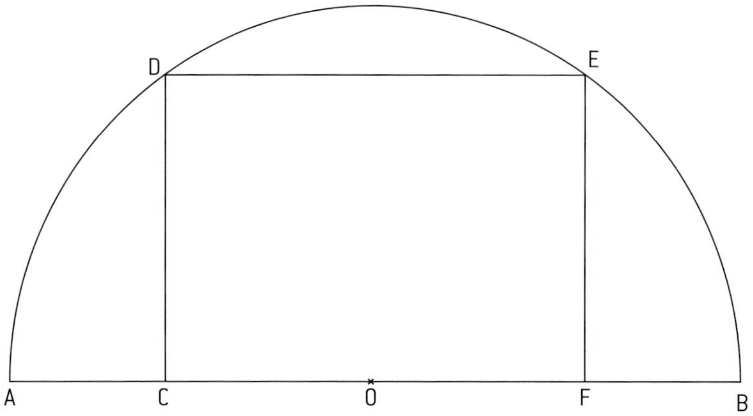

❹ Dans cette question, on suppose que le point C est distinct du point A et du point O.

a. Montrer que $CD = \sqrt{25 - x^2}$.

b. Calculer en fonction de x le périmètre et l'aire du rectangle CDEF.

c. Existe-t-il des valeurs de x telles que le rectangle CDEF soit un carré ? Si oui, calculer l'aire et le périmètre de celui-ci.

❺ On a représenté les variations en fonction de x de l'aire et du périmètre du rectangle CDEF.

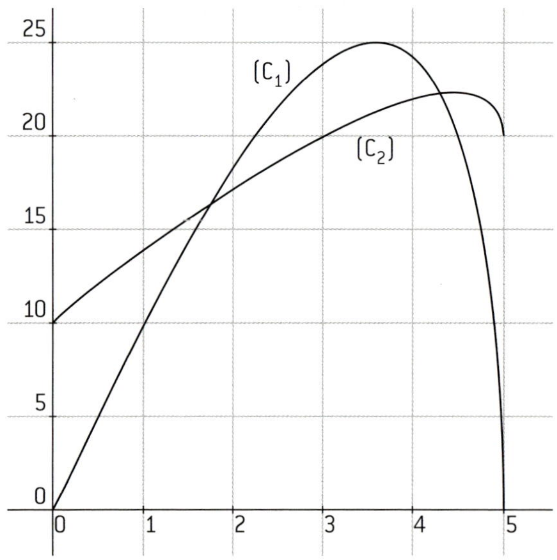

a. Laquelle de ces deux courbes (C1) et (C2) représente les variations du périmètre ? Laquelle représente les variations de l'aire ? Justifier.

b. Peut-on affirmer que l'aire du rectangle CDEF augmente lorsque son périmètre augmente ? Justifier la réponse.

⑥ On appelle x_1 la valeur de x qui permet d'obtenir le rectangle CDEF de périmètre maximal et x_2 la valeur de x qui permet d'obtenir le rectangle CDEF d'aire maximale.
Afin de déterminer x_1 et x_2, on a construit à l'aide d'un tableur le tableau suivant :

	A	B	C
1	x	périmètre	aire
2	0	10	0
3	0,5	11,94987437	4,974937186
4	1	13,79795897	9,797958971
5	1,5	15,53939201	14,30908802
6	2	17,16515139	18,33030278
7	2,5	18,66025404	21,65063509
8	3	20	24
9	3,5	21,14142843	24,9949995
10	4	22	24
11	4,5	22,35889894	19,61504525
12	5	20	0

Dans ce tableur, la fonction racine carrée se note RACINE ().

a. Donner une formule qui, entrée dans la cellule B2 et recopiée vers le bas, permet de compléter la colonne B.

b. Donner une formule qui, entrée dans la cellule C2 et recopiée vers le bas, permet de compléter la colonne C.

c. Pour obtenir un résultat encore plus précis pour x_1, on complète le tableau précédent avec le tableau suivant :

x	périmètre
4	22
4,1	22,12363521
4,2	22,22586399
4,3	22,30294033
4,4	22,34973683
4,5	22,35889894
4,6	22,31918359
4,7	21,21174442
4,8	22
4,9	21,58997487
5	20

Donner l'encadrement de x_1 que permet d'obtenir ce tableau.

EXERCICE 1

Énoncé p. 459

- Aire du disque central : $5^2 \times \pi = 25\pi$.

Aire de la couronne orange : $25^2\pi - 20^2\pi = 225\pi$.

Rapport des aires : $\dfrac{25\pi}{225\pi} = \dfrac{1}{9}$.

- Aire du carré central : $10^2 = 100$.

Aire de la surface bleue : $50^2 - 40^2 = 900$.

Rapport des aires : $\dfrac{100}{900} = \dfrac{1}{9}$.

L'affirmation est vraie.

EXERCICE 2

Énoncé p. 459

a. Programme de construction de la figure :
- tracé de [AC].
- construction du milieu O de [AC] en traçant la médiatrice de [AC] ;
- tracé d'un demi-cercle de diamètre [AC] et construction de B (intersection du demi-cercle et de la médiatrice de [AC]) ;
- construction des milieux I de [AB] et J de [BC], puis tracé des deux demi-cercles de diamètres [AB] et [BC] dans le demi-plan de frontière (AC) contenant B.

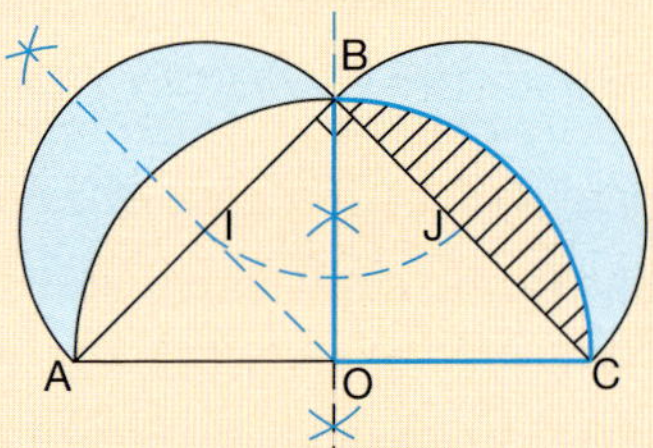

Échelle 1/2

b.

Une difficulté de rédaction provient de la dénomination des diverses surfaces dont les aires vont intervenir dans le calcul demandé. On peut donner des noms à certaines de ces surfaces sur la figure précédente qu'on aura soin de ne pas rendre illisible, sinon on en reproduit rapidement une autre (même à main levée).

On peut remarquer que la figure admet la médiatrice de [AC] comme axe de symétrie, ce qui permet de dire que les deux lunules (en bleu) et les demi-disques de diamètre [BC] et [AB] sont d'aires égales.

Pour calculer l'aire des surfaces en bleu, on peut utiliser deux méthodes dont seulement la première est donnée ici (*se reporter à la figure ci-dessus pour les notations*). Elle permet de calculer l'aire de l'ensemble des deux calottes.

La deuxième méthode permet de calculer l'aire d'une lunule en bleu (par exemple celle délimitée par l'arc $\overset{\frown}{BC}$). Il faut déterminer tout d'abord l'aire de la calotte hachurée délimitée par l'arc $\overset{\frown}{BC}$ et la corde [BC]. Pour cela, on calcule l'aire du quart de disque dont le périmètre est en bleu et on retranche l'aire du triangle rectangle isocèle OBC. Ensuite, on retranche à l'aire du demi-cercle de diamètre [BC] l'aire de la calotte hachurée. Nous vous conseillons de retrouver par cette méthode le résultat obtenu avec la 1re méthode.

- **Aire du demi-disque de diamètre [AC] :**

$\dfrac{1}{2}\pi \times \left(\dfrac{AC}{2}\right)^2 = \dfrac{49\pi}{8}$ **(en cm²).**

- **Aire du triangle ABC :**

Aire (ABC) $= \dfrac{AB \times BC}{2}$.

ABC étant isocèle en B, donc AB = BC et Aire (ABC) $= \dfrac{AB^2}{2} = \dfrac{BC^2}{2}$.

Comme le triangle ABC est aussi rectangle en B, le théorème de Pythagore permet d'écrire que :

$AB^2 + BC^2 = AC^2$, donc $2BC^2 = AC^2$, donc $BC^2 = \dfrac{1}{2} \times AC^2 = \dfrac{49}{2}$.

D'où l'aire du triangle ABC : $\dfrac{1}{2} \times BC^2 = \dfrac{1}{2} \times \dfrac{1}{2} \times AC^2 = \dfrac{1}{4} \times AC^2 = \mathbf{\dfrac{49}{4}}$ **(en cm²)**.

- **Aire de l'ensemble des deux calottes** (partie hachurée et partie symétrique) calculée en retranchant l'aire du triangle ABC de l'aire du demi-disque de diamètre [AC] :

$\mathbf{\dfrac{49\pi}{8} - \dfrac{49}{4}}$ **(en cm²)**.

- **Aire de la réunion des deux demi-disques de diamètres [BC] et [AB],** c'est-à-dire l'aire d'un disque de diamètre [BC] (ou [AB]) :

$\pi \times \left(\dfrac{BC}{2}\right)^2 = \pi \times \dfrac{BC^2}{4}$ or $BC^2 = \dfrac{49}{4}$ donc Aire de la réunion des deux demi-disques de diamètre [BC] et [AB] : $49\dfrac{\pi}{8}$ **(en cm²)**.

- **Aire des surfaces en bleu** calculée en retranchant l'aire de l'ensemble des deux calottes de l'aire des deux demi-disques de diamètres [BC] et [AB] :

$\dfrac{49\pi}{8} - \left(\dfrac{49\pi}{8} - \dfrac{49}{4}\right) = \dfrac{49\pi}{8} - \dfrac{49\pi}{8} + \dfrac{49}{4} = \dfrac{49}{4} = \mathbf{12{,}25\ cm^2}$.

EXERCICE 3

Énoncé p. 459

Soit x, y et z les dimensions en cm du parallélépipède.

On sait que : $xy = 96$ (1) $yz = 160$ (2) $xz = 240$ (3).

MÉTHODE 1 : On peut exprimer y en fonction de x en utilisant (1) et z en fonction de x en utilisant (3), puis remplacer y et z dans (2), ce qui permet de trouver x ($x = 12$). On calcule ensuite sans difficulté y ($y = 8$) et z ($z = 20$). Mais la méthode 2 est plus rapide.

MÉTHODE 2 : Si on fait le produit membre à membre des trois équations, on obtient : $xy \times yz \times xz = x^2y^2z^2 = 96 \times 160 \times 240 = 3\,686\,400$.

Comme $x^2y^2z^2 = (xyz)^2$, on en déduit que $xyz = 1\,920$.

Volume du parallélépipède rectangle = 1 920 cm³.

EXERCICE 4

Énoncé p. 459

- $\mathcal{V} = \pi \times r^2 \times h$ (ici $h = 21$ cm).

Il faut calculer r, or on sait que le périmètre de la base est 30 cm.

Donc $2\pi r = 30$, donc $r = \dfrac{30}{2\pi} = \dfrac{15}{\pi}$.

Donc $\mathcal{V} = \pi \times \left(\dfrac{15}{\pi}\right)^2 \times 21$, donc $\mathcal{V} = \dfrac{4725}{\pi}$ cm³ ≈ 1504 cm³.

Volume du cylindre A ≈ 1 504 cm³.

- $\mathcal{V} = \pi \times r^2 \times h$ (ici $h = 30$ cm).

Il faut calculer r, or on sait que le périmètre de la base est 21 cm.

Donc $2\pi r = 21$, donc $r = \dfrac{21}{2\pi} = \dfrac{10,5}{\pi}$.

Donc $\mathcal{V} = \pi \times \left(\dfrac{10,5}{\pi}\right)^2 \times 30 = \dfrac{10,5^2 \times 30}{\pi}$.

Donc $\mathcal{V} = \dfrac{3\,307}{\pi}$ cm^3 $\approx 1\,053$ cm^3.

Volume du cylindre B $\approx$ 1 053 cm^3.

La phrase vraie est la phrase B.

CORRIGÉS PROBLÈMES

PROBLÈME 1

Énoncé p. 460

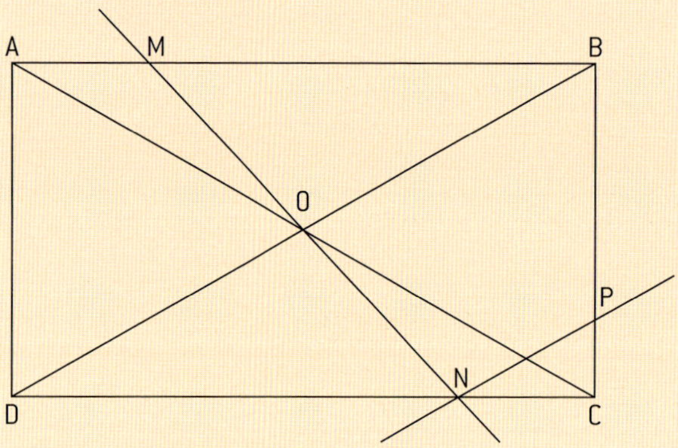

Partie A **Étude de la configuration**

❶ Les côtés [MB] et [CN] sont parallèles puisque ABCD est un rectangle.
Donc MBCN est un trapèze.
De plus, les angles de sommets B et C sont droits car ABCD est un rectangle.
Donc MBCN est un trapèze rectangle.

Attention ! Il est indispensable de donner la nature la plus précise possible. Le fait de dire que MBCN est un trapèze ne permettra pas d'avoir le maximum de points.

❷ Pour démontrer que deux segment ont même longueur, on peut utiliser le théorème de Pythagore, le théorème de Thalès, utiliser P5, L2..., la propriété de conservation des longueurs par une transformation.

On considère la symétrie de centre O.
O est le centre de symétrie du rectangle ABCD et C est le symétrique de A.
Démontrons que le symétrique de M est N.
Le symétrique du point M appartient au rectangle (puisque O est le centre de symétrie du rectangle), M et son symétrique son alignés, donc le symétrique de M se situe à l'intersection du rectangle et de [MO), c'est donc N.
Le symétrique de [AM] est donc [CN].
La symétrie centrale conserve les longueurs, **donc AM = CN.**

AUTRE MÉTHODE
On peut aussi utiliser le théorème de Thalès avec les sécantes (AC) et (MN), et les parallèles (AB) et (CD).

❸ Les points C, N et D sont alignés ; les points C, P et B sont alignés ; les droites (PN) et (BD) sont parallèles ; donc d'après le théorème de Thalès, on a :
$\frac{CN}{CD}=\frac{CP}{CB}$, donc $\frac{CN}{9}=\frac{CP}{5}$, donc $CP=\frac{5}{9}CN$.

Or $BP=5-CP=5-\frac{5}{9}CN$ (1) et $DC=DN+CN$ donc $CN=9-DN$.

Donc d'après (1), $BP=5-\frac{5}{9}(9-DN)=\frac{5}{9}DN$.

Donc $BP=\frac{5}{9}DN$ (2)

Or $DN=DC-CN$ et $CN=AM$ (question 2) et $DC=AB$ (car ABCD est un rectangle). Donc $DN=AB-AM=BM$.

D'après (2) : **$BP=\frac{5}{9}BM$.**

Partie B **Aire du triangle MNP**

❶ **a.** MBCN est un trapèze rectangle (**Partie A 1**).
Donc $\text{Aire}(MBCN)=\frac{MB+CN}{2}\times BC$.
Or $BC=5$ cm, $AM=6$ cm, donc $BM=3$ cm et $CN=AM=6$ cm.
En cm^2 : Aire (MBCN) $=\frac{3+6}{2}\times 5=22,5$.

b. • BMP est un triangle rectangle en B, donc $\text{Aire}(BMP)=\frac{BM\times BP}{2}$.
$BM=3$ cm et $BP=\frac{5}{9}BM$ (**Partie A 3**), donc $BP=\frac{5}{9}\times 3=\frac{5}{3}$.

Donc en cm^2 : Aire (BMP) $=\frac{3\times\frac{5}{3}}{2}=2,5$.

• PNC est un triangle rectangle en C, donc $\text{Aire}(PNC)=\frac{PC\times CN}{2}$.
Or $PC=BC-BP=5-\frac{5}{3}=\frac{10}{3}$ cm et $CN=AM=6$ cm.

Donc en cm^2 : Aire (PNC) $=\frac{6\times\frac{10}{3}}{2}=10$.

c. Aire (MNP) = Aire (MBCN) – Aire (BMP) – Aire (PNC).
Donc en cm^2 : Aire (MNP) = 22,5 – 2, 5 – 10 = **10**.

2 Les trapèzes AMND et MBCN sont symétriques par rapport à O. En effet, O est le centre de symétrie du rectangle, donc le symétrique de B est D, le symétrique de C est A, le symétrique de M est N (**Partie A 2**) et le symétrique de N est M. Les trapèzes AMND et MBCN ont donc la même aire.

Or Aire (MBCN) + Aire (AMND) = Aire (ABCD), donc

$\text{Aire}\,(\text{MBCN}) = \dfrac{\text{Aire}\,(\text{ABCD})}{2}$ donc l'aire de MBCN est indépendante de x.

> Si on n'a pas vu que l'aire (MBCN) est la moitié de l'aire (ABCD), on peut calculer l'aire du trapèze : MB = $9 - x$; CN = AM = x ; BC = 5.
> **Aire (MBCN)** = $\dfrac{9 - x + x}{2} \times 5 = \mathbf{22{,}5\ cm^2}$.

b. Aire (MNP) = Aire (MBCN) – Aire (BMP) – Aire (PNC) (3)

$\text{BP} = \dfrac{5}{9}\text{BM}$, or $\text{BM} = 9 - x$, donc $\text{BP} = \dfrac{5}{9}(9 - x) = 5 - \dfrac{5}{9}x$.

$$\text{Aire}\,(\text{BMP}) = \frac{\text{BM} \times \text{BP}}{2} = \frac{(9-x)(5-\frac{5}{9}x)}{2} = \frac{45 - 5x - 5x + \frac{5x^2}{9}}{2} = 22{,}5 - 5x + \frac{5x^2}{18}.$$

$$\text{PC} = \text{BC} - \text{BP} = 5 - \left(5 - \frac{5}{9}x\right) = \frac{5}{9}x$$

$$\text{Aire}\,(\text{PNC}) = \frac{\text{CN} \times \text{PC}}{2} = \frac{x \times \frac{5}{9}x}{2} = \frac{5x^2}{18}.$$

D'après (3) : $\textbf{Aire}\,\textbf{(MNP)} = 22{,}5 - \left(22{,}5 - 5x + \dfrac{5x^2}{18}\right) - \dfrac{5x^2}{18} = -\dfrac{\mathbf{5x^2}}{\mathbf{9}} + \mathbf{5x} = \boldsymbol{f(x)}.$

> La fonction f est définie sur l'intervalle]0 ; 9[.

3 La fonction f n'étant pas linéaire, la courbe 2 ne convient pas.

> Pour savoir si la courbe représentative de f est **la courbe 1 ou 3**, il suffit de déterminer un point de la courbe représentative de f qui n'appartienne pas aux deux courbes. On sait que $f(0) = 0$ et $f(9) = 0$ mais les points correspondants (points de coordonnées (0 ; 0) et (9 ; 0)) appartiennent aux deux courbes !
> La question **Partie B 1c** pourrait peut-être nous aider !

On sait que f (6) = 10 (**Partie B 1c**), donc le point (6 ; 10) doit appartenir à la courbe représentative de f. Or ce point n'appartient qu'à la courbe 3.
Donc la courbe représentative de f est la courbe 3.

b. Le maximum de la courbe est approximativement le point de coordonnées (4,5 ; 11,3).
Donc le maximum est obtenu pour une **valeur de x proche de 4,5.**
La mesure en cm² de l'aire maximale est d'environ 11,3.

4 a.

> Pour démontrer l'égalité de deux expressions littérales, il est conseillé de partir de l'expression la plus complexe que l'on cherche à simplifier. Si à la fin de cette simplification, on n'aboutit pas à la seconde expression, alors on peut chercher à simplifier cette seconde expression pour aboutir à la même expression simplifiée.
> On peut également calculer la différence des deux expressions pour trouver 0.

Partons de $A = \dfrac{45}{4} - \dfrac{5}{9}\left(x - \dfrac{9}{2}\right)^2$, donc $A = \dfrac{45}{4} - \dfrac{5}{9}\left(x^2 - 9x + \dfrac{81}{4}\right)$

$$A = \frac{45}{4} - \frac{5x^2}{9} + 5x - \frac{45}{4} = -\frac{5x^2}{9} + 5x = f(x)$$

b. Quelle que soit la valeur de x : $-\frac{5}{9}\left(x-\frac{9}{2}\right)^2 \leqslant 0$.

Car $\left(x-\frac{9}{2}\right)^2$ étant un carré donc toujours positif ou nul et $-\frac{5}{9}$ étant négatif, le produit d'un nombre négatif par un nombre positif est négatif.

Donc $f(x)=\frac{45}{4}-\frac{5}{9}\left(x-\frac{9}{2}\right)^2$ sera maximale lorsque $-\frac{5}{9}\left(x-\frac{9}{2}\right)^2$ sera nul, ce qui est le cas pour $\boldsymbol{x=\frac{9}{2}=4{,}5}$.

c. $f(4{,}5)=\frac{-5\times 4{,}5^2}{9}+5\times 4{,}5=11{,}25$.

Donc **l'aire maximale est de 11,25 cm²**.

> **Dans ce problème comme dans beaucoup de problèmes, les questions sont liées.**
> Ainsi lorsqu'on ne trouve pas de procédure pour résoudre une question, on peut se demander dans quelle mesure les résultats des questions précédentes peuvent servir.
> Enfin, il ne faut pas hésiter à se servir des résultats des questions précédentes même si on ne les a pas démontrés. Par exemple dans ce problème, si on n'arrive pas à prouver que $f(x)=-\frac{5x^2}{9}+5x$ cela n'empêche pas de répondre à toutes les questions suivantes.

PROBLÈME 2

Énoncé p. 461

1

> Pour imaginer la procédure de résolution cette question, la mise en place du **chainage avant** peut s'avérer utile : Quelles sont les données ? Quelles conséquences peut-on en tirer ?
> On sait que CDEF est un rectangle donc CD = EF, CF = DE, il a quatre angles droits.
> On sait que D et E sont sur le demi-cercle de centre O, donc OD = OE.
> Ces conséquences peuvent conduire à la solution.

ODC est un triangle rectangle en C (car CDEF est un rectangle).
De même, OFE est un triangle rectangle en F.
Donc, d'après le théorème de Pythagore, on a :
$OC^2 = OD^2 - DC^2$ (1) et $OF^2 = OE^2 - EF^2$ (2)
Or $OD^2 = OE^2$ (car OE = ED = rayon du demi-cercle)
et $DC^2 = EF^2$ (car CDEF est un rectangle et DC = EF).
D'après (1) et (2) on a donc : $OC^2 = OE^2 - EF^2 = OF^2$ **donc OC = OF**.

2 C est un point du segment [AO].
Donc OC au minimum peut-être nul, c'est le cas où C est en O.
OC au maximum peut être égal à 5 cm, c'est le cas où C est en A.

3 Aire (CDEF) = CD × CF et Périmètre (CDEF) = (CD + CF) × 2.
CF = 2OC donc CF = 6 cm.
Dans le triangle rectangle OCD, on a d'après le théorème de Pythagore :
$OC^2 + CD^2 = OD^2$, donc $3^2 + CD^2 = 5^2$, donc $CD^2 = 16$, donc CD = 4 cm.

Aire (CDEF) = 4 × 6 = 24 cm².
Périmètre (CDEF) = (4 + 6) × 2 = 20 cm.

4 a. Le triangle OCD est rectangle en C.
Donc, d'après le théorème de Pythagore on a :
$OD^2 = OC^2 + CD^2$, donc $5^2 = x^2 + CD^2$, donc $CD^2 = 25 - x^2$.
Donc $\boldsymbol{CD=\sqrt{25-x^2}}$ (car CD > 0).

b. • Périmètre (CDEF) = (CD + CF) × 2

CD = $\sqrt{25-x^2}$ et CF = 2CO = $2x$

Périmètre (CDEF) = $\left(\sqrt{25-x^2}+2x\right)\times 2 = \mathbf{4x+2\sqrt{25-x^2}}$.

• Aire (CDEF) = CD × CF

Aire (CDEF) = $\sqrt{25-x^2}\times 2x = \mathbf{2x\sqrt{25-x^2}}$

> Attention ! $\sqrt{(a-b)} \neq \sqrt{a}-\sqrt{b}$ donc $\sqrt{25-x^2} \neq 5-x$

c. Pour que CDEF soit un carré, il faut (et il suffit) que CD = CF.

Donc $2x = \sqrt{25-x^2}$ avec $0 \leqslant x \leqslant 5$.

> **La résolution de ce type d'équation** ne relève pas du programme du collège, mais le candidat peut tout de même penser qu'il faut faire disparaitre la racine carrée, donc élever au carré chacun des membres de cette équation.
> Mais attention, cette transformation ne permet pas d'obtenir une équation équivalente. Il faudra, une fois les valeurs trouvées, s'assurer qu'elles sont bien solution de l'équation de départ.
> **Voici un exemple** pour se convaincre que l'élévation au carré des deux membres d'une équation n'est pas une transformation qui garantit l'équivalence des équations :
> l'équation $x = 3$ n'a qu'une solution 3, par contre $x^2 = 3^2$ en a deux : –3 et 3.

Élevons au carré chacun des membres de l'équation $2x = \sqrt{25-x^2}$.
On obtient : $4x^2 = 25 - x^2$
Donc $5x^2 = 25$, donc $x^2 = 5$, donc $x = \sqrt{5}$ ou $x = -\sqrt{5}$.
On vérifie que $\sqrt{5}$ est solution de l'équation de départ (et est positif) ; ce n'est pas le cas de $-\sqrt{5}$.
Il existe donc une seule valeur de x pour laquelle CDEF est un carré : $\sqrt{5}$.
Les côtés du carré CDEF mesurent alors $2\sqrt{5}$ cm.
Son **périmètre** est de $4 \times 2\sqrt{5} = \mathbf{8\sqrt{5}}$ **cm**,
et son **aire** de $(2\sqrt{5})^2 = \mathbf{20}$ **cm²**.

5 a. Pour $x = 0$, on a Aire (CDEF) = 0 (*voir introduction de l'énoncé*), donc le point (0 ; 0) appartient à la courbe représentative de **la fonction correspondante à l'aire de CDEF, c'est donc (C_1).**
(C_2) est donc forcément **la courbe représentative de la fonction correspondante au périmètre de CDEF.**

> Pour $x = 0$ le rectangle CDEF a un périmètre égal au double de sa longueur, donc 10 cm.
> Donc le point (0 ; 10) appartient à la courbe représentative de la fonction correspondante au périmètre de CDEF.

b. Cette affirmation est fausse. On constate en effet que dans l'intervalle [3,5 ; 4], la courbe (C_2) « monte » alors que la courbe (C_1) « descend », donc le périmètre augmente alors que l'aire diminue.

6 a. Formule pour compléter la colonne B :
« = 4*A2 + 2*Racine(25 – A2*A2) »

b. Formule pour compléter la colonne C :
« =2*A2* Racine(25 – A2*A2) »

> On peut remplacer « A2*A2 » par « A2^2 ».

c. Le tableau et la lecture de la courbe représentative de la fonction associée au périmètre de CDEF permet de conclure : $\mathbf{4{,}4 < x_1 < 4{,}6}$.

ANNEXES

Ensembles de nombres

$\mathbb{N}$: ensemble des nombres entiers naturels

$\mathbb{Z}$: ensemble des nombres entiers relatifs

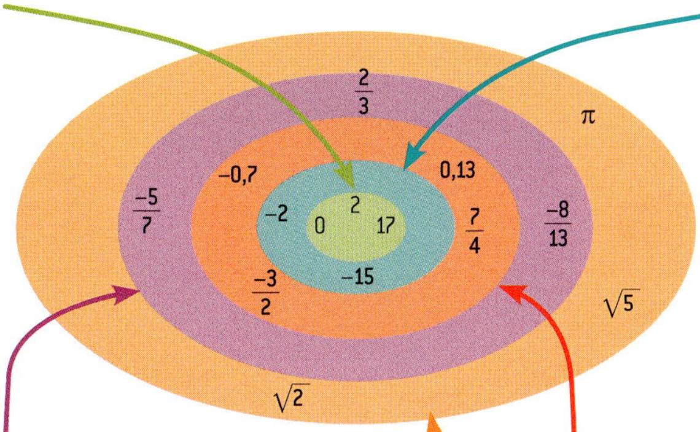

$\mathbb{Q}$: ensemble des nombres rationnels
Nombres qui peuvent s'écrire sous la forme $\frac{a}{b}$, avec a et b entiers relatifs (avec $b \neq 0$)

$\mathbb{D}$: ensemble des nombres décimaux
Nombres qui peuvent s'écrire sous la forme $\frac{a}{10^n}$, avec a entier relatif et n entier naturel

$\mathbb{R}$: ensemble des nombres réels
Nombres rationnels et irrationnels

Numération en base *b* et numération décimale

- Écriture d'un entier naturel en base b

$\overline{pqrst}^{\,b} = (p \times b^4) + (q \times b^3) + (r \times b^2) + (s \times b^1) + (t \times b^0)$

EXEMPLE : $\overline{4203}^{\,\text{six}} = (4 \times 6^3) + (2 \times 6^2) + (0 \times 6^1) + (3 \times 6^0)$

Rappel : $b^1 = b$ et $b^0 = 1$ $(b \neq 0)$

- Écriture d'un entier naturel en base 10

$\overline{pqrst}^{\,\text{dix}} = (p \times 10^4) + (q \times 10^3) + (r \times 10^2) + (s \times 10) + t$

EXEMPLE : $4\,203 = (4 \times 10^3) + (2 \times 10^2) + (0 \times 10^1) + (3 \times 10^0)$

Division euclidienne

Division d'un nombre entier a par un nombre entier $b \neq 0$, donnant un quotient q et un reste r entiers, respectant les conditions suivantes :

$a = (b \times q) + r \qquad 0 \leq r < b$

Arithmétique (nombres entiers naturels)

- Nombre premier : nombre qui admet exactement 2 diviseurs (1 et lui-même)

EXEMPLE : 2, 7 et 23 sont des nombres premiers ; 9 et 15 ne sont pas des nombres premiers.

- PPCM : plus petit commun multiple à deux ou plusieurs nombres

EXEMPLE : 12 est le ppcm de 4 et de 6.

- PGCD : plus grand commun diviseur à deux ou plusieurs nombres

EXEMPLE : 6 est le pgcd de 18 et de 30.

- Nombres premiers entre eux : nombres dont le pgcd est égal à 1

EXEMPLE : 8 et 15 sont premiers entre eux.

Critères de divisibilité

- PAR 2 : le chiffre des unités est pair.
- PAR 5 : le chiffre des unités est égal à 0 ou à 5.
- PAR 4 : le nombre formé par ses deux derniers chiffres est divisible par 4.
- PAR 3 : la somme des chiffres est divisible par 3.
- PAR 9 : la somme des chiffres est divisible par 9.

Fractions

- SIMPLIFIER UNE FRACTION : diviser son numérateur et son dénominateur par un même nombre.

EXEMPLE : $\frac{12}{9}$ est une fraction simplifiée égale à $\frac{36}{27}$.

- FRACTION IRRÉDUCTIBLE : fraction qui ne peut plus être simplifiée.

EXEMPLE : $\frac{4}{3}$ est la fraction irréductible égale à $\frac{12}{9}$ et $\frac{36}{27}$.

- ADDITION ET SOUSTRACTION DE FRACTIONS : il faut d'abord les remplacer par des fractions égales et de même dénominateur.

▸ $\frac{a}{d}+\frac{b}{d}=\frac{a+b}{d}$ (avec $d \neq 0$)

▸ $\frac{a}{d}-\frac{b}{d}=\frac{a-b}{d}$ (avec $d \neq 0$)

EXEMPLE : $\frac{3}{4}+\frac{5}{6}=\frac{9}{12}+\frac{10}{12}=\frac{19}{12}$

- MULTIPLICATION ET DIVISION DE DEUX FRACTIONS ($c \neq 0$ et $d \neq 0$, et pour la division $b \neq 0$)

▸ $\frac{a}{c}\times\frac{b}{d}=\frac{a\times b}{c\times d}$

▸ $\frac{a}{c}:\frac{b}{d}=\frac{a}{c}\times\frac{d}{b}=\frac{a\times d}{c\times b}$

EXEMPLE : $-\frac{4}{3}\times\frac{2}{5}=-\frac{8}{15}$ et $-\frac{4}{3}:\frac{2}{5}=-\frac{4}{3}\times\frac{5}{2}=-\frac{20}{6}=-\frac{10}{3}$

Puissances

▸ $a^n = a \times a \times a \times \ldots \times a$ (a étant répété n fois)

▸ $a^0 = 1$ (avec $a \neq 0$)

▸ $a^{-n} = \frac{1}{a^n}$ (avec $a \neq 0$)

EXEMPLE : $5^{-2}=\frac{1}{5^2}=\frac{1}{25}$

▸ $a^n \times a^p = a^{n+p}$

▸ $(a^n)^p = a^{n\times p}$

▸ $\frac{a^n}{a^p} = a^{n-p}$ (avec $a \neq 0$)

Radicaux

▸ a étant un nombre réel positif, $\sqrt{a}$ est le nombre positif tel que $(\sqrt{a})^2 = a$

EXEMPLE : $\sqrt{36} = 6$

▸ $\sqrt{a \times b} = \sqrt{a} \times \sqrt{b}$

▸ $\sqrt{\frac{a}{b}} = \frac{\sqrt{a}}{\sqrt{b}}$

(avec a et b nombres réels positifs et $b \neq 0$ pour la 2e égalité)

▸ $\sqrt{a^2} = |a|$ c'est-à-dire que

$\sqrt{a^2} = a$ si $a > 0$

et $\sqrt{a^2} = -a$ si $a < 0$ (a nombre réel)

EXEMPLE : $\sqrt{5^2} = 5$ et $\sqrt{(-5)^2} = -(-5) = 5$

Identités remarquables (*a* et *b* sont des nombres réels)

- $(a+b)^2 = a^2 + 2ab + b^2$
- $(a-b)^2 = a^2 - 2ab + b^2$
- $a^2 - b^2 = (a+b)(a-b)$

Proportionnalité

- **SUITES DE NOMBRES PROPORTIONNELLES :**

– on peut passer de chaque terme de la 1re suite au terme correspondant de la 2e suite par un même opérateur multiplicatif *a* (appelé coefficient de proportionnalité) ;

– les 2 suites peuvent être associées à une fonction linéaire $f : \mathbb{R} \to \mathbb{R}$, $x \to ax$

EXEMPLE :

SUITE A	2	– 3	7	12	14
SUITE B	8	– 12	28	48	56

- **PROPRIÉTÉ ADDITIVE DE LA LINÉARITÉ :**

x_1	x_2	$x_1 + x_2$
y_1	y_2	$y_1 + y_2$

ou $f(x_1 + x_2) = f(x_1) + f(x_2)$

EXEMPLE :

SUITE A $14 = 2 + 12$ SUITE B $56 = 8 + 48$

- **PROPRIÉTÉ MULTIPLICATIVE DE LA LINÉARITÉ :** $\times k$

	$\times k$
x	kx
y	ky

$\times k$

ou $f(kx) = kf(x)$

EXEMPLE :

SUITE A $12 = 2 \times 6$ SUITE B $48 = 8 \times 6$

Pourcentage

- **POURCENTAGE D'UNE QUANTITÉ :** a % de $x \to x \times \dfrac{a}{100}$

EXEMPLE : 5 % de 24 $\to 24 \times \dfrac{5}{100} = \dfrac{120}{100} = 1{,}2$.

- ***a* PAR RAPPORT À *b* TRADUIT EN POURCENTAGE :** $\dfrac{a}{b}$ MIS SOUS LA FORME $\dfrac{c}{100}$

EXEMPLE : 12 par rapport à 60 $\to \dfrac{12}{60} = \dfrac{20}{100}$, donc 12 représente 20 % de 60.

- **RÉSULTAT, POUR UNE QUANTITÉ INITIALE x, D'UNE DIMINUTION DE a % :** $x \times \left(1 - \dfrac{a}{100}\right)$

EXEMPLE : Pour 24 €, une baisse de 5 % donne un prix final égal à 24 € × 0,95 = 22,80 €.

- **RÉSULTAT, POUR UNE QUANTITÉ INITIALE x, D'UNE AUGMENTATION DE a % :** $x \times \left(1 + \dfrac{a}{100}\right)$

EXEMPLE : Pour 24 €, une hausse de 5 % donne un prix final égal à 24 € × 1,05 = 25,20 €.

Vitesse

- **RELATION ENTRE VITESSE (v), DISTANCE (d) ET TEMPS (t) :** $v = \dfrac{d}{t}$

EXEMPLE : Une distance de 40 km parcourue en 15 min, correspond à une vitesse moyenne égale à 40 km/0,25 h = 160 km/h (Attention : 15 min = 0,25 h).

Aires de figures usuelles

Carré

Aire : c^2

Rectangle

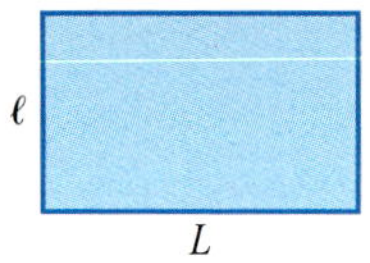

Aire : $L \times \ell$

Trapèze

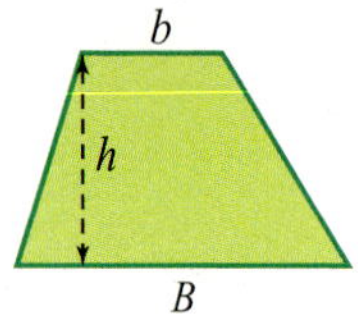

Aire : $\dfrac{B+b}{2} \times h$

Parallélogramme

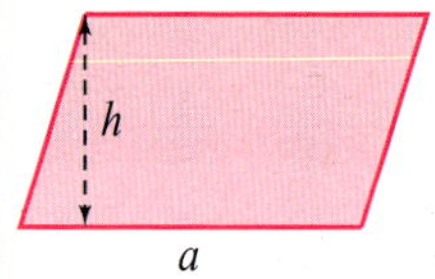

Aire : $a \times h$

Losange

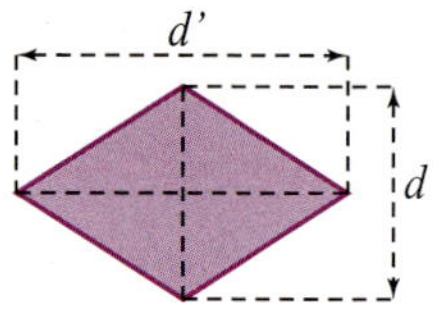

Aire : $\dfrac{d \times d'}{2}$

Triangles

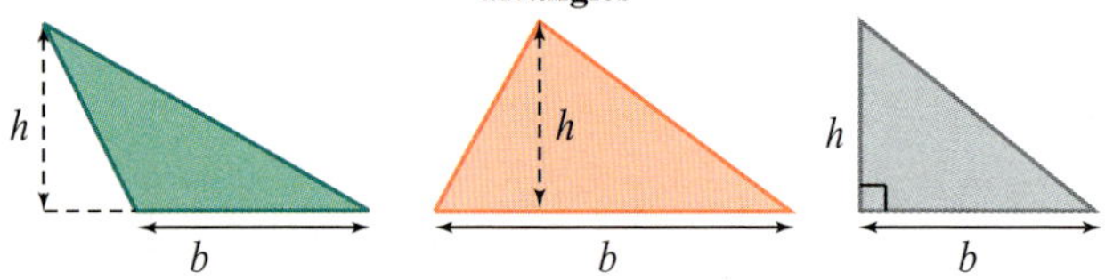

Aire : $\dfrac{b \times h}{2}$

Cercle et disque

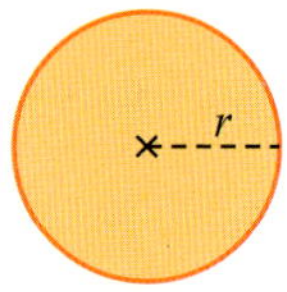

Aire du disque : $\pi \times r^2$
Périmètre du cercle : $2\pi \times r$

Sphère

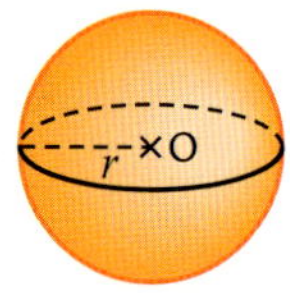

Aire de la sphère : $4\pi r^2$

Volumes de solides usuels

Cube

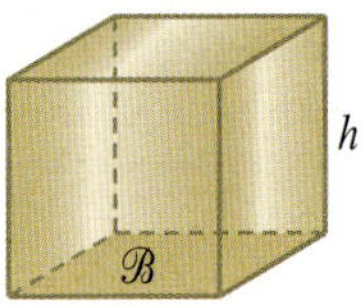

Volume : h^3
Volume : $\mathcal{B} \times h$

Parallélépipède rectangle

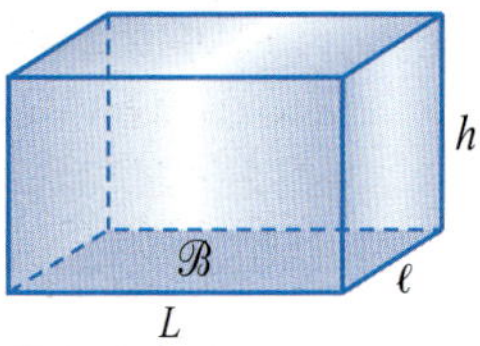

Volume : $L \times \ell \times h$
Volume : $\mathcal{B} \times h$

Cylindre

Volume : $\pi \times r^2 \times h$
Volume : $\mathcal{B} \times h$

Prisme droit

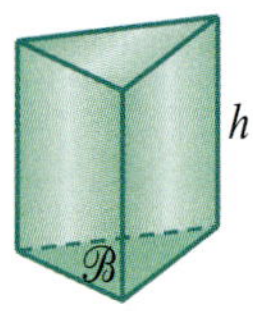

Volume : $\mathcal{B} \times h$
$\mathcal{B}$: aire de la base ;
h : hauteur du solide

Cône de révolution

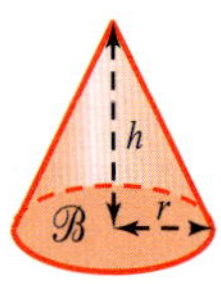

Volume : $\dfrac{\mathcal{B} \times h}{3}$
$\mathcal{B}$: aire de la base ;
h : hauteur du solide

Pyramide

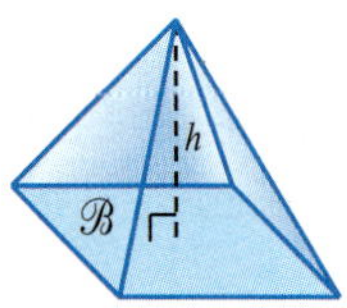

Volume : $\dfrac{\mathcal{B} \times h}{3}$
$\mathcal{B}$: aire de la base ;
h : hauteur du solide

Boule

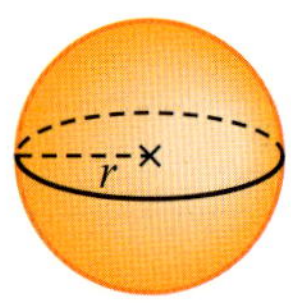

Volume : $\dfrac{4}{3}\pi r^3$

Quelques égalités à connaitre

1 cm = 10 mm 1 m = 10 dm 1 m = 100 cm 1 km = 1 000 m	1 cm^2 = 100 mm^2 1 m^2 = 100 dm^2 1 a = 100 m^2 1 ha = 10 000 m^2	1 m^3 = 1 000 dm^3 1 dm^3 = 1 L 1 L = 100 cL

Attention aux notations

- (AB) désigne une droite.
- [AB] désigne un segment.
- [AB) désigne la demi-droite d'origine A passant par B.
- AB désigne la longueur de [AB].
- On écrit : « I est le milieu de [AB] » et « (d) est la médiatrice de [AB] ».
- On n'écrit pas [AB] = [CD] mais AB = CD (pour indiquer que les segments [AB] et [CD] ont même longueur).

Propriétés de géométrie plane

Droites

D1 Si deux droites sont parallèles à une même troisième alors elles sont parallèles entre elles.

D2 Si deux droites sont perpendiculaires à une même troisième alors elles sont parallèles entre elles.

D3 Si deux droites sont parallèles et qu'une troisième droite est perpendiculaire à l'une alors elle est perpendiculaire à l'autre.

D4 Si AC + CB = AB alors A, C et B sont alignés.

D5 Si (AB) et (AC) sont parallèles alors les points A, B et C sont alignés.

Médiatrice

M1 Si une droite est perpendiculaire à un segment et passe par son milieu alors c'est la médiatrice de ce segment.

M2 Si une droite est la médiatrice d'un segment alors elle est perpendiculaire à ce segment et passe par son milieu.

M3 Si un point est sur la médiatrice d'un segment alors il est équidistant des extrémités de ce segment.

M4 Si un point est équidistant des extrémités d'un segment alors il est sur la médiatrice de ce segment.

M5 Si une droite passe par deux points équidistants des extrémités d'un segment alors c'est la médiatrice de ce segment.

M6 Si une droite passe par un point équidistant des extrémités d'un segment et est perpendiculaire à ce segment alors c'est la médiatrice de ce segment.

Triangle

T1 Si un triangle est rectangle alors la longueur de la médiane issue de l'angle droit est égale à la moitié de la longueur de l'hypoténuse.

T2 Si un triangle est rectangle alors le centre du cercle circonscrit au triangle est le milieu de l'hypoténuse.

T3 Si dans un triangle la longueur de la médiane issue d'un sommet est égale à la moitié de la longueur du côté opposé alors le triangle est rectangle en ce sommet.

T4 Si une droite passe par les milieux de deux côtés d'un triangle alors elle est parallèle au 3e côté du triangle.

T5 Si un segment joint les milieux de deux côtés d'un triangle alors sa longueur est égale à la moitié de la longueur du 3e côté du triangle.

T6 Si une droite passe par le milieu d'un côté d'un triangle et est parallèle à un 2e côté alors cette droite passe par le milieu du 3e côté du triangle.

T7 Si un point est situé sur la médiane d'un triangle et qu'il est situé aux 2/3 par rapport au sommet alors c'est le centre de gravité du triangle.

T8 Si une droite passe par un sommet et par le centre de gravité d'un triangle (point de concours de deux médianes) alors elle coupe le côté opposé à ce sommet en son milieu.

T9 Si une droite passe par un sommet et par l'orthocentre d'un triangle (point de concours de deux hauteurs) alors elle est perpendiculaire au côté du triangle opposé à ce sommet.

T10 Si un triangle est isocèle alors la hauteur (respectivement médiane) issue du sommet principal est aussi une médiane (respectivement hauteur) et une médiatrice.

T11 Si un triangle est rectangle alors le carré de la longueur de son hypoténuse est égal à la somme des carrés des longueurs des côtés de l'angle droit. (Théorème de Pythagore).

T12 Si dans un triangle le carré de la longueur d'un côté (le plus grand) est égal à la somme des carrés des longueurs des deux autres côtés alors ce triangle est rectangle. (Réciproque du théorème de Pythagore)

T13 Théorème de Thalès (voir page 356).

T14 Réciproque du théorème de Thalès (voir page 359).

Parallélogramme

P1 Si un quadrilatère a ses côtés parallèles deux à deux alors c'est un parallélogramme.

P2 Si un quadrilatère est un parallélogramme alors ses côtés sont parallèles deux à deux.

P3 Si les diagonales d'un quadrilatère ont le même milieu alors ce quadrilatère est un parallélogramme.

P4 Si un quadrilatère est un parallélogramme alors ses diagonales ont le même milieu.

P5 Si un quadrilatère est un parallélogramme alors ses côtés opposés sont de même longueur.

P6 Si un quadrilatère (non croisé) a deux côtés opposés parallèles et de même longueur alors c'est un parallélogramme.

P7 Si un quadrilatère (non croisé) a ses côtés opposés parallèles deux à deux, alors c'est un parallélogramme.

Losange

L1 Si un quadrilatère a quatre côtés de même longueur alors c'est un losange.

L2 Si un quadrilatère est un losange alors ses côtés opposés sont parallèles deux à deux et ses quatre côtés sont de même longueur.

L3 Si un quadrilatère a des diagonales qui ont même milieu et qui sont perpendiculaires alors c'est un losange.

L4 Si un quadrilatère est un losange alors ses diagonales ont le même milieu et sont perpendiculaires.

L5 Si un quadrilatère est un parallélogramme qui a deux côtés consécutifs de même longueur alors c'est un losange.

L6 Si un quadrilatère est un parallélogramme qui a des diagonales perpendiculaires alors c'est un losange.

Rectangle

R1 Si un quadrilatère a trois angles droits alors c'est un rectangle.

R2 Si un quadrilatère est un rectangle alors ses côtés opposés sont parallèles deux à deux , sont de même longueur et ses quatre angles sont droits.

R3 Si un quadrilatère a ses diagonales qui ont le même milieu et sont de même longueur alors c'est un rectangle.

R4 Si un quadrilatère est un rectangle alors ses diagonales ont le même milieu et sont de même longueur.

R5 Si un quadrilatère est un parallélogramme qui a un angle droit alors c'est un rectangle.

R6 Si un quadrilatère est un parallélogramme qui a des diagonales de même longueur alors c'est un rectangle.

Carré

C1 Si un quadrilatère a quatre côtés de même longueur (est un losange) et un angle droit alors c'est un carré.

C2 Si un quadrilatère est un carré alors il a quatre côtés de même longueur, quatre angles droits et ses côtés opposés sont parallèles deux à deux.

C3 Si un quadrilatère a des diagonales qui ont le même milieu, sont perpendiculaires et sont de même longueur alors c'est un carré.

C4 Si un quadrilatère est un carré alors il a des diagonales qui ont le même milieu, sont perpendiculaires et sont de même longueur.

C5 Si un quadrilatère est un losange qui a un angle droit alors c'est un carré.

C6 Si un quadrilatère est un losange qui a deux diagonales de même longueur alors c'est un carré.

Cercle

C'1 Si deux points sont sur un cercle alors le centre de ce cercle est équidistant de ces deux points.

C'2 Si dans un cercle, un triangle a pour sommets les extrémités d'un diamètre et un point du cercle alors ce triangle est rectangle en ce point.

Angles

A1 Dans un triangle, la somme des angles est égale à 180°.

A2 Si un triangle est isocèle alors il a deux angles de même mesure.

A3 Si un triangle a deux angles de même mesure alors il est isocèle.

A4 Si un quadrilatère est un parallélogramme alors ses angles opposés ont même mesure et ses angles consécutifs sont supplémentaires (somme des angles qui fait 180°).

A5 Deux angles opposés par le sommet ont même mesure.

A6 Deux angles alternes-internes ou correspondants, opposés par le sommet et définis à partir de droites parallèles, ont même mesure.

A7 Si deux angles inscrits dans un cercle interceptent le même arc alors ils sont égaux.

A8 Si dans un cercle un angle au centre et un angle inscrit interceptent le même arc de cercle alors la mesure de l'angle au centre est égale au double de la mesure de l'angle inscrit.

A9 Si deux droites coupées par une sécante forment des angles alternes-internes ou correspondants égaux alors ces droites sont parallèles.

Maquette : Sophie Duclos
Édition : Corinne Caraty
Mise en page et schémas : Jouve

PAPIER À BASE DE FIBRES CERTIFIÉES

Hatier s'engage pour l'environnement en réduisant l'empreinte carbone de ses livres. Celle de cet exemplaire est de :
1.8 kg éq. CO_2
Rendez-vous sur www.hatier-durable.fr

Achevé d'imprimer par Loire Offset Titoulet à Saint-Etienne - France
Dépôt légal n° 95936-3/03- janvier 2015

IMPRIM'VERT
Votre imprimeur agit pour l'environnement